3판

사회복지조사론 및 통계

Research Methods in Social Welfare and Statistics

| 김영종 저 |

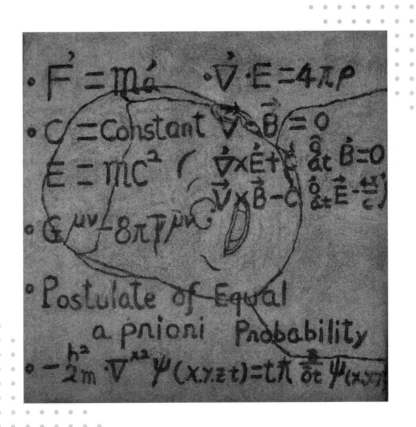

학지사

3판 머리말

이 책의 2판을 출간한 후 오랜 시간이 지났다. 그간 사회복지조사론의 내용이 크게 바뀔 부분은 없었지만, 그럼에도 몇 가지 변화는 반영될 필요가 있었다. 대표적으로는 사회복지 실천/연구에 필요한 연구 방법론이 양적 접근 일변도에서부터 질적 접근에 대한 이해를 넓히는 방향으로 변화될 필요성이다. 비록 이런 생각은 진작부터 해 왔으나, 차일피일 미루다 이제야 개정에 반영하게 되었다.

3판 개정에서는 책 이름을 바꾸었는데, 『사회복지 조사방법론』에서 『사회복지조사론 및 통계』로 했다. 책의 내용을 편성한 체계는 2판과 큰 차이가 없다. 기본적으로는 양적 연구 방법을 근간으로 하고, 양적 자료를 다루는 통계분석의 방법을 상세히 설명한 것도 이전 책과 동일하다. 다만 질적 연구 방법에 대한 이해가 추가될 필요성을 반영하기 위해, 책의 전반부에 해당하는 사회복지조사론에서는 양적 연구 방법과 대비해서 설명하는 부분을 곳곳에 추가했다.

사회복지사들에 대한 표준화된 교육과정 지침에서는 통계가 포함되지 않는다. 그래서 통계를 제외한 내용은 따로 『사회복지조사론(2판)』으로 낸다. 그 책에 포함된 내용들은 『사회복지조사론 및 통계(3판)』에서의 사회복지조사론 부분과 대부분 동일하다. 사회복지조사론을 실천/연구에 적용하려면 최소한의 통계분석에 대한 이해가 필요하다는 생각에는 변함이 없다. 다만 표준 교육과정의 편제가 그러하므로, 이를 반영하기 위해 통계를 제외한 부분을 별도의 책으로 낸 것이다.

책을 개정한다는 것은 언제나 힘든 일이다. 스스로 구축했던 것들을 허물고 이를 새롭게 짓는 것은 이중으로 심적 부담을 준다. 기존 책의 곳곳에서 드러나는 허술함을 다시금 직면해야 하는 것도 괴로운 일이다. 그래서 개정 작업은 대개 도망 다니듯이 미루게 되는데, 도저히 피할 수 없는 막다른 길에 도달해서야 겨우 하게 되는 것 같다. 이번 개정에서 나의 막다른 길이란 정년이 다 되어 간다는 것이다.

늘 그랬지만 이번 개정 작업에도 많은 이들의 도움이 있었다. 기존 책이 '쓸데없이 어렵다'는 것을 적나라하게 지적해 준 것은 부경대학교의 김은정 교수였다. 개정 원고를 교과서 삼아 읽어 보고 수많은 의문표를 달아 준 것은 제자인 이선희 정신건강사회복지사, 부산대학교 대학원의 송지은 학생이다. 여태껏 이들의 수고를 그저 '덕 되는 일'이라고 말하며 뭉개 왔지만, 마음속으로는 깊이 감사했음을 여기에서 표하고 싶다.

개정 출판을 독려해 주신 학지사의 김진환 사장님과 김은석 상무님, 까다로운 편집 작업을 훌륭하게 감당해 주신 이영봉 님에게도 감사드린다. 학지사 창립 30주년 기념식에서 느꼈던 바이지만, 나의 교수 생활 대부분은 학지사에서 이러저러한 책들을 내고 개정하면서 지나온 것 같다. 그 인연에 새삼 고마운 마음이 든다.

책을 펴내는 일은 많은 이들이 쌓아 올려 놓은 지식에 기대서는 것이다. 행여 누가 될까 염려스럽지만, 조그만 돌 하나 보탠다는 심정으로 이 개정판을 내놓는다.

2023. 3.
재약산 어귀에서
김영종

1판 머리말

사회복지 조사방법론은 사회복지에 필요한 지식들을 과학적으로 산출하는 방법에 관한 것이다. 행동과 실천을 중시하는 사회복지에 있어서, 과학적 인식방법에 대한 강조는 자칫 소홀히 다루어지기 쉬웠다. 냉철하고 비판적인 과학적 인식방법들은, 온정적이며 수용적인 사회복지의 가치와 윤리를 손상시키는 것으로 비쳐지기도 해 왔다. 현재에도 실천 현장과 학계의 관계에서 이와 관련한 미묘한 긴장상태들이 여전히 존재하고 있음을 볼 수 있다.

학문으로서 혹은 전문적 실천으로서의 사회복지는 많은 지식들을 요구한다. 인간 사회에서 비롯되는 수많은 현상과 문제들은 고결한 이상이나 온정적 가치들만으로는 이해되지도 해결될 수도 없다. 이것은 결코 사회복지의 이상과 가치가 중요하지 않다는 것을 주장하려는 것은 아니다. 오히려 사회복지를 추구하는 데 있어서 정당한 이상과 가치는 본원적인 중요성을 갖고 있다. 다만 그것들을 구현해 나가는 데는 다양한 방법적 지식들이 필요하며, 그러한 지식들이 건재할 때에만 사회복지의 고귀한 이상과 가치들도 비로소 빛을 발한다는 것이다.

사회복지에 관한 지식들을 적절히 갖추어 나가기 위해서는, 올바른 지식 습득의 방법이 일차적으로 중요하다. 아무리 많은 관심과 노력을 기울인다 해도, 지식 습득의 방법들이 적절하지 못하면 건전한 지식 축적은 이루어지기 어렵다. 현재까지 우리가 알고 있는 가장 효과적인 지식 습득의 방법은 과학적인 방법이다. 비록 과학적 패러다임이 쇠퇴하기 시작했고 과학 이후의 시대가 이미 도래하고 있음을 주장하는 사람들도 있지만, 현재의 인간 사고에 있어서 지배적인 유형이 과학임을 부정할 수 있는 사람들은 그리 많지 않다. 현재의 사회복지학이 사회과학적인 체계와 방법론에 의거하고 있는 것도 이러한 연유에서다.

사회복지 조사방법론은 사회복지 지식과 과학적 방법 간의 관계에 대해서 다룬다. 이 책의 내용들 역시 그러한 줄거리로 구성되어 있는데, 모두 7부로 나누어져 있다. 먼저 제1부에서는 '사회복지 조사연구의 성격'에 대해서 다룬다. 사회복지와 과학적 지식들의 성격을 설명하고, 조사연구를 통해 과학적 이론을 구성하는 방법들에 대해 설명한다. 제2부는 '연구 문제와 조사설계'에 관한 것으로, 연구 문제와 가설의 성격, 조사설계, 연구 디자인 등을 다룬다. 제3부는 '측정'으로, 측정의 개념과 측정 도구의 작성방법, 측정의 타당도와 신뢰도 등에 대해 설명한다. 제4부는 '자료수집 및 처리'로 다양한 자료수집방법들을 소개하고, 수집된 자료들을 처리하고 분석하는 절차들에 대해 설명한다. 제5부는 '기술통계분석'으로, 자료의 분석에 필요한 일원적, 이원적, 다원적 기술통계분석방법들에 대해 설명한다. 제6부는 '추론통계분석'으로, 샘플링의 개념, 가설 검증, 모수 및 비모수 검증방법 등에 대해 설명한다. 마지막으로 제7부에서는 '사회복지관련 조사연구'들을 소개하는데, 질적 조사연구, 욕구사정 조사, 단일사례 디자인, 평가 조사 등이 포함된다. 또한 조사연구의 활용 및 보고서 작성 등에 대해서도 설명한다.

한 권의 좋은 책이 세상에 나오기 위해서는 많은 조건들이 필요하다. 선행되는 지식들이 충분해야 하고, 또한 그것들이 적절하게 한 권의 책으로 소화될 가능성을 보여 주는 훌륭한 모델들도 존재해야 한다. 사회과학 조사방법론에 대해서는 이미 다양한 논의와 풍부한 지식들이 존재하고 있으며, 또한 이를 조합하여 교과서적인 틀로 만들어 놓은 훌륭한 모델들도 존재하고 있다. 따라서 내가 이 책을 쓰는 과정에서는 그러한 부분들이 제약으로 느껴지지는 않았던 것 같다. 이 책을 위해서는 Nachimias & Nachimias의 『Research Methods in the Social Science』와, Allen Rubin의 『Research Methods for Social Work』가 귀중한 참고와 길잡이가 되었다. 특히 Rubin 교수는 내가 텍사스-오스틴 대학교에서 공부하던 시절이나, 1996년 객원교수로 다시 그곳을 찾았을 때나 이 책을 쓰는 현재까지의 과정에서도 변함없이 많은 지도와 격려를 주고 있다. Rubin 교수와 같은 훌륭한 모델을 가까이에서 경험해 보지 못했더라면, 내가 선뜻 조사방법론에 관한 책을 쓸 엄두를 내기는 힘들었을 것이다. Allen Rubin의 책은 우리나라에서 얼마 전에 몇 분의 역자들에 의해 잘 번역되어 나왔다.

　이러한 훌륭한 선행지식과 모델들이 있음에도 불구하고, 굳이 내가 새롭게 책을 쓸 필요가 있는지에 대해서는 칼 만하임의 말을 기억할 필요가 있었다. 칼 만하임(Karl Mannheim)은 자신의 저작들에서 나타나는 모순점과 한계들에 대해 다음과 같이 쓴다. "나는 인간 지식의 이 한계적 영역에서 우리는 구태여 모순점들을 감출 필요가 없다고 생각하기 때문에, 즉 상처를 감출 필요가 없으며 오히려 우리의 의무는 현 단계의 인간 사고의 취약점을 드러내 보이는 것이라고 생각하기 때문에, 나는 '온갖 모순과 한계에도 불구하고 저작을 계속해 나가는' 이 방법을 사용한다. …… 이러한 모순점들은 생선 속의 가시와 같은 것으로서 우리는 이 점으로부터 출발해야 한다." 내가 다른 조사방법론 책들을 읽으면서 아쉽게 느꼈던 부분들이 있었던 것만큼 혹은 그보다 훨씬 더 많은 문제들이 이 책에 있을는지 모르겠다. 그럼에도 이 책을 읽는 이들에게 다른 책들의 설명과 비교해 가며 읽을 수 있는 참고라도 된다면 그것만으로도 나는 이 분야를 전공하는 사람으로서의 소명을 찾을 것이며 몇 해를 힘들여 책을 쓴 보람을 느낄 것이다.

　조사방법론과 같은 '한정 없이 시간 잡아먹는' 책을 쓰기 위해서는 많은 사람들의 수고를 얻어야 한다. 이런저런 핑계로 학과의 수업이나 일정들에 협조적이지 못했던 나를 인내해 주시고 신뢰를 거두지 않으셨던 학과의 동료 교수님들께 먼저 감사드리고 싶다. 텍사스-오스틴 대학교의 Michael Lauderdale 교수는 언제나 앞서가는 아이디어로서 나를 이끌어 주었으며, 교수로서의 정체되지 않은 역할모델을 제시해 주는 소중한 멘토(mentor)가 되어 주었음에 감사드린다. 수많은 통계표의 숫자들을 정성들여 타이핑해 준 박성순, 김두례, 김영숙 양에게는 고마움을 표하고 싶다. 많은 분량의 원고를 읽어 보느라 수고한 백병원의 민현순 선생님에게도 감사하고, 책의 내용에서부터 글자 맞춤법까지 꼼꼼하게 지적해 준 경성대학교 사회복지대학원의 김교정 양에게 특별한 감사를 전한다. 언제나 늦은 원고를 독촉하는 법 없이 잘 참아 주시는 학지사의 김진환 사장님, 이 책의 진행과 교정을 맡아 준 박현주 씨에게도 감사를 전한다. 늘상 바쁘다는 아빠를 이해하기 위해 애쓴 가족에게는 미안한 마음을 전하고 싶고, 자주 찾아뵙지 못해서 송구스러운 마음만이 앞서는 부모님께는 전적으로 이 책을 바치고 싶다.

황령산 자락의 북편 연구실에서
저자 金永鍾

차례

제1부

사회복지 조사연구의 성격

·
·
·

• • •

　제1부에서는 사회복지 조사연구가 가지는 성격이나 의미를 제시한다. 제1장은 사회복지와
과학적 지식의 관계를 설명한다. 사회복지 학술과 실천을 위해서는 인간과 사회에 대한 폭넓은
지식이 필요한데, 이를 위해 경험과 논리가 결합된 과학적 이론이 중시된다. 제2장은 과학적 이
론의 성격을 설명한다. 제3장에서는 과학적 이론을 만들어 내는 과정이자 방법으로서의 '조사
연구(research)'에 대해 설명한다.

제1장
사회복지와 과학적 지식

사회복지는 과학적 지식을 필요로 한다. 사회복지의 활동은 사회적 책임과 합의에 따라 이루어져야 하므로, 그에 합당한 과학적 성격의 지식이 요구된다. 지식이란 '앎'인데, 그 가운데 과학적 지식은 단순한 가치나 믿음이 아닌 엄격한 논리와 경험에 근거한 앎이다. 비록 휴먼서비스를 다루는 사회복지의 특성상 모든 지식이 과학적일 수만은 없지만, 전문적 실천의 책임성을 위해 최대한 과학적 지식에 기초해야 한다.

1. 과학적 지식의 성격

지식은 외부에 존재하는 자료나 정보 등과는 달리, 우리가 인식의 주체로서 가지게 되는 것이다. 우리는 다양한 경로를 통해 지식을 습득한다. 책이나 선생님을 통해 배워서 알게 되기도 하고, 직접 경험을 통해 알기도 한다. 일상적으로 우리가 지식을 습득하는 과정은 자기주관적이어서 상당한 오류가 발생하기 쉽다. 과학적 지식은 그러한 인식의 오류들을 의도적으로 배제하는 노력을 통해 구해진다.

1) 지식이란

지식이란 단순히 '아는 것(knowledge)'이다. 사람은 살아가기 위해 수많은 지식이 필요하다. 눈앞에 보이는 것들이 어떤 것들인지, 무엇이 좋고 나쁜지를 알아야 한다.

사람들과 함께 살아가기 위해서는 다른 사람들의 마음에 대해서도 알아야 한다. 자신
의 행동이 어떤 결과를 초래할 것인지에 대해서도 알아야 한다. 우선 당장 시험을 치려
면 문제와 답이 무엇인지도 알아야 한다. 우리가 살아가기 위해 알아야 하는 이들 모두
를 지식이라 한다.

우리에게 지식은 일종의 믿음과 같은 것이다. 우리가 어떤 현상이나 설명을 사실이
라고 '믿는' 것이다. 그런데 우리가 사실이라고 믿는 것, 즉 우리가 가진 지식이 반드시
'실재'하는 것인지는 모른다. 잘못된 믿음이나 지식을 가질 수도 있다. 그래서 우리가
아는 것, 즉 지식의 진위를 확인해 보려면, 왜 우리가 그것을 사실이라고 믿게 되었는
지를 들여다보아야 한다.

사람들에게 믿음이나 지식은 모두 두 가지 근거를 통해 생겨난다. 많은 사람들이 그
렇게 믿어서 자신도 사실로 알게 되는 '합의적 사실'과 자신의 직접 경험에 따라 믿게
되는 '경험적 사실'이 있다.[1]

합의적 사실(agreement reality)　우리가 알고 있는 지식의 대부분은 사람들 간의
합의적 믿음에 바탕을 두고 있다. 우리 인간은 지식을 습득하는 데 직접적인 관찰보다
는 간접적이고 이차적인 합의 방법을 주로 사용해 왔다. 인간 사회의 축적된 지식을 보
전하고 전승하는 역할은 '문화'가 담당하는데, 문화 자체는 대부분 합의된 사실들로 이
루어져 있다. 매번 사람들이나 세대가 직접 경험을 통해서만 지식을 습득해 왔다면 인
간 사회의 지식은 축적과 발전을 이룩할 수 없었을 것이다.

> 문화적이라는 것 자체가 사람들의 가치나 믿음이 집단적으로 합의된 상태를 뜻한다. 예를 들
> 어, 어느 목사가 예수를 믿지 못하는 사람들에게 이렇게 말한다. '왜 예수가 존재했음을 믿지
> 않는가? 예수도 역사적인 인물이고 이순신도 역사적인 인물인데, 왜 이순신의 존재는 믿으면
> 서 예수가 존재했음은 믿지 않는가? 이순신을 직접 보지 못했으면서도 이순신이 존재했음은
> 사실로 믿으면서, 똑같은 경우인 예수의 존재를 사실로 믿지 않는 것은 잘못된 것이 아닌가?'

> 엄밀히 말해서 현재 살고 있는 누구도 이순신과 예수가 존재했다는 것을 직접 눈으로 본 사람
> 은 없다. 그러나 이순신의 존재가 예수보다 각종 문화 매체들(책, 수업, 이야기 등)에서 널리

---

1) 참고: Hilton, T., Fawson, P., Sullivan, T., & DeJong, C. (2020). *Applied Social Research: A Tool for the Human Services*. NY: Springer Pub., pp. 24-32.; 또한 참고: Rubin, A., & Babbie, E. (2019). **에센스 사회복지조사방법론**(*Empowerment Series: Essential Research Methods for Social Work*, 4th ed.). (유태균 역). 학지사. pp. 10-12.

유포된 사회에서는 이순신의 존재가 보다 분명한 사실로서 믿어지는 것이다. 합의적 사실에 근거한 지식의 성격이란 이와 같은 것이다.

합의적 사실이 문화적인 맥락을 통해 전달되는 경로는 대개 '전통'과 '권위'로 되어 있다. 전통(tradition)이란 앞서 구축된 지식을 말하는데, 전통은 지식 탐구 과정에서의 불필요한 시행착오를 줄여 준다. 만약 전통이 없다면 사람들은 매 세대마다 새롭게 그 장구한 지식 탐구의 과정을 반복해야 할 것이다. 그럼에도 전통은 새로운 지식을 시도하는 사람에게는 매우 부담스러운 것이 된다. 이미 강력하게 합의되어 있는 전통적 지식에서 벗어나기란 결코 쉽지 않은 일이다.

권위(authority)란 특정 지식에 대한 우위성이 사회적으로 공인된 상태를 말한다. 우리는 어떤 병에 대해 의사라는 전문가가 설명하는 것을 곧잘 믿는다. 의사가 대표하는 의학적 지식 체계의 권위를 믿는 것이다. 권위 역시 지식 탐구에 필요한 많은 시간과 노력을 감소시켜 줄 수 있다. 의사의 말을 듣지 않고 어떤 병에 대해 이해하고 치료하는 방법을 알려면 얼마나 많은 시간과 노력이 들지를 생각해 보면 권위에 의한 합의적 지식이 왜 중요한지를 알 수 있다. 그러나 권위에 의한 합의적 지식도 만약 그 지식 체계 자체가 오류가 있다면 문제가 된다. 잘못된 믿음이나 지식이라도 권위를 통해 사람들에게 쉽게 전파될 수 있기 때문이다. 예를 들어, 사이비 종교에서 '목사'라는 직함의 권위만으로 사람들을 쉽게 현혹시킬 수 있다.

전통과 권위로 인해 사람들은 합의적 사실을 쉽게 믿는다. 다수의 사람이 오랫동안 그리고 믿을 만한 사람들이 모두 그렇게 사실로서 합의하고 있으므로, 그것은 의심할 수 없는 사실로 인식되게 되는 것이다. 책을 비롯한 다양한 문화적 사회화의 과정이 이러한 합의적 사실의 지식을 유포한다. 지구가 둥글고, 지구와 달은 중력으로 서로 당기고 있다는 사실도 이렇게 알게 된 것이다. 일상적인 경험으로는 이를 알기 어렵다.

전통과 권위에 따른 합의적 지식은 인간의 지식 탐구를 위한 노력을 감소시켜 주지만, 그렇다고 반드시 진리로 규정되지는 않는다. 이제까지 옳았다고 믿어 왔던 지식들이 그릇된 것으로 판명되는 경우도 종종 있다. 전통과 권위에 따른 합의적 지식의 한계는 사람들의 직접적인 경험에 따른 탐구로 보충되기도 하는데, 이것을 경험적 지식이라 한다.

경험적 사실(experiential reality)　경험적 사실이란 사실에 대한 지식이 우리의 직접적인 경험으로부터 생기는 것이다. 남들로부터 가르침을 받아 알게 되는 것이 아니라, 우리가 스스로 경험해서 알게 되는 것이다. 이때 '경험'한다는 것은 순수하게는 인간의 오감(五感)에 의한 작용을 뜻한다. 무엇을 보거나, 듣고, 맛보고, 만지거나 만져지고, 냄새를 맡는 것이 오감인데, 이렇게 해서 무엇이 사실로서 인식되면 그것이 경험적 사실이 된다.

경험적 사실은 자신이 직접 경험하지 않고 얻는 합의적 사실과는 다르다. 합의적 사실도 많은 경험적 근거에서 비롯되었을 수 있지만, 자신이 직접 경험하지 않는 이상 그것은 우리에게 경험적 사실로서 인식되지 않는다.

'감기에 걸리면 열이 나고, 기침을 하고, 콧물이 나온다'는 지식은 자신이 감기에 걸려 보기 전까지는 합의적 사실에 머물다가, 감기에 걸려 본 후에는 경험적 사실로 인식된다.

사람들은 경험을 지극히 주관적으로 한다. 우리의 경험을 주관하는 것, 즉 우리가 무엇을 보는 것은 눈알이 알아서 하는 것이 아니라, 우리의 생각이나 감정에 따른 것이다. 그러니까 우리에게 경험적 사실로 인식되는 것은 순수하게 외부의 '실재' 자체는 아니라는 것이다. 엄밀하게 말하자면, 우리에게 '보여지는' 것도 우리가 '보는' 것이나 마찬가지라는 뜻이다.

예쁘게 보이는 사람이 있다 하자. 그 사람은 '실재'가 예쁜 사람일까? 내 눈에 예뻐 보이는 것은 실제로는 내가 예쁘게 보는 것이다. 우리의 눈을 비롯해서 경험을 유발하는 모든 감각 기관은 우리의 인식 (예: 선입견)에 의해 조정되기 때문이다. 무엇을 보거나 듣는다는 것은 객관적인 사실인 것처럼 여겨지기 쉽다. '내가 분명히 보았거든!'이라는 식이다. 그러나 우리의 자연스러운 경험은 매우 주관적이다.

사람들이 살아가는 데는 지식이 필요하고, 인간 사회는 보다 나은 지식을 얻기 위해 부단히 노력해 왔다. 전통과 권위로써 합의된 사실을 받아들이거나, 직접적으로 경험하면서 지식을 습득해 왔다. 그럼에도 앞서 설명했듯이 합의적 사실도 부동의 진리는 아니고, 경험적으로 알게 되는 사실도 주관적인 인식에 휩싸이기 쉽다. 그래서 사람들은 보다 나은 지식 습득의 방법을 찾기 위해 노력해 왔고, 과학적 인식 방법도 이런 맥락에서 나타나게 된 것이다.

2) 일상적 지식 습득의 오류

과학적 인식은 일반적 인식에서 나타나는 오류들을 적극적으로 밝히는 것에서부터 출발한다. 우리가 일상적으로 지식을 습득하는 과정은 상당한 오류를 내포하고 있다. 그런 오류는 대부분 지식의 주체가 되는 인간이 가지는 자연스런 인식 작용의 한계로 인해 나타난다. 다음이 대표적이다.[2]

부정확한 관찰　일상적인 관찰은 대부분 부정확하게 이루어지는 경우가 많다. 특별히 사전에 의도하지 않았다면, 조금 전에 만났던 사람이 무슨 색의 양말을 신고 있었는지는 기억하지 못한다. 만약 사전에 양말 색깔을 관찰하려 했다면, 충분히 볼 수도 있었을 것이다. 부정확한 관찰은 부정확한 지식을 산출해 낸다.

과도한 일반화　일반화란 소수의 사실을 다수에게 확대 적용하는 것으로, 이것이 지나칠 때 과도한 일반화가 된다. 일상적인 지식 습득은 대부분 지나친 정도의 일반화를 내포한다. 퉁명스런 경상도 사람 몇 명을 보고 나서 '경상도 사람들은 모두 퉁명스럽다'고 한다면, 그것은 과도한 일반화다. 특히 자신의 감정적인 설명과 일치되는 사실들을 목격할 때, 과도한 일반화가 쉽게 나타난다.

선별적 관찰　과도한 일반화는 흔히 선별적인 관찰을 초래한다. 일반화에 들어맞는 관찰들은 사실이라고 선택하고, 어긋나는 관찰들은 버리게 된다. 예를 들어, '퉁명스런 경상도 사람'을 믿는 사람이 자신의 선입견에 들어맞는 경상도 사람을 만나면, 그것을 사실이라고 받아들여서 자신의 과도한 일반화를 보다 강화시킬 것이다. 만약 자신의 선입견과 다른 '상냥한 경상도 사람'을 만나면, 그러한 사건은 무시해 버리거나 별 의미를 부여하지 않는다.

꾸며진 지식　때로는 자신의 일반화된 지식과 정면으로 위배되면서 회피할 수 없는 사실이 나타나기도 한다. 이런 경우에 자신의 일반화를 유지하기 위해 스스로 지식을 만들어 낼 수도 있다. 어떤 '상냥한 경상도 사람'이 있음을 도저히 부인할 수 없는 상태에서, 사람들은 이렇게도 생각할 수 있다. 이 사람은 처음부터 경상도에서 태어나 살았는가? 중간에 다른 지방에서 살았던 적은 없었을까? 그것도 아니면 양친은 모두 경상도 태생인가? 그것마저 아니면 경상도 어느 쪽의 사람인가? 전라도나 충청도 가까운

---

2) Rubin & Babbie, 에센스 사회복지조사방법론, pp. 13-21.

쪽에서 살았던 것은 아닌가? 더 심하게는, 친하게 지내는 다른 지방 사람들이 많았던 것은 아닌가? 등으로까지 발전할 수 있다 (굳이 따지자면 모든 경상도 사람은 이 중 하나에는 해당될 것이다). 이러한 사고의 발전은 자신의 감정에 부합되는 설명 ('퉁명스러운 경상도 사람')을 정면으로 부정하지 않으면서, 과도한 일반화에도 손상을 주지 않은 채 이 예외적인 사건을 설명해 낼 수 있다.

사후 가설   어떤 사실들 간의 관계를 설명하기 위해서, 과학적인 방법은 사전에(a priori) 가설을 설정하는 방법을 사용한다. 먼저 사실들 간의 관계에 대한 생각을 미리 설정해 두고, 그 가설이 옳은지 그른지를 실제로(경험적으로) 검증해 보는 식으로 진행되는 것이다. 그런데 우리의 일상적인 사고 과정은 대부분 이와 반대로 된다. 사후에 (ex post facto), 즉 사실이 관찰되고 난 후에 가설이 설정된다. 예를 들어, 잠을 많이 자는 것과 시험 점수의 관계를 생각해 보자. 사전가설 설정의 방법이라면, '잠을 많이 자면 시험 점수가 낮아진다'고 미리 가설을 정하고 실제로 그렇게 되는지를 검증해 볼 것이다. 사후가설 설정 방법은 이와 반대로 진행된다. 낮은 시험 점수를 받고 난 후에, 왜 시험 점수가 낮아졌는지를 설명해 보려 한다. 여러 이유들 중에 '잠을 많이 잤다'는 것이 어쩌다 기억되었고, 그것이 원인이었을 것이라 설명해 보는 식이다. 문제는 이렇게 하면, 수많은 다른 것들(아침에 거미를 밟은 것, 감기 기운이 있었던 것, 시험 문제가 엉뚱하게 나왔던 것, 공부를 덜 했던 것, …)은 왜 이유가 안 되는지를 설명할 수 없다.[3]

비논리적 생각   일상적인 생각으로는 그럴듯한 것처럼 인식되지만, 그럼에도 비논리적인 오류를 내포하는 생각들이 많다. 비논리적인 생각의 대표적인 예는 '도박꾼의 오류'라고 불리는 것이다. 화투판에서 몇 회를 연달아 잃는 사람이 다음 판에는 이길 확률이 높아졌다고 생각하는 식의 오류다. 개별적으로 독립되어 있는 사건들을 마치 서로 간에 종속되어 있는 사건들인 것처럼 인식하는 것은 논리적으로 오류다. 이처럼 우리의 일상적인 지식 속에는 우리가 미처 인식하지 못하는 비논리적인 생각들이 많이 들어 있다.

자아 개입   자아 개입은 객관적인 지식 탐구를 방해한다. 무엇을 정확하게 설명하려고는 하지만 그 때문에 우리의 자아가 손상을 입을 때, 그 설명은 대개 객관성이 떨어지는 방향으로 나타날 수 있다. 어느 날 갑자기 직장에서 해고된 사람은 어떠한 형태로

---

3) 특히 이 오류에 주목해서, 과학적 방법은 가능한 사전가설 설정의 방법을 선호하게 된다.

든 자신의 상황을 이해해야 할 것이다. 그런데 이 과정에서 자신의 자아에 치명적인 손상을 입히지 않을 설명을 찾으려 할 것이다. 자신의 상사가 자신의 능력을 시기하여 견딜 수 없었다든가, 자신의 소질은 그 직장과 애초부터 맞지 않았다는 식의 설명을 할 것이다. 자신의 능력 부족으로 해고라는 결과를 초래했다고 스스로 설명하기는 매우 힘들 것이다. 이처럼 개인들의 일상적인 설명은 자아가 개입되어 있는 경우에 쉽사리 객관적이 되지 못한다.

탐구의 조기 종결　어떤 사실이 완벽하게 이해되기 전에 탐구를 종결하는 것을 말한다. 어떤 상태의 지식도 완벽하지는 않으며, 지식은 변화해 오고 있다. 특히 인간 사회에 대한 연구에서 탐구를 조기에 종결하는 것은 위험한 일이다. 인간에 관한 연구는 순환적인(recursive) 성향이 있다. 연구의 결과는 당초 연구 대상이 되었던 인간들의 성향을 변화시키고, 그렇게 변화된 연구 대상에 대한 새로운 연구가 필요해지는 순환적인 측면을 지니고 있는 것이다. 그래서 인간을 대상으로 하는 사회과학 연구에서는, 한 현상에 대한 일정 지식을 습득한 후에 더 이상 탐구하지 않아도 된다는 식의 조기 종결은 바람직하지 못하다.

신비화　인간의 이해에는 종종 한계가 있다. 때로는 아무리 노력해도 현실적으로 이해할 수 없는 사실들이 있는 것이다. 우주가 창조된 이유라든가, 자신이 사회복지조사론에서 왜 D 학점을 받았는가에 대해서는 도저히 설명되지 않을 수 있다. 그래도 우리는 그것을 어떤 식으로든 이해하고 싶어 하고, 그 결과 종종 신비적인 방법에 의존한다. 신비화(mystification)는 이해되지 않는 현실에 대한 초현실적 귀의인 것이다. 그리스-로마 신화를 통해 당시 사람들은 우주를 이해하려 했고, D 학점을 받은 학생은 '무엇에 씌어' 그렇게 되었다고 이해해 버린다. 그나마 이런 식의 설명은 도무지 알 수 없다는 식의 설명보다는 심정적으로 도움이 되기 때문이다. 과학적인 설명은 이러한 신비적인 이해 방법을 배제한다. 신비적 방법의 옳고 그름을 떠나서, 과학은 어떤 식으로든 경험될 수 없는 사실은 다루지 않는다.

　이처럼 인간의 일상적인 인식에는 많은 오류가 내포되어 있으며, 그 결과 잘못된 지식을 습득하는 경우가 많다. 이를 의식하여 그에 대한 대비를 한다고 해도 모든 오류를 완전히 배제하기는 불가능하다. 사고의 주체는 불완전한 인간들이므로 오류는 어차피 발생하는 것일 수도 있다. 그러나 인간의 자연스런 일상 경험에서의 한계를 우리가 더 많이 인식하면 할수록, 우리는 그것들을 배제하기 위한 의도적인 장치를 더 많이 갖추어 나갈 수 있다. 과학적 인식 방법이 이러한 과정에서 나타난다.

3) 과학적 지식의 등장

과학적 지식이란 과학적 방법으로 습득된 지식이다. 과학적 방법이란 우리의 자연스런 인식 방법과는 다르다. 일상적인 지식 습득 과정에서 발생할 수 있는 숱한 오류들을 의도적으로 인식해서 배제하기 위한 방법이다. 사람들은 다양한 인식 방법을 통해 지식을 습득하는데, 과학도 단지 그러한 방법들 중 하나다. 그럼에도 현재를 과학의 시대라고 하는 것은, 오늘날 우리가 과학적 인식 방법으로 습득된 과학적 지식을 중시한다는 뜻이다.

과학적 지식이 추구하는 대상과 영역들은 다양하다. 굳이 분류하자면, 사람이나 사회, 문화, 그리고 그들 간 상호작용에 대한 지식을 다루는 것을 사회과학이라 하고, 돌멩이나 나무, 세균, 인공위성 등에 대한 지식을 다루는 것을 자연과학이라 한다. 비록 각기 다양한 분야의 지식을 추구하지만, 이들은 모두 일상적인 인식이 아니라 과학적인 방법으로 인식한다는 공통점을 가진다.

과학적 인식의 방법은 실증주의로 대표된다. 실증주의(positivism)란 경험적 사실을 중시하는 사유 태도를 의미한다. 실증주의란 용어는 19세기 초 사회학자인 콩트(A. Comte)가 처음으로 썼는데, 이전까지 존재해 왔던 인식 방법들과 구분하기 위한 목적에서 비롯되었다. 콩트는 인간 정신의 진보 단계를 신학적 단계에서부터 철학적 단계를 거쳐 과학적 단계인 실증주의에 이르게 된다고 보았다.[4]

신학적 단계 신학적 혹은 공상적 단계에서 인간은 현상에 대한 설명을 초현실적인 것에서 찾으려는 성향을 보인다. '왜 비가 오는지'를 '(귀)신이 노해서' 등의 방식으로 설명하는 것이다. 인간의 생로병사에 대한 고통의 근원을 현실에서 찾지 않고, 초현실적인 존재의 의지에서 찾아 해석하는 것을 신학적 설명이라 한다. 인류의 오랜 역사에서 인간 정신은 이 단계를 오랫동안 지속해 왔다.

---

4) 참고: Comte, A. (1912). *Systeme De Politique Positive* (4th ed.), Vol. 4, Paris: Cres; 〈Coser, R. (1982). 사회사상사. (신용하·박명규 공역). 일지사, pp. 19-21.〉에서 재참고.

철학적 단계　철학적 혹은 형이상학적 단계는 현상을 설명하기 위해 '논리'를 중요시하는 것이다. 인간 정신의 진보에서 이 단계는 신학과 과학의 중간 과정에 존재하는 사유 방법으로 간주된다. 현상이나 사물의 이치는 논리적인 성찰을 통해 발견될 수 있다고 보는 입장이다. 여기에서 사람들은 '왜 비가 오는지'를 '음양오행의 이치' 등으로 설명한다.

과학적 단계　과학적 혹은 실증주의적 단계에서 이르면 인간은 현상에 대한 설명에서 '경험'을 중요시한다. 아무리 그럴듯한 논리라도 경험적으로 입증해 보일 수 있어야만 사실로 간주하려는 태도이다. 경험적(experiential)이란 사람의 오감(五感)으로 인지될 수 있는 것을 말한다. '왜 비가 오는지'를 기압이나 습도 등과 같이 경험적으로 측정되는 사실들을 근거로 논리를 입증하는 것이 과학적인 설명이다.

비록 인간 정신의 진보 단계에 따라 인식 방법은 달라져 왔지만, 인간의 지식 추구에 대한 필요성은 공통적이다. 인간은 살아가기 위해 현실을 이해해야 하고, 이를 통해 미래를 예측하려 한다. 그러기 위해서는 언제나 지식이 필요하며, 인간은 보다 나은 지식을 얻기 위해 끊임없이 노력해 왔다. 콩트가 19세기에 본 것은 인간의 지식 추구 방법에서 새롭게 나타났던 변화였다. 초현실적인 것에 귀의하거나 사변적 논리에 매달리는 것이 아니라, 경험을 중시하는 사유의 태도가 새롭게 인간 사회에 등장하였다는 것이다.

현재가 과학적 단계라고 해도 이전 단계의 인식 방법들이 사라지는 것은 아니다. 과학이 다룰 수 없는 지식의 영역들, 예를 들어 '인간은 왜 태어났나' 등에 대한 설명은 여전히 신학과 철학적 방법의 지식을 필요로 한다. 과학이 현상에 대한 설명을 위해 경험을 중시한다는 것이, 철학적인 논리를 배제한다는 것도 아니다. 다만 과학적 방법은 '논리'를 '경험'적 사실로서 검증해 보는 방법으로 지식을 추구한다는 것이다. 그래서 과학을 여전히 철학적 사유의 한 독특한 방법이라고 보는 견해들도 있다.

과학적 인식 방법의 핵심은 '논리-경험적(logico-empirical)'에 있다. 논리적이란 어떤 현상에 대한 설명이 합리적으로 부인되기 어려운 것을 의미하고, 경험적이란 주로 직접적인 관찰로써 사실이 확인되는 것을 말한다. 과학에서는 어떤 설명이 논리성과 경험성이라는 두 조건을 모두 충족하는지를 본 다음 비로소 그것을 지식으로 받아들인다. 아무리 논리적으로 뛰어나더라도 경험적으로 검증될 수 없다거나, 경험적인 사실이 있다 해도 논리성을 갖추지 못하면 과학적인 지식으로 간주하지 않는다.

과학적 인식 방법에서 논리성은 이론을 뜻하고, 경험성은 조사 혹은 관찰을 의미한다. 이론이란 어떤 현상에 대한 논리적인 설명이고, 조사는 그러한 논리들을 경험적으로 검증해 보는 것이다. 따라서 과학적 지식은 이론과 조사의 결합이며, 과학적 조사연구를 통해 그러한 결합이 만들어진다. 오늘날 사회복지에 필요한 지식도 상당 부분 과학적 조사연구를 통해 만들어지는데, 그에 관한 방법이 '사회복지조사(방법)론'에 해당한다.

2. 사회복지와 과학적 지식의 필요성

사회복지는 사회적 문제를 해결하거나 사람들의 필요를 충족하려는 것이다. 개인이나 가족, 집단, 조직, 지역사회, 국가 차원에서 나타나는 빈곤, 소외, 장애, 돌봄, 육성, 건강 등에 관한 문제나 필요들을 해결하는 일을 한다. 사회복지는 이러한 일을 사회적으로 수행한다.[5] 사회적이란 수많은 사람이 모여 소통하고, 의논하며 책임을 나누어 가지는 방식을 말한다. 이 과정에서 과학적 지식이 절실히 필요하게 된다.

1) 책임성

사회복지에서 과학적 지식이 필요한 이유는 일차적으로 책임성에 있다. 사회복지를 수행하려면, 어떤 문제에는 어떤 제도와 정책, 조직이나 프로그램, 실천 방법이 필요한지, 이들을 어떻게 적용해야 할지 등을 알아야 한다. 사회복지의 활동은 개인적이 아니라 사회적 차원에서 이루어지는 것이므로, 그에 대해 알고 책임을 지는 것도 사회적 차원에서 이루어진다. 이를 책임성(accountability)의 이슈라 하는데, 여기에 과학적 지식이 필요하다.

사회복지가 자선과 명확히 분리되지 않던 때에는 이 같은 사회적 책임성이 크게 소용되지 않았다. 자선에서는 돕는 사람의 개인적 의지나 동기가 일차적으로 중요하다. 그 과정이나 결과를 다른 사람들에게 설명하는 사회적 책임성은 이차적이 되기 쉽다.

---

5) 현대사회에서는 과거와는 달리 사람들의 삶이 다른 사람들과 기능적으로 긴밀하게 짜여 있기 때문에, 개인적인 문제나 필요일지라도 그것을 사회적으로 다루어야 할 측면이 크다.

'불쌍한 사람들에게 온정과 도움을 베푸는 일'은 시혜적 마음가짐이 중요하고, 도움을 주는 것 자체가 선한 결과로 간주되기 쉽다. 그래서 행위와 결과에 대한 정당성을 설명하는 데 필요한 지식도 간과되기 쉽다.

엄정한 지식이 수반되지 않는 자선은 자칫 문제가 될 수도 있다. 흔히 자선 활동에 수반되는 '착한' 의도가 '나쁜' 결과를 만들어 낼 수조차 있다.

> 길거리에서 구걸하는 '불쌍한' 사람을 돕기 위해 적선을 하는 사람은 누구나 착한 동기를 가진다. 그 사람이 구걸하지 않도록 도와주고 싶은 마음에서다. 그러나 막상 그런 의도와 행위(돈을 주는 등)가 그 사람에게 어떤 결과를 실제로 초래할지는 모른다. 실제로는 구걸에 성공한 그 사람이 용기를 얻어 앞으로 더욱 구걸에 매진하게 될지도 모르는 일이다.

사회복지는 비록 돕는 행위만을 놓고 보면 자선과 유사한 성격을 가지지만, 개인적(선함)이 아닌 사회적(상호부조)인 동기를 가진다는 점, 행위 자체가 아니라 행위의 결과에 대해 책임을 가진다는 점에서 분명하게 구분된다. 사회복지 활동은 개인적인 동기가 아니라 사회적 책임성을 위주로 이루어진다는 점에서, 그러한 책임성을 제시하는 데 과학적 인식 방법이 필요하게 된다. 과학적 인식 방법은 서로 다른 이념이나 가치를 가진 사람들이라도 동일한 경험적 근거를 통해 합의될 수 있게 해 주기 때문이다.

2) 사회적 합의

사회복지는 사회적으로 문제를 파악하고, 해결할 방법을 찾고, 책임을 부여하고 확인한다. 이때 사회적이란 여러 사람들의 참여를 의미한다. 사람들은 각기 다른 가치와 생각을 가질 수 있지만, 사회적으로 활동하기 위해서는 특정 행위(사회복지)에 대해 유사한 인식 근거를 가지고 합의할 수 있어야 한다. 비록 주관적인 선호는 서로 다를 수 있지만, 적어도 '무엇을 말하는 것인지'는 공통적으로 인식할 수 있어야 한다. 그래야 갈등이 있더라도, 합의할 수는 있게 된다.

과학적 지식은 그러한 사회적 합의를 위한 공통된 근거가 된다. 원래 서양에서 19세기 전후로 과학적 인식 방법이 등장하게 되었던 이유 중 하나도 이 때문이다.[6] 과거 전

---

6) 참고: 최경희(2004). "사회적 합의과정이 과학", 한겨레 생각주머니 [http://legacy.www.hani.co.kr/section-005006002/2004/10/005006002200410101721253.html]

통적 사회에서는 사람들이 전통에 근거해서 유사한 인식을 가졌기 때문에, 과학과 같이 의식적인 방법으로 사회적 합의를 구할 필요가 없었다. 그러다 시민사회의 등장과 함께 전통적인 인식과 질서가 붕괴되면서, 서로 다른 생각과 가치를 가진 사람들이 합의할 수 있기 위해서는 과학적인 사실들이 중요하게 되었다.

과학은 단순히 경험적 사실이 아니라, 경험과 논리가 결합된 사실을 추구한다.[7] 사람들은 논리만으로 혹은 경험만으로는 합의하기 어렵다. 이들 각각은 인식하는 사람의 주관성에서 벗어나기 어렵기 때문이다. 경험적 근거를 가지지 않는 논리는 당연히 '논리'로만 그치고, 경험적 근거도 그 자체만으로는 사람들의 주관성에 좌우되기 쉽다. 사람들은 경험을 자연스레 주관적으로 하기 때문이다.

> 똑같은 장소에서 똑같은 시간에 같이 있더라도, 사람들은 서로 다른 것을 보거나 듣는다. 어떤 사람은 바닥에 먼지가 있는 것을 보았고, 어떤 사람은 천장에 있는 형광등이 켜져 있는 것을 보았을 것이다. 어떤 사람은 밖에서 나는 소리를 들었고, 어떤 사람은 못 들었을 것이다. 사람들은 자신이 관심이 있거나 선호에 따라 주관적으로 각기 달리 경험하기 때문이다. 이런 상태로만 두고서 사람들에게 거기에 '무엇이 있었는지'는 객관적인 사실로서 합의되기 힘들다.

과학적 인식 방법은 단순히 사람들의 경험을 믿고, 중시한다는 것이 아니다. 오히려 그와 반대로 사람들이 자연스럽게 하는 주관적인 경험의 한계를 적극적으로 인식하고, 그것들을 논리를 통해 통제하려는 것이다. 그렇게 얻어지는 경험을 통해 비록 완전히 객관적이지는 못하더라도, 적어도 상호주관적인 인식 정도는 가능케 할 수 있다. 이렇게 되면 적어도 '무엇을 보는 것'인지에 대해서는 합의할 수 있다.

사회복지의 활동에는 상당한 정도의 사회적 합의가 요구된다. 사람들은 자신의 주관이나 가치 판단에 따라 사회적으로 합의한다. 비록 과학적 지식이 그러한 판단 자체를 결정하지 않지만, 적어도 그에 필요한 사실 관계에 대해서는 합의할 수 있게 해 준다. 사람들의 생각과 가치, 선호가 다양하게 나뉘는 사회일수록 이러한 합의 목적의 과학적 지식은 더욱 크게 필요하게 된다. 오늘날 사회복지의 정책 수립에서부터 집행, 전문 실천에 이르는 모든 과정에서 과학적 지식이 크게 요청되는 것도 이런 까닭이다.

---

7) 조사방법론은 과학적 설명을 하기 위한 방법으로, 핵심은 논리와 경험적 근거가 합치되는 설명을 만드는 것에 있다.

3. 휴먼서비스에서의 과학적 지식

사회복지 활동은 상당 부분 휴먼서비스로 구성된다. 휴먼서비스는 인간의 존재론적 가치를 중시하는 휴머니즘에 입각한 서비스인데, 여기에서 몰가치성을 지향하는 과학적 지식은 일정한 한계를 띤다. 비록 세상의 모든 지식이 과학적 방법에만 의존해서 추구되는 것은 아니지만, 유독 휴먼서비스의 사회복지 활동에서는 과학적 방법으로 지식을 추구하는 것이 제한받기 쉽다.

1) 휴먼서비스의 이념과 가치

사회복지를 비롯한 휴먼서비스의 실천 현장에서는 필요한 지식을 어떻게 발전시킬 것인지를 두고 상당한 논란이 있어 왔다.[8] 논란의 대부분은 휴먼서비스 실천에 필요한 지식을 이념이나 가치에 우선할 것인지, 아니면 과학적 방법에 기초할 것인지였다. 비록 현재는 과학적 방법에 기초한 전문 지식의 개발이라는 입장이 지배적이기는 하지만, 여전히 전문적인 가치나 이념, 혹은 '마인드(mind)'를 우선해야만 한다는 주장들도 만만치 않다.[9] 이러한 논란의 대부분은 휴먼서비스의 독특성에서부터 나타난다.

휴먼서비스(human service)는 인간에 대한 선험적인 가치와 이념에 기반한다. 선험적이란 경험적인 입증 이전에 인정되었다는 뜻이다. 휴먼서비스는 '인간을 대상으로, 인간이 직접 서비스를 제공하는 것'이다. 이 과정에서 서비스 대상자나 제공자 모두 인간으로서의 고유한 가치가 존중되어야 할 필요가 있다. 그것은 휴머니즘(humanism)의 이념에 기반하는 것으로, '모든 인간은 각자 개별적인 존재로서, 그 존재 자체만으로 평등하게 고귀하다'는 것을 믿는 것이다. 이러한 이념은 경험적이고 과학적인 방법으로 검증될 수 없는 것이다. 과학적 지식과 무관하더라도 휴먼서비스에서는 이를 수호

---

8) 이러한 문제들은 미국 사회사업 전문직의 경우에서 잘 나타나고 있다. 참고: Anastas, J., & MacDonald, M. (1994). *Research Design for Social Work and the Human Services*. NY: Lexington Books, p. 3.

9) '마인드(mind)'는 그 의미가 뚜렷하게 규정되지 않으면서, 사회복지 실천 현장에서 일하는 사람들 사이에 통용되는 용어다. 대개 '마인드가 중요하다'가 강조되는 맥락은 합리적이고 과학적인 지식을 앞세우는 것보다는 헌신적인 가치나 이타적 자세 등이 사회복지 실천을 위해 더 필요함을 말할 때다. 이에 비추어 보면 '마인드'는 '이론'이나 '이성'과는 다른 '마음 자세'를 의미하는 것이다.

하는 것이 우선적이 되어야 한다.

휴먼서비스를 실천하는 데 필요한 핵심적인 지식은 '인간'에 관한 이해다. 과학이 발전하면서 인간과 인간이 살아가는 사회에 대한 이해가 상당 부분 신학이나 철학에서부터 과학적 지식으로 대체되어 왔다. 그럼에도 인간에 대한 이해 영역은 워낙 방대해서 여태껏 축적된 과학적 지식으로도 휴먼서비스 실천의 일부만을 감당할 수 있을 뿐이다. 의학이 고도로 발전한 지금에도 사람의 병을 치료하는 과학적 지식은 충분치 못하다. 그럼에도 사람의 병을 치료하는 노력은 계속되는 것처럼, 휴먼서비스도 이와 마찬가지다. 그 결과 현재 과학이 감당할 수 없는 지식은 대개 여러 휴먼서비스 전문직들이 갖추는 이념이나 가치 체계가 보완한다.

휴먼서비스 실천에 필요한 지식의 성격을 둘러싼 이러한 논란에도 불구하고, 휴먼서비스의 실천자나 실천 전문직의 입장에서 과학적 인식 방법을 추구해야 하는 일은 여전히 중요하다. 전문직이 추구하는 사명이나 이념, 실행 가치는 비록 과학적 검증의 대상 이전의 것이라 하더라도, 행위들 자체는 사회적 책임성과 합의의 대상이 되어야 하므로 과학적 지식의 기반을 갖추어야 하는 것은 중요하다.

2) 과학적 실천을 위한 자세

휴먼서비스의 실천에서 과학적 인식 방법을 갖추어야 할 필요성은 인간과 사회에 대한 기존 지식 체계의 불완전성에서도 비롯된다. 휴먼서비스를 실천하기 위해서는 다양한 방면에 대한 막대한 지식이 필요한데, 이들이 미리 완벽하게 갖추어져 있기는 힘들다. 인간은 자유의지를 가진 존재로서 확정적인 예측이나 설명이 쉽지 않다. 이들이 만들어 내는 사회 현상들도 마찬가지다.

휴먼서비스를 실행하는 사회복지는 이처럼 복잡하고 불확정적인 인간과 사회에 대한 문제를 다룬다. 이러한 기존 지식의 한계에도 불구하고, 사회복지의 실천 현장에서는 늘 사람들의 삶에 치명적인 문제들을 급박하게 대응해야 할 필요가 나타난다. '지식을 위한 지식'의 성격이 강한 학문적 입장과는 달리, 사회복지의 실천 현장에서는 완벽한 지식이 부족하다는 이유로 개입 활동이 주저될 수 없다.

한 사회복지사가 어느 날 클라이언트로부터 전화를 받았는데, 그 클라이언트가 삶의 고통을 호소하며 당장 자살하고 싶다는 심경과 함께 도움을 요청했다고 하자. 그 사회복지사가 판단하건대, 자신은 그 클라이언트의 사정을 이해하고 해결하는 데 충분한 지식을 갖추지 못하고 있다. 이때 사회복지사가 '저는 그에 대한 충분한 지식이 없으므로, 그 상황에 개입하지 못합니다!'라고 하며 자신을 정당화할 수 있겠는가. 그것은 불가능한 일이다.

인간과 사회의 급박한 실천 문제에 대응하는 데 있어서, 사회복지학은 미리 완벽한 지식 체계를 갖추고 있기 어렵다. 문제는 이런 상황에서도 어떻게 해서든 개입 실천은 이루어져야 한다는 것이다. 이에 따라 사회복지 실천 전문직은 현장에서부터의 지식 개척에 대한 필요성을 크게 가져왔다. 사전에 주어진 지식이 불완전하면 할수록, 현장 상황에서 지식을 스스로 개척해야 할 필요성은 더욱 절실해진다.

실험실이나 상아탑이 아니라 서비스가 제공되는 실천 현장에서 직접 지식을 생산하고 적용해야 하는 것이다. 문제는 이러한 과정이 자칫 지식의 오류를 수반하기 쉽다는 점이다. 엄격한 경험적 논리의 훈련을 갖추지 않은 상태에서 자기 이론을 개발하는 경우, 흔히 말하는 자기실현적 예언(self-fulfilling prophecy)과 같은 주관적 논리를 강화하는 오류에 빠지기 쉽다.

아침에 거미를 보면 재수가 좋다는 '믿음'을 가진 사람은, 거미를 아침에 본 날은 재수가 좋을 것이다. 그날의 여러 사건을 재수 좋은 것으로 해석할 준비가 이미 되어 있기 때문이다. 어떤 대상자에게는 서비스의 결과가 어떻게 나타날 것이라고, 확고한 '이론(신념)'을 갖는 사회복지사에게는 대상자의 결과가 대개 예측한 대로 나타날 것이다. 설령 부인하기 힘든 반대 사실이 나타나더라도, 나름대로의 해석을 통해 사회복지사는 자신의 믿음을 강화시킬 것이다. '겉으로는 그렇게 나타나지만, 실제로는 다를 거야' 등으로 자기합리화를 한다. 이런 것들을 자기실현적 예언이라 한다.

신념이나 가치를 전제로 하면 어떤 현상에 대한 설명도 가능하다는 것이 자기실현적 예언의 특성이다. 전문직이 자신의 활동을 가치 있는 것으로 '신념'한다면, 모든 활동들은 가치 있는 결과로 나타날 것이다. 그리고 그러한 과정이 반복되면서 전문직의 신념은 점차 고착되게 된다. 사회복지 전문직을 유지하는 데 확고한 신념이나 가치가 중요한 부분이 있기는 하지만, 이러한 것들이 객관적인 사실 확인을 통해 과학적 지식을 축적하려는 노력에는 방해가 될 수 있다.

사회복지의 실천 활동이 단순한 신념이나 가치를 벗어나기 위해서는 과학적 지식의 사고 기반이 필요하다. 그래서 사회복지 실천의 전문직에서는 과학적 인식 방법을 익히고 적용하는 자세와 훈련을 중요시하는 것이다. 사회복지조사론을 전문직의 교육에서 필수 교과목으로 두는 이유도 이 때문이다. 사회복지 조사방법은 사회복지의 불완전한 사전 지식을 실천 현장에서 과학적 인식 방법을 통해 보충하는 데 필요한 것이다.

사회복지 전문직의 활동에 필요한 세세한 지식들은 사전에 예상해서 개발되기가 힘들고, 미리 유형화되기도 어렵다. 휴먼서비스 현장의 특성상 개별화된 사례 활동에 적합한 실천 지식은 그때마다 현장에서 직접 구성되어야 할 필요가 크다. 그래서 사회복지 조사는 실천적인 이론이 현장에서 개발되는 것을 돕고, 그런 이론들이 타당한지의 여부를 경험적으로 검증할 수도 있게 한다. 현장의 실천 이론들이 과학적 조사방법을 통해 경험적인 검증 과정을 거쳐 축적되어 가면, 궁극적으로는 사회복지에서 과학적 지식 기반이 확대된다.

사회복지 전문직에게 조사방법론은 학술 연구의 결과나 다양한 출처의 정보들을 적절히 이해하고 실천에 수용하기 위해서도 필요하다. 온갖 정보가 넘치는 세상에서 사회복지의 실천과 관련해서도 온갖 실천 지식이나 기법들이 난무한다. 이런 가운데서 올바른 지식의 수용자가 되기 위한 역량을 갖추는 것은 더욱 중요해진다. 사회복지 실천 전문직에게는 조사방법론이 단지 하나의 조사연구를 수행하는 기술이라기보다는, 실천 활동의 모든 측면을 엄정하고 책임성 있는 지식으로 갖추는 방법이다.

4. 사회복지 전문직의 증거기반 실천

근래 사회복지 전문직에서는 증거기반 실천이 한층 더 강조되고 있다. 증거기반 실천이란 전문적 실천 활동에 필요한 지식을 증거(경험)에 기반해서 입증할 필요가 있음을 뜻한다. 실제로 증거기반 실천의 근원적인 이념은 사회복지 전문직에서 이미 일찍부터 강조되어 왔었다. 20세기 초에 사회복지 전문실천의 방법론을 정립한 리치몬드(M. Richmond)의 『Social Diagnosis(사회진단론)』에서 '사회개혁에 대한 노력과 개인 및 집단에 대한 직접적인 실천을 교육하기 위해 조사결과를 사용할 것'을 강조한 것이 이와 같다.[10]

근래 증거기반 실천이라는 용어가 새삼 강조되는 맥락은 사회복지 실천에서 결과에

---

10) Rubin & Babbi, 에센스 사회복지조사방법론, p. 27.

대한 책임성을 중시하는 현실과 관련되어 있다. '증거기반 실천(EBP)'이라는 용어는 원래 미국의 의료전문직이 만들었던 '증거기반 의학(EBM)'에서부터 차용한 것이다. 증거기반 의학은 1980년대 의료전문가들이 환자에 관한 임상적 결정을 내릴 때 '가능한 한 최선의 증거에 입각해서 판단을 내려야 한다'는 원리를 묘사하기 위해 만든 용어다. 이와 유사한 의미로서 사회복지를 비롯한 휴먼서비스 실천 전문직들에서도 이러한 원리를 증거기반 실천이라고 한다.[11]

증거기반 실천은 그 자체로서는 매우 당연한 것처럼 여겨진다. 그럼에도 이것이 강조되고 있는 것은 한편으로 사회복지 실천에서 여전히 여타 원천(예: 전통이나 권위)에 기반한 실천들이 성행하고 있기 때문이다. '증거'기반 실천과 '권위'나 '전통' 기반 실천은 매우 다른 것이다. 권위나 전통으로부터 지식을 도출하는 방식은 휴먼서비스의 실천과 같이 늘 가변적이고 개별화된 양상으로 전개되는 상황에서는 한계가 뚜렷하다. 이러한 상황에 필요한 실천 지식은 표준화되어 미리 주어지기보다는, 해당 사안마다 최선의 경험적인 근거들을 모아 그에 근거해서 판단하는 인식 방법이 중요하다.

휴먼서비스 실천에서 실천자는 대상자의 안위에 치명적으로 중요한 영향을 미칠 수 있는 판단을 내린다. 마치 의사들이 환자의 생명에 치명적인 수술에 관한 결정을 내리는 것과 같다. 의사의 결정이 최대한의 증거 자료에 기반해서 내려져야 하듯이, 휴먼서비스 실천자들에게도 이는 마찬가지다. 권위나 전통에 기반해서 당연히 어떻게 '해야 한다'가 아니라, 경험적인 자료와 증거들에 기반하여 볼 때 어떻게 하는 것이 '최선이다'가 되어야 한다는 뜻이다.

사회복지 전문 실천에서 증거기반 실천이란 스스로 하나의 독립된 실천 방법론은 아니다. 증거기반 실천의 원리는 여러 일반적인 실천 방법들에서 구현될 수 있는 것이다. 실천 방법들이 이념적인 원리에만 매몰되지 않고, 경험적인 근거를 갖출 것을 강조하는 것이다. 예를 들어, 어떤 실천 방법을 적용하든 휴먼서비스의 실천자가 효과적이 되기 위해서는 정확한 감정이입, 따뜻한 마음, 긍정적인 관심, 희망 북돋우기, 클라이언트의 변화 단계에 맞는 적절한 치료 등이 중요하다. 이전에는 이를 이념적인 것으로 간주했다면, 증거기반 실천에서는 그 중요성을 경험적인 근거로 입증한다.[12]

---

11) EBP는 Evidence-Based Practice, EBM은 Evidence-Based Medicine의 약자다. 참고: 상게서, p. 27.
12) 상게서, p. 44.

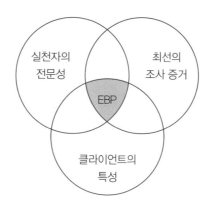

그림 1-1 | **통합적 모델로서의 증거기반 실천 (EBP)**

증거기반 실천이란 단순히 자료나 숫자 등으로 실천을 하자는 것이 아니다. 휴먼서비스의 실천이 효과적으로 이루어지게 하려면, 어떤 상황에서 어떤 특성들이 중요한지를 증거로서 찾아보자는 것이다. 그러므로 증거기반 실천이란 기존의 전문적 실천방법과 기술들을 증거에 기반해서 통합하는 방법에 가깝다. 이를 통해 실천 서비스 관계의 실천자와 클라이언트가 보다 효과적으로 소통하게 해서 서비스의 효과성을 높이는 데 기여하려는 것이다. [그림 1-1]이 그와 같은 증거기반 실천(EBP)의 통합성을 나타낸다.[13)]

증거기반 실천의 원리가 강조되는 이유는 클라이언트와의 공감이나 의사소통을 위해 증거가 중요한 역할을 하기 때문이기도 하다. 대인적 긴밀한 상호작용을 통해 수행되는 휴먼서비스에서는 효과성의 상당 부분이 서비스 과정에서의 공감이나 소통으로 이루어진다. 실천자와 클라이언트가 계약에서부터 종결에 이르는 실천의 전 과정을 객관적인 증거와 사실을 놓고서 의논한다면, 공감이나 소통력이 커질 것이고 궁극적으로 서비스의 효과성도 증진될 수 있다.[14)]

사회복지 실천에서 증거를 중시해서 다루는 것은 당연한 일이 되어 있다. 그럼에도 이것은 단순한 구호나 주장만으로 실현될 수 없고, 객관적 증거를 확보해서 소통할 수 있는 역량이 요구된다. 그래서 사회복지 전문직에서는 실천자들이 사회복지조사론과 같은 교육 과정을 통해 과학적 인식 방법을 갖추는 것을 필수적으로 하고 있다.

---

13) 상게서, p. 30.

14) 실제로 과학적 설명이 사회 통합을 위해 중요하게 소용되었다는 것도 이런 맥락에서다. 객관적인 증거가 서로 이념이나 가치가 다른 수많은 사람을 소통할 수 있게 하는 도구가 되기 때문이다.

제2장

과학적 이론

과학적 이론이란 과학적 지식이 전달되는 한 형태를 말한다. 이론은 무엇에 대한 '설명'인데, 과학적 이론은 이 설명을 '논리와 경험'의 과학적 인식 방법에 기초해서 하는 것이다. 이런 방법으로 만들어지는 과학적 이론은 사회복지가 필요로 하는 엄정한 지식을 제공해 주는 데 유용하다. 다만 인간과 사회에 대한 설명으로서 결정주의적 성향은 유의될 필요가 있다.

1. 과학적 이론이란

과학의 기본적인 목적은 이론을 추구하는 것이다. 이론(theory)은 현상이나 사실, 혹은 그들 간 관계에 대해 설명하는 것이다. 일반적으로 이론이라는 용어는 흔히 사변(思辨)적인 논리라는 뜻으로 쓰이는 경향이 있다. '이론과 현실은 다르다'라고 말할 때, 이론은 경험적으로 검증되지 않은 추상적인 설명이라는 의미다. 과학에서의 이론은 이와 다르다. 과학적 이론은 경험적으로 검증될 수 있는 설명을 뜻한다.

모든 이론은 설명을 하는 것이지만, 과학적 이론은 그 설명하는 방법이 일반적인 이론과 다르다. 과학적 이론은 과학적 인식 방법으로 만들어지고 전달된다. 과학적 인식 방법이란 어떤 이론이 타당한지를 논리와 경험적 근거가 일치하는지로써 판단하는 것이다.[1] 그런 점에서 과학적 이론은 사변적으로만 그치는 설명들과는 분명히 다른 '이론'의 성격을 가진다.

현실적으로 과학적 이론은, 예를 들어 학술지에 게재된 연구 논문 등의 형태로 나타난다. 학술지에 투고된 논문은 게재 여부가 다수 심사자들의 비판적인 검토를 통해 결정되는데, 이때 핵심적인 기준은 이론이 경험적 근거로써 적절히 뒷받침되는지를 확인하는 것이다.

사회복지 분야에서 과학적 이론은 학술 연구뿐만 아니라 실천 현장에서도 만들어지고 검증된다. 학술 연구는 목적 자체가 과학적 이론을 생성하거나 검증하는 것에 있지만, 사회복지의 실천 과정에서도 과학적 이론이 생성되거나 검증해 볼 수 있다. 기존의 학술 이론이 실천에 적용되는 과정에서 이론적 타당성이 검증되거나, 혹은 현장에서 새롭게 발견되는 사실들을 통해 기존 이론에 대한 수정이 가해질 수도 있다. 또한 다양한 환경에서 수차례의 실천 경험들이 체계적으로 구축되는 과정을 거치면서, 특정한 실천이 과학적 이론의 틀을 갖출 수도 있다.

과학적 이론의 유용성은 대표적으로 '변수들 간 관계'를 경험적으로 설명해 주는 것에 있다. 이를 통해 과학적 이론은 현상을 이해하고, 미래에 대한 예측이나 통제도 가능하게 해 준다. 예를 들어, '사람들은 어떤 원인으로 빈곤해질까'를 경험적 사실들 간의 변수 관계로서 설명할 수 있게 되면, '빈곤하지 않게 하려면(결과 변수), 어떤 사실들을 변화시켜야 할지(원인 변수)'도 알게 된다. 사회복지의 전문직에서는 과학적 이론이 줄 수 있는 이 같은 현실에 대한 예측력을 통해 책임성 있는 실천을 구현할 수 있다.

알코올 중독에 관한 여러 과학적 이론이 있다. 이들 이론은 각기 알코올 중독(결과 변수)을 유발하는 심리적, 문화적, 생물학적 요인(원인 변수)을 다양하게 찾는다. 이들 변수는 어떤 구체적인 관계를 통해서 알코올 중독이라는 현상이 일어나는지를 설명하는 것이다. 각 이론들마다 포함된 변수들이나 그들 간 관계가 일정 정도 다를 수 있다. 문화적 요인을 강조하는 이론에서는 '술 권하는 사회'를 주된 원인 변수로 잡을 것이고, 생물학적 요인을 강조하는 이론에서는 '유전 인자' 변수를 중심으로 설명할 수도 있다.

각각의 이론들은 모두 알코올 중독 현상을 적절히 '설명'하려는 것이 일차적인 목적이지만, 이를 통해 알코올 중독을 '예측'하거나 '통제'하는 목적에 활용될 수 있다. 사회복지 실천 전문직은 이런 이론들이 제시하는 설명과 예측력에 의거하여 알코올 중독을 치유(통제)할 수 있는 능력을 가지게 된다.

---

1) 경험(experience)이란 여기서는 사람의 오감에 의해 인식되는 것을 말한다.

과학적 이론은 한 번의 조사연구나 실천 경험만으로 완성되는 것이 아니다. 과학적 이론은 지속적인 노력을 통해 검증되고 수정되면서 성숙되는 것이다. 그래서 현재 상태에서 하나의 이론이 성립되어 있다고 해도(예: 게재된 학술 논문), 그것 자체로 해당 주제에 대한 과학적 이론이 완결되어 있는 것으로 간주하지 않는다. 과학적 이론이란 지속적인 비판과 검증의 대상이 되는 것인데, 이를 통해 과학적 이론은 보다 정교해진다.

큰 틀에서 과학적 이론은 몇 가지의 유형으로 구분해 볼 수 있다. 현상에 대한 설명이 얼마나 구체적이고 정교한지를 기준으로 과학적 이론을 유형화해 보자면 다음과 같다.[2]

임시 구분 임시 구분이란 경험적인 관찰을 조직, 요약하기 위한 목적으로 인위적인 범주를 임시로 구성해 보는 것이다. 범주(category)란 구분될 수 있는 범위를 가진 것을 말한다. 예를 들어, 사람들의 자선 행동에 관련된 자료를 수집해 분석해서, '망설임형' '신중실행형' '과감형' 등의 범주로 구분해 보는 것 등이다. 이런 구분에도 나름대로의 이유와 설명이 포함되므로, 이를 초보적인 이론이라 할 수 있다. 질적 조사연구의 초기 분석 단계에서 시도되는 가변적인 범주화가 대부분 이에 해당된다.

분류 분류(taxonomy)란 일종의 범주 체계를 의미하는 것이다. 임시 구분과는 달리 분류에서는 범주의 체계가 명확하게 설정되고, 범주들 간의 관계가 설명될 수 있기 위해서 경험적인 관찰과 부합할 수 있도록 구성된다. 둘 이상의 차원이나 변수에 근거하여 만들어진 일련의 범주들을 보통 분류라 한다. 주제, 저자, 연도 등으로 분류해 들어가는 '서지분류법' 같은 것이 대표적이다. 사회복지에서는 'UWASIS II'와 같은 분류 체계도 있다.[3]

개념적 틀 개념적 틀(conceptual framework)은 서로 관련되어 있는 개념들의 집합인데, 대개는 개념이나 변수들 간의 관계를 서술하는 명제로서 제시된다. 핀쿠스와 미나한(Pincus & Minahan)의 '체계론 접근'은 일종의 개념적 틀이다.[4] 이는 사회복지 실천을 이해하는 한 방법으로, 대상을 '변화매개 체계' '클라이언트 체계' '표적 체계' '행

---

2) Nachmias, D., & Nachmias, C. (1981). *Research Methods in the Social Sciences* (2nd ed.). NY: St. Martin's Press, pp. 39-49.

3) United Way of America Services Identification System. 미국의 공동모금 기관인 United Way에서 만든 사회적 목표와 휴먼서비스 프로그램들에 대한 분류 시스템. 참고: United Way of America (1976). *UWASIS II: A Taxonomy of Social Goals & Human Service Programs*. Alexandria, VA: UWA.

4) 참고: Pincus, A., & Minahan, A. (1973). *Social Work Practice: Model and Method*. Itasca, IL: F. E. Peacock.; 또한 참고: Mark, R. (1996). *Research Made Simple*. Thousand Oaks. CA: Sage, p. 5.

동 체계'로 각기 분류하고, 실천자와 이들 체계 간의 관계를 '협조' '협상' '갈등' 등의
개념을 사용하여 나타낸다. 개념적 틀이 되려면 이러한 개념들은 명제나 가정을 사용
하여 기술되어야 하는데, 체계론 접근에서는 '클라이언트 체계와 표적 체계는 서로 구
분될 수 있다'라든지, '공유된 목표가 있을 때 영향을 주는 것(influencing)은 갈등적 관
계에서보다 협조적이나 협상적 관계에서 보다 쉽게 행사될 수 있다' 등으로 제시한다.

이론적 체계   이론적 체계란 개념적 틀 혹은 도식(scheme)이 사유, 논리, 조사 등을
통해 잘 개발된 상태를 말한다. 이론적 체계는 분류와 개념적 틀이 모여서 구성되어 있
으며, 여기에서는 개별 개념이나 개념들 간의 관계에 대한 묘사, 설명, 예측 등이 체계
적인 형태로 나타난다. 하나의 이론적 체계라 함은 경험적 현상에 대한 완전한 설명을
위한 하나의 구조를 제공하는 것이다.

모형   모형(model)은 현실에 대한 모방 혹은 추상화된 요약으로서, 현실에 대한 우
리의 관점을 정리하고 단순화시켜 주는 기능을 갖는다. 즉, 비행기에 대해 요약적인 묘
사를 시도하기 위해 비행기의 모형을 만드는 것과 같다. 사회과학에서 모형은 이론과
도 유사하게 사용된다. 모형은 개념들에 대한 체계적인 조직을 시도한다는 점에서 이
론과 일치한다. 차이점은 이론이 추상적이고 일반화의 가능성을 크게 고려하는 데 반
해, 모형은 특정 현실에 대한 축약적이고 정교한 묘사가 주된 관심이다. 앞서 핀쿠스와
미나한의 체계론 접근도 사회복지 실천의 현실에 대한 축약적인 묘사라는 점에서는 모
형의 일종이라 할 수 있다.

2. 과학적 이론의 구성

일반적으로 과학적 이론이라고 할 때는 '이론적 체계'의 상태에 도달한 이론을 주로
의미한다. 컬린저(F. Kerlinger)가 과학적 이론을 '현상을 설명하고 예측하기 위한 목적
으로 구성된 일련의 상호 연관된 구성체, 정의, 명제들로서, 변수들 간의 관계를 구체
화한 것'이라고 규정한 것도 그런 이유에서다.[5] 이에 따르면 과학적 이론 체계를 구성

---

5) Kerlinger, F. (1986). *Foundations of Behavioral Research* (3rd ed.). NY: Holt, Rinehart and Winston, pp. 3-14.

2. 과학적 이론의 구성 | **41**

하는 핵심 요소들은 개념과 변수, 서술이다.[6]

(1) 개념

개념(concept)은 경험적으로 인지할 수 있는 어떤 대상이나 현상을 대변하는 것이다. 개념은 용어, 단어 혹은 상징으로도 표현되며, 서로 다른 개체들이 갖는 공통성을 나타낸다. 예를 들어, '나무'라는 것은 개념이다. 길가에 서 있는 가로수를 보고 나무라 하고, 산에 있는 어떤 것을 보고도 나무라고 한다. 각각의 것들이 서로 다른 개체이기는 하지만, 이들의 공통점을 묶어서 표현할 때 개념이 되는 것이다. 그래서 '나무'는 개념이다. 마찬가지로 '소나무'도 개념이다. 솔가지를 갖는 온갖 모양의 나무들을 지칭할 때 소나무라 한다. '지리산 소나무'도 개념이다. 소나무들 중에서 지리산에 있는 것을 지칭하는 개념이다.

사람들의 생각은 단어나 언어로 형성되어 있으며, 언어는 본질적으로 개념적인 것이다. 이러한 개념들을 통해 우리는 세상을 이해한다. 어린아이가 말을 이해하기 전에 어떤 것을 보고 '나무'로 알면서도 그 옆에 있는 것도 '나무'가 된다는 것을 모른다면, 아직은 개념이 형성되지 않았다고 볼 수 있다. 아동, 노인, 장애인, 정신질환, 상호작용, 평가, 빈곤선, 케이스워크, 이론, 변수, 조사방법, … 등 우리가 사물이나 현상을 지칭하는 데 사용하는 대부분의 것들은 개념이다.

과학적 이론에서 개념은 이론의 기본 구성물이다. 이론을 하나의 완성된 벽돌집이라 한다면, 그것을 쌓는 데 필요한 벽돌들은 개념이다. 예를 들어, 청소년 비행과 관련된 이론에서는 먼저 청소년과 비행이라는 개념이 필요하고, 그 외에도 가족이나 학교 또는 동료집단 등과 같은 다양한 개념들이 동원될 것이다. 어떤 개념이 어느 위치에 어떻게 놓여 쓰이는가에 따라 청소년 비행에 관한 각각의 이론들도 다양하게 양상으로 나타난다. 비슷한 벽돌을 사용하더라도 각기 다른 모양의 벽돌집을 만들 수 있는 것과 같다.

(2) 변수

변수(variable)란 개념의 일종으로, 변화하는 값 즉 변이의 성격을 가지는 개념이다. 변수는 둘 이상의 구분되는 속성 혹은 변수 값을 가지는 것이다. 예를 들어, '성별'이라

---

6) 여기에서 서술은 주로 변수들 간 관계에 대한 설명을 말한다.

는 변수는 {남성, 여성}으로, '소득 수준'은 {상, 중, 하}라든지 {월소득 액수} 등으로 변수 값을 규정할 수 있다. 어떤 개념이 둘 이상의 속성 값을 가지는 것으로 규정될 수 없으면 그것은 변수가 아니다.

> 단순히 '가족'이라는 개념은 변수가 될 수 없다. 만약 '가족 유형'이라고 하면, 이 개념은 변수가 될 수 있다. {대가족, 핵가족} {양부모, 한부모 가족} {소규모 가족, 대규모 가족} {1인 가족, 2인 가족, … } {장애인 가족, 비장애인 가족} {학령아동 가족, 비학령아동 가족} 등처럼 다양한 속성 값의 변이로서 규정할 수 있기 때문이다.

개념과 변수의 성격은 [그림 2-1]과 같다. 모든 개념이 변수가 되는 것은 아니지만, 모든 변수는 개념이 된다. 즉, 변수는 개념의 한 특수한 형태를 지칭하는 것이라고 보아도 무방하다. 과학적 이론에서는 대부분 변수의 성격을 띠는 개념을 많이 다룬다.

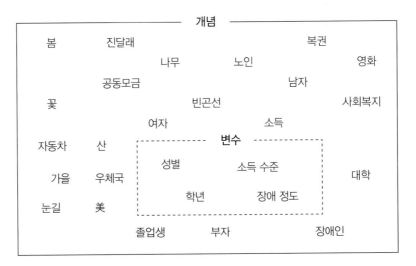

그림 2-1 │ 개념과 변수

하나의 이론은 대개 다수의 변수들을 포함하고서 그들 간의 관계를 설명하는 것이다. 인과관계를 설명하는 이론에서는 원인과 결과에 해당하는 변수들을 대개 독립변수와 종속변수로 칭하는 경향이 있다.[7]

---

7) 조사방법론에서는 일반적으로 독립변수를 X, 종속변수를 Y로 표기하는 경향이 있다.

- 독립변수(X) : 이론 체계에서 독자적으로 설명되는 변수
- 종속변수(Y) : 독립변수와의 관계에 종속되어서 설명되는 변수

이들을 굳이 원인 변수와 결과 변수라고 하지 않는 것은 인과성에 대한 인식론적 한계 때문이다.[8] 인과성(causality)이란 무엇이 원인이고 무엇이 결과임을 제시하는 것인데, 많은 경우에 과학적 방법론으로 이를 엄밀히 증명해 내기란 쉬운 일이 아니다. 그래서 독립변수와 종속변수라는 용어로 대체해서 사용하는데, 제시된 이론의 범위 안에서는 일종의 원인과 결과 변수로서 간주되는 경향이 있다.

사회복지 실천 이론은 특정한 문제 상황에 대해 '개입'이 이루어지면 어떤 변화가 나타날 것인지를 설명하는 것이다. 여기에서 개입(intervention)이란 프로그램이나 서비스의 실행이나 처치(treatment), 치료 등을 뜻한다. 그래서 사회복지 실천 이론의 구성에서는 보통 개입의 유무가 독립변수가 되고, 문제 상황의 변화 혹은 효과가 종속변수로 간주된다. 사회복지 프로그램의 효과성 평가에서는 이들 두 변수 간에 인과성이 성립하는지를 중점적으로 검증한다.

(3) 서술

서술(statement)은 개념과 변수, 그들 간 관계에 대해 묘사하는 것이다. 정형화된 이론에는 다음과 같은 형태의 서술들이 포함되어 있다.

- 공리(axioms) : 이론의 기초가 되는 서술로서, 검증을 필요로 하지 않는다.
- 명제(proposition) : 공리를 토대로 해서 내리는 개념이나 개념들 간 관계에 대한 결론적인 서술이다. 명제는 경험적인 검증을 요구하는데, 대개 가설을 이용한 간접적인 검증 방법을 사용한다.
- 가설(hypothesis) : 명제로부터 유추되는 것으로, 경험적인 실재에 관한 구체화된 서술이다. 만약 주어진 명제가 옳다면, 경험적으로 어떤 관계가 나타날지를 변수들로 제시한다.

전형적인 과학 이론은 위와 같은 종류의 서술들을 포함하여 구성되어 있다. 그러나 모든 이론이 이 모두를 반드시 포함해야 하는 것은 아니다. 가설을 필요로 하지 않는

---

8) 인과성에 대한 자세한 내용은 이 책 6장 참고.

이론도 있으며, 엄격한 공리에서 출발하지 않는 이론 전개도 가능하다.

(4) 패러다임

패러다임(paradigm)이란 개별 이론들이 도출되기 위해 필요한 일종의 거시적인 관점을 말한다. 어떤 현상에 대한 구체적인 설명이나 이론을 만들기 이전에 사람들은 이미 어떤 식의 생각을 가지고 있다. 그것을 패러다임이라 하는데, 현상에 대한 시각을 조직화하는 근원적인 모형 혹은 틀을 의미한다. 패러다임은 어떤 현상에 대한 직접적인 설명이 아니라는 점에서 이론과는 구분된다.

(창조론과 진화론) 기린의 목이 긴 이유에 대해서, 창조론 패러다임에서는 창세기 조물주의 섭리와 의지를 통해서 이를 설명하는 이론들을 전개할 것이다. 반면에 진화론적 패러다임에서는 유전자의 적자생존과 환경에의 순화 과정이라는 개념을 사용해서 기린의 목에 관한 다양한 이론들을 만들 것이다. 이처럼 패러다임이란 한 현상에 대한 이유를 설명하는 데 동원되는 기본적인 시각과도 같은 것이다.

(기능주의와 갈등주의) 기능주의 혹은 사회체계론 패러다임은 '사회생활의 유기적인 구조'에 초점을 맞춘다. 반면에 갈등주의는 '사회생활은 경쟁적인 집단과 개인들 간의 갈등'으로 이해한다. 청소년 비행에 대해, 기능주의 패러다임에서 도출되는 이론들은 가족이나 학교 등과 같은 사회 구조의 통제나 사회화 기능의 약화 혹은 아노미 현상에서 그 이유를 주로 찾으려고 할 것이다. 갈등주의 패러다임의 이론들은 청소년 비행을 세대 간의 갈등, 계급 간의 갈등, 청소년 집단 간의 갈등과 같은 요인들에서 파악하려고 할 것이다. 그래서 동일한 청소년 비행이라는 현상도 이처럼 관점이나 패러다임을 달리해서 보면 각기 다른 모습으로 설명(이론)될 수 있다.

과학적 이론 형성의 과정에서 패러다임은 문제 제기에서 결론 도출에 이르기까지 이론 전개의 전 과정에 걸친 기본적인 틀과 같다. 이론에 포함되어야 할 개념이나 변수들, 그리고 그들 간 관계 서술의 방향에 대한 사전 지침의 역할을 하는 것이다.[9] 철학자 토머스 쿤(T. Kuhn)은 패러다임의 이동이 있어야만 비로소 새로운 개념과 개념적인 틀, 그리고 이를 뒷받침하기 위한 새로운 사실들에 대한 관찰이 이루어질 수 있다고도 본다.[10]

---

9) Kuhn, T. (1970). *The Structure of Scientific Revolutions* (2nd ed.). Univ. of Chicago Press.
10) 쿤(T. Kuhn)은 한 사회의 패러다임이 이동함에 따라 이전에는 이해되지 않거나 볼 수 없었던 사실들이 새롭

3. 이론 형성의 방법 체계

모든 과학적 이론은 논리와 경험에 기반해서 만들어진다. 현상에 대한 설명으로서 이론은 먼저 논리적으로 그럴듯해야 한다. 그럼에도 이것만으로는 철학이나 여타 이론들과 구분되지 않는다. 과학적 이론은 그러한 논리가 경험적인 증거에 의해 뒷받침되거나 혹은 그로부터 생성되는 것이어야 한다. 과학적 이론이 논리와 경험의 체계를 다루는 방법은 크게 두 가지 접근으로 나뉜다. 연역적 접근과 귀납적 접근인데, 이들의 차이는 근본적으로 논리적 인식 체계의 차이에 있다.

1) 연역과 귀납적 논리

이론 전개의 과정에서 논리와 경험이 어떻게 결합되는지를 나타내는 것을 논리 체계라 한다. 논리 체계는 연역적 논리와 귀납적 논리라는 두 가지 대조적인 접근으로 구분된다.

연역적 논리 체계　연역적 논리(deductive logic)는 일반적인 사실에서 특수한 사실들을 이끌어 내는 방법이다. 전형적인 과학적 방법이라 불리는 실증주의(positivism) 입장에서 이론을 만들 때 보통 사용하는 것이 연역적 논리 체계다. 일명 삼단논법(syllogism)이 이에 해당된다. 연역적 방법을 사용하여 이론을 전개한다면, 논리와 경험은 다음과 같이 결합되어 있을 것이다.

(논리)	모든 사람은 죽는다.
(조작화)	소크라테스는 사람이다.
(경험)	그러므로, 소크라테스는 죽는다.

모든 사람은 죽는다는 일반화된 설명, 즉 이론을 검증하기 위해 소크라테스의 죽음이라는 사실을 관찰하는 것이다. 소크라테스가 어떤 생물체의 이름이 아니라 사람이라

게 나타난다고 보았다. 이를 '패러다임 이동(paradigm shift)'이라 하는데, 쿤은 과학적 지식의 혁명은 지식들이 누적되어 나타나는 결과라기보다는 패러다임의 이동에 따라 이루어지는 것이라 주장한다.

는 것은 누구나 안다. 사람의 개념을 현실적으로 경험화하기 위한 조작화로서 소크라테스를 동원한다.[11] 누구도 부인할 수 없는 소크라테스의 죽음이라는 경험적 사실을 통해 '모든 사람은 죽는다'라는 일반 이론의 옳음을 검증하는 것이다. 논리와 경험이 이와 같은 형태로 결합되어 하나의 이론으로 완성되는 것이 연역적 이론 체계다.

귀납적 논리 체계   귀납적 논리(inductive logic)는 연역적 논리와는 반대 방향으로 전개되며, 특수한 경우들을 통해 일반적인 원리로 도달하는 방법이다. 귀납적 논리 체계는 실증주의적 입장에 반대하는 방법론 학파들이 주로 사용한다. 귀납적 방법은 연역적 방법과는 반대의 순서로 논리와 경험을 결합한다. 귀납적 방법을 사용하여 위와 동일한 이론을 전개하려 한다면, 다음과 같이 진행될 것이다.

(경험)	A도 죽는다.
(경험)	B도 죽는다.
(경험)	소크라테스도 죽는다.
(논리)	그러므로, 모든 사람은 죽는다.

여기서 알 수 있듯이, 귀납적 이론은 개별 사건들을 관찰(경험)한 후에 일반적인 결론, 즉 이론에 도달하는 것이다. 이런 식의 전개는 연역적 논리 전개와는 반대적인 입장에 있는 것이다. 귀납적 이론은 문화인류학자들이 현상에 대한 설명 방법으로 오랫동안 사용해 오고 있다. 선입견을 배제한 상태에서 사실들을 먼저 관찰하고, 그에 따라 특정 유형이나 현상을 설명하려는 시도에는 귀납적 논리 체계가 적합했기 때문이다.

2) 과학적 이론 형성의 접근

과학적 이론을 형성하는 방법은 논리와 경험을 어떤 과정으로 구성해야 할지를 두고 관점들이 나누어진다. 연역적 논리 체계를 엄격하게 준수해야 한다고 보는 논리적 실증주의의 관점과, 귀납적 논리 체계도 허용된다고 보는 여타 관점들이 대립한다. '논리적 실증주의'는 흔히 실증주의를 뜻하지만, 실증주의라는 뜻이 경험적인 증거를 중시하는 관점이라는 일반적인 의미로서의 과학적 접근 전체를 뜻하는 것이 되므로, 실증주의 가

---

11) 조작화(operationalization)에 대해서는 이 책 8장 '측정이란'에서 구체적으로 설명한다.

운데서도 양적 접근 방법을 중시하는 관점을 주로 논리적 실증주의라고 부른다.[12]

논리적 실증주의 논리적 실증주의(logical positivism)는 객관성과 실재(reality)를 믿으며, 현실 세계의 사물들은 관찰자의 인식 여부를 떠나 보편적으로 인식될 수 있다고 본다. 여기서는 조작주의(operationalism)를 강조하는데, 이는 관찰자가 실제 세상에 있는 사물들을 이해하려면 측정과 같은 조작이 필요함을 믿는 것이다. 측정될 수 없는 것이면, 그것은 존재하지 않는 것과 같다고 본다. 이러한 입장에 기초하여 논리적 실증주의에서는 현상에 대한 인식 방법으로서, 구성 개념(construct)과 이들에 대한 경험적 근사치를 구하는 조작적 과정 등을 적극적으로 사용한다.[13]

논리적 실증주의에서는 지식 탐구의 모형으로 가설-연역의 방법을 선호한다.[14] 이것은 선이론-후조사의 성격을 띠는데, 개념들의 관계에 대한 논리적인 명제를 우선 갖추고, 경험적으로 수집된 자료들을 통해 이를 검증해 보는 방법이다. 이러한 방법을 연역적이라고 하는 것은, 한 이론이 주어진다면 논리적으로 어떤 것들이 관찰되어야 하는지에 대한 구체적인 예측 혹은 가설들이 먼저 나타나고, 후에 이를 경험적으로 검증해 보는 절차를 갖기 때문이다. 경험적인 사실들이 예측과 맞아떨어질 때 그 이론은 검증되었다고 말한다.

이러한 논리적 실증주의 관점은 사회복지뿐만 아니라 대부분의 전문직 영역에서 지식의 발전과 과학적 방법에 대한 지배적인 인식이 되어 왔다. 그럼에도 불구하고 사회과학에서 자료(경험)와 이론(논리)이 어떻게 연결되어 있는지에 대한 해묵은 논란은 여전히 남아 있다. 특히 인간 사회에 대한 가변적인 지식의 특성상 자료의 역할이 고정된 이론을 검증하는 것보다는, 이론을 생성해 나가는 데 강조점이 주어져야 한다는 질적-귀납적 관점은 여전히 유효하다.

질적-귀납적 관점 사회과학에서는 논리적 실증주의에 반대되는 관점들을 질적(qualitative), 자연주의적(naturalistic), 구성주의(constructivist) 접근 등으로 다양하게

---

12) 여기에 소개되는 두 가지 방법론에 대한 논쟁은 〈Anastas, J., & MacDonald, M. (1994). *Research Design for Social Work and the Human Services*. NY: Lexington Books, pp. 13-25.〉를 주로 참고.

13) 구성 개념이란 과학적 이론 등의 목적을 위해 구성해서 사용하는 개념으로, 특정한 현상을 지칭한다는 점에서는 일반적인 개념과도 같다. 다만 의도적이지 않더라도 개념화되기 쉬운 것들, 예를 들어 키, 몸무게 등의 일반 개념과는 달리, MBTI 성격 유형 등에서 규정하는 심리적 특질 같은 것들은 의도적으로 규정한 구성 개념의 형태를 띤다. 참고: Kaplan, A. (1964). *The Conduct of Inquiry*. SF: Chandler.

14) 가설 연역(hypothetico-deductive)의 방법이란 가설을 연역적으로 추출하고 이를 검증해서 이론의 타당성을 일반화한다는 것이다.

묘사하고 있다. 이러한 견해에 동조하는 입장에서는 보통 다음과 같이 주장한다. 인지자(knower)로부터 따로 떨어져 있는 실재에 대한 지식이란 존재하지 않는 만큼, 개별 관찰자는 주관적이고 감각적인 경험에 의거하여 그 의미를 구성해서 볼(만들어 낼) 뿐이라고 주장한다. 관찰과 자료는 발생하는 맥락에서부터 분리되어서는 이해될 수 없으며, 관찰자의 개인적 혹은 문화적 차원의 요소들이 관찰에 영향을 미치는 작용을 한다고 본다.

전통적인 모형인 논리적 실증주의와 비교해 볼 때, 질적-귀납적 관점은 지식의 일반화 가능성을 크게 염두에 두지 않는다. 그리고 보편적인 지식보다는 특수한 지식들에 더 많은 강조를 두고 있다. 그렇다고 이 관점이 일반 이론의 생성과 검증 가능성을 부인하는 것은 아니다.[15] 맥락을 고려한 현상에 대한 설명, 자료 생성 과정에 참여하는 관찰자를 충분히 묘사하는 것 등을 통해 비록 협소하지만 오히려 깊이 있는 일반 이론이 창출될 수 있다고 본다.

비록 과학적 이론 형성의 방법 체계에서 논리적 실증주의에 의한 양적-연역 접근과 여타 질적-귀납 접근이 뚜렷이 구별될 수는 있지만, 과학적 지식이 축적되는 전반적인 과정은 연역과 귀납 체계의 순환 과정으로 볼 수 있다. [그림 2-2]에서처럼, 조사에 의거해서 이론이 만들어지는 귀납적 과정과 그 이론을 검증하기 위해 조사를 시도하는 연역적 과정이 되풀이되면서 사회과학 현상에 대한 설명, 즉 사회과학 이론들은 점차 정교해져 간다.

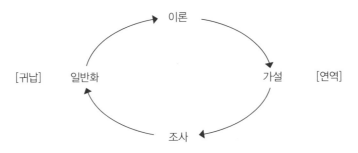

그림 2-2 이론과 조사의 순환 과정을 통한 과학적 이론의 진전

---

15) 참고: Glaser, B., & Strauss, A. (1967). *The Discovery of Grounded Theory: Strategies for Qualitative Research.* Chicago: Aldine de Gruyter.

과학적 이론의 순환 과정이라는 측면에서 보자면, 지식의 출발이 귀납적이었는지 혹은 연역적이었는지에 관한 구분은 크게 중요하지 않을 수 있다. 때론 우리의 인식 과정에서도 특정 지식의 생성이 자료나 경험에서 비롯되었는지, 번뜩이는 생각에서 시작되었는지 불분명할 때가 많다. 어디에서 출발을 했더라도 경험이나 생각이 과학적 이론으로 정립되기 위해서는 이론과 조사 혹은 '논리와 경험'의 지속적 통합을 위한 순환 과정이 필요하다.

다만 특정 시점에서 하나의 실천/조사연구를 수행하는 실천/연구자의 입장에서는, 조사연구의 방법을 설정하는 데 현재 연구의 단계를 선이론-후조사의 연역적 과정으로 볼 것인지, 혹은 선조사-후이론의 귀납적 과정으로 간주할 것인지를 분리해서 고려할 필요가 있다. 어느 과정으로 규정하느냐에 따라 연구 수행에 수반되는 과업과 절차들이 달라지기 때문이다.

3) 실천 전문직의 이론과 조사

사회복지 전문직은 인간과 사회의 문제, 그 해결 방안에 관한 엄정한 이론들을 충분히 갖추어야 한다. 그런데 인간 존재의 무한한 가변성과 복잡성, 전문직의 지식 축적을 기다릴 수 없는 시급한 문제들 등으로 인해, 사회복지 전문직은 정교한 이론이 성숙되기를 기다리기보다는 '거친' 이론을 가지고서도 실천에 뛰어들 수밖에 없다. 또한 전문직의 주된 원리가 인간을 개별화된 존재로서 다루기 때문에, 사전에 표준화되어 있는 이론만으로 실천에 임할 수도 없다.

이에 따라 전문직의 입장에서는 개별적이고도 독특한 실천 상황을 설명해 주는 이론을 현장에서 만들어 내고, 동시에 검증해 나가야 할 필요가 있다. 이러한 맥락에서 사회복지의 전문적 실천 과정이란 그 자체로서 이론의 생성이나 검증이 자연스레 내포되어 있는 것과 마찬가지다. 사회복지 전문직이 과학성을 추구한다는 것은 이처럼 현장의 실천 이론들이 논리와 경험을 함께 갖추는 과학적 방법에 최대한 기초하도록 한다는 뜻이다.

사회복지의 실천 이론이 성숙되어 가는 과정은 귀납과 연역적인 방법의 순환이다. 현장에서 실천 경험들이 임시적인 이론을 만들어 내고, 이 이론은 다시 실천 과정 중에서 경험적인 검증(예: 평가)을 자연스레 거칠 수 있다. 이러한 순환 과정이 거듭되면서 전문직의 전반적인 실천 지식도 과학적으로 성숙된다. 이런 과정이 없다면, 전문직의 이론은 자칫 배타적이고 폐쇄적인 자기 논리에 빠지기 쉽다. 여태까지 사회복지 전문직에서는 과학적 이론을 추구하는 데 소홀해 왔다는 평가가 있다.

'연구자나 실천가들은 지지하는 자료가 없는 상태에서도 가설이나 이론을 세우려고 급하게 서두른다. 특히 사회복지 분야에서 이러한 현상이 많이 나타난다. 많은 개입 모형들이 조사 (경험적인 검증)의 근거도 없이 유행되어 왔다. … 개입방법론이 이론(논리)적으로는 매우 풍부하지만(추상적인 모형들은 많지만), 기술(과학적 조사로 뒷받침된 절차들)에서는 빈약하다. … 과학적 조사를 통해 절차들에 타당성을 부여하는 것은 멀고도 힘든 과정이다.'[16)

결론적으로, 사회복지 전문직의 실천 활동에서는 경험적인 근거들을 통해 일반화된 이론을 만들어 내고, 이 이론들이 다시 실천 경험을 통해 검증되어 가는 과정이 중요하다. 이를 통해 전문직은 과학적 이론을 축적해 갈 수 있고, 그 결과 전문직의 효과성과 사회적 책임성을 구현할 수 있다. 그러므로 모든 사회복지 실천 전문직의 일원은 과학적 조사방법의 역량을 적절히 갖출 것이 요구된다.[17)

4. 사회복지학 이론의 특성

사회복지학은 사회과학의 일반적 범주에 속하면서, 한편으로는 휴먼서비스의 실천 공학이라는 특성도 가진다. 사람과 사회에 관한 현상을 지식 탐구의 주된 대상으로 하고, 그 방법을 과학에 둔다는 점에서 기본적으로 사회과학에 해당된다. 그럼에도 지식 탐구라는 학술적 목적 자체가 중시되는 순수 사회과학과는 달리, 사회복지학은 지식의 실천에 대한 응용을 중시하는 공학적인 특성을 함께 가진다. 이러한 성격들이 결합되어 사회복지학의 고유한 이론 체계를 형성한다.

---

16) Mark, R. (1996). *Research Made Simple*. Thousand Oaks, CA: Sage, p. 10.
17) 사회복지사윤리강령에도 과학적 조사연구의 역량을 갖출 책임이 명시되어 있다. 참고: 한국사회복지사협회.
「사회복지사윤리강령」(2001. 12. 15. 개정 기준). [http://www.welfare.net]

1) 사회과학적 특성

인간과 사회에 대해 탐구하는 분야를 사회과학이라 한다. 사회과학이 추구하는 이론의 목적은 인간과 사회에 대한 현상을 묘사, 설명, 예측하기 위한 것이다. 여타 과학적 이론들과 마찬가지로 사회과학 이론도 일반 상식적인 설명들과 구분되어야 하고, 가치나 이념에 의한 믿음이나 주장들로부터도 분리되어야 한다. 또한 사회과학 이론은 지식 탐구의 대상이 인간과 사회라는 점에서 여타 과학 분야와는 다른 특성들도 가진다.[18]

단순한 믿음이나 철학이 아닌 이론   이상적으로는 과학적 이론이란 무엇이 실제로 존재하는가에 대한 설명이다. '… 해야 한다'거나 '…이 옳다' 등과 같은 가치나 규범의 표명이 아니라, '무엇이, 어떻게, 왜 존재한다'라는 사실에 대한 설명이 주가 된다. 사회과학 이론에서 가치중립이 강조되는 이유도 여기에 있다. 예를 들어, '신자유주의는 옳은 것인가'라는 문제는 비록 충분한 논의 가치를 가지고 있으나, 옳고 그름의 문제는 경험적이 아니라 가치의 문제로 다루어질 수밖에 없다. 따라서 이러한 문제들은 엄격하게 본다면 과학적 이론의 대상이 되기 어렵다.

사회적 규칙성   이론은 사람들의 사회생활에서 지속적으로 나타나는 현상에 대한 논리적이고도 정형화된 유형을 찾아내려는 노력이다. 여기에서의 근본적인 가정은 인간들의 삶이란 완전히 혼란하거나 무작위적인 것이 아니며, 적절한 규칙성을 가지고 있다는 것이다. 사회 현상에 이러한 규칙성이 존재하지 않거나 혹은 그에 대한 이해가 없다면, 개인과 사회는 존속할 수 없다. 예를 들어, 학교에 다니는 학생들은 나름대로의 사회적 규칙성을 확인해야 행동할 수 있다. '지각하면 벌점을 받는다' '성적을 높이면 장학금을 받는다' 등의 규칙성들은 일정하게 되풀이되어 학교생활을 예측할 수 있도록 한다. 학교뿐만이 아니라 개인이 살아가고 있는 모든 사회적 환경은 이러한 규칙성에 대한 믿음과 이해에 근거하고 있다.

문제는 자연과학 분야들과는 달리, 사회과학에서는 이러한 규칙성을 발견하는 것이 그리 쉽지 않다는 것이다. 돌멩이나 세균은 일정한 작용에 대해 일정한 반응을 보이는 규칙성을 가지고 있으나, 사람들은 일정한 자극이 주어져도 매번 같은 반응을 보이지

---

18) 참고: Rubin, A., & Babbie, E. (1993). *Research Methods for Social Work* (2nd ed.). Pacific Grove, CA: Brooks/Cole, pp. 18-24.

않을 수 있다. 인간들에게는 돌멩이에 없는 '자발성'이나 세균에 없는 '자유의지'가 있고, 그러한 인간으로 구성된 사회 현상들에서 엄격한 규칙성을 찾아내는 것은 결코 쉬운 일이 아니다. 그럼에도 불구하고 규칙성을 찾고 이를 설명하려는 이유는, 그것을 통해 인간과 사회에 대한 이해의 폭을 넓히고 보다 정확한 예측을 해 나가기 위함이다.

개체가 아니라 집합체   사회과학 이론은 개체가 아니라 사회적 유형과 그 규칙성에 관심을 갖는다. 비록 개체들의 행동을 통해 관찰되기는 하지만, 사회적 유형의 규칙성은 집합체로부터 도출된다. 따라서 사회과학 이론이란 특정한 개체나 개인에 관한 이론이 아니라, 그들이 모인 집합체의 행동에 관한 이론인 것이다. 집합체에서 특정한 성격이 나타나는 것은 사회적인 규칙성이 있다는 증거다. 개인들은 각자 개별화된 동기를 가지면서 다양하게 행동하는 것처럼 보이지만, 그러한 행동들이 모인 집합의 관점에서 보자면 놀라울 정도로 일정한 규칙성이 되어 나타난다.

> 다른 조건들이 일정하다면, 한 지역의 교통사고 발생률은 해마다 큰 차이가 없다. 또한 연령, 성별에 따라 예측 가능한 사고율을 나타낸다. 무수히 많은 운전자들이 무수히 많은 개인적인 동기들을 가지고 운전하지만, 이들 전체의 사고 확률은 예측 가능한 일정한 범위 안에서 나타난다.

이러한 것이 개체가 아니라 집합체 안에서 찾아낼 수 있는 사회적 유형의 규칙성이다. 만약 사회적 규칙성이 없었다면, 가족, 정치, 경제, 사회복지 등과 같은 사회적 제도들은 존재할 수 없었을 것이다. 사회과학은 집합체의 규칙성을 묘사하고, 그 원인을 설명하는 데 주된 관심이 있다. 집합에 참여하는 개인들은 계속해서 바뀌는데도, 왜 집합적 행동 유형은 일정한 규칙성을 띠고 나타나는지 알고자 하는 것이다. 규칙성의 시스템은 변수로서 다루어진다.

변수에 대한 관심   의사는 환자가 주된 관심사이지만, 병리학자는 환자가 갖는 변수(세균, 세포, 혈액…)가 주된 관심의 대상이 된다.[19] 전문 실천자의 입장에서는 개별 클라이언트가 주된 관심사이지만, 사회복지 연구자는 클라이언트 자체보다는 그들에 영향을 주는 변수에 주된 관심을 갖는다. 이론이란 변수들 간의 관계에 대한 설명이지, 개별 사람들 간의 관계에 대한 설명은 아니다. 연구자가 사람들을 관찰하는 것은 그들

---

19) 변수란 복수의 속성들에 대한 논리적인 집합을 의미하며, 개념과도 유사한 의미로 쓰인다. 이에 대해서는 뒤에서 자세히 설명한다.

4. 사회복지학 이론의 특성 | **53**

이 변수를 가지고 있기 때문이다. 마치 병리학자가 사람들을 관찰하면서, 그들이 가지고 있는 세균과 질병 간의 함수 관계에 대해서 관심을 갖는 것과 같다.

병리학자의 세균이 사회과학 실천/연구자에게는 곧 변수와 같다. 사람들은 성별, 나이, 용모, 학력, 소득, 가족 관계, 심리 상태 등등 이루 헤아릴 수 없는 무수한 변수들로 구성되어 있다. 이러한 변수들이 사람이 살아가며 나타내는 행태에 영향을 주는 것이다. 사회과학이 사회 현상을 이해하고 예측하는 데 필요한 지식을 만들어 내는 방법은 사회적 규칙성을 찾아내는 데 있고, 그러한 규칙성을 찾는 방법은 개인이나 사회에 자연스럽게 내재되어 있는 다양한 변수들 간의 관계를 밝혀내는 것이다.

2) 실천 공학적 특성

사회복지학은 사람과 사회에 대한 지식을 과학적으로 탐구하는 사회과학의 본질을 띤다. 그럼에도 사회복지학은 상당 부분의 지식이 현장 실천의 필요성과 연결되어 있으므로, 지식 탐구 자체를 주된 목적으로 하는 순수 사회과학 분야들과는 일정하게 차이가 난다. 그래서 사회복지학은 사회 공학(social engineering)으로서의 응용 사회과학에 보다 가깝다. 비록 인간과 사회 현상들에서의 규칙성을 찾아 이론으로 갖추지만, 그 자체가 사회복지학의 최종 목적은 아닌 것이다.

사회복지학은 집합체 차원에서 발견된 규칙성 이론이 어떻게 개체들 차원의 실천 과정에서 적용될 수 있을지를 중요시한다. 이 과정은 순수 학술 탐구 목적의 방법들과 차이가 난다. 논리와 경험적 근거를 동시에 중요시한다는 과학적 방법에는 일치하지만, 집합체 차원에서 개발된 이론이 개체 차원으로 환원되는 과정에 대한 지식이라는 측면에서 차이가 난다. 마치 실험실에서 개발된 의학 지식이 의료 전문직의 실천 지식을 통해 개인들에게 환원되는 것과도 같다.

과학적 이론이 실천 현장에 적용되기 위해서는 이를 실천 이론으로 만드는 작업이 추가적으로 필요하다.[20] 특정 현상이나 문제에 대해 어떤 변수가 원인이 된다는 것을 알더라도, 예를 들어, '알코올 중독'에 대해 '사회적 지지망'이라는 변수가 중요한 원인

---

20) 이것은 마치 병리학자가 찾아낸 세균에 관한 지식만으로 환자들이 저절로 치료되지 않으며, 그러한 지식이 환자의 치료 목적에 적절히 쓰이기 위해서는 전문직의 임상적(clinical) 지식이 추가되어야 하는 것과 같다.

이 된다는 것을 과학적 이론이 밝혀냈더라도, 특정 대상에 대해 사회적 지지망을 변화시키기 위해서는 어떤 환경이나 내용들로 구성된 개입의 실체가 필요한지, 그 경과와 결과는 어떻게 될지 등을 예측하고 설명하는 것은 실천 이론에 속한다.

그래서 실천적 사회복지 이론이라 함은 일반 사회과학적 이론에 개입 과정 지식의 성격이 추가 내포된 것을 말한다. 이를 변수에 대한 관심으로 바꾸어 말하자면, 개입 혹은 치료 과정에 내포된 실천 변수들을 식별해 내고 설명하는 일이 사회복지학 이론에서는 중요하게 간주된다는 뜻이다.

5. 과학적 결정주의와 인간의 자유의지

사회과학을 포함한 모든 과학적 이론들은 '왜'라는 질문에 대답하기 위한 것이다. 사회복지 이론들도 마찬가지로 '왜 어떤 사람들은 빈곤할까' 혹은 '어떤 서비스 프로그램은 왜 효과적이지 못할까' 등을 알려는 것이다. 이유를 알면 사람들을 빈곤하지 않게 만들거나, 프로그램을 효과적으로 만들려면 무엇을 해야 할지도 알게 된다. 그런데 이 과정에서 흔히 사람들의 자유의지 혹은 주관적인 동기가 일차적인 원인으로 치부되고 말 수도 있다.

사람들에게 '왜 이혼하는가'라는 질문을 하면, '별다른 이유가 없어요. 그냥 싫어서'라는 대답을 들을 수 있다. 물론 대부분의 이혼하는 사람들은 '상대방과 함께 살기 싫어서'라는 주관적인 동기를 가지고 있을 것이다. 이혼뿐만 아니라 거의 모든 인간의 행동 선택의 이유에는 이러한 자유의지 부분이 당연히 포함되어 있다. '왜 자살하는가'에 대해 '죽고 싶어서', '왜 학대하는가'에 대해 '때리고 싶어서'가 이유가 될 수는 있다. 그럼에도 이론적 탐구를 여기에서 그친다면, 사람들이 이혼하고, 자살하고, 때리는 등의 모든 이유는 자유의지만으로 귀결되고 만다.

만약 이론을 한걸음만 더 탐구해서 들어간다면, '함께 살기 싫어서' '죽고 싶어서' '때리고 싶어서'라는 동기 내지 자유의지는 어떤 이유에서 나올까를 묻는다. 그러면 개인의 주관적인 동기를 넘어서는 객관적인 요소들을 찾아낼 수 있다. 예를 들어, '함께 살기 싫은' 생각을 만들어 내는 것은 성격 차이, 금전 문제, 가족 관계, 자녀 문제, 성 문제, 정신질환 등 무수한 많은 이유(변수)들이 있을 것이다. 개인 차원을 넘어서는 이유들로는 성 역할 변화나 여성 취업률 증가 등에서부터, 보다 거시적으로는 세계화, 정보화, 포스트모더니즘 등까지도 연결시켜 볼 수 있다.

사회복지 이론의 목적은 개인들의 주관적인 동기를 발생하게 만드는 요인이 무엇인지를 알려는 것이다. 단지 '싫어서' '그리고 싶어서' 라는 이유만으로 만족한다면, 사회복지 이론은 학술적으로도 실천적으로도 지식으로서의 의의가 없다. 사회복지 이론을 개발하는 목적은 그러한 주관적인 동기를 유발하는 객관적인 요인들을 찾아내자는 데 있다. 우리가 인간의 상황에 개입을 시도하고자 할 때는, 주관적인 동기에 대한 직접적인 변화가 아니라 그러한 동기에 영향을 주는 객관적인 요인들을 찾고 변화시키려 한다.[21]

인간의 행동이 모두 객관적인 요소들의 영향만으로 결정되는 것은 아니다. 인간은 자유의지를 소유하고 있으며, 인간의 사회적 행동에는 자유의지가 크게 작용하고 있다. 이것이 인간을 인간답게 만드는 가장 중요한 요소가 되어 왔음은 분명하다. 다만 거기에도 자유의지를 제한하는 여러 사회적 법칙들이 있다는 것은 부인할 수 없다. 아무리 강한 자유의지의 소유자라 해도 중력의 법칙을 무시하고 하늘로 걸어 올라갈 수는 없는 것이다.

마찬가지로 인간 사회에도 우리의 자유의지를 넘어서서 작용하는 나름대로의 법칙들이 있다. 비록 인간과 사회에 대한 현상에서 불변의 질서를 찾아내는 것은 쉽지 않다고 보지만, 그럼에도 그것이 아예 존재하지 않는다는 것은 아니다. 그러므로 사회복지 분야의 실천/연구자들도 불변의 진리에 대해서는 일정한 한계를 인정해야 하지만, 그럼에도 과학적 설명을 가능한 한 추구해 가려는 자세만큼은 변함없이 중요하게 가져야 한다.

과학적 이론이 일반적 법칙을 찾으려는 과정에서는 결정주의적 성향이 내포되기 쉽다. 결정주의(determinism)란 인간과 사회에 대한 수많은 현상을 소수의 결정적인 요인들로 축약해 설명할 수 있다는 입장이다. 사회복지의 실천 지식들도 대부분 이러한 과학적 결정주의적 성향을 어느 정도 가지고 있다. 이것은 일종의 환원주의의 성격을 띠는데, 환원주의(reductionism)란 모든 현상은 근원적인 요인들로 환원되어 단순화된 설명이 가능하다고 믿는 입장이다.

환원주의나 결정주의의 문제는 '광범위한 인간 행동을 설명하는 데 동원되는 원인 개념이나 변수들이 지나치게 한정되어 있다'는 점이다. 그런데 모든 사회과학 이론은

---

21) 여기에는 인간의 내·외부적인 요인들이 모두 포함되며, 이들 요인이 사회복지 조사연구에서는 변수로 다루어진다.

이러한 환원주의적 속성을 일정 정도 추구하는 것이 사실이다. 복잡하고 다양한 현상 변수들과 그 관계를 있는 그대로 설명하기란 불가능에 가깝기 때문에, 그것을 단순화된 사실로 축약시켜 보통 설명한다. 사회과학에서 양립하는 두 가지의 대표적인 환원주의로는 '경제적 결정주의'와 '심리적 결정주의'가 있다.

경제적 결정주의는 제반 사회 현상들의 배후를 경제적 요인이 지배하고 있다는 설명이다. 이에 따르면, 모든 사회 현상의 원인을 밝히다 보면 결국 경제적 요인과의 연관성으로 귀결된다는 것이다. 반면 심리적 결정주의는 인간이 만들어 내는 모든 현상을 심리적 요인의 작용 결과로 귀속시키는 것이다. 이러한 대립되는 결정주의를 어떻게 받아들이고 선택하는가에 따라서, 동일한 사건이나 현상에 대한 설명도 각기 현저히 다르게 나타날 수 있다.

> 빈곤을 경제적 결정주의 입장에서 보면 그 원인이 어떻든 경제적 요인에 뿌리를 둔 것으로 설명된다. 반면에 심리적 결정주의에서는 개개인의 심리 상태에서 빈곤의 원인이 출발된 것으로 간주할 것이다. 따라서 빈곤 치유를 위한 실천 노력들도 어떤 결정주의를 채택하는지에 따라 전혀 다른 방향으로 진행될 수 있다. 경제적 결정주의는 소득 보장과 임금격차 해소 등의 해법을, 심리적 결정주의는 빈곤문화와 상담치료, 교육 등의 해법을 제시할 것이다.

이처럼 결정주의는 과학적 학술 연구나 실천 활동 모두에서 필요악과도 같다. 이것 없이는 복잡한 현실을 헤쳐 나가기 어렵고, 받아들이면 현실에 대한 이해가 단선화될 위험성이 커진다. 어차피 이론의 목적은 있는 그대로를 보는 것이 아니라, 나름대로의 시각과 관점을 가지고 현상에 대한 축약적인 이해를 시도하는 것이다. 그러므로 어느 정도의 결정주의적 속성을 가질 수밖에 없다. 그럼에도 인간 존재의 개별적이고 고유한 특성에 대한 믿음을 전제로 하는 사회복지 실천/연구들에서는 과학적 이론이 내포하는 결정주의적 속성으로 인한 위험성은 유의해야 할 필요가 있다.

제3장

조사연구

조사연구(research)는 이론을 만들고 검증하는 과정이다. 과학적 이론은 논리와 경험이 합치된 설명인데, 그런 설명이 조사연구를 통해 만들어진다. 조사연구는 수행되는 방식에 따라 양적 및 질적 방법으로 나누어진다. 어떤 방식을 따르더라도 조사연구의 목적과 단위, 시간적 틀에 대한 고려는 일차적으로 필요하다. 사회복지의 조사연구는 사람들을 대상으로 하기 때문에 윤리적 고려도 중요하다.

1. 조사연구의 방법

조사연구의 일관된 목적은 과학적 이론의 생성에 있다. 낮은 단계의 분류화 설명에서부터 고도의 이론적 체계에 대한 설명에 이르기까지, 모든 과학적 이론은 논리와 경험이 합치된 것이어야 한다. 그러한 합치를 만들어 내는 과정이 조사연구인데, 이를 수행하는 절차와 방식은 일반적으로 '양적 방법'과 '질적 방법'이라는 이름으로 구분된다. 근래에는 이들 방법을 섞어서 사용하는 '혼합적 방법'의 조사연구도 등장한다.

1) 양적 및 질적 조사연구 방법

과학적 이론을 만들기 위한 조사연구의 방법은 논리와 경험이 결합되는 절차 방식에 따라 양적 및 질적 방법으로 차이가 난다. 논리를 먼저 세우고 이를 경험적으로 검증해 보는 연역적 접근을 '양적 방법'의 조사연구라 하고, 경험적 증거들이 쌓이면서 이를 설명하는 논리를 만드는 방식의 귀납적 접근을 '질적 방법'의 조사연구라 한다.

양적 조사연구 방법　양적(quantitative)의 의미는 경험의 수준이 계량적인 측정으로 다루어지는 것을 뜻한다. 양적 조사연구의 방법은 가능한 객관화된 측정 도구를 사용해서 경험적인 자료를 계량적으로 수집해서 활용하는 것이다. 예를 들어, IQ와 같은 도구를 써서 사람들의 지능을 경험적으로 측정하고 이를 가설 검증 등의 분석에 활용하는 것이다.

여러 가지 목적의 양적 조사연구들이 있지만, 전형적인 가설-검증 목적의 조사연구에서는 선행 이론으로부터 가설을 도출하고, 계량적 수준의 측정 도구를 활용한다. 수집된 자료는 통계적 방법 등으로 분석해서, 가설과 합치되는 증거가 나오면 이를 근거로 이론의 타당성을 확인한다. 일반적으로 양적 조사연구 방법이라고 하면, 초점은 양적 차원의 측정과 자료수집, 통계분석 등을 활용하는 조사연구를 포괄적으로 말하는 것이다.

질적 조사연구 방법　질적(qualitative)의 의미는 경험의 수준을 계량화된 수준으로 치환하는 것을 최소화한다는 의미다. 이는 양적 측정이 구할 수 없는 경험의 깊이를 얻는 데 유용하다. 지능을 IQ 시험지를 통해 점수화하는 대신에, 특정 사람(들)의 지적 능력이 어떤지를 깊숙하게 설명할 수 있는 자료를 구할 수 있다. 사람들이 자신의 지적 능력에 대해 가지는 생각이나 느낌 등은 사전에 준비된 측정 도구를 통해 수집하기 어렵다. 이처럼 질적 조사연구 방법은 사전에 이론적 근거를 제시하기 어려운 현상에 대해 대화나 이야기, 관찰 등의 방법으로 자료를 수집하고 해석해 가면서 논리 혹은 설명을 만들어 나가는 것이다.

양적 및 질적 조사연구 방법에서의 강조점 차이는 [그림 3-1]처럼 요약될 수 있다. 특정 조사연구를 수행함에 있어서 이를 양적 방법으로 할지, 아니면 질적 방법으로 접근할지에 대한 결정은 설명하려는 현상의 성격에 달려 있다. 설명하려는 현상, 즉 과학적 이론의 대상이 되는 연구 문제가 어떤 성격인지에 따라 그에 적합한 조사연구의 접근 방법이 결정된다.

해당 연구 주제와 관련해서 선행된 지식이 부재하거나 의문이 제기되는 상황에서는 미리 명제(논리)를 설정하기가 어렵다.[1] 따라서 우선 경험을 해 가면서 자료수집을 하

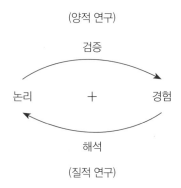

(양적 연구)

검증

논리 + 경험

해석

(질적 연구)

그림 3-1 양적 및 질적 조사연구 접근: 논리와 경험의 결합 방식 차이

고, 그 자료를 토대로 연구 주제에 대한 논리적인 해답을 찾아내는 귀납적 접근이 적절하게 된다. 반면에 특정한 연구 문제에 대해 나름대로의 이론을 제기할 수 있을 만큼의 선행 지식이 갖추어져 있을 때는 미리 가정적인 논리를 세워 볼 수 있다. 이 경우는 연구 문제에 대한 이론화를 시도하여 잠정적인 결론(가설)을 먼저 도출하고 난 후에, 그것을 경험적인 자료를 통해 검증해 보는 연역적인 접근이 적절하다.

양적 조사연구가 선이론-후조사의 과정으로 수행된다면, 질적 조사연구는 선조사-후이론의 과정을 따른다. 이와 같은 양적 및 질적 조사연구의 방법 차이는 과학적 이론의 본질과는 무관하다. 과학적 이론은 일관되게 논리와 경험의 합치된 설명을 추구한다. 다만 특정 시점에서 특정 주제에 대한 하나의 조사연구를 수행하는 데서는 무엇으로부터 출발할 것인지에 대한 차이가 있다. 이론을 검증하는 것과 경험을 해석하는 것에 대한 초점의 차이도 있다. 그러나 두 방법 모두 논리와 경험을 결합해서 현상을 설명한다는 과학적 이론의 근간에서는 동일하다.

20세기 후반에 들어서면 과학 분야 전반, 특히 사회과학 조사연구들에서 양적과 질적 연구 방법을 하나의 조사연구 수행에서 같이 쓰는 경우가 늘어나고 있다. 이는 사회복지 분야에서도 마찬가지인데, 여기에는 기존 사회복지 조사연구들이 지나치게 양적 방법 접근만을 강조해 왔었던 데 대한 반성도 포함되어 있다. 그 결과 질적 방법을 도입하는 경향이 늘어나는데, 질적 방법도 역시 이것만으로는 이론의 엄격성이나 일반화의 가능성이 낮다는 한계를 가진다. 그에 따라 하나의 조사연구 과정에서 두 가지 방법

---

1) 명제는 연구 문제에 대한 논리 전개에 의한 잠정 결론에 해당되는 기술이다. 논리적 명제의 옳고 그름을 검증하기 위한 경험적 조사연구는 가설 검증이라는 간접 방법을 주로 활용한다. 이 책 6장에서 자세히 설명한다.

을 함께 사용하는 이른바 혼합적 방법(mixed method)도 활발하게 채택되고 있다.[2]

2) 혼합 조사연구 방법

혼합적 방법은 양적 및 질적 방법을 하나의 조사연구에서 혼합해서 사용하는 방식이다. 오늘날 혼합적 방법은 하나의 독립된 조사연구 방법으로도 간주되고 있다. 이 방법은 한 조사연구가 단순히 양적 및 질적 방법들을 편리한 대로 섞어서 사용한다는 것과는 다르다. 혼합 방법의 조사연구도 적절한 의도와 절차를 갖추기 위한 설계가 필요하다.[3] 대표적으로는 [그림 3-2]에서와 같이 세 가지 유형의 혼합 방법 설계가 있다.[4]

수렴적 혼합방법 설계 양적, 질적 자료를 함께 수집한 다음, 각각을 분리하여 분석한다. 그런 다음 각각의 분석 결과를 하나로 합쳐 서로가 서로를 뒷받침하는지 여부를 비교한다. 두 결과가 일치하면 신뢰도가 높아진다.

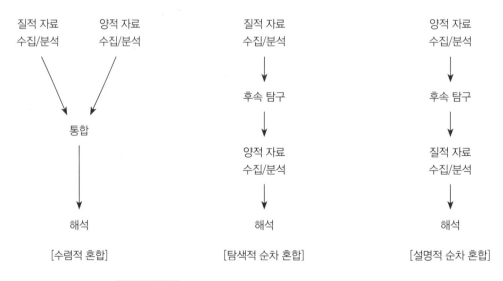

그림 3-2 혼합적 조사연구 방법의 세 가지 설계 유형

2) Rubin, A., & Babbie, E. (2019). 에센스 사회복지조사방법론(*Empowerment Series: Essential Research Methods for Social Work*, 4th ed.). (유태균 역). 학지사. (원저는 2016년에 출판), p. 51.

3) 상게서, p. 54.

4) 참고: Creswell, J. (2014). *A Concise Introduction to Mixed Methods Research*. Thousand Oaks, CA: Sage.; Creswell, J. (2014). *Research Design: Qualitative, Quantitative and Mixed Methods Approaches*. Thousand Oaks, CA: Sage.

탐색적 순차 혼합방법 설계　질적 자료를 먼저 수집하고 분석하여, 양적 연구를 위한 기초를 제시하는 설계다. 이 설계의 목적은 소규모 표본에 대한 질적 연구를 통해 얻은 통찰을 양적 연구에서 가능한 대규모의 대표성을 가진 표본에 적용하여 일반화할 수 있는지 보는 것이다. 또 다른 목적은 질적 연구를 활용하여 양적 자료수집을 위한 도구를 개발하는 것이다.

설명적 순차 혼합방법 설계　양적 연구 방법을 사용하는 연구자들이 보다 적절하게 활용할 수 있는 설계다. 이 설계에서는 양적 자료를 먼저 수집하고 이어서 질적 자료를 수집하는데, 어떤 질적 자료를 수집할 것인지는 연구자가 양적 자료의 결과를 보다 더 잘 이해하고 풍부하게 해석하는 데 도움이 될지에 기초해서 결정한다.

2. 조사연구의 과정

조사연구가 수행되는 과정은 연구 방법의 접근에 따라 차이가 난다. 이론과 조사 혹은 논리와 경험을 결합하는 순서가 양적 연구 접근에서는 연역적 과정, 질적 연구 접근에서는 귀납적 과정을 따른다. 같은 연구 접근이라도 각 단계별 진행 순서와 중요성은 개별 연구들마다의 특성에 따라 각기 다르게 나타날 수 있다. 그러나 어떤 경우에도 모

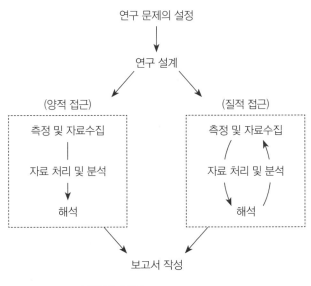

그림 3-3 조사연구의 단계

든 조사연구의 과정은 [그림 3-3]에 포함된 단계들을 공통적으로 가진다.[5]

1) 연구 문제의 설정

연구 문제의 설정이란 조사연구를 시작되게 했던 연구 의문에서부터 구체적인 연구의 목적과 문제, 대상을 찾아내는 것이다. 이를 위해 선행 연구나 이론들을 검토해 보기 위한 문헌 고찰도 중요하지만, 자유로운 사유를 통해 아이디어를 갖는 것도 중요하다. 이 과정은 기술적이라기보다는 생각과 고뇌가 요구되는 단계이며, 대부분의 연구에서 가장 중요한 단계이기도 하다. 적절한 연구 문제를 설정하는 것은 연구의 절반을 성공한 것이나 같다.

양적 방법의 조사연구에서는 연구 문제에 대한 잠정적인 결론에 해당하는 명제를 먼저 도출하고, 이를 경험적으로 검증해 보기 위해 필요한 가설들을 설정한다. 가설은 대부분 변수나 변수들 간 관계로 제시되는데, 이를 경험적으로 검증하기 위해서는 변수들을 경험적으로 측정 가능한 상태로 조작화한다.[6] 질적 방법의 조사연구에서는 관찰들을 먼저 진행한 이후 이를 설명하는 가설이 만들어지는 과정을 거치므로, 연구 명제 혹은 이론은 이 단계에서 등장하지 않는다.

2) 연구 설계

연구 설계 단계는 연구 문제가 결정된 후에 그 문제를 해결하기 위해 가장 적합한 논리적 배열(연구 디자인)은 무엇인지, 그에 따른 자료수집 방법은 어떤 것이 좋을지 검토해 보고 선택하는 단계다. 연구 문제의 형성 단계에서 제기된 쟁점을 고려하여 어떤 논리 전개와 자료수집 방법을 선택할 것인지를 결정한다. 현실적 실행 가능성도 중요하게 고려한다. 이 단계는 양적 방법과 질적 방법의 연구 설계로 나뉠 수 있는데, 양적 설계에서는 실험이나 비실험, 횡단연구나 종단연구 등으로 다양한 조합의 디자인을 채택

---

5) 그러나 실제 조사연구가 수행되는 현실에서는 이러한 과정이 엄격하게 분리되지는 않는다. 이론을 세우는 과정에서 자료들을 참고해 볼 수 있고, 자료수집을 하는 도중에 기존 이론을 고려해 볼 수도 있다.

6) 조작화(operationalization)란 의도적으로 구성해서 만들어 낸다는 뜻으로, 추상적인 개념을 경험적인 상태에서 확인될 수 있는 형태로 조정해서 만들어 내는 것이다.

2. 조사연구의 과정 | **63**

할 수 있고, 서베이나 관찰, 문헌 등을 통한 자료수집이 가능하다. 질적 방법의 설계에는 근거이론, 사례연구, 민속지학 등의 유형이 있는데, 이들은 공통적으로 연구 디자인과 자료수집의 방법이 크게 구분되지 않는다.[7]

3) 측정 및 자료수집

앞서 단계에서 설계한 조사연구를 실행에 옮기기 위해 변수들을 측정하고, 자료를 수집한다. 이 과정을 미리 엄격하게 구조화하여 실행할지, 아니면 새로운 통찰력을 발견하면서 연구를 유연하게 수정해 가면서 실행할 것인지는 앞서 단계의 연구 설계에서 결정되었다. 양적 방법이 질적 방법에 비해 엄격한 구조화를 강조한다.

측정(measurement)이란 연구 문제와 가설에 포함된 개념이나 변수들을 개념화와 조작화를 통해 경험 가능한 것으로 치환하는 작업이다.[8] 양적 방법과 질적 방법의 조사연구는 이 측정 부분에서 가장 크게 견해가 대립된다. 양적 연구는 현상에 대한 객관적인 측정의 가능성을 믿고, 그 측정의 결과를 각종 분석에 적극적으로 활용한다. 반면 질적 연구에서는 측정 결과의 활용에는 관심이 적고, 오히려 측정 과정 자체의 주관성과 맥락 등의 문제를 중시하는 경향이 있다.

자료수집이란 측정 방법에 따라 자료를 직접 수집하는 단계다. 서베이 형식의 자료수집과 관찰을 통한 자료수집 간에는 큰 차이가 있다.[9] 문답 형식의 서베이는 조사 대상자들이 자료를 제공하고, 관찰에서는 관찰자(연구자)가 자료를 생성해 낸다. 이러한 시각 차이에 따라 생성되는 자료들의 성격이 달라질 수 있으므로, 연구 목적에 적합한 자료수집의 방법을 선택할 수 있어야 한다. 또한 자료수집 과정에 필요한 구조화의 정도(도구의 엄격성) 등을 연구 문제와 환경에 맞추어 적절하게 구사하는 것도 필요하다. 예를 들어, 같은 서베이 방법이라도 우편 설문과 대인면접 설문은 각기 다른 성격의 자료를 산출해 내는 등의 차이가 있다.

---

7) 질적 조사연구 설계에 대해서는 이 책 5장에서 설명한다.
8) 측정의 개념화와 조작화에 대해서는 이 책 8장에서 설명한다.
9) 이에 대한 자세한 설명은 이 책 12장과 13장 참고.

4) 자료 처리 및 분석

자료 처리란 자료를 보다 해석하기 쉽게 만들기 위해서 수집된 자료를 분류하거나 부호화하는 것이다. 자료수집 단계에서 사전에 분류되지 않은 자료들(예: 설문지의 개방형 질문에 대한 응답들)은 범주화 작업을 거친 후에 부호화(coding)될 수 있다. 양적 연구는 주로 통계분석에 용이한 자료 형태로 입력하는 것이 주가 되고, 질적 연구는 대화나 이야기 등과 같은 온갖 텍스트 자료들을 유형화해서 분류하는 것이 주가 된다. 그러므로 질적 연구에서는 이 과정이 곧 자료 분석의 과정과 일치한다.

자료 분석이란 자료 처리 과정을 거친 자료들을 분석하는 것이다. 자료 분석의 방법은 연구의 목적과 디자인, 자료의 성격에 따라 적합하게 선택되어야 한다. 양적 연구에서는 통계나 수리 모형에 입각한 자료 분석 방법을 중시하는데, 이를 위해서는 수량화된 자료의 수집이 전제되어야 한다. 질적 연구에서는 맥락을 고려하는 자료 분석이 강조되는데, 비수량화된 자료에 대해 범주화를 시도하는 자료 처리의 과정 자체가 자료 분석이 되는 경우도 많다.

자료 분석의 목적은 주어진 연구 문제에 대한 답을 제시하려는 것이지만, 이 과정에서 예상치 못했던 결과들이 나타나기도 한다. 이런 이유들로 인해 새로운 조사연구의 문제가 등장할 수 있고, 그에 따라 새로운 조사연구의 과정이 필요하게도 된다.

5) 해석

해석이란 연구 문제에 대한 조사연구의 결론과 함의를 내리는 것이다. 앞서 자료 분석에서 도출된 결과는 그것이 곧 무엇을 의미하는지를 해석해 주지는 않는다. 예를 들어, 가설에서 제시된 변수들 간 관계에 대한 예측이 양적 자료 분석에서는 상관관계 계수가 얼마, 유의도의 크기가 얼마 등으로 제시된다. 그럼에도 이 분석 결과는 이 자체만으로는 어떤 의미인지를 설명해 주지 않는다. 이를 해석하는 일은 연구자의 몫이다.

양적 조사연구에서는 조사연구자가 자료의 수집과 분석 결과를 통해 연구 문제에서 도출된 명제가 참인지 거짓인지에 대해 판단한다. 연구의 결과는 어느 정도로 일반화가 가능한지, 방법론상의 한계를 고려할 때 제시된 결론은 어떤 제한을 가지는지, 연구 결과가 제시하는 학술적이고 실천적인 함의는 무엇인지, 향후 필요한 조사연구들의 방향은 어떤지 등을 제시하는 것이 해석의 단계에서 이루어진다. 질적 조사연구는 귀납적인 과정으로 진행되므로, 해석 단계는 수집된 자료들을 통해 찾아지는 범주화라든지 가설 설정 등과 같은 연구 명제를 제시하는 것이다. 일반화와 한계 설정, 함의, 실천적 제언 등은 양적 조사연구에서와 마찬가지로 질적 조사연구에서도 해석 단계에서 필요하다.

6) 보고서 작성

조사연구의 마지막 단계는 보고서를 작성하고 공표하는 것이다. 조사연구의 전 과정이 끝나면, 조사연구의 결과는 의도된 목적에 따라 적절히 활용되어야 한다. 조사연구를 통해 생성되는 과학적 이론은 개인 차원이 아니라 사회적 차원에서 공표되고, 소통되어야만 가치가 있다. 보고서는 이러한 사회적 소통을 위한 일차적인 방법이다. 이 보고서를 통해 다른 사람들과 연구자는 연구의 결과를 공유하고, 한편으로 발전적 방향의 비판적 논의도 시도된다. 새로운 관점에서 새로운 방법의 적용에 대한 필요도 이런 보고서의 공유로부터 찾는다. 연구의 목적에 따라, 예를 들어 정책 연구와 같은 경우는 연구보고서가 정책 수립의 근거로 활용되기도 한다.

보고서에는 연구의 문제 제기에서부터 결과 해석에 이르는 전 과정에 대한 내용이 가독성 있게 담겨야 한다. 일반적으로 조사연구의 보고서에는 다음 내용들이 포함된다.

I. **제목** (조사의 제목, 의뢰 기관의 이름, 조사 수행자의 이름, 보고서 작성일자, 보고서 제출처의 이름 등)

II. **목차** (보고서의 구조를 장과 절의 내용으로 해당 쪽의 번호와 함께 제시. 도표나 그림의 제목과 쪽 번호도 첨부 가능)

III. **요약** (조사의 핵심적인 내용을 축약 제시. 보고서 전반의 내용을 한눈에 파악하게 하는 목적)

IV. **본문**
  (1) 조사 목적 (조사 배경, 문제 제기, 연구 의의 등)
  (2) 문헌 검토 (선행연구 검토, 이론적 논의 등)
  (3) 연구 모형 (조사문제, 가설, 개념적 틀 혹은 인과모형)

> (4) 조사 방법 및 자료
>   - 조사 개시일 및 조사 종료일
>   - 자료수집 방법
>   - 조사 모집단에 대한 설명
>   - 조사 대상 표본의 설명 (샘플링, 표본 크기, 대표성 등)
> (5) 자료 분석 (분류, 임시가설 설정, 기술통계 및 추론통계 등)
> (6) 결론 (제한점, 함의, 제언)
> **V. 부록** (본문에 포함하기는 번잡하지만 보고서를 이해하는 데 도움이 될 자료들을 붙임.
>   예: 설문지나 관찰기록표 양식 등)

보고서는 글이라는 매체를 통해 조사연구의 결과를 다른 사람들에게 알리는 것이다. 모든 공식적 문서 작성에서 보편적으로 요구되는 것이지만, 특히 조사연구의 보고서를 작성할 때는 다음 기준들이 준수될 필요가 있다.

- 포괄성: 보고서를 이용할 사람들이 원할 것으로 예상되는 모든 정보를 포함하고 있어야 한다.
- 정확성: 자료수집 과정의 타당성과 수집된 자료의 질, 자료 처리 및 분석 과정의 적절성 등이 정확하게 기술되어야 한다. 문장 작성의 오타나 누락, 비문, 수치 오기 등이 없어야 정확성이 높아진다.
- 명확성: 보고서 작성자가 보고서의 내용에 대해 올바른 논리와 이해를 바탕으로 명확한 문장으로 표현해야 한다.
- 효율성: 보고서에 담겨야 할 내용은 포괄성을 갖추어야 하지만, 그럼에도 최대한 간결하고 함축적으로 전달되어야 한다.
- 윤리성: 보고서를 작성할 때는 조사 대상자의 신원이 노출될 가능성에 주의하는 등과 같은 연구의 윤리성을 준수해야 한다.
- 객관성: 과학적 조사연구의 과정은 그 자체로서 연구자의 주관성을 최대한 억제해서 객관적인 설명을 제시하는 데 초점이 있으므로, 보고서 작성 시에도 이러한 객관성 추구의 자세를 준수해야 한다.

보고서의 작성과 공표를 통해 하나의 조사연구 과정은 종결되지만, 그것이 그와 관련된 이론의 탐구가 종결된다는 것은 아니다. 과학적 이론은 지속적인 문제 제기와 다양한 환경에서의 다양한 방법의 검증들을 통해 점점 성숙되고 정교화되어 가는 것이다. 비록 현재 시점에서는 하나의 조사연구에 해당하는 명제 혹은 이론을 도출하더라도, 그것은 언제나 추가적인 조사연구들을 통해 수정, 보완될 것을 전제로 한다. 과학적 이론은 이런 방식의 되풀이되는 조사연구들을 통해 발전해 간다.

3. 조사연구의 목적과 분석 단위

모든 조사연구는 특정한 의문이나 문제로 시작되며, 적절한 논리와 경험을 통해 그러한 문제에 답해 보려는 의도를 가진다. 비록 공통된 의도를 가지지만 조사연구들마다 구체적인 목적에서는 각기 탐색이나 기술, 설명, 평가 등으로 구분될 수 있다. 이에 따라 조사연구의 수행 내용이나 절차들도 상당 부분 차이가 난다. 어떤 경우에든 연구 문제의 수준에 적절한 분석을 수행하기 위해서는 분석의 단위를 적절히 해 두는 것도 중요하다.

1) 조사연구의 목적 유형

조사연구가 수행되는 목적이 무엇인지는 일차적으로 연구 문제가 무엇인지에 달려 있다. 즉 어떤 성격의 과학적 이론을 만들어야 하는지에 따라 연구 문제의 성격이 달라지고, 그에 따라 특정한 조사연구는 탐색, 기술, 설명, 평가적 목적으로 나눌 수 있다.

탐색(exploration)   탐색 목적의 조사연구는 연구 문제에 대한 선행 지식이 희박할 때 수행된다. 연구에서 제기된 의문에 대해 마땅히 참고할 만한 기존 정보나 자료들이 없는 상태에서 수행되므로, 마치 길도 모른 채 수풀을 헤쳐 가며 거기에 무엇이 있는지를 살펴보는 것과 같은 방식으로 조사를 수행한다. 이런 목적의 조사연구에는 명제와 가설을 앞세운 연역적 방법이 적합하지 않다. 자료를 수집하고 분석해 들어가면서 가설을 세우는 귀납적인 방법이 부합한다.

기술(description)   기술 혹은 묘사 목적의 조사연구는 여론 조사나 인구센서스 조사 등에서 전형적으로 나타난다. 여기서는 무엇이 어떻다는 것을 정확하게 기술하고 묘사하는 것에 중점을 둔다. 이 조사연구는 탐색적 조사연구보다 한 단계 더 발전된 수준의 지식을 개발할 수 있다. 적어도 무엇을 조사할지에 대해서는 미리 알고 연구를 시작하기 때문이다. 기술 목적의 연구에서는 개별 변수들에 대한 기술을 위해 측정과 샘플링에 보다 많은 관심을 갖는다.

설명(explanation) 설명 목적의 연구는 여러 변수 간의 관계에 대한 설명을 시도하는 것이다. 이론 발전의 단계에서 보자면 가장 고급 목적이 되며, 조사연구 문제의 성격이 앞서 제시된 두 가지 목적을 충족시킨 상태임을 확인한 후에야 설정 가능한 것이다. 탐색과 기술을 통해 알려진 선행 지식들이 있어야만 명제와 가설 설정, 관계 개념에 대한 측정 등도 가능해지기 때문이다. 변수들 간의 관계에 대한 설명은 과학적 이론의 최종 목적이다.

평가(evaluation) 평가 목적의 연구는 특정한 정책이나 프로그램, 실천 개입의 사례 등을 일정한 기준에 의거해서 평가하는 것이다. 이때 평가의 기준이 되는 것이 연구 목적에 해당하는 질문이 된다. 예를 들어, 효과성을 평가할지 아니면 효율성을 평가할지에 따라 평가 연구에 소용되는 자료의 성격이나 분석 방법 등이 확연히 달라질 수 있다. 평가 연구는 탐색이나 기술, 설명 수준의 양적 및 질적 방법들을 선택해서 사용할 수 있다.

대개의 경우 하나의 조사연구에서 이들 연구의 목적 유형들을 함께 수행하기는 어렵다. 하나의 조사연구만으로 특정한 주제에 대한 설명으로서의 과학적 이론이 모두 완성되는 것이 아니기 때문이다. 하나의 주제나 질문에 대해서도 수많은 조사연구들이 수행되고 그 결과가 축적되면서 해당되는 과학적 이론이 점차 발전되어 간다. 그러므로 현재 수행하려는 조사연구가 어떤 수준의 연구 목적을 가져야 할지는 해당 연구 주제의 이론적 발달 수준이 어느 정도인지를 결정해서 고려한다. 때로 하나의 연구에서 탐색과 기술, 설명의 목적을 함께 수행하는 것도 가능하지만, 그 경우에도 각각의 목적에 들어맞는 연구 방법을 적절히 구분해서 적용하는 것은 필요하다.

2) 분석 단위와 오류

조사연구에서 분석의 단위를 명확하게 규정하는 것은 중요한 일이다. 분석의 단위는 다양하게 나타날 수 있다. 개인이 분석의 단위가 될 수도 있고, 개인들이 모인 집단이 분석을 위한 단위로 간주될 수도 있다. 조직이나 제도 등과 같은 사회적 산물(social artifact)들도 분석의 단위가 될 수 있다. 분석 단위에 대한 명확한 판단은 조사연구의 전반적인 진행 과정에서 나타날 수 있는 여러 가지 오류를 줄일 수 있게 한다.

'여자들은 남자들보다 TV를 더 많이 본다. 왜냐하면 여자들은 남자들보다 집 밖에서 일하는 시간이 더 적기 때문이다.' (개인이 분석 단위)

'1980년에는 인구 10만 이상의 50개 도시 가운데 30개 이상의 도시에 종합병원이 없었다.' (도시가 분석 단위)

'종합사회복지관들은 지역에 따라 전문직 인력 구성에 차이가 있다. 대도시 지역의 A 복지관은 8명의 사회복지사가 있는 반면에, 중소도시 지역의 B 복지관은 사회복지사가 3명이 있다.' (기관이 분석 단위)

조사연구에서 분석 단위를 명확하게 구분해야 하는 이유는 조사연구의 주제(질문)에 대해 합당한 대답을 하려면 경험적 자료를 그 수준에 맞추어야 하기 때문이다. 만약 분석 단위가 적절하게 규명되지 않으면, 조사연구를 통해 밝히려고 하는 연구 주제에 대한 해답에서 논리적 오류가 발생한다. 예를 들어, 이론은 개인 차원에 관한 것인데, 조사 자료는 집단 차원의 단위를 쓰는 것이다. 이럴 경우 과학적 이론의 대전제인 이론과 조사, 논리와 경험의 결합을 통한 설명이 들어맞지 않게 된다. 엉뚱한 경험적 근거를 들고 와서 논리를 설명하려는 것이다.

조사연구에서 분석 단위의 문제로 발생하는 오류의 유형에는 대표적으로 생태 오류와 원자 오류가 있다.

(1) 생태 오류 (ecological fallacy)

'집단이나 집합체 단위의 조사에 근거하여, 그 안에 포함된 구성원 단위들에 대한 성격을 설명하는 잘못'을 말한다. 이러한 오류는 자연스럽게 인식되기는 쉽지 않다. 그래서 많은 조사연구에서 발생하기 쉬운 오류이지만, 과학적 이론으로는 치명적인 결함을 야기하는 것이므로 의식적으로 분간해 내야 하는 것이다.

대학	합격률	EQ 평균
A	낮음	낮음
B	높음	높음
C	높음	높음
D	낮음	낮음
E	낮음	낮음
F	낮음	보통

사회복지사 1급 시험의 합격률 차이를 초래하는 원인을 분석해 보기 위해, 한 연구에서 다음과 같은 조사연구를 수행했다 하자. 대학별로 합격률의 차이를 등급별로 나누고, 중요한 원인이 되는 것으로 EQ 점수를 제시했다. 6개 대학에 대한 자료를 모아 보았더니, 표와 같이 나타났다. 이 자료를 토대로 이런 해석이 시도되었다. 'EQ가 높은 학생들이 낮은 학생들보다 사회복지사 1급 시험에 더 많이 합격한다.' 학생들의 시험 합격에 EQ가 중요한 원인이라고 결론을 내린다. 나름 논리와 경험이 결합된 과학적 이론이라고 제시한 것이다.

얼핏 생각하면 이러한 결론은 제시된 경험적 자료에 비추어 타당한 것처럼 보이지만, 이것은 분석 단위의 혼란에서 야기되는 명백한 생태 오류다. 연구 주제의 설명 단위는 개인인데도, 분석 자료는 집단 단위를 사용한 것이다. 이 자료를 가지고 할 수 있는 설명은 '합격률이 높은 대학의 학생들 EQ 평균은 합격률이 낮은 대학의 학생들 EQ 평균보다 높다'는 것뿐이다. 표의 자료는 집단 단위의 자료로서 이것을 개인 단위에서 'EQ가 높은 학생이 합격률이 높다'는 것을 검증하는 데 쓸 수 없다. 실제로는 EQ 평균이 높은 대학에 다니는 EQ 낮은 학생들이 시험에 더 많이 합격했을지도 모른다. EQ 나쁘다는 말을 듣기 싫어서, EQ 좋은 학생들보다 더 열심히 노력하게 되어서 더 많이 합격했을지도 모르는 일이다.

이러한 생태학적 오류는 조사연구의 계획 단계에서 의식적으로 노력하면 배제될 수 있다. 그럼에도 많은 경우에 집단 단위의 자료에서 보여 주는 결과가 우리의 편견과 일치할 때, 그것만으로 쉽게 개인 구성원 단위에 대한 해석으로 결부시키는 오류를 범하기 쉽다.

> 자료: 이혼 가정의 비율이 높은 지역에서는 낮은 비율의 지역에서보다 청소년 비행률이 높다.

> 오류적 설명: 이혼 가정의 청소년들이 청소년 비행을 저지를 가능성이 높다.

위와 같은 경우가 앞서 예와 마찬가지로 선입견에 의해 흔히 범해지는 자연스런 생태학적 오류이다. 우리가 이미 가지고 있는 편견과 일치하는 자료가 제시될 때, 분석 단위의 오류에 대한 성찰 노력이 의도적으로 이루어지기 어렵다. 여기에서는 자료 분석의 단위는 집단(지역)으로 집단에서 나타나는 현상을 제시하는 것뿐인데, 이를 그 안에 사는 개인 단위(이혼 가정의 청소년)의 행동으로 해석하는 것이다. 이혼 가정의 비율이 높은 지역에서 비이혼 가정의 청소년들이 무슨 이유에서인지 청소년 비행을 더 많이 저지를지는 모르는 일이다.

(2) 원자 오류 (atomistic fallacy)

생태 오류와 반대의 경우다. 개별 단위들에 대한 조사 결과를 근거로 상위의 집단 단위에 대한 추론을 시도하는 것이다. 예를 들어, 어떤 사회복지시설의 생활자들에게 인권에 관한 가치 문항들을 묻는다. 여기에서 높은 점수가 나오면 그 생활 시설은 인권이 보장된 기관이라 한다. 이것 또한 과학적 이론으로서는 분명한 오류다. 대부분의 생활자들이 높은 인권 의식을 갖고 있는 것과 기관 단위가 높은 인권 보장을 위한 기제를 갖추고 있는지는 별개의 것이기 때문이다. 역으로 인권 보장이 안 된 시설에서의 생활자들일수록 인권 의식이 더 높아지기 쉬울 수 있다는 설명도 가능하다.

또 다른 예를 들어 보면, 여러 사회복지기관의 종사자들로부터 직무만족도를 조사한 자료를 근거로 만족도 평균이 높은 기관일수록 직무 환경이 우수하다고 평가하는 경우다. 종사자 단위의 직무만족도 비교를 기관 단위의 직무 환경에 대한 비교 근거로 삼는 것은 원자 오류다. 종사자들의 직무만족도는 기관의 직무 환경과 무관하게 좋을 수도 나쁠 수도 있다. 만약 기관들 간 직무 환경에 대한 비교 조사였다면, 기관을 분석 단위로 하는 변수들(예: 처우 수준 등)에 대한 자료를 수집해서 분석하는 것이 옳다.

원자 오류 역시 많은 조사연구들에서 쉽사리 저질러지는 잘못인데, 이것 역시 주어진 자료가 우리의 선입견과 일치하는 등의 경우에 쉽게 간과되기 쉽다. 이처럼 조사연구에서 분석의 단위를 연구의 계획 단계에서 의식적이고 의도적으로 명확하게 규정해야 하는 이유는 생태 오류와 원자 오류 같은 것을 범하지 않기 위해서다. 많은 조사연구에서 나타나는 이런 오류들은 분석 단위에 대한 정확한 인식만 갖춘다면 사전에 적절히 예방될 수 있다.

4. 조사연구의 시간 틀

조사연구는 연구가 수행되는 시간적 특성에 따라 횡단 연구와 종단 연구로 구분된다. 특정 조사연구가 설명하려는 이론의 성격에 따라 이를 검증하는 데 필요한 자료가 일시에 수집되어야 하는지, 아니면 일정한 기간에 걸쳐서 수집되어야 하는지가 결정된다. 전자를 횡단 연구라 하고, 후자를 종단 연구라 한다. 두 연구 유형은 수집된 자료가 시간성을 내포하는지에 따른 차이가 있으므로, 이를 분석하고 해석하는 과정에서도 시간 관련 논리를 쓸 수 있는지가 차이 난다.

1) 횡단 연구

특정 시점에서 어떤 현상의 단면을 자세히 분석하는 연구를 횡단(cross-sectional) 연구라고 한다. 마치 나무의 나이를 알기 위해 나무를 횡단으로 잘라 나이테를 헤아려 보는 것과 같다. 마찬가지로 인구조사 센서스는 특정 시점에서 인구가 몇 명인지를 파악하는 것이다.

일반적으로 횡단 연구를 통해 인과관계를 직접 검증하기는 쉽지 않다. 변수들 간 인과관계를 검증하려면, 원인이 결과보다 앞서서 나타났음을 보여 주어야 한다. 그런데 이러한 시간적 차이에 대한 증거가 횡단 연구에서는 갖추어지기 어렵다.

> 교육 수준이 소득 수준에 영향을 준다는 인과관계 이론을 검증하려면, 교육 수준이 소득 수준보다 앞서서 변화했다는 증거가 있어야 한다. 그런데 횡단 연구에서는 이들 변수 값에 대한 자료를 동시에 수집한다. 당신의 교육 수준은? 당신의 소득 수준은? 여기에 응답한 자료로서는 어느 것이 시간적으로 앞섰는지에 대한 증거가 없다.

여기에서 만약 교육 수준과 소득 수준이 상관관계에 있다고 하더라도, 예를 들어 높은 교육 수준의 사람들일수록 소득 수준이 높다는 것이 확인되었다고 하더라도, 여전히 교육이 소득에 영향을 주었다는 인과관계 이론이 증명되지는 못한다. 같은 상관관계를 가지고서, 소득 수준에 따라 교육 수준이 영향을 받는다는 설명도 부인할 수 없기 때문이다.

연구의 성격에 따라서는 인과관계의 시간성이 논리만으로 증명되는 경우도 있다. 예를 들어, 성별이 소득 수준의 차이를 결정한다는 이론과 같은 경우에는 상관관계를 확인하는 것만으로도 시간성의 증거를 생략할 수 있다. 소득 수준이 달라진다고 성별이 달라지는 것이 논리적으로 가능하지 않기 때문이다. 이처럼 연구의 성격이 한 방향의 시간성을 내재하고 있는 경우, 혹은 상관관계의 검증이나 변수들의 묘사에 치중하는 경우의 연구들에서는 횡단 연구의 방법이 널리 쓰인다. 그러나 인과관계의 시간성 자료가 연구 모형 자체에서 수집되어야 하는 경우에는 횡단 연구보다는 종단 연구의 방법이 선호된다.

2) 종단 연구

종단 연구는 일정 기간에 걸쳐 일어나는 어떤 과정을 관찰하고 기술하는 연구다. 예를 들어, 뇌성마비 장애인의 부모회가 결성되는 과정에 나타나는 활동을 관찰하는 것이라든지, 특정 주제어(예: 복지국가)가 언론에서 등장하는 빈도가 시대적으로 어떻게 변화되어 왔는지 등을 연구하는 것 등이 이에 해당한다. 실천에서 종단 연구는 개인이나 집단이 가진 특정 속성이 나중에 그 개인이나 집단이 문제를 갖게 될 위험 가능성을 높이는지 등을 평가하는 데 유용하다. 종단 연구는 자료수집의 대상을 어떻게 두는지에 따라 크게 세 가지 유형으로 구분된다.

추세 연구(trend study)　　경향 연구라고도 한다. 일정 기간에 걸쳐 특정 인구집단에서의 성격 변화를 관찰하는 연구다. 이것은 집단 차원의 변화를 보려는 것이기 때문에, 집단 구성원들이 바뀌는 것에 대해서는 특별히 고려하지 않는다. 예를 들어, 어떤 지역에서의 정신질환 발병률을 추세 연구로 한다면, 지역 단위에서의 발병률을 일정한 기간을 두고 계속해서 자료를 수집하는 것이다. 추세 연구에서는 자료수집 시점들마다 각기 다른 표본을 추출한다. 동일한 표본을 유지해야 할 필요가 없다는 점에서 연구를 수행하기가 편하다는 것이 추세 연구의 장점이다.

동류집단 연구(cohort study)　　한 특정한 인구집단이 시간이 지남에 따라 변화해 가는 것을 관찰하는 연구로서, 코호트집단 연구라고도 한다. 코호트란 한정된 시간대에 동일한 특성이나 경험을 공유하는 사람들의 집단을 말한다. 예를 들어, 2021년 코로나 봉쇄를 경험했던 아이들이 학교생활에 어떻게 적응해 나가는지를 연구하는 것이다. 이들 동류집단이 초등학교 1학년, 다음 해에는 초등학교 2학년, 그다음 해에는 3학년 등의 시점에서 어떻게 변화해 가는지를 추적해서 조사해 보는 식이다. 집단의 변화를 묶음(gross)으로 보기 때문에, 매번 조사 시점에서 동일한 조사 대상자들이 표본이어야 할 필요는 없다. 그래서 동류집단 연구에서는 개개인별 변화에 대한 추적은 불가하다.

패널 연구(panel study)　　매번 조사 시점마다 동일한 집단 대상자가 어떻게 변화해

가는지를 관찰하는 연구다. 동류집단 연구와의 차이는 조사 대상자가 고정되어 있다는 것이다. 그러므로 동류집단에 대한 묶음 변화만이 아니라, 개개인별 변화까지도 추적할 수 있게 해 준다. 또한 조사 대상자가 바뀜에 따라 발생할 수 있는 자료의 편차가 적다는 장점도 크다. 그러나 이것이 한편으로는 패널 상실로 인한 오차를 초래하는 단점도 된다. 패널 상실이란 일부 조사 대상자가 어떤 이유로 연구에 참여하지 않게 되는 경우를 말하는데, 그에 따라 집단의 성격이 그 자체만으로 왜곡되는 오차를 유발한다. 예를 들어, 어떤 패널 집단의 행동 변화를 연구해 오는데, 일부 구성원(부적응 행동을 보였던)이 중도 탈락하게 되면, 그것만으로도 집단의 평균값은 적응 행동 쪽으로 달라지게 된다. 현실적인 패널 연구들에서는 이러한 패널 상실로 인한 문제가 불가피함을 전제로 해서, 이를 감안하는 자료 분석의 기법 등을 적용한다.

5. 조사연구의 윤리

조사연구는 과학적 이론을 만들어 내는 과정이자 방법이다. 조사연구의 방법은 과학적이어야 할 뿐만 아니라, 연구 진행의 과정 또한 윤리적으로 정당해야 한다. 어떤 연구가 아무리 과학적 방법을 충실히 따랐더라도, 연구 대상자를 속여서 자료를 획득했다거나 유리한 분석 결과들만을 제시하는 등과 같은 비윤리적인 행위가 개입되면 이론으로서 신뢰받지 못한다.[10] 그러므로 모든 과학적 조사연구의 행위는 적절한 윤리 기준을 준수토록 되어 있다.

1) 일반적 윤리 기준

일반적으로는 사회복지를 비롯해서 사회과학 분야에서 조사연구를 수행하는 연구자나 실천자들에게는 범용적으로 지켜져야 할 윤리적 기준이 제시된다. 이러한 기준은

---

10) 경우에 따라서는 비윤리적 연구가 수많은 사람에게 직접적인 위해를 가하는 위험성까지도 유발할 수 있다. 예를 들어, 특정 의약품을 개발하는 과정에서 안전성에 관한 실험조사를 수행하고, 그 검사 결과의 수치를 약간만 조작하더라도 많은 사람들의 생명을 직접적으로 위험에 빠트리는 결과를 초래할 수 있다. 이러한 위험성은 심리학 등을 비롯한 사회과학 전반이나 사람을 대상으로 휴먼서비스 실천을 하는 사회복지사를 비롯한 전문직들에서도 매우 유의해야 하는 것이다.

공식적인 윤리 지침의 형태로 제시되기도 하고, 연구자나 전문직의 동료집단 사이에서 비공식적인 규범의 형태로 통용되기도 한다. 조사연구에 적용되는 일반적인 윤리 기준은 대체로 다음처럼 요약된다.[11]

자발적 참여와 정보 고지에 입각한 동의　연구 대상자, 즉 설문지나 인터뷰, 관찰 등에서 자료수집의 대상자가 되는 사람들은 자발적 의사에 의해 연구에 참여하는 것이 되어야 한다. 자발적 참여란 연구에 관련된 적절한 정보가 참여 희망자에게 제공된 상태에서 동의를 얻어야 한다는 것인데, 참여 희망자에게 제시할 동의서에는 연구 관련 정보, 특히 연구 절차, 잠재적 해악, 익명성과 비밀보장 등에 관한 충분한 정보가 들어 있어야 한다.

연구 참여에 대한 보상　연구자는 연구 대상자가 연구 과정에 참여하는 데 소요되는 시간이나 제반 비용 등에 대해 보상할 수 있다. 그러나 연구 참여를 강요하게 될 정도로 지나친 정도의 금전이나 기타 보상을 해서는 안 된다. 연구 참여에 대한 보상으로 전문적 서비스를 제공하는 조건도 제시할 수 있는데, 이때도 연구자는 서비스의 본질뿐만 아니라 위험, 의무, 한계를 분명히 해야 한다.[12]

참여자에게 피해 주지 않기　연구자는 연구에 참여하는 대상자들에게 연구 과정이나 결과를 통해 피해를 주지 않아야 한다. 연구를 통해 참여자를 당황하게 만들거나 그들의 가정, 친구 관계, 직업 등에 피해를 줄 수 있는 정보를 노출해서는 안 된다. 연구 참여자들은 연구 과정에서 특정 질문이나 행동을 요구받을 수 있는데, 그 과정에서 개인적 특성(예: 수급자 여부, 소득 수준 등)에 따라 수치심이나 심리적인 상처 등을 받을 수도 있다. 비록 의도한 것은 아니더라도 결과적으로 참여자에게 피해를 주는 연구 활동이 되지 않게 해야 한다.

익명성과 비밀보장　조사연구에서 연구 대상자의 개별적인 신원 정보를 보호해야 한다. 응답 내용을 밝히는 것이 어떤 식으로든 응답자에게 해를 입힐 수 있다면 이 원

---

11) 보통 7가지 기본적인 윤리 이슈들이 사회과학 조사연구에서 제시된다. 고지된 동의(informed consent), 기만(deception), 프라이버시(privacy)-confidentiality and anonymity, 신체적 혹은 정신적 디스트레스(distress), 후원받은 조사연구(sponsored research), 과학적 비행이나 사기(scientific misconduct or fraud), 과학적 옹호(scientific advocacy). 참고: Hilton, T., Fawson, P., Sullivan, T., & DeJong, C. (2020). *Applied Social Research: A Tool for the Human Services* (10th ed.). NY: Springer Pub.; 또한 참고: 이순민(2016). 사회복지 윤리와 철학(2판). 학지사, pp. 243-275.
12) 이순민, 사회복지 윤리와 철학(2판), pp. 243-275.

칙을 준수하는 것이 무엇보다 중요하다. 익명성과 비밀보장의 기법이 이에 해당한다. 익명성(anonymity)이란 특정 응답을 어떤 응답자가 했는지 알 수 없어야만 보장되는 것이다. 익명성의 보장은 한편으로 응답률을 높이는 자료수집의 긍정적인 효과도 유발할 수 있고, 참여자가 자신의 익명성이 보장된다고 믿으면 응답의 진솔성도 제고할 수 있다. 비밀보장(confidentiality)이란 응답자로부터 얻은 응답을 타인이나 약속된 연구 목적 이외에 어떤 식으로든 누출하지 않겠다는 것이다. 이것 역시 응답률과 진솔성 제고에 마찬가지로 도움이 된다.

연구 참여자 속이기(기만)   연구를 수행하고 있음을 알리지 않는다거나 연구의 목적, 과정 등을 속이고 연구 대상자에게 접근해서는 안 된다. 그럼에도 이 원칙은 현실에서 연구의 성격에 따라 적용되기 어려울 경우가 많다. 예를 들어, 위약효과를 알기 위해 하는 실험조사에서 위약 집단에게 자신들이 가짜 약을 먹고 있다는 사실을 알려주면, 위약효과에 대한 자료를 얻을 수가 없다.[13] 이런 경우에 허용의 범위가 어디까지인지, 그것이 참여자에게 피해를 주지 않을 것이라는 확신하에서 어느 정도까지 선의가 허용될 수 있는지 등이 고려 사항이 된다.

분석과 보고   연구의 분석이나 결과에 대해 정직하고 개발적인 자세를 가져야 한다. 자기방어와 속임수 등은 문제다. 연구 수행 과정에서 예상과 다른 부정적인 결과가 도출되었다고 하더라도, 그 결과가 솔직히 공개되어 제시될 때는 지식 차원의 발전에 흔히 더 큰 기여를 할 수도 있다. 같은 이유에서 연구 분석의 기술적인 한계에 대해서도 적절히 제시하는 것이 중요하다.

연구 자료의 보존과 폐기   연구자는 연구가 종결되고 결과보고의 의무를 완수한 다음, 연구 자료를 안전하게 보존하거나 폐기해야 한다. 그렇지 않으면 연구 참여자의 사적인 정보가 누출될 수 있기 때문이다.[14] 이에 관한 구체적인 지침은 소속 기관이나 전문직의 윤리 기준에 대부분 적시되어 있다.

---

13) 위약효과를 플라시보(placebo) 효과라고 하는데, 특정 개입이 직접적으로 작용해서 발생시킨 효과가 아니라, 단지 심리적인 이유에서 나타나는 효과를 말한다. 사람들은 약을 먹었을 때 약의 물리적 효과도 작용하지만, 약을 먹었다는 것만으로 기대하게 되는 심리적인 효과도 섞인다. 이와 같이 사람들이 가지는 반응성으로 인해 발생하는 심리적인 효과를 플라시보 효과라고 한다. 약물 실험에서 주로 이 효과를 걸러내기 위해 노력했기 때문에, 이를 위약효과라고도 부른다.
14) 이순민, 사회복지 윤리와 철학(2판), pp.243-275.

2) 전문적 윤리 기준

윤리성은 무엇이 옳고 그른가에 대한 판단이다. 윤리를 상대적인 관점으로 본다면, 그 기준은 집단들마다 달라질 수도 있다. 모든 전문직 윤리의 대부분은 전문직이 몸담고 있는 전체 사회의 윤리라는 큰 틀 속에 있으나, 각 전문직의 특성에 따라 윤리 기준이나 행동 강령에서 다른 전문직들과는 일정한 차이를 보일 수 있다.[15] 예를 들어, 기자와 사회복지사는 소속된 전문직의 차이에 따라 각기 다른 사명과 행동 강령에 따라 움직일 수 있다. 기자는 사실 보도가 일차적인 목적인 반면, 사회복지사는 클라이언트의 안위가 일차적인 목적이 된다. 따라서 문제 인식부터 조사 방법과 조사 결과의 활용에 이르기까지, 각기 다른 윤리 의식과 행동 강령들을 가지고 임할 수 있다.

사회복지의 조사연구에서는 사회복지의 윤리에 충실할 필요가 있다. 대개는 전문직으로서의 사회복지 집단이 합의한 윤리를 존중할 필요가 있다. 사회복지 조사연구는 사람들로부터 자료를 얻어야 하는 경우가 많다. 사람들에 관한 자료를 수집하는 것은 학술적 기초 이론을 생산하는 연구자에서부터 정책이나 프로그램의 기획 및 평가자, 현장의 전문 실천자에 이르기까지 모두 필요하다. 사람들의 문제나 필요가 무엇인지를 확인하는 것에서부터 어떤 개입 활동이 필요한지, 어떤 정책이나 프로그램이 적합할지, 그 결과로 사람들의 문제가 어떻게 해결되고 필요가 충족되었는지를 평가하는 데 경험적인 자료가 필요하다.

이러한 당연한 필요성에도 불구하고, 조사연구를 수행하는 과정에서 사람들로부터 자료를 도출하는 것에는 윤리적인 고려가 필요하다. 자료수집의 대상이 인권이 존중되어야 할 사람이기 때문이다. 이는 사회복지의 실천 개입에서 윤리적 고려가 필수적인 것과도 같은 맥락이다. 특정한 사회복지 실천 개입의 목적이 아무리 정당하다고 하더라도, 개입의 대상이 되는 클라이언트에게 보장되어야 하는 인간으로서의 자주적 권리와 감정, 존엄성을 훼손하는 행위는 불가하다. 마찬가지로 사회복지 조사연구도 그 목적이 아무리 사람들의 '복지'에 기여한다고 하더라도, 그것만으로 자료수집을 위해 사람들의 감정이나 권리가 제한받게 만들 수는 없다.

---

15) Rubin & Babbie, 에센스 사회복지조사방법론, pp. 88-115.

성추행 피해를 입은 여성을 돕기 위한 심리상담 프로그램이 있다. 여성의 상태를 진단하고 알기 위해서는 여성이 자신의 내면에 관한 감정이나 기억 등을 꺼내도록 해야 한다. 과학적인 프로그램에서는 그런 자료들의 수집이 필요한 것이다. 문제는 이 과정에서 해당 여성은 과거의 수치나 불쾌함 등에 수반된 감정이나 기억을 회상해야 하는 데 따르는 고통이 수반될 수 있다. 이것이 치료의 과정에서 필수적이라고 하면 그나마 그런 고통이 정당화될 부분이 있지만, 일반 연구의 목적에 소용된다고 할 때는 윤리적인 고려가 앞서야 한다.

다문화가족 아동들에서 나타나는 특성을 연구하거나 이에 관해 실천 개입을 하는 경우, 그 결과의 활용은 특정 개인 차원의 정보를 감추더라도, 집단 전체에 대한 스티그마를 줄 수도 있다. 성매매 여성들에 대한 연구의 경우, 그 결과를 가지고 이들을 돕기 위한 정보를 도출한다고 하더라도, 자료수집의 과정에서 이들이 치부가 드러내지는 듯한 느낌을 가진다면, 비록 의도하지는 않았지만 그들에게 연구가 수치심을 유발한 것이 되므로, 신중한 윤리적 고려가 필요하다.

전문적 사회복지 실천 환경에서는 대개 실천자가 담당 사례를 수행하면서 한편으로는 일반화 이론을 생성하는 연구자로서의 기능까지도 겸하게 되기 쉽다. 이런 경우에 클라이언트는 곧 자연스레 조사연구의 대상자가 되기도 한다. 그로 인해 실천/연구자는 조사연구로 인해 발생할 수 있는 인권침해로부터 클라이언트를 보호해야 할지, 클라이언트의 인권침해가 있더라도 조사연구의 결과가 장기적으로 클라이언트 집단의 복지 향상에 기여할 것이므로 계속 정보를 알아내야 할지 등의 갈등적인 판단 상황에 놓일 수 있다.

문제는 이러한 판단, 즉 어떻게 행동하는 것이 옳은지에 대한 기준이 미리 세세하게 구체화되어 주어지기는 어렵다는 점이다. 그래서 다만 큰 틀에서의 윤리 기준을 놓고서, 현장 상황에 적합한 판단을 해당 사안들마다에서 각기 해 나가게 한다. 사회복지 실천/연구에 관한 윤리 준칙들의 대강은 연구 기관으로서의 대학이나 연구소를 관할하는 교육부, 실천 기관들을 관할하는 보건복지부 등으로부터 제시되는 법제적 기준에서 나온다.

2015년 개정된 교육부 훈령(제153호)으로서의 「연구윤리 확보를 위한 지침」에서는 대학 등의 연구 기관은 연구윤리 지침을 갖추어서 위조, 변조, 표절 등과 같은 연구부정 행위에 대한 방지를 위한 구체적인 방법들을 제시하라고 되어 있다.

보건복지부 관할의 「생명윤리 및 안전에 관한 법률」에서도 사람을 대상으로 하는 조사연구는 '인간의 존엄과 가치를 침해하는 방식으로 하여서는 아니 되며, 연구 대상자 등의 인권과 복지는 우선적으로 고려되어야 한다'고 규정한다. 또한 연구 대상자 등의 자율성 존중, 충분한 정보에 근거한 자발적 동의, 사생활 보호, 개인정보 보호, 안전 고려, 취약한 개인이나 집단에 대한 특별 보호 원칙 등을 준수토록 하고 있다.

사회복지 전문직에서도 조사연구와 같은 상황에서 사회복지사가 준수해야 할 윤리적 행동 기준을 두고 있다. 「사회복지사윤리강령」에는 사회복지사가 클라이언트를 연구의 대상으로 하거나, 실천 관련 정보를 수집하는 경우에 다음 사항들을 의무적으로 지키도록 하고 있다.[16]

[I-2-2] 클라이언트를 대상으로 연구하는 사회복지사는 저들의 권리를 보장하기 위해 자발적이고 고지된 동의를 얻어야 한다.
[I-2-3] 연구 과정에서 얻은 정보는 비밀보장의 원칙에서 다루어져야 하고, 이 과정에서 클라이언트는 신체적, 정신적 불편이나 위험·위해 등으로부터 보호되어야 한다.
[II-1-4] 사회복지사는 클라이언트의 사생활을 존중하고 보호하며, 직무 수행과정에서 얻은 정보에 대해 철저하게 비밀을 유지해야 한다.
[II-1-6] 사회복지사는 문서·사진·컴퓨터 파일 등의 형태로 된 클라이언트의 정보에 대해 비밀보장의 한계·정보를 얻어야 하는 목적 및 활용에 대해 구체적으로 알려야 하며, 정보 공개 시에는 동의를 얻어야 한다.

---

16) 한국사회복지사협회. 「사회복지사윤리강령」 (2001. 12. 15. 개정 기준). [http://www.welfare.net]

제2부

조사연구의 유형 및 설계

제2부는 조사연구의 유형과 설계를 다룬다. 조사연구는 연구 문제를 해결하기 위한 논리적이고 경험적인 과정이다. 연구 문제의 성격에 따라 조사연구의 유형과 설계도 달라진다. 제4장에서는 과학적 이론을 정립하는 출발점인 연구 문제와 가설 설정을 다룬다. 제5장에서는 질적 조사연구의 방법을 개관하고, 제6장에서는 양적 조사연구 방법을 설명한다. 제7장에서는 양적 조사연구에서 사용되는 연구 디자인의 유형을 소개한다.

제4장

연구 문제와 가설

모든 연구는 의문에서부터 출발한다. 일반적으로 의문은 다양한 경로를 통해 해소될 수 있지만, 조사연구를 통해서만 해결되어야 하는 것들이 있다. 이들 가운데 특정 조사연구가 해결하려는 대상으로 구체화한 것을 연구 문제라 한다. 설정된 연구 문제의 성격에 따라 조사연구의 방법이나 디자인이 결정된다. 과학적 조사연구에서는 가설을 사용하는데, 그 활용을 둘러싸고 양적 방법과 질적 방법이 차이를 보인다.

1. 사회복지의 연구 문제

연구 문제는 일종의 의문이다. 모든 조사연구는 의문에서부터 출발한다. 무엇이, 어떻게, 왜 그런지 등에 대해 질문을 던지고, 그 질문에 대한 답을 찾으려는 것이 조사연구의 목적이다. 조사연구를 필요로 하는 적절한 의문을 찾아내는 과정은 조사연구의 전체 과정에서 가장 중요한 일이다. 이 연구 문제의 성격에 따라 조사연구의 설계에서부터 측정, 샘플링, 자료수집과 분석 등의 모든 과정, 심지어는 보고서 작성까지도 영향을 받기 때문이다.

조사연구를 시작하는 출발점인 연구 문제가 형성되는 과정은 창의성을 필요로 한다. 이 과정은 명확한 지침이나 절차가 없으므로 연구자의 독창성에 많이 의존하게 된다. 비록 어려움을 경험할 수 있지만, 이는 다음처럼 이해되어야 한다.

첫째, 의문은 보통 많은 생각이 실타래처럼 얽혀 있는 상태로 있다. 조사연구를 수행하려면 이런 의문에서부터 명료한 형태의 연구 문제를 끄집어내야 하는데, 이 과정은 단순하지도 기계적이지도 않다. 생각을 풀어내는 과정은 '머리를 집어 뜯고 싶은' 혼란스러운 상황을 거쳐야 하는 경우도 많다. 심지어는 연구자가 이 과정을 거치지 않으면, '좋은' 연구 문제에 도달할 수 없다고도 본다.[1] 즉, 적절한 연구 문제를 도출하려면, 생각의 혼란을 정리할 시간을 적절히 가져야 한다는 것이다.

둘째, 연구자들은 대개 의문을 해결하고 싶은 의욕이 앞서기 쉽다. 그래서 연구 문제를 명확히 규정하지 않은 채, 자료수집 등의 조사 과정부터 서두르는 경우가 많다. 이렇게 하면 좋은 조사연구의 귀결이 나올 수 없다. 이는 마치 어디로 갈지 정하지도 않고 배를 바다에 띄우는 것과 같다. 조사연구를 수행하려면 무엇보다 구체적이고 명료한 연구 문제를 찾는 일을 우선시해야 한다.

셋째, 연구 문제에 관한 아이디어는 다양하게 나타날 수 있으나, 처음부터 명확하게 드러나는 경우는 드물다. 광범위한 영역에서부터 출발하여 조사연구에 적절한 문제로 차근차근 좁혀 가야 하는 경우가 많다. 이 과정에는 문제 해결에 대한 갈망을 비롯해서 호기심, 새로운 아이디어에 대한 개방적인 사고방식, 정보를 분석하고 해석하는 능력, 자원을 효과적으로 활용하는 기술 등과 같은 지적 능력이 중요하다.[2]

연구 문제를 형성하는 과정은 대부분 과학적이기보다 예술적에 가깝다. 객관적인 지침이나 절차, 체계적 노력 등보다는 활달한 창의성이 강조되기 때문이다. 과학적 조사연구의 출발이 과학적이 아니라 예술적이라는 사실은 아이러니하지만, 그럼에도 이 과정이 전적으로 무원칙적이라는 뜻은 결코 아니다. 적어도 과학적 조사연구를 위한 연구 문제가 되려면 기본적으로 경험적 검증이 가능한 것이어야 한다는 원칙은 분명하다. 또한 사회복지 조사연구라면 사회복지에 관련된 의문이어야 하는 것과 같은 '정당한' 연구 문제의 범주와 같은 원칙도 있다.

사회복지 조사연구의 문제는 직접적이든 간접적이든 사회복지와 관련되어야 한다. 사회복지에 관련된 의문의 출발은 실천 현장이나 개인적인 경험, 다른 사람들과의 토

---

1) 참고: Kerlinger, F. (1986). *Foundations of Behavioral Research* (3rd ed.). NY: Holt, Rinehart and Winston, pp. 15-25.; 또한 참고: Dewey, J. (1938). *Logic: The Theory of Inquiry*. NY: Holt, Rinehart and Winston, pp. 105-107.
2) Anastas, J., & MacDonald, M. (1994). *Research Design for Social Work and the Human Services*. NY: Lexington Books, pp. 33-56.

론, 문헌 검토 등의 여러 과정들 속에서 비롯된다. 어떤 사람들이 서비스를 필요로 하는가? 왜 필요한가? 어떤 문제들을 가지고 있는가? 이러한 문제들의 본질과 과정은 어떤 것인가? 어떤 프로그램들이 적절하거나 적절하지 않은가? 풀리지 않아서 답답해지는 의문들일수록 그것이 계기가 되어 좋은 연구 문제로 나타나는 경우가 많다.

일반적으로 사회과학 분야에서의 연구 문제들은 크게 두 가지 부류가 있다. 먼저 사회학이나 심리학 등과 같은 기초 사회과학에서 가지는 연구 문제들이다. 여기에서는 인간과 사회에 대한 보다 추상적이고 기초적인 의문들을 다룬다.

> 빈곤이란 무엇인가? 가족의 형태는 어떻게 변화하고 있는가? 이혼이 아동 양육에 어떤 영향을 미치는가? 자유시장 경제 체제로의 전환이 노동의 수급에는 어떤 영향을 미칠 것인가? 청소년기의 좌절된 욕구가 사회성 발달에 미치는 영향은 어떤 것인가? …

사회복지와 같은 응용 사회과학에서는 보다 직접적으로 실천 현장에서 나타나는 의문들을 다루는 경우가 많다. 조사연구의 결과는 이들 의문에 대해 실용적인 성격의 답을 제시한다.

> 현재와 같은 생계보호 위주 프로그램이 빈곤의 감소에 기여할 것인가? 그렇지 않다면 어떤 식의 개선이 필요할 것인가? 미혼모 가족의 아동 양육에 대해 어떤 서비스들이 적절한가? 노숙자(homeless)에 대한 구호 위주 프로그램들이 장기적으로 노숙자 문제에 대한 해결책이 될 수 있는가? 아니라면 어떤 프로그램들이 더 효과적인가? 건강보험의 민영화 정책이 저소득층의 의료 서비스 접근성에 미치는 영향은 무엇인가? …

사회복지 조사연구에서도 기초 지식을 얻기 위해 필요한 연구 문제를 다룰 수 있다. 마찬가지로 사회학이나 심리학에서도 실천과 응용에 필요한 수준의 연구 문제를 다루는 경우도 많다. 그럼에도 사회복지 조사연구라면 적어도 정당한 연구 문제의 범주는 사회복지의 실천에 어떤 식으로든 기여하는 의문일 필요가 있다.

2. 연구 문제의 설정

학술적으로나 실천 현장에서도 수많은 의문이 발생한다. 그럼에도 이 모든 의문들을 일일이 조사연구를 수행해서 해소할 수는 없다. 대개 의문들은 기존에 축적된 지식을

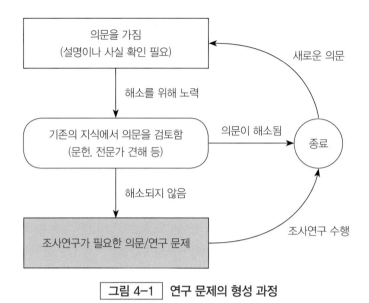

그림 4-1 | **연구 문제의 형성 과정**

통해 해소된다. 기존 지식은 문헌을 검토하거나 전문가 혹은 동료들과의 의견 교환 등의 형태로 전달된다. 그럼에도 기존 지식이 부재하거나 혹은 검증을 필요로 하는 불확실한 상태로 존재할 때, 조사연구를 수행할 필요가 있는 의문으로서의 연구 문제가 된다. 이 과정은 [그림 4-1]에 나타난 바와 같다.

1) 연구 문제의 근원

연구 문제를 생각하는 시발점은 대개 막연한 의문이나 호기심에서 출발한다. 사회복지 실천/연구자가 가지게 되는 의문은 대개 사회복지 실천에서 당면하는 경험을 설명할 필요성에서 나타난다. 자신의 경험을 설명해 보고 싶거나 혹은 기존의 설명을 검증해 보고 싶은 경우가 그러하다. 이러한 경험들은 대개 두 가지 차원에서 비롯된다.

개인적 경험　개인적 경험에서 조사연구를 필요로 하는 의문이 도출될 수도 있다. 이러한 연구 의문은 대부분 개인적 동기가 강하게 부여되어 있으므로, 연구자를 조사연구에 매진하게 만드는 힘이 세다. 한편, 개인적 동기에서 비롯된 의문들은 과학적 조사연구의 대상이 되기 어렵다고 보는 견해도 있다. 개인적 의문은 주관성이 강하게 나타나므로, 특정 자료를 선호한다거나 결과 해석에 감정이 개입되는 등과 같은 위험성이 있다는 것이다. 예를 들어, 장애인 자식을 둔 부모가 장애인 관련 주제를 연구할 때,

개인적 경험에 대한 확고한 믿음 같은 것이 조사연구의 전 과정을 주관적으로 치우치게 만들 수 있다. 그럼에도 불구하고 만약 연구자가 스스로 이런 편향적 가능성에 대해 경각심을 갖출 수만 있다면, 오히려 바람직한 연구 성과를 얻을 수도 있다. 적어도 개인적인 경험과 동기로부터 시작된 조사연구는 연구자가 연구 문제를 실질적인 해답의 수준까지 도달해 보려는 의지가 강하기 때문이다.

실천 현장의 경험   사회복지 조사연구의 중요한 의문들은 실천 현장에서 비롯되는 경우가 많다. 실천이 이루어지는 현장에서는 갖가지 문제나 불확실성 등이 끊임없이 나타난다. 이 중 상당수가 조사연구를 필요로 하는 의문이 될 수 있다. 비록 전문적 실천은 예측력 있는 과학적 이론을 갖추어야 하는 것이지만, 그렇다고 개별 실천 사례마다 나타나는 독특하고 예측 불가한 문제들에 대한 답을 모두 미리 가지고 있을 수는 없다. 따라서 실천 현장에서 나타나는 여러 의문들에 대한 답을 찾으려는 과정에서 자연스레 조사연구의 문제가 만들어질 수 있다.

2) 의문에서 연구 문제로

많은 의문들이 그 자체로는 조사연구가 필요한 문제가 될 수 없다. 조사연구의 문제가 되기 위해서는 우선 막연한 상태의 의문이 구체화되는 과정을 거쳐야 한다. 이 과정에서 연구자 나름대로의 생각과 관찰, 기존 지식이 활용된다. 모든 의문이 조사연구를 필요로 하는 연구 문제가 되지는 않는다. 많은 의문들은 구체적인 문제로 바뀌는 과정에서 스스로 해결될 수 있다. 의문에 대해 기존의 지식을 참고해 가는 과정에서 답이 찾아지는 경우도 많다.[3]

의문이 조사연구를 필요로 하는 문제로 바뀌는 경우는 기존의 지식으로는 그러한 의문이 해결되지 못할 때다. 기존의 연구들이나 문헌 자료, 전문가나 동료들로부터 의문에 대한 충분한 해답을 찾을 수 없는 경우가 그러하다. 이처럼 사전 지식이 결여되어 있거나, 검증이 필요한 정도로 불확실한 상태인 경우에는 조사연구를 수행해서 의문을 해소할 필요가 생긴다. 이런 과정을 거치면서 막연했던 의문은 '왜' '무엇' '어떻게' 등

---

3) 이런 경우는 그 의문에 관한 조사연구가 더 이상 필요 없게 된다. 단지 기존 지식에 대한 탐색과 학습의 과정이 필요할 뿐이다.

과 같은 연구 문제로서의 구체적 구조를 갖춘다.

기존 지식의 한계 기존의 생각들에 대한 거부감이나 기존 지식의 불충분함에서부터 연구 문제를 이끌어 낸다.

> 장애인 고용 문제에 관심을 가진 사람이 볼 때, 기업의 장애인 고용 회피가 '고용주나 일반 사회인들의 장애인에 대한 사회적 편견 때문'이라는 일반적인 설명에만 그치는 것에 대해 거부감을 가질 수 있다. 그에 따라 사회적 편견보다는 '교통수단이나 적절한 작업 환경의 미비 등과 같은 접근성 제약 요소들'이 대부분의 고용주들로 하여금 장애인 고용을 꺼리게 하는 실질적인 이유가 되지 않을까라는 문제 제기를 해 볼 수 있다.

> 미혼모 문제에 관심을 가진 연구자가 관련된 지식들을 검토해 본 결과, 대부분의 선행 지식(기존 연구들)이 미혼모가 되는 전후 상황의 단기간에 집중되어 있는 것을 발견할 수 있다. 미혼모와 그 자녀들이 장기적으로 어떤 사회적, 심리적 경험을 겪게 되는지에 대한 지식은 없다는 것을 알아낼 수도 있다.

이런 과정에서 조사연구를 수행해서 답을 얻고 싶은 연구 문제가 나타날 수 있다. 장애인의 접근성 문제가 장애인 고용 문제의 원인이 되는 것인가? 접근성이 향상된다면 고용이 증가할 것인가? 미혼모 가족은 장기적으로 어떤 경험을 가질 것인가? 어떤 미혼모 가족들은 일반 가족의 형태로 변화하고, 어떤 미혼모 가족들은 그 상태로 존속할 것인가? 장기적인 미혼모 가족의 사회심리적 문제는 어떤 것들인가?

추가 지식의 축적 필요성 연구 문제는 기존 지식에 대한 보충이나 추가를 위한 필요성으로도 나타난다. 일반적으로 과학적 방법은 지식을 축적하는 역할로서 강조된다. 과학적 지식이란 마치 벽돌 쌓기와 같아서, 필요한 지식들이 아래로부터 차근차근 쌓아올려져 높아지는 것이다. 선행 연구들은 현재 조사연구를 통해 만들어 내려는 지식이 놓이기 위한 밑바탕의 지식이며, 그 위에다 현재 연구는 지식의 수준을 한층 더 높일 수 있다.

> 소진(burnout) 현상에 관해, 기존의 연구들은 휴먼서비스 실천자들의 일의 성격, 근무 환경, 개인적 특성 등과 관련된 논의를 주로 진전시켜 왔다 하자. 이제 이를 바탕으로 다음과 같은 연구 문제들이 나타날 수 있다. 소진 현상을 치유하기 위해서는 어떤 조직 여건의 변화가 효과적일까? 업무자들의 소진 현상이 조직의 업무 수행력에는 어떤 영향을 미칠 것인가? 휴먼서비스 조직들에서 나타나는 잦은 이직률이 과연 소진과 관계가 있는 것인가? 물리적 근무 환경의 개선이 이직률을 감소시킬 것인가? …

모든 과학 분야에서는 이와 같은 지식을 축적하는 목적의 연구 경향이 중시된다. 만약 선행 연구나 지식을 기반으로 하지 않고 연구 문제들이 계속 만들어지면, 지식의 체계적인 축적은 불가할 것이기 때문이다. 이처럼 연구 문제의 형성에서 선행 연구들을 검토해 보는 것은 중요하지만, 그럼에도 그것들을 무조건적으로 수용해야 한다는 의미는 아니다. 오히려 비판적 수용의 견지에서 선행 지식들에서 부족한 부분이나 더 발전시켜야 하는 부분을 찾아내야 하는 것이다.

3) 문헌 검토

연구 문제를 찾아내고 조사연구를 수행할 전략을 짜는 과정에서는, 해당 연구 주제에 대해 어떤 것들이 이미 알려져 있는지를 확인해 보는 것이 중요하다. 문헌 검토는 이러한 목적에 적절하다. 전문서적이나 학술지 등과 같은 문헌들을 찾아보는 것을 문헌 검토라 한다. 어떤 연구가 가치가 있다는 것을 주장하기 위해서는, 이전에 수행되었던 다른 연구들에 대한 평가에 기반할 필요가 있다. 이를 통해 연구의 중복을 피할 수 있고, 또한 현재 시점에서 적절한 연구 문제라는 것을 설득력 있게 제시할 수 있다.

연구 문제가 일상적으로 많은 사람들이 쉽게 가질 수 있는 의문이라면, 그에 대한 선행 연구들은 이미 충분히 이루어졌을 가능성이 많다. 이런 경우는 기존 문헌을 검토하는 것만으로도 의문에 대한 답을 구할 수 있으므로, 더 이상의 조사연구는 필요 없다. 그러나 대부분의 경우는 문헌 검토를 하는 과정에서 더 많은 추가 의문들이 나타난다. 원래의 의문은 해결되었지만, 새로운 의문들이 문헌 검토를 통해서 발생할 수 있는 것이다. 어떤 경우에도 연구자는 문헌 검토를 통해 자신이 가진 의문에 대한 새로운 시각이나 자료, 연구 방법 등에 관한 지식을 얻을 수 있다. 문헌 검토의 결과는 대개 의문에 대한 직접적인 해답을 제공해 주기보다, 의문에 대한 해결의 단서를 제공해 준다.

문헌 검토를 위해 가장 중요한 자원은 도서관이다. 따라서 연구자는 도서관의 이용법을 충분히 숙지해야 한다. 컴퓨터의 검색어를 활용한 자료 찾기의 방법이라든지, 도서관들 간 상호대차 서비스를 이용하는 방법 등이 연구 자료를 구하는 데 많은 도움을 준다. 근래에는 인터넷을 통한 자료 검색과 확보의 방법도 보편화되고 있다. 웹(web) 방식의 검색 엔진 등을 적절히 활용하면 귀중한 자료들의 소재나 접근 경로에 대한 정보뿐만 아니라, 문헌 자료 자체를 간편하게 다운로드 받을 수도 있다.[4]

문헌 검토에서 가장 어려운 점은 자신의 의문과 관련해서 어떤 문헌 자료들이 존재하는지 자체를 아는 것이다. 그 이후에 자료를 구하는 것은 단지 비용이나 기술적인 문제일 따름이다. 관련 문헌의 존재 여부는 해당 분야의 권위자나 전문가에게 문의하는 것이 가장 좋은 방법이다. 이를 통해 적어도 해당되는 문헌 자료들을 추적할 실마리가 되는 기초 문헌에 대한 정보는 얻을 수 있다. 이 외에도 문헌 탐색을 위해서는 해당 분야의 기초 전문서적을 확인하거나, 하나의 문헌에 달려 있는 주석이나 참고 자료를 근거로 다른 문헌들을 추적해 가는 방법, 사서 등의 전문가를 활용하는 방법 등이 있다.

4) 연구 문제로서의 적절성

연구 문제는 조사연구를 통해 해소될 가능성이 있는 의문이어야 한다. 조사연구는 논리와 경험적 근거를 통해 수행되어야 하므로, 현실적으로 수행되기에 적절한 연구 문제가 되기 위해서는 적어도 다음을 고려해야 한다.

연구 범위의 적절성　한 연구가 감당해 내기에 적절한 연구 주제의 범위는 연구자가 애초에 가졌던 의문에서 상당히 축소되는 것이 보통이다. 연구를 출발시켰던 의문에 대한 모든 해답을 한 조사연구에서 다 해결할 수는 없다. 의문의 많은 부분이 기존 연구들에서 이미 다루어졌다면, 현재의 연구는 거기에서 부족한 부분이나 검증의 필요성이 강하게 나타나는 부분을 찾아내 집중하는 것이 바람직하다. 광범위한 성격의 의문은 연구에 적절치 않고, 한정된 범위의 구체적인 연구 문제를 찾는 것이 중요하다.

검증 가능성　어떤 형태로든 경험적인 검증 가능성이 있는 의문이 되어야 한다. 과학적 방법은 경험화될 수 있는 의문에 한해서만 답을 줄 수 있다. 경험적으로 확인될 수 없는 문제들, 가치를 다루거나 지나치게 추상적인 문제들은 과학적인 연구에서 다룰 수 있는 의문이 되지 못한다. '사회복지조직은 선한 목적을 가져야 할까?' '클라이언트의 자유의지는 좋은 것인가?' '자선은 옳은 일인가?' 등은 사회복지 학도들에게 좋은 공부 주제이기는 하다. 다만 경험적 검증을 요구하는 과학적 조사연구의 문제로서는 합당하지 못하다.

효용성　좋은 연구 문제는 연구의 결과를 통해 '무엇을 하려는 것인지'가 있어야 한

---

4) Google Scholar와 같은 검색 엔진이 대표적인 예다. [scholar.google.com]

다. 즉, 연구의 효용성에 대한 의도가 연구 문제에 내포되어 있어야 한다. 적절한 의도를 갖추지 못한 것은 효용성이 없는 것이다. 기초과학 분야의 연구들에서는 효용성의 의미를 보통 '지식을 위한 지식의 발전' 가능성에서 찾는다. 반면 응용과학으로서의 사회복지 실천/연구에서는 실천(정책, 기획, 행정, 직접 실천 등)의 전 과정에서 합리적 판단을 하는 데 필요한 의문과 해답을 효용성의 의미로 중시한다.

조사의 현실적 여건   조사연구의 현실도 고려하여야 한다. 연구에 소요되는 시간, 돈, 에너지뿐만 아니라, 자료수집의 용이성과 같은 연구의 현실적인 실행 가능성 (feasibility) 문제들을 고려하여야 한다. 연구자 자신의 연구 수행 능력과 적절한 지원체계의 존재 여부도 현실적인 고려에 포함된다. 아무리 논리적으로 적절한 연구 문제라 해도, 연구자가 현실적으로 감당하기 어려운 것은 바람직한 조사연구의 문제가 될 수 없다.

3. 연구 문제의 기술

연구 문제를 형성하는 최종 과정은 조사연구를 이끌어 갈 조사 문제와 가설을 명확하게 기술하는 것이다. 어떤 방식으로 문제를 기술하는 것이 좋은지에 대한 정답은 없다. 각 연구 문제들은 나름대로의 분야와 제각기 특성을 가지므로, 이들을 기술하는 방법도 그에 따라 다양할 수 있다. 다만 연구 문제의 기술에서 보편적으로 지켜져야 할 사항은 있다.

· 문제는 의문의 형태로 기술한다.
· 의문은 단순 명료해야 한다.
· 변수들의 특성이나 변수들 간의 관계에 대해 기술한다.
· 문제의 기술에서 경험적인 검증 가능성이 드러나야 한다.

연구 문제는 의문문의 형태로 기술되어야 하고, 그러한 의문문은 가능하면 단순 명료한 것이 좋다. 의문문은 연구 문제를 직접적으로 노출한다는 장점을 가지고 있다. 연구 문제를 '연구의 목적은…'이라고 말하는 것은 옳지 않다. 연구의 목적이 연구 문제와 반드시 일치하지는 않기 때문이다. 연구의 목적은 연구의 계기와 결과를 둘러싼 함

의에 초점이 맞추어진 반면, 연구 문제는 보다 직접적으로 연구의 관심이나 의문의 대
상을 제시하는 것이다.

조사연구의 의문은 개념이나 변수들의 특성 혹은 그들 간의 관계에 대해 묻는다. '변
수A(예: 소득 수준)는 어떻게 분포되어 있을까?' '변수B(예: 지역)에 따라 변수A는 어
떻게 달리 나타날까?' '변수A와 변수B는 변수C(예: 시간)와 어떻게 관계되어 있나?'
'변수 D, E, F, G는 이들 관계에서 각기 어떤 조건을 형성하고 있는 것인가?' 등등의 방
식으로 질문을 던진다.

탐색 혹은 기술 목적의 조사연구들에서는 'A는 어떠할까?'와 같이 연구 문제가 변수
들 간의 관계에 대한 의문까지를 굳이 포함하지는 않는다. 그러나 조사연구의 비용효
과성을 고려하자면, 가급적 변수들 간의 관계에 관한 연구 문제의 형태로 기술되는 것
이 좋다. 관계에 대한 연구는 동일한 조사연구의 비용과 노력으로 더 많은 정보를 제공
해 줄 수 있기 때문이다.

4. 개념에 대한 정의

조사연구 문제를 적절히 기술하려면 일차적으로 문제에 포함된 개념들을 명확히 정
의하는 것이 중요하다. 이것은 과학적 조사연구에서 필수적인 과정이다. 'A와 B는 관
계가 있는가?'라는 질문에 답하려면 먼저 A는 무엇이고, B는 무엇을 말하는 것인지가
보편적으로 이해될 수 있을 만큼 명료하게 정의되어야 한다. 그래야만 어떤 조사연구
의 결과를 다른 사람들도 동일한 기반에서 이해하고 평가해 볼 수 있다. 개념에 대한
정의는 '개념적 정의'와 '조작적 정의'로 구성된다.

1) 개념적 정의

개념적 정의(conceptual definition)는 연구에서 사용되는 용어 혹은 개념의 뜻을 명료
히 풀이하는 것이다. 동일한 단어나 용어라도 사용되는 분야나 맥락에 따라 각기 다양
한 의미로 쓰일 수 있다. '빈곤'이라는 용어가 그 예다. 사회복지 연구 분야에서는 빈곤
을 물질적 측면의 결핍이나 박탈 상태를 규정하는 용어로 보통 쓴다. 여기에서도 조금

만 더 구체적으로 들어가 보면, 빈곤에 대한 정의는 더욱 세부적으로 차이 난다. 한편 다른 연구 분야들에서는 빈곤을 사회심리적 측면의 소외 현상과 결부된 개념으로 쓰기도 한다. 때로는 정서나 문화적 측면의 열악한 상태를 의미하는 개념으로도 쓴다.

이처럼 하나의 단어 혹은 용어는 모든 사람들이 일치하는 하나의 구체적인 의미로서의 개념을 자연스레 가지지는 못한다. 그래서 과학적 조사연구에서는 의도적으로 이러한 개념에 대한 정의를 명확히 한다. 개념적 정의란 다양한 의미들 가운데 무엇이 '올바른' 것인지보다는, 현재 연구의 관심과 초점에 '합당한' 측면의 의미가 무엇인지를 규정하려는 것이다. 예를 들어, 빈곤 문제를 다루는 연구자라면 자신의 연구가 다루는 빈곤이 어떤 측면의 것인지를 명확히 밝혀 두어야 하는 것은 당연한 일이다.

개념적 정의는 개념을 추상적 수준에서 구체적으로 묘사하는 것이다. 비록 추상적이지만, 적어도 조작적 정의와 연결되어 경험적으로 규정될 가능성은 갖추어야 한다. 예를 들어, 어떤 연구 문제가 소외(alienation)를 다룰 때 그 개념적 정의를 다음처럼 해 볼 수 있다.

소외란 자신의 사회나 문화로부터 떨어져 나와 있다거나(estrangement), 소속되어 있지 않다는 느낌(noninvolvement)을 말한다. 소외된 개인에게는 다른 사람들이 공유한 가치나 사회적 규범들이 의미 없는 것으로 비춰진다. 따라서 그 개인은 '고립'되고 '좌절'됨을 느낀다. 소외를 경험하는 개인은 자신의 행위로 자기 운명을 통제하거나, 세상사의 중요한 일들에 아무런 의미 있는 영향을 줄 수 없다는 무력감을 느낀다.[5]

여기서는 '무의미함'과 '무력감'이라는 하위 개념들을 통해 소외를 정의하고 있다. 무의미함의 느낌은 다시 사회적으로 '떨어져 나와 있다는 느낌'과 '무소속감'에 관련되어 있고, '고립'과 '좌절감'도 이와 관련된 것이라고 정의한다. 무력감은 무의미함과 같은 측면에서 설명될 수 있다는 것도 밝히고 있다. 비록 추상적이기는 하지만, 이러한 하위 개념들의 규정을 통해 소외라는 개념은 한결 더 구체적으로 정의된다. 이 같은 개념적 정의에 대해 모든 사람이 동의하지 않을 수는 있지만, 적어도 현재 연구에서 소외가 무슨 의미로 사용되었는지는 모든 사람이 같이 알 수 있다.

개념적 정의는 다음에 설명하는 조작적 정의를 위한 전 단계다. 개념적 정의를 통해

5) Theodorson, G., & Theodorson, A. (1969). *A Modern Dictionary of Sociology.* NY: Barnes & Nobles Books, p.9.

개념에 대한 윤곽이나 틀이 잡혀져 있지 않으면 조작적 정의로 넘어갈 수 없다.

2) 조작적 정의

양적 접근의 조사연구에서는 개념적 정의에 더해 이를 조작적으로 정의하는 과정도 필요하다.[6] 조작적 정의(operational definition)란 개념을 경험적으로 나타낼 수 있는 지표로서 조작화하는 것을 말한다. 예를 들어, 고립(isolation)이 무엇인지를 개념적 정의에서 구체화했다면, 이를 근거로 사람들에게 어떤 행동이나 심리 상태가 관찰되면 그것을 고립이라고 할지를 규정하는 것이다.

조작적 정의를 하는 것은 일종의 창조적인 작업이다. 따라서 완전한 조작적 정의라는 것은 존재하지 않는다. 그럼에도 좋은 조작적 정의가 되려면 최소한 다음 두 가지 조건을 갖추어야 한다.[7]

첫째, 복제가 가능하고, 신뢰도가 있어야 한다. 정의가 명확하게 서술되어 있어서, 다른 조사연구들에서도 조작적 정의를 복제해 쓸 수 있어야 한다. 신뢰도가 있다 함은 동일한 조작적 정의를 써서 관측하는 대상들은 동일한 값을 산출해 낼 수 있어야 한다는 뜻이다.

둘째, 타당해야 한다. 조작적 정의를 통해 측정된 결과가 원래 의도했던 개념의 특질과 합치해야 한다는 것이다. 타당하지 않은 조작적 정의는 아무리 복제성과 신뢰도가 높아도 의미가 없다.

5. 과학적 이론과 가설

가설(hypothesis)이란 연구 명제로부터 도출되는 가정적인 설명으로, 과학적 조사연구에서는 이것을 경험적 검증의 대상으로 삼는다. 대부분의 과학적 조사연구는 이론 검증을 목적으로 하는데, 이론 자체는 추상적이어서 직접적으로 검증될 수 없으므로

---

6) 이에 관해서는 이 책의 3부 '측정'에서 자세히 설명하고, 여기서는 개념적 정의와 구분되는 조작적 정의는 무엇인지만을 먼저 소개한다.
7) Mark, R. (1996). *Research Made Simple*. Thousand Oaks, CA: Sage, pp. 15-35.

가설을 활용한다. 가설은 이론적 명제를 경험적인 사실과 연결하는 가교와도 같은 것이다.

모든 조사연구가 가설 검증을 직접 수행해야 하는 것은 아니다. 가설이 필요하지 않은 탐색적, 기술적 조사연구들도 있다. 이런 경우는 현상을 설명하기보다 단순히 어떤 현상이 있는지를 파악한다거나, 그에 대해 묘사하거나 기술하는 것에 직접적인 관심을 둔다.

한 지역사회의 사회복지서비스 욕구를 조사하기 위해 주민 서베이 방식의 조사연구를 실시한다고 하자. 질문은 다음에 관한 답들을 얻기 위한 것이다. '연령층의 분포는 어떻게 되어 있는지, 소득 수준은 어떻게 나타나는지, 최저생계비 수준에 미치지 못하는 사람들은 어느 정도인지, 혼자 사는 노인이나 장애인은 얼마나 되는지, 누가 어떤 방식으로 의료 서비스에 접근하고 있는지, 보육 서비스에 대한 욕구는 어느 정도인지, 주민들이 전체로 혹은 개별 집단별로 가장 선호하는 사회복지서비스는 무엇인지, 주민들의 여가 선용은 어떻게 나타나는지, 만약 가능하다면 어떤 서비스를 얼마에 구입할 의향이 있는지, …'

이런 탐색이나 기술 목적의 조사연구들은 굳이 이론 검증을 위한 가설을 설정할 필요가 없다. 이들은 다음 단계의 연구들을 위한 기초를 제공한다는 점에서 과학적 조사연구로서의 의의는 여전히 있다. 그럼에도 만약 이들 연구가 이론과 가설을 적용해 볼 수 있다면, 연구의 효용성 가치는 한층 더 높아질 수 있다. 과학적 지식의 최종효용은 이론을 통한 현상의 설명과 예측, 통제력의 확보에 있기 때문이다.

1) 가설의 역할

대부분의 조사연구는 가설을 명시적 혹은 묵시적으로라도 제시한다. 연구 명제는 추상적인 개념의 상태나 관계에 대한 설명이므로, 이 자체에 대해 직접 경험적인 검증을 시도할 수는 없다. 그래서 가설을 설정하는 것인데, 이 가설을 경험적인 자료를 통해 검증해 보고, 이를 근거로 연구의 이론 명제가 타당한지를 확인한다.

조사연구에 따라서는 이와 같은 가설 검증의 방식을 채택하지 않는 경우도 있다. 문제는 이런 경우에 경험적인 자료들을 아무리 수집하더라도, 이것이 해당 연구 명제를 입증하는 근거로서 충분한지의 여부를 알기가 어렵다는 점이다. 즉, 논리와 경험의 합치성 여부를 판단하기가 쉽지 않게 된다는 뜻이다. 그래서 가급적이면 과학적 조사연구들에서는 가설 검증의 방법을 쓴다. 사전에 가설을 설정하는 것이 여의치 않는 경우, 연구 도중에라도 가설을 세우고 이를 경험적으로 검증해 보는 과정을 갖춘다.

학술 이론뿐만 아니라 실천 현장의 이론 만들기에서도 가설은 일종의 자기성찰을 위한 도구가 된다. 이를 통해 실천자들은 자신의 관찰(경험)을 긍정하는 데 쓰지 않고, 비판적인 검토를 위한 대상으로 삼아 보는 것이다. 비록 단순한 차이지만, 자신의 경험을 성찰할 수 있는 인식 기제로서 가설 활용을 이해하는 실천자와 그렇지 않은 실천자는 비록 동일한 실천 경험을 하더라도 결과에서는 큰 차이를 보이게 된다. 과학적 이론에 가까워지는 실천자와 자기폐쇄적 이론으로 굳어지는 실천자의 차이다.

과학적 이론/실천에서 가설 활용이 중요한 이유는 크게 두 가지로 정리될 수 있다. 첫째, 가설은 이론에서부터 도출되는 것이므로, 그런 가설들을 검증하는 것이 곧 이론의 발전에 기여한다.[8] 예를 들어, 공격적인 행동에 대한 원인과 결과를 설명하기 위한 '공격성에 관한 이론'이 있다 하자. '좌절감이 공격성을 유발한다'는 이론적 명제가 그중 하나다. 이로부터 다음과 같은 소명제와 가설들이 도출될 수 있다.

> 명제 1: 아이들은 목표 성취가 방해받으면(좌절), 싸움을 하게 된다(공격성).
>
> (가설) 방해 실험 개입을 받는 아동 집단은 그렇지 않은 아동 집단에 비해 분쟁 횟수가 많을 것이다.
>
> 명제 2: 부모로부터의 사랑을 빼앗긴 아동은(좌절), 공격 행동의 양상을 드러낸다(공격성).
> (가설) 아이들은 동생이 태어난 후 6개월 동안의 공격성 지수 평균이 동생이 태어나기 전 6개월 동안의 공격성 지수 평균보다 높을 것이다.

만약 가설이 검증되면, 즉 예측된 사실이 나타남이 경험적으로 확인되면, 그 가설의 근원이 되었던 이론적 명제가 타당함을 인정받는다. 그리고 이러한 검증들이 쌓여 가면서 이론의 신빙성이 확대된다. 비록 그중 일부 명제와 가설들이 검증에 실패하더라도, 그것도 역시 큰 틀에서는 이론을 한층 정제하고 정교화시키는 데 기여한다. 따라서 과학적 이론을 만들어 나가는 조사연구에서 가설 설정과 검증은 필수불가결한 역할을 한다.

---

8) 참고: Kerlinger, *Foundations of Behavioral Research*, pp. 15-25.

둘째, 가설은 과학적 이론을 객관적으로 검증할 수 있는 수단을 제공한다. 가설의 형태를 갖춘 명제는 그것을 주장하는 사람들의 손을 떠나 공공연히 검증될 수 있으므로, 객관적인 검증과 인정 작업이 이루어질 수 있도록 한다. 복잡하고 추상적인 이론 자체를 객관적으로 검증하기란 극히 어려운 일이지만, 가설화된 명제들은 누구라도 경험적인 방법을 동원해서 검증해 볼 수 있다. 그래서 연구자들 간에 어떤 명제가 옳고 그른지에 대해 객관적으로(혹은 상호주관적으로) 합의할 수 있는 기반이 마련되는 것이다. 가설 검증의 방법을 통해 과학적 이론은 주관적인 차원을 넘어 객관적인 지식으로 나아갈 수 있다.

조사연구들의 성격에 따라 가설은 미리 세워질 수도, 후에 만들어질 수도 있다. 양적 조사연구들의 경우에는 연구 문제에 대한 잠정적인 결론으로서의 이론적 명제를 먼저 갖추고, 이 타당성을 경험적 검증을 통해 확인해 보는 절차를 가진다. 여기에서는 가설이 이론적 명제로부터 예측될 수 있는 경험적 사실로서 함께 제시된다. 양적 조사연구의 방법에서는 이처럼 사전에 설정된 가설에 기초해서 이를 검증할 자료수집과 분석의 절차가 진행된다.

질적 조사연구들의 경우는 가설의 역할이 이와 다르다. 질적 조사연구가 수행되는 상황은 대개 연구 문제에 대한 명확한 이론적 결론(명제)을 찾을 수 없는 경우이므로, 따라서 가설도 미리 세워질 수 없다. 처음에는 검증할 대상이 없으므로, 가설도 없는 것이다. 질적 조사연구에서는 가설은 미리 세워지지 않고, 자료수집과 분석의 과정을 거치면서 만들어진다. 수집된 자료에 바탕해서 이를 설명할 수 있는 임시 가설이 세워진다. 그리고 이를 검증해 보기 위해 자료를 새롭게 수집하거나 분석한다. 이런 과정이 반복적으로 되풀이되면서 점차 검증된 가설들이 나타나고, 이에 근거한 이론적 명제가 드러나게 된다.

2) 연구가설과 영가설

조사연구의 가설은 '만약 이론적인 명제가 옳다면, 어떤 사실들이 목격될 수 있을 것'으로 예측하는 형태로 기술된다. 이것을 연구가설(research hypothesis)이라 하는데, 보통 가설이라 하면 이 연구가설을 말한다. 연구가설은 크게 방향을 나타내는 것과 차이의 유무만을 나타내는 것으로 구분된다.

방향을 나타내는 가설은 '무엇은 무엇보다 크거나 작다' 혹은 '무엇이 증가하거나 감소하면, 다른 무엇이 증가하거나 감소한다' 등으로 나타낸다. 가설에서 제시하는 변화의 방향이 +, −인지를 명시하는 것이다. 차이의 유무를 나타내는 가설은 '무엇은 무엇과 다르다' 혹은 '무엇이 변화하면 다른 무엇도 변화한다' 등으로 나타낸다. 이런 가설은 변화의 방향성을 검증할 필요가 없는 경우에 쓰인다.

대부분의 연구가설은 직접 검증되지 않고, 영가설을 통해 간접적으로 검증된다. 영가설(null hypothesis)이란 연구가설이 부인되는 경우로서 예측될 수 있는 사실에 대한 기술이다. 즉, 연구가설을 부정하는 가설이다. 연구가설이 '차이 있음'을 예측했다면, 영가설은 '차이 없음(0)'으로 예측하는 서술이다. 이를 흔히 귀무가설이라고도 한다.

영가설은 보통 양적 통계분석에서는 명시적으로 사용되지만, 질적 연구 분석에서는 연구자가 스스로를 성찰하는 인식 기제로 사용된다. 연구가설에 대한 반증의 목적으로 영가설을 활용한다는 점에서는 양적과 질적 분석이 공통적이다. 주어진 자료를 분석해 보아서 영가설이 부인되면, 그에 반하는 연구가설이 옳음을 인정받는 식이다.[9]

3) 변수 관계의 가설

연구 문제가 변수들 간 관계에 대한 의문의 성격이면, 그에 대한 이론적인 답에 해당하는 연구 명제도 설명(explanation)의 성격을 띤다. 설명 목적의 이론인 경우에 이를 검증하기 위한 가설은 변수들 간 관계를 보여 주는 경험적 사실들을 예측하는 형태로 제시된다. 주어진 연구 명제에 의거해서 볼 때, 어떤 형태의 변수 관계에 대한 경험적인 사실들이 나타날 것이라고 연구자가 예측하는 것이다. 이런 형태의 관계적 설명에 대한 가설을 적절히 기술하려면, 다음 두 가지 기준이 준수되어야 한다.[10]

첫째, 변수들 간의 관계가 명확히 기술되어야 한다. 설명 가설은 둘 이상의 변수들로 이루어지는데, 이들 변수가 어떤 형태로 서로 관련되어 있는지로서 명확하게 기술되어야 한다. 'A가 변하면, B도 변한다' 혹은 더 구체적으로 'A가 증가할 때, B는 감소한다'처럼 변화의 방향까지도 제시한다. 막연히 'A와 B가 관계가 있다'고 하게 되면 경험적

---

9) 이에 대한 자세한 설명은 이 책 5부와 6부의 통계분석에서 한다.
10) Kerlinger, *Foundations of Behavioral Research*, pp. 15-25.

으로 확인할 수 있는 기준이 없게 되므로, 가설 설정의 본래 의미를 가지지 못한다.

둘째, 경험적인 측정이 가능하도록 정의되어야 한다. 변수들 간 관계는 경험적인 검증이 필요하므로, 가설에 포함된 변수들은 실제로든 혹은 잠재적으로든 측정 가능한 상태로 정의되어야 한다.

변수들 간의 관계를 나타내는 이론적 명제와 그것으로부터 도출된 가설의 예는 다음과 같다.

명제: 사회복지사의 업무 부담이 늘어나는 것은 서비스의 질에 부정적인 영향을 미친다.

(가설) 담당 케이스 수가 많은 사회복지사일수록, 클라이언트의 서비스 만족도가 낮을 것이다.

명제: 보육 서비스의 확충이 기혼 여성의 취업을 증가시킨다.

(가설 1) 보육 시설이 많은 지역이 적은 지역에 비해 기혼 여성의 취업자 비중이 높을 것이다.

(가설 2) 보육 정보가 많이 제공되는 지역이 낮은 지역에 비해 기혼 여성의 구직 활동 참여율이 높을 것이다.

만약 가설들이 자료수집과 분석을 통해 경험적 사실과 합치된다면, 그것은 단지 가설에서 제시한 사실 자체만을 입증하는 의미에 그치지 않는다. 그보다는 그러한 예측을 도출하게 했던 추상적인 명제(이론)가 타당함을 검증해 주는 의미가 크다. 이것은 한편으로 가설을 도출하는 과정에서 명제와의 긴밀한 연관성이 중요하게 다루어져야 하는 이유가 되기도 한다.

하나의 연구 명제에 대해 보통은 다수의 가설 혹은 사실 관계들로 검증한다. 또한 한 연구가 모든 도출 가능한 가설들을 검증하는 것이 아니라, 계속되는 연구들에서 색다른 가설들을 제시해서 검증해 들어가는 과정도 필요할 수 있다. 그러면서 이론은 점차 경험적으로 검증된 영역들을 넓혀 가게 되고, 이에 따라 이론은 점차 더 구체적인 신뢰를 구축해 간다.

제5장

질적 조사연구

근래 사회복지 학술 연구나 실천 현장에서도 질적 연구 방법에 대한 관심이 증가하고 있다. 이는 그간 사회복지 실천/연구가 지나치게 양적 접근에만 치우쳐 왔다는 반성에서 비롯된다. 질적 조사연구도 양적 조사연구와 마찬가지로 과학적 방법에 기초하는 것은 동일하다. 다만 논리와 경험을 바라보는 관점이나 이들을 다루는 방법에서 질적 조사연구는 독특성을 가진다.[1]

1. 질적 접근의 조사연구

질적 조사연구(qualitative research)는 과학적 방법론에 입각해서 현상을 기술하거나 설명하는 것이다. 과학적 방법은 논리와 경험의 합치를 검증해서 과학적 이론을 만드는 절차다. 과학적 방법을 따른다는 점에서는 양적이나 질적 접근의 조사연구가 동일하다. 다만 연구 문제의 성격이나 목적에서부터 방법적 절차, 경험적 자료를 대하는 자세 등에서 질적 조사연구만의 특성을 다음처럼 가진다.

---

[1] 이러한 차이는 하나의 조사연구가 양적, 질적 연구 방법을 섞어서 사용할 수 없을 만큼 크다. 비록 혼합적 연구 방법에서는 하나의 조사연구에서 두 방법을 모두 쓰지만, 그럼에도 절차적으로는 이들을 각기 따로 적용한다. 이에 대해 이 책 3장을 참고한다.

1) 질적 자료의 활용

과학적 조사연구에서 자료는 논리를 만들거나 검증하는 데 필요한 경험들이다. 질적 연구에서는 이런 경험 자료를 '질적' 성격으로 갖춘다는 점에서 '양적' 연구와 일차적으로 구분된다. 질적(qualitative) 자료라고 하면 경험을 질적 측정을 통해 모은 것을 말한다. 양적(quantitative) 측정에서는 경험을 수량화된 형태의 값들로 나타내지만, 질적 측정은 내용적 의미를 기술하는 형태로 경험을 구성한다.

> 가족의 구성 형태를 '가족 수'로 정의해서 (1, 2, 3, …) 등의 값으로 나오게 하는 것이 양적 측정이다. 만약 가족의 구성 형태를 '구성원 간 소통 방식'으로 정의한다면 (위계형, 네트워크형, 분산형, 혼합형) 등과 같이 내용적 의미들로 경험이 구분되는 것이 질적 측정이다.

질적 자료는 대화나 이야기, 그림이나 영상 이미지, 음률 등과 같이 경험할 수 있는 모든 내용들을 글이나 형상, 소리 등의 형태로서 구성한 것이다. 이런 질적 자료들도 디지털화해서 보관하고 분석하는 등으로 형식적으로는 양적 자료의 성격처럼 변환시킬 수는 있다.[2] 그럼에도 이러한 자료는 양적 측정의 사전 규격(도구)을 통해 채집된 것이 아니므로 본질적으로 질적 자료의 성격을 띤다.

> 몸무게를 그램 단위로 측정한 결과 값은 양적 수치의 의미를 띤다. 그러면 몸무게가 90kg인 사람은 60kg인 사람에 비해 1.5배나 많다는 등으로 분석될 수 있다. 측정의 타당도나 신뢰도가 전제된다면 도출된 양적 자료는 통계 등의 다양한 방법으로 분석해 볼 수 있다.
>
> 몸무게는 질적 방법으로도 측정할 수 있다. 사람들에게 말로 물어보는 것도 한 방법이다. '몸무게가 어떻다고 생각하는가?'라는 질문에 사람들은 '많이 나가는 거 같다' '적당하다고 본다' '60kg쯤 나갈 것이다' '이전보다 빠졌다' '고민이 많다' … 등으로 다양한 양상의 측정값을 사람들이 말로 들려준다. 이를 채집하면 질적 자료가 된다. 이런 자료로는 사람들의 몸무게를 일관된 기준으로 비교할 수는 없지만, 사람들이 자신의 몸무게에 대해 가지는 주관적인 의미는 이를 통해서만 알 수 있다.

자료의 성격은 경험을 포착하는 방법에 따라 결정된다. 양적 방법으로 수집하는 경

---

2) 디지털화는 (0, 1) 혹은 (있음, 없음)으로 쪼개는 것이므로, 이것 자체가 측정의 수량화를 의미하지는 않는다. 다만 디지털로 전환된 질적 자료는 양적 분석에 용이하게 쓰일 수는 있다.

험은 양적 자료가 되고, 질적 방법으로 수집하면 질적 자료가 된다. 어떤 방법의 자료를 수집할 것인지는 조사연구가 다루려는 현상이 어떤 성격인지에 따라 결정된다. 질적 자료를 활용하는 질적 조사연구는 현상에 대해 사람들이 부여하는 개별적이고 주관적인 의미를 찾는 데 적합하다.

2) 개별 기술의 지향

질적 조사연구의 목적은 일차적으로 현상을 개별적으로 기술하는 것에 있다. 이 점에서 현상으로부터 보편적인 법칙을 찾아내려는 목적의 양적 조사연구와 차이가 난다. 지식을 탐구하는 자세에는 크게 두 가지 차별적인 접근이 있다. '보편 법칙'과 '개별 기술'이 그와 같다.

보편 법칙(nomothetic) 접근   객관적인 현상이 존재하는 것을 인정하고, 거기에서 작동하는 보편적인 법칙을 발견해 내는 것을 강조한다. 물리학이나 생물학 등 자연과학에서는 이를 과학적 접근의 전형으로 삼는다.

개별 기술(idiographic) 접근   개별주의 입장에서 특수한 현상에 대해 기술하는 것을 강조하는 접근이다. 인문사회과학에서와 같이 인간이나 인간이 만들어 내는 사회적, 문화적 현상을 이해하는 데는, 보편 법칙보다 그들 인간이 주관적으로 부여하는 독특한 의미들을 찾아내서 기술하는 것이 중요하다는 입장이다.[3]

인간과 사회에 대한 연구에서는 실제로 보편 법칙을 찾는 노력도 필요하고, 개별 기술도 중요하다. 그럼에도 하나의 조사연구에서는 해당 연구 문제나 목적이 지향하는 바에 따라 적절한 접근이 선택되어야 한다. 개별 기술을 지향하는 연구 목적의 경우에는 질적 조사연구의 접근이 적합하다. 특히 특정 개인이나 가족, 집단, 지역사회 등의 사례 단위를 중심으로 이루어지는 사회복지 실천/연구 맥락에서는 개별 기술의 지향이 기본적으로 내재되어 있는 것과 같다.

---

3) 해석적 현상학 분석(IPA)과 같은 심리학적 질적 조사연구 접근이 대표적이다. 여기에서 개별 기술의 초점은 어떻게 한 사람이, 주어진 맥락에서, 주어진 현상에 대해 이해하는지에 대한 통찰을 제공하는 것에 주어진다. 보통 이러한 현상은 개인적으로 중요한 경험과 관련되는데, 예를 들어 특정 사건의 발생이나 전개 등에 관한 것이다. IPA는 현상학(phenomenology)과 해석학(hermeneutics)에 이론적인 기원을 둔 것으로, 후셀(E. Husserl)이나 하이데거(M. Heidegger)의 핵심 생각들이 흔히 인용된다.

3) 주관적 세상의 탐구

질적 연구는 방법론 측면에서 양적 접근의 연구들과는 근본적으로 다른 세계관을 가진다. 양적 접근에서는 사람들의 인식과는 무관하게 독립적으로 존재하는 객관적인 현상이 있고, 그것을 탐구할 수 있다고 믿는다. 반면 질적 접근에서는 그러한 현상이 설령 존재하더라도, 그것을 우리가 알게 되는 것은 우리의 인식 과정을 통해서라는 점을 강조한다. 그런 우리의 인식은 주관적일 수밖에 없으며, 그래서 우리가 아는 세상은 곧 주관적이라는 것이다.

질적 조사연구에서의 주관적 세상에 대한 관심은 특히 사람들이 만들어 내는 현상, 즉 개인적인 심리나 사람들 간 상호작용, 여타 사회문화 현상 등을 이해하는 데 유용하다. 사회복지의 휴먼서비스 실천에서는 사람들의 심리사회 문제나 필요를 다루는데, 상당 부분이 사람들이 부여하는 주관적인 의미와 해석에 결부된 일이다. 그러므로 여기에 필요한 지식도 이들 개인이 가지는 주관적 세상에 대한 이해를 기반으로 한다.

철학에서는 이러한 주관적 세상에 대한 관심을 주관주의(subjectivism) 혹은 해석주의(interpretivism)라고 한다. 이는 세상이 사람들의 인식과 무관하게 독립적으로 존재한다는 것을 믿는 실증주의와 대립된다.[4] 그래서 주관주의자들은 객관적 측정을 크게 중시하지 않는다. 사람을 돌보거나 치유, 변화시키는 데 필요한 이해는 별이나 지구가 어떻게 움직이는지에 관한 법칙을 찾아내는 것과는 다르다. 사람의 삶에 관심을 가진 실천/연구들에서는 그들 사람이 제시하는 주관적 의미가 배제된 객관적 사실들만으로는 유용성이 크지 않다고 본다.

> 몸무게를 체중계로 측정해서 60kg 등으로 수치가 나왔다면, 이런 객관적인 측정치가 의미를 가지는 것은 사람들 저마다의 인식에 달려 있다. 어떤 사람에게는 이 수치가 자신감으로 다가올 수도 있고, 어떤 사람에게는 열패감으로 다가올 수도 있다. 어떤 사람에게는 앞으로의 행동 방향을 제시하는 의미로 다가오고, 어떤 사람에게는 유전자 결정이론에 대한 믿음을 강화하는 의미로 인식될 수도 있다.

객관적인 사실로 이루어진 세상이라는 믿음에 매몰되면, 사람이나 사람들이 함

---

4) Cupchik, G. (2001). 'Constructivist realism: An ontology that encompasses positivist and constructivist approaches to the social sciences'. *Forum: Qualitative Social Research*, 2(1), pp. 29-30.

께 만들어 내는 주관적 세상을 이해하기 어렵게 된다. 그래서 주관주의적 세상에 대한 이해를 주창했던 막스 베버(M. Weber)는 세상을 이해하는 방법으로 '주관적 이해(verstehen)'를 강조한다. 이것은 사람들이 무엇을 하는지에 관한 것뿐만 아니라, 사람들이 그에 대해 어떻게 생각하고 느끼는지를 알아보는 것이 중요하다는 것이다.[5] 어떤 행동을 적절히 이해하려면, 그 행동의 주체가 되는 사람이 부여하는 주관적 의미와 맥락을 파악할 필요가 있다는 것과도 같다.

4) 귀납적 방법

실천 현장과 밀접한 연관을 가지고 있는 사회복지학에서는 다른 순수과학 분야들에서와는 달리 귀납적 방법의 이론 개발이 용이하면서, 한편으로는 불가피할 때도 많다. 이 점에서 '선이론, 후검증'의 연역적 이론 개발을 강조하는 양적 연구 접근과 차이 난다. 휴먼서비스 실천 현장은 개별 사례를 중심으로 경험이 발생하기 때문에, 이들 사례의 경험들이 축적되어 일반화된 논리를 만들어 내는 환경이 된다. 즉, '선경험, 후이론'의 귀납적 방법에 의거한 이론 개발이 용이하다.

귀납적 방법의 질적 연구는 검증할 이론적 명제나 가설이 없이 경험부터 진행해 나간다. 이에 따라 연구의 과정은 엄격하고 표준적인 절차보다는 유연하고 탄력적인 절차가 선호된다.[6] 질적 연구는 양적 연구에 비해 유연하고 직관적인 방법을 중시한다. 질적 조사연구에서는 조사에 필요한 절차나 단계를 사전에 엄격하게 결정하지 않으며, 실천/연구자는 상황에 따라 적절한 방법을 취사선택해 나갈 수 있다. 또한 연구자의 경험이나 직감(hunch) 등에 의존하여 조사 단계나 절차를 결정하고, 그것을 통해 새롭게 설명이 필요한 개념들을 추출해 내기도 한다. 질적 연구의 방법이 이렇게 유연할 수 있는 것은 근본적으로 귀납적 논리 체계를 따르기 때문이다.

---

5) Weber(1925/1957). Weber, M. (1957). *The Theory of Social and Economic Organization*. NY: Free Press. (Original work published 1925).
6) 양적 연구에서 표준 절차를 강조하는 이유는 객관화 때문이다. 많은 사람들이 객관적으로 어떤 사실을 공유하려면, 그 사실이 사람들마다 서로 다른 주관적 인식의 틀에서 비롯되어서는 안 되기 때문이다. 이론적 명제와 가설 설정, 샘플링, 객관적 측정과 자료수집, 통계분석 등이 그런 표준 절차의 내용이다.

2. 사회복지의 질적 조사연구

사회복지와 휴먼서비스 관련 연구나 실천에서는 사람의 내면이나 외부 상황에 대해 깊이 있는 이해가 필요한 경우가 많다. 개인이나 가족, 집단, 지역사회 등을 막론하고 실천은 대상 사례에 대한 개별적인 이해가 중요한데, 이를 위해 객관적인 일반 법칙의 이론만으로는 범용적인 한계를 넘어설 수 없다. 개별화를 강조하는 사례 실천에서는 그들의 입장에서 주관적으로 경험하는 삶의 실체에 대한 이해가 더해져야 하는데, 여기에 질적 연구 방법이 적절히 쓰인다.

질적 조사연구는 사회복지의 과학적 지식이 필요한 다양한 분야, 즉 학술 연구나 평가조사, 실천 현장 등에 적용될 수 있다. 인간과 사회에 관한 기초 이론을 생산하는 학술 연구 분야에서는 당연히 질적 조사연구의 방법이 강조된다. 특히 자연과학과는 달리 사람들에 관한 현상을 다루는 인문사회과학 성격의 사회복지 연구에서는 특정 사람들에 대한 개별화되고 깊이 있는, 풍부한 맥락에서의 설명이 보다 중요하게 간주되고 있다.

사회복지의 조직이나 프로그램, 인적 자원에 대한 평가를 위한 조사연구에서도 질적 조사연구 방법에 대한 강조가 나타나고 있다. 여태껏 이들 평가 연구는 대개 외부로부터 부과된 의무 형식을 따라왔던 관계로, 양적 측정의 성과 자료를 산출하고 제출하는 용도로서만 인식되어 왔던 경향이 있다. 만약 사회복지 평가의 진정한 목적, 즉 개선과 변화의 방향을 찾기 위한 과학적 노력을 추구하려면, 양적 조사의 평가 결과를 개별화된 현장 상황의 맥락에 따라 풍부한 설명으로 더해 줄 수 있는 질적 방법이 필요해진다.

사회복지의 전문적 실천 현장에서는 질적 조사연구가 자연스런 과정으로 내재될 수 있다. 실천 사례마다의 독특한 문제나 필요의 성격을 파악하는 것에서부터, 특정하게 적용될 개입의 내용이나 방법을 찾고, 실행을 모니터링하거나 결과를 평가, 환류해 나가는 모든 과정은 기본적으로 과학적 방법의 틀을 갖추어야 한다. 논리와 이념만으로는 안 되고, 경험적인 근거 기반을 갖추어야 한다는 것이다.[7] 그런데 이러한 현장 실천의 과학적 접근 방법은 상당 부분 질적 조사연구 방법의 성격과 보다 부합된다. 현장의

---

7) 일반적인 개념으로서 '증거기반 실천'이 이런 뜻이다. 이에 대해서는 1장을 참고한다.

자료를 근거로 이해를 진전시키고, 그런 이해를 통해 다시 실천에 임하는 이런 과정이 질적 연구 방법과 상당 부분 유사하다.

3. 질적 연구 방법

질적 연구는 대부분 주관적 세상에 대한 이해와 개별 기술을 목적으로 한다. 이를 수행하기 위해 자연스런 연구 환경을 강조하고, 질적 자료를 귀납적 방식으로 활용하는 등과 같은 독특한 연구 방법을 갖춘다. 이러한 방법적 특성으로 인해 질적 연구는 유용함과 함께 한계도 가진다.

1) 방법적 특성 요소

질적 연구 방법은 같은 과학적 접근이지만 논리와 경험을 귀납적으로 다룬다는 점에서 양적 연구 방법과 차이 난다. 이로 인해 연구 환경에 대한 규정에서부터 수집되는 자료의 성격, 분석 도구, 가설 활용의 방법 등에 이르기까지 양적–연역적 연구 방법들과 다른 특성을 가진다.[8]

자연스런 상황   연구 중인 이슈나 문제들을 경험하고 있는 현장에서부터 자료를 수집한다. 실험실과 같은 인위적 상황에서의 자료수집을 지양한다. 측정 방법에 있어서도 조작화된 양식의 설문 도구 등을 선호하지 않는다. 대신에 실제의 자연스런 상황에서 사람들의 이야기를 듣거나, 행동의 맥락을 관찰해 나가면서 깊이 있는 정보를 수집한다.

유연한 설계   질적 조사연구의 수행 과정은 유연하게 설계된다. 비록 연구자가 엄격한 연구 계획을 세워 놓았더라도, 통제되지 않는 현장 상황에서는 자료수집의 과정이 유동적이 되기 쉽다. 그에 따라 연구 질문이나 자료수집의 형태를 달리하거나, 연구 대상자나 자료원들도 새롭게 추가하거나 교체할 수 있다.

---

8) 참고: Creswell, J., & Poth, C. (2021). **질적 연구 방법론**(*Qualitative Inquiry and Research Design : Choosing Among Five Approaches*, 4th ed.). (조흥식 외 공역). 학지사. (원저는 2019년에 출판), pp. 70-74.

복합적 자료원 활용　질적 연구에서는 대체로 단일한 자료 원천에 의존하기보다 면접, 관찰, 기록물 등 다양한 방법으로 다양한 형태의 자료들을 수집한다. 귀납적 접근의 성격에 따라 어떤 형태의 자료가 필요한지를 미리 규정하기 어렵기 때문에, 가급적 폭넓은 자료 원천들을 검토하고 접근하는 것이 요구된다. 모든 자료원들에서 공통적으로 드러나는 주제나 범주를 발견하는 것이 질적 연구의 성과가 된다.

주요 도구로서의 연구자　질적 연구자들은 스스로가 자료수집과 측정의 주요 도구가 된다. 여러 기록물들을 검토하고, 행동을 관찰하고, 참여자들과 면접을 통해 자료를 수집하는데, 여기에서 관찰자로서의 연구자 자신이 중심적인 측정 도구가 되는 것이다. 설문 형태의 측정 도구를 사용하기도 하지만, 대부분 개방형 질문의 형태로서 표준화된 질문지와 같은 측정 방법과는 다르다. 연구자 자신이 측정의 주요 도구인 까닭에, 질적 연구에서는 측정의 주관성을 억제하기 위한 기제로서 연구자의 자기성찰을 중요시한다.

성찰　성찰(reflexivity)이란 연구자가 자신의 가치나 믿음, 삶의 경험을 반영해 보는 것을 말한다. 질적 연구자는 질적 연구에 '자신이 위치되어 있다'고 한다. 이 말은 연구자가 객관적이고 외부적인 존재로서 연구를 수행하는 것이 아니라, 연구 대상자들과 함께 연구자 자신도 생각이나 의견 등을 가지고 연구에 들어간다는 뜻이다. 이로 인해 자료수집이나 해석에서 연구자의 편향성이 개입될 수 있다. 질적 연구 방법에서는 이를 부인하지 않고, 오히려 적극적으로 밝혀내서 이를 연구에 반영하도록 한다. 이를 성찰이라 한다. 예를 들어, 연구자 자신의 직업이나 문화적 경험, 이력 등을 연구보고서에 최대한 기술해서 담아 다른 사람들이 알게 한다든지, 자신의 생각을 연구 참여자들의 관점과 대비해 보는 등의 노력을 의도적으로 하게 하는 것이다.

연구 대상자의 다양한 관점과 의미　질적 연구 과정 전체에서 연구자는 자신이나 기존의 이론가들이 제시하는 의미가 아니라, 연구에 참여하는 대상자들이 문제나 이슈에 대해 부여하는 의미를 이해하는 데 초점을 둔다. 그러한 의미들에서부터 해당 연구 주제에 대한 보다 다양한 관점과 견해들이 도출될 수 있기 때문이다.

맥락의 강조　질적 연구에서 맥락이 강조되는 이유는 '특정한 사건, 행위, 의미가 어떻게 만들어지는지는 발생 상황의 독특한 맥락을 통해서만 이해될 수 있기 때문'이다. 양적 연구에서는 대개 이러한 맥락을 외부 영향 혹은 오류로 간주해서 연구 디자인을 통해 통제하고, 설명에서부터 배제한다. 질적 연구에서는 인위적으로 연구 환경을 통제하지 않으므로 맥락 자료가 섞여서 수집되고, 그에 따라 자료의 분석이나 해석에서 맥락을 이해하는 것이 한층 더 중요할 수밖에 없다.

귀납과 연역 논리에 의한 복합적 추론 과정   질적 연구에서는 연구자가 자료를 수집하고 분석해 가면서, 점차 추상적인 정보 단위 혹은 가설을 구축해 간다. 즉, 큰 틀에서는 귀납적 접근의 이론 형성 과정을 따르는 것이다. 그럼에도 이 과정이 세부적으로는 일회성 절차로만 그치는 것이 아니라, 자료 검토-임시 가설 도출-새로운 자료로 검증-가설 수정 등으로 자료와 가설 설정, 검증이 되풀이되는 절차로 구성된다. 이렇게 본다면 질적 조사연구의 세부적인 추론 과정은 귀납과 연역적 접근이 복합적으로 구성된 것과 같다.

총체적 이해   질적 연구자들은 연구 중인 문제나 이슈에 대해 전반적인 묘사를 중시한다. 이를 위해 다양한 관점을 발견해서 보고하는 것, 상황에 관계된 많은 요인들을 찾아내는 것, 이를 통해 드러나는 총체적인 그림을 그려 내는 작업을 한다. 양적 연구에서는 특정 요인들 간의 선별적 인과관계 규명에 초점이 있다면, 질적 연구는 어떤 상황과 맥락하에서 복합적인 요인들이 상호작용하고 있는지에 관한 총체적인 이해를 제시하는 데 초점을 둔다.

2) 유용성과 한계

질적 조사연구의 방법은 대개 현장에서 사람들을 관찰하거나 이야기를 듣는 것 등으로부터 시작하는 귀납적 접근을 따른다. 이는 소수의 연구 대상에 대한 깊이 있고 풍부한 이해를 위해 유용하다. 반면에 이러한 연구 접근이 다수에 적용될 수 있는 설명의 일반화에는 한계로 작용한다.

맥락에 근거한 풍부한 설명   질적 연구는 현상에 대한 이해를 질적으로 풍부하고 깊이 있는 내용으로 설명해 준다. 연구 대상이 되는 사람이나 사례의 현실 상황이나 맥락을 설명에 포함하기 때문이다. 이처럼 맥락을 결부한 설명이 되기 위해서는 이야기(narrative) 등의 서술 형태의 자료를 보통 활용한다. 이런 질적 자료를 통해 특정 문제나 현상에 대해 보다 개별적이고 깊이 있는 묘사가 이루어질 수 있다. 이로 인해 질적 연구는 양적 연구들에 비해 결정주의적 성향에 따른 위험성도 적게 가질 수 있다.[9]

일반화의 한계   질적 연구에 의해 도출된 이론은 널리 일반화되기가 어렵다는 한계를 가진다. 양적 연구들에서도 기술적으로 일반화의 한계는 나타나지만, 질적 연구는 방법 자체에서 이론의 일반화 가능성을 주된 목적으로 하지 않는다. 질적 연구는 특정 개인이나 집단에 관련된 경험을 깊이 있게 다루므로, 그 집단에 한정해서는 보다 적절한 설명이 될 수 있지만 그만큼 다른 집단들에도 적용되는 일반화는 힘들다. 폭넓은 상황에 일반화될 수 있는 범용 이론을 만들 것인지, 아니면 일반화의 한계는 있지만 개별 상황에 대한 풍부하고 깊이 있는 이해를 구할 것인지는 일종의 손익 교환 결정과도 같다. 후자의 결정이 대개 질적 방법의 연구를 선택하게 만든다.

4. 질적 조사연구의 유형

질적 조사연구는 다양한 이름으로 소개되고 있다. 근거이론, 현상학, 민속지, 참여 관찰, 자연주의적 관찰, 현장 연구, 사례연구, 역사적 방법, 실행 연구 등이 이에 해당한다. 이렇게 다양한 이름을 가지는 이유는 질적 연구 방법을 채택했던 연구 분야들마다의 특성 차이 때문이다. 그럼에도 이들은 모두 귀납-질적 접근을 선호한다는 공통점으로 묶인다. 휴먼서비스와 사회복지 분야에서 주로 다루어지는 질적 조사연구의 유형은 대체로 다음처럼 제시된다.[10]

내러티브 연구   개인이 살아온 경험에 관한 이야기를 수집하고 기술하는 것이다. 이야기의 수집을 위해 연구자는 연구 대상자와의 상호작용을 통한 대화 면접뿐만 아니라, 관찰이나 문서, 사진 등과 같은 각종 형태의 자료원을 활용할 수 있다. 이야기는 다양한 전략을 동원해서 분석된다. 이야기의 주제나 구조, 대상 등을 분석할 수 있는데, 여기에는 말뿐만 아니라 이미지 등도 포함될 수 있다.

내러티브 연구 방법을 사용하는 질적 연구의 유형에는 다음이 있다. ① 전기 연구(biographical study) : 연구자가 타인의 삶의 경험에 대해 기록하고 글을 쓰는 것이다. ② 자문화기술지(autoethnography) : 연구 대상인 개인들이 스스로에 대해 기록하고 글을 쓰는 것이다. ③ 생애사(life history) 연구 : 개인의 일생을 묘사한 것이다. ④ 구술사

---

9) 사회복지에서 과학적 이론의 결정주의 혹은 환원주의적 성향에 따른 위험성은 주로 개별화된 맥락을 이론에서 무시하는 경향과 관련된다. 이 책 2장에서 자세하게 설명한다.
10) 참고: Creswell & Poth, **질적 연구 방법론**, pp. 102-157.

(oral history) 연구: 개인(들)으로부터 어떤 사건에 관한 원인 및 영향에 대한 개인적인 성찰(들)을 모으는 것이다.

현상학 연구　　내러티브 연구가 개인(들)에 관한 이야기를 기술하는 것이라면, 현상학 연구는 하나의 개념이나 현상에 대한 여러 사람들의 체험들에서부터 공통되는 의미를 찾아내 기술하는 것이다. 현상학 연구의 기본 목적은 연구자가 연구 대상자 개인들의 경험을 보편적 본질 혹은 '사물의 본성 자체'로서 포착하고 축약 기술하는 것이다. 그래서 현상학 연구는 개별-기술과 보편주의적 접근, 즉 질적 접근과 양적 접근의 연구 지향이 섞여 있는 것이라고도 본다.

현상학 연구에서는 특정 현상을 경험한 다수 개인들에 대한 면접을 자료수집의 주된 방법으로 하지만, 관찰이나 문서 등의 자료원들도 활용할 수 있다. 자료의 분석은 의미 있는 진술로부터 의미 단위들을 식별해 내는 식으로 진행되는데, 이를 통해 현상을 경험한 개인들이 '무엇'을 '어떻게' 경험했는지가 드러나게 한다. 이것을 현상학 연구가 추구하는 상호주관적 경험의 '본질'이라 한다.[11] 개인들의 주관적인 경험들로부터 그것을 관통하는 본질을 찾아내는 데는, 연구자의 성찰 역량과 함께 '판단중지' 등과 같은 의식적인 자세가 강조된다.[12]

근거이론 연구　　내러티브 연구는 개인(들)의 이야기를 기술하고, 현상학 연구는 개인들의 경험들로부터 공통된 본질을 찾아 기술하는 데 목적을 둔다. 근거이론 연구는 단순히 기술을 넘어서서 사람들의 사회적 과정이나 행동에 대한 설명, 즉 이론의 생성을 목적으로 한다. 이론 생성은 현장에서부터 수집한 자료들에 '근거'해서 이루어진다. 이는 주어진 이론을 가지고 들어와서 연구 대상자들을 상대로 검증하려는 양적 접근의 방식과 다르다.

근거이론 접근의 연구들에서는 자료의 수집과 분석이 현장 환경에서 동시에 반복되면서 진행된다. 자료는 연구 대상자들에 대한 면접 등을 통해 수집되는데, 이들 자료를

---

11) 상호주관적이라는 것은 주관적으로 각자가 경험하는 것들이 일치하는 것을 말하는데, 이를 객관적이라고 하는 경향이 있다. 엄밀하게는 개인들의 주관적 경험을 떠나 스스로 존재하는 현상은 없다는 것이 현상학의 기본 철학이지만, 그럼에도 사람들이 경험하는 차원에서 합의될 수 있는 본질은 있을 수가 있다는 것이다. 이를 상호주관적이라 한다.

12) 판단중지 혹은 에포케(epoche)는 어떤 현상이나 사물에 대해 자신이 다 안다고 판단하는 것을 유보해야 한다는 뜻이다. 현상학 연구는 상호주관적 실재를 찾아내려는 것인데, 연구자의 섣부른 예단이 이를 방해하기 쉬우므로 이를 경계하는 의미다.

분석하는 과정에서 아이디어(가설)가 떠오르고, 이를 검증해 보기 위해 새로운 면접 자료를 수집해서 분석해 본다. 이런 식으로 현장에서의 되풀이되는 자료수집과 분석, 가설 설정과 검증 등의 과정을 거치면서 설명 혹은 이론이 다듬어진다.

문화기술지 연구　문화기술지는 특정한 문화 집단의 사람들이 나타내는 가치나 행동, 신념, 언어 등에서 공유된 패턴을 파악해서 기술하고 해석하는 연구다. 이러한 접근의 연구는 대개 장기간에 걸쳐 수행되는데, 연구자가 그 문화 집단에서 살아가는 사람들의 일상생활에 깊숙이 참여해서 관찰하는 방법을 택한다. 연구 대상자들에 대한 면접 자료들도 수집한다. 목적은 특정 문화를 공유한 집단에서 나타나는 행동, 언어, 상호작용에 대한 의미를 연구하는 것이다.

근거이론 연구에서는 현장의 자료를 근거로 해서 이론이나 가설을 만들어 내는 것에 초점을 두지만, 문화기술지 연구에서는 특정 문화의 행동이나 의식 등을 이해하기 위해 기존의 이론들을 가져올 수도 있다. 자료는 광범위한 현장 조사를 통해 수집되는데, 면접, 관찰, 상징, 사회적 산물(책, 그림, 건물 등) 등 다양한 자료원에서부터 찾는다. 자료의 분석에는 두 가지 관점이 적용될 수 있는데, 연구 대상자 관점(etic, 에틱)의 견해를 수용하면서 연구자 관점(emic, 이믹)에서의 정리와 통합이 이루어진다. 연구의 결과는 특정 문화 집단이 왜 그렇게 기능하고 행동하는지를 이해하는 데 도움을 준다.

사례연구　특정한 이슈나 문제를 사례를 통해 탐구하는 것을 주된 목적으로 하는 연구다.[13] 사례연구의 대상은 개인, 소집단, 조직, 지역사회, 특정 프로젝트, 특정 과정이나 관계 등과 같이 시간과 공간으로 한정된 경계를 가진 독립체이면 모두 가능하다. 사례연구에서 자료수집은 시간이 경과되면서 얻을 수 있는 자료들을 모두 포함한다. 자료수집의 방법은 관찰이나 면접, 시청각 자료를 포함한 각종 문헌 자료에 대한 검색까지를 모두 동원할 수 있다.

사례연구가 반드시 질적 연구 방법만으로 수행되어야 하는 것은 아니다. 단일사례 디자인(single subject design) 등과 같은 양적 측정과 분석 방법을 포함할 수도 있다.[14] 그럼에도 일반화의 목적보다는 개별 현상에 대한 심층적인 기술에 초점을 둔다는 점에

---

13) 문화기술지 연구도 하나의 문화 집단을 사례로 한다고 볼 수 있지만, 그 사례를 통해 문화가 어떻게 작동하는 지를 이해하는 것이 초점이다. 그러므로 특정 사례 자체에 대해 심층적으로 분석하고 이해, 설명하려는 사례 연구와는 차별된다.

14) 단일사례 디자인은 시계열적 자료를 활용해서 단일 사례로부터 인과관계를 추정해 볼 수 있는 방법이다. 이에 대해 이 책 23장에서 자세하게 설명한다.

서 사례연구의 방법은 기본적으로 질적 연구 접근의 특성을 주로 가진다. 사례연구는 특정 사례 그 자체를 묘사하고 설명하는 데 주된 관심을 두는 경우('본질적 사례'), 연구 대상 주제와 적절하게 부합되는 사례로서 설명되는 경우('도구적 사례') 등으로 그 유형이 구분될 수 있다.

질적 조사연구는 다양한 상황에 따라 그에 적절한 유형이 선택될 필요가 있다. 앞서 설명된 바와 같이 조사연구의 유형마다 각기 연구의 목적과 초점에 따른 수행 방법의 차이가 있다. 그러므로 질적 조사연구를 수행하기에 앞서 연구의 초점과 문제가 어디에 있는지를 일차적으로 판단하고, 이를 근거로 적절한 연구 유형을 선택하는 것이 필요하다. 이를 요약하면 〈표 6-1〉과 같다.

〈표 6-1〉 연구 유형에 따른 초점 차이

연구 유형	초점
내러티브	개인(들)의 삶을 이야기로 기술
현상학	개인들의 경험에서 상호주관적 본질을 도출
근거이론	현장 자료의 수집과 분석에 근거해서 이론 개발
문화기술지	특정한 문화를 공유하는 집단에 대한 이해와 기술
사례연구	사례(들)에 대한 심층적 이해와 묘사

5. 사례연구와 근거이론 연구 방법

특정 사례를 대상으로 하는 전문적 실천 과정은 실제로 그 안에 질적 연구의 과정이 일정하게 잠재되어 있는 것과도 같다. 현장 자료를 수집하고 분석해서 특정 사례를 깊이 있게 이해하려 하거나, 이를 통해 현장으로부터 이론을 도출하려는 의도나 방법 모든 면에서 질적 연구의 특성을 내포하고 있다. 이런 까닭으로 사회복지 실천/연구 분야에서 사례연구와 근거이론에 대한 연구 방법이 높은 활용도를 가진다.

1) 사례연구 방법

사례연구(case study)란 개인이나 가족, 집단, 지역사회, 조직 등을 개별 단위로 깊이 있게 분석하는 것이다. 사례연구의 중요한 특징은 개별적인 사례에 초점을 맞춘다는 데 있다.[15] 어떤 현상을 사례로 보기 위해서는 현상에 대한 경계가 명확히 규정되어야 한다. 그래야만 연구 대상이 뚜렷하게 식별되기 때문이다. 사례연구는 하나의 뚜렷이 규정된 사례에서 일어나는 현상을 풍부한 맥락과 과정, 이력(history) 등으로 묘사한다. 그래서 사례연구의 방법은 복잡한 인간 행동과 사회적 환경을 이해하는 데 유용하게 쓰일 수 있다.

(1) 목적

사례연구라는 용어 자체는 폭넓게 쓰인다. 한 개인에게 적용되는 치료 효과를 확인하는 문제부터, 특정 계층이나 집단에서 나타나는 문화 현상의 단위에 이르기까지 사례연구는 다양한 분야에 적용된다. 사례연구는 목적에 따라 세 가지의 유형으로 구분된다.[16]

내재적 사례연구   단순히 개별 사례를 더 잘 이해하려고 실시하는 것이다. 이러한 목적을 가진 사례연구에서는 이론을 만들어 내거나, 광범위한 사회적 이슈를 다루지 않는다. 예를 들어, 학교 폭력에 대한 깊이 있는 이해나 이론을 만들어 내는 것은 내재적 사례연구의 목적이 될 수 없다. 연구의 산물을 두고서 후에 이론 형성의 근거로 삼을 수는 있으나, 내재적 사례연구의 일차적인 목적은 연구되는 사례 자체에 대한 깊이 있는 묘사와 이해에 있다. 현장에서 활동하는 실천/연구자는 보통 이러한 성격의 사례연구를 내재하고 있는 것과 같다.

도구적 사례연구   일반적인 연구 목적의 방법 일환으로 사례연구가 채용되는 것이다. 예를 들어, 청소년 일탈이나 노숙자 문제 등과 같은 사회적 이슈를 적절히 이해하고 이론을 개발하기 위한 연구 목적을 두고 있을 때, 특정 사례를 채택하여 사례연구를 수행하는 것이다. 해당 사례 자체를 깊이 있게 이해하려는 관심이 아니라, 연구 문제를

---

15) 여러 사례를 자료수집의 대상으로 할 수도 있지만, 그들도 사례연구에서는 하나의 사례 현상으로 개별화된다.
16) 참고: Stake, R. (1994). 'Case studies'. In N. Denzin & Y. Lincoln (Eds.), *Handbook of Qualitative Research*. Thousand Oaks, CA: Sage, pp. 273-285.

해결하기 위한 도구적 자료의 일환으로 사례연구가 쓰이는 것이다. 학술적 목적의 연구자가 보통 이러한 사례연구의 개념을 가진다.

집합적 사례연구　사회적 이슈나 한 집단의 사람들에 대한 이해를 넓히기 위한 목적으로, 한 집단의 개인이나 사례들에 대해 각기 사례연구를 실시하는 것이다. 연구 대상이 되는 표본 사례는 사례들 간 혹은 개념들 간의 비교가 가능할 수 있도록 선택된다. 집합적 사례연구의 의도는 도출된 이론의 확대나 유효성을 검증해 보는 것에 있다. 여기에서 연구의 일차적인 관심은 개별 사례들에 대한 묘사보다는 표본 사례들이 대변하는 모집단의 사회적 이슈나 현상에 대한 설명에 있다.

(2) 자료 수집과 분석

사례연구의 방법에서는 질적, 양적 자료들이 모두 수집되고 쓰일 수 있다. 그럼에도 이들 자료가 사례연구의 목적과 상황에 활용된다는 점에서 기본적으로 질적이고, 자연주의와 전일주의적 접근의 성격을 띤다. 개별 현상에 대한 깊이 있는 이해를 위한 자료라는 점에서 질적(qualitative)이다. 실험실이나 서베이와 같은 인위적인 상황 부여가 아니라, 일상적인 현장에서 도출되는 자료라는 점에서 자연주의적(naturalistic)이다. 연구 대상이 되는 사례 현상에 대한 전체적인 묘사에 활용된다는 점에서 전일(全一, holistic)적이다.

사례연구가 가지는 현장에서의 자료 수집과 활용이라는 특징으로 인해, 사회복지 전문적 실천 현장에서 유용한 연구 방법이 되고 있다. 현장에서 전문적 실천 개입의 사례들은 대개 실천과 연구의 기능을 겸해야 할 필요가 많다. 전문직의 실천 지식 개발과 발달은 실제로 이러한 사례연구의 과정들이 축적된 결과로 상당 부분 가능해진 점이 있다. 그러므로 전문직의 실천/연구에서 사례연구의 방법은 굳이 떼어 내기 어려울 만큼 밀접하게 내재된 것과 같다.

다른 질적 접근의 조사연구들에서와 마찬가지로, 사례연구도 질적 방식으로 자료를 수집해서 분석해 들어가는 귀납적 논리 과정을 중심으로 한다. 이 과정을 이끄는 주요 전략으로는 삼각 측량과 비교, 집중 연루 등이 대표한다.

삼각 측량　삼각 측량(triangulation)이란 동일 현상에 대해 복수의 자료나 복수의 관찰자를 두고, 이를 수렴해서 의미를 확인해 보는 방법이다. 하나의 관찰이나 해석에 대해 재고의 가능성을 확인하기 위한 목적으로 쓰인다. 연구자가 개발한 개념이나 설명을 복수의 출처로부터 타당성을 확인받게 하는 것으로, 마치 사건을 취재하는 기자가 자신이 얻은 정보나 문제 인식이 타당한지를 알기 위해 제2, 제3의 취재원을 찾아가 확인해 보는 방식과 같다. 사례연구는 본질적으로 양적 측정이 아닌 질적 자료수집의 방법을 채택하는데, 이로 인해 연구자나 조사 대상자의 주관적 판단이나 오류가 개입될 여지가 많다. 따라서 삼각 측량은 이러한 오류를 완화하는 방법으로 사용된다.

비교 비교(comparison)는 일반화될 수 있는 이론을 개발하거나 이론에 대한 검증을 시도하는 과정에서 일종의 방법적 도구가 된다. 사례연구의 대상자가 어떤 상황의 차이에 따라 어떤 다른 행동들을 나타내는지를 관찰하여 비교를 시도한다. 비교를 통해 어떤 상황이나 맥락과 어떤 행동의 일관된 유형이 도출되면, 그것이 잠정적인 이론으로 발전하게 된다. 여기에서 어떤 변수를 비교의 목적으로 선택할 것인지가 중요하다. 변수의 선택 과정 자체가 이미 이론의 사전 틀을 구성하는 것이 되기 때문이다. 특정 변수가 비교에 선택되면, 그 상황에 영향을 미치는 다른 변수들의 작용에 대해서는 그만큼 주의하지 않게 되는 문제가 있을 수 있다. 그러므로 비교의 전략에서는 이러한 문제를 의도적으로 인식해 내는 것이 중요하다.

집중 연루 집중 연루(intensive involvement)는 모든 유형의 사례연구 접근에서 반드시 필요한 부분이다. 사례연구의 목적인 질적으로 풍부한 사례에 대한 이해를 얻기 위해서는, 연구자가 사례의 현상에 깊숙이 연루되어 들어가야 한다는 것이다. 사례연구의 연구자는 현장에서 조사 대상자와 대면적인 상호작용을 갖는 데 많은 시간을 보낸다. 조사 대상자의 사회적 과정에 적극적 혹은 소극적으로 참여하면서, 관찰이나 면접 등을 통해 많은 자료를 연구자가 직접 수집한다.

집중 연루의 과정에서는 노트나 녹음 등이 주된 자료수집의 도구가 된다. 면접 조사와 관찰 이외에도 각종 기존 기록물들을 자료수집의 대상으로 하는데, 간접적이기는 하지만 관찰 대상의 상황을 이해하는 데 도움이 되는 것들은 모두 유용하게 쓰인다. 어떤 방법을 사용하더라도 궁극적으로는 이러한 자료들을 통해 연구자는 사례연구의 대상인 개인이나 집단 혹은 연구되는 현상에 대한 느낌(감)이나 직관에 도달할 수 있어야 한다. 이것은 연구자가 조사 환경에 깊숙이 연루되어 들어갈 때에만 발생할 수 있다.

2) 근거이론 연구 방법

근거이론(grounded theory)은 1960년대 말에 몇몇 사회학자에 의해 개발된 것으로, 복잡한 사회 현상을 연구하는 데 쓰이는 방법이다. 처음에는 사회학에서 주로 쓰였지만, 현재는 말기 질환, 만성 정신질환, 약물 중독, 병원 운영, 공적 부조 프로그램 등과 같은 다양한 휴먼서비스 분야의 연구들에 폭넓게 쓰이고 있다. 이들을 '현실기반 이론'이라고도 부른다.

(1) 목적

근거이론의 목적은 사람이나 사건, 현상에 대한 이론을 발전시키는 데 있다. 선행 이론에서부터 가설을 도출하고, 이를 자료로써 검증하는 단계를 거치는 양적 접근과는 달리, 질적 접근의 근거이론에서는 자료에서부터 이론을 도출해 내는 데 주된 관심을 둔다. 연구 문제에 대해 선행 이론이 부재하거나 혹은 그런 영향을 배제하고 싶은 경우에, 현장을 관찰하거나 면접하는 등으로 자료를 수집하고 분석해 가면서 이를 설명할 수 있는 이론을 만들어 가는 것이다.[17]

질적 연구 방법은 일반적으로 자료로부터의 출발을 중요시한다. 즉 현상에 대한 의미나 개념, 이론 등이 연구자로부터 부과된 채로 시작하기보다는, 현장에서부터의 자료를 통해 도출되어 나오도록 한다. 질적 연구 방법 중에서도 특히 근거이론 접근은 자료에서부터 '근거를 두는' 이론을 만들어 내는 것에 초점을 둔다. 이로 인해 특정 분야나 현상에 대한 이론이 개발되는 초기 단계에서는 특히 근거이론 연구 방법이 유용한 경우가 많다.

근거이론 접근은 비록 제한된 범주이지만 일반화 이론을 추구하는 목적을 가질 수 있다. 근거이론 접근은 기본적으로는 자료나 관찰에 근거해서 이론이 생성되는 귀납적 접근의 논리를 따른다. 그럼에도 근거이론 연구의 모든 과정이 귀납적 절차만으로 수행되어야 하는 것은 아니다. 경우에 따라서는 수집된 자료들을 이해하고 해석하는 데 기존의 여러 관련 이론들을 참고해 볼 수도 있다. 연구 과정 중에 생성된 다양한 임시

---

17) 참고: Charmaz, K. (2006). *Constructing Grounded Theory: A Practical Guide Through Qualitative Analysis*. Thousand Oaks, CA: Sage.

가설들을 수집된 자료를 통해 검증해 보는 가설 검증의 연역적 방법 절차도 포함될 수 있다. 이를 통해 근거이론 연구는 비록 제한적이지만 보다 확대된 상황에 적용되는 일반화 이론을 추구해 볼 수 있다.

(2) 자료 수집과 분석

근거이론 접근에서는 특정 자료들에 대한 수집 방법이나 절차를 사전에 엄격히 규정해 두지 않는다. 오히려 보다 다양한 종류의 자료들이 조사연구의 과정에서 활용되는 것을 장려한다. 보다 다양한 측면의 자료가 수집되어 분석될수록, 연구의 결과는 신뢰성을 높일 수 있기 때문이다. 따라서 연구자의 관찰이나 대상자들에 대한 면접 자료들 말고도, 온갖 종류의 통계 자료, 기록물(케이스워크 일지, 기안서, 보고서, 회람, 예산 신청서, 메모 등), 신문 기사, 편지, 일기, 자서전 등 가능한 모든 자료 원천을 활용한다.

근거이론 연구에서는 자료수집과 분석, 이론 검토가 지속적으로 되풀이되는 방식으로 진행된다. 양적 연구들에서는 이들 세 요소가 한 차례 일렬적으로 진행되는데, 자료 수집 다음에 자료 분석, 결론적인 이론 검증의 순서를 따른다. 반면에 근거이론연구에서는 어떤 자료를 분석하면서 가설이 떠오르고, 가설을 검증해 보기 위해 다시 새로운 자료를 수집해서 분석해 보는 등으로 세부적으로는 논리와 경험의 결합이 귀납과 연역적 접근을 되풀이하는 방식으로 이루어진다. 이 같은 되풀이되는 자료수집과 분석의 방법을 통해 최종적으로 도출된 이론은 보통 다이어그램(diagram)이나 가설 등의 형태로 제시된다.[18]

근거이론 연구 방법은 질적 접근을 따르면서 되풀이되는 상호작용적 자료수집과 분석, 가설 검토의 과정을 거쳐 이론을 도출하는데, 이때 사용되는 주된 전략들은 다음과 같다.[19]

지속적 비교 근거이론 연구자는 비구조화된 인터뷰와 관찰을 사용하므로, 막대한 분량의 노트나 녹음 기록 등의 자료를 수집하게 된다. 연구자는 먼저 이러한 자료에 들어가 보는 것부터 시작한다. 자료를 정리하면서, 읽고, 생각하고, 검토한다는 것이다.

18) 다이어그램은 정보를 2차원의 기하학 모형을 써서 시각적으로 나타내는 것이다.
19) 참고: Strauss, A., & Corbin, J. (1994). 'Grounded theory methodology: An overview'. In N. Denzin & Y. Lincoln (Eds.), *Handbook of Qualitative Research*. Thousand Oaks, CA: Sage, pp. 273-285.

산만하게 흩어져 있는 자료를 체계화시키는 작업 자체가 일종의 설명이 되고, 그에 의해 잠정적인 개념이나 범주 체계 혹은 이론이 드러나게 된다.

이렇게 만들어진 개념과 범주 체계가 과연 자료를 적절히 잘 설명할 수 있는지를 확인하기 위해, 이 체계를 가지고 거꾸로 자료를 분석해 본다. 마치 이론(체계)으로 가설(자료)을 검증하듯이 해 보는 것이다. 자료 분석의 결과 잠정적인 개념이나 범주가 자료에 꼭 들어맞지 않고 수정될 필요가 있게 되는데, 수정된 후에는 다시 이를 가지고 재차 자료를 분석해 본다. 이러한 과정은 계속해서 되풀이되는데, 자료에 대한 검토-재검토를 통해 더 이상 새로운 통찰(개념 체계 혹은 이론)이 나오지 않을 때까지 계속된다.

한 조사연구의 환경에서 얻은 자료가 더 이상 개념의 발전적 이해에 도움을 주지 않는다고 판단되면, 비로소 새로운 조사 대상이나 환경을 찾아 나서게 된다. 이제는 이미 개발된 개념적 이해의 틀을 가지고 새로운 자료를 수집해 분석하면서, 개념의 정확성이나 적합성 등을 확인해 본다. 이 과정에서도 개념적 이해의 틀은 다양한 자료들과의 비교를 통해 계속적으로 수정·보완되어 간다. 연구자가 개발한 이론적 설명이 연구 대상으로 설정된 전체 환경에 적용 가능한 것처럼 보이고, 더 이상 수정될 여지가 없다고 간주될 때 조사연구가 종결된다. 연구의 결과는 '현상에 대한 잠정적인 이론(설명)을 얻게 되는 것'이다.

이론적 샘플링　지속적 비교를 통해 이론을 개발하기 위해, 표본 자료의 추출은 이론적 샘플링 혹은 의도적 샘플링(purposive sampling)의 방법이 적용된다. 이론적 샘플링이란 연구자의 이론이나 설명을 뒷받침하는 데 도움이 되는 특성이나 범주를 가진 연구 대상들을 의도적으로 찾아 포함시키는 것을 말한다. 연구 결과의 일반화를 극대화하기 위해 무작위적 확률 샘플링 방법을 선호하는 양적 연구들과는 달리, 근거이론 연구에서는 특정 개인이나 집단이 연구에서 의도하는 전형적인 현상을 가지고 있다는 판단에 기초하여 표본을 선택한다. 예를 들어, 연구자가 개발한 어떤 가설이나 개념이 한 교실에 있는 학생들의 행동을 잘 설명(이론)하고 있다고 판단되면, 새로운 비교를 위해 의도적으로 다른 교실에 있는 학생들을 관찰 대상자로 선발하는 등이다. 이러한 이론적 샘플링의 방법을 적용함으로써 근거이론은 제한된 범위에서나마 일반화의 가능성을 높여 나갈 수 있다.

체계적 부호화　근거이론 연구자는 자료를 설명하기 위해 범주나 설명 부호 같은 것을 사용한다. 이러한 부호는 사건이나 행동에 대한 단순 묘사를 뛰어넘어 그것을 설명할 수 있는 것이어야 한다. 연구에서 찾아낸 범주나 부호의 개념은 점차 세련되게 다듬어져서, 하나의 이론적 근거를 형성할 가설들을 만들어 내는 데 사용된다. 부호화 혹은 코딩의 과정은 일정하게 구조화될 수 있는데, 대체로 개방코딩과 축코딩, 선택코딩의 절차를 갖추는 등으로 한다.

개방코딩(open coding)은 텍스트 자료를 분해해서 개념적으로 유사하거나 의미상 연관된다고 판단되는 사건이나 실상, 작용/상호작용 등에 대해 각기 범주를 구성하고 이름을 붙이는 작업이다. 축코딩(axial coding)은 개방코딩을 통해 분해되었던 자료를 재조합하는 작업이다. 범주들 간의 관계를 정렬하고 조직화하는 패러다임과 같은 도식을 활용하기도 한다. 예를 들어, 범주 개념들을 중심 현상, 원인 조건, 맥락 조건, 중재 조건, 작용/상호작용, 결과 등으로 도식화해서 각기 그 안에 배치하는 것이다. 선택코딩(selective coding)은 분석된 자료를 이론으로 통합하고, 중심적인 범주를 발견하는 과정이다.

연구자 관점의 노출 근거이론 접근에서는 각종 관찰 결과나 자료들이 있는 그대로 구해진다고 여기지 않는다. 연구자의 관점이 자료에 대한 선택, 수집 과정, 선별, 자료 해석 등과 같은 모든 조사 과정에 개입된다고 본다. 양적 접근에서는 이를 엄격한 구조 틀로서 배제하려 하지만, 질적 조사 접근에서는 오히려 연구자의 관점을 조사연구의 중요한 요소로 포함한다. 이것은 연구자의 관점을 강조하려는 것이 아니라, 그와 반대로 연구자의 관점이 조사연구의 과정과 결과에 미칠 수 있는 편향의 가능성을 의도적으로 밝히자는 것이 목적이다. 비록 연구자가 자신의 주관성을 억제하기 위해 노력해야 하지만, 그럼에도 전적으로 그 한계를 벗어날 수는 없기 때문에 연구 결과를 공표하는 과정(예: 보고서 작성) 등을 통해 연구자의 관점이 적극적이고 의도적으로 노출되게 한다.

복수의 관점 연구자의 임무는 수집된 모든 정보를 합성하고 해석하는 것이다. 자료의 합성과 해석에는 다양한 사회적 행위자들의 관점이 반영되어야 한다. 동일한 외관 현상에 대해서도 출신 배경이나 지역, 혹은 개인력 등에 따라 전적으로 다른 견해들이 도출될 수 있다. 그러므로 연구자는 다양한 관점이 연구 결과에 포함될 수 있도록 의도적으로 민감할 필요가 있다.

연구자와 관찰 대상자의 상호관계 조사연구의 상황에서 연구자와 조사 대상자는 상호작용하고 필연적으로 서로에게 영향을 준다. 예를 들어, 몇 번이나 되풀이되는 면접 조사에서 연구자가 묻는 질문이나 설명들은 그 자체로써 조사 대상자의 생각이나 행동에 영향을 미칠 수 있다. 이 같은 반응성의 문제를 억제하기 위해 비참여적 관찰을 한다 해도, 자신이 조사 대상임을 의식하는 것만으로도 대상자들의 태도나 행동은 반응적인 변화를 보일 수 있다. 양적 연구들에서는 이러한 반응성 효과를 최소화하기 위해, 연구 절차와 측정 도구를 엄격하게 갖추는 방법을 채택한다. 반면 근거이론 연구에서는 오히려 이러한 영향이 불가피함을 적극적으로 인정하는 전략을 택한다. 그리고 이 영향 자체를 연구의 대상으로 적극 반영한다. 연구자는 관찰의 상호작용 과정에서 일어나는 반응적 변화 자체도 중요한 자료임을 인식하고, 이를 이론 개발에 적극 반영한다.

제6장

양적 조사연구

양적 조사연구란 양적 접근 방법으로 수행되는 연구를 말한다. 양적 접근은 현상을 이해하는 철학적 관점에서부터 질적 접근과 다른 것으로, 양적 측정과 연역적 과정을 통한 이론 검증을 주된 특징으로 한다. 특정 조사연구가 양적 자료의 산출이나 가설 검증을 요구하는 연구 문제의 성격을 가진다면, 양적 접근의 조사연구 설계가 필요하다. 여기서는 과학적 이론의 최종 단계인 인과관계 이론을 검증하는 데 요구되는 연구 설계의 요건을 설명한다.

1. 인과관계의 검증

과학적 이론은 대개 인과관계를 다루는 경우가 많다. 현상들은 서로 다양한 양상으로 관계되어 있다. 이 중에서 하나의 현상(들)이 원인이 되어 다른 현상(들)을 결과로 초래하는 관계의 양상을 인과관계라 한다. 조사연구의 문제가 다루는 이론(설명)은 인과관계의 성격을 내포하는 경우가 많다. 'X는 Y의 원인이다'라고 명시적으로 인과관계를 제시하지 않더라도, 'X가 변화하면, Y도 변화한다'라는 식으로 변수들 간 인과관계를 묵시적으로 암시하는 경우가 많다.

과학적 방법에서는 이러한 인과관계의 성격 혹은 인과성(causality)을 우리가 어떻게 인식할 수 있는지를 놓고 많은 논의가 이루어져 왔다. 어떤 현상들이 서로 간에 인과성을 가진다는 것을 경험적으로 확인하려면 무엇이 필요한지였다. 일반적으로는 변수들 간의 인과성을 검증하려면 공변성과 시간적 우선성, 외부 설명의 통제라는 세 가지 요건이 필요하다고 본다.

1) 공변성

공변성(covariation)이란 하나의 현상이 변화할 때, 다른 현상에서도 변화가 함께 나타나는 것이다. 각각의 현상에서 나타나는 변화(변수 값들의 차이)들이 서로 관련되어 있음을 나타내는 일차적인 증거가 된다. 예를 들어, 장애 여부와 삶의 질이라는 두 현상이 [그림 6-1]의 왼편처럼 나타난다면, 두 현상 간에는 공변성이 확인된다고 한다. 오른편처럼 하나의 현상이 변화하는데 다른 현상은 변화하지 않는다면, 공변성이 없다고 한다.

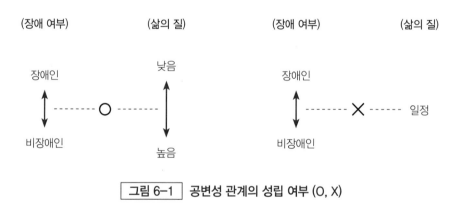

그림 6-1 공변성 관계의 성립 여부 (O, X)

공변성을 확인하는 것만으로 두 현상의 관계가 인과적이라고 하지는 못한다. 인과성 관계를 입증하기 위해서는 공변성 말고도 다른 요건들이 충족되어야 한다. 그럼에도 적어도 어떤 관계이든 성립되려면, 공변성은 기본적으로 전제되어야 한다. 공변성에 대한 경험적 검증은 가설로써 제시된다.

> 장애 여부가 삶의 질(QoL)에 미치는 영향에 관한 연구가 있다. 영향을 미친다는 이론적 명제를 검증하기 위해 설정한 가설 중 하나가 '장애인 집단의 QoL 점수 평균값은 비장애인 집단의 QoL 점수 평균값에 비해 낮을 것이다'라고 하자. 여기에서 변수는 장애인 여부(등록증 유무), QoL 점수이다. 자료수집과 분석의 결과는 가설의 예측과 맞았다. 그러면 이를 근거로 '장애인과 비장애인은 삶의 질에 대한 평가가 차이가 있다'고 말할 수 있다.

이 예에서는 장애인과 비장애인 집단 간 평균값의 차이를 공변성의 경험적 근거로 삼은 것이다.[1] 위의 검증 결과로 장애와 QoL 변수들은 서로 상관성이 있음이 일단 확인된다. 그럼에도 여전히 이것만으로는 '장애인 여부가 원인이 되어서 삶의 질이 달라지는 결과가 나타났다'라는 인과관계를 입증하지는 못한다. 비록 연구 문제가 이에 대한 관심과 이론으로부터 전개되었더라도, 공변성의 확인만으로는 인과성을 충분하게 나타낼 수 없다. 인과성을 입증하려면 시간적 우선성이나 외부 설명의 통제와 같은 요건들이 추가되어야 한다.

2) 시간적 우선성

인과관계 검증을 위한 두 번째 요건은 현상들 간 '시간적 우선성'이 나타나는지다. 논리적으로 두 현상 간 인과관계에서 원인이 되는 현상은 결과 현상보다는 조금이라도 앞서서 나타나야 하는 것이다. 시간적으로 먼저 나타난 현상을 결과라고 할 수는 없기 때문이다. 공변성은 단순히 '관계 있음'을 보여 줄 뿐, 현상들 간 시간적 우선성을 보여 주지는 않는다. 그러므로 인과관계를 입증하기 위해서는 이러한 시간적 우선성을 따로 경험적으로 확인해야 한다.

사회과학이 다루는 현상들에서는 관계에 대한 시간적 우선성의 확인이 생각보다 쉽지 않다. 예를 들어, 정신질환자를 구성원으로 둔 가족은 다른 가족들보다 경제적으로 낮은 위치에 놓이게 된다는 인과관계 이론이 있다 하자. 이를 검증해 보기 위해 '가족의 정신질환자 유무' 변수와 '가족의 연소득 총액' 변수를 가지고 집단 간 평균값을 비교했더니, (유)집단이 (무)집단에 비해 현저히 낮은 평균값을 가진 것으로 나타났다. 즉, 변수들 간 공변 관계가 경험적으로 확인되는 결과가 나타난 것이다.

그럼에도 이 결과만으로는 인과관계를 입증하지 못한다. 공변성에 대한 경험적 입증만으로는 시간적 우선성을 모르므로 어느 것이 앞선 원인인지 혹은 뒤의 결과인지를 말해 줄 수 없다. 예를 들어, 앞서 공변성의 확인 결과를 놓고 다음과 같은 대립 설명이

---

1) 현실적으로 모든 장애인이 모든 비장애인에 비해 일괄적으로 삶의 질 점수가 낮거나 높지는 않을 것이다. 그래서 집단 평균값의 변화를 근거로 한 것이다. 이렇게 하는 것이 옳은지, 혹은 그렇더라도 그 차이가 얼마나 커야 의미가 있을지 등은 추론통계 분석의 방법을 통해 확인한다. 이 책 제 5, 6부의 통계분석에서 이를 자세하게 다룬다.

모두 가능해진다.

> 〈설명 1〉 정신장애자의 가족은 (경제 활동에 따른 여러 제약 때문에) 일반 가족에 비해 낮은 경제적 위치에 있게 된다. ※ 정신장애자 유무(원인) → 경제적 위치(결과)

> 〈설명 2〉 경제적으로 낮은 위치의 가족일수록 (경제적 어려움에서 파생된 생활고와 정신적 문제들 때문에) 가족 중 정신장애자 발생 가능성이 높아진다. ※ 경제적 위치(원인) → 정신장애자 유무(결과)

이러한 예는 사회 현상에 대한 인과관계 이론이 단순히 공변성의 근거만으로 검증될 수 없음을 보여 준다. 인과적 이론을 입증하는 목적에서는 최소한 현상들 간 선후관계를 보여 줄 수 있는 시간적 우선성에 대한 경험적인 근거가 필요하다. 위의 예에서는 '정신질환자 유무'와 '경제적 위치' 중 어떤 현상이 시간적으로 더 앞서 나타났는지를 확인해 볼 수 있다면, 인과관계 성립의 최소한의 요건은 충족하는 것이다. 양적 연구 방법에서는 이러한 시간적 우선성을 주로 연구 디자인을 통해 확인하는데, 원인 변수의 개입 시점을 의도적으로 조절하는 등의 방법을 쓴다.

3) 외부 설명의 통제

공변성과 시간적 우선성까지가 확인되었다 해도, 여전히 그것들만으로는 변수들이 '직접적인' 인과관계라는 것을 입증하기에 충분하지 않다. 여기에는 '외부 설명의 통제'라는 요건이 추가적으로 필요하다. 외부 설명이란 현상들 간에 나타나는 공변성이나 시간적 우선성 등이 발생하는 이유가 그들 자체에서가 아니라 외부적인 이유 때문에 발생한다는 설명을 말한다. 그래서 어떤 현상들 간 관계의 인과성을 입증하려면, 이런 외부 설명이 가능하지 않음을 보여 주어야 한다.

> 어떤 지역사회에서 청소년 비행 예방을 위한 프로그램을 실시하였는데, 프로그램을 종료한 후에 조사해 보니 그 지역사회에서 이전보다 청소년 비행률이 줄어들었다고 하자. 이 경우에 일단은 공변성과 시간적 우선성은 그다지 어렵지 않게 확인할 수 있을 것이다. '프로그램 실시'라는 변화와 '비행률'의 변화가 함께 나타났다는 것은 공변성이 있다는 것이다. 프로그램 실시 '후'에 비행률이 줄었으므로, 시간적 우선성도 확인되었다. 그렇다면 이것으로 프로그램 실시가 원인이 되어 비행률이 감소되는 결과가 나타났다는 인과관계의 설명이 입증되었을까?

2. 연구 디자인 | **127**

위의 경험적 근거만으로는 프로그램이 비행률 감소의 원인이었다는 것을 충분하게 입증하지는 못한다. 프로그램 실시와 비행률 감소라는 변화는 분명한 사실이고, 프로그램의 실시가 시간적으로 비행률 감소에 앞서서 이루어졌다. 그럼에도 비행률 감소가 과연 '다른 이유(외부 설명)들'이 아니라 프로그램 실시 때문만으로 초래된 결과인지는 여전히 입증할 근거가 없다.

'우연히 비행률이 감소한 것'은 아니었는지, '프로그램 후의 조사 시점이 하필이면 비행률이 낮은 시기'였던 것은 아닌지, '그 지역사회에서 프로그램이 실시되는 시기와 겹쳐서 다른 중요한 관련된 변화가 있었던 것'은 아닌지 등과 같은 수많은 다른 설명들이 가능하다. 이들이 인과성 설명의 입증을 방해하는 외부 설명이라는 것이다. 이런 외부 설명들의 가능성을 배제하지 못하면, 프로그램이 비행률 감소의 원인이 되었다는 효과성 주장 혹은 인과관계 이론은 경험적 검증의 한계를 가지는 것이 된다.

과학적 연구 방법은 인과성 검증을 위해 필요한 외부 설명의 통제를 기본적으로는 연구 디자인을 통해 해결한다. 이상적인 통제집단 실험 디자인은 사회복지 조사연구들에서는 현실적으로 갖추기가 쉽지 않다. 그 결과 현실적으로 가능하면서 인과관계 검증의 요건을 가능한 최대로 충족시킬 수 있는 다양한 연구 디자인들이 존재하는 것도 이 때문이다. 통계학적 기법을 사용하여 간접적으로 외부 설명을 통제해서 인과성을 검증해 보는 방법들도 있다.[2]

2. 연구 디자인

인과관계의 검증을 의도하는 연구들에서는 앞서 제시된 세 가지 요건의 충족 여부가 확인될 수 있도록 자료를 배열해 보는 것이 필요하다. 양적 조사연구에서는 이를 연구 디자인의 이슈라고 한다. 다양한 유형의 연구 디자인들이 개발되어 있는데, 일반적으로 연구 디자인은 '실험'적 성격을 어느 정도로 갖추는지에 따라 다음처럼 구분된다.

· 실험 디자인

---

[2] 통계적 통제는 주로 다원적 통계분석 기법을 활용한다. 이 책 18장에서 주로 설명한다.

- 비실험 디자인
- 선실험 디자인
- 유사실험 디자인

실험 디자인이란 실험적 요소를 모두 갖춘 상태의 디자인을 말한다. 실험적 요소란 시간적 우선성을 확인하기 위해 원인에 해당하는 독립변수를 '조작'해서 배치하는 것이 가능하고, 외부 설명을 '통제'하기 위해 실험집단과의 엄격한 비교가 가능한 통제집단을 운용하는 것을 말한다. 간단히 예시하자면 [그림 6-2]와 같다. 이러한 틀에 맞추어 자료를 수집하고 비교해 보면, 실험집단과 통제집단에서 나타난 변화(차이)는 그 전에 투입(조작)된 원인 변수 이외에는 다른 것으로 설명할 수 없다는 것을 입증해 보일 수 있다.

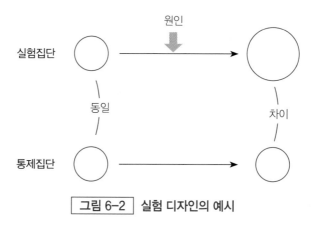

그림 6-2 │ 실험 디자인의 예시

그럼에도 현실적으로는 이러한 실험 디자인을 사용하기가 어렵다. 사람들을 대상으로 완벽하게 동일한 실험집단과 통제집단을 구성하는 것도 어렵지만, 이를 완벽하게 분리한 채로 동일 조건을 유지하면서 실험 과정을 진행하는 것은 윤리적으로도 불가능에 가깝다. 그래서 비록 이상적이기는 하지만, 사람들을 대상으로 하는 연구에서는 실험 디자인의 이상은 적용되기 어렵다. 다양한 대안적인 디자인이 이러한 현실적인 이유들로부터 등장한다.

비실험 디자인은 실험 요소들(조작과 통제)을 전혀 갖지 못하는 디자인을 말한다. 독립변수의 조작이 없으므로 시간적 우선성을 경험적으로 확인하기 어렵고, 통제집단을 갖추지 않으므로 무수히 많은 대안적 외부 설명들의 가능성이 배제되지 못한다. 선실험 디자인은 실험 요소의 일부만을 가진 것이고, 유사실험 디자인은 임의적으로 실험 요소를 갖추어서 비교적 실험 디자인의 이상에 가까워진 것을 말한다. 이들 각각 연구 디자인의 성격과 장단점에 대해서는 다음 장에서 자세하게 설명한다.

특정 조사연구가 채택하게 되는 연구 디자인은 연구 문제의 성격에 따라서도 결정되지만, 비용과 시간, 실행 가능성 등과 같은 현실적인 제약도 흔히 크게 작용한다. 아무리 논리적으로 이상적인 연구 디자인이라 해도 현실적인 적용이 어렵다면, 쓸모는 없다. 다양한 연구 디자인의 유형들이 존재하는 까닭도 현실적으로 가능한 최선의 연구 디자인을 선택하는 폭을 넓히기 위해서다. 좋은 연구 디자인은 뒤에서 설명할 내적 및 외적 타당성을 충분히 갖추는 것이어야 한다. 연구자들에게는 현실적인 제약 여건하에서 최대한의 타당성을 가진 연구 디자인을 선택할 수 있는 역량이 중요하다.

3. 연구 디자인의 타당성

연구 문제가 인과관계의 이론을 다루는 경우에, 이를 검증하기 위해서는 자료 배열의 틀로서 연구 디자인이 필요하다. 연구 디자인은 어떤 자료를 어떤 시점에서 수집하고, 수집된 자료는 어떤 방식으로 배열해 놓고 비교할지에 대한 연구 설계와 같다. 다양한 형태의 연구 디자인을 활용할 수 있지만, 어떤 경우에도 두 가지 측면의 타당성(내적 및 외적)이 가능한 최대로 확보될 수 있는 것이어야 한다.

1) 내적 타당성

내적 타당성은 연구 디자인이 공변성과 시간적 우선성, 외부 설명의 통제라는 조건들을 적절히 충족시키는지를 말한다. 어떤 연구 디자인의 내적 타당성이 높고 낮은지는 그러한 조건들이 얼마나 엄격하게 확인될 수 있는지에 달려 있다. 내적 타당성이 높은 연구 디자인이 되려면, 인과성이 경험적으로 확인되는 것을 방해하는 다음과 같은 요소들이 배제될 수 있어야 한다.[3]

---

3) Campbell, D., & Stanley, J. (1963). *Experimental and Quasi-Experimental Designs for Research*. Boston : Houghton Mifflin, pp. 5-6.

외부 사건 조사연구의 과정에서 외부적인 어떤 사건들(history)이 발생하여 연구 결과에 영향을 미칠 수가 있다. 외부 사건에 대한 통제가 제대로 이루어지지 않는다면, 온갖 대안적 설명들의 가능성을 통제할 수 없다.

> 어떤 노인요양원에서 노인들의 생활 의욕을 높이기 위한 특별기획 프로그램을 실시했다. 프로그램 실시 후에 효과성을 검증하기 위해 다음과 같은 연구 디자인을 계획했다. 프로그램 실시 전과 실시 후에 각각 노인들의 생활 의욕의 정도를 조사한다. 그리고 이를 비교해 보아 실시 후에 노인들의 의욕이 실시 전에 비해서 높아져 있다면, 이것을 경험적 근거로 삼아 프로그램이 효과적이라는 것을 입증하려 한다. 즉, 프로그램 제공이라는 원인 변수가 의욕 변화라는 결과 변수와 인과관계가 있다고 설명하려는 것이다.

> 위와 같은 디자인하에서 자료를 수집해서 분석해 본 결과, 예상했던 대로 프로그램 실시 전에 비해 실시 후에 노인들의 의욕이 놀랄 만큼 올라 있었다고 하자. 그렇다면 이것으로 프로그램과 의욕에 대한 인과관계가 입증되었다고 확인할 수 있겠는가? 그렇지 않다.

이 연구 디자인으로는 외부의 대안적 설명에 대한 가능성을 배제할 수 있는 근거를 제시하지 못한다. 가령 그 프로그램이 진행되는 동안 다른 일들, 예를 들어 요양원에 대한 정부 보조금이 획기적으로 개선되었다든가, 대상 노인들이 제주도로 단체 여행을 다녀왔다든가, 상냥한 간호사가 새로 왔다든가 등과 같이 연구의 원인 변수 이외 사건들이 발생했을 수도 있다. 어떤 것들이 되었든 이런 사건으로 인해 노인들이 변화되었을지도 모른다는 설명들(외부 설명)이 예에서와 같은 단순 전-후 디자인으로는 걸러내질 수가 없다. 단지 변화가 있었다는 것만으로 다른 이유들은 도외시하고 프로그램 때문만이었다고 주장하는 것은 과학적이지 못하다. 경험적으로 검증되지 않은 주장을 하기 때문이다.

그럼에도 많은 사회복지 프로그램의 효과성 연구들에서는 이런 디자인을 되풀이해서 쓰고 있다. 비록 외부 설명의 통제에 효과적인 연구 디자인을 현실적으로 갖추기 어렵다는 이유가 크지만, 무지나 혹은 의도적으로 이런 형태의 디자인만으로 효과성을 입증하는 것은 잘못이다. 사회복지 프로그램들이 과학적 이론으로 발전해 가려면 이처럼 외부 사건을 통제할 수 있는 내적 타당성이 높은 연구 디자인을 가능한 한 갖출 수 있어야 한다. 연구 디자인으로 통제될 수 없더라도, 적어도 통제의 필요성이나 논리적 근거라도 갖출 수 있어야 한다.[4]

시간 경과에 따른 자연적인 성숙 효과 사람은 고정된 상태로 있지 않으며 시간이

지나면 자연적으로 성숙(maturation)하는 측면이 있다. 프로그램이나 실험실에서 실시하는 개입(원인)이 어떤 효과(결과)를 내는지를 알려고 할 때, 이런 자연 성숙 효과가 섞여 있는 경우가 많다.

성폭행 피해자에 대한 상담 서비스의 효과를 실시 전과 후에 조사하는 방식으로 알아보고자 한다. 이 경우 어떤 서비스를 제공하더라도 대부분은 서비스 개입이 효과적인 것처럼 여겨질 가능성이 크다. 프로그램 실시 후의 상태가 실시 전의 상태보다 좋아진 것으로 나타날 것이기 때문이다. 그럼에도 이 근거만을 가지고 프로그램 개입의 효과성이 입증되지 않는다. 성폭행을 당하고서 상담을 받기 전의 상황은 대부분 사람들의 경우 최악의 상태에 있을 것이다. 그러다 시간이 지나면서 자연스레 치유되는 부분이 나타난다. 시간 경과와 자연적인 성숙에 따른 효과가 분명히 가능할 수 있음에도, 이를 무시하고 프로그램 효과 때문만이라고 주장할 수는 없다.

노인 병원의 장기 입원환자 프로그램의 효과성을 확인하려는 연구가 있다. 동일한 대상을 조사한 결과 노인들의 1년 전 건강 상태와 1년 후 건강 상태가 변화가 없었다고 하자. 이 경우는 변화가 보이지 않으므로 자칫 '프로그램이 효과성 없음'이라고 단정해 버릴 수도 있다. 그러나 시간 경과에 따른 자연 성숙 효과를 감안한다면(노인들의 성숙 효과란 자연스런 퇴행 현상), 이 프로그램은 오히려 효과성이 있었다고 말할 수도 있다.

이처럼 시간 경과에 따른 자연 성숙 효과는 조사연구가 의도하는 변수들 간의 인과관계의 설명을 다양하게 방해할 수 있으므로, 이를 통제하고 볼 수 있는 연구 디자인을 갖추는 것이 필요하다. 그것 없이는 연구 디자인은 빈약한 내적 타당성을 갖게 되어, 프로그램의 효과성 혹은 서비스 개입과 상태 변화 간의 인과관계를 검증하기 어렵다.

테스트 효과 동일한 측정 도구를 사용하여 두 번 이상 테스트(검사)를 실시하는 조사연구들에서 흔히 나타나는 현상으로, 내적 타당성을 저해하는 또 다른 문제다. 프로그램 개입으로 인한 효과를 알기 위해 사전-사후에 검사를 실시하는데, 동일한 검사를 두 번 실시하면 사람들이 검사 자체를 기억하고 반응해서 그에 따른 효과를 섞어 내놓게 된다. 전-후 차이를 비교해서 개입의 효과를 알고 싶은데, 실상은 중복 검사에 따른 기억 효과에 불과한 것이라는 대안적 설명이 가능해지는 것이다.

---

4) 이런저런 외부적 사건에 의한 설명들은 이러저러해서 가능하지 않다는 식의 논리적 근거를 제시해 보이는 것도 일종의 통제가 된다.

지능지수(IQ) 향상을 목적으로 한 프로그램이 실시되었다고 하자. 프로그램의 효과성을 입증
하기 위해 단일집단 전-후 검사 디자인을 선택하였다.[5] 프로그램 시행 전에 IQ 검사가 실시
되었고, 2개월간에 걸친 프로그램이 종료된 후에 같은 IQ 검사가 다시 실시되었다. 실시 전의
검사 점수에 비해 실시 후의 검사 점수가 훨씬 높아졌다. 이 경우에 점수의 향상이 무엇을 의
미할까? 프로그램 때문에 IQ가 그만큼이나 향상되었다는 설명이 타당성을 가질까?

이 경우는 테스트 효과라는 대립 설명이 보다 설득력이 있을 것이다. 동일한 검사에
서 두 번째 검사 점수가 첫 번째 검사 점수에 비해 높아진 것은, 대상자들의 검사에 대
한 기억이 작용했기 때문이라는 것이다. 이렇듯 테스트 효과가 작동하면, 과연 얼마만
큼이 순수한 프로그램의 효과인지를 구분해 내기가 어렵다. 연구 디자인이 내적 타당
성을 높이려면 테스트 효과도 적절히 통제할 수 있는 장치를 갖추어야 한다.

도구 효과　　테스트 효과가 동일한 검사 도구를 중복 실시할 경우에 나타나는 문제
라면, 도구(instrumentation) 효과는 전-후의 검사 도구를 각기 달리했을 때 발생할 수
있는 문제다. 각기 다른 도구를 쓰면, 도구의 차이로 인해 전-후 점수의 차이가 발생할
수 있다. 이것이 측정하려는 개입이나 원인 변수의 효과와 섞이게 되어, 인과관계의 내
적 타당성을 약화시킨다. 테스트 효과와 마찬가지로 도구 효과 역시 연구 디자인에서
적절히 통제되어야 하는 것이다.

앞의 IQ 향상 프로그램의 경우에 테스트 효과를 두려워하여 전-후의 검사 도구를 달
리해서 검사를 실시했다 하자. 그래서 만약 전-후의 결과 차이가 앞서처럼 나타났을
때, 그러면 이 차이는 프로그램이 효과적이어서 나타난 것으로 보아도 무리가 없을까?
그것이 검사 도구를 달리해서 생긴 차이인지, 아니면 실제로 프로그램이 효과가 있어
서 나타난 차이인지는 현재의 연구 디자인으로는 여전히 확인해 줄 수 없다.

통계적 회귀　　통계적 회귀(regression)란 유동적인 점수들이 확률적으로 정상치(평
균)로 근접하는 성향을 의미한다. 이것 역시 연구 디자인의 내적 타당성을 저해할 수
있는 요인이 된다. 사전검사(프로그램 실시 전의 상태) 점수의 결과가 자신들의 정상치
보다 지나치게 낮게 나타난 사람들을 대상으로 프로그램이나 연구 개입을 실시할 경
우, 사후검사(프로그램 실시 후의 상태) 점수는 프로그램으로 인한 효과와 관계없이 상
승할 수 있다.

---

5) 앞의 예들에서 나타났던 연구 디자인도 바로 이와 같으며, 한 집단을 두고 프로그램 실시 전과 후에 각기 테스
트를 실시하여 비교하는 것이다. 다음 장의 연구 디자인 유형에서 자세히 설명한다.

3. 연구 디자인의 타당성 | **133**

한 집단에 대해 자아존중감(self-esteem) 검사를 실시하였다. 그 결과 정상치보다 지나치게 점수가 낮게 나온 사람들이 발견되었고, 이들을 대상으로 자아존중감 향상을 위한 프로그램을 실시하였다. 프로그램의 종료 후에 다시 자아존중감 검사를 한 결과, 사람들의 자아존중감 점수 평균이 이전보다 높아진 것으로 나타났다. 그러면 이 사람들은 프로그램 때문에 자아존중감이 높아진 것일까?

이 예의 결과는 프로그램의 효과가 아니라 통계적 회귀만으로도 충분히 설명될 가능성이 있다. 사전검사의 과정에서 자신들의 평균치보다 지나치게 낮은 점수를 받은 사람들은 다음 검사에서는 자연스레 평균치에 가까운 점수를 얻기가 쉽다. 이 경우 프로그램의 개입에 따른 효과 여부와는 관계없이 사전과 사후의 검사 점수에서 차이가 나타나게 되는 것이다.

우리의 일상 경험에서도 이런 사실은 빈번하게 나타난다. 어떤 시험에서는 지나치게 낮은 점수를 받았을 경우가 있고, 어떤 시험에서는 지나치게 높은 점수를 받을 경우도 있다. 그러나 대부분은 정상치(평균치를 의미) 부근에서 일정한 유동성을 보이게 된다. 따라서 우연히 정상치에서 많이 벗어난 상태가 측정이 되었다면, 다음 측정에서는 자연스럽게 정상치로 복귀(회귀)할 확률이 높아진다.

통계적 회귀의 성향은 프로그램 개입의 효과와 관련한 인과관계 설명을 취약하게 할 수 있다. 특히 정상치에서 심하게 벗어난 인구 집단을 대상으로 하는 서비스나 프로그램들에서는 이러한 통계적 회귀 성향을 적절히 통제할 수 있는 연구 디자인을 갖추는 것이 중요하다. 대표적인 방법은 동일한 상태의 통제집단을 확보해서 결과를 비교해 보는 것이다. 통계적 회귀는 프로그램 집단이나 통제집단에서 모두 나타날 것이기 때문에, 그만큼을 배제해서 보면 프로그램의 효과가 별도로 얼마인지가 확인될 수 있다. 통제집단을 갖추지 못하는 경우에는 통계학적 방법을 쓰기도 한다.[6]

선별 편향성(selection bias)   이질적인 집단들을 대상으로 개입의 효과를 비교하려고 할 때 나타나는 문제다. 집단 간 비교에서 내적 타당성을 저해할 수 있는 요인으로 흔히 등장한다. 비교되는 집단들이 이미 '비교될 수 없는' 성격을 가지고 있었을 때, 이들을 두고 비교해 보는 것은 별 의미가 없다.

---

6) 추론통계의 신뢰 구간 설정이나 유의도 검증 등이 이에 해당한다. 통계적으로 유의미하다고 할 때는 주로 이러한 통계적 회귀의 성향을 오차의 크기로서 감안하더라도 의미가 있다는 뜻이다.

아동학대를 방지하기 위해 사람들을 교육시키는 프로그램이 있다. 교육 참가는 자발적이었다. 프로그램의 효과성을 알아보기 위해 프로그램에 참가한 사람들의 집단과 참가하지 않은 사람들의 집단을 비교해 보았다고 하자. 그 결과 프로그램에 참가했던 사람들 집단에서 아동학대의 가능성과 관련된 지표들이 훨씬 적게 나타나는 것을 발견했다. 그러면 프로그램은 효과가 있었다는 것이 검증되었을까?

이 경우는 프로그램의 결과가 선별 편향성에 따른 효과라고 설명될 수 있다. 프로그램 참가자 집단과 비참가자 집단은 프로그램 이전에 이미 '비교될 수 없는' 집단으로 되어 있다. 프로그램 참가자들은 비참가자들보다 아동학대의 문제에 대한 관심이 이미 높았을 것으로 추측해 볼 수 있다. 설령 비슷한 상태에서 출발했을지라도, 참가 여부를 결정하게 된 이후의 진행 과정에서는 프로그램의 개입 여부에 관계없이 두 집단은 이미 다른 것이 되었을 가능성도 있다. 즉, 참가를 결심하는 것 자체가 이미 변화라는 것인데, 이는 프로그램의 교육 내용 때문이라는 효과성의 설명을 위협한다. 자율적 참가 집단 간 비교를 시도하는 연구들에서는 특히 이러한 편향된 선별의 효과를 통제할 수 있는 연구 디자인의 타당성 확보가 중요하다.

중도 탈락(experimental mortality) 실험 대상자들이 여러 가지 이유로 실험 도중에 그만두는 경우가 생겨서 사전과 사후를 비교하는 것이 어려워지게 되는 문제다. 사전 집단과 중도 탈락하고 남은 사후 집단은 이미 성격이 다른 두 집단이 되어 있을 가능성이 크다. 실험에서 중도 탈락하는 사람들은 나름대로의 특성을 가지고 있을 것이고, 그것이 어떤 형태로든 사전과 사후검사의 점수 차이에 영향을 미칠 것이라는 대안적인 설명을 가능하게 한다.

20명의 가출 소녀들을 대상으로 집단 상담을 실시하는 프로그램이 있다. 이 프로그램의 효과성을 알아보기 위해 프로그램 실시 전과 후에 자아존중감(self-esteem) 검사를 실시하여 비교해 보는 디자인을 구성했다고 하자. 그런데 프로그램 진행 도중에 10명가량의 소녀들은 부모들이 찾아와 집으로 데려갔고, 부모가 찾아오지 않은 나머지 10명만이 끝까지 남아서 프로그램을 마쳤다. 그런데 사전검사와 사후검사의 평균 점수 차이가 특이하게 나왔다. 프로그램 실시 전에 비해 실시 후에 오히려 자아존중감 점수가 낮게 나온 것이다. 그렇다면 프로그램이 아이들에게 역효과를 낸 것일까?

이 예는 중도 탈락의 효과를 통제하지 않은 연구 디자인을 사용한 결과로 내적 타당성이 낮은 설명이 나타난 경우다. 부모가 찾지 않은 아이들만을 대상으로 사후검사를 한 결과는 프로그램 개입으로 긍정적인 효과가 얼마간 있었더라도, 부모가 찾은 아이들(긍정적 요소)이 섞여 있었던 사전검사의 평균 점수보다는 낮게 나올 가능성이 크다. 실험에 잔류한 사람들과 탈락한 사람들의 특성을 적절하게 선별해 내는(통제하는) 방법이 없다면,[7] 실험연구 디자인에서는 이러한 중도 탈락의 효과가 인과관계에 대한 설명을 어지럽게 만든다.

인과적 시간-순서(time-order)   연구 디자인이 변수들 간 시간적 우선성을 확인하는 경험적 근거를 제공할 수 없는 문제다. 이 문제를 가지는 비실험 연구 디자인들에서는 원인과 결과 변수들 간 인과관계의 방향을 결정하기 곤란할 때가 많다.[8]

> 계획적인 소비 성향과 빈곤은 서로 관련되어 있다. 한 서베이 조사에서 이러한 사실을 연구해 보았고, 두 변수 간에 높은 상관관계가 있다는 것이 경험적으로 확인되었다고 하자. 그러면 계획적 소비 성향의 유무가 빈곤에 영향을 주는 것을 입증했다고 말할 수 있겠는가? 이렇게 되면, 계획적인 소비를 하는 사람들이 더 잘 살기 때문에, 사람들을 빈곤에서 탈출시키려면 계획적인 소비에 대한 교육을 실시해야 한다고 주장할 수도 있게 된다.

위의 경험적 조사는 단지 소비 성향과 빈곤 관련 변수들이 상관성을 나타낸다는 것을 보여 주었을 따름이다. 즉, 계획적인 소비 성향을 가진 사람들은 그렇지 못한 사람들보다 소득이나 재산 수준 등에서 차이가 있음이 확인되었을 뿐이다. 여기에서는 어느 것이 원인이고 결과인지를 구분하는 데 필요한 시간적 우선성을 확인하는 근거가 없다. 이것이 없으므로 예의 인과관계에 대한 주장은 쉽게 대립된 설명으로 무너질 수 있다. 예에서 제시된 똑같은 자료를 '빈곤한 사람들일수록 계획적인 소비를 잘할 수 없다'는 주장의 근거로 할 수도 있다. 빈곤한 사람들은 소득이 불안정할 것이고, 그럴수록 사람들은 계획적 소비를 하는 것이 어려워진다고 설명하는 것이다. 이처럼 인과적 시간-순서가 통제되지 않은 연구 디자인은 설명에 대한 내적 타당성을 낮게 가진다.

개입의 확산/모방   개입(treatments)의 모방이나 확산 효과란 피실험자들 간의 상호작용이나 모방으로 인해 애당초 의도했던 집단 간 차이에 대한 설명이 불분명해지는 것을 말한다. 이것은 집단 비교의 연구 디자인들에서 흔히 나타나는 문제다. 예를 들

---

7) 실험적인 방법들에서는 이를 중요하게 고려하고 있으나, 그럼에도 중도 탈락은 발생할 수 있다. 이런 경우에 사후에 이를 통제하기 위해서 다양한 통계학적인 방법들이 쓰인다.

8) 상관관계 연구 디자인 같은 것들이 대표적이다. 이러한 조사에서는 독립변수와 종속변수로 추정되는 모든 변수들을 일시에 수집하므로, 직접적인 경험에 의한 시간성 확인은 불가능하다.

어, 집단들마다 각기 다른 개입이 주어지고 그에 따른 각각의 효과를 비교해 보려는 경우가 있다. 이때 집단들 간에 통제되지 않은 교류가 있게 되면, 하나의 개입이 통제되지 않은 채 다른 집단들로 확산 혹은 모방될 수 있다. 그러면 특정 개입이 어떤 특정한 효과를 나타내는지를 분간해 내기 어렵게 된다.

> 한 복지관에서 전혀 색다른 노인 여가선용 프로그램을 개발하여 이를 몇 년에 걸쳐 실시하였는데, 매우 인기가 높았다. 최근에 프로그램의 효과성을 경험적으로 보여 주기 위해 같은 지역의 다른 복지관들에서의 유사한 프로그램들의 효과성과 비교해 보았다고 하자. 노인들의 만족도를 측정치로 삼았는데, 조사 결과 다른 복지관 프로그램들과 차이가 크게 나타나지 않았다. 그토록 인기가 높았는데 ….

이 경우는 모방이나 확산의 효과를 의심해 볼 필요가 있다. 그 새로운 프로그램이 괜찮다고 판단한 다른 복지관들에서 이미 이 프로그램을 어떤 식으로든 모방해서 실시하고 있었을 가능성을 배제할 수 없기 때문이다. 이 경우에 다른 복지관 프로그램들은 비교 대상으로서의 의미를 이미 상실한 것이다. 공개적으로 진행되는 유사한 프로그램들을 비교하려는 연구 디자인은 개입의 확산과 모방 효과를 통제할 수 있는 방법을 연구 디자인에서 고려해야 한다.

2) 외적 타당성

외적 타당성(external validity)이란 연구의 결과가 외부로 확대 적용될 수 있는지를 말한다. 연구 디자인의 외적 타당성은 특정한 연구 표본이나 연구 환경에서 나타나는 인과관계가 외부 집단이나 환경들에서도 일반화되어 나타날 수 있는지에 달려 있다. 예를 들어, 실험실 환경에서는 변수들 간 인과관계가 잘 검증되는데(높은 내적 타당성) 실험실 바깥에서는 그러한 인과관계가 확인되지 않는다면, 연구 디자인의 외적 타당성이 낮다고 한다. 아무리 내적 타당성이 높더라도, 연구 환경에만 적용되는 결과를 산출하는 연구 디자인은 쓸모가 크게 없다. 연구 디자인이 외적 타당성을 갖추려면 다음 요소들을 별도로 고려해야 한다.[9]

---

9) 참고: Campbell & Stanley, *Experimental and Quasi-Experimental Designs for Research*, pp. 5-6.

연구 표본, 환경, 절차의 대표성　대부분 연구들에서는 연구 대상 집단 전체를 직접 조사하기가 힘들다. 비용도 문제지만 현실적으로도 실행이 불가능한 경우가 대부분이다. 한국 사람들에 해당되는 조사라 해서 5천만 명가량의 한국인을 모두 조사하지는 않는다. 대개는 연구 대상 집단(모집단)에서 일부를 추출해서 조사하는데, 이를 표본조사라 한다. 결국 대부분의 조사는 표본조사일 가능성이 큰데, 표본에서 발견된 특정한 사실이 모집단에서도 사실로 인정되기 위해서는 무엇보다도 모집단에 대한 표본의 대표성이 중요하다.

> 한 대학에서 대학생들의 자원봉사의식을 고취시키기 위한 교육과정(CMV) 프로그램을 개발하였고, 프로그램의 실시가 학생들의 의식에 미치는 영향을 알아보기 위해 조사를 실시하였다. 연구 디자인은 CMV에 자발적으로 등록한 학생들을 대상으로 [사전검사 – 교육 실시 – 사후검사]로 했다. 결과는 사후검사 점수가 사전검사 점수에 비해 월등하게 높았다고 하자. 다른 내적 타당성을 저해하는 문제가 없었다면, 대상 학생들에게 CMV가 의식의 변화에 효과적이었음이 인정된다. 그렇다면 이 사실을 가지고 대학 측은 곧바로 모든 재학생들에게 확대 적용할 수 있겠는가?

연구 자료에 포함된 학생들은 교육과정에 자발적으로 등록한 학생들이고, 이들은 분명 일반 대학생들과는 다른 이질적인 성향을 띠고 있을 가능성이 크다. 이미 자원봉사에 대해 관심을 갖고 들어온 (어떤 프로그램에서라도 효과가 있을 것 같은) 학생들을 대상으로 하는 교육과정 프로그램의 효과를 가지고서, 분명히 무관심할 것 같은 전체 일반 대학생들에게도 동일한 효과가 나타날 것이라고 하는 것은 문제가 있다. 연구 디자인에서 외적 타당성의 이슈가 고려되지 못했던 것이다.

이처럼 대표성 없는 표본이나 연구 환경, 절차 등을 채용하는 연구 디자인이라면, 거기에서 발견되는 사실들은 내적 타당성과 무관하게 외적 타당성이 낮을 수밖에 없다. 표본이 모집단의 일반적인 성격에서 크게 벗어난 특이한 일부라면, 표본에서 조사된 결과는 전체 집단에 확대 해석할 수 없다. 연구가 실행되는 환경이나 절차 등도 마찬가지로 모집단의 일반적인 환경이나 절차와 다르다면, 예를 들어 교실에서의 학생들의 행동을 연구하기 위해 인위적으로 교실 환경을 꾸며 놓고 학생들에게 행동하게 해서 관찰한다면, 그 결과는 자연스러운 교실에서의 행동이라고 일반화하기 어렵다. 이런 방식의 연구 디자인은 외적 타당성이 낮다고 한다.

조사 반응성　조사 반응성(reactivity)이란 연구 대상자들이 조사에 반응하면서 생겨나는 것이다. 이는 왜곡된 자료를 수집하게 만들어서, 연구 결과에 대한 외적 타당성을 저해한다. 사회과학 연구에서의 대상자는 대개 사람들이다. 사람은 나무토막과 다르게 스스로 인식하고 반응하는 존재들이다. 자신이 연구 대상이라는 것을 인식하면 사람들은 반응하게 된다. 이러한 조사 반응성으로 인해 연구에 수집된 자료는 일반적인 경험을 반영하지 않을 수 있다.

> 어떤 연구가 지역사회의 특정 공간에서 사람들이 어떻게 행동하는지를 관찰 자료로 수집하려 한다. 이때 연구자가 몰래카메라를 설치하는 것(윤리적으로 어렵겠지만), 사람들의 동의를 얻어 관찰 카메라를 모두가 보이는 곳에 설치하는 것, 연구자 자신이 직접 서서 관찰하는 것, 아니면 사람들에게 스스로 자신의 행동을 관찰하게 하는 것 등으로 다양한 자료수집의 방법을 채택할 수 있다. 그런데 이들 방법은 모두 동일한 자료 값을 산출해 줄까? 아니다. 사람들은 각 방법에 따라 반응성의 성격을 달리하고, 그로 인해 각각의 방법들은 각기 다른 성격의 표본집단을 만들어 내는 것과 같다.

사람을 대상으로 하는 조사연구에서는 몰래카메라와 같은 형태가 아닌 이상은 반응성의 문제가 항상 개입되어 있다고 보는 것이 옳다. 현장에서 멀찌감치 떨어져 수동적으로 관찰하는 경우라 해도, 사람들은 자신이 관찰 대상임을 의식하는 순간 이미 조그만 자세라도 고치려 하는 등으로 부자연스런 관찰 값을 제공하는 집단이 되고 만다. 관찰이 아닌 설문 조사라고 해도 유사하게 반응성이 개입된다. 일반적인 설문 조사에서도 대상자들은 무의식중에라도 '왜 내가 대상이 되었을까?' '이런 대답을 하면 내가 어떻게 여겨질까?' 등을 고려한다. 즉, 반응을 하는 것이다. 이렇게 조사된 자료는 보통 사람들이 아니라 반응한 사람들에 관한 집단의 자료가 되고 만다.

자신이 조사 대상자임을 인식하는 집단과 인식하지 않은 집단 간에는 반응성의 여부만으로도 이미 이질적인 차이를 보일 수 있다. 표본조사 연구들에서는 이런 문제가 표본집단과 모집단의 차이를 의미한다. 반응성이 개입된 표본집단의 자료를 가지고 반응성과 무관한 모집단의 성격으로 일반화하기 어렵게 되는 것이다. 그래서 연구에서는 이러한 반응성을 적절히 다룰 수 있는, 즉 외적 타당성이 있는 연구 디자인을 갖출 필요가 있다.

플라시보 효과　플라시보(placebo) 효과는 조사 반응성의 일종이다. 일명 위약 효과라고도 불린다. 약물 실험에서 반응성만으로 나타나는 가짜 약 효과를 말한다. 실제로는 조사 대상자들에게 개입(진짜 약)이 주어지지 않았는데도 불구하고, 사람들은 생각만으로 그(가짜 약)에 반응해서 유사한 효과를 나타낼 수 있다.

> 약물의 효과성을 조사하려는 실험 디자인 연구에서, 비슷한 무리의 사람들로 두 집단을 나누어 실험집단에는 약물을 투입하여 그 경과를 관찰하고, 통제집단은 약물을 투입하지 않고 관찰만 한다. 만약 실험집단의 사람들이 통제집단에 비해 차이(예: 50점) 난다면, 이것을 오롯이 약물의 효과라고 할 수 있을까? 이것만으로 약을 제조해서 팔아도 될까?

만약 이 실험이 쥐를 대상으로 하는 쥐에 관한 약물이었다면 그렇게 해도 된다. 50점만큼의 차이 점수가 그대로 '약물의 효과' 점수가 될 수 있기 때문이다. 쥐들에게는 플라시보 효과가 없어서다. 그런데 사람들은 다르다. 사람들은 조사에 대해 알면 반응한다. 약물의 효과를 의식하는 사람은 약의 성분 효과와는 무관하게 이미 '약을 먹었다'는 것만으로도 반응할 수 있다. 예에서 50점의 효과가 순수하게 약의 성분 효과만은 아닐 수 있는 것이다. 이대로 약을 만들어 사람들(모집단)에게 50점 효과라고 팔기는 어렵다. 약물의 효과를 의식하지 않는 일반 사람들에게 약의 효과는 똑같이 50점으로 나타날 수 없기 때문이다.

이런 이유들로 인해 위약 효과와 같은 반응성의 문제가 심각할 수 있는 약물 실험 연구들에서는 연구 디자인의 외적 타당성을 높이는 일을 중요시한다. 그래서 플라시보 효과를 통제하기 위한 연구 디자인을 따로 만들어 쓴다. 위약 효과의 부분을 찾아내 정상 효과에서 제외하는 것이 가능하도록 연구 디자인에 통제집단, 즉 플라시보 집단을 따로 운용하는 방법을 주로 쓴다. 다음 장에서 설명하는 플라시보 통제집단 디자인의 유형이 이에 해당한다.

4. 연구 디자인의 선택

연구 디자인은 조사연구의 결과가 내적 및 외적 타당성을 최대한 갖출 수 있게 설계되어야 한다. 연구의 타당성을 저해하는 요인들은 일상적인 사유로는 쉽사리 파악되기 어렵다. 그러므로 과학적 조사연구에서는 그것들을 의도적으로 찾아내서 통제하는 방법을 중시한다. 다양한 유형의 연구 디자인들이 그런 이유 때문에 생겨난다.

적절한 연구 디자인을 선택하기 위해서는 연구 상황과의 적합성을 고려해야 한다.

연구의 상황에 따라 내적 타당성이 우려되거나, 혹은 외적 타당성이 더 심각한 문제가 되는 경우가 차이날 수 있다. 어떤 연구 디자인의 내적 타당성이 높다 해서 외적 타당성이 저절로 높아지는 것은 아니다. 흔히 내적 타당성을 높이기 위해 연구 디자인이 각종 인위적인 통제들을 실시할 경우, 일반적인 환경 조건과 더 멀어지게 되어 외적 타당성은 오히려 떨어지는 결과를 초래하기가 쉽다. 따라서 연구 디자인을 고려할 때는 내적 타당성과 외적 타당성의 균형을 맞추는 것도 중요하다.

실험 디자인의 유형은 인과관계 검증에 높은 내적 타당성을 보일 수 있다. 그럼에도 불구하고 심리학 등 일부 분야를 제외한 나머지 대부분의 사회과학 연구들에서는 이 디자인이 실제로 많이 사용되지 못한다. 엄격한 통제집단을 갖추고 유지해야 하는 등의 조건이 사회과학 연구의 상황에서는 적용되기 어렵다. 설령 실험 디자인을 통해 내적 타당성을 높이는 연구가 있다 해도, 인위적인 실험 환경을 조성하기 때문에 연구 결과의 외적 타당성은 오히려 기대하기 어렵게 될 수도 있다.

실험 디자인의 또 다른 문제는 인간을 대상으로 하는 조사연구에서 독립변수를 조작하는 일이 어렵다는 점이다. 실험을 목적으로 개인들의 일상적 삶에 의도적인 조작을 가하는 것도 문제지만, 그에 따른 후유증까지 예상된다면 실험 조작은 수행되기 어렵다. 예를 들어, 이혼이 아동의 정서에 미치는 영향을 연구하기 위해 실험집단의 사람들을 이혼하게 만들 수는 없는 것이다. 폭력 비디오의 효과를 알아보기 위해 실험실에 아이들을 모아 놓고 폭력물 테이프를 시청케 하는 것도 불가능에 가깝다. 그런 연구가 아무리 중요한 목적과 가치를 가진다고 해도, 사람을 대상으로 하는 연구들에서는 독립변수의 조작에 따른 위험성은 우선 배제되어야 한다.

사회복지 프로그램들의 경우, 연구 디자인의 선택에는 윤리적인 문제가 더욱 크게 고려되어야 한다. 실험 디자인을 사용하는 것은 엄격한 통제집단을 갖추고 유지하는 데 따르는 윤리적인 문제가 쉽게 해결되기 어렵다. 실험 디자인에서는 실험집단과 통제집단은 성격상 동일해야 한다. 프로그램 개입의 필요성이 두 집단에 동일하게 있어야 한다는 것인데, 그럼에도 불구하고 실험 목적 때문에 통제집단에 필요한 서비스나 개입을 제공하지 않는 것은 비윤리적인 처사가 된다.

> 빈곤 치유책의 일환으로 현금 이전 성격의 특정 프로그램을 기획했다 하자. 이 프로그램의 효과성을 검증하기 위해 빈곤층 사람들을 선발하여 무작위로 실험집단(현금 지급)과 통제집단(미지급)으로 할당하고, 프로그램이 끝난 후에 두 집단을 비교하려 한다. 이것이 가능만 하다

면, 적어도 연구 결과의 내적 타당성을 입증하기는 좋을 것이다. 그러나 여기에는 윤리적 문제와 함께 클라이언트 집단의 저항도 충분히 예상된다. 정치적 현실에서도 이런 디자인은 적용되기 어려운 것이다.

사회복지 실천/연구들에서는 연구 디자인의 선택에서 외적 타당성을 의도적으로 중시해야 할 필요도 크게 나타난다. 전문직의 실천/연구는 언제나 일반 대상에의 적용 가능성을 일차적으로 중시해야 한다. 한정된 표본을 대상으로 해서 외적 타당성이 확보되지 않는 실천/연구 결과를 일반에 서둘러 확대 적용하려는 것은 적절치 못하다. 아무리 강력한 인과관계(프로그램의 효과)가 연구 집단에서 발견되더라도, 그것이 외적 타당성을 갖춘 연구 디자인을 통해 드러난 결과가 아니라면, 사회복지 실천의 엄정한 과학적 이론으로 삼을 수가 없다.

현실적으로 연구 디자인의 선택은 디자인 논리 자체의 우수성보다는 연구의 환경이나 여건 등에 따라 결정되는 것이 보통이다. 그래서 현장과 실천 위주의 연구 환경을 가지는 사회복지 조사연구들에서는 실험 디자인과 같은 유형은 보통 적용되기 어렵다. 그럼에도 불구하고 실험 디자인에 대한 이해는 여전히 중요하다. 왜냐하면 실험 디자인은 일종의 이상형으로서, 비실험이나 선실험, 유사실험 등의 연구 디자인 유형들이 각기 어떤 한계와 상대적인 유용성을 가지는지를 비추어 주는 기준이 되기 때문이다. 이를 다음 장에서 설명한다.

제7장

연구 디자인의 유형

인과성 이론을 검증하는 데는 내적 및 외적 타당성을 갖춘 연구 디자인이 필요하다. 연구 디자인은 인과성 확인에 필요한 자료들을 언제 어떻게 수집해서 배열하고, 분석할지에 대한 설계도와 같은 것이다. 현실적으로는 다양한 유형의 연구 디자인들이 채택될 수 있는데, 각 유형의 디자인들이 가지는 장단점은 기본적으로 실험 디자인의 이상형에 비추어서 파악된다.

1. 실험 디자인

실험 디자인(experimental design)은 내적 타당성을 가장 완벽하게 갖춘 연구 디자인이다. 실험 디자인에서는 비교의 근거가 명확하고(공변성), 변수의 조작이 가능하며(시간적 우선성), 엄격한 통제를 통해 대립 설명들을 배제(외부 설명의 통제)할 수 있으므로, 인과관계를 검증하는 데 가장 적절한 디자인 모형이라 할 수 있다. 다만 사람을 대상으로 하는 연구에서는 반응성 등의 문제로 인해 외적 타당성은 일정한 한계가 있다.

1) 실험 디자인의 요건

한 조사연구가 실험 디자인의 형태를 띠려면 다음 요건들을 충족시켜야 한다. 이들은 인과관계의 설명을 검증하는 데 필요한 경험적 근거를 확보하기 위한 것이다.

무작위 할당　실험 대상자들을 실험집단과 통제집단으로 무작위로 배분할 수 있어야 한다. 무작위적인 방법을 쓰는 이유는 인위적인 의도가 개입되는 것을 막기 위함이다. 이를 통해 실험집단과 통제집단이 동질적으로 될 가능성도 높다.

독립변수의 조작　통제집단은 아무런 변화를 주지 않는 상태로 유지하고, 실험집단에만 독립변수를 투입할 수 있어야 한다. 실험집단과 통제집단은 엄격히 분리되어 서로 간에 교류가 없는 상태로 유지된다. 프로그램 실천 환경에서는 독립변수의 조작이란 특정 시점에서 서비스 개입이 시작되게 하는 것이고, 실험실 연구 환경에서는 실험 개입(의도적인 자극 등)이 그에 해당한다.

종속변수의 비교　실험 개입이 끝난 후에 실험집단과 통제집단에서 각기 종속변수를 측정하여 두 집단의 값 차이를 비교할 수 있어야 한다. 종속변수는 연구 대상자들의 상태를 나타낸다. 두 집단에서의 종속변수 값들이 차이를 보이면, 그것을 독립변수(프로그램)로 인한 효과의 크기로 간주한다.

2) 외부 설명의 통제

실험 디자인이 다른 연구 디자인들과 결정적으로 차이 나는 부분은 '외부 설명의 통제'가 용이하다는 점이다. 독립변수(실험 개입, 프로그램)가 종속변수에 미치는 영향을 순수하게 평가하려면, 외부 설명 변수들의 영향이 통제되어야만 가능하다. 실험 디자인은 실험집단과 통제집단을 가능한 한 동질적으로 구성하고 한편으로 이들을 엄격하게 분리하여 통제함으로써, 외부 설명을 비롯한 내적 타당성을 저해하는 대부분의 요인들을 제거해서 볼 수 있다.[1]

실험 디자인의 통제는 내적 요인을 통제하는 방법과 외적 요인을 통제하는 방법으로 나누어진다. 내적 요인이란 주로 실험 환경 내에서 발생하는 사건들이고, 외적 요인이란 주로 비교 대상이 되는 집단들이 서로 다른 경우에 해당되는 것이다.

---

1) 전형적인 실험 디자인에서는 이처럼 동질적인 통제집단을 엄격히 분리 활용할 수 있으므로, 외부 설명의 통제에 대해서는 큰 어려움이 없다. 그러나 현실적인 이유 등으로 이러한 통제집단을 운용하기 어려운 연구들에서는 이를 어떻게 해결할 것인지가 연구 디자인에서 핵심 이슈가 된다. 실험 디자인 외에 다양한 대안적인 디자인들이 등장하는 것도 이 때문이다.

(1) 내적 요인의 통제

실험 디자인에서 내적 요인을 통제한다는 것은 실험 개입의 효과를 확인하는 데 방해가 되지 않도록 실험 환경 내부의 조건들을 맞춘다는 것이다. 내부적으로 발생하는 다양한 사건들이 실험 개입과 섞이면, 개입 후에 나타나는 결과(변화)가 과연 개입 때문인지 아니면 다른 사건들 때문인지를 분간할 수 없게 된다. 연구에서 확인하려는 개입과 효과에 관한 인과관계의 설명을 흐리게 만드는 것이다.

실험 디자인에서 내적 요인을 통제하는 방법은 실험집단과 통제집단에 대해 동일한 실험 환경을 유지시켜 주는 것으로 가능하다. 이렇게 하면 실험 개입 이외의 사건들은 실험집단이나 통제집단 모두에서 동등하게 발생하고 영향을 주는 것으로 볼 수 있다. 그래서 실험 개입이 주어지지 않은 통제집단에서 나타나는 변화는 모두 내적 요인들만에 의한 것으로 간주해서, 실험집단에서 발생한 효과에서부터 그것만큼을 빼 주면 순수히 실험 개입으로 인한 효과만을 확인할 수 있다.

(2) 외적 요인의 통제

외적 요인은 연구 환경의 바깥에서 발생한 사건들이 미치는 영향을 말한다. 이는 실험 환경에 유입되는 비교 대상 집단들이 동질적이지 않은 문제를 뜻한다. 이처럼 외적 요인이 통제되지 않는 경우, 즉 이미 집단 간에 차이가 나 있는 상태를 가지고는 실험을 통해 발생하는 개입의 효과를 구분해 내기 어렵다. 그래서 실험 디자인에서는 외적 요인을 통제하기 위해 실험집단과 통제집단이 동질적으로 구성될 수 있도록 다음과 같은 방법들을 쓴다.

동일 배합(matching) 주요 영향 변수들을 미리 파악해서 실험집단과 통제집단에서 그들 변수 값의 분포가 동일하게 되도록 하는 것이다. 예를 들어, 성별이 실험 결과에 영향을 미칠 수 있는 외적 요인이라고 판단되면, 이를 통제 변수로 해서 실험집단과 통제집단에서 성별이 똑같은 비율이 되도록 할당한다. 그러면 적어도 성별의 차이 때문에 실험집단과 통제집단에서 차이가 나타났을 것이라는 설명은 배제할 수 있다.

문제는 동일 배합의 방법을 사용하려면 어떤 변수들이 외부 설명 요인으로서의 가능성을 갖는지를 미리 다 파악할 수 있어야 한다는 점이다. 그 많은 것들을 미리 다 안다는 것은 쉽지 않고, 설령 안다 해도 배합할 변수들의 수가 많아지면 그에 맞게 집단을 추출하기가 크게 어려워진다. 그래서 대개는 반드시 통제되어야 할 이유가 뚜렷한 외적 요인에 대해서만 이 방법을 쓴다.

난선화(randomization)　무작위적인 방식으로 실험집단과 통제집단을 동질적으로 구성하는 방법이다. 인위적인 의도와 작용이 배제된 상태에서 연구 대상자가 추출되어 각 집단에 할당되는 방법이다. 무작위 추출에는 제비뽑기나 사다리타기, 무작위 숫자표, 난수생성 프로그램 활용과 같은 기법 등이 동원된다. 현실 연구들에서는 동일배합의 어려움 때문에 난선화 방법을 선택하는 경우가 많다. 무작위 집단 할당을 하게 되면, 두 집단이 동질적일 가능성은 확률 통계적으로도 확인이 가능하다. 수많은 외적 요인들이 주는 영향이 두 집단에서 나타나는 것, 즉 오류들의 확률 크기도 유사할 것으로 간주할 수 있다.

문제는 난선화 방법에서는 표본 혹은 집단의 절대적 크기가 중요하다. 표본 크기가 작으면 적은 수의 대상자들이 갖는 특이성이 강하게 드러나므로, 동질적 집단 할당의 가능성이 그만큼 낮아진다. 그만큼 오류의 확률 크기도 높게 잡아야만 한다. 그래서 소규모 집단들을 비교하는 경우에는 난선화만으로 동질성을 보장하는 방법은 한계가 있다.

통계학적 통제　통계 기법을 써서 외부 설명 요인들을 통제하는 것으로, 일종의 사후 통제 방법이다. 앞서 두 방법들과는 다르게 집단 추출 시에 동질성을 확보하는 것이 아니고, 실험 결과에 대한 자료 분석 시에 통계학적 기법을 적용해서 외적 요인의 효과를 배제해 보는 방법이다. 실험 디자인에서는 난선화와 동일배합으로도 해결할 수 없는 외적 요인들의 영향을 통계학적 통제로서 보완한다. 연구 디자인 자체에서 외적 요인을 통제할 수 없는 경우, 대부분의 비실험 디자인들에서는 통계학적 통제가 외적 요인의 설명을 배제하는 유일한 방법이 되기도 한다.[2]

3) 전형적인 실험 디자인: 전-후 검사 통제집단 디자인

전-후 검사 통제집단 디자인은 실험 디자인의 전형과도 같다. [그림 7-1]에서 보듯이 일차적으로 실험 대상자들을 각기 실험집단과 통제집단에 동질적으로 할당한다. 동

---

[2] 다원적 교차분석이나 부분 상관분석 등과 같은 다원(multi-variate, 다변량) 통계분석의 여러 기법들이 이에 해당한다.

질적 할당을 위해서는 무작위 방법을 흔히 사용한다. 그리고 두 집단은 엄격한 통제하에 분리된다(그림의 이중 분리선이 이를 상징). 실험집단에 주어지는 개입이 통제집단으로 전이되는 것을 막기 위해서다.

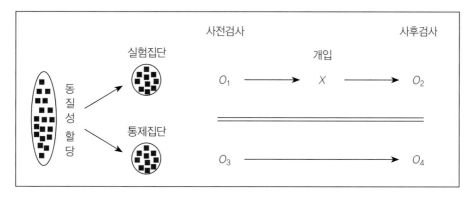

그림 7-1 전-후 검사 통제집단 디자인

개입에 들어가기 전에 두 집단 모두를 검사하는데, 이를 사전검사(pretest)라 한다. 실험집단에는 실험 개입(혹은 프로그램)이 실시되고 통제집단은 그대로 둔다. 개입 이외에는 실험집단과 통제집단의 모든 것이 똑같은 환경으로 유지된다. 실험집단의 개입이 종료되고 다시 두 집단을 검사하는데, 이를 사후검사(posttest)라 한다. 두 집단에서 나타난 전-후 검사의 결과들을 비교하여 개입의 효과성을 측정한다.

전-후 검사 통제집단 디자인에서 개입의 효과 크기(E_X)를 계산하는 방식은 다음과 같다.

E_X = 실험집단의 전후 차이$(O_2 - O_1)$ － 통제집단의 전후 차이$(O_4 - O_3)$

전-후 검사 통제집단 디자인은 내적 타당성을 위협하는 대부분의 요인들을 제거할 수 있다. 동질성 할당과 사전검사를 실시해서 비동질적 집단 선별에 따른 외부 요인의 설명 가능성을 배제한다. 개입이 주어지기 이전에 이미 두 집단에 차이가 있었다면, 즉 $(O_1 - O_3) \neq 0$이라면, 개입 효과(E_X)는 $(O_2 - O_4)$에서 $(O_1 - O_3)$만큼을 빼 주는 것이 된다. 두 집단이 완전히 동질적이었으면 $(O_1 - O_3) = 0$이 될 것이고, 그러면 개입의 효과는 단순히 $(O_2 - O_4)$가 된다. 실험집단과 통제집단은 개입만을 제외한 모든 면에서 동등한 환경을 가지므로, 외부 사건이나 자연 성숙 등을 비롯한 온갖 대립 설명들은 통제집단에도 그대로 적용된다. 따라서 실험집단에서 나타난 차이 $(O_2 - O_1)$를 통제집단의 차이 $(O_4 - O_3)$만큼 빼 주어 외부 요인에 따른 설명의 가능성을 제거할 수 있다. 그러면 E_X가 순전히 개입 (X)의 결과라는 것을 부인할 만한 대안 설명의 여지가 적다.

전-후 검사 통제집단 디자인은 대체로 높은 내적 타당성을 보이지만, 테스트 효과에 대해서는 취약점을 보인다. [그림 7-1]에서 보는 것처럼 실험 대상자들에게 사전과 사후에 두 번의 검사를 시행하므로, 테스트 효과나 도구 효과가 나타날 가능성이 있다. 그나마 단순 테스트 효과의 문제는 통제집단이 있어서 어느 정도 해결될 수 있다. 테스트 효과는 통제집단에서도 똑같이 나타날 것이므로 통제집단의 전후 점수 차이인 $(O_4 - O_3)$에 테스트 효과도 포함되어 있다고 볼 수 있다. 따라서 E_X 계산 시에 $(O_2 - O_1)$에서 $(O_4 - O_3)$를 빼 주는 과정에서 테스트 효과도 배제된 결과가 산출된다. 단순 도구 효과의 경우도 마찬가지다.

문제는 테스트나 도구의 효과가 실험 개입의 효과와 결합되어 특정한 효과를 산출해 낼 가능성은 여전히 배제할 수 없다는 점이다. 사전검사를 통해 실험집단은 이미 개입에 반응할 준비가 된 상태로 임하게 되어서, 실험 개입의 효과가 상호작용해서 증폭되게 될 가능성이 있다. 반응성을 가지게 해 놓고서 개입에 들어갔기 때문에 나타날 수 있는 추가적인 효과 부분은 이 디자인에서 통제하기 어렵다.

이러한 사전검사와 개입의 상호작용 효과는 외적 타당성을 저해하는 요인이 되기도 한다. 실험 조사에서는 이미 사전검사를 통해서 실험 개입에 대한 인식을 하고 있는 집단이 되어 버렸기 때문에 일반 집단, 즉 아무런 선행 경험도 없이 개입을 받아들이게 될 집단과는 차이가 있다는 것이다. 그래서 이런 식의 사전검사 후 개입을 실시하는 연구 디자인을 통해 개입의 효과성이 검증되더라도, 이것을 사전검사를 받지 않은 상태에서 개입이 주어지게 될 일반 집단에도 마찬가지의 효과가 있을 것이라고 일반화하기는 어렵다. 이 같은 이유로 만약 검사에 따르는 반응성의 문제가 강하게 나타날 것으로 예상되는 연구라면, 전-후 검사 통제집단 디자인은 쓰기가 어렵다.

2. 여타 실험 디자인

전형적인 실험 디자인으로서 전-후 검사 통제집단 디자인은 가장 일반적이기는 하지만, 사전검사로 인한 반응성의 문제로 인해 사람을 대상으로 하는 연구에서는 사용하기 어려운 경우가 많다. 그래서 특히 반응성의 문제가 심각하게 간주되는 연구들에서는 전-후 검사 디자인의 대안적인 디자인 유형들을 채택한다.

1) 사후검사 통제집단 디자인

사후검사 통제집단 디자인은 전-후 검사 통제집단 디자인과 유사하다. [그림 7-2]에서 보는 것처럼 실험 디자인으로 갖추어야 하는 기본 요건은 모두 갖추고 있다. 동질성 할당을 통해 두 집단을 구성하고, 동일한 연구 환경과 엄격한 통제를 유지한다. 실험집단과 통제집단의 유일한 차이는 개입 여부가 되고, 그래서 두 집단 간 차이는 곧 개입에 따른 효과라고 설명할 수 있는 경험적 근거를 제시해 줄 수 있다.

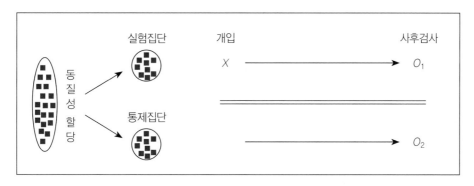

| 그림 7-2 | **사후검사 통제집단 디자인**

이 디자인에서 전-후 검사 통제집단 디자인과의 유일한 차이는 사전검사가 생략되어 있다는 점이다. 그래서 개입의 효과 크기(E_X)는 실험집단에서 측정한 종속변수의 점수(O_1)와 통제집단에서의 점수(O_2) 간 차이가 된다.

$$E_X = O_1 - O_2$$

사후검사 통제집단 디자인은 사전검사를 없앰으로써 전-후 검사 통제집단 디자인의 문제였던 사전검사와 개입의 상호작용 효과를 배제할 수 있다는 장점이 있다. 반면에 사전검사가 없으므로 실험집단과 통제집단이 과연 동질적인 집단이었는지를 확인할 방법이 없다는 것이 단점이다. 이 디자인에서는 동질성 할당의 방법이 적용되었다는 이유만으로 두 집단이 동질적일 것이라고 가정한다. 그럼에도 발생하는 이질적인 차이에 대해서는 확인해 볼 수 없다. 그래서 $(O_1 - O_2)$의 결과만으로 개입의 효과성(E_X)을 주장할 경우에, 그 차이가 처음부터 집단이 차이가 나서인지, 아니면 실제로 개입(X) 때문이었는지를 분간하는 데 어려움이 있다.

사후검사 통제집단 디자인이 사전검사를 실시하지 않기 때문에 가지는 또 다른 한계는 변화의 진행을 비교할 수 있는 경험적 자료를 얻지 못한다는 것이다. 실험이 실시되기 전과 실시 후에 어느 정도로 상태가 변화했는지를 파악해 내기 어렵다. 사후검사만을 비교하기 때문에, 개입 효과의 크기는 측정할 수 있다 해도 시간적 경과에 따르는 변화는 측정할 수 없다. 다만 이 디자인에서는 통제집단이 시간적 경과에도 불구하고 일정했을 것이라고 가정하면, 통제집단의 검사 점수가 실험집단에서의 사전 점수라고 할 수는 있다.

이런 이유들로 인해 사후검사 통제집단 디자인은 검사와 개입의 상호작용이 강하게 의심되는 경우, 실험집단과 통제집단을 동질적으로 만들 방법이 확보되는 경우들에서만 적절히 쓰일 수 있다. 시간적 경과에 따른 변화의 크기를 경험적으로 확인해야 할 필요가 큰 연구에서는 사후검사 통제집단 디자인이 쓰이기 어렵다.

2) 플라시보 통제집단 디자인

플라시보 통제집단 디자인은 플라시보 효과가 강하게 의심되는 실험연구들에서 많이 활용하는 연구 디자인이다. 플라시보(placebo) 효과란 사람들의 심리 작용에 따라 발생하는 일종의 반응성 효과에 해당하며, 연구 디자인의 내적 타당성을 저해하는 요인이다. 플라시보 효과를 흔히 위약(僞藥) 효과라고도 한다.

플라시보 통제집단 디자인은 전-후 검사 통제집단 디자인이나 사후검사 통제집단 디자인에 플라시보 효과를 측정할 수 있는 한 집단을 추가로 배치하는 것이다. 플라시보 통제집단(실제로 개입의 내용은 없으나 마치 개입을 받는 것처럼 여겨지게 하는 집단)에서 도출된 결과는 플라시보 효과의 구성 부분을 확인하는 근거가 된다.

플라시보 통제집단 디자인은 [그림 7-3]에서와 같이 사후검사 통제집단 디자인에다 플라시보 집단을 추가한 형태다. 여기에서 실험의 개입 효과(E_X)는 다음처럼 구해진다.

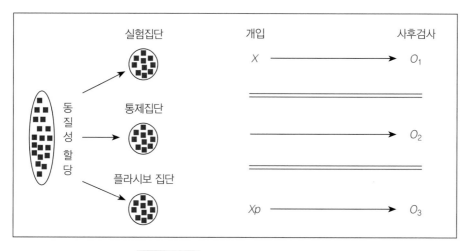

그림 7-3 | 플라시보 통제집단 디자인

$$E_X = \text{전체 개입 효과}(O_1 - O_2) - \text{플라시보 효과}(O_3 - O_2)$$

여기에서 실험 개입의 전체 효과는 사후검사 통제집단 디자인에서와 마찬가지로 실험집단의 점수(O_1)에다 통제집단의 점수(O_2)를 뺀 것인데, 이만큼의 변화가 개입(X)으로 인해 발생했다고 보는 것이다. 플라시보 효과를 ($O_3 - O_2$)로 계산하는 이유도 마찬가지다. 이러한 논리의 플라시보 통제집단 디자인은 특히 플라시보 효과의 크기가 일반적인 반응성 효과들과는 구분되어 계산될 필요가 있는 연구들에서 유용하다.

3. 비실험 디자인

비실험 디자인은 실험적 요소들을 갖추지 않는 연구 디자인이다. 독립변수(개입)의 시점을 조작하거나, 통제집단을 별도로 두지 않는 것이다. 그로 인해 디자인 자체에서 내적 타당성을 확보하기는 쉽지 않다. 그럼에도 비실험 디자인은 현실적인 연구의 상황에 쉽게 적용할 수 있다는 장점이 있다. 대부분의 사회복지 연구들은 인위적인 실험 환경을 조성하기 어렵고, 비교 가능한 통제집단을 구성하는 것은 애초부터 불가능한 경우가 많다.

예를 들어, 성별이나 출신 지역, 소득, 계층, 건강, 가족 등과 같이 사람들에게 귀속되어진 속성, 내면적 태도나 가치 등과 같이 오랜 기간 개인이 고유하게 형성해 온 정체성, 개인이 맺고 있는 사회적 관계 등은 실험 목적으로 인위적으로 조작하기 어렵다. 가능하더라도 윤리적으로 해서는 안 되는 경우가 많다. 이미 발생한 역사적 사건과 같은 경우에는 아예 실험적 조작이 원천적으로 불가능하다. 이런 경우들에서는 비실험 디자인은 어쩔 수 없는 선택이 된다. 비실험 디자인의 유형으로는 횡단적 상관관계 연구가 대표적이다.

횡단적 상관관계 연구　　횡단(cross-sectional) 연구는 한 시점을 단면처럼 잘라서 동시에 모든 자료를 수집해서 파악해 보는 방법을 사용한다. 마치 나무를 가로로 잘라 나이테를 들여다보며 나무를 이해하려는 것과 같은 방법이다. 이는 시간을 가지고 연속적으로 자료를 수집해 나가면서 연구를 하는 종단(longitudinal) 연구의 방법과 대비된다.[3] 횡단 연구를 보통 상관관계 연구라고도 하는데, 인구센서스 조사라든지 각종 의견이나 선호, 욕구 등에 관한 설문 조사들이 대개 이에 해당한다. 공통점은 자료수집이 한 시점에서 이루어진다는 것이다.

횡단 연구는 한 특정 시점에서 모든 자료들을 얻는다. 시간 차이를 두고 독립변수를 투입하고 자료를 수집하는 실험 디자인 방법과는 달리, 한 시점에서 조사 대상이 되는 모든 변수들에 대한 자료를 같이 구한다. 이런 자료를 가지고 횡단 연구가 수행할 수 있는 분석은 엄밀하게는 상관관계 혹은 공변성에 대한 확인에 그친다. 인과관계의 검증을 위해 필요한 변수들 간 시간적 우선성이라든지, 외부 설명에 대한 통제 등의 요건은 횡단 연구 디자인 자체로서는 갖출 수 없다. 이로 인해 횡단적 상관관계 연구는 다음과 같은 한계가 있다.

> 아동의 행동장애(behavioral disorder)에 대해 부모와 아동 간의 부조화를 원인으로 규정하는 연구가 있다. 이 연구가 상관관계 디자인을 채택했다면, 동일한 시점에서 두 가지 자료를 함께 얻는다. 하나는 부모와 아동의 부조화 관련 자료, 또 하나는 아동의 행동장애 관련 자료가 된다. 이 두 자료(변수) 값들에서 높은 긍정적 상관관계가 발견되었다 하자. 즉, 부모와 아동이 부조화된 경우들에서 행동장애의 빈발성이 더 높게 나타난다는 것인데, 이를 근거로 부모와 아동의 부조화가 아동의 행동장애를 유발하는 원인이라고 결론을 내릴 수 있을까?

비록 이에 관한 이론적 근거에 입각해서 가설을 세우고 검증해 보겠지만, 그럼에도

---

3) 종단적 조사방법에는 현재 시점에서 과거 시점으로 거슬러 가며 조사하는 소급조사와 현재에서 미래 시점으로 진행되는 추적조사가 있다.

비실험적 디자인 유형의 횡단 연구가 제시하는 경험적 근거는 엄격하게 공변성의 확인에 불과하다. 무엇이 앞서는지, 즉 부조화가 앞서는지 또는 행동장애가 앞서는지와 같은 시간적 우선성을 경험적으로 확인해 주지 못한다. 또한 실제는 이 두 변수가 관련된 것이 아니라, 다른 변수(예: 빈곤)가 부조화와 행동장애를 함께 만들어 냈을 뿐이라는 설명 등에 대해서 아니라고 말할 근거를 제시하지 못한다.

비록 내적 타당성에 대한 원천적인 취약성에도 불구하고, 이런 유형의 비실험 디자인이 현실적으로 널리 쓰이는 이유는 특히 사람들을 대상으로 하는 연구들에서 인위적인 조작이나 통제가 가해지는 실험적 요소를 쓰기 어렵기 때문이다. 횡단적 상관관계 디자인 같은 경우에는 일회적 자료수집만으로도 연구가 가능한 식으로 단순해서 사용되기도 쉽다. 비록 비실험 연구 디자인들은 인과관계를 직접 검증하는 근거를 제시해 주지는 못하지만, 통계분석 등의 방법으로 시간성이나 통제에 관한 근거를 일부 찾아내거나,[4] 선험적인 논리나 기존의 검증된 이론들을 동원해서 인과관계에 관한 검증을 간접적으로 뒷받침하는 것은 가능하다.

4. 선실험 디자인

선실험(pre-experimental) 디자인은 비실험 디자인에 가깝지만, 그나마 실험 디자인의 요건 일부를 간접적으로나마 갖춘 것이다. 선실험 디자인도 역시 디자인 자체적으로 인과관계 설명의 검증에 필요한 요건을 충분히 갖추지 못하므로, 내적 타당성이 높지 않다. 일회 사례연구, 단일집단 전-후 검사 디자인, 고정집단 비교 디자인 등이 대표적이다.

1) 일회 사례연구

일회 사례연구(one-shot case study)는 단 한 번의 조사를 통해 사례에 관한 자료를 수

---

4) 근래에는 다양한 통계 기법을 써서 시간성 확인이나 통제의 효과를 내는 분석 방법을 많이 사용한다. 구조방정식에 의거한 경로 분석 등과 같은 다차원적 통계 기법들이 이에 해당한다. 자세한 설명은 이 책 19장 '다원통계분석 기법'을 참고한다.

집해서 분석하는 것이다. 단일 집단에 대해 실험 개입(혹은 프로그램)을 실시하고, 개입의 변화 효과를 확인하기 위해 종료 시에 한 번의 사후검사를 하는 것이다. [그림 7-4]는 일회 사례연구 디자인을 도형화한 것이다.

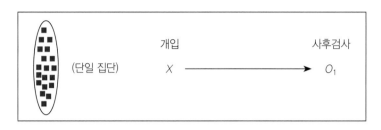

(단일 집단)

개입
X ───────────────────→

사후검사
O_1

그림 7-4 | 일회 사례연구

그림에서처럼 일회 사례연구 디자인은 하나의 연구 대상 집단에 개입(독립변수, X)이 먼저 주어지고, 시간이 경과된 후에 그 효과를 측정하기 위해 사후검사(O_1)가 실시되는 양식이다. 이런 식의 연구 디자인에서는 단 한 번(one-shot)의 사후검사로 X의 효과를 측정하기 때문에, 결과로서의 O_1(종속변수 값)을 평가할 만한 경험적인 비교 기준이 디자인 자체에서 제시되지 않는다. 이 경우에 O_1이라는 결과 값이 과연 적절한 것인지는 선험적 혹은 전문적 판단에 의존할 수밖에 없다.

> 장애인의 취업 능력을 증진시키기 위한 목적의 서비스가 실행(X)되었다. 후에 그 서비스의 효과를 알아보기 위해 서비스를 받은 장애인들을 대상으로 취업 능력에 관한 검사를 실시하였다. 그 결과 특정 점수(O_1)가 도출되었다 하자. 이제 이 점수 자료를 가지고 X의 효과 여부를 알아보려 한다. 가능할까?
>
> 이 디자인에서는 서비스를 받은 장애인들의 취업 능력이 높아졌는지, 아니면 과연 변화는 되었는지조차를 직접적으로 확인해 볼 수 없다. 비교 자료를 구하지 않았기 때문이다. 그래서 이런 경우에는 O_1의 해석을 대개 일반 장애인들의 취업 능력에 대한 통계치 등에 빗대어 평가해 보는 등으로 간접적인 방법을 사용할 수밖에 없다.

일회 사례연구 디자인의 대표적인 단점은 경험적인 비교 기준이 갖추어지지 않는 것이다. 비교 기준이 없으므로, 상관관계의 성격조차 직접 검증되지 못한다. 비실험 디자인의 횡단 연구에서는 그나마 두 변수를 동시에 측정하므로, 상관성의 검증 근거는 갖출 수 있었다. 그나마 선실험 디자인이 비실험 디자인에 대해 상대적으로 우월한 부분은 독립변수의 투입 시점이나 조작이 어느 정도 가능하다는 점에 있다. O_1보다는 X가 앞섰다는 것은 사례연구의 과정에서 자연스레 확보될 수 있기 때문이다. 그로 인해 선실험 디자인은 시간적 우선성에 대한 확인은 비실험 디자인보다 강점이 된다.

2) 단일집단 전-후 검사 디자인

단일집단 전-후 검사 디자인은 앞서 일회 사례연구에 사전검사를 추가한 양식이다. [그림 7-5]가 이를 나타낸다. 하나의 연구 대상 집단을 두고, 개입(프로그램)을 하기 전에 먼저 사전검사(O_1)부터 실시한다. 그 후 개입(X)이 이루어지고, 개입이 끝난 후에 사후검사(O_2)를 실시한다. O_2는 O_1과 비교되고, 이들의 차이가 곧 X의 효과로서 간주된다.

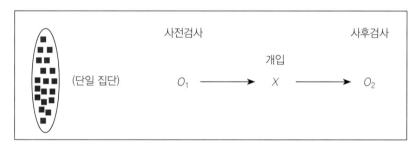

그림 7-5 단일집단 전-후 검사 디자인

이 디자인은 일회 사례연구보다는 진일보한 것인데, 적어도 사후검사 결과에 대한 경험적인 비교 기준이 사전검사를 통해 갖추어진다. 이로 인해 상관관계에 대한 검증은 가능할 수 있다. 일종의 집단 간 비교가 되는 것인데, 개입(X)이 효과가 있었다는 것은 X 이전의 집단과 X 이후의 집단이 다른 성격으로 변화했는지를 보고 알 수 있다. 이를 변수들 간 상관관계로 말하자면, 독립변수(이전, 이후 집단)와 종속변수(이전, 이후 값)가 상관된 변화(차이)를 보여 주는지다.

단일집단 전-후 검사 디자인은 상관성의 요건과 함께 선실험 디자인으로서의 시간성에 대한 요건까지 갖추고 있으므로, 개입과 효과 간의 인과관계 설명에 대한 내적 타당성을 어느 정도 갖출 수 있다. 이로 인해 개입의 효과성을 검증하는 연구들에서 수월하게 사용될 수 있다. 이 디자인에서는 개입의 효과 크기(E_X)를 ($O_2 - O_1$)로 계산한다.

$$E_X = O_2 - O_1$$

이 디자인의 한계는 외부 변수들의 개입 여부를 설명에서 배제하지 못한다는 점에 있다. O_1과 O_2 사이에는 분명히 프로그램 개입 이외에도 많은 다른 사건들이 발생했을 것이다. 또한 그것들이 O_2에 대해 어떤 영향을 끼쳤을 가능성도 있다. 단지 한 집단에 대한 전-후 검사를 실시하여 그 차이를 비교한 결과만으로는, 그것이 외부 요인 때문이라는 설명들을 배제할 경험적 근거가 없다.

> 특정한 수업 방식이 학생들의 발표 능력 향상에 효과적인지 알아보는 연구가 있다. 단일집단 전-후 검사 디자인을 선택했으며, 발표 능력의 측정은 학기 시작 전(O_1)과 학기를 마친 후 (O_2)에 각기 실시했다. ($O_2 - O_1$)이 0보다 크게 나왔으므로, 즉 점수가 향상되었으므로 그 특정 수업방식이 효과가 있었다고 결론을 내리고자 한다.

여기에서 ($O_2 - O_1$) > 0의 결과는 단지 수업 방식과 발표 능력의 변화 간에 상관관계가 성립됨을 확인해 준다. 경험적인 근거로서 확인될 수 있는 것은 그것뿐이다. 이를 개입의 효과성에 대한 인과관계로서 검증하려면, ($O_2 - O_1$)의 변화가 다른 이유들 때문이 아니라 수업 방식 때문이었다는 것을 확인해 줄 경험적인 근거가 있어야 한다. O_1과 O_2 사이 (예: 한 학기) 동안에는 수많은 다른 사건이나 영향들이 발생할 수 있었다. 예를 들어, 그동안 교사의 효과 (수용적인 자세의 선생님 부임), 학교의 방침 변화 (발표 수업 시간의 확대), 기술적 지원 (PT 도구의 보급) 등이 있어서, 이들이 학생들의 발표 능력 향상에 영향을 미쳤을 수도 있었다. 인과관계를 검증하려면 이들 외부 설명의 가능성들이 통제되었어야 했다.

실험 디자인에서는 이런 외부 설명의 통제를 위해 통제집단을 따로 둔다. 모든 외부 설명의 가능성들이 통제집단에서도 동시에 나타난다고 보면, 실험 (개입) 집단에서의 변화를 통제집단에서의 변화만큼 빼 주는 식으로 외부 설명들을 모두 배제하는 방법을 쓸 수 있다. 그러나 단일집단 전-후 검사 디자인은 이런 통제집단을 갖추지 않으므로, 외부 설명에 대한 통제를 경험적 근거로 직접 제시할 수 있는 방법은 없다. 다만 선행 사례들에서의 경험이나 신뢰성 있는 기존의 이론 같은 것들을 동원해서, 여타 이유들이 정황상 가능하지 않다고 설명하는 등의 방법을 쓸 수 있다.

단일집단 전-후 검사 디자인은 현재 사회복지 실천 현장에서 프로그램 평가 연구 등을 위해 가장 널리 쓰이고 있다. 그래서 마치 이것이 프로그램 평가를 위한 당연한 연구 디자인인 것처럼 여겨지기까지 한다. 그러나 이 디자인은 인과성 검증에 필요한 외부 설명의 통제 요건을 갖추지 못하므로, 프로그램의 효과성에 대한 인과관계를 검증하는 내적 타당성이 충분하지 않다. 그럼에도 현장에서의 실천/연구 환경은 통제집단을 따로 갖추는 등이 어렵기 때문에, 현실적으로 가능한 정도로서는 단일집단 전-후 검사 디자인이 그나마 유용할 수 있다. 비록 현실적으로 채택될 수밖에 없지만, 이 디자인의 한계를 적절히 인식하고 보완하는 근거를 갖추는 것이 중요하다.

3) 고정집단 비교 디자인

고정집단(static-group) 비교 디자인은 특정한 집단을 비교 대상으로 지정해 두고 연구(실험)집단에서의 결과를 분석해 보는 것이다. 이는 [그림 7-6]의 도형과 같다. 앞서 다른 선실험 디자인들에서는 비교의 대상이 아예 없거나, 있더라도 단일 집단 내에서 근거를 찾았다. 반면 고정집단 비교 디자인에서는 연구 환경의 바깥에서 비교의 대상을 가진다는 점을 특징으로 한다.

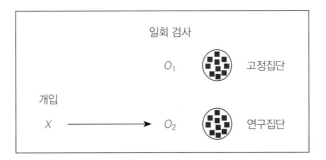

그림 7-6 고정집단 비교 디자인

개입이 주어지지 않은 상태의 고정집단과 개입이 주어진 연구집단을 각기 일회 사후검사(O_1, O_2)로 비교해 보고, ($O_2 - O_1$)이 0보다 크면 이를 개입(X)의 효과라고 간주한다. 고정집단 비교 디자인에서의 연구집단과 고정집단은 단일집단 전-후 검사 디자인에서의 사후검사 집단과 사전검사 집단에 상응하는 의미다. 고정집단을 개입이 주어지지 않는 상태의 사전검사 집단의 성격으로 간주하는 것이다.

이 디자인에서 고정집단은 마치 실험 디자인에서의 통제집단과 같은 목적을 가진

다. 그러나 사전에 집단을 추출해서 비교의 목적으로 통제하는 것이 아니라, 개입이 끝
난 후 한 특정 시점에서 개입이 없었던 집단을 선발한 것이므로, 엄격한 비교의 대상이
되기는 어렵다. 고정집단은 단지 외부의 비교 근거로서 차용된 것으로, 두 집단이 원래
어떻게 다른지 어떤 경과를 거쳐 왔는지 등에 대해서는 경험적 근거로서 확인되지 못
한다. 그 결과 $(O_2 - O_1)$이 0보다 크더라도, 이 값이 두 집단이 원래 달라서 그런 것이
었다는 설명을 배제하기 어렵다.

> 어떤 기관이 독거노인의 삶의 질 향상을 위해 가사지원 프로그램을 진행했다. 프로그램 효과
> 성을 평가하기 위해 서비스를 받은 집단과 서비스를 받지 않은 집단을 비교해 보려 한다. 그런
> 데 사전에 특정한 집단을 둘로 나누어서 반은 서비스를 제공하고, 나머지 반은 서비스를 제공
> 하지 않고 두는 등과 같은 실험 조작을 하기는 현실적으로, 윤리적으로 어려웠다. 그래서 대
> 안으로 이 프로그램의 대상자가 아니었던 독거노인들을 고정집단으로 삼아, 연구집단과 함
> 께 삶의 질을 측정해서 비교해 보았다. 결과는 연구집단의 삶의 질(O_2)이 고정집단의 삶의 질
> (O_1)보다 높게 나왔다. 그러면 이것으로 프로그램이 효과적이었다고 할 수 있을까?

[그림 7-6]에서 보듯이, 이 디자인은 논리적으로는 상관관계 연구와 비슷하고 실제
로 그 유형으로 분류되기도 한다. 그래서 인과관계를 검증하는 능력에서도 상관관계
연구 디자인의 한계를 벗어나지 못한다. 그럼에도 현실적으로 이러한 유형의 디자인이
많이 쓰이는 것은 단일집단 전-후 비교 디자인과 마찬가지의 이유에서다. 엄격한 통제
집단을 가지기 어렵기 때문이다. 비록 엄격한 근거는 못되더라도 그나마 현실적으로
가질 수 있는 비교의 대상을 갖춘다는 것은 장점이다. 통계적 기법을 활용하면 연구집
단과 고정집단의 이질성을 부분적으로나마 사후 통제해서 볼 수도 있다.

5. 유사실험 디자인

유사실험 디자인(quasi-experimental design)은 비록 실험 디자인은 아니지만, 나름대
로의 대안을 통해 실험 디자인의 이상에 근접하는 것을 말한다. 실험 디자인이 요구하
는 실험집단과 통제집단의 동질적 할당, 엄격하게 분리된 통제집단의 운용 등의 요건
을 직접 갖추지는 못한다. 그럼에도 외부 설명의 통제에 대한 근거를 확보하기 위해 실
험 디자인에서의 통제집단과 유사한 기능을 할 수 있는 대안적인 장치를 나름대로 갖

춘 것이다. 유사실험 디자인의 유형에는 시계열 디자인과 비동등 통제집단 디자인 등이 대표적이다.

1) 시계열 디자인

시계열(time-series) 디자인은 유사실험 디자인의 한 유형으로, 실험 디자인에서의 통제집단 기능을 시계열 자료를 통해 유사하게 확보하는 방법이다. 단절 시계열 디자인 혹은 단일사례 디자인(single subject design) 등으로도 불린다. 시계열 디자인은 하나의 집단을 연구의 대상으로 삼고, 자료들도 여기에서만 나온다. 그런데도 동일 집단 내에서 시간의 경과에 따라 달리 나타나는 시계열 자료들을 통해 통제집단의 비교 기능을 대신할 수 있다. 시계열 디자인의 전형적인 논리는 [그림 7-7]의 예와 같다.

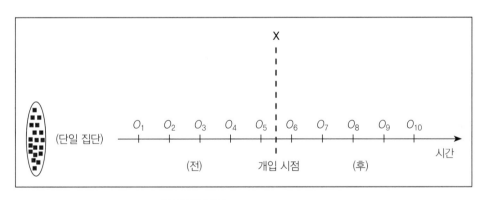

그림 7-7 시계열 디자인의 예

시계열 디자인은 단일 사례 혹은 집단의 변화를 측정하기 위해 시간 경과 속에서 연속적인 자료수집을 한다는 것이 가장 큰 특징이다. 이렇게 수집된 시계열 자료를 통해 독립변수에 의해 종속변수가 변화하는 근거를 경험적으로 제시할 수 있게 된다. [그림 7-7]의 예에서는 10개의 시점에서 자료수집이 이루어졌다. 자료수집의 시점과 횟수는 개별적인 연구의 목적과 성격에 따라 각기 차이날 수 있다. 다만 어느 경우에도 변화의 양상이 충분히 확인할 수 있을 만큼의 충분한 양의 자료수집 시점이 확보되어야 한다.

[그림 7-7]에서는 $(O_1 \sim O_5)$의 자료들이 개입 이전에 대상 집단은 어떤 상태에 있었는지를 확인해 주는 경험적 근거가 된다. 집단 간 비교 디자인의 개념으로 보자면

$(O_1 \sim O_5)$는 일종의 통제집단의 변화와도 같다. 개입 (X)이 주어진 상태에 해당하는 $(O_6 \sim O_{10})$는 실험집단에서의 변화 성격과 유사하다. 시계열 연구 디자인에서 실험 개입 (X)의 효과를 추정하는 다양한 기법들은 기본적으로 $(O_6 \sim O_{10})$과 $(O_1 \sim O_5)$ 자료의 차이를 어떻게 볼 것인지와 관련된다.

시계열 디자인은 비실험이나 선실험 디자인들에 비해 비교적 높은 내적 타당성을 갖춘다. 외부 설명의 통제는 시계열 자료를 통해 개입 이전의 특정 시점들 중에서 변화가 일어나지 않았으며, 변화는 개입 시점 이후에서 나타남을 보여 주는 방법으로 가능하다. 그럼에도 이것이 외부 설명을 완전히 배제하지는 못한다. 특히 개입 시점의 전후 O_5와 O_6 근처에서 우연히 개입된 외부 사건(들)이 미치는 영향은 개입 (X)의 영향과 구분되기 어렵다. 그래서 $[(O_6 \sim O_{10}) - (O_1 \sim O_5)]$가 X에 의한 효과라는 설명의 내적 타당성을 위협할 수도 있다.

시계열 디자인은 외적 타당성에서 많은 취약점을 갖는다. 동일 대상에 대해 빈번하게 되풀이되는 검사를 하면, 테스트나 도구의 효과가 나타날 수 있다. 비록 단순 테스트 효과는 개입 이전과 이후의 변화 추세에 대한 분석을 통해 어느 정도 배제될 수 있으나, 테스트와 개입의 상호작용으로 인한 효과는 여전히 통제하기 쉽지 않다. 그 결과 개입이 초래한 변화 $(O_6 \sim O_{10})$는 수많은 사전검사들 $(O_1 \sim O_5)$을 실시해 본 집단에만 해당되는 결과일 수 있다는 의심을 디자인 자체에서 배제하지 못한다. 그래서 이 연구에서의 효과를 사전검사들을 받지 않은 일반 집단으로 확대 해석하기 어려울 수 있다.

> 프로그램의 효과를 자아존중감(self-esteem)의 향상이라는 종속변수로 두는 시계열 디자인 연구가 있다 하자. 자아존중감을 계속적으로 측정해 오는 동안에 피실험자는 이미 개입(독립변수)에 대해 어떤 생각과 기대를 하게 된다. 프로그램 개입 시점에 이르면 피실험자는 이미 기대해 왔던 부분이 있기 때문에 일반 사람들보다 더 잘 반응하거나 아니면 오히려 반대가 될 수도 있다. 이 프로그램을 일반 집단에 실천 적용해 본다고 하면, 이 집단은 연구 과정에서의 빈번한 사전검사들을 받지 않은 채로 사전 기대감이 없는 상태에서 프로그램을 받으므로, 효과는 달리 나타날 수 있다.

비록 몇몇 한계가 있지만, 시계열 디자인은 사회복지 실천/연구의 현실 환경에서 유용성이 크다. 현실적으로 갖추기 어려운 통제집단을 따로 갖지 않으면서도, 그와 유사한 기능을 디자인을 통해 해결해 줄 수 있다는 점이 가장 큰 이유다. 만약 빈번한 검사나 관찰에 따른 반응성의 문제와 같은 부작용이 적절히 극복될 수만 있다면, 시계열 디

자인은 실천/연구자들에게 현실적으로 유용한 연구 디자인이 될 수 있다.[5]

2) 비동등 통제집단 디자인

비동등 통제집단(nonequivalent control group) 디자인도 유사실험 디자인에 속한다. [그림 7-8]에서 보듯이 이 디자인은 비교의 목적을 위해 실험 디자인에서와 같은 통제 집단을 두기는 한다. 그러나 동질적으로 할당되어 엄격하게 분리 유지되는 실험 디자 인의 통제집단 성격을 갖추지는 못한다. 실험집단과 애초부터 동일한 성격의 통제집단 을 확보할 수 없다는 점 때문에, 비동등 통제집단 디자인에서는 실험집단의 결과를 통 제집단의 결과와 비교하는 것도 단순 계산으로 해 볼 수 없다.

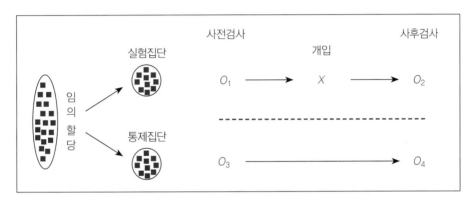

그림 7-8 | 비동등 통제집단 디자인

비동등 통제집단 디자인에서는 실험집단과 통제집단에 대한 구분이 임의적으로 이 루어진다. 그러므로 두 집단이 애초에 동질적인 집단으로 구성되었는지에 대한 근거를 확률적으로 제시하기 어렵다. 비록 사전검사를 실시하여 애초 차이의 효과를 어느 정 도 상쇄해서 볼 수는 있으나, 개입의 효과가 이질적인 집단들에 대해 각기 다르게 나타 났을 것이라는 설명까지 배제하지는 못한다. 또한 두 집단 간의 교류 등을 통제하지 않 으므로(그림의 가운데 점선이 이를 상징) 실험집단의 결과가 통제집단으로 모방되거나 확산되는 효과 등이 통제되지 않아서 발생하는 효과도 배제하기 어렵다.

---

5) 단일사례 디자인은 사회복지 실천 조사연구에서 특별한 의미를 가지고 있으므로, 이 책 23장에서 따로 자세히 설명한다.

비동등 통제집단 디자인 역시 시계열 디자인과 마찬가지로 사회복지 실천/연구의 상황에서 널리 쓰이고 있다. 사회복지 실천/연구 분야에서 통제집단을 활용하는 연구들은 대부분이 비동등 통제집단 디자인이라고 보아도 무방하다. 많은 연구에서 이 디자인을 선택하는 이유는 현실적인 실천/연구의 환경에 쉽사리 적용될 수 있다는 장점 때문이다. 엄격한 실험 할당의 요건을 갖추지 못한 집단들 간을 비교함으로써 발생하는 내적 타당성의 문제에 대해서는, 집단 간 차이에 대한 실천/연구자의 선험적인 지식을 동원하거나 혹은 통계학적인 통제 기법을 통해 일정 부분 보완할 수도 있다.

측정

•
•
•

• • •

　제3부에서는 측정에 대해 설명한다. 측정은 추상적인 개념을 경험적인 값으로 산출해 내는 작업으로, 양적 연구 방법의 핵심적인 부분이다. 연구에서 도출한 이론적 명제는 가설을 통해 검증되어야 하는데, 가설을 구성하는 변수들은 경험적 측정이 가능함을 전제로 한다. 제8장에서는 측정이란 무엇인지를 구조와 규칙 등으로 설명한다. 제9장에서는 지수와 척도, 설문지 작성 방법 등과 같은 측정 도구를 다룬다. 제10장에서는 측정의 타당도와 신뢰도를 확인하는 방법에 대해 설명한다.

제8장

측정이란

과학적 이론의 명제나 가설은 경험적으로 검증되어야 한다. 가설은 변수 혹은 변수들 간 관계를 예측하는 형태로 기술된다. 이 기술이 옳은지를 경험적으로 확인하려면 변수를 측정해야 한다. 사회과학 연구에서는 주로 인간의 심리나 행동, 사회적 현상에 관한 변수들을 다루는데, 이들을 측정하는 일이 간단치는 않다. 측정은 단순히 기술적인 문제가 아니라, 독특한 인식 방법에 관한 것이다.

1. 측정의 정의

측정이란 '추상적인 개념을 경험화하는 작업으로, 경험적 특질들을 규칙에 의거해서 숫자나 기호 등으로 배정하는 절차'로 정의된다.[1] 이 정의에 따르면, 측정의 가장 핵심적인 요소는 '규칙'이다. 규칙은 숫자나 기호들을 어떻게 배당할지에 관한 기준으로서, 예를 들어 몸무게를 측정하는 규칙으로 '킬로그램 단위의 저울'을 두는 것과 같다. 규칙이 달라지면 측정값도 달라진다. '파운드 저울'이나 '눈대중 저울(예: 무거워 보임 – 가벼워 보임)' 등의 규칙으로 몸무게를 측정하는 것도 가능하다.

측정에서는 규칙으로 가려내진 성질들을 숫자나 여타 기호 등을 써서 분리된 값으로

---

1) 참고: Stevens, S. (1951). 'Mathematics, measurement and psychophysics'. In S. Stevens (Ed.), *Handbook of Experimental Psychology*, NY: Wiley, p. 8.

표시한다. 이때 이 값들이 수량으로서의 의미를 띠는지, 아니면 단지 구분만을 위한 기호인지는 규칙을 통해 알 수 있다. 측정에서는 흔히 자료의 입력과 사용상 편의를 위해 숫자 기호를 종종 사용하는데, 그것들이 수의 성질을 가지는 것인지, 단순히 구분을 위한 기호인지를 분간하는 것은 중요하다.

> 연구 대상자들의 성별을 측정한다고 해 보자. 직관적인 방법을 사용하지 않고, 측정의 정의를 충실하게 따르려고 한다. 그러면 '규칙'에 따른 '기호나 숫자의 배정'이 필요할 것이다.

> <규칙> 성별은 보통 (남성, 여성)으로 구분하지만, (남성, 중성, 여성)으로 구분하는 것도 가능하고, 심지어 (완전 남자, 보통 남자, 보통 여자, 완전 여자) 등으로 구분해 볼 수도 있다. 일반적으로 쓰는 남성과 여성으로 규정하더라도, 실제 측정에서는 추가적인 규칙들이 다수 적용된다. 보통은 설문지 등을 통해 대상자가 스스로 측정값을 제시하는 규칙을 쓴다. 그러나 관찰자 기준의 규칙을 쓰는 것도 가능하다. 대상자의 염색체를 검사해서 XX면 여성, XY면 남성으로 규정한다는 규칙 등이다.

> <기호나 숫자의 배정> 규칙에 따라 남성과 여성 등 경험적으로 구분되는 특질들에 대해 기호나 숫자를 부여한다. 이 경우에 기호가 사용되면 'm, f' 혹은 '남, 여' 등의 문자 기호를 사용할 수도 있다. 숫자 기호가 사용되면 '1, 2'나 '0, 1' 등 다양하게 구분되는 값들을 할당하기만 하면 된다. 단, 이때 1과 2, 0은 수량적인 의미가 없고, 단지 구분을 위한 기호로만 사용된다.[2]

양적 조사연구에서는 측정을 통해 자료를 수집하고, 이를 분석에 활용해서 연구 문제에 대한 답을 내린다.

> 지역사회 주민들의 공동체 의식 함양을 목적으로 하는 프로그램이 있다 하자. 단일집단 전–후 검사 디자인을 써서 프로그램의 효과(성과)를 경험적으로 확인하려 한다. 그러자면 먼저 '공동체 의식' 변수에 대한 측정이 필요하다. 개념을 단순화해서 사람들을 공동체 의식이 강한 사람과 약한 사람으로 이분화하기로 한다 하자.

측정에는 먼저 규칙이 필요하다. 어떤 경험적인 특질을 갖는 사람들을 공동체 의식이 강한 사람으로, 어떤 사람들을 약한 사람으로 분류할 것인지를 판단하는 기준을 정하는 것이다. 예를 들어, 자원봉사를 했거나 할 의사가 있는 것이 확인된 사람들은 공동체 의식이 강한 사람, 자원봉사를 하지 않았다거나 앞으로도 할 의사가 없다는 사람

---

2) 분석 단계에 가서는 구분 기호로 사용한 것들을 잊고 마치 숫자인 양 취급하는 경우도 종종 있다. 구분 기호는 숫자가 아니기 때문에 더하거나 빼기 등의 기초 연산조차 할 수 없는 것이다.

들은 공동체 의식이 약한 사람으로 구분한다는 규칙을 세울 수 있다. 물론 이것은 큰 범위의 규칙이고, 여기에서 더 구체적으로 들어가면 '자원봉사를 했다'는 것은 어떤 상태를 말하는 것인지, '할 의사가 있다'는 것은 어떻게 확인할 것인지 등에 관한 세부 규칙들이 필요하다.

이런 규칙에 의거하여 지역 주민들을 조사하고 각기 '1'과 '2'라는 숫자 기호를 부여했다 하자. '1'은 '강함'의 특질을 표시하는 것이고, '2'는 '약함'의 특질에 해당한다. 총 $N = 24$명의 대상자를 측정하였더니, 〈표 8-1〉처럼 측정값이 나왔다 하자. 이 연구에서는 단일집단 전-후 검사 디자인을 사용했으므로, 동일한 대상자들에 대해 프로그램 실시 전과 실시 후에 각기 측정했다.

〈표 8-1〉 프로그램 실시 전-후 측정값 비교

프로그램 실시 전								프로그램 실시 후							
2	1	2	2	1	2	2	2	1	1	1	2	1	1	1	1
1	2	2	1	1	2	2	2	1	2	1	1	1	1	1	1
2	2	2	2	2	2	1	2	1	1	1	1	2	1	1	2

〈표 8-1〉에서 나타난 측정 결과는 단순히 눈으로만 보더라도 쉽게 측정값들이 프로그램 전-후에 차이가 나는 것이 확인된다. 공동체 의식이 약함(2)에서 강함(1)로 바뀐 사람들이 제법 많다. 동일한 규칙이 적용된 측정이었다면, 마치 동일한 잣대를 사용한 것처럼, 이런 측정값의 변화는 측정 대상인 특질 자체에서 변화가 있었음을 주장하는 근거가 된다. 연구자는 이 근거를 가지고 프로그램이 공동체 의식을 변화시키는 데 효과적이라는 이론을 검증해 볼 수 있다.[3]

---

3) 물론 인과성 이론의 검증에 충분한 조건을 갖추지는 못했다. 단일집단 전-후 비교 디자인의 한계이기도 하고, 동일한 측정 도구를 사용했을 경우에 나타날 수 있는 테스트 효과와 같은 내적 타당성을 저해하는 요인들을 제거하지 못했기 때문이다. 더 구체적으로는, 표본 자료에서 이런 정도의 변화 크기로 볼 때 의미가 충분히 있다고 볼 수 있는 것인지 등도 고려하지 못했다. 이에 대해서는 6부 '추론통계분석'에서 자세하게 설명한다.

2. 측정의 구조

측정의 질은 규칙의 질에 좌우된다. 올바른 측정이 되려면 측정의 구조가 실재 구조와 합치되도록 하는 규칙을 갖추어야 한다. [그림 8-1]이 측정의 규칙과 구조에 대한 원리를 보여 준다. 그림에서 왼편은 실재 구조이고, 오른편이 규칙에 따라 일정한 기호 값을 할당한 측정 구조다. 이상적인 측정 구조는 실재 구조가 가지는 특질들과 합치되는 것이다.

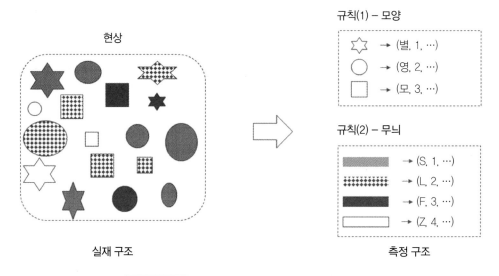

그림 8-1 측정의 구조: 규칙에 따른 측정값 부여

실재 현상에 들어 있는 어떤 사람 혹은 개체(⬡)의 경우에는 모양 규칙(1)은 '별'이나 '1' 등의 측정 기호 값에 해당하고, 무늬 규칙(2)은 'L'이나 '2' 등의 기호 값에 해당한다.[4] 각각의 규칙은 변수를 규정하는 것이므로, 측정값은 곧 변수 값이 된다. 그러므로 이 사람(⬡)은 모양 변수는 별, 무늬 변수는 L의 변수 값을 가지게 된 것이다. 규칙의 성격을 달리해서 규칙(1)이 정치 성향(보수, 중도, 진보) 변수, 규칙(2)가 학년 변수를 규정한다면, 이 사람(⬡)은 보수 성향의 2학년으로 측정된다.

---

4) 여기에서는 기호가 단지 구분을 의미하므로, (별, 영, 모)를 (1, 2, 3)이나 (a, b, c) 등으로 구분되는 기호 값 어느 것이나 쓰면 된다.

[그림 8-1]의 예에서는 현상의 실재 구조를 측정 구조로 만들어 내는 데 적용된 두 가지 규칙이 모두 타당한 것으로 여겨진다. 각 규칙을 적용해서 현상을 포착하는 데 있어서 빠트려지거나 혹은 헷갈리는 부분이 없기 때문이다. 측정값을 부여하는 데 있어서 예외나 오류가 없다는 뜻이다. 다만 이들 규칙은 현상을 모양과 무늬의 구조에 한정해서 따로 측정하는 것이다. 이 규칙들로는 현상에서, 예를 들어 크기나 위치, 찌그러짐 등은 측정하지 못한다. 이를 측정하려면 그에 적절한 규칙들이 각기 필요하다.

이처럼 개념 자체가 가지는 현상적 구조와 그 구조를 경험적으로 나타낸 측정값들이 일치하는 것을 '유질동상'이라 한다. 유질동상(類質同像, isomorphism)이란 구조의 유사성 혹은 일치성을 의미한다. 물리학과 같은 자연과학 분야들에서는 수량적인 측정을 할 경우에 규칙의 타당성 자체는 큰 문제가 되지 않는데, 자연계의 현상들은 보다 쉽게 수의 세계와 유질동상이 가능하기 때문이다. 그러나 사회과학에서는 이것이 쉽지 않다. 측정하려는 대상의 특질들이 쉽사리 숫자의 성질 구조와 일치되지 않는 경우가 많기 때문이다.

사회과학에서는 측정의 규칙을 대개 지표들에 적용하는 경우가 많다. 개념을 측정하기 위해, 직접 특질들 자체에 대해서가 아니라 그런 특질을 가리켜 주는 지표(indicator)들을 사용하는 경우가 많다. 예를 들어, 공동체 의식이나 소속감, 지능 등과 같은 고도의 추상적인 구성체 개념들은 직접적으로 경험적 특질들을 분간해 내기가 어렵다.[5] 그래서 그러한 특질들을 가리키는 것으로 여겨지는 지표들을 간접적으로 측정하는 방법을 많이 쓴다.

> 공동체 의식은 '헌혈 참여'라는 경험적인 지표를 써서 간접적으로 측정해 볼 수 있다. 그러나 헌혈 참여가 공동체 의식의 특질 자체가 되는 것은 아니다. 지능을 측정하기 위해 IQ 검사라는 복합 지표를 사용하는 경우도 마찬가지다. 그 검사를 통해서 도출되는 점수는 지표들의 결과 값이지, 그것이 지능 자체의 특질을 직접적으로 분간해 낸 것은 아니다. 비록 간접 지표를 쓸 수밖에 없지만, 적어도 그로 인한 측정의 한계는 인지될 필요가 있다.

이처럼 지표를 사용한 측정의 경우는, 개념을 직접적으로 측정하는 것에 비해 측정의 규칙이나 절차가 복잡하게 될 가능성이 높다. 조작적 정의(규칙)에 의거하여 지표가

---

5) 구성체(construct) 개념이란 실재 개념과 대비하기 위한 의미로서 사용되는데, 우리가 인식하는 모든 현상이나 사물들은 실재 그 자체가 아니라 우리가 개념으로 구성해서 보는 것이라는 뜻이다.

구체화되고, 지표의 관찰이 있은 후에 다시 지표가 드러내는 값을 숫자나 기호로 대체하고, 숫자들은 다시 통계학이나 수학적 연산에 이용된다. 이런 경우에 최종적으로 수치화되는 지표의 구조와 측정의 구조, 그리고 원래의 개념 구조 간에 일치 정도를 확인하기가 쉽지 않게 된다.[6] 자칫 최종 측정의 결과는 원래 의도하던 개념의 측정과는 전혀 엉뚱한 것으로 변질되고 마는 경우도 있다. 이러한 문제들로 인해 과학적 연구들에서는 측정의 타당도를 중요시해서 다룬다.

3. 개념화와 조작화에서의 원칙

조사연구에서 측정의 규칙과 절차는 '개념화'와 '조작화'를 통해 구체화된다. 개념화란 연구하려는 개념을 구체적으로 정의하는 것이고, 조작화는 이를 경험적으로 측정 가능한 상태로 정의하는 것이다. 조작화의 단계가 측정의 규칙을 직접 설정하는 것이지만, 조작화가 가능하기 위해서는 개념을 구성하는 속성들에 대한 범주를 구체화하는 개념화가 우선 이루어져야 한다. 그러므로 측정에서의 개념화와 조작화는 함께 다루어지는 것이다.

> 연구가 빈곤 관련 문제를 다루면서 빈곤을 측정해 보고자 한다. 먼저 빈곤이란 무엇을 말하는 것인지를 구체적으로 정의해야 한다(개념화). 여기에는 빈곤의 무수히 많은 차원(심리, 물질, 문화 등) 중 어떤 것을 말하는지, 각기 구분되는 속성(모양, 크기 등)을 어떻게 볼 것인지 등이 포함되어야 한다. 이런 개념화의 결과에 기초해서 그에 합당한 경험적 특질들을 분간해 내는 측정의 규칙이 만들어질 수 있다(조작화). 예를 들어, 물질적 빈곤의 크기를 연 화폐소득 금액을 기준으로 측정하는 규칙을 두는 것 등이다.

과학적 연구에서 측정의 규칙은 공개적 논의의 대상이 된다. 연간 화폐소득액으로 물질적 빈곤의 크기를 적절히 반영할 수 있는 것인지, 보유재산이나 비화폐소득 등은 왜 포함되지 않은 것인지, 이렇게 측정된 빈곤이 과연 연구에서 의도했던 빈곤 관련 현상을 적절히 설명할 수 있을지 등이 논의된다. 과학적 연구에서 개념화와 조작화의 과

---

6) 이에 대해 10장에서 자세하게 설명한다.

정을 상세하게 제시해야 하는 것도 이런 까닭에서다.

개념화와 조작화가 적절하게 이루어지려면 무엇보다 연구자가 관심을 가지는 현상이 어떤 성격인지가 분명해야 한다. 연구하려는 현상은 스스로 존재하지 않는다. 연구하려는 빈곤이 무엇인지가 스스로 존재하지 않는다. 연구에서는 이를 개념화와 조작화를 통해 만들어 낸다. 일단 관심 현상이 결정되고 나면, 이를 구체화시키는 개념화와 조작화의 작업에서는 반드시 지켜져야 할 원칙이 있다. 포괄성과 상호배타성의 원칙이다.

1) 포괄성의 원칙

측정에서 포괄성의 원칙이란 변수를 구성하는 차별되는 속성(특질)들의 집합이 모두 포함되어야 한다는 것이다. 개념을 구체화하는 개념화의 과정과 그것을 경험화시키는 조작화의 과정 모두에서 이 원칙이 지켜져야 한다. 예를 들어, 사람들은 어떤 애완동물을 소유하고 있는지를 측정하고자 한다. 먼저 애완동물이란 어떤 것을 말하는지에 대한 개념적 정의가 내려져야 하고, 그에 따라 애완동물의 종류가 경험적으로 분간될 수 있는 조작화가 이루어진다. 그 결과 '애완동물의 종류'라는 변수가 다음과 같은 설문 절차의 규칙으로 측정된다고 하자.

- 당신이 기르는 애완동물의 종류를 다음 중에서 선택하시오.
  ① 개   ② 물고기   ③ 새   ④ 고양이

위의 예는 측정에서 포괄성이 결여된 경우를 나타낸다. 애완동물의 종류라는 변수에 포함되는 속성들이 실재 현상을 포괄적으로 반영하지 못하는 구조로 되어 있다. 사람들은 개, 물고기, 새, 고양이 외에도 거미나 뱀, 돼지, … 등 무수히 많은 것들을 애완동물로 기를 수 있다. 만약 그것들을 애완동물이라고 개념적으로 정의했다면 그렇다. 그런데 위의 측정 구조로는 그런 속성 값들을 담지 못한다. 포괄성의 원칙이 고려되지 않은 것이다.

2) 상호배타성의 원칙

한 변수를 구성하는 속성들의 집합은 상호배타적이어야 한다. 상호배타적이란 각기

다른 속성(특질)들은 서로가 엄격히 구분될 수 있어야 한다는 뜻이다. 측정에서 상호배타성의 원칙은 포괄성의 원칙과 마찬가지의 중요성을 갖고 있다. 상호배타성의 원칙을 신중하게 고려하지 않은 채 측정 도구를 만들면 다음과 같은 문제가 발생한다.

- 직장 동료들과의 관계는 명확한 선을 긋는 것이 필요하다.
  (   ) 매우 찬성　　(   ) 종종 찬성　　(   ) 가끔 반대　　(   ) 매우 반대

위의 예는 실제로 많은 연구들에서 나타나는 측정의 오류다. 의견의 찬반에 대해 '매우'는 강도를 나타내고, '종종'과 '가끔'은 빈도를 나타낸다. 강도와 빈도는 서로 다른 성격의 특질이다. 마치 모양과 무늬가 다른 것과 같다. 하나의 측정에서 서로 다른 특질 유형이 제시될 때, 상호배타성의 원칙이 위배되는 문제가 발생한다. 예를 들어, '매우 찬성'하면서 '가끔 반대'하는 사람은 이 측정에서 어느 값이 되어야 할지를 모른다. 상호배타성이 없는 측정은 마치 어떤 사람(🔯)에게 당신은 별 모양이냐, 점 무늬냐를 선택하라는 것과도 같다.

4. 측정의 4등급

측정의 구조는 개념이 가지는 실재의 특질 구조와 일치할 필요가 있다. 이에 따라 측정은 크게 4가지 등급 ─ 명목, 서열, 등간, 비율 ─ 으로 나누어진다. 여기에서 측정값들은 단순 구분에서부터 수량적 의미까지 가지는 것으로 차이가 나는데, 이에 따라 적용될 수 있는 수학이나 통계 연산의 종류도 달라진다.[7]

1) 명목 등급

명목 등급(nominal level)의 측정은 일명 분류(classification) 측정이라고 불리기도 한다. 여기서는 현상의 특질을 명목적으로 분류하는 수준에서 측정한다. 그래서 측정된 값들은 비록 숫자 기호를 쓸 수는 있으나, 수의 의미는 가지지 못한다. 단지 분류 기호

---

[7] 측정 등급별로 적용될 수 있는 통계 계수들에 대해서는 이 책 5, 6부의 통계분석에서 자세하게 다룬다.

일 뿐이다. 명목 등급의 측정은 우리의 일상적인 인식 활동에서는 '사물을 분간한다'는 뜻과 같이 지극히 자연스레 나타나는 분류 방법이다. 명목 측정의 예는 〈표 8-2〉에 나와 있다.

〈표 8-2〉 명목 측정의 예

변수	속성 (측정값)
무지개 색	빨, 주, 노, 초, 파, 남, 보
성별	남, 여
계절	봄, 여름, 가을, 겨울

모든 측정에서 그렇지만 명목 등급의 측정에서도 두 가지 기본 원칙이 지켜져야 한다. 측정으로 식별되는 속성들은 포괄적이고 상호배타적이어야 한다는 것이다. 무지개의 색을 7가지로 규정하면, 그에 맞는 속성들이 모두 측정의 대상 값으로 제시되어야 한다. 만약 14가지 색으로 규정하는 조작적 정의가 가능하다면, 그에 적절한 14가지 속성 값들이 포괄적이고 상호배타적으로 제시되어야 한다. 성별이나 계절도 마찬가지로 변수의 정의가 어떻게 내려지느냐에 따라 포함될 속성 값들은 달리 나타날 수 있다. 예를 들어, 계절을 '추운' '더운'의 값들로 측정할 수도 있는 것이다. 어떤 경우에도 속성 값들의 집합은 최소한 포괄적이고 상호배타적이어야 한다.

명목 등급의 규칙으로 산출된 측정값들은 다음과 같은 수학 및 통계 연산에 사용할 수 있다.

- 수학: 등호(=, ≠)
- 통계: 빈도 분석, 람다 계수 등

명목 측정이란 무엇은 무엇과 같거나 혹은 다르다는 것 정도를 경험적으로 구분된 값으로 산출하는 것이므로, 수학적으로는 등호(=, ≠) 정도의 연산을 처리할 수 있다. 통계에서는 측정값들 중 같거나 다른 것들이 얼마나 있는지를 헤아리는 빈도 분석에 쓰일 수 있다. 명목 변수들 간에 상관관계가 어느 정도의 크기인지를 계산하는 람다 계수(lambda, λ)에도 사용할 수 있다.

2) 서열 등급

서열 등급(ordinal level)의 측정은 명목 측정에 서열성에 관한 정보가 하나 더 추가된 것이다. 특질들이 단순히 구분될 수 있는 정도가 아니라, 어떤 속성 값이 어떤 것보다 크거나 작은지 등과 같은 서열 순서도 분간된다. 이러한 서열 측정을 위해서는 명목 등급의 측정에 필요한 기본 원칙을 갖춘 상태에서, 측정값들 간의 순위를 결정하는 규칙이 추가로 필요하다. 서열 측정의 예는 〈표 8-3〉에 나와 있다.

〈표 8-3〉 서열 측정의 예

변수	속성 (측정값)
선호도	좋음, 보통, 나쁨
학점	A, B, C, D, F
정치 성향	보수, 중도, 진보
장애 정도	심한 장애, 심하지 않은 장애

예에서 보듯이 서열 등급의 측정은 일차적으로 포괄적이면서 상호배타적 구분을 위한 규칙이 적용되고, 여기에다 측정값들 중 무엇이 앞서고 뒤서는지를 분간할 수 있는 서열에 관한 규칙이 추가된 것이다. 예에서 '정치 성향'은 단순 구분이 목적이었으면 명목 등급의 측정이지만, 보수나 진보 성향의 크기를 규칙으로 두고 보면 서열 측정에 해당한다. 이렇게 산출된 서열 수준의 측정값들은 다음과 같은 수학 및 통계학 연산에 사용할 수 있다.

- 수학: 등호($=$, $\neq$) 부등호($>$, $<$)
- 통계: (빈도 분석, 람다 계수 등) (중위수, 감마 계수 등)

수학적으로는 등호($=$, $\neq$)뿐만 아니라 무엇이 무엇보다 크거나 작다는 부등호($>$, $<$) 연산도 가능하다. 통계적으로도 등간 측정에서 가능한 연산을 포함해서, 서열 정보를 활용한 중위수(median)나 서열변수들 간 상관관계의 크기를 나타내는 감마 계수(gamma, γ) 등의 연산도 쓸 수 있다.

4. 측정의 4등급 | **175**

3) 등간 등급

등간 등급(interval level) 측정이란 서열 등급의 측정에다 속성들 간 거리가 저마다 일정하다는 정보를 한 단계 더 추가하는 것이다. 측정값들에 대해 서열을 분간하는 규칙뿐만 아니라, 그 서열을 일정한 간격으로 한다는 규칙까지가 적용된다. 〈표 8-4〉가 등간 등급의 측정에 관한 예다.

〈표 8-4〉 등간 측정의 예

변수	속성 (측정값)
대학 학년	1학년, 2학년, 3학년, 4학년
온도 (섭씨)	… −20℃ … 0℃ … 36℃ … 200℃ …
지능지수 (IQ)	… 80점 … 120점 …

학년 변수의 경우, 절대적 시간의 길이를 기준으로 하면 1학년에서 2학년의 거리나 3학년에서 4학년의 거리는 같다. 그래서 이 측정은 등간 등급이 된다. 만약 학생들이 느끼는 주관적인 시간의 길이를 기준으로 하면, 이 측정값은 등간 등급이 되지 않을 수도 있다. 온도와 IQ 변수의 경우에도 마찬가지로, 일반적으로 이를 등간이라고 하는 것은 측정에 사용되는 기준이 그렇게 되어 있기 때문이다. 등간 수준의 측정값들은 다음과 같은 수학 및 통계 연산에 사용할 수 있다.

- 수학: 등호(= , ≠) 부등호(>, <) 더하기 빼기(+, −)
- 통계: 대부분의 통계치

등간 등급의 측정은 측정값들이 수의 구조와 한층 일치한다. 값들 간의 거리가 일정하다는 것이 수의 기본적인 특질이기 때문이다. 그래서 명목이나 서열 측정에서 사용할 수 있는 연산들을 포함해서, 수학적으로는 더하기와 빼기(+, −) 연산까지를 적용할 수 있다. 통계적으로는 거의 대부분의 통계치들에 대한 연산에 쓸 수 있다.

4) 비율 등급

비율 등급(ratio level)의 측정은 등간 측정에 '절대 영점'에 관한 정보가 추가된 것이다. 등간 측정은 속성들 간 거리가 일정하다는 것을 알 수는 있지만, 절대 영점이 어디에 있는지를 모르는 이상 완전한 수로서의 성질을 가질 수 없다. 절대 영점이 확인되는 비율 측정에 이르면 측정값들은 비로소 수의 완전한 특질에 부합하게 된다. 비율 등급의 측정에 대한 예는 〈표 8-5〉에 제시된다.

〈표 8-5〉 비율 측정의 예

변수	속성 (측정값)
몸무게	0kg … 40kg … 80kg …
소득 수준	0만 원 … 120만 원 … 150만 원 …
가족 수	0명 1명 … 10명 …

비율 등급의 측정은 등간 등급의 측정에 더해서 무엇은 무엇의 몇 배가 된다는 것까지를 가능하게 하는 절대 영점에 관한 규칙을 포함한다. 그래서 수학적으로는 최종적으로 곱하기와 나누기까지도 가능하다. 통계적으로도 모든 계수들의 계산이 가능하다.

- 수학: 등호($=$, $\neq$)　부등호($>$, $<$)　더하기 빼기($+$, $-$)　곱하기 나누기($\times$, $\div$)
- 통계: 모든 통계치

앞서 서열 측정에 대한 〈표 8-4〉의 예에서 IQ와 온도 등은 얼핏 비율 측정으로 생각되기 쉽다. 0점을 표시하기 때문이다. 그러나 이것은 절대 영점과 다르다. IQ가 측정하려는 지능 개념으로 보자면, 0점이란 '지능이 하나도 없음'을 뜻하는데, IQ 검사에서의 0점(모든 답이 틀린 경우)이 이와 같은 의미일 수는 없다. 절대영점이 아닌 것이다. 섭씨 온도의 경우에도 마찬가지다. 개념적으로 온도에서 0이란 '온도가 하나도 없는 상태'인데, 섭씨 온도계의 측정값 0℃는 그와 다르다.[8]

이처럼 절대영의 기준점이 어디에 있는지를 모르는 경우에, 곱셈이나 나눗셈과 같

---

[8] 실제 근사한 측정값은 캘빈 온도 0에 해당하는 –273℃ 정도라고 규정되는 것이 보통이다.

은 배수의 조작이 불가능하다. 섭씨온도계로 측정된 40℃가 20℃보다 두 배로 덥다고 할 수 없고, IQ가 150점인 사람은 120점인 사람에 비해서 1.2배로 더 똑똑하다고 말할 수도 없다. 이처럼 실재 현상의 구조와 측정 구조가 절대 영점에 관해서 일치하지 않을 경우에는, 이런 규칙의 수준에서 측정된 값들은 절대영을 전제로 하는 수학적 연산에 쓸 수가 없는 것이다.

앞의 〈표 8-5〉에 나와 있는 변수 측정들은 비율 등급 측정의 절대 0점 조건을 충족한 다. 그래서 몸무게를 측정한 결과 80kg의 사람은 40kg인 사람에 비해 2배로 무거운 것 이고, 한 달에 소득이 120만 원인 사람은 150만 원인 사람에 비해 0.2배 적은 소득 수준 에 있고, 가족 수가 4명인 사람은 2명인 사람보다 두 배나 많은 가족 수를 가지고 있다 고 할 수 있다.

5. 측정 등급의 선택과 적용

현상은 스스로 측정의 등급을 가지고 있지 않다. 현상에 관한 개념을 우리가 정의해 서 쓰듯이, 개념을 조작화해서 경험적인 측정값으로 만들어 내는 것도 우리의 규칙에 의해서다. 그러므로 현상을 어떤 등급으로 측정할지도 우리가 판단하는 것이다. 다만 특정 분야의 실천이나 연구에서 사용하는 개념들은 상당 부분 합의된 정의를 수용해야 하는 경우가 많고, 그에 따라 측정 규칙들도 보편적으로 준수해야 할 부분이 있을 따름 이다. 이런 경우에 측정의 개념화와 조작화는 그러한 보편적인 정의가 무엇인지를 확 인하는 것이 된다.

[그림 8-2]는 측정의 등급별 유형의 예를 보여 준다. 측정이 이루어지는 자료수집의 단위는 사람들이지만, 그들로부터 측정하려는 대상은 변수들이다. 여기서는 성별, 만 족도, 성적을 각기 명목, 서열, 등간/비율 등급으로 측정하는 규칙을 결정하고, 그에 따 라 사람들로부터 자료수집을 한다. 해당되는 각 변수의 측정 규칙에 해당되는 경험적 특질들을 찾아내서 값을 부여하는 것이다.

특정 현상을 어떤 개념으로 규정해서 어떤 등급으로 측정할 것인지는 연구자의 인식 과 의도에 상당 부분 좌우된다. 성별을 측정한다면, 대개 명목 측정이 가능할 것이다. 성차별적인 사람은 이를 서열 측정이 가능한 것으로 취급할 수도 있다. 심지어는 어떤

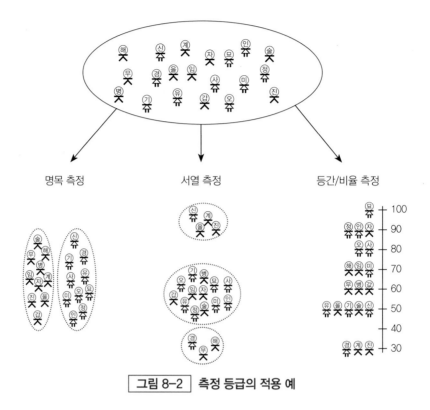

그림 8-2 측정 등급의 적용 예

척도가 남성성-여성성의 정도를 10점 간격으로 균등하게 사람들을 분류할 수 있다고 한다면, 그것은 등간/비율 측정이 되는 것이다.

[그림 8-2]의 예에서는 측정 대상이 되는 개체가 사람이지만, 조직이나 집단, 지역, 국가 등 어떤 것도 가능하다. 측정에서는 이러한 대상 개체들을 측정 단위라 한다. 성별을 명목 등급(남, 여)으로 측정하려고 할 때는, 측정 단위는 사람이 된다. 조직의 리더십 강도를 서열 등급(강력, 보통, 미약 등)으로 측정할 때는, 개별 조직이 측정 단위가 된다. 지역 간 비교를 목적으로 하는 연구에서는 측정 단위가 개별 지역사회가 되는 것 등이다.

어떤 형태로든 사람이나 사회적 현상에 대해 측정은 현상의 구조를 의식적으로 규정하고, 그에 합당한 규칙을 찾아 그에 일치되는 측정의 구조를 만들어 내는 것이다. 측정하려는 개념의 실재 구조와 일치하는 구조를 만들기 위해서는 측정의 등급에 대한 이해가 중요하다. 그래야만 산출된 측정값들을 어떤 수준의 수학이나 통계적 연산을 사용해서 분석할 수 있는지도 알 수 있다.

제9장

측정 도구

측정 도구란 측정의 원리(규칙에 따른 기호 부여)가 수행되는 현실적인 수단을 말한다. 몸무게를 재는 데 저울이 측정 도구인 것과 같다. 관찰 조사의 경우에는 관찰자가 측정 도구이지만, 문답식 서베이 조사에서는 설문지가 측정 도구다.[1] 설문지의 경우에는 그 안에 보통 복수의 측정 지표나 척도 등이 포함된다. 측정 도구가 산출하는 측정 값들은 실재 속성 값들과 일정한 차이가 발생할 수 있는데, 이를 측정 오류라 한다.

1. 지표와 합성 측정

많은 개념들은 직접 측정되기 어려운 경우가 많다. 이런 경우에 지표를 활용해 간접적으로 측정하는데, 지표(indicator)란 개념 속에 내재된 속성들이 표출되어 나타난 결과를 가리켜 주는 것이다. 예를 들어, '공동체 의식'이라는 개념을 직접적으로 측정하기 어렵기 때문에, 그로 인해 표출되는 것으로 여겨지는 '헌혈 참여율'을 지표로 이용하는 것 등이다. '지능'이라는 개념을 직접 측정하기 어려우므로, 다수의 질문들로 구성된 'IQ 검사'를 지표로 사용하는 것도 마찬가지다.

어떤 개념은 단일한 지표를 통해 쉽사리 측정될 수 있지만, 어떤 개념은 복수의 지표를 합성하여 측정되기도 한다. 성별, 자녀 수, 혼인 여부, 월소득, 학력 등은 단일한 지

---

[1] 서베이와 관찰 측정을 비롯한 여러 자료수집 방법들은 이 책 4부에서 자세히 설명한다.

표를 관찰해서도 측정될 수 있다. 반면에 예를 들어 '가정생활 만족도'와 같은 변수들은 한두 개의 지표로 측정되기 어렵고, 부부 관계, 자녀 관계, 경제 형편 등에 관한 다양한 지표를 합성해야만 측정될 수 있다.

> SES(Socio-Economic Status)는 사회경제적 지위에 관한 지수로서 복수의 하위 개념들(소득, 교육, 직업 등)로 구성되어 있다. 그러므로 이를 단일 항목이나 지표로써 측정하기는 어렵다. 예를 들어, 어떤 옷을 입고 있는지, 어떤 차를 타는지, 어떤 직장에 다니는지와 같은 단순한 하나의 지표를 선택해서 사람들의 SES를 판단(측정)하는 것은 위험한 일이다.

인간과 사회에 관한 고차원의 심리사회적 개념들은 복잡하게 구성되어 있어서, 이들을 단일 지표로 측정한다는 것은 거의 불가능하다. '복지의식'이나 '삶의 질'과 같은 추상적인 상위 개념부터 '빈곤선' '기초생활수급 대상' '장애 정도'와 같은 현실적인 하위 개념들에 이르기까지도, 사회복지 연구에서 다루는 개념 대부분은 단순하지 않다. 그 결과 이들을 측정하기 위해서는 복수의 항목이나 지표들이 합성된 측정 도구가 보통 필요하다.

복수의 지표를 합성해서 만든 측정 도구를 지수 혹은 척도라고 한다. 두 용어는 흔히 섞여 사용되지만, 관찰 가능한 지표들로 구성된 것을 지수(index), 사람들의 심리에 관한 문답식 지표들로 구성된 것을 척도(scale)라고 구분해서 쓰는 경향도 있다. 예를 들어, 물가와 관련된 관찰 지표들을 묶은 것을 CPI(소비자물가지수)라 하고, 사람들의 심리 상태를 물어서 측정하는 지표들로 구성된 GCS(일반만족척도)나 CATM(아동의 어머니에 대한 태도) 등을 척도라고 한다.[2]

지수와 척도는 용어 사용의 경향을 제외하면, 복합적 지표 합성이라는 측면에서 동일하다. 다음은 복수의 지표들을 합성해서 지수를 작성하는 방법에 대한 것인데, 이는 척도의 구성에도 똑같이 적용된다.

---

2) CPI(Consumer Price Index)는 일상생활에 직접 영향을 주는 물가의 변동을 추적하는 경제 지표로서, 우리나라에서는 통계청에서 도시 소비자 가구가 구입하는 음식료품비, 주거비, 광열비 등에 관한 수백 개의 상품 및 서비스 품목의 가격으로 구성한다. GCS는 Generalized Contentment Scale의 약자이고, CATM은 Child's Attitude Toward Mother의 약자다. 이들은 모두 표준화된 측정 도구들에 해당한다. 표준화된 측정 도구는 뒤에서 설명한다.

2. 지수의 작성

지수(index)란 두 개 이상의 항목이나 지표들로 합성된 측정 도구다. 예를 들어, '공공복지의 수준'과 같이 고차원의 폭넓은 개념은 한두 개의 지표로써 측정되기 어렵다. 가능하다 해도, 개념이 의도하는 현상 구조를 적절히 반영하기란 불가능에 가깝다. 이런 경우에 다수의 지표를 합성해서 만드는 지수가 적절하다. 지수를 작성하는 데는 다음이 고려되어야 한다.[3]

목적 정의　무엇을 측정하려는지, 개발된 측정 도구는 어떻게 사용될 것인지 등을 규정한다. 다수의 지표를 가지고 지수를 작성하려면, 개별 지표들이 각기 어떤 목적을 띠고 지수에 포함되는지도 명확하게 규정되어야 한다.

자료 유형의 선택　어떤 방법을 통해 자료를 수집할 것인지를 결정한다. 관찰이나 서베이 등과 같은 일차적 수집 방법에서부터, 기존 자료를 활용하는 등과 같은 이차적 방법 등에 이르기까지 다양한 선택이 가능하다. 어떤 유형의 자료를 사용할지는 지수 작성의 목적에 따라 결정되기 쉽다.

기초 기준의 선택　지수는 비교의 목적을 위해 비(ratio)나 백분율 등으로 값을 나타내는 경우가 많다. 이때 기초 기준(base)을 어디에 두는지에 따라 동일한 자료에 대한 표현도 크게 달라질 수 있다. 예를 들어, 어떤 지역에서 75명이 서비스를 받았을 때, 서비스 수혜율은 기초 기준을 지역주민 전체(1,000명)에 두면 .075 혹은 7.5%가 되고, 기초 기준을 표적인구(서비스 대상 성인 여성 200명)로 하면 .375 혹은 37.5%가 된다. 이처럼 기초 기준에 따라 지수 값들이 달리 표현되므로, 적절한 기초 기준을 선택하는 것이 중요하다.

합산 방법의 선택　지수 값은 보통 개별 항목이나 지표들의 값을 합산해서 나타낸다. 합산의 방법에는 집성과 가중이 있다. 집성(aggregation)은 단순히 개별 항목들의 점수를 더하는 것이다. 가중(weighting)은 개별 항목을 각각의 중요도에 따라 가중

---

3) 물론 인과성 이론의 검증에 충분한 조건을 갖추지는 못했다. 단일집단 전-후 비교 디자인의 한계이기도 하고, 동일한 측정 도구를 사용했을 경우에 나타날 수 있는 테스트 효과와 같은 내적 타당성을 저해하는 요인들을 제거하지 못했기 때문이다. 더 구체적으로는, 표본 자료에서 이런 정도의 변화 크기로 볼 때 의미가 충분히 있다고 볼 수 있는 것인지 등도 고려하지 못했다. 이에 대해서는 6부 '추론통계분석'에서 자세하게 설명한다.

치를 부여해서 합산하는 방법이다. 어떤 방법이 적절할지는 지수 작성의 목적에 달려 있다.

3. 척도구성

척도구성(scaling)이란 척도(scale)를 구성하고 만드는 것을 말한다. 심리사회과학에서는 보통 인간의 내면적 태도를 측정하는 잣대의 구성을 일컫는다. 척도구성에는 다양한 유형이 있는데, 일차적으로는 측정의 등급에 따라 기본 유형이 결정된다. 예를 들어, 명목 측정과 비율 측정을 위한 척도는 각기 달리 구성될 수밖에 없다. 어떤 경우에도 척도구성은 '단일차원성'의 원칙을 따른다.

단일차원성(unidimensionality)이란 척도를 구성하는 항목(눈금)들이 하나의 차원 내에서 나와야 한다는 것이다. 예를 들어, '매우 좋음' '좋음' '보통' '싫음' '매우 싫음'이라는 눈금 항목들로 구성된 척도가 있다면, 이것은 '호불호'라는 하나의 차원을 다루는 지표이다. 다차원적인 다수의 지표들을 합성해서 사용하는 경우라 해도, 각각의 지표들은 그 안에서 척도구성이 단일차원성의 원칙을 따라야 한다.

단일차원의 척도구성은, 예를 들어 잣대의 눈금을 일괄적인 기준으로 긋는 것과 같다. 키를 재는 잣대의 눈금이 센티미터 기준을 사용한다면, 그 차원에서 모든 눈금들이 그어져야 한다. 센티미터의 눈금으로 나가다가 갑자기 인치 눈금이 그어져 있다거나, 킬로그램 눈금 따위로 이어져 있다면, 이는 단일차원성의 원칙을 어긴 잘못된 척도구성이 된다. 단일차원성 원칙은 비교적 객관적인 항목 지표들로 구성된 지수에서는 자연스레 지켜지기 쉬우나, 인간의 내면적인 가치나 태도 등을 측정하는 척도구성에서는 의식적으로 지키기 위한 노력이 필요하다.

척도구성의 방법은 측정하려는 변수의 구조적 성격에 의해 일차적으로 결정된다. 특히 변수의 측정 등급에 따라 척도구성의 유형이 달라진다.

1) 명목 척도

명목 척도는 한 변수에 포함된 속성들을 단순히 구분한 값을 부여하는 것이다. 예를 들어, 사람들의 '정치 성향'을 단순 구분의 규칙으로 '보수, 중도, 진보'라는 속성 값을 부여하는 것이다. 명목 측정을 위한 척도구성의 기법은 특별히 따로 없으며, 다만 기본적인 측정의 원칙을 따른다. 즉, 척도구성의 항목들은 단일차원성의 원칙에 의거해서, 포괄적이고 상호배타적이어야 한다는 것이다.

〈예문 1〉 당신의 정치적 성향은 어디에 가깝다고 생각하십니까?
　　　　 (1) 보수　　　　(2) 중도　　　　(3) 진보

〈예문 2〉 당신의 정치적 성향은 어디에 가깝다고 생각하십니까?
　　　　 (1) 보수　　　　(2) 민주당　　　　(3) 기독교당

　예문은 둘 다 서베이 방식의 문답형 측정 도구로서, 측정 대상자가 자신의 정치 성향에 대한 측정값을 질문에 대한 응답의 형태로 제공하는 방식이다. 그런데 〈예문 2〉는 잘못된 척도구성의 예를 나타낸다. 같은 질문임에도 〈예문 1〉의 척도구성은 보수 혹은 진보 성향 중 하나의 차원으로 되어 있지만, 〈예문 2〉는 그렇지 못하다. '보수-민주당-기독교당'은 여러 차원의 척도구성이 섞여 있는 것이다. 보수와 진보, 지지 정당, 종교적 정치에 관한 성향을 측정하는 눈금들이 혼재되어 있다. 이 경우에는 측정의 포괄성과 상호배타성의 원칙도 지켜질 수 없다. 예를 들어, '진보'를 재는 눈금은 없고, 보수이면서 기독교당의 경우에는 어느 눈금을 선택할지를 알 수 없다.

　〈예문 2〉에서 나타나는 문제들은 척도구성의 항목들이 단일차원성의 원칙을 따르지 않아서 생긴 것이다. 〈예문 1〉과 같이 보수-진보의 단일 차원으로 눈금을 그었다면 그런 문제들은 없다. 단일차원성 원칙이 지켜지기만 하면, 척도구성의 눈금(항목)들은 다양한 길이로 나타낼 수 있다. 예를 들어, 〈예문 1〉에서 척도구성의 눈금을 늘려서 '절대보수-보수-중도-진보-절대진보'로 할 수도 있고, 눈금 수를 줄여 '보수-진보'로만 할 수도 있다. 어떤 경우에도 이들은 단일차원성의 원칙을 지키므로, 측정의 포괄성과 상호배타성이 충족될 수 있다.

2) 서열 척도

　서열 척도란 측정된 값들이 서로 구분되고, 서열성도 갖추게 하는 것이다. 예를 들어, 학점을 A~F의 서열 값으로 측정하기 위해 다수의 시험 문제들로 구성된 측정 도구를 구성하는 것이다. 서열 측정을 위한 척도구성 방법으로는 개별 지표 항목들을 단순 합산해서 서열성을 산출하는 리커트 척도, 항목들 자체에 서열성을 부여하는 거트만 척도 등이 대표적이다.

(1) 리커트 척도 (Likert scale)

리커트 척도는 서베이 조사 등의 자료수집에서 보편적으로 사용되는 것으로, 단순 합계에 따른 합산 평점(summated rating) 척도의 대표적인 경우다. 여기서는 척도를 구성하는 모든 항목들에 대해 동등한 가치를 부여한다. 각 항목의 측정값들은 단순 합산하여 총합 측정값이 만들어지고, 그것으로 해당 변수에 관한 측정 대상자들의 서열성이 포함된 구분 속성 값을 부여하는 것이다.

> (예, 아니요)의 응답을 가진 10문항 테스트가 있다. 이 테스트를 치른 사람들은 10문항 중에서 몇 문항에 '예'라고 했는지에 따라 10점에서 0점까지 서열을 매긴다. 5개 문항에 '예'로 대답한 사람은 4개 문항에 '예'로 대답한 사람에 비해 높은 서열 값이 부여된다. 그리고 어떻게 각기 다른 문항들에 '예'라고 했건 구분하지 않고, 동일한 개수의 '예'는 동일한 속성으로 간주한다.

리커트 척도에서는 모든 문항이 그 중요도에서 동등한 가치를 가지고 있는 것으로 간주한다. 만약 문항들 간 중요도가 같지 않다면, 단순 합산의 값으로 동등한 서열의 원칙을 세울 수 없다. 그러므로 문항들 간 가치를 동등하게 만드는 작업이 필요하다. 일차적으로는 질문의 중요도가 문항들마다 유사한 정도가 되도록 구성할 필요가 있다. 또한 응답 눈금 또한 유사한 형태로 제시될 필요가 있다. 모든 문항이 등가(等價)로 구성되었다는 전제가 명확하지 않으면, 리커트 척도의 사용은 제한된다.

일반적으로 리커트 척도의 설문지는 다수의 서술형 질문을 제시해서 응답을 받는데, 응답의 잣대(눈금)는 일관되게 제시한다. 응답 항목의 내용들까지를 반드시 통일할 필요가 없으나, 최소한 눈금 간격은 일관성을 유지하는 것이 좋다. 응답 항목의 수 혹은 눈금 수는 보통 한 차원의 양극단을 두고(예: 긍정-부정, 높음-낮음, 큼-작음, 많음-적음 등) 그 사이 간격을 얼마로 두는지로 결정한다. 심리 척도에서는 보통 전체 눈금 수를 2~7개 정도로 한다. 다만, 각 눈금들 간의 거리는 동등하다고 가정해야 한다.

심리 측정의 항목들 간 거리의 동등성을 실제로 입증하기가 쉽지 않지만, 일종의 의미론적인 고려는 필요하다. 의미론(semantics)이란 사람들이 사용하는 단어에 대해 어떤 의미를 부여하는지를 탐구하는 것이다. 척도 눈금의 동등성에 의미론적 고려가 필요하다는 것은 눈금의 항목들을 단어적 의미 차원에서의 심리적 거리와 맞추어야 한다는 뜻이다. 예를 들어, '매우높음 – 높음 – 보통 – 낮음 – 매우낮음'의 눈금을 사용하는 경우에, 사람들이 가지는 '매우높음'–'높음'이라는 단어 차이에 따른 심리적 거리와 '높음'–'보통'의 차이에 따른 심리적 거리가 비슷할지 등을 고려하는 것이다.

　단순 합산 평점에 따른 리커트 척도의 장점은 등간 등급의 측정 점수를 산출해 주고, 척도의 구성과 활용도 비교적 용이하다는 것에 있다. 리커트 척도의 한계는 개인들마다 응답의 준거 기준이 다를 수 있다는 점에 있다. 예를 들어, 유사한 정도의 강의 만족도를 가지고도 어떤 학생들은 응답의 준거 기준을 '보통'에 두고, 어떤 학생들은 '높음'에 둘 수 있다. 이렇게 되면 이들 점수를 가지고 분간하는 것은 강의만족도가 아니라, 준거 기준의 차이일 수도 있다.

　〈표 9-1〉과 〈표 9-2〉는 리커트 척도의 예들이다. 〈표 9-1〉의 권위위계 척도(SHA)는 사람들에게 5문항을 묻는데, 다섯 문항 모두가 동등한 가치를 갖는 것으로 취급한다. 설문의 결과는 각 문항의 점수를 1점(매우 아니다)에서 4점(매우 맞다)으로 통일하여 단순 합계를 내는 방법을 통해 처리된다. 최소 5점에서 최고 20점을 받는 사람들이 나올 것이고, 각 점수는 개인이 조직의 권위 구조를 얼마나 위계적인 것으로 느끼는지를 서열화하는 데 쓰인다. 예를 들어, 15점을 얻은 모든 사람들은 14점을 얻은 모든 사람들에 비해 모두 같은 정도로 조직의 위계성을 더 느낀다고 보는 것이다.

　〈표 9-2〉에 있는 관계사정 척도(RAS)의 경우도 마찬가지다. 이 경우는 문항에 따라 응답 항목의 유형이 각기 다른 것을 볼 수 있는데, 그런데도 눈금은 5점 스케일의 구조로 일관성을 유지하고 있다. 응답 항목의 내용과 관계없이 이 경우에도 모든 문항은 등가인 것으로 취급된다. SHA와 마찬가지로 응답자들은 어떤 문항에 어떻게 답을 했는지에 상관없이 총점의 단순 합계에 따라서 서열이 매겨진다.

〈표 9-1〉 리커트 척도의 예: SHA

권위위계 척도(Scale of Hierachy of Authority: SHA)

Aiken & Hage에 의해 개발된 척도로 조직 구조의 권위위계 정도를 측정하려는 것이다. 원래 이 척도는 「Aiken and Hage Scale of Personal Participation in Decision Making and Hierarchy of Authority」라는 이름으로 조직의 의사결정과 권위위계라는 두 개념을 측정하도록 만들어진 것이나, 아래는 권위위계의 부분만을 떼어낸 것이다.

	매우 아니다	아니다	맞다	매우 맞다
1. 수퍼바이저가 승인 결정을 하기 전까지 이 조직에서는 아무런 행동도 취할 수 없다.	___	___	___	___
2. 스스로 결정을 내리기 좋아하는 사람은 이 조직에서 쉽사리 낙담하게 될 것이다.	___	___	___	___
3. 아주 사소한 문제라도 최종 결정을 내리려면 윗선의 사람들에게 알려야 한다.	___	___	___	___
4. 어떤 일이라도 사전에 상사에게 반드시 물어보아야 한다.	___	___	___	___
5. 내가 내리는 어떤 결정도 상사의 승인을 받아야 한다.	___	___	___	___

출처: 〈Miller, D. (1983). *Handbook of Research Design and Social Measurement* (4th ed.). NY: Longman, pp. 364-365.〉에서 단순 번안.

〈표 9-2〉 리커트 척도의 예: RAS

관계사정 척도(Relationship Assessment Scale: RAS)

Susan Hendrick이 만든 것으로 파트너 관계의 만족도를 측정하기 위한 7항목의 측정 도구다. 일반적인 애정관계에 대한 만족도를 측정하며, 부부의 관계만에 한정되어 있지는 않다. A = 1, E = 5점으로 처리하여 총점은 7점(낮은 만족도)에서 35점(높은 만족도) 사이에 분포한다. 4, 7번 문항은 역점수 처리한다.

1. 당신의 파트너는 당신이 필요로 하는 것들을 얼마나 잘 충족시켜 줍니까?

A	B	C	D	E
매우 못함		보통		매우 잘함

2. 일반적으로 말해서, 파트너와의 관계에 대해 얼마나 만족합니까?

A	B	C	D	E
매우 불만족		보통		매우 만족

3. 다른 사람들의 관계에 비해 당신들의 관계는 얼마나 좋습니까?

A	B	C	D	E
매우 안 좋음		보통		매우 좋음

4. 당신은 '이런 관계를 맺지 않았더라면' 하는 생각을 얼마나 자주 합니까?

A	B	C	D	E
매우 드물게		보통		매우 자주

5. 이 관계가 당신의 원래의 기대에 어느 정도 부응하고 있습니까?

A	B	C	D	E
매우 못함		보통		매우 잘함

6. 당신의 파트너를 얼마나 많이 사랑합니까?

A	B	C	D	E
매우 적게		보통		매우 많이

7. 당신들의 관계에는 얼마나 많은 문제가 있습니까?

A	B	C	D	E
매우 적음		보통		매우 많음

출처: 〈Fischer, J., & Corcoran, K. (1994). *Measures for Clinical Practice : A Source Book* (2nd ed.), Vol. I, NY : The Free Press, pp. 170-171.〉에서 단순 번안.

(2) 거트만 척도(Guttman scale)

거트만 척도는 누적 척도구성(cumulative scaling)의 대표적인 형태다. 척도에 포함된 문항들을 서열화하는 것이 특징이다. 리커트 척도에서는 개별 항목을 동일하게 취급하여 단순히 합산해서 그 결과 값으로 서열화하지만, 거트만 척도에서는 개별 문항들 자체를 미리 서열화한다. 거트만 척도 역시 합산 결과 값을 가지고 단일 차원의 서열 측정값을 산출한다.

거트만 척도의 아주 단순한 예로, 지역사회 주민들의 복지의식을 측정하기 위해 서열성 척도를 사용한다면 〈표 9-3〉과 같이 될 수 있다.

이 예에서 세 문항에 찬성이라고 답한 사람은 ①, ②, ③까지를 찬성하였으리라는 점을 짐작할 수 있다. 세 문항에 찬성한 사람이 ①, ②, ④로 하거나 혹은 ②, ③, ④로 하지는 않을 것이다. 응답 항목들에서 이미 서열성이 주어져 있기 때문이다. '③ 우리 동네'에 찬성한다는 응답은 '② 부산'에 찬성한다는 응답보다 더욱 강한 수용성을 갖는 것이라 할 수 있다. 문항의 순서대로 1, 2, 3, 4점 가중치를 부여한다고 해 보자. 합산하

〈표 9-3〉 거트만 척도의 가상적인 예

〈질문〉 다음 문항들에 대해 ✓로 답해 주세요.	찬성	반대
① 보육원이 우리나라에 있는 것을 어떻게 생각합니까?	( )	( )
② 보육원이 부산에 있는 것을 어떻게 생각합니까?	( )	( )
③ 보육원이 우리 동네에 있는 것을 어떻게 생각합니까?	( )	( )
④ 보육원이 우리 옆집에 있는 것을 어떻게 생각합니까?	( )	( )

면, ①번까지 찬성한 사람은 1점, ②번까지 찬성한 사람 3점, ③번까지 찬성한 사람 6점, ④번까지 찬성한 사람은 10점이 된다. 이제 점수만 알면 어느 정도의 허용성을 보이는지가 단일 차원에서 뚜렷하게 서열 구분될 수 있다.

거트만 척도를 집단에 적용해서 평균 점수를 산출해 보면, 점수가 의미하는 서열적인 위치가 뚜렷하게 해석될 수 있다. 합산 점수 자체가 단일 차원의 서열성에 기준하고 있기 때문이다. 그래서 거트만 척도 방식은 집단 간 비교나, 한 집단 내에서도 다양한 문제에 대한 집단 구성원의 인식 차이 등을 확인해 내는 데 유용하게 쓰일 수 있다.

거트만 척도가 리커트 척도와 다른 근본적인 차이점은 문항들의 쓰임새에 있다. 리커트 척도는 모든 항목들에 동등한 가치를 부여하지만, 거트만 척도에서는 항목들 간에 서열이 주어진다. 가능하다면 거트만 척도를 구성하는 것이 하나의 항목 측정값에 추가적인 정보를 포함할 수 있다는 장점이 있다. 그러나 문제는 실제로 이러한 단일차원성으로 배열될 수 있는 문항들을 찾아내기가 쉽지 않으며, 따라서 쉽사리 활용되기 어렵다는 단점도 있다. 거트만 척도를 사용한 대표적인 용례로는 보가더스(E. Bogardus)의 사회적 거리 척도(SDS)가 있다.[4]

3) 등간-비율 척도

등간-비율(interval-ratio) 척도는 측정값들 간에 서열성뿐만 아니라, 일정한 거리(등간 측정)와 절대영의 기준점(비율 측정)까지도 부여한다. 등간-비율 측정과 관련해서는 서스톤 척도(Thurstone scale)와 요인 분석(factor analysis) 등이 사용된다. 앞서 거트

---

4) 참고: Bogardus, E. (1933). 'A social distance scale', *Sociology and Social Research*, 17, pp. 265-271.

만 척도가 문항들에 서열성을 부여해서 척도를 구성했다면, 서스톤 척도는 서열 문항들 간에 등간성까지를 가지도록 하는 것이다. 즉, 문항들 간 중요도의 거리가 일정하게 연속되는 척도구성을 하는 것이다. 그러자면 서스톤 척도의 핵심은 간격 차가 일정하게 벌어진 문항들을 찾아내고, 등간 점수를 부여하는 것에 있다.[5]

> 서스톤(Thurstone)은 '교회에 대한 태도 측정' 척도를 만들기 위해 우선 온갖 성격의 130개 문장(항목)을 후보 문항군으로 갖추어 두고(예: '교회는 좋은 영향을 주는 곳이다' '교회는 가난한 사람들을 도와준다' '교회에 다니는 사람들은 답답하다' '교회 때문에 아침마다 시끄럽다' 등으로 교회에 관한 사람들의 온갖 생각을 대변하는 130개의 문항을 구성), 수백 명의 사람들에게 그것을 평가하게 했다. 각자가 130개의 문항들을 11점의 범주에 맞추어 넣게 했는데, 가장 우호적이라고 생각되는 문항들은 1점 범주에, 그다음 우호적인 문항들은 2점 범주에, 그리고 이런 식으로 하면서 가장 비우호적이라 생각되는 문항들은 마지막 11점 범주에 넣도록 했다.[6] 이 조사 결과를 근거로 11점 체계에 가장 적합한 11개 문항을 간추려 내서, 문항별로 1~11 등간 점수가 부여된 척도를 구성했다. 이렇게 만들어진 척도를 사용할 때는 사람들에게 11개의 측정 문항에 대해 각기 찬성( ), 반대( )의 의견을 물어서, 찬성 응답의 항목에 해당되는 상대적 점수들을 모두 더하고 평균을 낸다.

서스톤 척도는 다음과 같이 활용될 수 있다. 앞서 예와 같은 과정을 거쳐 '사람들의 정신질환에 대한 태도'를 등간-비율 점수화시킬 수 있는 7점 점수 체계의 7개 문항을 찾아 〈표 9-4〉와 같은 척도로 구성했다고 하자. 표의 오른쪽 점수는 문항 찾기에서 나타난 각 문항의 상대점수다. 1점은 가장 비우호적인 태도, 7점은 가장 우호적인 태도라고 사람들이 평가한 것으로, 대표적인 7문항이 척도에 포함된 것이다.

이를 이제 설문지에 사용하여 조사 대상자들에게 응답을 구했다 하자. 어떤 사람이 〈표 9-4〉와 같이 체크를 했다 하자. 그러면 이 사람의 정신질환에 대한 우호적 태도 점수는 (4 + 3 + 5) ÷ 3 = 4점이 된다. 7점 수량 눈금자에서 생각하자면 중립적인 태도라고 해석된다. 그런데 이런 식의 해석은 서스톤 척도와 같은 등간-비율 척도를 사용했기 때문에 가능하다.

사회과학에서 사용되는 척도들은 엄격하게 등간-비율 측정이 가능한 것으로 만들기

---

[5] 다수의 후보 문항들에서 척도구성에 적합한 문항들을 간추려 내고, 선택하는 작업에 빈도 분석이나 요인 분석 등과 같은 통계 기법들이 활용될 수 있다. 이런 통계 절차들에 대해서는 이 책 5부 '기술통계분석'을 참고한다.

[6] 이처럼 문항들의 순위를 매기게 하는 것을 평위척도(ranking scale)라 한다. 문항들에 대해 일정한 척도를 주고 개별 문항들에 점수를 매기게 하는 평정척도(rating scale)를 대신 사용할 수도 있다.

〈표 9-4〉 서스톤 척도의 예: 정신질환에 대한 태도 척도

찬성	질문	점수
( )	정신장애인이 된다는 것은 누구에게도 찾아올 수 있다	6
(✓)	정신질환은 예방 가능하므로, 치료보다 예방에 더 노력해야 한다	4
( )	정신장애인은 자신의 죄값을 받는 것이다	1
( )	정신장애인도 다른 사람들과 똑같이 대해져야 한다	7
(✓)	나는 정신장애인이 절대로 안 될 것이다	3
(✓)	정신질환에 걸리더라도 정상적인 생활을 할 수 있을 것이다	5
( )	정신질환은 사람들이 비정상적으로 살기 때문에 생기는 것이다	2

가 쉽지 않다. 심지어 몸무게나 거리, 온도 등과 같은 물리적 현상에 관한 척도의 경우도, 만약 그것이 사람의 주관적인 감각에 크게 의존하면 보편적으로 공감 가능한 척도로 만들어 내기가 쉽지 않다. 만약 온도를 측정하는 척도가 사람들의 의견을 구하는 설문 방식을 사용한다면(예: '지금 온도가 얼마나 된다고 생각하십니까?' 등으로), 등간-비율이 아니라 서열 측정까지라도 가능하기 어렵다.

척도를 구성하는 것은 측정에 필요한 객관적인 눈금 잣대를 만드는 것이다. 그런데도 사람들의 주관적인 인식을 객관적으로 잴 수 있는 눈금을 만드는 일은 쉽지 않다. 현상을 양화(量化)한다는 것에는 여전히 논란이 있다.[7] 비록 이런 한계를 인정하면서도, 양화주의자들은 그런 점에서 오히려 양적 측정을 더 강화해야 한다고 믿는다. 마치 온도와 거리를 사람들의 주관적 기준으로 측정하려 하지 않듯이, 사람들이 가지고 있는 제반 특질들을 다루는 것도 마찬가지라는 것이다. 오히려 그것들을 보다 엄격히 양화하여 거기에 우리의 개념적 인식을 맞추면 된다고 본다. 예를 들어, 우울증의 정도를 사람들마다의 주관적 인식으로 진단하기보다는, CED-D 척도와 같은 양적 측정 도구를 사용하는 것이 유용하다는 것이다.[8]

양적 측정 도구로 산출된 측정값들은 개인들마다에 어떤 의미를 띠는 것인지를 알려

---

7) 이로부터 질적 자료를 활용하는 질적 연구 접근이 강조된다. 이 책 5장에서 다룬다.
8) CES-D 척도(Center for Epidemiological Studies-Depression Scale)는 우울증의 자가진단을 위한 표준화된 척도로서, 4점 눈금을 가지는 총 20문항으로 구성된 것이다. 측정값은 각 문항 점수들을 단순 합계로 구한다는 점에서 리커트 척도의 방법에 해당한다.

주지 않는다. 이는 실제로 양적 측정의 의도와는 무관한 것으로, 예를 들어 줄자를 가지고 측정한 키의 값이 개인들마다에 어떤 의미인지를 줄자가 알려 줄 필요는 없는 것과도 같다. 비록 주관적 의미를 측정하지는 못하지만, 양적 측정은 측정값의 산출 기준이 사전에 명확하게 규정되어 있다는 점 때문에, 객관적인 측정값으로 사람들 간에 동일한 의미로 공유될 수가 있다. 이것이 양적 측정의 가장 큰 장점이다.

이제껏 사회복지 실천/연구들에서는 양적 측정이 과도하게 사용되는 경향이 있다. 마치 양적 측정을 많이 사용해야만 과학적인 것으로 착각하는 경우도 있어 왔다. 비록 양적 측정은 객관적이고 일반화된 지식을 갖추기 위해 여전히 중요하지만, 사람들의 주관적인 삶의 질을 중요하게 다루어야 하는 사회복지 실천/연구에서는 그 한계에 대해서도 적절히 인식할 필요가 있다.

4. 표준화된 측정 도구

어떤 측정 도구가 개발되어 공인을 받으면 표준화되었다고 한다. 공인을 받는 방법은 측정 도구의 타당도와 신뢰도를 입증하는 연구 결과를 발표하거나,[9] 다른 연구들에서 널리 채용하게 되는 결과로써 판단하는 것 등이 있다. 사회과학 분야에서도 많은 표준화된 측정 도구들이 개발되어 있다. 개인, 가족, 집단, 지역사회, 조직에 관련된 개념들을 측정하는 수많은 검사 도구들이 이미 널리 알려져 있고, 특히 개인의 지능이나 성격, 행동, 태도, 심리 상태 등에 관해서는 비교적 정교한 검사들도 많이 개발되어 있다. 표준화된 측정 도구를 소개하는 참고 서적들도 많이 나와 있다.[10]

우리나라에서 사회복지 전문 실천에 많이 쓰이는 표준화된 척도의 예로는 미네소타 다면적 인성검사(MMPI)가 있다.[11] 이는 개인의 성격 특성(personality) 및 정신병리적

---

9) 측정의 타당도와 신뢰도에 대해서는 다음 장에서 설명한다.

10) 예를 들면, Fischer, J., & Corcoran, K. (2013). *Measures for Clinical Practice : A Source Book* (5th ed.), Vol. I, II. NY: The Free Press (임상실천가들이 필요로 하는 측정 도구들을 분야별로 모아 둔 것으로, 커플, 가족, 아동, 성인에 대한 주제별 모음과 함께 문제 영역별 모음도 제시한다.) ; 또 다른 예로, Miller, D. (2002), *Handbook of Research Design and Social Measurement* (6th ed.), Newbury Park : Sage (주로 사회측량 척도와 지수들을 담고 있으며, 거시적 사회 지표뿐만 아니라 개인의 다양한 사회적 측면의 태도와 행동을 측정하는 도구들을 담고 있다.)

상태를 측정하는 것으로, 정신보건 분야에서 개인적, 사회적, 행동적 문제들을 확인하는 데 도움을 주는 사정 도구로 널리 사용된다. 국내에 번안본이 있으며 이에 대한 타당도와 신뢰도 검증도 비교적 많이 이루어져 있다. 가족환경 척도(FES)는 가족의 환경을 측정하는 도구이고,[12] 이것 역시 국내 번안에 대한 타당도와 신뢰도가 부분적으로 확보된 상태에 있다.

대다수의 표준화된 척도들은 미국 등의 외국에서 그 사회적 환경에 적합하도록 만들어진 것이 많으므로, 우리에게 번안되기까지는 엄격한 타당도와 신뢰도 검증이 필요하다. 우리나라에서는 정신의학이나 심리학, 교육심리학 분야 등에서 외국의 표준화된 측정 도구에 대한 번안에 많은 관심을 가지고 있다. 자연과학의 척도를 수용하는 것(예: 미터법)과 사회과학의 척도를 수용하는 것(예: 가족친밀도)은 질적으로 다른 성격을 띤다. 그런데도 단순히 문장 번역의 정도로 심리사회적 척도들을 차용해서 쓰는 것은 부적절하다. 적어도 기본적인 타당도와 신뢰도 검증은 지속적으로 확인될 필요가 있다.

5. 측정 도구의 형식: 설문지

측정 도구는 다양한 형식으로 만들어질 수 있다. 자료수집의 방법에 따라 척도는 설문지나 면접 스케줄, 관찰 기록지 등의 다양한 형식에 들어갈 수 있다. 이에 관해서는 이 책 제4부 자료수집과 분석에서 구체적으로 설명하고, 여기서는 설문지의 경우를 예로 들어 척도의 문답 항목들이 어떤 형식으로 구성되어야 할지를 설명한다.

설문지(questionnaire)는 조사 대상자로부터 글을 통한 문답 방식으로 자료를 수집하는 측정 도구다. 설문지에 포함된 문답 항목들은 각각이 특정 개념을 측정하는 지표로서의 성격을 띤다. 하나의 설문지에는 보통 측정하려는 연구 대상 개념들이 다수 포함된다. 예를 들어, 특정 서비스에 대한 만족도가 사람들마다 연령이나 나이에 따라 차이가 나는지를 알아보려는 연구가 있다면, 최소한 조사 대상자들의 성별과 연령, 서비스

---

11) MMPI는 Minnesota Multiphasic Personality Inventory의 약자다. 주로 성인을 대상으로 하는 표준된 심리측정 도구로 쓰인다.
12) FES는 Family Environment Scale의 약자다.

만족도를 측정하는 척도는 각기 포함되어야 할 것이다.

1) 설문지 구성의 고려 사항

설문지는 다양한 측정 도구를 담고 있는 질문들로 구성된다. 한 개념을 측정하는 도구가 하나의 질문으로 구성된 경우도 있고, 다수의 질문들로 측정되는 복합지표 구성 척도가 될 수도 있다. 이런저런 질문들을 묶어서 하나의 설문지가 개발되는데, 전체 설문지를 구성하는 데는 일반적으로 다음을 고려해야 한다.

연구 목적과의 관련성 설문지를 통해 측정되고 수집되는 자료들이 전체 연구 목적에는 어떤 기여를 할 것인지를 고려한다. 만약 가설을 경험적으로 검증하기 위한 자료가 요구된다면, 현재 설문지의 내용 구성으로 그것이 가능하겠는지를 검토해 본다.

개별 문항의 기여성 설문지에 포함된 문답 항목들은 각 개념의 측정 목적에 적절히 기여해야 한다. 복수 질문들로 구성된 척도의 내용이 설문지에 적절히 포함되었는지, 각각의 질문들은 어떤 개념의 측정에 기여하는 것인지 등을 확인한다.

문항 작성의 적절성 질문의 문답 항목은 세심한 주의를 기울여서 작성한다. 모든 문항은 각자가 측정 도구의 역할을 수행하므로, 측정의 제반 유의점과 다음에 제시되는 문항 작성의 유의점 등을 면밀히 고려해서 적절히 작성되어야 한다.

2) 문항 작성의 유의점

사람들의 생각을 측정하는 데 가장 쉬운 방법은 본인들에게 물어보는 것이다. 사람의 생각은 관찰을 통해 유추될 수도 있지만, 궁극적으로 간접 측정의 한계를 벗어나지 못한다. 생각은 본인에게 직접 물어보는 것이 가장 정확하다. 그런데 문제는 단순히 묻기만 한다고 응답자의 생각을 알아낼 수 있는지다. 대부분의 사람들은 명확하게 무엇을 생각하지 않고 있다가, 질문을 받고 나서야 비로소 생각하거나 결정하는 경우도 많다. 질문은 '있었던' 생각을 알려는 것이었는데, 결과는 없었던 생각을 '만들어' 내게 하는 것이 될 수도 있다.

이런 점들을 고려해 보면, 질문을 통해 사람들의 생각이나 태도를 측정하는 것에는 세심한 주의가 필요하다. 설문지 문항의 질문과 응답 항목을 작성하는 데 특히 유의해야 할 점들은 다음과 같다.

질문과 설명의 구분 설문지의 문항은 기본적으로 질문의 형식을 취한다. 그런데 때로는 순수한 질문이라기보다 설명을 늘어놓은 것처럼 되는 경우가 있다. 조금 복잡한 개념에 대한 의견, 예를 들어 '소외 문제에 대한 사람들의 태도'를 알아보기 위해 하나의 질문으로 척도를 다음과 같이 만들었다 하자.

〈예문 1〉 소외(alienation)란 일반적으로 사람과의 교류가 멀어진 상태를 말하는 것으로, 이것은 소외된 개인들의 개인적 차원의 문제에 그치는 것이 아니라 그것을 유발시키는 사회적 차원의 불평등이나 배제의 문제로 귀착되는 것인데, 이러한 소외 문제에 대해 어떻게 생각하십니까?

(1) 절대로 옳다   (2) 대체로 옳다   (3) 대체로 틀리다   (4) 절대로 틀리다

〈예문 2〉 소외(alienation)란 일반적으로 사람과의 교류가 멀어진 상태를 말하는 것으로, 이것은 소외된 개인들의 개인적 차원의 문제에 그치는 것이 아니라 그것을 유발시키는 사회적 차원의 불평등이나 배제의 문제로 귀착되는 것이라고 한다. 이와 같은 소외의 문제가 우리 사회에 심각하다는 것에 대해 어떻게 생각하십니까?

(1) 절대로 옳다   (2) 대체로 옳다   (3) 대체로 틀리다   (4) 절대로 틀리다

소외라는 까다로운 개념에 관한 질문을 하려면 약간의 설명이 필요할 수도 있다. 그런 경우라도 설명과 질문은 명확히 구분되어야 한다. 〈예문 1〉의 경우는 응답자가 질문이 무엇인지를 정확하게 파악하기 힘들다. 어떤 사람들은 소외의 개념 정의가 옳게 내려졌는지를 응답하라는 것으로 착각할 수도 있다. 이처럼 질문과 설명의 구분이 명확하지 못한 경우는 응답자들은 어디까지가 질문인지를 이해하기 어렵게 된다. 그 결과 어디까지에 대해 자신이 찬성하고 반대하는지를 분간하기 어려울 것이다. 같은 내용이라도 〈예문 2〉로 만들면 설명과 질문이 쉽게 구분되어, 응답자들도 한결같은 질문으로 이해하고 대답할 것이다.

개방형/폐쇄형 문항 개방형(open-ended) 문항은 응답자가 주어진 질문에 자유롭게 응답하는 형태로 작성된 것이다. 이를 흔히 주관식이라고도 한다. 폐쇄형(closed-ended) 문항은 질문에 대한 응답 유형을 질문자가 미리 정해서 주고, 응답자가 그중에서 자신의 생각에 해당하는 것을 선택하도록 하는 것이다. 흔히 객관식이라고 한다.

〈예문 3〉 우리 지역사회에서 가장 중요한 문제는 무엇이라고 생각합니까?

답: (   )

〈예문 4〉 우리 지역사회에서 가장 중요한 문제는 무엇이라고 생각합니까? (　　　)

　　　① 빈곤　　　② 범죄　　　③ 청소년 문제　　④ 환경 문제　　⑤ 노인 문제

　　　⑥ 소외　　　⑦ 상수도　　⑧ 교통　　　　　⑨ 주택　　　　⑩ 기타

〈예문 3〉과 같은 주관식 문항은 비록 자유로운 의견을 수렴할 수 있고, 미처 예상하지 못했던 응답들을 찾아낼 수 있다는 장점이 있다. 그러나 연구자의 입장에서는 각양각색의 응답들을 추후에 유형화하는 데 애를 먹을 수 있다. 예를 들어, 누군가가 응답을 '빈곤으로 인한 청소년 범죄'라고 하였다면, 그것을 빈곤, 범죄, 청소년 문제 중 어느유형에 속하는 것으로 할지를 고민할 것이다. 만약 그런 응답들을 모두 개별적인 문제들로 취급하려 한다면, 의미 있는 유형화는 불가능할 것이다. 그래서 사후 분석에 대한명확한 계획 없이 만들어진 개방형 문항의 자료들은 대개 그냥 버려지는 경우도 많다.

〈예문 4〉와 같이 폐쇄형 문항을 사용하는 경우는 개방형의 문제들을 어느 정도 예방할 수 있다. 미리 유형화된 응답 항목을 제시함으로써, 자료수집 후에 응답들을 유형화할 필요가 없게 한다. 문제는 폐쇄형 문항을 미리 만들기가 쉽지 않다는 점에 있다. 응답자들이 어떤 응답들을 할 것인지, 그런 응답 항목들이 포괄성과 상호배타성을 갖출지를 미리 예측할 수 있어야 하는데, 보통은 그것이 쉽지 않다. 예측이 부적절하면, 예를 들어 자녀 교육, 주차, 취업 등을 주된 문제로 생각하는 사람들은 적절한 응답 항목을 찾지 못할 것이다(포괄성의 결여). 또한 사전에 응답 항목들을 단일 차원으로 구성해보기도 쉽지 않은데, 그렇게 되면 예를 들어 '소외된 노인의 문제'를 응답하려는 사람은 ⑤나 ⑥ 중에 어디에 응답할지를 알 수 없게 된다(상호배타성의 결여).

질문의 명확성　　문항의 질문은 명확해야 한다. 질문의 명확성이란 주어진 질문을 모든 응답자들이 똑같이 인식할 수 있게 하는 것이다.

〈예문 5〉 당신의 지역사회에서 가장 시급하게 해결되어야 할 문제는?

　　　　　답: (　　　　　　　　　　　　　　　　　　　　　　　　)

〈예문 5〉에 대해 어떤 응답자들은 지역사회를 자신이 사는 도시로 규정할 수 있고, 다른 응답자들은 구, 동 혹은 아파트 단지 등으로 각기 달리 생각하고 응답할 수 있다. 그렇다면 이런 응답들을 가지고 단일 차원의 유형 구분을 한다는 것은 불가능하다. 예를 들어, 광역시를 지역사회로 생각한 응답자가 '환경 문제'를 응답했다면, 만약 이 응답자에게 광역시가 아니라 자신이 사는 아파트 단지의 문제가 무엇이냐고 했다면 '쓰

레기 분리수거의 문제'라고 했을 수도 있다.

만약 〈예문 5〉의 지역사회 관련 명확성을 해결하려면, 일차적으로는 각기 다른 지역 사회의 범위를 분리해서 모두 따로 물어야 한다. '광역시의 문제는?' '구 단위의 문제 는?' '동 단위의 문제는?' '아파트 단지의 문제는?' 등으로 물어서, 그 답들을 나중에 연구자가 자신이 의도하는 지역사회의 개념에 준하는 것으로 묶거나 선택해서 쓸 수 있다. 물론 이렇게 하는 데는 질문의 분량이 늘어나는 문제가 덧붙는다. 최종 결정은 다른 유의점들과의 형평성을 고려하여 이루어진다.

이중 질문 피함   두 개 이상의 질문이 하나의 질문 항목에 중첩(double-barreled) 되 는 것을 피해야 한다. 이중적인 질문에 대한 응답은 그것을 해석하고 활용하기 어렵게 만든다.

〈예문 6〉 당신은 개나 고양이를 좋아합니까?   예(   )   아니요(   )

〈예문 7〉 외롭거나 우울할 때 술을 마시는 경우가 있습니까?   예(   )   아니요(   )

〈예문 8〉 당신은 우리나라 사회복지 정책의 기본 방향이나 그 실천 과정에 대해서 옳다거나 다소 인정될 수 있다고 생각합니까?   찬성(   )   모름(   )   반대(   )

위의 예들은 이중 질문을 하는 경우다. 〈예문 6〉에서는 '예' 혹은 '아니요'라는 응답 을 얻었을 때, 개를 좋아하는지 혹은 고양이를 좋아하는지를 구분할 수 없다. 개는 좋 아하지만 고양이를 싫어하는 사람은 어떻게 대답을 해야 할까. 〈예문 7〉의 경우도 마찬 가지다. 외로울 때만 술을 마시고 우울할 때는 마시지 않는 사람은 '예'인지, '아니요' 인지를 알 수 없다. 〈예문 8〉은 더욱 심한 경우다. 이 질문은 어느 조사에서 실제로 사 용된 것인데, 이를 통해 나타난 응답은 그것이 찬성이든 반대든 간에 무엇을 찬성하였 는지 혹은 반대하였는지도 알기 어렵게 한다.

응답자의 능력 고려   어떤 질문이든지 질문자의 의도에만 충실해서는 안 되고, 응답 자의 능력과 수준을 적절히 파악해서 그에 맞게 질문해야 한다.

〈예문 9〉 지난 한 달 동안에 얼마만큼의 술을 마셨습니까?
소주(   )cc   맥주(   )cc   양주(   )cc   기타 (   )cc

〈예문 10〉 오늘 하루 몇 걸음을 걸으셨습니까?   (   )보

두 예는 질문자의 의도에만 충실한 경우다. 질문자는 자신의 연구 목적을 위해 두 가

지 변수를 정확히 측정하려 했을 것이다. 월 알코올 섭취량과 하루 걸음 수를 측정하려는 것이다. 그럼에도 질문자 자신의 욕구에 충실한 나머지 응답자들이 이에 응답할 수 있는 능력이 있는지를 고려하지 못했다. 아무리 충심 있는 응답자라도 〈예문 9〉에 답하기는 쉽지 않다. cc를 측정해 가며 술을 마실 수 있는 사람들은 그리 흔치 않다. 〈예문 10〉과 같은 경우는 차라리 응답자들에게 만보계를 채우는 것이 보다 타당한 측정 방법이 될 것이다. 문답식으로 측정할 수 없는 것들도 많다.

짧은 질문이 최고 응답자들은 본능적으로 긴 질문을 회피하는 경향을 가지기 쉽다. 사람들은 모두가 나름대로의 분주한 관심과 바쁜 시간 속에서 살아간다. 길고 지루한 질문은 쉽사리 자신의 관심 밖으로 두어 버린다. 따라서 질문은 짧고 간략한 것이 좋다. 그런데도 질문자의 욕심은 그렇지 않다. 응답자에게 '질문의 명확성' 원칙이 전달되기를 원하기 때문이다. 그 결과 질문은 종종 길어지기 쉽다. 그러나 질문자가 아무리 명확하게 질문을 한다 해도, 응답자가 관심을 주지 않으면 명확성 원칙은 허사가 되고 만다. 여기에 일종의 손익교환식 고려가 필요하다. 명확성을 조금 양보하더라도 짧은 질문으로 응답자들이 관심을 더 갖게 만드는 것이 좋을지, 아니면 조금 길더라도 명확성을 더 강조해야 할 것인지를 판단해야 한다. 이때 질문의 성격이나 응답자들의 유형, 응답 환경 등을 고려한다.

문항 서술의 간명성 흔히 문항들은 복잡하게 서술되는 경우가 많다. 대개는 질문자의 의도를 담으려다 보면 그렇게 되는 경우가 많은데, 설령 의도가 없더라도 서술 방식이 지나치게 복잡한 경우도 흔하다. 질문과 응답 항목들에 대한 서술은 가능한 한 간단하고 명료해야 한다.

〈예문 11〉 다음 사람들(…)에게 사회복지사 자격을 부여하자는 주장이 있는 것에 대해 어떻게 생각하고 계십니까? 찬성 (   )   반대 (   )

〈예문 12〉 다음 사람들(…)에게 사회복지사 자격을 부여하는 것에 찬성하십니까?
예 (   )   아니요 (   )

두 예는 동일한 질문을 하는 것이나, 〈예문 11〉은 응답자들이 쉽게 응답을 하지 못하게 한다. 찬성이나 반대를 '주장'에 대해 하라는 것인지, 아니면 '주장이 있는 것'에 대해 하라는 것인지를 모르기 때문이다. 질문자의 의도가 표출되면서 문장 서술이 복잡해졌기 때문이다. 동일한 질문을 〈예문 12〉처럼 해도 아무런 문제가 없을 것이다.

편향적 용어나 항목의 회피 질문이나 응답 항목들에 편견을 가진 용어나 서술은 사용하지 말아야 한다. 그렇게 되면 질문 자체가 의도하는 정확한 측정이 이루어지기 어렵기 때문이다. 지역 주민들의 아동양육시설에 대한 태도를 조사하기 위해 다음의 두 가지 방법으로 조사를 했다 하자.

〈예문 13〉 부모 잃은 불쌍한 아이들을 돌봐 주기 위해 아동양육시설이 우리 지역사회에 설립되는 것을 어떻게 생각하십니까?   찬성(   )   반대(   )

〈예문 14〉 부모 없는 고아들이 모여 있는 고아원이 우리 동네에 들어서는 것을 어떻게 생각합니까?   찬성(   )   반대(   )

두 경우는 비록 동일한 성격의 질문을 했다 하나, 용어나 서술에 수반된 편견의 영향으로 서로 상당히 다른 질문의 의미를 띨 것이다. 그에 따라 각기 다른 응답이 유도될 것으로 충분히 예상할 수 있다. 동일한 집단에 대해 조사하더라도, 〈예문 13〉에 비해 〈예문 14〉가 훨씬 더 많은 반대를 유도할 것이다. 이처럼 질문에 쓰이는 용어나 용법 등에서 편견이 촉발되면, 올바른 측정에 실패한다. 따라서 중립적인 용어를 선택하려는 노력이 중요하다.

3) 설문지 문항의 배치

개별 문항이 작성되고 나면, 이를 전체 설문지의 구조에 배치하여야 한다. 설문지에서 문항들이 어떤 순서나 위치에 배치되는지에 따라 설문 조사의 효율성이나 응답률이 달라질 수 있다. 문항 배치는 다음 사항을 중점적으로 고려한다.

첫째, 민감한 문제나 주관식 질문들은 설문지의 뒤에 배치한다. 응답자가 설문지를 받아 들었을 때, 처음부터 복잡하게 느껴지는 질문들이 나오면 설문 자체에 거부감을 갖기 쉽다. 그 결과 설문 응답을 거부하거나, 성의 없는 응답을 결심하게 만들 수도 있다. 이러한 거부감을 예방하기 위해서는 복잡하게 느껴지는 질문들은 뒷부분에 두는 것이 좋다. 응답하기 쉬운 질문들을 앞에 배치하여 일단 설문에 응하도록 한다면, 비록 뒷부분에 가서 까다로운 질문이 나오더라도 응답자가 이제까지 응답했던 노력을 생각해서 쉽게 포기해 버리지 못할 것이다. 이는 매몰 비용(sunk cost)의 효과를 활용하는 것이다.[13] 대부분의 주관식 문항들은 설문지 뒷부분에 배치하는 것이 좋고, 연구들마다 다르겠지만 별생각 없이 쉽게 응답할 수 있는 인구학적 질문 문항들은 앞쪽으로 두는 것이 좋다고 알려져 있다.

둘째, 개연성 질문(contingency question)들은 그에 적합한 순서대로 정리한다. 개연성 질문이란 응답자가 한 문항에 응답하면 그에 따라 각기 다른 질문을 해야 할 경우에 사용되는 것이다. 예를 들어, 〈질문 A〉에 대해 '예' 혹은 '아니요'로 응답케 하고, '예'로 응답한 사람은 〈질문 A-1〉으로, '아니요'로 응답한 사람은 〈질문 A-2〉로 가게 하는 것이다. 개연성 질문이 많아질수록 응답자들은 피곤해지기 쉽다. 가급적이면 이런 질문 형태는 연속적으로 나오지 않도록 하는 것이 좋다.

셋째, 고정반응을 막아야 한다. 고정반응(response set)이란 응답자가 일으키는 경향성으로, 많은 수의 문항들에 대해 응답자가 질문 내용이나 응답 유형을 깊이 고려하지 않은 채 특정한 응답 반응을 연속적으로 채택해 버리는 경향을 말한다. 유사하게 느껴지는 질문 문항들이 연속적으로 나열된 경우에, 응답자는 대략 자기의 응답 기준치를 정해 두고 문항들에 대한 응답을 그 근처에서 쉽사리 채택해 버릴 수 있다. 고정반응을 막기 위해서는, 유사한 내용의 질문 문항들을 떼어 놓는 등 문항들을 변화감 있게 배치하는 것이 필요하다.

넷째, 신뢰도를 측정하기 위해 도입되는 짝(pair)으로 된 질문 문항들은 분리시켜 배치한다. 한 설문지 내에 표현은 각기 다르지만 동일한 질문 목적을 가진 문항 짝들을 배치하는 경우가 있다. 이것은 신뢰도를 측정하기 위한 목적인데, 이런 문항들은 될 수 있는 한 서로 멀리 떨어져 있게 하는 것이 좋다.

다섯째, 질문 문항들은 길이와 유형을 다양하게 해서, 응답의 지루함을 없애 주는 것이 필요하다. 비슷하게 보이는 질문 문항들을 연이어 배치하는 것보다는 길이나 유형이 다른 질문들을 섞어서 배치함으로써 응답자에게 변화감을 줄 수 있다.

4) 행렬식 질문 작성

행렬식 질문이란 동일한 응답 항목이 필요한 질문들을 행렬(matrix)로 묶어서 나타내는 것이다. 설문 양식의 효율성을 위해 고려되는 방식이다. 다음이 행렬식 문항 작성

---

13) 매몰 비용이란 기투자된 비용을 말한다. 응답자가 이제까지 시간과 노력을 들여 응답한 만큼이 이에 해당한다. 여기에서 그만두면 손해라는 생각이 들게 하는 것이 매몰 비용의 효과다.

의 흔한 예다.

	매우 그렇다	그렇다	보통	아니다	매우 아니다
• 수업 진행은 수업 계획서와 일치했다.	( )	( )	( )	( )	( )
• 수업 방식이 적절했다.	( )	( )	( )	( )	( )
• 수업에 대해 전반적으로 만족한다.	( )	( )	( )	( )	( )

심리사회적 개념을 측정하는 척도는 대부분 다수의 문항들로 구성된다. 동일 척도에 속하는 다수의 문항들이 한 구역(block)으로 설문지에 배치되는데, 이때 행렬식 질문의 효율성이 두드러지게 나타난다. 공간 배치의 효율성과 함께 응답자에게 시각적인 간명성도 제시할 수 있다. 물론 문항의 배치에 관한 앞서 유의 사항들(예: 고정반응의 회피 등)은 행렬 질문들 내에서도 지켜지는 것이 좋다.

제10장

측정의 타당도와 신뢰도

추상적인 개념을 경험화시키는 측정의 과정에는 일정한 오류가 발생할 수 있다. 심리사회과학 연구들에서는 특히 이러한 측정 오류의 여지가 다분하다. 측정의 타당도와 신뢰도는 측정에 따른 오류의 정도를 명확하게 확인하는 목적을 가진다. 이를 통해 측정의 오류를 줄이거나 통제할 수 있는 방법을 찾는다.

1. 측정의 오류

측정의 타당도와 신뢰도에 대해 이해하려면, 먼저 측정 과정에 어떤 오류가 개입될 수 있는지를 알아야 한다. 측정의 오류는 크게 체계적 오류와 무작위 오류로 나누어 볼 수 있다.

1) 체계적 오류

측정의 체계적 오류(systematic error)는 자료수집 방법이나 자료가 제공되는 역학에 의해 발생하는 것이다. 우연한 실수 등으로 인한 것이 아니라, 잘못된 측정 방법을 채택함으로 인해 오류가 발생하는 것이다. 이런 오류는 우연한 것이 아니므로 지속적이고 체계적으로 나타난다. 측정에서 체계적 오류가 발생하면 측정이 의도한 개념이 아닌 다른 개념을 지속적으로 측정한 결과가 된다. 체계적 오류를 발생시키는 몇 가지 대표적인 경우들은 다음과 같다.

(1) 태도와 행동

사회과학에서 사람에 관련된 변수들을 측정하려 할 때, 태도와 행동은 종종 뒤섞여서 측정되는 경향이 있다. 태도(attitude)를 측정하면서 실제로는 행동(behavior)을 예측하려 한다거나, 반대로 행동을 측정하여 태도를 예측하는 것과 같은 경우들은 측정 과정에서 일반적으로 나타나기 쉬운 오류들이다.

〈예문 1〉 길거리에 껌을 뱉는 것은 잘못된 것이다.　예 (　　　)　아니요 (　　　)

〈예문 2〉 길거리에 껌을 뱉기도 한다.　예 (　　　)　아니요 (　　　)

태도와 행동은 일치하지 않는 경우가 많다. 어떤 사람이 〈예문 1〉에 '예'를 하고, 〈예문 2〉에도 '예'로 답할 수 있다. 만약 이런 결과 값을 가지고 의아해하거나, 그 사람을 표리부동한 사람으로 보는 것은 잘못된 일이다. 응답자의 잘못이 아니라, 인간의 외면적인 행동은 내면적인 태도와 반드시 일치하지 않을 수 있다는 것을 간과한 연구자의 잘못이다. 이처럼 태도와 행동은 서로 다른 개념이라는 것을 인식하지 못할 때, 측정에서는 체계적인 오류가 지속되게 된다. 태도를 측정하려는데 행동이 측정되는 결과를 지속적으로 가지게 되는 등이다.

(2) 편향 오류

사회과학의 주된 연구 대상은 사람이다. 그래서 측정 대상이 스스로 측정값을 제공하는 경우가 많다. 나무의 나이를 알려면, 조사자가 나이테를 보고서 헤아려 측정한다. 그런데 사람의 나이를 알려면, 사람에게 물어보고 그 대답을 사실로 받아들이는 것이다. 사람들이 자신의 청렴함을 묻는 질문에 대답하는 것은 사실일까? 서비스에 대한 고객 만족도를 묻는 질문에 대한 응답은 사실일까? 이러한 응답의 사실 여부는 '정직함'이 아닌 '편향성'에 달려 있다. 측정의 대상자가 스스로 측정값을 제공하는 경우에는, 그가 가지는 주관적 편향성(bias)이 객관적 측정을 저해하는 오류가 된다.

사회적 적절성 편향　사회적 적절성(desirability) 편향이란 응답자들이 질문자의 의도를 고려함으로써 발생하는 측정 오류다. 자신이 어떻게 생각하는지와는 무관하게, 응답을 통해 자신이나 자기 집단이 어떻게 비추어질 것인가를 고려해서 대답하는 경우에 사회적 적절성 편향의 오류가 자주 나타난다.

〈예문 3〉 더불어 살아가는 사회를 만들기 위해서는 모두가 조금씩 양보할 필요가 있습니다. 사회복지에 필요한 재원을 확보하기 위해 주민세를 0.5% 정도 높이는 데 대해서 어떻게 생각하십니까?　(　　　) 찬성　(　　　) 모르겠음　(　　　) 반대

〈예문 4〉 지방정부의 영역 확장을 위해 주민세를 0.5% 인상하는 것이 타당하다고 보십니까?　(　　　) 찬성　(　　　) 모르겠음　(　　　) 반대

위의 두 질문은 모두 주민세 0.5%의 인상에 대한 의견을 측정하려는 것이다. 그런데 두 질문은 동일한 사람에게서도 각기 다른 응답을 유발할 가능성이 크다. 〈예문 3〉과 〈예문 4〉에서 응답자들은 질문자의 의도를 충분히 읽을 수 있기 때문이다. 따라서 이런 질문들은 실제로 측정하려고 하는 응답자들의 세금 인상에 대한 개인적 견해를 측정하기보다는, 사람들이 사회적으로 적절하다고 판단하는 것에 응답자들이 얼마나 쏠리는지에 관한 개념을 측정하는 결과를 낳게 된다.

문화적 차이에 의한 편향　문화적 차이(cultural gap) 편향이란 측정 과정에 문화적 차이가 스며들어 측정의 체계적 오류를 일으키는 것이다. 어떤 문화 집단에서는 자연스럽게 이해되는 사실이 다른 문화 집단에서는 그렇지 않은 경우에 보통 많이 나타난다.

전라도와 경상도 남자들에게 '고메를 발효시키면 무엇의 원료가 될까요?'라고 묻는다. 만약 경상도 남자들은 대부분 맞히고, 전라도 사람들은 많은 수가 맞히지 못했다면, 이것은 무엇을 측정했을까? 경상도 사람들은 전라도 사람들보다 더 똑똑하다? 아니면, 경상도 사람들은 역시 소주를 많이 먹는다?

이것은 문화적 차이 편향이 주는 측정의 체계적 오류에 불과하다. 측정하려 했던 개념은 '고구마를 발효시키면 소주의 원료인 주정이 된다는 것을 아는지'라 해도, 실제로 측정한 것은 '고메가 무엇인지를 아는지'라는 개념이었다.

고정반응에 의한 편향　고정반응(response set)이란 설문지에서 일정한 유형의 질문 문항들이 연속해서 부과될 때 응답자들이 고정된 반응을 나타내는 것을 말한다. 고정반응도 일종의 편향으로서 측정의 오류를 유발한다. 고정반응을 일으킨 응답자는 개별 문제들을 일일이 생각해 보고 응답하지 않고, 앞서 계속되어 온 응답 유형에 편향을 두고 그 수준에서 쉽사리 자신의 응답을 결정해 버린다.

대학에서 강의평가서는 수업의 다양한 측면에 대해 질문하고, 응답 유형을 5점 척도(매우 그렇다~매우 아니다) 행렬식 질문 구성으로 하는 것이 보통이다. 교수의 강의 준비와 성실성, 그리고 수업 태도라든지, 과제물의 평가가 공정한지, 강의 내용은 흥미가 있었는지 등등으로 다양한 질문이 빽빽이 이어져 있다. 비록 질문자(대학 관리자 혹은 교육부?)의 입장에서는 각각의 문항들이 독특한 지표 개념을 묻는 것이기는 하지만, 응답하는 학생들의 입장에서는 별로 큰 관심을 기울이지 않는 상태에서 응답하다 보면 다들 비슷비슷한 질문인 것처럼 여겨진다. 그래도 몇 개를 꼼꼼히 응답하다가, 다음부터는 대략 앞서 응답 수준에서 큰 편차를 보이지 않게 마구 체크해 내려간다.

고정반응을 보이는 상태를 연속반응의 함정이라고도 한다. 연속되는 반응 때문에 편향된 함정에 빠지게 된다는 뜻이다. 고정반응으로 인한 측정의 오류도 체계적으로 지속되는데, 예를 들어 설문지에 문항들이 고정반응을 유발하는 형식으로 배치되어 있는 한, 그로 인해 의도했던 개념(강의 평가)이 아닌 다른 개념(예: 자신의 대학생활 전반 만족도)을 측정했을지도 모르는 일이 된다.

이처럼 측정에는 다양한 체계적 오류가 내포될 가능성이 널려 있다. 체계적 오류는 개념의 이론적인 정의나 조작적 과정뿐만 아니라, 자료수집의 과정이나 절차들을 통해서도 개입될 수 있다. 이것은 실제로 측정의 순도를 떨어뜨려 정확성을 줄이거나 혹은 의도와는 전혀 다른 엉뚱한 것을 측정케 하는 결과까지도 초래한다. 측정의 타당도를 저해하는 것이다. 그러나 체계적 오류들은 오류의 근원이 일정하게 유형화되어 가려내질 수 있는 만큼, 그것들을 제거해 내는 작업도 체계적으로 가능할 수 있다.

2) 무작위 오류

무작위 오류(random error)는 오류가 일정한 유형으로 발생하지 않는 것이다. 즉, 비일관성 오류를 말한다. 체계적으로 일관성 있게 나타나는 오류들은 그런 만큼 근원을 찾아내 제거할 수 있지만, 무작위적으로 일관성 없이 나타나는 오류들은 이유를 찾아내기 어렵다.

측정에서의 무작위 오류는 주로 측정 당시의 주변 환경이나 응답자의 기분 차이, 예를 들어 더운 날이나 추운 날, 기분이 좋을 때와 나쁠 때 설문 응답하는 것의 차이에 의해 발생하는 것이다. 이뿐만 아니라 심지어는 조사자의 말투나 뉘앙스의 차이 등조차

도 심리 측정의 상황에서는 중요한 차이를 유발할 수 있다. 이러한 차이들로 인해 측정
에서는 무작위적 오류가 발생한다.

문제는 이러한 차이들은 미리 예측하기 어렵고, 그로 인해 발생하는 무작위적 오류
들은 체계적으로 통제하기도 그만큼 쉽지 않다는 것이다. 그럼에도 오랫동안 유사한
측정을 계속해 나가다 보면 무작위적인 것처럼 보이던 다양한 환경적 요소들이 체계적
인 요소로 확인될 수도 있다. 체계적 요소는 체계적인 방법으로 제거할 수 있다. 무작
위 오류의 범위가 줄어들면, 그만큼 측정의 정확성은 높아지게 된다.

2. 측정의 타당도

측정의 타당도(validity)는 '측정하려고 했던 개념과 측정된 개념이 일치하는지'의 정
도를 말한다. '키'를 측정하려는데 '저울'을 사용했다면, 측정의 타당도는 없는 것이다.
사람의 '선량함'을 측정하기 위해 눈앞에 대고 '당신은 선량하십니까?'라고 묻는 질문
척도를 사용했다면, 이 측정의 타당도는 형편없이 낮은 것이다.[1] 양적 조사연구에서는
정확한 측정이 무엇보다 중요하고, 여기에는 측정의 타당도가 필수적이다. 측정의 타
당도를 확인하는 방법으로는 크게 세 가지가 있다.

1) 내용 타당도

내용 타당도(content validity)란 해당 개념을 측정하는 데 올바른 질문이나 관찰 항목
들이 측정 도구에 포함되어 있는지를 확인하는 것이다. 이를 위해 연구자의 직관이나
해당 분야 전문가들의 견해를 동원한다. 설문지 형식의 측정 도구라면 여기에 포함된
항목들이 측정하려는 개념의 구성을 적절히 대변하고 있는지를 전문적 혹은 상호주관
적 판단에 기초해서 결정하는 것이다. 내용 타당도를 일명 안면 타당도(face validity)라
고도 한다.

---

1) 어떤 대답이든 그것으로 '선량함'의 여부에 관한 개념을 판단하기 어렵기 때문이다. 오히려 '예' 혹은 '아니요'
의 응답을 통해 측정된 개념은 '뻔뻔함'일 수도 있다.

만약 사람들의 지적 능력(지능)을 10문항으로 측정하는 IQ 측정 도구를 만든다면, 어떤 질문 10개를 하면 될까? 10개로 가능할까? 덧셈과 뺄셈 문제 10개를 주고, 푸는 시간을 측정해 보면 될까? 그렇게 구성된 측정 도구로 사람들을 측정했을 때, 점수(경험적 측정값)를 잘 받은 사람들이 대부분 우리가 생각하기에 지능(측정 개념)이 높은 사람들이라는 것과 일치해야 올바른 측정이 되는 것이다. 이때 내용 타당도는 연구자나 해당 분야의 전문가들이 모여서 측정 도구를 구성하는 10개 문항의 내용을 두고, 개념과 경험이 일치할 것인지를 직관적으로 검토, 합의를 해서 타당성 여부를 결정한다.

내용 타당도를 확인하는 과정은 측정 구성의 기본적인 과정으로, 모든 측정 도구의 개발에서 반드시 포함되어야 한다. 내용 타당도를 확인하는 방법은 크게 두 단계로 구분해 볼 수 있다.

개념적 정의의 단계   측정하려는 개념이 가지는 의미의 범주를 결정한다. 이 단계를 보통 개념적 정의라고 하는데, 구성개념(construct)의 영역 범위를 그어 보는 것이다.[2] 즉, 구성개념에 대한 '의미론적 그물'을 규정한다는 것인데, 의미론적 그물(semantic net)이란 마치 어떤 단어를 사전적으로 정의할 때 연관된 단어들을 엮는 것과 같다.

> 자아존중감이라는 구성개념이 포함하는 의미론적 그물은 [그림 10-1]처럼 자긍심이나 자신감, 자기노출, 개방성 등과 같은 특질들(traits)이 하위 개념으로 연결된 것으로 정의해 볼 수 있다. 다른 예로 만약 '아동복지 프로그램'이라는 개념을 연구 주제로 삼는다면, 가령 '아동을 가진 어머니들의 양육 스트레스 해소를 위한 프로그램' 같은 것은 이 개념의 구성 영역 안에 들어가는 것인지 등을 판단한다. 이러한 판단을 위해서는 개념적 정의가 충분하고도 구체적으로 이루어져야 한다.

연구에서 개념이 담고 있는 의미의 영역을 설정하는 작업, 즉 개념적 정의를 내리는 과정에서는 문헌 검토나 인터뷰 혹은 초점집단(FGI) 등과 같은 다양한 방법들이 사용될 수 있다.[3] 이 과정에서 측정의 대상 개념이 가지는 특질들이 [그림 10-1]의 예에서처럼 개념 구성의 관계와 비중 등으로 그려질 수 있다. 이러한 개념적 정의의 과정에서

---

2) 사회적 산물로 나타나는 어떤 것을 우리가 규정하려 할 때, 단순히 개념(concept)보다는 구성체 혹은 구성개념(construct)으로 쓰는 경향이 많다.

3) FGI란 Focus Group Interview의 약자로, 초점집단을 구성하고 운용해서 자료를 수집하는 방법이다. 이 책 14장에서 구체적인 기법을 설명한다.

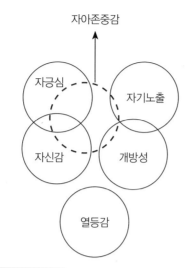

그림 10-1 | 자아존중감 개념의 구성 예

개념이 보다 보편적으로 수용될 수 있는 의미에 가깝게 되어야 한다.

조작적 정의의 단계　개념의 조작화 단계다. 여기에서 개념을 구성하는 특질들이 경험적으로 어떻게 포착될 수 있는지를 명확한 근거로 제시한다. 예를 들어, 지능을 측정하는 10문항 도구가 모두 산수 문제로만 구성되었다면, 그것은 지능 개념에서 '연산 능력'이라는 일부 특질들만을 측정하는 것이 된다. 이 단계는 앞 단계에서 구체화한 개념적 정의에 기반해서 수행되는데, 그에 포함된 개별 특질들이 측정 항목들로 빠짐없이 나타나는지와 적정하게 분포되어 있는지 등을 고려한다.

내용 타당도는 이런 두 단계가 얼마나 적절히 수행되었는지를 보고 판단하는 것이다. 이 판단을 위해 기존 문헌들을 참고해 보거나, 관련 인구집단을 대표하는 사람들에게 물어본다거나, 전문가 집단에게 부탁하는 경우도 있다. 뒤에 설명하는 구성 타당도나 기준 타당도와는 달리 내용 타당도는 경험적 측정을 수반하지 않기 때문에 타당도의 크기를 양적 수치인 계수(quotient)로 나타내지 않는다.[4]

내용 타당도는 측정의 타당도에 대한 확인을 직관적인 판단(들)에 의존하므로 편향이나 오류가 발생할 여지가 있다. 그러므로 내용 타당도를 높이려면 대상 개념에 대한

---

4) 외부 전문가들에게 내용 타당도의 판단을 의뢰할 때 양적 잣대를 써서 점수화하는 경우도 있지만, 그것도 주관적인 판단을 수치로 표현하도록 하는 것에 불과하다. 엄격한 양적 수치의 기준에 따른 계수가 되기는 어렵다.

전문가나 측정의 당사자 등을 포함해서 다각적 관점이 동원되어 측정 도구의 항목들을 검토하는 노력이 권장된다. 개념을 구성하는 특질들이 포괄적이고 상호배타적으로 반영되어 있는지, 편중되거나 누락된 항목들은 없는지 등을 확인한다.

내용 타당도는 측정 도구를 평가하는 기본적인 방법이다. 다른 타당도들에 대한 확인도 일차적으로는 내용 타당도가 성립함을 전제로 실시한다. 내용 타당도의 확인은 이미 개발된 측정 도구에도 필요하지만, 새롭게 측정 도구를 개발하는 과정은 그 자체가 곧 내용 타당도의 확인 과정과도 같다. 이 과정은 기본적으로 측정 대상 개념에 대한 이론을 형성하게 되면서,[5] 구성 타당도나 기준 타당도와 같은 다른 타당도의 검증들에 있어서도 이론적인 근거를 제공한다.

2) 구성 타당도

구성 타당도(construct validity)는 측정 대상 개념이 어떻게 구성되어 있는지를 설명하는 이론을 토대로 해서, 그 안에 포함된 여러 개념들과 관계의 양상을 경험적인 자료를 통해 확인해 보는 것이다. 앞서 내용 타당도에서는 개념적 정의와 조작적 정의를 통해 도출된 측정 항목들이 과연 적절한 것인지를 주관적으로 판단하는 것에 그쳤다. 반면에 구성 타당도는 내용 타당도에서 기대했던 것과 같은 측정 항목들 간의 관계가 자료수집을 통한 검사(test) 점수들 간의 관계에서도 적절히 드러나는지를 확인하는 것이다. 이는 [그림 10-2]의 예와 같다.

구성 타당도를 확인하는 과정에서는 '다중특질-다중방법'과 같은 논리를 사용한다. 다중특질-다중방법(MTMM)은 개념 측정의 타당도를 경험적으로 확인하는 데 쓰이는 방법이다.[6] MTMM의 논리에서는, 한 개념이 복수의 특질들과 복수의 방법들로 측정

---

5) 내용 타당도를 높이기 위해서는 추상성을 다루고 개념적 사고를 할 수 있는 능력에 대한 훈련이 필요하다. 추상적인 상태의 생각, 의미, 단어, 개념, 구성체, 이론 등을 연구자가 현재 관심을 두는 주제와 연결해서 정리해 낼 수 있는 능력이 필수적으로 요구된다. 여기에서 연구자란 실천가를 포함한 실천/연구자다. 전문적 분야에서는 실천가와 연구자의 역할이 크게 떨어져 있지 않고 겹쳐지는 부분도 많다. 그러므로 사회복지 연구나 실천 환경 모두에서 개념적 사고 능력을 실천/연구자들이 갖추는 것은 중요하다.

6) MTMM은 MultiTrait-MultiMethod의 약자다. 이 방법은 〈Campbell, D., & Fiske, D. (1959). 'Convergent and discriminant validation by the multitrait-multimethod matrix'. *Psychological Bulletin*, 56(2), pp. 81-105.〉에서 제시된 것이다. 여기서는 〈Trochim, W. (2006). *Research Methods Knowledge Base* [http://www.socialresearchmethods.net/kb/conmap.html]〉의 설명을 따른다.

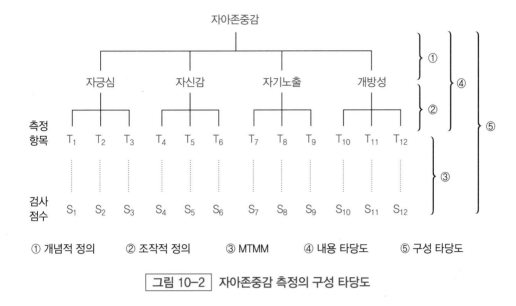

① 개념적 정의   ② 조작적 정의   ③ MTMM   ④ 내용 타당도   ⑤ 구성 타당도

그림 10-2 | 자아존중감 측정의 구성 타당도

된다면, 각 특질 내에서의 항목들 간 상관관계는 다른 특질 항목들과의 상관관계보다 높아야 한다는 것이다. [그림 10-2]의 자아존중감 개념 측정의 예처럼, (T_1, T_2, T_3) 간의 상관관계는 $(T_1 - T_4), \cdots , (T_3 - T_{12})$ 등에서보다 높아야 한다는 것이다. 그것이 측정 항목들을 구성할 때의 이론적인 근거였으며, 이를 검사 점수로서 확인해 보아 예상했던 결과가 나타나면 구성 타당도가 있다고 본다.

구성 타당도는 내용 타당도와 마찬가지로 개념의 내적 구조와 측정의 내용이 적합한지를 본다. 내용 타당도가 적합성의 근거를 연구자나 전문가들의 주관적인 판단에 의존하는 것이라면, 구성 타당도는 그것을 경험적인 조사를 통해 확인하는 것이다. 측정의 이론적 구조와 경험적 구조의 근거가 합치하는 비율이 높을수록, 구성타당도도 높은 것이 된다.

구성 타당도는 측정 도구에 대한 타당도를 가장 고차원적으로 확인하는 방법이다. 그럼에도 현실적으로는 구성 타당도를 확인하는 작업이 그리 간단치는 않다. MTMM과 같은 검증 방법은 복잡해서 설계하기가 쉽지 않다. 또한 검사의 결과가 기대했던 이론적 구조와 일치하지 않게 나온다 해도, 개념 구성이 잘못된 것인지 혹은 검사 과정상의 오류 때문인지를 밝혀내기도 쉽지 않다. 그로 인해 구성 타당도는 측정 도구의 개발을 목적으로 하는 전문적인 연구들에서만 주로 사용되는 경향이 있다.[7]

3) 기준 타당도

기준 타당도(criterion validity)는 구성 타당도와 마찬가지로 경험적으로 타당도를 검증하는 방법이다. 일반적으로 경험적 타당도라고 하면, 보통 기준 타당도를 의미하는 것일 만큼 일반적으로 널리 쓰이는 방법이다. 구성 타당도와의 차이점은 측정 도구의 타당도에 대한 평가의 근거를 내부 구조가 아닌 외부 기준에서 찾는다는 것이다.

기준 타당도는 측정이 타당한지에 대한 경험적인 근거를 다른 개념의 측정 결과에서 찾는다. A 개념을 측정하는 도구를 개발하고, 이 도구가 타당하게 A를 측정했는지를 알아보기 위해, 그와 밀접히 연관된 B 개념을 측정하는 (이미 개발되어 있는) 도구와 비교해 보는 것이다. 마치 저울 하나를 만들고, 이 저울이 타당한지를 알기 위해 다른 저울로 측정한 것과 비교해 보는 것과 같다. 두 개의 측정 도구를 가지고 조사해 보아서, 측정값들이 긍정적인 상관성을 보이면, 예를 들어 상관관계 계수가 높으면, 기준 타당도가 높다고 한다.

기준 타당도는 비교 기준의 시점에 따라 두 가지 형태로 나뉜다.

예측(predictive) 타당도　비교 기준의 시점을 미래에 두는 것이다. 한 개념의 측정 결과가 그와 관련된 개념을 예측하는 데 쓰일 수 있다면, 그 관련 개념이 예측 기준이 되어서 측정 도구에 대한 타당성을 확인해 준다. 비록 조사는 동시에 하더라도, 이론적으로 A와 B가 인과관계로 여겨진다면, A의 측정 타당도는 B 측정값의 예측을 통해 검증될 수 있다.

동시(concurrent) 타당도　비교 기준의 시점을 현재에 둔다. 한 개념의 측정 결과를 그것과 병행해서 나타날 것으로 믿어지는 다른 개념의 측정 결과에 비추어 보는 것이다. 두 개의 측정 결과가 함께 발생하는 것이 확인되면, 이를 기준으로 해서 측정 도구에 대한 타당성을 확인한다. 이를 동시발생 타당도라고도 한다.

> 앞 장에서 예로 든 RAS(관계사정 척도)는 개발 과정에서 기준 타당도를 확인하기 위해 예측 타당도와 동시 타당도의 방법을 모두 적용하였다. 예측 타당도에서는 RAS로 측정된 점수가 관계를 지속하는 커플과 관계가 깨어지는 커플들을 예측해 내는 데 효과적이었다고 보고되었

---

7) 요인 분석의 통계 기법 등이 그런 연구들에서 주로 활용된다. 요인 분석에 대한 자세한 내용은 이 책 19장에서 다룬다.

다.[8] 동시 타당도를 위해서는 비교 기준을 DAS(관계적응 척도)로 삼았는데, 검사 결과 RAS
와 DAS의 두 측정값들이 높은 상관관계를 보였다고 보고되었다.[9]

이처럼 한 개념의 측정 도구에 대한 타당도를 알아보기 위해 그 개념과 밀접한 인과
관계 혹은 상관관계를 가지는 다른 개념들을 기준으로 삼는 방법을 기준 타당도라 한
다. [그림 10-3]은 기준 타당도를 도식화한 것이다.

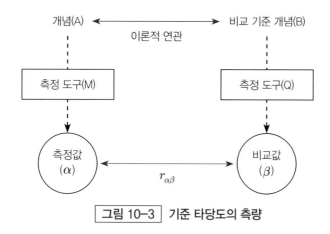

그림 10-3 기준 타당도의 측량

개념(A)를 측정 도구를 통해 측정한 값(α)이 A와 이론적으로 밀접하게 연관되어 있
다고 여겨지는 비교 기준 개념(B)의 측정값(β)과 비교된다. 측정 도구(Q)는 이미 타
당도가 검증된 것이라고 한다면, 측정 도구(M)에 대한 타당도는 측정값(α)가 비교기
준 측정값(β)와 유사하게 나타나는 정도로서 판단될 수 있다. 즉, 상관계수 $r_{\alpha\beta}$가 크면
클수록(최댓값 1에 가까울수록), 측정 도구(M)이 개념(A)를 타당하게 측정하는 정도가
높다고 한다. 만약 $r_{\alpha\beta}$가 최솟값 0에 가까운 값이면, 측정 도구(M)은 기준 타당도가 없
다고 한다.

기준 타당도에서는 타당도의 크기를 나타내기 위해 상관계수를 많이 사용하는데, 이
를 타당도 계수($r_{\alpha\beta}$)라고 한다.

타당도 계수($r_{\alpha\beta}$) = 측정값(α)과 비교기준 측정값(β) 간 상관관계의 크기(r)

8) 참고: Fischer & Corcoran, *Measures for Clinical Practice,* pp. 170-171.
9) DAS는 Dyadic Adjustment Scale의 약자다. 2인 관계의 적응 척도로서, 결혼이나 유사한 관계의 질을 측정하기
위한 도구로 개발된 것이다. 참고: 상게서, pp. 170-171.

외부 기준을 사용하여 경험적으로 타당도를 확인한다는 것은 기준 타당도의 중요한 장점이다. 그럼에도 이것이 한편으로는 외부 기준 관련 측정을 따로 해야 하는 부담을 초래한다. 또한 비교 기준으로 동원된 개념의 측정 도구가 타당도와 신뢰도가 충분하지 않을 때는 타당도 계수 $r_{\alpha\beta}$가 타당도를 적절히 대변하지 못하게 된다. 따라서 기준 타당도를 활용할 때는 비교 기준의 적절한 선택이 중요하다. 개념적 관련성 못지않게 타당도와 신뢰도가 높은 측정 도구를 가진 비교 기준을 찾을 필요가 있는 것이다.

3. 측정의 신뢰도

측정에서 신뢰도(reliability)란 장소와 시간에 구애받지 않고 일정한 값을 계속해서 산출해 내는 정도를 말한다. 즉, 측정값들의 일관성을 의미한다. 측정 도구의 정확성을 나타낸다는 점에서 타당도와 일치하나, 신뢰도는 타당도와 분명히 구분되는 개념이다. 타당도가 측정의 체계적 오류와 관련된 것이라면, 신뢰도는 측정의 무작위적 오류와 관련되어 있다.

1) 신뢰도의 성격

신뢰도는 측정의 일관성을 의미한다. 측정 도구가 높은 신뢰도를 가진다는 것은, 동일한 대상에 대해 측정을 되풀이할 때 그 결과 값들이 일관되게 나온다는 것이다. 동일한 측정 도구를 동일한 대상에게 되풀이해서 적용하면 이상적으로는 하나의 값이 고정적으로 나와야 한다. 이상적이라고 하면, 신뢰도가 100%라는 뜻이다. 신뢰도 계수로는 1을 말한다. 신뢰도가 전혀 없을 때는 신뢰도 계수가 0으로 된다.

현실적으로 측정에서 완벽한 신뢰도의 크기 1을 기대하기는 어렵다. 측정 환경이나 과정상의 미묘한 차이 등에서 통제할 수 없는 무작위적 오류들이 크고 작게 개입될 수밖에 없기 때문이다. 무작위적 오류란 일정한 유형을 갖지 않은 오류들이 비체계적인 양상으로 나타나는 것이다. 그래서 이를 체계적으로 분간해 내서 제거하는 방법도 없다. 만약 이러한 오류가 체계적이라면, 이는 대개 측정의 타당도 문제로 간주된다.

사람들의 몸무게를 측정하는 저울이 있다. 이 저울을 측정 도구로 해서 똑같은 사람이 연속해서 도합 5번의 몸무게 측정을 했는데, 각각 70kg, 71kg, 71kg, 70kg, 71kg으로 나왔다 하자. 이런 경우에 우리는 저울의 신뢰도가 부족하다고 한다. 물론 짧은 시간에 사람의 몸무게가 그렇게 변화할 수 없다고 가정하면 그렇다.

이를 두고 저울의 타당도가 없다고 하지는 않는다. 70kg, 70kg, 70kg, 70kg, 70kg이 나왔더라도 마찬가지다. 이 경우에 신뢰도는 있다고 하지만, 타당도가 있다고 하지는 못한다. 그 사람의 몸무게가 실제로 70kg인지, 71kg인지, 아니면 전혀 다르게 80kg인지를 현재의 값들로는 판단할 근거가 없기 때문이다. 비교 기준의 타당도라면 다른 저울로 측정한 값을 얻어 보아야 한다.

신뢰도란 단지 측정의 일관성에 국한된 것이다. 체계적으로 측정하려는 현상을 타당하게 한 것인지는 신뢰도와는 무관하다. 단지 일정한 값이 산출되는지만을 나타낸다. 그럼에도 일부 사회과학 실천/연구들에서는 측정 도구의 신뢰도를 중요하게 간주하는 경향이 있다. 타당도를 직접 경험적으로 확인하기 어렵기 때문에, 신뢰도를 그에 대한 간접적인 추정 근거로 삼는 경향도 있다. 비록 논리적으로 적절하지는 않지만, 현실적으로는 일관된 측정값을 산출해 주는 것 자체만으로도 측정의 정확성을 제시하는 근거로 삼을 수밖에 없는 경우가 많다.

2) 신뢰도의 산출 공식

동일한 측정 도구를 동일한 대상에게 적용하더라도 측정값들은 약간씩 차이를 보일 수 있다. 만약 그런 측정값들을 하나씩 분해해서 본다고 해 보자. 하나의 측정값에는 전체 측정값들에서 공통적으로 나타나는 부분과, 여기에서만 특이하게 나타나는 부분이 있을 것이다. 이들을 각기 '참' 요소, '오류' 요소라고 한다.

만약 전체 측정값들이 모두 한 가지 값을 가진다면, 오류 요소를 가진 개별 측정값은 하나도 없는 것이 된다. 그러면 이 측정은 신뢰도가 완벽한 상태, 즉 1이라고 한다. 만약 참 요소는 하나도 없고, 오류 요소들만 있다면 이 측정은 신뢰도가 전혀 없는 상태, 즉 0이 된다. 이러한 신뢰도의 논리를 단순한 통계 용어를 써서 풀어 보면, 최종적으로 신뢰도 계수를 산출하는 공식이 만들어진다.

(1) 한 측정 도구를 가지고 n번의 측정을 되풀이했을 때 각각 나타나는 값들이 있을 것이다. 각 값들을 모두 더해서 n으로 나누면 측정값들의 평균($\bar{x}$)이 나온다.

측정값(x_i) : $x_1, \quad x_2, \quad x_3, \quad \cdots, \quad x_n$

측정값들의 평균($\bar{x}$) $= \dfrac{\sum x_i}{n}$

(2) 개별 측정값(x_i)들에서 평균($\bar{x}$)을 각기 뺀 값을 제곱해서 모두 더하면, 이것이 변이의 총량($\sum (x_i - \bar{x})^2$)이 된다. 이는 개별 측정값들이 평균으로부터 얼마나 떨어져 있는지를 나타내는 값이다. 평균을 참 요소라고 하면, 변이 총량은 오류 요소들의 절대적 크기를 뜻한다. 그런데 이 크기는 측정값들의 수(n)만으로도 커질 수 있기 때문에, 이를 표준화시키려면 변이 총량을 측정 횟수(n)로 나누어 준다. 그러면 분산(variance, σ^2, 시그마 자승)이 계산된다. 분산은 제곱값을 쓰므로 이를 제곱근하면 표준편차(SD)가 나온다.[10] 여기에서 SD의 의미는 개별 측정값들이 평균(참 요소)으로부터 차이 나는 부분(오류 요소)을 평균적으로 얼마나 가지는지다.

$$\sigma^2 = \frac{\sum (x_i - \bar{x})^2}{n} \qquad SD = \sqrt{\sigma^2}$$

(3) 앞서 설명했듯이 개별 측정값들(x_i)은 참 요소(t_i)와 오류 요소(e_i)의 구성 부분으로 나누어 볼 수 있다. 그러므로 측정값들 간의 분산 정도를 의미하는 변량(σ_x^2) 역시 참 변량(σ_t^2)과 오류 변량(σ_e^2)으로 구성된다고 볼 수 있다.

$$x_i = t_i + e_i \qquad \sigma_x^2 = \sigma_t^2 + \sigma_e^2$$

(4) 따라서, 신뢰도의 크기를 나타내는 계수는 전체 변량 중에서 참 변량이 차지하는 비중으로 나타낼 수 있으며, 참 변량의 크기는 오류 변량의 크기에 반(反)하는 것이 된다.

$$신뢰도\ 계수 = \frac{\sigma_t^2}{\sigma_x^2} = \frac{\sigma_x^2 - \sigma_e^2}{\sigma_x^2}$$

위의 신뢰도 계수 공식에서 알 수 있듯이, 측정에서 오류 요소가 전혀 없을 때는 그

10) SD는 Standard Deviation의 약자다.

로 인한 분산 $\sigma_e^2 = 0$이 되므로 측정의 신뢰도는 1이 된다. 즉, 완벽한 신뢰도를 갖는 다는 것이다. 반대로 전체 분산이 모두 오류 요소에 의한 분산만으로 구성될 때, 즉 $\sigma_x^2 = \sigma_e^2$일 경우 신뢰도는 0이 된다. 대부분의 신뢰도 지수는 0과 1 사이의 수치로 나타나며, 1에 가까울수록 신뢰도가 높다고 한다.

3) 신뢰도의 측정 기법

참 분산과 오류 분산은 한 대상에 대해 무수히 많은 측정을 되풀이해 보아야만 얻을 수 있는 결과다. 그런데 실제 상황에서 측정은 되풀이되지 않고 한두 번에 이루어지는 것이 보통이다. 따라서 신뢰도 산출에 필요한 $\frac{\sigma_t^2}{\sigma_x^2}$ 비율은 다른 방식으로 추정될 수밖에 없다. 한두 번만의 측정으로 되풀이 측정의 효과를 추정하는 데 사용되는 기법에는 상호관찰자 기법, 검사–재검사 기법, 유사–양식 기법, 이분절 기법 등이 있다.

상호관찰자 기법　상호관찰자 신뢰도(interobserver reliability) 기법은 관찰 방법의 측정에서 측정 도구의 신뢰도 계산에 많이 적용된다. 두 명 이상의 관찰자들이 관찰 도구(스케줄)를 숙지한 다음 각기 관찰을 하고, 두 관찰 값들을 비교해서 관찰자들 간에 얼마나 일관성이 나타나는지를 확인한다. 동일한 상황에 대해 여러 번의 관찰을 하기 힘든 경우에, 복수의 관찰자들이 측정하는 값들로 되풀이 측정의 효과를 대신하는 것이다. 신뢰도의 계산 공식으로 보자면, 관찰자들 간에 측정값의 편차(오류 분산)가 작을수록, 측정 도구(관찰 방법)의 신뢰도는 높은 것이 된다.

검사–재검사 기법　서베이 방식으로 이루어지는 설문 조사들의 경우에는 검사–재검사, 유사–양식, 이분절 기법 등이 활용된다. 이 가운데서도 신뢰도의 개념적 정의에 가장 합치되는 것이 검사–재검사(test-retest) 기법이다. 이 기법은 동일한 측정 대상자들에게 같은 측정 도구를 사용하여 측정을 두 번 실시하고, 그에 따른 두 번의 점수들(x와 x') 간 상관관계가 계산된다. 이 방법에서는 한 대상이 두 번의 측정에서 각기 다른 점수를 나타내는 부분이 있을 때, 이를 오류라 규정한다. 이 관계에서 보자면, 신뢰도는 x와 x'의 상관관계 계수로서 나타낼 수 있다. 상관관계 계수 $r_{xx'}$는 신뢰도에 대한

---

11) S_t^2은 참 분산에 대한 추정치, S_x^2는 전체 분산에 대한 추정치를 말한다. S_t^2와 S_x^2와 같은 변량과 추정치에 관한 설명은 이 책의 5, 6부의 통계분석에서 자세하게 다룬다.

추정치로서, 관찰된 전체 변량에 대한 참 변량의 비율로서 규정된다.[11]

$$\text{신뢰도 계수 } (r_{xx'}) \ = \ \frac{S_t^2}{S_x^2}$$

검사–재검사 기법은 두 가지 한계를 갖는다. 하나는 두 번의 동일한 검사를 동일한 대상에게 반복하여 실시함으로써 나타나는 문제다. 첫 번째 검사에서의 질문들을 응답자들이 잊지 않고 기억하고 있다면, 두 번째 검사에서는 이를 자동적으로 반복하여 대답하는 결과를 초래할 수 있다. 그 결과 측정된 신뢰도는 실제의 신뢰도보다 훨씬 높게 추정될 가능성이 있다. 다른 하나는, 인간의 속성은 고정적이지 않으며 계속적으로 유동하는 상태에 있어서, 두 번의 시험을 치르는 시간 간격을 통해 응답자들의 성향이 변화될 수도 있다는 점이다. 이는 결과적으로 검사–재검사를 통한 신뢰도의 계수를 실제보다 낮게 나오도록 할 수 있다.

유사–양식 기법　유사–양식(parallel-forms) 기법은 두 가지 유사한 양식의 설문지를 사용하여 신뢰도를 측정하는 방법이다. 이 기법은 앞서 말한 검사–재검사 기법의 한계를 극복하는 데 유용하다. 동일 시험을 두 번 시행하여 발생하는 학습 효과를 방지하기 위해서, 유사–양식 기법은 서로 다른 유사한 양식의 두 가지 시험을 동시에 한 집단에 실시한다. 그리고 두 가지 양식에 따른 테스트 결과를 상관관계를 통해 검증하는 방법이다. 유사–양식 기법을 이용하여 신뢰도를 구하는 계산 방식은 검사–재검사 기법의 수식과 동일하다. 이 경우 x와 x'는 검사와 재검사 대신에 각기 다른 두 양식으로 얻은 측정 점수들이 될 것이다.

유사–양식 기법을 활용하는 데 따르는 문제점은, 서로 다른 두 양식이 얼마만큼 유사한 것인지를 명확하게 확인할 수 있는 방법이 없다는 점이다. 비록 몇몇 통계 기법이 도움이 되기는 하지만, 두 개의 양식으로 쪼개어 내용들을 배분하는 작업은 일차적으로 직관적인 판단에 의존하는 수밖에 없다.

이분절 기법　이분절(split-half) 기법은 측정 도구의 내적 일관성을 확인하기 위한 것이다. 내적 일관성(internal consistency) 신뢰도라는 것은 한 측정 도구의 문항들 내에서 일관성이 유지되는 정도를 통해 신뢰도의 크기를 결정하는 방법이다. 하나의 측정 도구에 포함된 전체 문항들을 몇 부분으로 쪼개어 나누고, 그것들을 각기 독립된 측정 도구로 간주하여 그 상관관계를 계산해서 신뢰도를 산출해 낸다. 만약 많은 문항들이

3. 측정의 신뢰도 | **217**

일관적이라면 쪼개진 문항 부분들 간의 상관관계는 높게 나타날 것이고, 그러므로 측정 도구의 신뢰도는 크다고 할 수 있다.

문항들을 부분으로 나누는 방법에는 몇 가지가 있는데, 측정 도구의 전체 항목들을 둘로 나누는 이분절 기법이 전통적으로 많이 쓰여 왔다. 전체 n개의 항목들을 가진 측정 도구를 반으로 나누어 각기 $\frac{n}{2}$의 문항 수를 가진 두 세트의 측정 도구를 만든다. 예를 들어, 홀수 번 항목들과 짝수 번 항목들로 구분해서 두 세트를 만들 수 있다. 두 세트에 들어가는 항목들은 어떤 식으로든 편향되지 않도록 선발하는 것이 중요하다. 동일한 대상에 대해 두 세트의 항목들을 모두 측정해서, 두 세트의 측정값들(o, e) 사이에 상관관계(r_{oe})를 구하면, 그것이 신뢰도의 크기를 나타내는 계수로 볼 수 있다.

그런데 하나의 측정 도구에서 측정한 값들을 쪼개어 둘로 간주하기 때문에 오류가 발생할 수 있다. 그래서 r_{oe}를 그대로 사용하지 않고, 스피어만-브라운(Spearman-Brown) 공식을 적용한 수정 신뢰도 계수$(r_{xx'})$를 사용한다.

$$\text{수정 신뢰도 계수}\,(r_{xx'}) \;=\; \frac{2\,r_{oe}}{1\,+\,r_{oe}}$$

수정 공식을 사용하는 이유는 두 가지 때문이다. 첫째, n개의 항목들로 이루어진 측정 도구보다는 $2n$개의 항목들을 갖는 측정 도구가 더 신뢰도가 높을 것이다. 둘째, 한 개의 측정 도구가 홀수 항목들과 짝수 항목들의 세트로 나누어졌다면, 전체 측정 도구는 각 세트별 측정 도구보다는 신뢰도가 더 높을 것이다. 이러한 가정에 근거해서 이분절 기법을 통해 신뢰도를 나타낼 때는 r_{oe} 대신 $r_{xx'}$를 사용하는 경향이 있다.

크론바흐 알파　크론바흐 알파(Cronbach's α)는 현재 가장 널리 쓰이는 신뢰도 산출 방법으로, 일반적으로 알파 계수라고도 한다. 이분절 기법과 마찬가지로 문항들의 내적 일관성에 기준한 신뢰도 계수다. 차이점은 알파 계수는 하나의 이분절(예: 홀-짝 세트)이 아니라, 모든 항목들 간의 차이 정도를 일관성의 기준으로 삼는다는 것이다.

k개의 항목을 가진 측정 도구의 알파 계수(α)는 다음 공식으로 계산된다. 이 공식에서는 알파 신뢰도 계수가 모든 항목들의 총분산(σ_x^2)에서 오류 요소 분산(개별 항목 분산 σ_i^2들의 합)이 차지하는 비중이 얼마인지에 따라 결정되는 것이다.

$$\text{알파 계수}(\alpha) \;=\; \frac{k}{k-1} \times \left(1 - \frac{\sum \sigma_i^2}{\sigma_x^2}\right)$$

크론바흐 알파 계수는 측정 도구의 내적 일관성을 가장 포괄적으로 드러낼 수 있는 방식이다. 다른 신뢰도 계수와 마찬가지로 알파 계수도 0에서 1 사이의 신뢰도 크기를 나타낸다. 비록 전체 항목들에 대한 포괄적인 수치를 제시해 준다는 점에서 알파 계수는 유용하지만, 개별 항목별로 신뢰도에 기여하는 정도 등을 분간해 주지는 못한다.

4. 타당도와 신뢰도의 관계

측정에서 타당도와 신뢰도를 동시에 확보하는 것은 매우 중요하다. 이 둘은 서로 다른 성격으로 측정의 정확성을 나타내는 것이다. [그림 10-4]는 현상을 측정하는 것을 과녁을 맞추는 사격에 비유한 것인데, 여기에서 측정의 타당도와 신뢰도가 어떻게 구분될 수 있는지를 보여 준다.

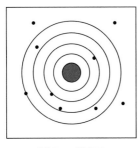 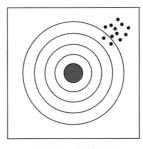 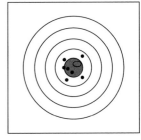

타당도 × 신뢰도 ×　　　　타당도 × 신뢰도 ○　　　　타당도 ○ 신뢰도 ○

그림 10-4 타당도와 신뢰도의 관계

[그림 10-4]에서 가운데 그림은 측정이 일관되기는 하지만 엉뚱한 곳을 맞춘 것이다. 그러므로 신뢰도는 있으나 타당도가 없다. 왼쪽 그림의 경우는 표적 현상을 맞추지도 못하고, 일관성도 없다. 타당도와 신뢰도가 모두 없는 경우다. 오른쪽 그림은 표적을 일관되게 맞추는 것으로 타당도와 신뢰도가 모두 있는 경우다.

연구에서 측정의 타당도와 신뢰도는 분리 해석될 필요가 있다. 신뢰도가 높다고 해서, 타당도가 높은 것은 아니다. 타당도가 높아지는 만큼 신뢰도의 크기가 비례해서 높아지는 것도 아니다. 두 계수를 산출하는 논리가 각기 다르기 때문이다. 현실적인 측정 상황에서는 흔히 이 두 측면이 갈등적인 성격을 띨 수도 있다. 측정의 타당도를 강조하다 보면 신뢰도가 약해질 수 있고, 신뢰도를 강조하면 타당도가 저해될 수도 있다. 예를 들어, 측정 항목들을 구성할 때, 다양한 측면의 개념 요소들을 보다 포괄적으로 포함하면 타당도는 높아질 수 있다. 그렇지만 항목들 간 이질성은 그만큼 커질 수 있기 때문에, 신뢰도 계수는 상대적으로 낮아지기 쉽다.

사회복지 실천/연구자들은 타당도와 신뢰도의 의미를 적절히 분간할 필요가 있다. 현실적으로는 측정의 타당도를 직접 확인하는 일이 용이하지 않기 때문에, 신뢰도를 실천/연구 과정에서 이루어지는 여러 측정들에 대한 유일한 '신뢰(믿음직함)' 기준으로 하는 경향이 있다. 비록 현실적으로는 그러하더라도, 신뢰도가 측정의 타당도를 대변한다는 오류만큼은 범하지 말아야 한다.

제4부

자료의 수집 및 분석

• • •

제4부는 자료를 수집하고 분석하는 과정에 대해 설명한다. 제11장에서는 표본을 통해 자료의 수집과 분석이 이루어지는 표본조사의 성격을 설명하고, 표본 추출을 위한 샘플링 방법을 제시한다. 제12장은 문답 방식의 자료수집으로 설문지나 면접 조사에 대해 설명하고, 제13장은 비문답 방식의 관찰 및 여타 자료수집의 방법들에 대해 설명한다. 제14장은 집단적 자료수집 방법으로서의 FGI와 델파이 기법을 소개한다. 제15장에서는 수집된 자료를 처리하고 분석하는 방법에 대해 설명한다.

223

제11장

표본조사와 샘플링

대부분의 조사연구는 표본조사인 경우가 많다. 표본조사란 전체 연구 대상 중 일부만을 표본으로 추출, 분석해 보고, 이를 토대로 전체 연구 집단(모집단)의 성격을 추정하는 것이다. 표본을 추출하는 과정을 샘플링이라 하는데, 모집단 전부를 직접 조사하지 않는 이상 일정한 오차가 발생한다. 이를 표본오차라고 하는데, 확률 샘플링에서는 그 크기를 계산해서 모집단의 추정에 반영할 수 있다.

1. 표본조사란

모든 조사연구는 연구의 대상 집단이 있다. 그에 포함된 전체 요소들의 집합을 모집단(population)이라 하는데, 이 모집단 요소들을 전부 직접 조사하는 것을 전수(全數)조사라 한다. 표본조사는 전수조사와는 다르게 모집단 요소들 중 일부만을 표본 집단으로 추출(샘플링)하고, 이 표본을 분석해서 모집단을 추정하는 것이다.

1) 표본조사의 논리와 과정

표본조사의 논리와 과정은 [그림 11-1]과 같다. 연구 대상이 되는 모집단으로부터 표본을 추출해서 표본 집단을 구성하고(①), 표본 집단을 대상으로 자료를 수집하고 분석해서(②), 그 결과를 가지고 모집단의 성격을 추정한다(③). 이러한 전체 과정을 추

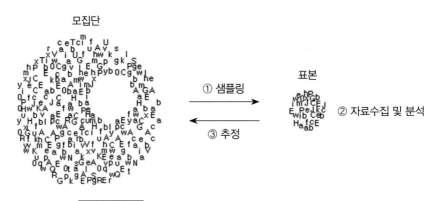

모집단

① 샘플링

표본

② 자료수집 및 분석

③ 추정

그림 11-1 │ 표본조사의 과정: 샘플링, 표본 분석, 추정

론(inference)이라 하는데, 모집단의 사실을 직접 파악하는 것이 아니라 표본 분석의 결과를 가지고 추정해서 설명한다는 것이다.

추론을 위해서는 표본 집단의 구성이 모집단을 얼마나 대표하는지, 즉 표본이 모집단과는 어느 정도의 오차를 가지는지를 알아야 한다. 이를 표본오차라고 하는데, 뒤에서 설명하겠지만 확률적인 성격을 띤다. 모든 표본조사는 샘플링 과정에서 발생하는 오차의 확률을 전제로 한다. 그래서 표본조사의 추론이란 결국 이러한 표본오차의 크기를 감안하는 설명인 것이다.[1]

학술 목적의 조사연구는 대부분 표본조사의 논리와 과정을 따른다. 자료수집의 대상으로 삼은 표본 집단에만 연구의 결과를 국한하지 않고, 연구 대상 모집단에 일반화된 설명을 하려는 것이다. 반면에 실천 맥락의 조사연구들은 전수조사의 성격을 띠는 경우가 많다. 실천 대상이 되는 집단을 대상으로 직접 자료를 수집하고 분석해서, 이를 다시 그들에 대한 실천에 적용하려 하기 때문이다. 이런 경우에는 표본조사의 추론이 크게 소용되지 않는다. 그러나 실천 조사연구라도 굳이 현안 처리에만 그칠 이유가 없다면, 일반화 목적의 추론 분석을 적용해 보는 것이 바람직하다.

---

1) 표본조사연구에서는 대부분 자료 분석을 위해 추론통계를 사용한다. 추론통계의 기본 개념은 샘플링에서 비롯된다. 그래서 표본조사 연구에서는 표본을 추출하는 과정인 샘플링이 중요하게 다루어진다. 참고: Kish, L. (1965). *Survey Sampling*. NY: John Wiley & Sons.

2) 표본조사의 유용성

대개의 조사연구는 전수조사보다 표본조사를 선호한다. 그 이유는, 첫째, 모집단 전부를 조사하는 것이 현실적으로 가능하지 않기 때문이다. 예를 들어, 연구 대상이 부산 시민 전체라고 하면, 이들을 한 명도 빠짐없이 동시에 모두 조사한다는 것은 불가능하다.

둘째, 전수조사가 가능하더라도 노력이나 비용 측면에서 비효율적이기 때문이다. 표본을 추출해서 조사하고 이를 근거로 모집단의 성격을 적절히 추정할 수만 있다면, 표본조사는 전수조사에 비해 보다 효율적이 된다.

셋째, 수집된 자료의 질이 전수조사에서보다 높을 수 있기 때문이다. 특히 조사 문제가 복잡미묘한 이슈를 다루거나, 응답자의 저항을 유발할 소지가 있는 경우 등에서는, 소수 표본을 세심하게 접근해서 조사하는 것이 자료의 질이나 정확성을 높이는 방법이 된다.

그럼에도 표본조사는 전수조사가 아닌 이상 모집단의 성격을 완벽히 대변하지는 못한다. 표본은 모집단 자체가 아니므로, 표본조사의 결과는 모집단의 성격을 추정하는 데 있어서 일정한 오차를 가질 수밖에 없다. 이를 표본오차(sampling error)라고 한다. 그래서 표본조사에서는 언제나 이러한 표본이 가지는 오차의 크기를 적절히 파악하고 모집단의 추정에 감안해야 한다.[2]

비록 표본오차가 불가피하지만, 이것만으로 전수조사가 표본조사보다 더 우월하다고 말하기는 어렵다. 조사연구에서의 오류는 표본오차만 있는 것이 아니기 때문이다. 모든 조사연구에서는 다양한 오차들이 발생한다. 조사연구의 계획 단계에서부터 연구디자인, 측정, 자료수집, 처리, 분석, 보고서 작성 단계에 이르기까지 전 과정에서 각종 부주의나 실수 혹은 원인을 알 수 없는 이유들로 인해서 생겨나는 자료 누락이나 오기 등과 같은 숱한 오차들이 있다. 이 가운데 표본 추출의 오차를 제외한 나머지 모든 오류들을 비표본오차라고 한다. 그러면 조사연구의 오차는 다음처럼 구성된다.

- 조사연구의 전체 오차 = 표본오차 + 비표본오차
- 전수조사의 오차 = 비표본오차

<hr>

2) 표본오차의 크기를 추정하는 방법에 대해서는 뒷부분에서 설명한다. 보다 자세하게는 이 책 20장 '추론통계와 가설 검증'을 참고한다.

- 표본조사의 오차 = 비표본오차 + 표본오차

현실적인 조사연구에서 표본오차와 비표본오차는 일종의 손익교환 관계일 수 있다. 표본오차를 줄이려면 비표본오차가 증가하기 쉽고, 비표본오차를 줄이려면 표본오차를 감수해야 한다. 소규모 표본조사는 대규모 전수조사에 비해 표본오차는 커지지만, 비표본오차는 상대적으로 줄어든다.[3] 이를 감안해서 표본조사와 전수조사 중 선택하거나, 표본조사에서도 표본의 크기를 어느 정도로 할지를 결정한다.

모든 조사연구에서는 자료수집 과정에서의 오차를 최대한 낮추거나, 오차가 발생하더라도 이를 체계적으로 예측할 수 있는 부분이 커야 한다. 그런데 비표본오차는 체계적으로 발생하는 것이 아닌 만큼, 그 크기를 예측하거나 조절할 수 없다. 반면 표본오차는 확률 샘플링의 논리를 통해 오차의 크기를 예측하거나 추정에 감안할 수 있다. 그런 점에서 현실적인 조사연구들에서는 비표본오차의 가능성을 줄이면서 예측 가능한 표본오차를 가지는 표본조사를 선호하는 경향이 있다.

2. 표본 자료수집

표본조사 연구에서는 자료수집이 표본 집단을 대상으로 이루어진다. 표본 집단은 모집단으로부터의 샘플링(sampling, 표집)을 통해 구성된다. 표본조사 연구를 적절히 수행하려면, 모집단과 표본 자료의 관계를 명확히 규명해 두는 것이 필요하다.

모집단과 표본　　모집단(population)이란 특정 조사연구가 연구 대상으로 하는 요소들의 전체 수를 말한다. 요소(element)란 집단을 구성하는 개별 단위들이다. 사회과학에서는 모집단 요소가 연구의 성격에 따라 개인이나 집단, 커뮤니티, 지역, 조직, 국가 등이 될 수 있다. 연구 과정에서 모집단을 규정하는 것은 연구 이론을 구체화하는 과정과 같다. 연구에서 다루는 이론이 누구를 혹은 무엇을 대상으로 하는지를 구체적으로

---

3) 전수조사는 표본조사보다 자료수집의 양이 많으므로, 이 과정에서 다양한 자료수집 환경의 차이가 오차를 만들어 낼 가능성이 커진다. 환경 차이란 예를 들어, 같은 질문에 대해서도 아침에 대답하는 것과 저녁에 대답하는 것이 다를 수 있다는 것이다. 응답이 다르게 되면, 그만큼 오차가 된다. 표본으로 인한 오차가 아니라는 점에서 이러한 오차들을 모두 비표본오차라고 한다.

규정하는 것이다.

어떤 연구가 지역사회 주민을 대상으로 한다고 할 때, 지역사회란 무엇인지, 주민은 누구를 말하는 것인지를 구체화하는 것이 연구 모집단의 요소를 결정하는 것이다. 주민을 만약 해당 지역사회에 거주하는 사람으로 규정한다고 해도, 지역사회란 행정 구역을 말하는지 혹은 주관적으로 인식하는 지역을 말하는지, 거주한다는 것은 잠을 잔다는 것인지 혹은 주소지를 가진다는 것인지를 구분해서 규정해야 한다. 이에 따라 어떤 사람은 연구 모집단의 요소로서 해당될 수도 있고 안 될 수도 있다.

이처럼 모집단 요소는 연구의 대상에 대한 이론적인 규정을 통해 결정된다. 이를 보다 구체적으로 조작화하면 연구 모집단(study population)이 된다. 일반적으로 모집단이란 이론에서 추상적으로 구체화된 집단이라는 의미인데, 연구 모집단은 표본이 실제로 추출될 수 있을 정도로 구체화된 현실적인 집합을 말한다. 연구 모집단은 모집단의 성격을 최대한 대변하는 것이어야 한다.

부산시가 부산 시민 전체를 대상으로 시민들의 복지 욕구를 파악하고자 한다. 모집단은 부산 시민으로 '부산시에 현재 거주하고 있는 사람들'로 규정했다 하자. 이것은 이론적인 집단에 불과하므로, 이를 실제 표본 추출이 가능한 연구 모집단으로 만들어야 한다. 이를 위해 부산시의 모든 읍면동에 비치된 주민등록표를 모두 모아(물리적이 아니더라도) 작성된 명단을 연구 모집단으로 삼을 수 있다. 그렇다면 이렇게 조작적으로 정의된 연구 모집단에는 주민등록을 이전하지 않고 '부산시에 거주하고 있는 사람들'의 상당수는 연구 대상에 포함되지 않는다. 만약 이들의 성격을 파악하는 것이 중요한 연구라면, 이 연구 모집단은 원래 모집단의 성격을 적절히 대변하지 못하는 것이 된다.

조사연구의 궁극적인 관심은 '연구 모집단'이 아니라 '모집단'에 있다. 모든 조작화의 과정이 그렇듯이, 추상적인 모집단과 현실적인 연구 모집단 사이에는 일정한 격차가 있다. 가급적 그 격차를 좁히는 노력이 필요하지만, 그럼에도 발생할 수밖에 없는 부분에 대해서는 조사연구의 결과를 제한하는 한계로서 명확히 제시할 필요가 있다.

표본(sample)은 연구 모집단에서 일부 요소만을 추출해서 구성한 집단이다. 표본 집단을 구성하려면 앞서 예에서 보듯이 먼저 연구 모집단이 규정되고 확보되어 있어야한다. 그런 다음에 샘플링 방법을 적용해서 표본 집단을 구성할 수 있다.

샘플링 요소와 분석 단위, 틀　　샘플링 요소란 표본 추출의 과정에서 사용되는 요소를 말한다. 샘플링은 다양한 방법으로 이루어질 수 있는데, 그에 따라 각각의 샘플링에서 사용되는 단위 요소들이 서로 다르게 규정될 수 있다. 연구 모집단의 단위 요소들이 반드시 샘플링 과정에서의 단위 요소들과 일치하지 않는 경우도 많다. 예를 들어 군집 샘플링 방법으로 한다면,[4] 최종 단계의 샘플링 과정 이전에는 샘플링 단위가 연구 분석 단위와 일치하지 않는다.

샘플링 틀(sampling frame)은 샘플링의 각 단계에서 표본이 획득될 수 있는 표집 단위들의 전체 명단을 말한다. 단순 샘플링에서는 연구 모집단이 곧 샘플링 틀이 된다. 그러나 하위 차원의 샘플링 단계들이 존재하는 복합 샘플링에서는 각 단계마다 샘플링 틀을 구성하는 요소들의 집합이 달라진다. 예를 들어, 어떤 지역의 모든 아동센터 이용자들을 모집단으로 두고 샘플링을 한다면, 아동센터 요소들의 전체 집합을 일차 샘플링 틀로 하고, 각 표본 아동센터마다의 이용자 요소 집합을 이차 샘플링 틀로 할 수 있다.

자료수집 단위와 변수   자료수집 단위란 자료를 수집하려는 대상 요소를 말한다. 이를 관찰 단위라고도 한다. 표본조사에서 자료수집은 최종적으로 분석 단위가 되는 요소들을 대상으로 한다. 예를 들어, 이용자를 연구한다면, 이용자가 자료수집의 최종 표본 단위이면서 분석 단위가 된다. 일반적으로는 이와 같지만, 이 둘이 반드시 일치하지 않는 경우도 있다. 예를 들어, 마을 사람들에 관한 연구에서 그들의 정보를 어떤 몇 사람에게서 얻는다면, 자료수집의 단위와 분석 단위가 일치하지 않는다.

연구에 필요한 자료는 대부분 변수 값의 성격을 띤다. 표본 집단으로 추출된 요소들은 변수에 관한 값을 가진다. 자료수집이란 이처럼 요소들이 가진 변수 값들을 모으는 것이다. 변수(variable)는 구분되는 속성 값들을 가지는 개념이다.[5] 예를 들어, 사람은 성별, 연령, 시험 성적 등의 변수로써 설명하는데, 각 변수는 남-녀, 몇 세, 몇 점 등과 같은 속성 값들로 규정될 수 있다. 표본 요소는 각 변수들에 대한 값으로 측정되고, 이들을 모으면 표본 자료수집이 된다. 어떤 변수들을 연구에 포함할지는 연구 문제나 이론의 성격에 따라 결정된다.

기초생활보장 수급자들을 대상으로 실시한 조사연구에서 '수급 여부'는 변수가 아닌 상수이다. 속성 값이 하나인 것을 상수라고 한다. 이 연구에 포함된 연구 요소들은 모두 수급자이기

---

4) 군집 샘플링 등에 대해서는 뒤에 설명한다.
5) 변수란 그 정의상 변이성을 내포하고 있는 것이다. 만약 변이성을 가지지 않는 속성은 상수(constant, 고정된 값)라 한다. 변수(variable, 변화하는 값)가 아닌 것이다. 하늘에 뜨는 해의 수는 1로서 상수다. 하늘에 뜨는 해를 바라보는 마음 상태는 변수가 될 수 있다. 이리저리 변화하는 값을 가질 수 있기 때문이다.

때문에, '수급 여부'는 변수가 아닌 상수이고 이에 대한 자료수집은 불필요하다. 만약 다른 연구에서 수급자와 비수급자를 비교하는 목적을 두었다면, 여기서는 '수급 여부' 변수 값들에 대한 자료수집이 필요하다. 요소들마다 그 값이 '수급' '비수급'으로 다를 수 있기 때문이다.

대부분 사회과학 조사연구의 관심은 변수들이 집단 속에서 어떤 속성 값들을 나타내는지, 이러한 값들 간에는 서로 어떻게 연관되어 있는지를 알려는 데 있다. 학술적이든 실천 목적에서든 모든 조사연구에서 대상자에 대한 분석은 변수의 속성 값을 측정한 것에 기초한다. 예를 들어, 연구 요소들마다 '71세, 남성, 사별, 만성 질환 있음, 2평 쪽방 거주, 가족 없음, 수급 신청 처리 중' 등으로 분석되는데, 이는 '연령, 성별, 혼인 관계, 질환 여부, 거주 형태, 가족 유무, 수급 현황'이라는 각 변수들에 대한 속성 값을 뜻한다. 이를 통해 해당 연구 대상 집단의 특성은, 연령은 평균적으로 얼마이고, 성별 분포는 어떻게 되어 있으며, 가족이 없는 사람은 있는 사람에 비해 질환 여부가 어떻게 차이 나는지 … 등으로 설명될 수 있다.

3. 표본오차와 표본 크기

표본조사를 하려면 먼저 표본의 크기를 결정해야 한다. 한 조사연구에서 수집될 자료의 양은 일차적으로 표본의 크기에 의해 결정된다.[6] 표본의 크기는 단순하게는 클수록 좋을 것 같지만, 앞서 설명했듯이 조사의 효율성이나 비표본오차의 증가 문제 등을 감안하면 적정한 수의 표본 크기를 결정하는 것이 중요하다.

[그림 11-2]의 예에서는 성비를 추정하기 위해 표본 크기가 다른 두 가지 경우, 표본A와 표본B를 가상해 본 것이다. 그림에서 모집단 요소들은 성별 변수 값(1, 2)을 나타내는데, 이들이 전체적으로 무작위 분포되어 있음을 보여 준다. 그러므로 특정한 지점을 선택해서 추출하더라도, 표본A와 표본B 모두 동일추출확률(ESPEM)의 원칙을 준수하는 확률 샘플링이 성립된다. 이에 대해서는 뒤에 다시 설명한다.

이런 전제하에서 두 표본을 비교해 보면, 표본의 크기가 큰 표본B(n = 24)의 성비 값

---

6) Elifson, K., Runyon, R., & Haber, A. (1990). *Fundamentals of Social Statistics* (2nd ed.). NY: McGraw-Hill, pp. 404-441.

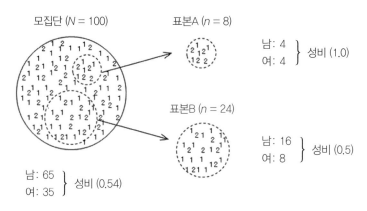

모집단 (N = 100)

표본A (n = 8)

남: 4
여: 4 } 성비 (1.0)

표본B (n = 24)

남: 16
여: 8 } 성비 (0.5)

남: 65
여: 35 } 성비 (0.54)

그림 11–2 | 표본 크기와 표본오차에 관한 예

이 표본 크기가 작은 표본A(n = 8)에 비해 모집단의 성비 값에 훨씬 더 가까운 것을 볼 수 있다. 연습 삼아 아무 곳이나 둘레를 쳐서 (반드시 동그라미일 필요가 없음) 표본 크기가 차이 나는 두 표본을 선택해서 비교해 보면, 그림의 예에서와 유사한 결과를 얻을 가능성이 크다. 즉, 반드시 이렇게 된다는 것은 아니고, 확률적으로 표본의 크기가 큰 쪽이 작은 쪽보다 모집단의 변수 값(성비)에 보다 근접할 경우가 많다는 것이다.

통계학에서는 이러한 논리에 근거해서 표본이 가지는 오차의 범위를 표본의 크기를 통해 산출한다. 즉, 표본오차의 크기는 표본의 크기와 밀접하게 관련되어 있다는 것이다. 동일한 조건이면, 표본의 크기가 클수록, 표본오차의 크기는 작아진다.

N = 10,000명인 학생 모집단이 있다고 하자. 연구는 이 집단에서 정신건강 점수가 어떻게 나타나는지를 알고 싶고, 일차적으로 평균이 얼마나 되는지를 밝혀 보려 한다. 조사방법으로는 전수조사 대신 표본조사를 선택했는데, 이 경우 먼저 표본의 크기를 얼마로 할지를 결정해야 한다. 이를 위해서는 표본조사를 통해 나타난 표본 값에 대한 오차의 허용 범위를 어느 정도로 할 것인지를 결정해야 한다. 그에 따라 표본 크기가 달라지기 때문이다.

비용이나 다른 실질적인 문제를 고려하지 않는다면, 요구되는 표본 크기를 계산해 내는 과정은 그리 어렵지 않다.

(1) 먼저 표준오차를 계산해 본다.[7] 표준오차(SE)란 표본 값을 가지고 모수를 추정할 때 수반되는 오차의 평균 크기를 말한다. 모수(parameter)란 모집단의 값을 말하는

[7] 표준오차의 계산과 관련된 자세한 절차는 이 책 20장 '추론통계와 가설 검증'에서 다룬다.

데, 표본을 통해 추정하려는 대상이 되는 것이다. 앞서 예에서도 보았듯이, 표준오차의 크기는 일차적으로 표본의 크기에 따라 결정된다. 여기에다 모수의 분산 정도에 따라서도 영향을 받는데, 이는 모집단의 학생 요소들이 정신건강 점수가 얼마나 서로 차이 나는지를 뜻한다. 분산이 클수록, 일정한 수의 표본으로 모수를 추정하려고 할 때 발생하는 표준오차의 크기도 커진다. 이는 다시 말해서, 만약 연구에서 일정한 크기의 표준오차를 가지려고 계획한다면, 모수의 분산이 클수록 표본의 수도 크게 해야 한다는 것을 의미한다. 극단적으로 분산이 0이면, 표본의 크기는 $n = 1$이 되어도 된다. 이때는 표준오차도 0이 되기 때문이다. 모두가 차이가 없다면, 한 명의 표본만으로도 10,000명의 정신건강 상태를 완벽히 추정할 수 있는 것이다.

(2) 이처럼 표본의 크기를 결정할 때는 표준오차의 크기가 필요하다. 문제는 표준오차의 크기가 얼마인지는 표본을 뽑아서 조사하기 전에는 알지 못한다는 것이다. 그래서 거꾸로 표본의 크기를 가지고 표준오차의 정도를 예측한다. 위의 예에서 하나의 표본 집단을 추출해서 학생들의 정신건강 점수 평균($\bar{x}$)을 계산했다면, 이때 예상되는 $\bar{x}$ 값의 표준오차 $SE(\bar{x})$는 다음과 같이 추정된다.[8] 여기에서 S는 모수의 분산 제곱근인 표준편차, n은 표본 크기를 말한다.

$$SE(\bar{x}) \;=\; \frac{S}{\sqrt{n}}$$

예에서 만약 S(전체 학생 정신건강 점수의 표준편차)가 15점이라는 것을 안다고 하자. 그러면 표본 크기(n)를 100으로 하게 되면 표본으로 추정하게 될 학생들의 정신건강 평균점수($\bar{x}$)에 대한 표준오차는 1.5가 된다. 표본조사 결과 $\bar{x}$ 값이 70점이 나왔다면, 이 크기의 표본으로 추정할 수 있는 모집단의 평균점수(μ)는 70 ± 일정 정도의 1.5 값을 적용하는 형태로 제시될 수 있을 것이다.[9] 예를 들어, μ는 67에서 73 사이에 있을 가능성이 95% 정도다 등으로 제시한다. 이 책의 6부에서 설명하게 될 추론통계의 기본적인 논리가 이와 같다.

(3) 다시 표본 크기의 결정에 대한 문제로 돌아가서, 표준오차의 계산식을 환산해 보면 표본 크기(n)는 다음과 같은 산식에 근거한다. 동일한 분산(S^2)을 가정한다면, 표본

---

8) 이에 대한 자세한 설명은 이 책 6부 '추론통계분석'을 참고한다.
9) 일반적으로 표본에서의 평균값은 $\bar{x}$(엑스 바), 모집단의 모수로서 평균값은 μ(뮤)로 쓰는 경향이 있다.

의 크기는 표준오차 (SE)의 크기와 반비례한다. 즉, 표준오차를 어느 정도로 허용해야할지를 선택하면, 그에 따라 표본의 크기가 결정된다는 것이다.

$$n = \frac{S^2}{SE^2}$$

위의 공식에 근거해서 보면, 표본 크기를 계산하기 위해서는 연구자가 적어도 모수에 대한 분산 값 (S^2)을 알고 있어야 하고, 표준오차 (SE)의 크기를 얼마로 허용할지를 결정해놓아야 한다. 예에서 만약 SE를 1.0 이내로 하겠다고 결정했다면, 최소한의 표본 크기는 $\frac{15^2}{1.0^2}$ = 225명 이상이 되어야 할 것이다.

만약 다른 경우에 모집단의 크기가 작아서 유한수 수정 요인을 포함해야 한다면, 수정된 표본 크기 (n')의 결정 공식은 다음처럼 된다.[10] 앞서 예에서는 모집단이 크므로 이 수정 공식을 적용하더라도 n'가 n과 225명으로 같다.

$$n' = \frac{n}{1 + \frac{n}{N}}$$

n과 n'를 구하는 공식은 단지 한 표본의 크기를 추정하는 데 포함된 원칙을 예시할 뿐이다. 실제로는 표본 크기에 관한 결정은 보다 복잡하고 어려운 문제들을 가지고 있다.

첫째, 얼마의 정확성이 요구되는지를 판단하는 문제다. 연구자는 표본 결과가 어느 정도의 정확성을 필요로 하는지를 결정해야 하는데, 이를 위해서는 어느 정도의 표준 오차와 신뢰 확률 등을 감내할 것인지가 미리 판단되어 있어야 한다. 이 결정들이 그리 간단한 일은 아니다.

둘째, 표본 크기에 관한 결정은 자료의 분석 방법에 따라 달라진다. 세분화된 분석을 위해서는 그만큼 표본의 크기가 더 필요하다. 미리 어떤 분석 수준에까지 들어갈지를 완벽하게 계획하기 어렵다. 그래서 표본의 크기도 미리 확정하기가 어렵다.

셋째, 만약 하나 이상의 변수가 연구된다면, 한 변수에 대해서는 적절한 수의 표본 크기가 다른 변수에 대해서는 부족할 수도 있다. 각 변수는 각기 다른 모수로서의 표

---

10) 공식에서 분모에 들어가는 $(1 + \frac{n}{N})$이 유한수 수정 요인인데, 모집단의 크기 (N)가 작고, 상대적으로 표본 크기 (n)가 큰 경우에 동일한 표준오차를 전제로 하더라도 표본 크기를 그만큼 줄여 주는 것이다. $N = 10,000$으로 큰 경우에는, 표본 크기 n이 어지간히 크지 않은 경우라면 유한수 수정 요인은 1에 가깝기 때문에 큰 의미가 없다.

준편차를 갖고 있기 때문이다. 표본 크기를 결정하는 공식이 변수 수만큼 나와야 할 수 있다.

마지막으로, 표본 크기의 공식에 들어가는 모수의 표준편차 (S)는 현실적으로 직접 알기 어려워 대개 추정치를 사용하게 되는데, 조악한 추정치를 사용하면 표본 크기에 대한 결정도 따라서 조악해진다.

(4) 그 결과 실제 조사연구의 상황에서는, 표본의 크기를 결정하는 데 다음과 같은 일반적인 고려 사항들을 따르는 것이 보통이다.

· 표본의 크기는 가급적 클수록 좋다.
· 연구의 심도에 따라 표본의 크기를 결정한다. 연구가 다루는 변수들의 수가 많으면 그에 따라 표본의 크기도 늘어나야 한다.
· 표본의 크기는 처음 생각보다 미리 크게 해 두는 것이 좋다. 연구 과정 중에 새로운 통제 변수들이 추가로 투입되어야 할 필요성이 흔히 생기기 때문이다. 분석에 투입되는 변수들의 수가 늘어나면, 그에 따라 표본의 크기도 커져야 한다.
· 사용하려는 통계분석의 성격을 고려하여 표본의 크기를 결정한다.

4. 샘플링 디자인

샘플링은 모집단으로부터 일정 수의 요소를 추출해서 표본을 구성하는 일이다. 샘플링의 과정이나 수행 방법에 따라 다양한 디자인이 가능하다. 샘플링 디자인은 크게 두 가지 유형으로 구분된다. 확률 샘플링 디자인과 비확률 샘플링 디자인이 있다. 표본조사가 확률적 추론 분석을 목적으로 한다면, 확률 샘플링 디자인이 필요하다. 그럼에도 현실적인 어려움 등의 이유로 실제 조사 환경에서는 비확률 샘플링 디자인을 사용하는 경우가 많다.

1) 확률 샘플링 디자인

확률 샘플링은 기본적으로 모집단을 구성하는 모든 개별 요소들이 표본으로 추출될 확률을 동일하게 가지도록 하는 것을 전제로 한다. 이를 동일추출확률(EPSEM)의 원칙이라 한다.[11] EPSEM의 원칙이 지켜진 상태에서 샘플링이 이루어지게 되면, 모집단의 모든 요소는 표본에 뽑힐 확률을 표본의 크기(n)에 비례해서 동일하게 가지게 된다. 즉, 모든 요소에게 $\frac{n}{N}$ 의 확률이 동일하게 주어진 상태에서 표본이 추출되는 것을 확률 샘플링이라 한다. EPSEM이 적용되지 않은 샘플링은 비확률 샘플링이 된다.

확률 샘플링은 비확률 샘플링에 비해 두 가지 장점이 있다. 첫째, 의도적이거나 작위적인 샘플링으로 초래될 수 있는 표본의 편향성을 막아서, 표본에 대한 신뢰를 높일 수 있다. 둘째, 표본의 오차 크기를 수치적 근거로 계산할 수 있다. 확률 샘플링으로 추출했을지라도 표본인 이상 모집단과 반드시 일치할 수는 없다. 그에 따라 표본오차(sampling error)가 발생하는데, 확률 샘플링에서는 적어도 그것이 어느 정도인지를 확률적 크기로써 가늠해 볼 수 있다.[12] 이를 가늠할 근거가 없는 비확률 샘플링에 비하면, 막대한 신뢰성을 부여해 준다.

확률 샘플링 디자인은 다음 네 가지 형태가 대표적이다.

(1) 단순 무작위 샘플링

단순 무작위(simple random) 샘플링은 확률 샘플링을 위한 대표적인 디자인이다. EPSEM 원칙이 모집단의 전체 요소들에게 적용된 상태에서, 그로부터 단순 무작위 방법을 통해 선택하는 것이다.[13] 무작위란 행위자의 의도 혹은 작위가 개입이 되지 않는 것을 말한다. 무작위로 샘플링한다는 것은 표본 요소를 뽑는 과정에서 연구자의 선호나 의도 등과 같은 작위성이 개입되지 않게 한다는 것이다.

연구자가 의도하지 않았더라도 체계적으로 편향될 수 있는 소지 등을 차단하기 위해서는 단순 무작위가 효과적이다. '복권번호 추첨'이나 '제비 뽑기' '사다리타기' 등이 단순 무작위 선택을 통해 EPSEM이 구현되는 경우다. 복권번호 추첨에서는 통 속을 무

---

11) EPSEM은 Equal Probability of Selection Method의 약자다.

12) 동일하게 뽑힐 확률을 전제로 했으므로, 이를 근거로 오류의 크기도 확률적으로 도출될 수 있다. 표본오차는 주로 표준오차(SE)의 크기를 계산해서 적용하는 방법을 쓰는데, 표준오차의 계산과 활용은 이 책 20장 '추론통계와 가설 검증'에서 자세히 설명한다.

13) 무작위 선택 이외에도 확률 샘플링에서는 EPSEM 원칙을 확보하기 위해 다양한 방법을 쓸 수 있다. 일반적으로는 손쉽게 사용할 수 있는 단순 무작위 선택 방법을 많이 쓰지만, 실험 연구에서는 실험집단 간의 동질성을 확보하기 위해 의도적인 동일 배합(matching)의 방법을 사용하기도 하고, 대규모 샘플링에서는 순번을 정해서 표본을 뽑아내는 체계적(systemic) 방법을 쓰는 것도 흔하다. 어떤 방법을 사용하더라도 무작위적 선택 논리와 EPSEM 원칙의 확보는 확률 샘플링의 전제 조건이 된다.

작위로 돌아다니게 한 45가지 숫자의 공 중 무작위적 시점에서 하나를 뽑는 식의 방법을 한다. 이 경우 45개의 공은 EPSEM이 적용된 확률 $\frac{1}{45}$을 동일하게 가진다. 이처럼 무작위 선택으로 구성된 표본은 확률 이론이 적용될 수 있으므로, 그에 의거해서 모집단을 추정 분석하는 것이 가능해진다. 단순 무작위 샘플링은 확률 샘플링의 기본적인 디자인 원리이고, 다른 확률 샘플링의 방법들에도 이 원리가 기본으로 포함되어 있다.

(2) 체계 샘플링

체계 샘플링(systematic sampling, 계통 표집)은 모집단의 모든 요소들을 순번으로 나열해 놓고, 일정한 크기의 간격(k)마다에서 표본 단위를 추출하는 방법이다. 이때 k 값은 모집단 크기와 의도하는 표본 크기에 따라 결정된다. 예를 들어, 1,000명 크기의 모집단에서 50명 크기의 표본을 체계 샘플링 방식으로 구하려면, k 값이 $\frac{50}{1000} = 20$이면 된다. 모집단에서 매번 20번째에 해당하는 요소들을 선택해 내면 크기가 50인 표본이 만들어진다.

체계 샘플링도 단순 무작위 방법과 마찬가지로 모집단의 요소들이 동일추출 확률을 가지게 한다는 점에서 확률 샘플링 디자인에 속한다. 이를 위해 체계 샘플링에서는 모집단의 요소들이 무작위로 나열되어 있어야 한다. 모집단을 구성하는 단위들이 어떤 특성을 갖고 모여 있다거나 순환적으로 배열되어 있으면, 매번 k번째 단위를 추출하는 과정에서 체계적인 오류가 발생할 수가 있다. 예를 들어, 1년 365일 중에서 일정한 수를 요일별로 골고루 추출하려면, k 값이 7이 되면 안 된다. 같은 요일들만 포함되기 때문이다.

(3) 층화 샘플링

층화 샘플링(stratified sampling, 유층 표집)은 기본적으로 무작위 추출 방법을 사용하지만, 샘플링의 과정을 층화시켜 놓았다는 점에서 단순 무작위의 방법과는 다르다. 층화 샘플링은 모집단에 있는 소규모 하위 집단이 표본에 적절한 크기로 포함되도록 하는 데 유리한 방법이다. 이것은 샘플링의 정확성을 높이고, 비용 절감에도 도움을 줄수 있다. 단순 무작위 방법으로 소수 집단을 적절한 크기로 표본에 포함시키려면, 표본의 크기를 늘리는 수밖에 없다.

층화 샘플링을 위해서는 먼저 모집단을 동질적인 하위 집단들로 나눈다. 하위 집단의 구분을 위해서는 연구 목적에 부합하는 변수를 사용한다. 이를 통해 층화 샘플링은 표본에 포함되는 각 하위 집단의 요소 수가 모집단에서와 같은 비율로 책정되게 할 수 있다. 만약 다수의 변수들을 사용하게 되면 그만큼 하위 집단의 조합 수가 크게 늘어나므로, 층화의 목적에 사용하는 변수의 수는 가급적 최소화하는 것이 좋다. 일단 하위 집단이 나누어지고 나면, 각 집단에서 무작위 선택의 방법으로 표본 단위를 추출한다.

모집단의 층화는 비례적 혹은 비비례적 방법으로 수행할 수 있다.

비례층화 표본　　각 하위 집단에서 동일한 비율로 표본 단위를 추출하는 것이다. 예를 들어, $N = 300$인 모집단에서 $n = 50$인 표본을 뽑는데, 모집단 성별 분포가 남：여 = 4：1로 구성되어 있음을 안다 하자. 남성과 여성을 모집단과 동일한 비율로 표본에 포함시키려면, 우선 모집단을 성별 변수를 써서 층을 나눈다. 남자 240명의 집단 층과 여자 60명의 집단 층이 생긴다. 이제 각 층에서 표본을 무작위로 추출하는데, 비례층화의 방법은 모집단 대비 표본의 크기 비율($\frac{n}{N} = \frac{1}{6}$)을 각 층에다 동일하게 적용한다. 그러면 남자 층에서 40명이 추출되고, 여자 층에서 10명이 각기 추출되게 된다. 그래서 합계 50인 표본을 완성한다. 이 경우에 적어도 성별 변수의 분포만큼은 모집단의 분포 구성이 표본에도 동일하게 적용되는 것을 확실시할 수 있다.

비비례층화 표본　　층화된 하위 집단마다 차등 비율로 샘플링 요소를 추출하는 방법이다. 전체 모집단에서 극히 작은 비율을 차지하는 하위 집단은 비례적인 방법으로는 분석에 적합한 수가 포함되지 않을 가능성이 있다. 앞서의 경우에 만약 모집단의 남：여 분포가 9：1로 되어 있다고 해 보자. 비례층화의 방법을 써서 동일한 비율을 적용하게 되면 모집단의 여성 층 30명 중 ($\frac{n}{N} = \frac{1}{6}$)에 해당하는 5명만이 표본에 포함된다. $n = 5$와 같은 작은 수의 집단을 두고 통계분석을 하면, 편향성이 지나치게 높을 우려가 생긴다. 그래서 이런 경우에 소수 하위 집단의 요소가 표본에 더 많은 비율로 포함되게 하는 것이 필요하다. 일종의 차등 비율, 즉 비비례적인 방식을 층화 샘플링의 과정에 적용하는 것이다. 예를 들어, 여성의 경우에 $\frac{1}{6}$의 표본 비율 대신에 $\frac{2}{6}$을 적용하면, 10명이 표본에 포함된다. 동일한 표본 크기를 유지하자면, 나머지 40명은 남성 집단 270명에서 무작위로 추출하게 되는데, 그 결과 남성 층에 대해서는 $\frac{1}{6}$ 대신 $\frac{4}{27}$의 비율이 적용된다. 차등적 비율 적용으로 인한 모집단과 표본 집단 구성 간의 불균형성 문제는 자료 분석의 과정에서 보정된다. 비비례 상태의 표본에서 단순히 산술평균을 구하게 되면, 앞선 예의 경우에 여성의 포함 비율이 비정상적으로 높아져서 그에 따라 모집단의 추정을 왜곡시킬 가능성이 있다. 따라서 비비례층화 표본을 사용하는 경우에는, 이러한 문제를 해결하기 위해 표본 자료의 분석 값들을 역가중치로 계산해서 원래의 비중으로 환산시키는 등의 보정 방법을 쓴다.

(4) 군집 샘플링

군집 샘플링(cluster sampling, 집락 표집)은 모집단을 다수의 군집으로 나누고, 각각의 군집에서 표본 단위를 무작위로 추출하는 방법이다. 대규모 서베이 조사에서는 단순 무작위나 체계, 혹은 층화 샘플링의 방법을 거의 사용하지 않는다. 이들 방법으로 표본 단위를 추출하려면 모집단 전체에 대한 샘플링 틀이 미리 갖추어져 있어야 한다. 그런데 모집단의 전체 틀을 확보하기는 쉬운 일이 아니고, 비용도 막대하게 들 수 있다.

이런 경우에 군집 샘플링이 적절한 대안이 된다. 군집 샘플링에서는 상위 군집에서 하위 군집으로 이동해 가면서 표본 요소를 추출해 가는데, 모든 단계에서 EPSEM 원칙이 적용된다. 단계별 군집들의 추출 과정에서는 표본 요소 단위는 연구 분석 단위와 다르다. 마지막 하위 군집의 단계에 이르러서야 연구 분석 단위에 대한 무작위 추출이 이루어진다.

> 한 광역시 단위의 초등학교 학생에 대한 기초욕구 조사를 실시하는 연구가 있다 하자. 단순 무작위나 체계 샘플링의 방법을 써서 표본을 뽑으려면, 광역시 전체 학생의 명부를 일단 작성하여야 하는데, 이것은 쉬운 일이 아니고 그럴 만한 비용효과성도 없다. 군집 표집을 하면 적은 비용으로도 전체 명부를 확보한 상태에서 샘플링을 하는 것과 같은 효과를 얻을 수 있기 때문이다. 군집 샘플링을 하려면 먼저 광역시의 교육구를 일차 샘플링 단위로 두고, 그 안에서 무작위로 일정 수의 교육구를 선발해 낸다. 다시 각 교육구 내에서 일정 수의 초등학교를 무작위로 선발한다(실제로는 이 단계에서 교육구와 학교의 특성을 감안하기 위해, 단순 무작위가 아닌 방법이 쓰일 것이다). 각 초등학교 내에서 몇 개의 반을 무작위로 선발해 낸다. 각 반에서 최종적으로 조사연구의 분석 단위인 초등학생이 무작위로 선발된다.

군집 샘플링은 이처럼 상위 군집에서 하위 군집으로 이동해 가면서 군집 단위를 샘플링하고, 최종 단계에서야 연구 단위를 추출하기 때문에, 전체 연구 단위에 대한 광범위한 샘플링 명단을 작성할 필요가 없게 해 준다. 그러므로 샘플링의 비용대비 편익을 크게 높여 줄 수 있다. 군집 샘플링은 또한 군집을 이동해 가면서 자료수집을 하기 때문에, 군집에 관한 정보도 자료수집과 분석의 과정에서 자연스레 감안될 수 있도록 하는 장점도 있다.

실제 조사연구의 과정에서는 다양한 형태의 샘플링 방법들이 섞인 디자인이 쓰인다. 군집, 층화, 체계, 무작위 샘플링의 방식들이 조사 환경과 여건에 따라 다양하게 조합되어 쓰이는 경우가 많다. 어떤 조합과 응용이 시도되더라도 확률 샘플링이 되기 위해서는, 모집단의 요소들을 표본으로 추출하는 과정에서 EPSEM 원칙이 준수되어야 한다.

2) 비확률 샘플링 디자인

비확률 샘플링은 표본 추출의 과정에 EPSEM의 원칙을 적용하지 않는 것이다. 그래서 확률 이론을 적용한 표준오차가 계산될 수 없다. 모수 추정을 하는 데 필요한 오차의 범위가 제시될 수 없는 것이다. 그 결과, 표본이 모집단을 어느 정도의 정확성으로 대변하는지에 대한 정보가 부재하게 된다. 그럼에도 불구하고, 확률 샘플링을 쓰기 어려운 환경 여건하에서는 비확률 샘플링이 어쩔 수 없는 선택이 된다. 비확률 샘플링의 디자인에는 다음의 네 가지 유형이 대표적이다.

(1) 편의 샘플링

편의 샘플링(convenience sampling)은 표본 구성의 편리함을 강조한다. 연구자가 간편하게 획득할 수 있는 샘플링 단위를 추출하여 표본을 만드는 방법이다. 예를 들어, 연구자가 길거리에서 쉽게 만날 수 있는 200명을 선택하여 한 지역의 주민을 대표하는 표본으로 만드는 등의 방식이다. 편의 표본은 특성상 모집단에 대한 대표성을 추정할 수 있는 방법이 없다. 표본의 통계치에 대한 표준오차 관련 정보를 구할 수 없기 때문이다. 이러한 표본은 대개 초기 단계의 연구에서 아이디어 수집이나 선도 연구(pilot study) 등의 목적으로 쓰인다.

(2) 의도적 샘플링

의도적 샘플링(purposive sampling)은 연구자의 의도에 따라 '전형적이라고 생각되는' 요소 단위를 표본으로 선택하는 방법이다. 선택적 표본이라고도 한다. 연구자의 주관적 판단으로 모집단을 적절히 대표한다고 생각되는 샘플링 단위가 선택된다. 따라서 한 샘플링 단위가 표본 속에 포함될 확률은 연구자의 주관적 판단으로 결정되게 된다.

예를 들어, 어떤 지역사회의 성향을 조사하는 경우에, 연구자가 판단하기에 그 지역사회의 성향을 가장 대표적으로 나타낸다고 생각되는 사람이나 구역을 선택해서 조사하는 것이다. 이런 샘플링은 연구자의 작위에 의해 이루어지므로, 무작위적 방법에 의한 확률 이론의 적용이 불가하다. 표본의 결과를 두고 모집단을 수량적으로 추정할 수 없다는 것이다. 이런 유형의 표본은 특정 관심 사안을 의도적으로 선택해서 깊이 접근해 들어가는 사례연구와 같은 질적 조사방법 등에 유용하게 쓰인다.

(3) 할당 샘플링

할당 샘플링(quota sampling)은 표본의 집단별 분포를 미리 정해 두고, 그에 맞추어 각 집단으로부터 할당된 수만큼의 단위를 임의로 추출하는 방법이다. 예를 들어, $n = 50$인 표본을 추출하려 할 때 남자(10명) : 여자(40명)로 할당 비율을 미리 결정하여 두고, 그 안에서 임의로 표본을 뽑는 것이다. 할당 샘플링의 발전된 형태로는 다차원 샘플링(dimensional sampling)이 있는데, 이는 둘 이상의 변수에 대한 분포를 미리 고려하여 그에 맞추어 표본의 수를 결정하는 방법이다.

하나의 변수로 표본 집단을 분리하면 그 변수의 범주 개수(p)가 분리되는 하위집단의 수가 된다. 예를 들어, 성별로 할당 표본을 만드는 경우 하위표본 집단의 수(p) = 2다. 여기에 다른 변수를 하나 더 추가해서 할당을 하려면 그 변수의 범주 개수(q)가 추가되어, 할당 하위집단의 수는 $p \times q$개가 된다. 이렇듯 계속해서 변수를 추가해 가면, 집단의 수가 가중적으로 늘어나게 된다. 각 집단에는 최소한 크기의 표본 수가 할당되어야 하기 때문에, 이를 고려해서 적절한 차원의 할당 샘플링을 계획해야 한다.

할당 표본에서는 표본에 포함되는 단위를 모집단에서 나타나는 비율을 근거로 하여 추출한다. 대개는 거주지, 연령, 성별, 사회 계층 등과 같이 이미 알려진 모집단의 특성 차이에 의해 표본에 포함되는 단위들의 할당 비율이 결정된다. 할당 표본의 단점은 첫째, 모집단에 의해 알려져 있지 않은 변수로는 나눌 수 없다는 것이다. 모집단에는 무한한 수의 변수들의 특성이 존재한다. 따라서 모든 변수에 대한 할당 비율을 미리 알고 그에 맞추는 표본을 뽑는다는 것은 불가능하다. 둘째, 비록 변수에 따른 할당 비율이 모집단과 유사하게 정해졌다 해도, 각 할당 안에서 선택되는 단위들은 무작위가 아니라 의도적으로 추출된다. 그래서 확률 이론을 적용한 모집단 추정이 여전히 어렵다.

(4) 스노우볼 샘플링

스노우볼 샘플링(snowball sampling)은 작은 표본에서 출발해서 점차 큰 표본으로 만들어 가는 방법이다. 마치 작은 눈덩이를 굴려 점차 큰 눈덩이를 만들어 가는 과정과 유사하다 해서 이런 이름을 붙인 것이다. 최초의 소수 표본을 의도적 혹은 편의적으로 선택하고, 이를 매개로 표본을 확대해 나가는 방법이다. 양적 조사연구보다는 질적 연구 혹은 현장 연구(field study) 등에서 많이 사용된다.

스노우볼 샘플링은 모집단의 성격에 대해 전혀 파악하지 못하고 있을 때, 최초의 소수 접촉자가 획득되면 이를 통해 다음 접촉자들에 대한 정보를 획득하고, 또 그를 바탕으로 다음 접촉자들을 찾아내는 등으로 접촉의 범위를 확대시켜 가면서 표본 자료수집을 한다. 약물 중독자나 비행 청소년 등과 같은 특정 인구 집단은 모집단의 성격이 널리 알려져 있지 않으며, 일상적인 샘플링 방법으로는 접근이 용이하지 않다. 이런 경우에 모집단의 규모를 모르는 상태에서 샘플링이 이루어지기 때문에 일반화의 한계는 있지만, 그나마 스노우볼 샘플링이 실행 가능한 유일한 대안이 될 수 있다.[14]

---

14) 근래에 들어 사회복지 분야에서는 이주 여성에 관한 연구 등에서 이런 샘플링 방법의 유용성이 강조되는 경향이 있다.

제12장

문답식 자료수집

과학적 이론의 조사연구에는 경험적 자료가 필요하다. 질적 연구에서는 주로 이론을 만드는 데 필요하고, 양적 연구에서는 이론을 검증하기 위해 필요하다. 그에 따라 자료를 수집하는 방법이나 절차에서도 차이가 난다. 어떤 경우라 해도 과학적인 자료수집의 방법은 우리가 일상적으로 경험을 얻는 것과는 다르다. 이 장에서는 먼저 문답식 자료수집의 방법에 대해 설명한다.

1. 자료수집의 방법

과학적 조사연구에 필요한 자료는 다양한 방법으로 수집된다. 사회복지 조사연구나 실천은 사람들의 문제나 필요를 다룬다. 이를 위해서는 사람들의 내면적 심리 상태에서부터 물리적, 사회적 환경에 이르기까지 무수히 많은 차원의 정보와 자료가 필요하다. 이러한 갖가지 자료들은 그 성격에 따라 수집하는 방법에서도 차이가 난다.

1) 자료 생성의 주체

자료수집의 방법은 일차적으로 자료 생성의 주체에 따라 나누어진다. 연구자의 관점에서 자료를 직접 관찰하거나 정황 등을 통해 자료를 수집하는 방법이 있고, 연구 대상이 되는 사람들이 질문에 답하는 형태로 생성하는 자료를 수집하는 방법도 있다.

사람들이 가을에는 어떤 색깔의 옷을 즐겨 입는지 알려고 한다. 이를 위해 연구자가 가을에 거리에 나가 지나가는 사람들의 옷 색깔을 관찰해서 기록하고 자료를 만들 수 있다. 아니면 옷가게에서 가을에는 어떤 색의 옷이 많이 팔리는지를 조사해 볼 수도 있다.

다른 방법으로는 가을철에 사람들에게 전화를 해서 물어볼 수 있다. '당신은 요즘 어떤 색깔의 옷을 즐겨 입습니까?' 많은 사람에게 묻기가 어려우면, 옷에 대한 몇몇 전문가들에게 '사람들은 보통 가을에 어떤 색깔의 옷을 즐겨 입습니까?' 라고 물어볼 수도 있다. 그리고 그들이 하는 대답을 자료로 삼는다.

사회과학 연구들에서의 자료수집 방법은 크게 '문답식'과 '비문답식'으로 구분한다. 위의 예에서는 아래가 문답식 방법, 위가 비문답식 방법의 자료수집에 해당한다.

문답식 방법　문답식 방법은 사람들에게 '묻고' 그들이 '답하는' 것을 자료로 삼는 것이다. 서베이 조사 등이 대표적이다.[1] 여기에서는 조사 대상자들의 생각이나 기억이 자료의 원천이 된다. 이런 자료를 얻기 위해서는 질문지나 면접의 방법을 보통 사용한다. 이 둘의 공통점은 문답 방식으로 자료를 수집한다는 것이고, 차이점은 문답의 매체가 다르다는 것이다. 문답의 매체에 따라 응답자의 반응이 달라질 수 있으므로, 이러한 차이가 문답식 자료수집에서는 중요하게 고려된다.

비문답식 방법　비문답식 방법은 연구자가 자료 생성의 주체가 되어 자신의 관점에서 자료를 수집하는 것이다. 문답식 방법이 응답자 관점의 자료를 수집하는 것이라면, 비문답식 방법은 연구자가 '보거나' '듣거나' '만지는' 등으로 연구자 관점에서 자료를 생성하는 것이다.[2] 관찰 방법이 대표적이다. 관찰에서도 직접 관찰하는 방법이 있고, 간접적인 정황을 관찰하는 방법도 있다. 각종 문헌 자료 등을 검토해서 이로부터 특정한 자료를 생성하는 방법도 비문답식 자료수집에 해당한다.

---

1) 서베이(survey)란 원래 대규모 측량을 의미하는 용어였지만, 사회 조사연구에서는 다수의 사람들을 대상으로 하는 문답식으로 자료를 수집하는 방법을 뜻한다. 인구센서스가 대표적이다. 일반적으로 비서베이라고 하면 문답을 하지 않고 자료를 수집하는 비문답식 방법을 말한다.
2) 일반적으로 사용하는 관찰이라는 용어와는 구분할 필요가 있다. 일반적인 관찰과 달리 과학적 조사연구에서의 관찰 방법은 관찰자의 주관을 적절히 통제하는 데 초점을 두는 것이다. 이에 대해 뒤에서 설명한다.

2) 자료와 사실, 관점

자료수집의 방법 차이는 단순히 자료를 얻는 방식과 절차의 차이만을 의미하지 않는다. 그 차이는 현상에 대한 이해가 '누구'의 관점과 경험적 근거를 기반으로 할지에 대한 철학적 인식론과도 결부되어 있다.

조사 대상자의 성별에 대한 자료를 문답식 서베이 방법으로 수집하려 한다. [성별은? ① 남 ② 여]. 이를 우편 설문으로 해도 되고, 대인 면접이나 전화 면접, 온라인 서베이로 해도 된다. 조사 대상자가 무엇으로 체크하든지, 그것이 그 대상자의 성별 자료 값이 된다. 우편이나 온라인 조사에서는 확인이 어렵지만, 면접 조사라면 조사자가 관찰 방법을 병행해 볼 수 있다. ② 여로 '응답'한 대상자가 조사자가 '보기'에는 분명히 ① 남이라면? 누가 옳은가? 그 대상자는 남자인가, 여자인가? 무엇이 사실인가?

'자료'와 '사실'은 구분되어야 한다. 자료수집의 과정에서 얻는 것은 단지 자료일 뿐이다. 자료 자체가 곧 사실인 것은 아니다. 과학적 조사연구는 사실에 관한 이론을 만드는 것인데, 여기에 필요한 것이 자료다. 위의 예에서 보듯이, 자료수집의 방법에 따라 각기 이질적인 자료 값이 산출될 수 있다. 이것은 자료수집의 정확성이나 정직성에 관련된 문제가 아니라, '누구' 관점에서의 '사실'인지에 대한 철학적 문제가 된다.

관점에 따라 수집된 자료의 성격이 차이가 나는 문제를 해결하기 위해, 과학적 조사연구에서는 관점을 하나로 통일하기보다는 관점의 차이를 보다 명확히 밝히는 방법을 사용한다. 즉, 관점에 따라 동일한 대상자가 ①이나 ②로 달리 자료수집이 될 수도 있겠지만, 과학적 조사연구에서는 어느 것이 '옳고, 그른지'를 따지지 않는다. 그보다는 '어떤 근거', 즉 어떤 자료수집의 방법을 통해 산출된 자료 값인지를 명확히 제시하도록 한다. 그래야만 자료에 내포된 주관적 관점이 드러내지고, 그래야만 사실이 왜 이렇게 설명되는지를 객관적(상호주관적)으로 이해될 수 있게 한다.

자료수집에서의 주체나 관점에 따른 차이를 인정하더라도, 자료수집의 대상에 따라 특정 방법이 다른 방법에 비해 유·불리함은 차이가 날 수 있다. 인간의 내면적 가치나 태도에 관한 자료를 수집하는 데는 문답식의 서베이 방법이 효과적이라면, 인간의 외부적 행동에 관한 자료를 수집하는 데는 비문답식 관찰 방법이 보다 효과적이라고 알려져 있다.[3] 인간의 태도(attitude)와 행동(behavior)은 분리되어 존재할 수 있으므로,

각각의 경우에 보다 적합한 자료수집 방법을 선택하는 것이 중요하다.

3) 문답식 자료수집의 특징

문답식 자료수집이란 조사 대상자에게 무엇에 관해 묻고 응답을 받는 방법으로 자료를 얻는 것이다. 많은 사회 현상은 연구자가 직접 관찰하기 힘든 경우가 많다. 특히 사람을 대상으로 하는 연구에서, 사람들의 내면적인 생각이나 태도 등은 직접적으로 관찰해서 파악하기가 어렵다. 또한 과거에 이루어졌던 사건이나 경험에 대해서도 현재 연구자가 그것을 직접 관찰한다는 것은 거의 불가능하다. 이런 경우에 보통 연구자는 그런 생각이나 기억을 가진 사람들이 글이나 말을 통해 구성해 주는 것으로부터 자료를 수집하는 방법을 쓰게 된다.[4]

문답식 자료수집의 방법은 문답을 위한 매체가 무엇인지에 따라, 크게 질문지 방법과 면접 방법으로 나뉜다. 질문지와 면접 방법의 차이는 단순하게는 문답의 매체가 '글'인지, 혹은 '말'인지에 따라 다르다. 비록 같은 내용의 질문이더라도 글(설문지)과 말(면접)의 매체를 사용하는 것은 응답의 결과 자료를 다르게 할 수도 있다. 자료수집에서 각각의 방법은 장단점이 다르게 나타난다.

2. 설문지 조사

설문지 조사는 문답식 자료수집의 한 유형으로 문답 자료를 수집하는 데 '글'을 주된 매체로 사용하는 것이다. 응답자는 글로 된 질문을 읽고 그에 해당되는 대답을 한다. 이런 방식으로 응답을 모으는 것이 설문지 자료수집 조사다. 우편 설문이나 온라인 설문 조사 등이 대표적인 유형이다.

---

3) 자신이 무슨 생각을 하는지는 다른 사람보다는 자기 스스로가 잘 알 수 있다. 반면 자신의 행동이 다른 사람에게 어떻게 비추어지는지는 자신보다는 다른 사람이 더 잘 볼 수 있다.

4) 사람들의 생각이나 기억을 직접 이미지로 구성해 내는 방법도 공상과학 영화들에서 보여 주고 있기는 하다. 이렇게 되면 말로 해 주는 것보다 오류의 근원이 한 가지는 줄어들 수 있다.

1) 우편 설문

우편 설문은 질문지를 우편으로 조사 대상자에게 전달하여 응답, 회신하도록 하는 방법이다. 조사자와 응답자 간 비대면 상태에서 자료수집이 이루어지는 것으로, 이에 따른 장점과 단점이 각기 존재한다.[5]

[장점]

① 저렴한 비용: 대면 조사에 비해 비용이 적게 든다. 숙련된 면접 요원(들)을 고용하는 데 따르는 비용 부담이 없기 때문이다.

② 질문자 편향성 오류의 감소: 대면 조사에 비해 편향성을 줄일 수 있다. 대인 면접 조사의 경우 다수의 면접 요원들이 각기 다른 응답자들을 대상으로 자료수집을 하게 될 때, 면접자들 간 성향 차이에 따라 응답률이나 응답 내용이 차이 나는 편향성 오류가 발생할 수 있다. 우편 설문은 동일한 내용의 하나의 질문지를 사용하므로, 면접 조사에서 나타날 수 있는 여러 질문자들 간 차이에 따른 편향성은 발생하지 않는다.

③ 익명성의 보장: 대면 관계가 생략되므로 응답자에게 익명성이 보장된다는 느낌을 줄 수 있다. 특히 공개적으로 말하기 민감한 문제들에 대해 응답률을 높이고 솔직한 응답을 얻기 위해서는 익명성 보장이 중요하다.

④ 사려 깊은 응답: 우편 설문은 배달된 설문지를 두고 응답자가 응답에 필요한 시간이나 생각의 여유를 가질 수 있다. 그러므로 질문의 성격이 응답자의 심사숙고를 요구하는 것이면, 우편 설문이 보다 유리하다.

⑤ 접근성 증대: 물리적으로나 제도적으로 쉽게 접근하기 어려운 대상(예: 외국 체류자)에 대해 유효할 수 있다.

[단점]

① 낮은 회수율: 우편 설문을 통한 자료수집은 특별한 대책을 두지 않는 한 대개 낮은 회수율을 보인다. 낮은 회수율은 연구 결과의 일반화에 심각한 지장을 초래한다. 응답자와 비응답자 집단 간에는 성격의 차이가 있을 것인데, 수집된 자료는 응답자 집단만

---

5) 참고: Nachmias, D., & Nachmias, C. (1981). *Research Methods in the Social Sciences* (2nd ed.). NY: St. Martin's Press, pp. 182-183.

의 성격을 반영하므로 이를 근거로 일반 집단을 설명하기 어렵게 만든다.

② 질문의 제한성: 글로 쓰인 질문을 사용해야 하므로, 설문 문항들은 응답자가 쉽게 읽고 이해할 수 있는 단순한 질문들로 제한되기 쉽다. 그러므로 연구에서 원하는 심도 있는 문답 자료를 구하기 어렵다. 거꾸로 질문이 까다로우면 응답률이 떨어지고, 응답의 질도 보장되기 힘들다.

③ 추가적 규명의 어려움: 응답에서 표기 오류가 발생할 때 수정을 요구한다거나, 추가 질문 등과 같은 심층규명(probing)을 하기 어렵다. 회수된 질문지에 대한 응답자 추적이 기술적으로 가능하더라도, 익명성 보장에 대한 신뢰를 깨트리기 어렵다.

④ 응답자 통제의 어려움: 우편으로 배달된 설문지에 대해 누가, 어떤 상황에서 응답했는지를 통제할 수 없다. 비록 설문지에 응답자를 명시했더라도, 대리자가 회신하는 경우(예: 기관장 대신 실무자)도 있다. 응답자가 통제되지 않는 만큼, 응답의 타당성도 그만큼 확인되기 어렵다.

우편 설문의 자료수집 방법에서는 적정한 수준의 응답률을 확보하는 것이 중요한 과제다. 낮은 응답률로 인해 초래될 수 있는 자료의 편향성은 조사의 신뢰성을 좌우하는 문제가 되기 때문이다. 그래서 우편 설문 조사에서는 응답률을 높이기 위한 다양한 방법을 사용하는데, 일차적으로는 설문지의 회수율을 높이는 전략에 초점을 둔다. 회수율이 높아진다고 반드시 응답률이 높아지는 것은 아니지만(부실이나 오류 응답 등 때문), 일단은 높은 회수율이 전제되어야 하는 것이다. 이를 위한 대표적인 전략들을 〈표 12-1〉에서 보여 준다.

대부분의 조사연구에서는 회수율을 높이기 위해 많은 노력을 하지만, 실제로는 의도했던 자료수집 대상의 50%를 밑도는 경우가 많다. 낮은 회수율은 그 자체로서 문제가 될 수도 있지만, 보다 심각한 문제는 응답과 비응답 집단의 성격이 조사 결과의 편향성을 결정해 버리는 것이다. 예를 들어, 시민들의 정치의식을 조사하기 위한 우편 설문 조사가 30%의 회수율을 보였는데, 응답한 30%의 시민이 연령이나 성별에서 일반 시민의 분포와 다른 집단 구성이라면, 이 자료의 조사 결과를 가지고 '일반 시민'의 정치의식으로 일반화하기 어렵다.

우편 설문 방식의 자료수집을 계획할 때는 낮은 응답률을 미리 예상할 수 있어야 한다. 최소한 어느 정도의 응답률을 확보할 것인지에 대한 결정과 함께 그에 따른 전략도

〈표 12-1〉 우편 설문지의 회수율 제고 전략

전략	방법
후속 독촉	• 미응답자에 대해 전화나 문자, 메일을 통해 추가적으로 응답을 독촉한다. • 후속 독촉 과정에서 설문지 자체의 재발송이 필요할 수도 있다.
중요성 호소	• 질문에 대해 응답하는 것이 얼마나 귀중한지를 응답자들에게 호소한다. • 표지글에서 이타적인 동기를 제시한다.
후원자 명시	• 응답자들에게 권위가 인정되는 후원자(들)를 명시해서 응답 참여를 유도한다.
민감한 질문 억제	• 이름이나 신상, 구체적인 소득금액 등과 같은 개인의 프라이버시 질문은 응답을 중단하게 만들 수 있으므로 최대한 배제한다.
인센티브 사용	• 응답 사례로 현금이나 바우처 등을 인센티브로 지급한다. • 응답 대상 집단이나 질문지의 성격, 연구 후원자의 규정 내에서 적절한 인센티브 수단이나 한도를 찾는다.
회수 방법	• 응답지 회신을 위해 우편료가 지불된 반송용 봉투를 제공한다. • 우표가 직접 붙어 있는 봉투가 회신에 대한 책임감을 응답자에게 줄 수 있다.
질문지 양식	• 설문을 소개하는 표지글이 응답자에게 다가오도록 깔끔하게 제시되는 것이 좋다. • 질문과 응답 항목들이 한눈에 들어오도록 구성해서, 응답자가 직관적으로 파악할 수 있도록 한다.
질문지 분량	• 될 수 있는 한 짧은 분량의 질문지가 좋다.

갖추어야 한다. 연구의 일반화에 결정적인 지장을 초래하지 않으려면 응답률이 최소한 어느 정도가 되어야 하는지에 대해서는 일관된 기준이 없다. 연구 문제나 조사 변수의 성격, 모수의 분산 정도 등에 따라 요구되는 최소 수준의 응답률에 차이가 나기 때문이다. 분명한 것은 가능한 최대한의 응답률 제고가 필요하고, 그럼에도 발생할 수밖에 없는 낮은 응답률은 그에 따른 편향 가능성을 연구 분석의 과정에서 반영해야 한다.

2) 온라인 설문

인터넷의 사용 증가에 따라 우편 설문 조사의 상당 부분이 온라인 기반의 서베이 조사로 대체되는 경향이 있다. 온라인(online)이란 컴퓨터 등의 정보통신 기술을 이용해서 사람들이 비대면적으로 연결되는 상태를 말한다. 온라인 설문은 보통 이메일이나 문자, SNS 등에 설문지를 직접 부착하거나, 혹은 설문 조사 웹(web)에 직접 접속되게

해서 응답하도록 하는 방법을 사용한다. 그로 인해 우편물을 이용해서 질문자와 응답
자가 연결되는 우편 설문 조사와 특성 차이가 난다.

　온라인 설문도 기본적으로 문답식 질문지 자료수집 방법에 속한다. 그러므로 대면
면접과 비교해서 질문지 조사로서의 우편 설문의 장점과 단점을 유사하게 가진다. 응
답자가 질문지를 읽고 대답한 것을 돌려받아 자료로 삼는 방법으로서의 장단점을 동일
하게 가진다는 것이다. 다만 우편 설문과는 다른 매체 환경으로서의 온라인 방식을 활
용하는 데 따른 장단점의 차이가 있다.[6]

[장점]

　① 우편 설문과의 공통 장점: 익명성 보장으로 인한 솔직한 응답을 기대할 수 있고,
비대면적 문답 맥락을 통해 질문자의 편향성 개입이 최소화될 수 있다.

　② 저비용 접근성: 온라인 매체의 특성상 질문과 응답을 주고받는 데 드는 비용이
매우 낮게 든다. 물리적 거리나 장소에 따른 접근 비용의 차이도 거의 없다.

　③ 자료 처리의 경제성: 온라인을 통한 응답은 실시간으로 데이터베이스에 입력되
어 처리되고, 미리 설정된 절차에 따라 분석까지도 가능하다. 우편 설문과는 비교할 수
없을 만큼 응답 자료의 입력 처리에 드는 비용이 적게 든다.

　④ 신속성: 온라인 매체는 기술적으로는 질문과 응답 사이의 지체가 없을 만큼 신속
한 자료수집이 가능하다.

　⑤ 확장성: 우편 질문지에 비해 다양한 시청각 요소들을 포함할 수 있다. 색깔이나
그래프, 영상, 사진, 소리 등까지도 질문과 응답 항목으로 자유롭게 사용할 수 있다. 그
로 인해 우편 설문지 조사에 비해 질문의 내용이나 성격을 확장할 수 있다.

　⑥ 유연성: 동일한 내용의 질문지 문항들이라도 응답자마다에게 다양한 순서나 형
태로 구성하거나 변경하는 등으로 유연하게 배치할 수 있다. 이것만으로도 설문지의
구성 형식에 따른 차이를 비교해서 신뢰도를 측정하는 등에 유용할 수 있다.

　⑦ 개연성 질문의 용이함: 한 질문에 응답하면 그에 따라 연관된 다음 질문으로 이

---

6) 참고: Couper, M., Kapteyn, A., Schonlau, M., & Van Soest, A. (2009). 'Selection bias in web surveys and
the use of propensity scores'. *Sociological Methods & Research, 37*(3), pp. 291-318.; 샘플링과 대표성에 대
해서는 참고: Duffy, B., Smith, K., Terhanian, G., & Bremer, J. (2005). 'Comparing data from online and
face-to-fact surveys'. *International Journal of Market Research, 47*(6), pp. 615-639.

어져 가는 것을 개연성 질문 형식이라 한다.[7] 종이 인쇄 설문지에서는 이러한 형식을 구사하는 것이 복잡해질 수 있다. 전자 서베이에서는 응답에 따른 맞춤형 질문 형식이 자유롭게 구사되는 것이 가능하므로, 심지어 응답자는 개연성 질문이라고 인식조차 하지 않아도 된다.

⑧ 응답률 제고: 응답자의 입장에서는 우편 설문의 응답 이행 절차(예: 우체국 방문)가 귀찮게 여겨질 수 있고, 그만큼 응답을 꺼릴 수 있다. 온라인 서베이는 이로 인해 응답률이 저하될 이유는 없다. 또한 부적절한 응답에 대한 오류 체크를 자동적으로 제공해 줄 수도 있어서, 응답 자료의 질 측면에서의 응답률 제고에도 기여한다.

[단점]

① 기술적 환경의 한계: 인터넷을 통한 온라인으로 접근하기 어려운 환경하에 있는 집단에는 적용하기 어렵다. 예를 들어, 인터넷 사용이 어려운 아동이나 고령자 층, 교도소 등의 통제시설 입소자들에 대한 자료수집 방법으로는 어렵다.

② 낮은 응답률: 우편 설문 방식의 서베이 자료수집의 단점에 해당하는 낮은 응답률은 온라인 조사에서도 공통적이다. 실명으로 접근하거나 혹은 응답이 강제될 수 있는 환경에서의 조사가 아니라면, 온라인 조사가 다른 우편 설문 조사 등에 비해 응답률의 큰 차이가 없다. 온라인의 편의성이 응답률을 제고하는 장점도 있지만, 한편으로는 응답을 거부하기에도 심리적인 부담감을 없게 해서 오히려 응답률을 낮게 만드는 단점도 가진다.

③ 표본 왜곡의 가능성: 온라인 설문에 응하는 집단과 응하지 않은 집단 간에는 그 자체만으로 집단 간 성격 차이가 발생한다. 표본 자료는 당연히 응답 집단의 성격만을 포함한다. 그로 인해 표본 자료는 일반 집단보다는 특정 집단(예: 응답을 거절하지 못하는 '순한' 사람들)의 성격만을 과다하게 반영하는 왜곡이 발생하기 쉽다.

④ 표적 집단 확인의 어려움: 이미 확인된 표적 집단을 대상으로 하는 경우가 아니라면, 즉 설문 대상자가 누구인지, 온라인 접근 주소는 무엇인지 등을 이미 알고서 하

---

7) 예를 들어, 개연성 질문(contingency question)이란 다음과 같은 것이다. [14번 질문에서 '(1) 남'으로 대답하면 15-1번 질문에 대답하고, '(2) 여'라고 대답하면 15-2번 질문에 대답하시오. 15-1번 질문에서 '(1) XX'에 대답한 사람은 17번으로 가고, '(2) ○○'에 대답한 사람은 17번을 건너뛰면서 18번으로 가고 …]. 자세한 설명은 이 책 9장 '측정 도구'를 참고한다.

는 경우가 아니면, 단순히 이메일 등과 같은 온라인 접근 주소만으로는 자료수집의 표적 대상자 집단이 누구인지를 확인할 수 없다. 우편 설문에서 사용하는 가구 주소는 적어도 표적 대상 집단의 지역적 특성에 관한 자료는 포함시킬 수 있다.

온라인 설문 조사에서도 낮은 응답률과 회수율은 수집된 자료의 신뢰성을 위협한다. 그로 인해 이에 대응하기 위한 다양한 전략이 강구되어 왔다. 문답에 참여하는 동기를 부여하기 위해 후원자의 권위를 동원하거나 사회적 가치에의 동참을 호소하는 등의 전략을 쓰는데, 이는 우편 설문 조사에서와 유사한 맥락으로 사용된다. 조사 대상 집단에 대해 수차례의 응답 의사 확인과 후속 독촉을 되풀이하는 방법으로 응답률을 제고할 수도 있는데, 이는 온라인 설문 조사만의 저비용, 신속 접근성 때문에 가능한 전략이다.

3. 면접 조사

면접 조사는 설문지 조사와 마찬가지로 문답식 자료수집 방법에 속한다. 설문지 조사와의 차이점은 문답의 매체가 '말'이 되는 것이다. 말은 글과 다른 소통의 특성을 가진다. 그로 인해 말로 수집된 문답 자료는 글로 수집된 문답 자료와 다를 수 있다.[8) 동일한 현상에 대해서도 수집 방법에 따라 성격이 다른 자료가 생성될 수 있다. 면접을 통한 자료수집 조사에는 대면 면접, 전화 면접 등의 기법이 대표적으로 사용되는데, 이들 간에도 상당한 자료의 성격 차이가 발생한다.

대인 면접(personal interview)은 대상자에게 조사자가 대면(face-to-face) 상호작용을 통해 직접 문답 조사를 하는 것이다. 우편 설문 조사와는 달리 조사자가 대상자들에게 질문을 구두(口頭)로 물어서 응답을 받는다는 점이 주된 차이다. 우편 설문 조사에서 '인쇄된 설문지'가 자료수집의 도구라면, 대인 면접에서는 '면접 조사자'가 곧 자료를 수집하는 주된 도구다. 조사 대상자의 입장에서는 '읽고 쓰기' 대신에 '듣고 말하기'로써 응답하는 것이다.

---

8) 예를 들어, 조사 대상자에게 소득 수준을 익명적인 글로 물을 때와 대면적인 말로 물을 때, 그의 응답이 다를 수 있다. 어느 것이 사실인지는 자료 자체들만으로는 모른다.

대인 면접 조사에서는 조사자와 대상자 간의 대면적 상호작용이 중요하다. 이 과정이 곧 자료수집의 질과 성패를 좌우하는 것이기 때문이다. 그래서 대인 면접법에서는 이 과정을 어떤 방법으로 구조화할지에 많은 관심을 둔다. 연구자 1인이 곧 면접 조사원이 되는 소규모의 심도 있는 조사의 경우도 있지만, 지역사회 주민 욕구 조사에서와 같이 다수의 면접 조사원들을 필요로 하는 경우도 있다. 이런 경우에 조사원 간 혹은 대상자별로 개별적인 상호작용 과정들을 각기 어떻게 객관적이고 일관성 있는 자료수집으로 만들 것인지가 구조화의 관심이다.

1) 면접 조사 수행의 원칙

대인적 면접 조사(interview)의 방식으로 자료수집을 하는 경우에는, 수집된 자료의 질은 응답자의 참여도에 달려 있는 경우가 많다. 그래서 면접 조사 수행을 위해서는 먼저 응답자가 면접에 호의적으로 반응하도록 만들 필요가 있다. 이를 위해 다음 사항이 중요하다.

첫째, 면접 조사 요원과의 상호작용에서 응답자가 편안한 느낌을 갖도록 배려해야 한다. 이를 위해 면접 조사 요원은 대화가 쉽고 편안하게 이루어질 수 있도록 사전에 준비해야 한다.

둘째, 응답자가 생각하기에 연구 주제가 가치 있다고 여기도록 해야 한다. 거론되는 문제가 응답자 자신뿐만 아니라, 사회적으로도 매우 유익하다는 것을 상기시켜 준다. 그래서 면접 조사에 협조하는 것이 얼마나 중요한지를 응답자가 인식하도록 만든다.

셋째, 응답자가 면접 조사에 임하는 때에 부딪히는 장벽들을 극복할 수 있게 한다. 응답자는 면접 조사가 상업적인 목적이나 특정한 이익 추구를 위해 행해지는 것은 아닌지 의심할 수 있다. 비록 표출되지 않더라도 이런 오해의 소지를 내심 안고 있다면, 면접 조사에 임하는 자세(진지한 응답 노력 등)가 나오기 힘들 수 있다. 따라서 면접 조사자는 연구의 목적, 응답자의 선발 방법, 조사 내용의 비밀 보장 등에 대해서 친절하게 설명해 줄 필요가 있다.

2) 면접 조사와 심층규명

면접을 통한 자료수집 조사의 대표적인 장점은 심층규명이 가능하다는 점에 있다. 심층규명(probing, 프로빙)이란 '면접 조사 요원이 의견 교환을 활성화하고 보다 많은 정보를 획득하기 위해 사용하는 기법'으로 정의된다.[9] 인터뷰 과정에서는 종종 어떤 질문에 대해 응답자가 불충분하게 대답하거나, 전혀 엉뚱한 것을 말할 수도 있다. 이런 경우에 조사연구의 목적에 필요한 추가적인 정보를 획득하기 위해 심층규명 기법을 사용하게 된다.

심층규명은 두 가지 주요한 기능을 갖는다. 첫째, 응답자로 하여금 대답을 보다 명확하게 하도록 만들거나, 그러한 대답에 대한 이유를 설명하게 만든다. 둘째, 질의응답 과정이 구체적인 주제에서 벗어나지 않도록 하는 데 사용된다. 심층규명을 적절히 쓸 수 있다는 것은 면접 조사의 대표적인 장점이 되는 것이다. 우편 설문 조사에서는 심층규명이 극히 제한될 수밖에 없으며, 그로 인해 응답의 정확성이나 심도가 떨어지는 단점을 감수해야 한다.

인터뷰 수행 과정에서 심층규명을 얼마나 사용할 것인지는 조사연구의 성격에 따라 각기 달리 나타날 수 있다. 일반적으로는 보다 덜 구조화된 면접 조사에서 심층규명을 보다 많이 활용한다. 대개 명확한 질문의 방향이 사전에 설정되지 않았거나, 그에 따라 예상되는 응답 유형도 미리 구체화되지 않은 경우들에서 심층규명을 통한 정보 획득이 유용하다. 구조화된 면접 조사로 갈수록 심층규명의 중요성은 줄어든다.

어떠한 경우에도 심층규명의 기법을 활용하는 데는 많은 주의가 요구된다. 조사에서 채용하는 면접 조사 요원의 수가 증가할수록, 개별 면접 조사 요원들의 심층규명이 늘어날수록, 수집된 자료는 일관성이 떨어지는 경향이 있다. 비록 심층규명이 개별 케이스에 대한 깊이 있는 정보를 제공할 수는 있지만, 그로 인해 전체 케이스 자료 간의 일관성을 어렵게 한다는 것은 문제가 된다. 따라서 어느 정도의 심층규명을 허용할 것인지를 두고, 연구에서 요구되는 자료의 '폭'과 '깊이'에 대한 일종의 손익교환을 고려한다.

면접 조사에서 심층규명을 사용할 시에 조사 환경에 대한 현실적인 고려도 반드시

---

9) Gorden, R. (1969). *Interviewing: Strategy, Techniques and Tactics*. Homewood, IL: Dorsey, p. 286.

3. 면접 조사 | 253

필요하다. 심층규명이 연구에서 아무리 필요하더라도, 면접 조사가 행해지게 될 장소, 걸리는 시간, 면접 대상자의 성격 등에 따라 그것을 실행에 옮기기 어려운 경우도 많이 나타난다. 또한 섣부른 심층규명의 사용이 면접 조사에 비협조적인 응답자(예: 바쁜 사람들)를 더욱 비협조적으로 만들어 버릴 위험성도 있다. 연구자는 인터뷰 과정의 설계 시에 이러한 현실적 상황도 적절히 예상할 수 있어야 한다.

3) 대인 면접 조사의 유형

대인 면접 조사는 자료수집을 위해 면접자와 응답자가 말로써 상호작용하는 문답 방법을 사용한다. 이 문답 과정에 어느 정도의 자율성을 부여하는지에 따라 면접 조사는 크게 세 가지 유형으로 나누어진다. 문답의 내용이나 형식, 진행 절차를 얼마나 엄격하게 미리 구조화해 두는지에 따라 대인 면접 조사는 스케줄-구조화, 비스케줄-구조화, 비스케줄-비구조화의 유형으로 구분된다.[10]

(1) 스케줄-구조화 면접 조사

스케줄-구조화 면접 조사는 가장 구조화된 면접 조사 양식이다. 질문의 내용과 말 표현, 순서 등이 미리 고정되어 있으며, 모든 면접 조사자(들)는 모든 응답자들에게 똑같이 이를 적용한다. 강력한 구조화를 하는 이유는 응답에서의 변이, 즉 응답자들의 대답에서의 차이가 단지 응답자의 차이를 반영해야지, 면접 상황의 차이에 따라 나타나서는 안 되기 때문이다. 면접 조사자가 말하는 표현이나 뉘앙스의 차이조차도 응답자에게는 상당히 다른 의미로 다가올 수 있고, 그 자체가 마치 다른 질문처럼 되어서 응답을 유발할 수 있다. 이런 위험을 줄이려면 사전에 철저히 구조화하는 것이 필요하다.

〈표 12-2〉에 스케줄-구조화 면접 조사의 한 양식 형태가 예로 나와 있다. 이 예에서 보듯이, 지시 사항에서 따옴표(" ")의 내용이 들어 있는 것은 면접 조사 요원이 각자 적절히 질문을 변형해서 시도하는 것을 막기 위한 것이다. 그 필요성은 앞서 제시된 면접자와 피면접 대상자 모두를 관통하는 일관성 있는 측정 잣대를 갖추고자 하는 의도

---

10) 참고: Nachmias & Nachmias, *Research Methods in the Social Sciences*, pp. 190-200.; 예시 참고: Gorden, *Interviewing*, pp. 38-40.

〈표 12-2〉 스케줄-구조화 면접 조사의 예

1. 면접 조사 요원은 응답자에게 다음을 설명하시오.

   (이 연구는 10대들이 부모와의 관계에서 어떤 문제를 갖는지에 관심이 있습니다. 10대들이 부모와 어떤 성격의 갈등을 얼마나 많이 가지는지를 알고 싶습니다. 몇 가지 종류의 문제들에 대한 체크리스트가 주어집니다. 거기에 체크해 주시기 바랍니다. 반드시 모든 항목에 대해 체크해 주십시오.)

2. 면접 조사 요원은 응답자에게 귀가 시간과 관련한 첫 번째 카드를 제시하면서, 다음과 같이 말하시오. "문제가 무슨 뜻인지 이해되지 않거나, 다른 중요한 문제가 있다거나 하는 경우에는 주저하지 마시고 말씀해 주세요."

1번 카드: 귀가 시간

〈갈등 상황〉	전혀 없음	한 번	두서너 번	자주 있음
늦은 귀가 시간				
귀가 시간의 연장				
귀가 시간의 사전 허락				
고정된 귀가 시간				
기타				

3. 응답자가 모든 항목들에 체크했다면, 2번 카드를 제시하면서 이렇게 말하시오. "여기에는 ○○친구[응답자가 남자이면 남자 친구, 응답자가 여자이면 여자 친구]와의 관계에서 부모와 어떤 갈등이 있는지를 체크합니다. 앞에서와 똑같이 해 주세요."

에서 비롯되는 것이다. 그럼에도 한편으로 이것은 상황에 적합한 자유로운 탐구를 억제해야만 가능하므로, 그에 따른 손익교환이 없이 무조건 바람직한 것만은 아니다. 깊이 있는 탐색적 조사를 시도하는 질적 연구들에서는 이처럼 엄격히 구조화된 면접 조사 방법이 오히려 부적절할 수 있다.

(2) 비스케줄-구조화 면접 조사

비스케줄-구조화 면접은 구조화의 엄격성이 스케줄-구조화 면접 조사보다 약한 것이다. 이 방법에서는 비록 면접자와 피면접 응답자 간의 상호작용 상황이 구조화되고 주요 조사 내용도 미리 명시되어 있지만, 응답자는 주어진 질문이나 상황에 대해 상당히 자유롭게 표현하는 것이 허용된다. 또한 면접자(들)가 응답자의 개별화된 반응과 구체적인 감정들까지를 상세히 관찰할 수 있게 한다.

이 방식의 조사에서는 면접자들이 면접 조사 상황에 대해 미리 자세히 숙지하고 있어야 하며, 비일상적인 상황에 대처하거나 불명확한 응답 자료를 보충하기 위해 피면접 응답자들의 반응에 대해 민감성을 가져야 한다. 이를 통해 적절한 심층규명을 시도할 수 있어야 한다.

〈표 12-3〉은 비스케줄-구조화 면접 조사의 예를 든 것이다. 예에서 볼 수 있듯이, 앞서 스케줄-구조화 면접 조사에 비해 구조화의 정도가 훨씬 완화되어 있다. 스케줄도 사전에 응답 범주가 엄격하게 정해진 양식의 양적 측정 도구라기보다는, 의견을 묻기 위한 리스트 정도의 의미를 띤다. 그래서 비스케줄-구조화 면접 방법은 심층조사가 가능한 면접의 장점을 살리기에 보다 적합한 것으로 평가된다.

그럼에도 비스케줄-구조화 면접 조사에서 구조화의 강도를 낮추는 것이 한편으로는 응답 자료의 '일관성'을 훼손할 수 있는 문제를 커지게 한다. 그러므로 이런 문제가

〈표 12-3〉 비스케줄-구조화 면접 조사의 예

면접 조사 요원에 대한 지시 사항:

(이 질문은 부모와 10대들 간에 발생하는 갈등이나 긴장 문제들의 유형을 가능한 많이 발견하려는 것입니다. 보다 구체적이고 상세할수록 좋은 자료가 됩니다. 비록 3번 질문에 있는 네 가지 종류의 문제에 대해 알아보고자 하지만, 1번과 2번 질문을 차례로 제시하기 전에는 3번 질문을 먼저 해서는 안 됩니다. 1번 질문은 간접적인 접근 방식을 사용하는데, 충분한 시간을 가지고 일단은 응답자와의 친근감을 형성하는 것이 필요합니다.)

질문 1: 10대들은 부모와 잘 지내는 데 어떤 종류의 문제들이 있다고 보는가? (심층규명: 10대들은 부모와 항상 의견이 맞는가? 친구들 중에 '문제 있는 부모'를 가진 사람이 있는가?)

질문 2: 당신은 부모님과 어떤 점에서 의견이 맞지 않는가? (심층규명: 부모님이 당신에게 문제를 안겨다 주는가? 어떤 점에서 부모님이 당신에게 제재를 가하는가? 부모님은 당신이 하는 것들에 대해 좋아하는가?)

질문 3: 당신은 부모님과 다음 사항에 대해 의견이 맞지 않는 경우가 있는가?
   ① 귀가 시간
   ② 교우 관계
   ③ 이성 교제
   ④ 학업 태도

극대화될 수 있는 조사 상황에서는 비스케줄-구조화 방법을 선택하기 어렵다. 그래서 비스케줄-구조화 면접 조사는 대개 양적 연구보다는 질적 연구 상황에서, 다수의 면접 조사자가 필요한 대규모 조사연구에서보다는 단일 면접자의 소규모 연구 상황에서 주로 채택된다.

(3) 비스케줄-비구조화 면접 조사

비스케줄-비구조화 면접은 구조화의 정도가 가장 낮은 면접 조사 방식이다. 여기에서는 사전에 구체화된 질문 내용도 없으며, 어떤 질문을 어떤 순서로 해야 하는지도 제시되지 않는다. 특정한 자료수집의 리스트조차 미리 결정되지 않는다. 응답자는 면접 조사자로부터 어떤 안내나 지시도 딱히 받지 않은 채로 자신의 경험이나 태도, 의견, 상황에 대한 정의, 사건에 대한 설명 등을 자유롭게 하게 된다. 면접 조사자도 자유로이 이것저것을 질문하거나 심층적으로 규명할 수 있다. 비스케줄-비구조화 면접 조사를 통해 수집된 자료는 자료 분석의 과정에서 이를 새롭게 체계화시키는 과정을 거쳐서 연구 목적에 활용된다.

〈표 12-4〉에 비스케줄-비구조화 면접 조사 양식의 한 예가 소개되어 있다. 여기에서 볼 수 있듯이, '부모와의 갈등'이 무엇을 의미하는지에 대한 개념적인 정의조차도 매우 희미하게 주어져 있다. 이런 유형의 면접 조사는 면접 조사자가 해당 주제에 대해 깊이 있는 지식을 갖추고 있지 않으면 수행되기 어렵다. 이런 형태의 조사에서는 자료수집의 과정이 곧 자료 분석 과정과 분리되기 어려울 때가 많다. 어떤 질문을 할 것인지가 곧 어떤 자료를 수집할 것인지인데, 이것이 앞서 수집되었던 응답 자료에 대한 분석을 통해서 찾아지기 때문이다.[11] 즉, 면접 조사자는 곧 자료 분석가의 역할까지도 겸

〈표 12-4〉 비스케줄-비구조화 면접 조사의 예

면접 조사 요원에 대한 지시 사항: [10대들이 부모와의 관계에서 갖게 되는 모든 종류의 갈등을 발견해 내시오. 갈등에는 의견 불일치(현재와 과거, 혹은 잠재적인 것까지 포함), 심각한 언쟁, 물리적인 것들까지 포함됩니다. 가능한 한 많은 유형의 갈등이나 긴장, 그에 관한 예들을 끌어내 보세요.]

---

11) 질적 연구 접근에서의 자료수집은 상당 부분 이런 유형으로 되어 있다.

비해야 하는 것이다.

비스케줄-비구조화 면접 조사자는 해당 주제에 대한 지식뿐만 아니라, 자신의 생각과 가치관을 제어할 수 있는 통찰력과 객관성도 갖추어야 한다. 그것 없이 구조화되지 않은 면접 조사를 하게 되면, 수집된 자료는 자칫 면접자와 응답자의 주관성을 확대 재생산한 것에 불과하게 된다. 그러므로 이와 같은 방식의 자료수집은 질적 조사연구가 가능한 수준 높은 연구자를 제외하고는 사용되기 힘들다. 다수의 면접 조사 요원을 활용해야 하는 대규모 조사에서는 원천적으로 사용이 불가능하다.

각 면접 조사 유형의 주된 차이점은 구조화의 정도에서 나타난다. 각 유형은 나름대로의 장단점이 있다. 조사 대상 주제에 대해 미리 알려진 사실들이 회박할수록, 조사자의 재량에 의거한 비구조화된 면접 조사가 유용한 장점이 있다. 반면에 비구조화된 면접 조사는 수집된 자료를 처리하는 과정이 힘들고, 개별적인 면접 단위들 간의 일관성이 낮다는 단점이 있다. 이런 문제를 줄이기 위해 면접 조사의 구조화 정도를 높이면, 자료수집의 장단점은 그 반대로 나타난다. 어떤 유형의 면접 조사를 채택할지는 주제와 관련된 면접 조사의 환경(조사 규모, 연구자 역량 등)에 좌우된다.

4) 대인 면접 조사의 장단점

대인 면접 조사는 우편 설문 조사와 마찬가지로 문답식 자료수집의 일환이다. 즉, 자료수집의 주요 원천이 조사 대상자의 응답에 의존한다는 공통점을 갖는다. 우편 설문 조사와의 차이점은 대인 면접 조사는 조사자와 응답자 간의 대면적 상호작용을 통해 응답을 도출한다는 점이다. 여기에서 대인 면접 조사의 장단점이 나타난다.

[장점]

① 유연성의 증대: 질문 과정의 유연성이 우편 설문 방식에 비해 크게 증가한다. 사용되는 면접 기법에 따라 차이가 있지만, 면접 조사는 대체로 응답의 불명확성을 그 자리에서 확인할 수 있게 하고, 심층규명을 가능하게 하며, 상황에 따라 질문의 순서를 조절하는 것 등이 가능하다.

② 면접 조사 상황의 통제: 우편 설문에 비해 가장 두드러지는 장점이다. 면접 조사

요원이 특정한 상황을 조성하고 면접 조사를 실시할 수 있다. 이것은 모든 개별 조사 상황들을 유사하게 만들기 위한 것으로, 환경의 차이에 따른 질문과 응답의 무작위적 오류를 줄일 수 있다. 면접 조사에서는 응답 장소와 시간, 상황 등을 통일할 수 있고, 조사 대상자 본인이 직접 응답하는지가 확인될 수 있다. 직접적인 통제가 어려운 경우에도, 면접 조사 시의 상황을 기록하여 그러한 차이가 어떤 영향을 미치는지를 분석해 내는 식으로 간접 통제가 가능하다.

③ 높은 응답률: 대인 면접 조사는 우편 설문에 비해서 응답률이 높다. 특히 우편 설문을 할 수 없는 대상자들에게는 면접 조사 접근이 불가피하다. 글로 된 문장을 읽고 이해하는 데 어려움이 있는 사람들, 혹은 단순히 설문을 읽고 답하고 다시 우편으로 발송하기가 귀찮다고 생각하는 사람들에게는 면접 조사를 통한 접근이 보다 유용하다. 사람이 직접 접근해서 요청할 때, 조사 대상자는 응답을 거부하기가 보통 쉽지 않다.

④ 보충적인 정보의 수집: 면접 조사의 환경이나 응답자의 성격 등을 조사자가 보충적으로 기록, 수집하는 것이 가능하다. 또한 면접 조사 도중에 나타나는 우발적인 반응이나 사건들에 대한 정보도 조사 과정에서 채집되어 자료 분석에 유용하게 쓰일 수 있다. 예를 들어, 조사 대상자의 옷차림이나 말투, 면접 도중 걸려온 전화를 받는 장면에서 엿보이는 의사소통 방식 등의 자료를 면접 조사의 스케줄과는 별도로 수집해서 이를 대상자에 대한 분석 시 참고 자료로 삼을 수 있다.

[단점]

① 높은 비용: 대인 면접 조사는 우편 설문 조사에 비해 훨씬 비용이 많이 든다. 규모가 큰 연구에서는 면접 조사 요원의 선발, 훈련, 감독에 따르는 비용이 만만치 않게 든다. 이들에 대한 보수 및 교통비 등으로도 많은 비용이 소요된다. 또한 구조화되지 않은 면접 조사를 통해 자료를 수집하게 되면, 이를 체계적으로 정리하는 데도 많은 노력과 비용이 든다.

② 면접 조사 요원의 편향성 문제: 면접 조사 요원 개개인의 영향력이나 편견이 자료수집 과정에 포함될 수 있다. 비록 면접 요원들에 대한 사전 교육이나 수퍼비전을 통해서 이를 줄이려고 노력하지만, 질문과 응답 과정 자체가 면접자와 응답자 간의 긴밀한 상호작용을 통해 이루어지는 경우 이를 통제하기가 쉽지 않다. 질문의 성격에 따라서는, 면접자의 성별이나 말씨 등을 통해서도 응답자들은 어떤 대답이 더 바람직한지를 구분해 낼 수도 있다. 편향성 문제가 심각한 경우에는, 예를 들어 3명의 면접 조사

요원이 투입되면 이는 곧 3가지의 각기 다른 자료수집 방법이 사용되는 것이나 마찬가지가 된다.

③ 익명성의 부재: 면접 조사는 익명성의 느낌을 응답자들에게 줄 수 없다. 조사 요원이 자신의 이름과 주소, 전화번호, 얼굴 등을 안다는 사실로 인해서, 응답자들은 민감한 사안에 대해서는 부자연스런 응답을 하게 되거나 아예 응답을 거부할 수도 있다. 이 경우에 비록 억지로 응답을 얻게 되었다 해도, 그 응답의 진솔성은 보장되기 어렵다.

4. 전화 면접 조사

전화 면접 조사(interview)는 전화 서베이라고도 불린다. 이 방법은 전화 통화를 통해 조사자와 응답자 간에 면접 조사가 실시되는 것이다. 얼굴을 직접 맞대는 관계에서 이루어지는 대인 면접에 비해 준대인적(semi-personal) 면접의 특징을 가진다. 비대면적 관계에서 이루어지는 우편 설문 조사와는 달리 대인적 상호작용이 가능하지만, 그것이 전화를 통해 이루어진다는 점에서 관계의 강도는 그만큼 완화된다.

전화 면접 조사는 앞서 다루었던 대인 면접 조사의 제반 특성을 공유한다. 우편 설문 조사에 비해 면접 조사가 갖는 장단점과, 스케줄과 구조화 기법의 여러 유형, 심층규명의 활용 등이 여기에도 그대로 적용된다. 다만 전화를 통한 준대면적 상호작용을 활용한다는 점이 대인 면접 조사와는 다른 전화 면접 조사만의 특성과 장단점을 만들어 낸다.

[장점]

① 경제적 효율성: 전화 면접 조사는 대인 면접 방법에 비해 대상자를 찾아가는 비용과 관련된 인건비와 교통비 등을 크게 줄일 수 있다.

② 접근성 확보와 응답률 제고: 가정 방문을 통한 대인 면접은 접근성에 많은 제약을 갖는다. 도시 지역에서는 낮 시간 동안에 성인이 가정에 없는 경우가 많고, 저녁 시간대에는 아예 접근할 수 없는 경우도 많다. 이런 경우에 전화를 통한 접근이 오히려 수월하게 받아들여질 수 있다.

③ 정확성과 자료의 질: 전화 면접 조사는 대인 면접에 비해 수집된 자료의 정확성이 크게 뒤지지 않는 것으로 나타난다. 때로는 전화 면접 조사가 자료의 질을 오히려 높일 수 있다고도 보고된다. 다수의 면접 조사자들이 활용되는 경우에는 수퍼바이저의

중앙집중식 통제하에서 일관된 면접 조사 방식을 면접자들이 수행하게 되어, 각자의 상황에서 통제받지 않고 면접을 수행하는 대인 면접 조사에 비해 보다 일관된 자료가 획득될 수 있다.

[단점]

① 응답자에 대한 통제 어려움: 전화 면접 조사에서는 응답자가 면접 상황을 쉽게 통제할 수 있다고 느낀다. 면접 도중에 전화를 끊어 버리는 경우가 대표적인 예다. 이 경우의 자료는 비응답률에 속하게 되는 것으로, 자료수집에 심각한 문제를 초래할 수 있다. 대인 면접 조사에서는 '안면' 등 때문에 이런 상황의 연출이 훨씬 줄어든다.

② 부수적 정보 수집의 제한: 전화 면접에서는 부수적인 정보를 수집할 수 있는 가능성이 줄어든다. 직접 눈으로 확인할 수밖에 없는 것들, 예를 들어 가정 형편이나 용모, 옷차림 등과 같은 부수적인 정보 수집은 전화 면접 조사에서 어렵다.

③ 주제의 한정: 특정한 주제들은 전화를 통한 면접 조사로 적절하지 않다. 개인의 경제적인 형편이나 정치적인 태도 등은 전화를 통해 묻기가 쉽지 않다. 또한 복잡한 다중 응답의 항목이 주어져야 하는 주제의 경우에도, 전화 면접 조사는 뚜렷한 한계를 지닌다.

전화 면접 조사는 대면 면접 조사에 비해 일정한 장점을 갖추고 있다. 특히 질문의 내용이 단순하거나 쉽게 응답될 수 있는 경우, 대면 면접 대신 전화 면접 조사로 대체할 때 경제적 효율성은 막대해질 수 있다. 비록 전화 면접 조사가 대면 면접 조사를 완전히 대체할 수 있는지는 아직도 의문이지만, 적어도 대면 면접이나 우편 설문 등에 대한 보조 수단으로서의 유용성만큼은 이미 증명되어 있다.

그럼에도 사회복지 조사연구 등에서 전화 면접 조사의 활용은 여전히 주의가 필요하다. 전화 비용조차 감당할 수 없는 극빈층의 경우라든지, 신체나 정신적 장애로 인해 전화 면접으로 접근하기 어려운 인구 집단에 대한 자료수집의 방법이 될 수 없다. 보다 근래에는 스마트폰의 활용이 늘어나면서, 일종의 인구 집단 간 '디지털 격차'의 문제도 전화 면접 조사의 과정에서 자료수집의 편향성을 유발할 수 있다. 특히 아동이나 노인, 장애인 등의 실천/연구에서 중요한 인구 대상인 사회복지 조사연구의 상황에서는 이러한 편향성 문제에 특히 유의할 필요가 있다.

제13장

관찰 및 여타 자료수집

사회 조사연구들에서 자료수집은 크게 문답 방식과 비문답 방식으로 구분된다. 문답 방식의 서베이 조사 등과는 달리, 비문답 방식에서는 관찰이나 문헌 등을 통해 자료를 수집한다. 연구 대상자의 응답으로부터 자료를 생성하는 것이 아니라, 연구/관찰자의 경험을 자료 생성의 원천으로 삼는 것이다. 그러므로 비문답 방식의 자료수집에서는 연구자의 주관이나 편향을 어떻게 다룰지가 중요한 일이 된다.

1. 관찰 자료수집

관찰(observation)은 보통 사람들도 자료를 얻기 위해 자연스럽게 사용하는 방법이다. 일상적인 관찰은 관찰하는 사람이 자신의 주관, 즉 자신이 보고 싶은 것을 본다. 과학적 조사연구에서의 관찰은 이러한 일상적인 관찰과는 다르다. 관찰자의 주관을 자연스럽게 따라가는 것이 아니라, 이를 의도적으로 확인해 내고 통제한다. 수집될 자료의 대상이나 내용을 결정하거나, 자료를 수집하는 과정, 자료의 분석에서까지도 관찰자의 주관을 통제하는 일을 중요하게 다룬다.

관찰은 관찰/연구자의 감각 기관을 매개로 하여 정보를 획득하는 것이다. 문답식 서베이 조사에서는 설문지나 면접 스케줄 등이 자료수집의 주된 도구라면, 관찰에서는 관찰/조사자의 눈이나 감정, 마음까지도 포함하는 감각 의식 기관들이 곧 자료수집의 도구가 된다. 이들은 자연스럽게는 주관적으로 작동하기 쉬우므로, 과학적 조사연구에서는 객관적인 자료수집을 위해 의도적인 방법으로 관찰을 구성한다.

1) 관찰의 대상 행동

사람에 관한 자료는 보통 내면적인 생각이나 태도, 외부로 나타나는 행동, 그를 둘러싼 환경적 속성 등의 성격으로 수집된다. 이 가운데 행동 측면에 대한 자료를 수집할 때는 관찰 방법을 보통 쓴다. 사람은 자신의 행동을 의식하지 못하거나, 설령 하더라도 외부적으로 비추어지는 것과는 다를 수 있다. 예를 들어, 자신이 평소 눈을 얼마나 깜박이는지(행동)는 스스로 의식하기 어렵지만, 옆에서 보는 사람은 쉽게 안다.

관찰 방법으로만 수집이 가능한 자료도 있다. 특정한 변수들은 외부 관찰에 의한 행동 지표로만 파악될 수 있다.[1]

비구두적 행동(nonverbal behavior)　신체의 움직임 등과 관련된 행동으로, 심리사회적 과정을 드러내는 지표에 해당한다. 말을 하면서 나타나는 다양한 행동들, 예를 들어 얼굴 표정, 시선이나 몸짓 등은 특정 단어나 말의 의미를 강조하거나 희석시키는 데 사용된다. 말의 내용만으로는 판독할 수 없는 말에 담긴 뉘앙스, 감정 등은 비구두적 행동 지표의 관찰을 통해서만 파악될 수 있다.[2]

공간적 행동(spatial behavior)　개인이 자신을 둘러싼 공간을 구축하는 시도와 관련된 행동이다. 예를 들어, 사람들이 이리저리 움직이는 것, 어떤 사람에게는 가까이 가거나 떨어지려 하는 것 등이 공간 행동을 나타내는 지표에 속한다. 이런 행동 지표에 대한 자료를 수집하려면 사람들의 이동성에 관한 범주, 빈도, 결과 등이 기록되어야 하는데, 대개 관찰이 유일한 방법이 된다.

언어 외적 행동(extralinguistic behavior)　단어나 언어의 내용은 단지 의사 표현에 있어서 작은 부분만을 차지한다. 내용으로서의 언어 바깥에 있는 행동들, 예를 들어 말의 횟수, 크기, 말을 자르는 경향, 발음의 독특성 등이 언어의 사용에서 상당 부분을 차지한다. 그러면서 이들이 사람의 내면적인 생각이나 감정을 가리키는 행동 지표가

---

1) Nachmias, D., & Nachmias, C. (1981). *Research Methods in the Social Sciences* (2nd ed). NY : St. Martin's Press, pp. 157-159.
2) 연인들 간의 '미워'라는 말과 원수지간의 '미워'라는 말은 같은 뜻이 아니다. 그 말의 뜻은 맥락이나 얼굴 표정과 같은 비구두적 행동을 관찰해야만 이해된다.

된다. 목소리의 고저와 같은 특성으로 사람들의 감정 상태를 측정할 수 있는 것도 이 때문이다. 이런 언어 외적 행동 지표들은 연구 대상자가 스스로 인식하기 어렵기 때문에 외부 관찰에 의한 자료수집이 보다 적절하다.

언어적 행동(linguistic behavior) 말의 내용과 구조적인 특성을 말한다. 언어적 행동에 대한 측정 지수는 사회적 상호작용에 관한 연구에서 널리 사용되고 있다. 예를 들어, 베일즈(R. Bales)가 고안한 IPA 시스템이 그와 같다. 베일즈의 IPA는 문제 해결 활동을 수행하는 소규모 대면 집단의 구성원들을 대상으로 해서, 그들 간의 상호작용에서 나타나는 언어적 행동을 분류해서 체계화시킨 것이다. 이런 체계를 활용하면 소집단에서 나타나는 상호작용 활동의 과정을 부호화된 자료로 수집할 수 있다.[3]

〈표 13-1〉 IPA 코드

	범주	활동	상호작용 영역
(1)	유대감을 보인다 (다른 사람들의 위신을 높여 주고, 도움과 보상을 줌)	F	사회적 감정 영역: 긍정적 반응
(2)	긴장 해소를 보인다 (농담하고, 웃고, 만족감을 드러냄)	E	
(3)	동의한다 (수동적 수용과 이해, 따라하기)	D	
(4)	제안을 한다 (방향, 암시, 자주성)	C	과업 영역: 대답 시도
(5)	의견을 준다 (평가, 분석, 원하는 것을 표현)	B	
(6)	오리엔테이션을 준다 (정보, 반복, 명료화, 확정)	A	
(7)	오리엔테이션을 요청한다 (정보, 반복, 확정)	A	과업 영역: 의문 제기
(8)	의견을 요청한다 (평가, 분석, 감정 표현)	B	
(9)	제안을 요청한다 (방향, 가능한 행동 경로)	C	
(10)	동의하지 않는다 (수동적 거부를 보이고, 형식적이고, 도움을 주지 않음)	D	사회적 감정 영역: 부정적 반응
(11)	긴장을 보인다 (도움을 요청, 퇴장하기)	E	
(12)	적대감을 보인다 (다른 사람을 깎아내리고, 자신을 방어하고, 단언함)	F	

A: 오리엔테이션 B: 평가 C: 통제 D: 결정 E: 긴장 관리 F: 통합
출처: 〈Bales, R. (1950). 'A set of categories for the analysis of small group interaction'. *American Sociological Review*, 15(2), p. 258.〉에서 표 형태 변경.

〈표 13-1〉은 IPA의 유형별 코드를 소개하는 것이다. 이를 적용해서 관찰자는 집단 구성원들 간에 발생하는 언어적 상호작용(예: 특정 시점의 대화 내용)을 단위별로 쪼개고, 각 단위를 12개의 행동 범주 중 하나의 유형으로 부호화한다. 그러면 행동들이 체계적으로 관찰되는 자료 값들로 수집될 수 있다. 여기에서 보듯이, 이러한 언어적 행동 지표들은 대상자에게 물어서 알 수 있는 것이 아니므로, 체계화된 관찰을 통해 자료를 수집하는 것이 적절하다.

2) 타이밍과 기록

체계적인 관찰 조사에서는 관찰의 타이밍과 기록에 대한 규정이 필요하다. 어떤 행동을 처음부터 끝까지 모든 시간 동안 계속 관찰하는 것은 거의 불가능하다. 그래서 일정한 시간대를 정해 두고 관찰을 하는 것이 필요하다. 또한 관찰의 결과는 체계적인 기록을 통해 자료화된다.

시간-샘플링 스케줄　시간-샘플링(time-sampling)이란 관찰을 하게 될 시점을 전체 시간대에서 추출해 내는 것이다. 샘플링의 대상이 시간대라는 것만 제외하면, 일반적인 샘플링의 방법과 동일하다. 표본 시간대에서의 행동을 관찰해서 전체 시간대에서의 행동을 추정할 수 있어야 한다.

> 어떤 사람이 하루에 눈을 몇 번 깜박이는지를 알기 위해, 그 사람의 눈을 24시간 동안 꼼짝 않고 쳐다보는 것이 가능하겠는가? 가능하더라도, 그만한 가치가 있을 것 같지는 않다. 그보다는 24시간 중 일정 시간대를 샘플링해서 관찰하는 것이 오히려 더 정확한 자료 산출의 방법이 될 수 있다. 예를 들어, 매 30분마다 3분을 관찰하는 스케줄을 잡는 것이다. 병원에 입원한 환자에게 간호사가 일정한 시간대에 혈압과 체온을 측정하는 것도 이러한 시간-샘플링 스케줄에 해당된다.

관찰에서 시간-샘플링 기법은 대상 행동이 빈번하게 일어나는 경우에만 유용하게 쓰일 수 있다. 대상 행동이 간헐적으로 발생하거나 드물게 목격될 수 있는 경우 등에서는 시간-샘플링의 스케줄 작성에 각별한 유의가 필요하다. 비록 짧은 시간대에서는 간

---

3) IPA(상호작용 과정 분석, Interaction Process Analysis)라고 불리는 이 시스템에는 집단 구성원의 상호작용이 분석되고 부호화될 수 있는 12가지의 독특한 행동 유형이 담겨져 있다. 참고: Levine, J., & Hogg, M. (2010). 'Interaction Process Analysis' in *Encyclopedia of Group Processes & Intergroup Relations*. SAGE.

헐적으로 여겨지지만 긴 시간대로 보자면 규칙적이 되는 행동들도 많으므로, 이런 경
우에는 관찰 시간대를 충분히 길게 잡는 것이 필요하다. 이처럼 관찰에 적절한 시간대
(timing)를 체계적으로 설정하는 것은 관찰 자료수집의 객관성 확보에 중요한 수단이
된다.

기록 시스템   체계적으로 관찰 자료를 수집하려면 행동이나 사건의 발생 상황을 정
확하게 기록하는 시스템이 필요하다. 기록 시스템을 구성하는 방법은 연역적이나 귀납
적 접근, 혹은 통합적 접근으로도 가능하다. 연역적 접근 방법은 마치 양적 연구들에서
의 측정 시스템과 유사하다. 조사하려는 개념을 구체적으로 정의하고, 그에 포함된 속
성들의 지표를 구체화한 다음, 그것으로 측정 도구를 만들어 자료를 수집한다. 여기에
서는 기록 시스템이 곧 사전에 규정된 엄격한 측정 도구와도 같다. 이런 기록 시스템은
앞서 설명했던 스케줄-구조화 유형의 관찰에서 주로 사용된다.

기록 시스템의 귀납적 접근은 질적 연구들에서의 측정 방법과 유사하다. 관찰을 통
한 자료수집을 진행해 가면서 특정한 행동 지표의 유형들을 발견해 내고, 이를 통해 개
념을 정의해 보는 것이다. 이런 식의 관찰에서는 미리 구조화된 스케줄을 갖추지 않기
때문에 기록 시스템도 미리 체계화되어 있기 어렵다.

각각의 접근 방법은 대조되는 장단점이 있으므로, 통합적 접근의 기록 시스템으로
절충하는 것도 가능하다. 먼저 경험적인 접근을 시도하여 자연스런 상태에서 기록을
해 나가고, 이러한 기록을 토대로 개념에 대한 정의와 유형화를 도출해 낸다. 이렇게
규정된 개념적 틀을 토대로 다시 관찰을 시도하면서, 보다 엄격한 구체적인 유형의 자
료로 기록해 나간다. 이런 기록 시스템이 적용된 관찰이 되풀이되면 질적 및 양적 접근
모두에서 타당한 자료를 산출해 볼 수 있다.

3) 관찰자의 참여 정도

관찰 자료수집에서는 연구자가 관찰 상황에 어떤 형태로 참여할 것인지가 중요한 고
려의 대상이 된다. 객관적인 관찰을 위해서는 연구자가 현실 상황과 일정한 거리를 두
는 것이 필요하다. 한편 자연스런 상황에서 질적이고도 과정적인 자료를 수집하기 위
해서는, 연구자가 관찰 상황에 밀착되어야 할 필요가 크다. 그래서 대부분의 관찰 연구
에서는 연구/관찰자가 관찰 상황에 어느 정도로 참여할지가 연구 방법에서 중요한 고

려 사항이 된다.

단순히 연구자가 관찰 상황에 참여하는지의 여부만을 놓고 보자면, 관찰 방법은 참여 관찰과 비참여 관찰이라는 두 유형으로 구분될 수 있다. 대개 완전한 참여나 혹은 완전한 비참여 관찰이라는 것은 현실적으로 가능하기 어렵다. 그래서 관찰 방법에 대한 선택은 대부분 어느 쪽의 방향을 강조할지에 달려 있다.

참여 관찰　문화인류학 등에서 많이 사용하는 방법으로, 관찰자가 관찰 대상자들의 사회적 과정에 온전히 참여하는 것이다. 즉, 연구의 대상이 되는 사회나 집단에 그 일원으로 참여하여 구성원의 관점으로 사회적 과정을 바라보는 것이다. 특정 사회의 개인이나 집단이 가지는 가치를 깊숙이 이해하기 위해서는 참여 관찰의 방법이 적절하다. 여기에서도 연구자가 자신의 신분을 밝히고 관찰을 수행할 것인지, 아니면 감춘 상태로 관찰을 할지에 따라 수집되는 자료의 성격이 달라진다. 자료가 관찰 대상자들의 반응성을 포함하는지의 여부에서 차이가 난다.

비참여 관찰　관찰자가 연구 대상이 되는 사회 현상의 과정에 참여하지 않는 상태에서 관찰하고, 자료를 수집하는 방법이다. 비참여 관찰은 가장 극단적으로는 몰래카메라와 같은 방법이 있는데, 관찰 대상자가 관찰에 대한 반응성이 전혀 없는 상태에서 나타내는 자연스런 행동을 자료로 수집할 수 있다. 연구 상황임을 알린 상태에서 일방거울(one-way mirror)이나 CCTV를 통해 현장과 격리된 곳에서 관찰하는 방법도 있다. 이 경우에 관찰 대상자는 연구를 인식하는 만큼의 반응성이 포함된 행동을 나타낸다. 현장에 들어가서, 마치 구경꾼처럼 관찰하는 것도 가능한데, 이때는 CCTV 등보다는 조금 더 많은 반응성이 자료에 포함될 것이다.[4]

관찰 연구에서 참여나 비참여 방법에 관한 선택은 대개 연구 문제나 대상 집단의 성격에 따라 결정된다. 연구의 성격이 사회 구성원들 간 긴밀한 상호작용의 관계를 심도 있게 이해하려는 것이면, 참여 관찰에 가까운 방법의 자료수집이 필요하다. 연구 성격이 사람들의 외부적 행동 지표들을 체계적으로 관찰하려는 것이라면, 비참여 방법 쪽이 보다 적절하다. 관찰 방법의 선택에는 현실적인 상황도 고려되는데, 예를 들어 실천 현장에서 일하는 실천/연구자의 입장에서는 비참여 관찰은 불가하다. 결국 연구/관찰자는 다양한 관찰 방법의 선택지 안에서 현실적 상황에서 허용되는 최적의 방법을 선택해

---

4) 예를 들어, 〈인간 극장〉과 같은 다큐멘터리 촬영이 이런 관찰 유형에 해당된다.

야 하고, 이를 위해 다양한 관찰 방법의 차이에 따른 자료수집의 유불리를 이해할 필요가 있다.

4) 환경과 구조화

관찰 자료수집은 다양한 유형의 연구들에서 폭넓게 사용된다. 연구 상황이 엄격히 통제되는 실험 연구에서부터 그와 정반대로 자연스런 상황의 현장 연구들에 이르기까지 관찰 방법을 적용한 자료수집이 가능하다. 다만 연구 환경마다의 차이에 따라 관찰을 구조화할 수 있는 정도에서는 차이가 난다. 그런 구조화의 정도에 따라 관찰이 생성하는 자료 값들의 성격도 일정 정도 차이를 보이게 된다.

관찰의 구조화란 수집될 자료의 종류와 측정 도구가 사전에 얼마나 결정되는지의 정도를 의미한다. 구조화된 관찰일수록 자료수집의 내용과 형식이 사전에 엄격히 결정되어 있어서, 연구자의 임의성 폭이 좁아진다. 관찰이 비구조화될수록 사전에 결정된 형식 없이 상황에 따라 그때그때 적합한 자료를 연구자가 임의적으로 찾아갈 수 있는 자유도가 넓어진다. 관찰에서 구조화의 정도에 대한 결정은 앞서 설명했던 타이밍과 기록 방법에 대한 결정과 밀접하게 연관되어 있다.

〈표 13-2〉는 관찰의 환경과 구조화의 정도를 두 축으로 해서 관찰의 유형을 나눈 것이다. 어떤 조사연구의 환경을 선택할 것인지, 어느 정도의 구조화가 필요한지에 대한 결정은 연구의 주제나 성격과 밀접하게 관련되어 있다. 연구 명제와 가설이 사전에 도출되는 연구에서는 가설 검증의 목적을 위해 엄격히 구조화된 관찰 자료수집의 방법이 필요하다. 반면에 사전에 알려진 사실들이 부족한 상황에서 막연한 주제만으로 출발하는 질적 연구나 탐색 연구와 같은 경우에는, 연구자가 상황을 규정해 나가면서 관찰 자료를 수집할 수 있는 비구조화 방법이 적절하다.

〈표 13-2〉 **환경과 구조화에 따른 관찰의 유형**

구분	조사연구의 환경	
	인위적 실험	자연 환경
구조적	완전 구조화된 실험실 관찰	구조화된 현장 관찰
비구조적	비구조화된 실험실 관찰	완전 비구조화된 현장 관찰

5) 관찰의 과정

관찰을 수행하는 과정은 획일적인 절차로 제시되기 어렵다. 관찰의 유형에 따라 과정 속성들이 제각기 다를 수 있기 때문이다. 여기서는 필드워크(fieldwork) 등과 같은 비구조화된 현장 관찰의 경우에 일반적으로 나타나는 관찰 과정을 단계별로 제시해 본다.[5]

① 관찰의 목표 설정 : 연구의 목적과 조사 문제를 고려하여, 무엇을 관찰할 것인지를 결정한다. 이 결정은 질적 조사연구의 진행 특성과 유사하게 다음 단계의 연구에서 무엇이 필요할 것인지, 수집된 자료를 어떤 수준으로 분석할지에 의거해서 내려진다.

② 대상 집단과 관찰 유형 결정 : 연구 목적에 들어맞는 관찰 대상 집단은 무엇인지, 그 집단에 대해서는 어떤 관찰 방법이 적절할지를 결정한다. 관찰 방법에는 구조화의 정도, 연구/관찰자의 참여 정도에 대한 결정이 포함된다.

③ 관찰 대상 집단으로부터 관찰 승인(go-ahead) 획득 : 관찰의 대상이 결정되면 일차적으로 대상 집단으로부터 관찰을 수행해도 좋다는 일종의 승인을 획득해야 한다. 집단에 대한 충분한 영향력을 가진 쪽의 승인을 얻어야 하며, 승인의 방법이 반드시 정형화된 문서나 계약으로 될 필요는 없다.

④ 라포(rapport) 형성 : 관찰 대상 집단과의 유대를 형성하는 과정이다. 관찰에 대한 승인을 얻었다 해서 관찰이 자연스레 이루어지지는 않는다. 라포가 형성되지 않은 상태에서는 관찰을 통한 자료수집이 힘든 경우가 많다. 언어 장벽의 극복, 관습의 숙지, 관찰자를 외부의 첩자로 보는 듯한 인상을 불식시키는 것 등이 이 과정에 포함된다.

⑤ 관찰 및 필드 노트 작성 : 필드 노트는 관찰의 요점을 기록하는 것인데, 수기로 현장에서 직접 작성하거나 녹음이나 동영상 촬영 등을 녹취해서 쓰는 방법도 있다. 필드 노트에는 사실 관계의 기술뿐만 아니라, 관찰자의 감정과 느낌도 함께 기록한다. 이러한 기록을 통해서 관찰자는 자료수집 과정에서 자신이 가졌던 주관적인 관점을 자료 분석의 과정에서 확인해 낼 수도 있다. 필드 노트의 작성 시점은 관찰의 유형에 따라 달라질 수 있다. 현장 과정에의 참여와 비참여, 연구자 신분의 노출 여부 등에 따라 노트 작성의 시기와 방법은 영향을 받는다.

---

5) 참고 : Bailey, K. (1982). *Methods of Social Research* (2nd ed.). NY : Free Press, p. 254.

⑥ 위기 상황에 대처: 관찰 과정 중에는 위기가 초래되는 경우가 흔히 있다. 피관찰자와 충돌하는 경우가 발생할 수 있고, 외부의 첩자로 인식되거나 고발자 등으로 오해를 받을 수도 있다. 이러한 경우에 연구/관찰자는 힘이나 권위로 이러한 상황에 대처할 수도 있다. 그러나 이들을 사용하는 경우(예: 관찰을 허락받기 위해 피관찰자에게 특정 혜택을 제공하거나 혹은 기존의 혜택을 취소할 있음을 시사)에는, 자발적인 관찰 과정을 왜곡시켜 반응성 자료가 수집되는 결과를 초래할 수도 있다. 따라서 가급적이면 사용하지 않는 것이 좋다. 그보다는 관찰 대상 집단의 역학을 분석하여 여론 주도층이나 의사결정의 영향력을 가진 사람을 찾아내, 그들과 긴밀한 협조관계를 구축해 놓는 것이 장기적으로도 위기 상황에 대처하는 효과적인 방법이다.

⑦ 종료(exit): 관찰을 끝내고 나오는 것이다. 참여 관찰의 경우에는 이러한 종료가 그 사회의 일원이었던 것에서부터 탈퇴를 의미하는 것이기 때문에, 신중하게 의도되고 행해져야 한다. 연구자로서의 목적이 달성되었다 해서 그냥 돌아서서 나오는 것은 윤리적이지 못하다. 종료식과 같은 의례(ceremony)를 의도적으로 수행하는 등의 방법도 필요할 수 있다.

⑧ 자료의 분석: 관찰에 의해 수집된 자료는 일반적으로 연구 대상 개념에 대한 명목 범주를 만들어 내는 데 쓰이거나, 두 가지 이상의 차원을 사용하여 분류화(taxonomy)나 유형화(typology)를 시도할 수도 있다. 이들은 모두 이론 형성의 초기 단계에 해당하는 자료 분석으로서의 가치를 가진다. 구조화된 관찰 방법이 적용된 경우였다면, 유형화 다음 단계의 양적 자료에 대한 산출도 가능하다.

⑨ 보고서 작성: 현장 연구의 보고서 작성 시에는 피관찰자들의 신분과 행동에 대해 어느 정도로 비밀을 유지해야 하는지가 중요한 문제로 대두된다. 자료의 신빙성을 위해 정확한 근거를 제시할 필요성과, 피관찰자의 프라이버시를 보호할 윤리성 준수의 필요성은 흔히 갈등 상황을 야기할 수 있다. 현장 관찰 연구의 특성상 내밀한 상호작용에 대한 기록이 중요한 근거 자료가 되는데, 소수 대상자의 연구에서는 자료 분석의 보고서가 익명성을 유지하기 쉽지 않다. 그런 만큼 관찰/연구자는 보고서 작성에서 과학성과 윤리성에 관한 세심한 균형 감각이 더 필요하다.

2. 관찰 자료수집의 장단점

서베이 조사를 비롯한 다른 자료수집 방법에 비해서, 관찰 방법은 나름대로의 뚜렷한 장단점을 갖는다.[6] 관찰은 문답 방식으로 얻기 어려운 행동 자료를 수집할 수 있는 장점이 있지만, 한편으로는 관찰/연구자의 주관성이 자료에 내포될 여지가 상대적으로 크다는 단점이 있다. 수집될 자료의 성격이나 조사 환경에 따라 관찰 방법의 장단점은 상대적으로 작용한다.

[장점]

① 즉각적인 자료수집 : 어떤 행동이 발생할 경우에 그 자리에서 즉각적으로 자료수집이 이루어질 수 있다. 관찰은 행동이 발생한 후에 기억을 '묻는 것'이 아니라, 행동이 나타나고 있는 상황에서 '직접 보거나 듣는 것'이 자료가 되기 때문이다. 그래서 대상자의 파편적인 기억이나 편견 등으로 자료가 왜곡되는 문제를 막을 수 있다.

② 자연스런 환경 : 자연스런 환경에서 자료수집이 가능하다. 서베이 조사의 경우에는 질문이 부과되고 그에 대해 응답자가 생각하는 과정에서 부자연스런 왜곡 현상이 나타날 수 있다. 예를 들어, 질문에서 '아이가 말을 듣지 않는다고 할 때'라고 한다면, 응답자들마다 이를 제각기 다른 장면으로 머리에 떠올릴 것이다. 심각한 것에서부터 가벼운 상황까지, 집에서 혹은 바깥에서 등등으로 각기 다른 장면의 상황을 간주할 수 있다. 이럴 때 질문에 대한 응답들은 각기 다른 의미의 자료가 될 수 있다. 이 같은 문제는 모두 부자연스러운 자료수집 환경 때문에 발생하는 것이다. 관찰은 비교적 자연스런 환경에서 자료수집이 가능하므로, 이 문제를 줄일 수 있다.

③ 비언어적 상황 : 관찰은 비언어적(nonverbal) 상황에서 자료수집이 가능하다. 말로 표현될 수 없는 행동이나, 말을 할 수 없는 대상자에 대한 자료는 관찰 방법으로만 수집할 수 있다. 사람들의 내면적인 생각이나 감정에 대한 자료수집은 문답식이 적절하지만, 말로써 의사소통이 불가능하거나 혹은 정확한 의미 전달이 어려운 사람들, 예를 들어 어린아이와 같은 경우에는 적용될 수 없다. 이런 경우에 관찰은 사람들의 생각이나

---

6) 참고 : Bailey, *Methods of Social Research*, pp. 249~252.

감정 등을 대변하는 행동 지표들을 통해 간접적으로 파악하는 방법을 제시한다.

④ 종단 분석 가능: 관찰 방법은 종단 분석에 필요한 시간 흐름의 자료수집에 유리하다. 서베이 조사연구에서는 특별히 디자인되지 않는 한 횡단 분석을 위한 자료를 수집하는 것이 보통이다.[7] 횡단 분석은 한 시점을 지정해서 그 안에서 이루어지는 변수들 간의 관계를 조사하는 것이다. 종단 분석이란 시간의 경과에 따른 변화를 염두에 두고 자료를 분석하는 것으로, 이를 위해서는 자료수집의 방법이 시간 흐름을 담을 수 있어야 한다. 관찰은 일정 기간을 두고 이루어지므로, 그 안에서 자연스럽게 종단 자료가 생성될 수 있다.

⑤ 귀납적 자료수집: 관찰은 상황의 전개에 따라 그에 부합되는 다양한 성격의 자료들을 찾아갈 수 있게 한다. 그래서 귀납적 방식의 질적 연구나 탐색적 조사연구 등에 유용하게 쓰일 수 있다. 여기서는 자료를 수집해 가면서 해석하고, 그러면서 새롭게 추가될 필요가 있는 자료들을 찾아간다. 관찰은 이런 방식의 귀납적 자료수집을 가능하게 해 준다. 이로 인해 선도 연구(pilot study)나 예비 조사 등에서의 자료수집 방법으로도 유용하다.[8]

[단점]

① 관찰 대상의 제한: 비록 관찰 자료수집이 필요한 경우라 해도, 대상에 따라서는 관찰이 제한되는 경우가 많다. 예를 들어, 부부의 의사소통 횟수에 대한 자료는 문답 방식으로 물어서 얻기 어렵다. 세상에 어떤 부부도 대화나 눈빛 교환 등을 횟수로 헤아려 가면서 하지 않기 때문이다. 이런 경우에는 외부 관찰이 적절한데, 문제는 현실적으로 이것을 관찰로써 실행하기가 쉽지 않다는 점이다. 관찰 대상자로부터 동의를 얻기 어려운 것도 있지만, 관찰 방법의 선택에서도 다양한 윤리적인 고려가 들어가야 한다. 이런 제약들로 인해 관찰의 대상은 현실적으로 제한되기 쉽다.

② 통제의 어려움: 관찰은 비교적 자연스런 환경에서 자료를 도출한다는 것이 장점

---

7) 서베이 조사연구는 주로 일시적 횡단 분석에 필요한 자료를 수집하지만, 횡단 분석을 시간 차이를 두고 여러 번 수행한 것을 연결하면 종단 분석이 가능한 자료로 만들 수도 있다. 경향 연구(trend study), 패널 연구(panel study), 코호트 집단(cohort group) 등이 서베이 조사연구에서 수행하는 종단 분석의 방법들이다. 이에 대해서는 3장 '조사연구'를 참고한다.

8) 선도 연구와 예비 조사는 비슷한 용법으로 쓰이는데, 선도 연구란 본격적인 연구에 앞서 전체적인 방향 설정에 필요한 것이고, 예비 조사는 조사 과정상의 문제점 등을 사전에 파악하기 위한 목적에서 실시되는 것이다.

인데, 이것이 한편으로는 자료수집 과정의 통제를 어렵게 하는 단점이 되기도 한다. 이로 인해 관찰로 수집된 자료는 문답식 자료에 비해 자료의 일관성이나 엄격성, 타당성이 떨어질 수 있다. 자연스런 현장 환경에서는 실험실 환경과는 달리 관찰 대상인 변수가 무수히 많은 다른 변수들과 섞여져 있으므로, 대상 변수만의 자료를 분리해서 수집하기가 쉽지 않다. 예를 들어, 서비스의 효과성을 자연스런 실천 환경에서 관찰하기란 어렵다. 그 안에 다른 무엇들이 포함되어 있는지를 분리해서 보기 어렵기 때문이다.

③ 내면적 의식의 파악 곤란: 관찰은 사람의 외면적인 행동을 주로 보기 때문에, 내면 의식 상태 등을 파악하는 데 어려움이 있다. 사람은 겉으로는 웃고 있으나, 속으로는 슬픈 생각을 할 수도 있다. 사람들의 내면 의식이나 태도 등에 관한 자료를 수집하는 데 관찰 방법은 한계가 있다.

④ 익명성의 부재: 관찰은 관찰자와 피관찰자 간의 신분 노출로 인해서 익명성이 보장되기 어려운 경우가 많다. 그 결과, 미묘한 이슈를 다루는 자료수집에서는 관찰 방법이 적절히 사용되기 어렵다. 이런 경우에는 익명성이 보장되는 우편 설문이 보다 진솔한 자료를 수집할 수 있다.

⑤ 관찰자의 주관 개입: 관찰자의 주관적인 판단이 자료수집 과정에 상존한다. 관찰은 관찰자의 눈과 의식에 의해 자료가 도출되는 것으로, 관찰자의 주관에 따른 편향성이 개입될 여지가 있다. 다수의 관찰자가 자료수집에 동원되었을 때는, 동일한 현상을 관찰자마다 달리 관찰할 수도 있다. 체조 경기의 심사자들이 모두 같은 점수를 내지 않는 것과 같다.

⑥ 수량화의 어려움: 대부분의 관찰 과정은 말로 기록되거나 전체적인 맥락과 연결되어 있는 자료로 구성되므로, 관찰된 사실을 수량화된 자료 형태로 바꾸기가 쉽지 않다. 관찰의 기법에 따라서는 엄격하게 양화된 자료수집의 틀을 사전에 준비하는 경우도 있지만, 대부분은 관찰자가 질적으로 판단한 자료들이 상당 부분 수집된다. 이들을 사후에 양화하기가 쉽지 않다.

⑦ 표본 크기의 제한: 관찰을 통한 자료수집은 관찰자가 직접 자료수집의 도구가 되므로, 관찰 대상 집단으로서의 표본 크기를 확대하는 데 뚜렷한 한계가 있다. 다수의 관찰자를 두어서 표본을 확대하는 것이 가능하지만, 비용의 문제가 있을 뿐만 아니라 관찰자들마다 각기 다르게 산출할 수도 있는 제각각의 자료 값들을 묶어 내는 데 어려움이 따른다.

3. 비반응성 자료수집

비반응성 자료수집은 연구 대상자의 반응성(reactivity)으로 인한 오류를 피하기 위해 비간섭 측정으로 자료를 수집하는 것이다. 비간섭(unobtrusive) 측정은 대상자가 연구의 의도를 인식하지 못하는 상태에서, 간접적인 정황 등을 토대로 대상자를 측정하는 방법이다.[9] 문답이나 직접 관찰로 자료를 수집할 경우, 대상자들은 그것을 알고 반응하면서 부자연스러운 응답이나 왜곡된 행동을 할 수 있다. 연구의 상황이 특히 이런 문제가 심각한 경우, 비반응성 자료수집이 불가피하게 된다. 간접 관찰이나 이차 자료의 활용 등이 대표적이다.

1) 간접 관찰

간접 관찰은 비간섭 측정으로 자료를 수집하는 대표적인 방법이다. 여기서는 대상자의 반응성을 회피하기 위해 우회적인 방법을 쓴다. 대상자가 자신이 관찰되고 있음을 알아차리지 못하게 하면서(그로 인해 반응성 문제를 해결하고), 소기의 관찰 목적을 달성하는 것이다. 간접 관찰의 방법은 다시 단순 관찰과 물리적 흔적 관찰의 방법으로 나누어 볼 수 있다.

(1) 단순 관찰

단순 관찰은 관찰자가 조사 상황에 아무런 통제를 가하지 않기 때문에 관찰의 의도가 노출되지 않은 상태로 자료를 수집하는 방법이다.[10] 직접 관찰에서의 '비구조화–비참여–자연환경' 방법과 유사하며, 단순 관찰을 수행하는 기법들도 상당 부분 그로부터 따온다. 다만 관찰 방법은 측정 대상자가 관찰의 의도를 인식하지 못해야 함을 특별히 강조하는 것에서 직접 관찰과는 차이가 있다. 단순 관찰을 위한 대상은 대표적으로 다음과 같다.[11]

---

9) Trochim, W. (2021). *Research Methods Knowledge Base* [https://conjointly.com/kb/unobtrusive-measures/]
10) Webb, E., Campbell, D., Schwartz, R., & Sechrest, L. (1966). *Unobtrusive Measures: Nonreactive Research in the Social Sciences*. Chicago: Rand McNally, p. 112.

신체 외형과 물리적 표식　행동이나 태도에 관한 지표를 신체 외부에 드러나 있는 표식에서 찾는 것이다. 예를 들어, 어떤 사람의 문신이나 옷차림새, 장신구, 소지품 등을 관찰해서, 그 개인을 이해하는 데 필요한 지표 자료로 활용할 수 있다. 이 방법은 집단이나 지역 단위에도 그대로 적용될 수 있다. 어떤 지역의 외형적인 모습(스카이라인, 도로나 건물의 형태, 야간의 도시 조명도, 사람들의 옷차림 등등)을 관찰함으로써, 그 지역의 사회적 변화 모습에 대한 지표 자료로 삼을 수도 있다.

표현적 동작　얼굴 표정이나 몸짓 같은 신체적 표현을 관찰해서 사회적 상호작용에 관한 자료를 얻을 수 있다. 예를 들어, 웃음, 울음, 인상 씀, 머리 긁음, 팔짱 낌, 뒷짐 등과 같은 신체 표현은 그 사람이 현재 심리적으로 어떤 상태에 있는지를 유추케 하는 지표 자료가 될 수 있다. 사람의 심리 상태는 복잡 미묘한 것으로 웃음도 미소와 박장대소, 조소, 냉소 등이 의미하는 바가 다르고, 울음도 펑펑 우는 것과 흐느끼는 것, 울부짖는 것이 다르다. 이런 자료들에 대한 정확한 의미를 파악하기 위해 표현적 동작에 대한 관찰이 맥락 자료로 수집될 필요가 있다.[12]

물리적 위치　사람들 간의 거리적 근접성 등을 관찰해서 조직 내 위계 서열이나 친구 사이의 가까운 정도 등을 추정하는 지표 자료로 쓸 수 있다. 예를 들어, 공식 행사장의 연단 중앙에서 좌우로 어떻게 좌석 배치가 이루어져 있는지를 보고, 그 조직의 위계를 파악할 수 있다. 대학 수업에서 학생들이 앉는 자리의 위치 등을 파악해 보면, 학생들의 소집단 구성이나 학생들 간 친소 관계를 간접적으로 파악해 볼 수 있다. 사회심리학 연구에서는 사람들 간의 물리적 거리를 집단의 역학을 이해하는 지표 자료로서 많이 활용한다.

언어적 행동　사람들이 말로 나타내는 행동을 관찰 지표로 삼는 것이다. 이러한 관찰에서는 사람들 사이에서 오고 가는 대화를 어떻게 표집(sampling)할 것인지, 대화의 장면이나 참석자, 시간대에 따라 말하는 유형이 어떻게 연관되어 나타나는지 등을 주로 분석한다. 언어 행동의 관찰 역시 간접 관찰의 일종이어서, 말로 표현하는 것을 듣고서 그것이 의미하는 바를 파악하는 지표로 삼는 것이다. 예를 들어, 어색한 장면에서

---

11) 참고: Nachmias & Nachmias, *Research Methods in the Social Sciences*, pp. 246-249.

12) 똑같은 '소리 없는 눈물'은 기쁨이나 안도를 의미할 수도 있고, 억압이나 좌절, 체념에 의한 슬픔을 표현하는 것일 수도 있다. 그저 '소리 없는 눈물'로만 수집된 자료는 그 자체로서 의미가 이해될 수 없다. 맥락 자료가 결부되어야 하는 것이다.

쓰이는 '괜찮아'와 칭찬하는 장면에서의 '괜찮아'는 다른 의미를 가질 수 있다. 단순 관찰에서는 그 의미를 직접 묻는 대신에, 맥락적 행동 자료를 수집해서 그 의미를 파악하는 것이다.

(2) 물리적 흔적 관찰

간접 관찰의 한 유형으로 조사 대상 인구가 흔적으로 남긴 것을 측정해서 자료를 수집하는 방법이다. 이 경우에 대상자는 자신의 흔적이 관찰 대상이 될 것으로 인식하지 않으므로, 반응성을 보이지 않는다. 물리적 흔적에 대한 측정은 두 가지의 대조되는 성격으로 나누어 볼 수 있다.[13]

마모 측정(erosion measure)　마모된 정도를 통해서 유추되는 자료를 수집하는 것이다. 예를 들어, 전시장의 작품이나 도서관의 책 중에서 어떤 것을 사람들이 좋아했는지를 알려면, 전시 작품 앞바닥의 마모 정도나 책의 헤진 정도 등을 관찰해서 간접적으로 유추할 수 있다. 직접 관찰을 통해 사람들의 수를 헤아려서 비교하는 것과 같은 효과를 낼 수 있으면서, 극히 적은 비용으로 유사한 목적의 자료를 산출해 낼 수 있다. 또한 인터뷰 조사 등에서 나타날 수 있는 반응성의 문제(예: 야한 잡지를 많이 보았다는 대답은 쉽게 듣기 어려움)도 우회할 수 있다.

첨증 측정(accretion measure)　마모 측정과는 반대의 경우로, 더해서 쌓여진 정도를 관찰하는 것이다. 예를 들어, 어떤 지역의 술 소비량을 단순히 측정해 보려면, 그 지역의 쓰레기장에 모인 술병을 헤아려 볼 수 있다. 선사 시대 사람이 어떻게 살았는지는 설문 조사나 직접 관찰로 자료를 수집하기가 불가능하다. 이 시대 사람들이, 비록 오늘날의 연구 목적을 위해 만들어 놓지는 않았지만, 자연스런 생활 속에서 첨증시켜 놓은 패총(貝塚)을 조사해서 당시 사람의 생활사에 대한 자료수집이 가능하다.

마모 측정이나 첨증 측정은 둘 다 연구 대상자가 자연스럽게 남겨 둔 물리적 흔적을 관찰함으로써, 연구 대상자의 반응성 문제를 야기하지 않으면서 자료수집의 목적을 달성할 수 있게 한다. 하지만 이것은 간접 관찰로서의 한계를 뚜렷하게 갖고 있다. 직접 관찰이 아닌 이상, 간접 관찰을 통해 수집된 자료는 추정 목적의 자료 한계를 벗어나기 힘들다. 또한 물리적 흔적은 대개 집합적 단위로 수집되므로, 개별 대상자별 자료로 환

13) Webb et al., *Unobtrusive Measures*, pp. 35-52.

원되기 힘들다는 것도 한계다.

간접 관찰은 대상자의 반응을 유발시키지 않는다는 점에서 유용하다. 그러나 어떤 경우에도 간접 관찰로 얻는 자료는 현상에 대한 정황만을 제시할 수 있다. 그 자료는 해석과 유추 과정을 거쳐서만 의도했던 사실 측정에 도달할 수 있다. 그 과정에서 대상자의 반응성과는 또 다른 성격의 자료 왜곡이 발생할 수도 있다. 그 결과 간접 관찰을 통해 수집된 자료는 대개 직접 관찰이나 문답식 자료를 보충하거나 혹은 정황적 맥락을 나타내는 데 많이 활용된다.

2) 이차 자료의 활용

비반응성 자료수집의 방법에는 이차자료를 통해 연구에 필요한 자료를 수집하는 방법도 있다. 이차 자료(secondary data)란 다른 연구 등에서 일차로 수집, 처리된 상태의 자료를 활용하는 것을 말한다. 예를 들어, 인구센서스 자료, 경제 통계, 보건복지 통계, 지방자치단체 통계 등과 같은 것들이다. 비록 일차적 자료수집의 단계에서는 반응성 문제가 포함되었을 수 있으나, 이를 이차적으로 활용하는 단계에서는 반응성이 추가적으로 발생할 우려는 없다.

이차 자료는 기존 연구나 각종 데이터베이스 등에 들어 있는 원자료를 단순히 재활용하거나 혹은 복수의 자료원으로부터 취합해서 만들 수도 있다. 예를 들어, 지역에 따라 선호되는 사회서비스의 유형이 왜 차이 나는지를 연구하려면, 사회서비스의 지역별 공급 실태에 관한 데이터베이스, 지역별 인구사회 특성 자료 데이터베이스 등을 결합해서 필요한 이차 자료를 생성해 낼 수 있다.

이차 자료를 활용한 자료수집 방법은 몇 가지 장점이 있다. 첫째, 효율적이다. 다른 사람들에 의해 이미 수집되어 있는 자료를 재활용하기 때문이다. 둘째, 연구가 다룰 수 있는 반경을 상당한 정도로 확장시켜 준다. 하나의 연구가 자체적으로 수집 가능한 자료의 범주를 전제로 하면, 연구의 주제나 모집단은 그만큼으로 제한된다. 그러나 기존의 방대한 자료원을 이차 자료로 활용할 수만 있다면, 이러한 제한을 쉽게 넘어설 수 있다.

이차 자료의 활용에도 어려움이 있다. 대규모의 복잡한 데이터베이스에서 원하는 자료에 접근하는 것은 손쉬운 일은 아니다. 데이터베이스에 들어 있는 자료 값들은 어떤 연구 모집단을 설정했으며, 표집 방법이나 과정은 어떠했는지, 변수(필드)의 속성 값들은 어떤 성격인지를 세세히 알기가 쉽지 않다. 비록 자료에 대한 정의와 부호책 등으로 규정되어 있기는 하지만, 직접 자료를 활용할 때 필요한 만큼의 세밀한 정보들은 가지기 어려운 경우가 많다.

우리나라에서는 현재 정부나 기업, 학교, 연구소 등과 같은 수많은 기관들에서 정기적으로 수집하고 공개하는 방대한 자료들이 있다. 이들은 대부분 온라인 전자 데이터베이스 방식으로 되어 있어서, 권한만 주어진다면 어디에서든 쉽게 접근해서 받을 수 있다. 그래서 만약 적정한 자료원이 있기만 하다면, 그것을 이차 자료로 활용하는 데 있어서 접근성의 문제는 그다지 크지 않다. 다만 그런 대규모 자료들을 다룰 수 있는 연구/조사자의 정보 처리에 관한 역량이 한층 더 중요해진다.

4. 문헌 자료수집

문헌 연구(document study)는 과거 사건을 연구하거나, 연구 대상자의 반응이 지나치게 심할 경우 등에 주로 쓰인다. 이미 지나가 버린 사건이나 현상을 기억하는 사람조차 없는 경우에는, 문헌이나 보관 매체 등에 남겨진 기록을 통해 자료수집을 할 수밖에 없다. 그래서 역사적 연구 방법에서는 대개 문헌 연구를 기본으로 삼고 있다. 문헌 연구는 또한 대상자의 반응성 문제가 예상되는 상황에서 적절한 대안이 될 수 있는 자료수집 방법이기도 하다.

1) 문헌 자료의 종류

문헌 연구에 사용되는 자료는 문헌 작성자를 기준으로 분류할 수도 있고, 문헌 기술의 목적에 따라 분류할 수도 있다. 문헌 작성자의 성격에 따라 문헌 자료를 분류한다는 것은 그 사람이 문헌 내용과 관련해서 어떤 위치에 있었는지를 기준으로 하는 것이다.

- 일차 문헌 자료: 경험자가 직접 기술한 것. 예) 자서전, 조사를 직접 수행한 사람이

쓴 보고서
- 이차 문헌 자료: 비경험자가 기술한 것. 예) 전기(傳記), 기존 문헌을 인용해서 쓴 보고서

연구자가 직접 조사해서 자료를 산출하면 일차 자료가 되고, 다른 연구로부터의 자료를 활용하거나 인용한 결과물을 내놓으면 이차 자료가 된다. 이차 자료는 일차 자료에 비해서 경험적인 근거가 약할 수밖에 없다. 그러나 경험자가 직접 작성한 일차 문헌 자료라 해서, 반드시 신빙성이 더 높다고 말할 수는 없다. 일차 자료에는 경험/연구자들 자신의 주관적인 목적이나 동기 등이 강하게 내포될 수 있으므로, 그런 일차 자료를 이차 자료로서 쓸 때는 그것들을 구분해 내는 일에 상당한 노력이 필요하다.

문헌 자료는 기술의 목적에 따라서도 구분될 수 있다.

- 개인적인 글: 편지, 일기, 가계부, 유서 등
- 조직의 기록: 회계 장부, 업무 일지, 업무 분장표, 회의록 등
- 인쇄 매체: 책, 신문, 잡지, 보고서, 출간된 통계 자료 등

개인적 목적으로 작성된 문헌 자료일수록, 작성자의 주관적인 생각과 해석이 많이 내포되어 있다. 반면에 활자화되어 일반에 공개되는 문헌일수록 그 작성 과정에서 객관성이 비교적 강조되었을 것이다. 그러나 개인적인 글 등에서 때로 반응성 염려가 없는 귀중한 자료를 얻을 수도 있다. 예를 들어, 일기는 대개 작성자가 남들이 볼 것을 염두에 두지 않기 때문에, 반응성 왜곡이 덜할 수 있다. 한 조직의 기록은 대개 조직 자체의 목적에 충실하게 작성된 경우가 많으므로, 이를 일반적 목적의 연구에 쓰려면 기록 작성의 조직적 맥락에 대한 이해가 필요하다.

2) 문헌 자료의 장단점

문헌을 통한 자료수집은 서베이나 관찰을 통한 자료수집 방법과 비교해서 뚜렷한 특색이 있다. 과거 시점에서 다른 목적으로 기록된 것을 현재 시점에서 연구 목적의 자료로 활용한다는 것이다. 이로 인한 장점과 단점은 다음과 같다.[14]

---

14) 참고: Bailey, *Methods of Social Research*, pp. 302-306.

[장점]

① 접근성 제고: 직접 경험이 불가능한 연구 주제의 자료수집에 효과적이다. 예를 들어, 역사적 인물이나 사건에 대한 자료는 직접 경험해 보는 것이 불가능하다. 기존 문헌을 통해서만 접근이 허락된다.

② 비반응성: 문헌 자료가 생성되는 과거 시점에서는 현재 연구자의 연구 목적이 인식되지 않으므로, 자료 작성 시에 그에 관련된 반응성의 문제는 크지 않다. 그러나 일기나 유언장 등과 같이 순수하게 자신에게만 보여 주는 것을 제외하고는, 기록자가 외부 독자를 의식하므로 어떤 형태의 반응성이든 있을 수 있다. 단지 문답이나 직접 관찰보다는 문헌 자료수집이 반응성 문제를 상대적으로 작게 가진다.

③ 종단 분석 가능: 문헌 연구는 종단 분석을 수월하게 한다. 종단 분석이란 시간적 요소를 도입하여 대상 현상을 분석하는 것을 말한다.[15] 역사적 기록에 대한 연구 등이 대표적이다. 역사적 종단 분석과 같은 연구에서는 문헌이 대개 유일한 자료원이 된다.

④ 표본 크기의 자유: 문헌 연구는 자료의 크기에 크게 구애받지 않는다. 해당 문헌 자료가 존재하고 접근성이 주어지기만 하면, 표본의 크기를 늘리는 것에 따르는 비용은 다른 자료수집 방법에 비해 크지 않다.

⑤ 자발적 기억: 문헌 자료는 기록 당시 상황에서 자발적으로 작성된 것이다. 그러므로 문답 방식과 같이 당시 상황을 인위적으로 기억해 내게 만드는 부자연스런 자료수집의 요소가 덜하다. 당시에 작성되었던 편지나 일기, 녹화 자료 등을 통해 본다면, 당시 상황에 대한 자연스럽고 자발적인 묘사를 얻기가 쉽다.

⑥ 고백: 문헌에는 일기나 유서, 자기 메모 등과 같이 자기 고백 형태의 자료도 찾아볼 수 있다. 사람은 현재보다는 미래에 노출되는 것에 대해 더 관용적이기 쉽다. 이로 인해 다른 자료수집 방법으로는 도출하기 힘든 솔직한 자료를 얻어 낼 수도 있다.

⑦ 비교적 저렴한 비용: 서베이나 관찰 등으로 자료를 직접 수집하는 것보다는 대체로 적은 비용이 든다. 그러나 특정 문헌 자료의 경우에는 문헌에 대한 접근 자체가 어렵거나 고비용이 들 수도 있다.

⑧ 고품질 자료: 기인쇄된 문헌 자료는 대체로 높은 질을 담보할 수 있다. 출판된다는 것은 그만큼 신뢰성의 장치를 더 거쳤다는 것을 의미하기 때문이다. 예를 들어, 신

---

15) 종단 분석과 횡단 분석에 대해서는 이 책 3장 '조사연구' 참고.

문 기사로 실린 자료는, 만약 연구 목적에 소용되는 충분한 내용을 담고만 있다면 고품질의 함축적인 자료가 될 수 있다.

[단점]

① 가용성의 제한: 어떤 문헌 자료는 없어졌거나, 아예 기록되지 않았거나, 혹은 있다 하더라도 접근에 제한이 있는 경우가 많다. 고문서와 관련해서 문헌 상실이나 열람이 제한된 경우, 보안이 설정된 정부나 기업의 문건 등에서 이러한 문제가 나타난다.

② 편견의 문제: 기존 문헌은 현재의 조사연구 목적과 무관하게 작성되었으며, 문헌 작성자의 당시 관점과 의도에 의거해 있다. 예를 들어, 자서전은 자기 과시를 위한 목적이나 자신의 허물을 감추기 위한 자기 합리화의 관점에서 쓰였을 가능성이 높다. 심지어 국가가 작성하는 통계 자료의 생성에서도 의도적 편향성의 문제가 잠재되어 있는 경우가 많다. 자료의 해석에서 이런 편향성을 배제해 내는 일이 쉽지 않다.

③ 선별적 생존(selective survival): 역사적 자료들은 선택적으로 살아남았을 가능성이 크다. 예를 들어, 신라의 역사에 관해 현재까지 남겨져 오는 기록 자료들은 오랜 시대의 선택에서 살아남은 것들일 가능성이 크다. 이들만을 가지고 당시의 상황을 일반화하는 것은 선별적 생존의 편향된 단면을 그대로 받아들이는 것과도 같다.

④ 편향된 샘플링: 문헌 자료는 그 자체로도 편향성을 내포하고 있다. 모든 계급이나 집단의 사람들이 골고루 문헌 자료를 남기는 것은 아니기 때문이다. 예를 들어, 어린아이 등과 같이 문헌 생산이 아예 불가능한 집단의 기록은 남겨지지 않는다. 역사적 연구의 경우에는 특히 문헌 생산의 주체인 식자 계급이나 지배층의 관점이 자료에 과도하게 편향되어 있는 문제를 심각하게 다룬다.

⑤ 불완전성: 일기나 편지 등과 같은 대부분의 기록은 불명확한 지침하에서 작성되는 것이 보통이다. 적어도 현재 연구하려는 사람의 의도에 맞추어 작성되지는 않는다. 자신들만이 아는 단어나 표현을 쓰고, 맥락 정황은 생략되는 경우가 많다. 그래서 현재의 연구 목적에서 보자면, 대개 불완전한 자료일 가능성이 크다.

⑥ 언어적 자료에 국한: 문헌 자료의 내용은 대부분 말로 표현될 수 있는 것에 제한되어 있다. 말로 표현되지 않는 것은 기록될 수 없고, 따라서 그러한 자료는 문헌 자료 수집의 방법을 통해서 얻기 힘들다.

⑦ 표준화된 양식의 부재: 다양한 문헌 자료들은 각기 상이한 형식으로 되어 있을

경우가 많다. 그래서 이들 자료의 취합을 통해 연구 자료를 새롭게 생성해 내는 것이 그만큼 힘들 수 있다. 예를 들어, 몇 개 기관의 업무 일지들을 구해서 자료를 얻으려 할 때, 일지의 내용이나 기록 방식이 서로 달라 통일된 합성 자료를 만들기가 어려운 때가 많다.

⑧ 부호화의 어려움: 현재 진행 중인 조사연구의 의도에 맞도록 수량화되어 있는 기존 문헌 자료는 거의 없다. 그래서 기존 문헌 자료를 부호화해서 수량 자료 등으로 산출하려면 내용분석 등의 기법을 적용해야 하는데, 이는 간단한 일이 아니다.

⑨ 시계열 자료 비교의 어려움: 시계열(time-series) 자료란 시간 흐름에 따라 자료 값의 변화 추이를 나타낼 수 있는 자료다. 그러므로 자료 기록의 단위가 내내 일관적이어야 하는데, 문헌 자료들에서는 작성 당시의 각 기준들이 다르게 적용될 수 있다. 그래서 연구 시점에서 이들을 통일된 자료 단위로 재구성해야 하는 어려움이 있다. 국가 통계 자료(예: 빈곤율)에서조차 연도별로 작성 기준이 달라서 시계열 비교가 어려운 경우도 많다.

3) 문헌 자료수집의 편향성 배제

문헌 자료수집 방법의 결정적인 한계는 문헌 작성 과정에 개입되었던 작성자의 의도와 편향성에서 비롯된다. 냉정하고 객관적인 것으로 보이는 각종 국가 조사 통계 자료에도 갖가지 의도적, 비의도적 편향의 위험성이 잠재될 수 있다. 그러므로 문헌 자료수집을 활용하는 연구들에서는 편향성을 배제하는 과정이 중요하다. 이 과정은 기술적이라기보다는 질적이다. 조사/연구자가 해당 문헌들에 대해 풍부한 지식과 깊은 이해가 있어야만 그러한 질적 해석의 과정을 수행할 수 있다. 문헌과 문헌 작성자의 배경, 위치, 환경 등을 파악하여, 그로부터 비롯될 수 있는 편향성의 가능성을 밝혀내는 것이다.

제**14**장

FGI와 델파이 기법

초점집단 면접(FGI)과 델파이(Delphi) 기법은 집단을 통해 자료를 수집하고 분석하는 방법이다. 여기에서 집단(group)이란 단순히 조사 대상자들의 집합(gross)이 아니라, 집단 구성원들 간에 활발한 상호작용의 성격을 말하는 것이다. 그러한 집단적 특성을 활용해서 자료수집과 분석이 이루어진다는 점에서 두 방법은 같지만, 수행 방식이나 절차에서는 상당한 차이가 있다.

1. 초점집단 면접

초점집단 면접(Focus Group Interview, FGI)은 집단을 활용한 자료수집과 분석의 한 방법이다.[1] 주어진 초점 주제에 대해 집단 구성원 간에 활발한 논의와 상호작용이 이루어지도록 조성하고, 거기에서 논의가 어떻게 진전되고 결론이 나는지 등을 기록하고 분석한 것을 자료로서 수집한다.[2] FGI는 특정 사안에 대한 의사결정의 목적으로도 많이 쓰이지만, 일반 조사연구의 자료수집과 분석 방법으로서 폭넓은 용도를 가진다.[3]

---

[1] FGI 방법에 대해서는 〈Krueger, R., & Casey, M. (2000). *Focus Group: A Practical Guide for Applied Research* (3rd ed.), Thousand Oaks, CA: Sage.〉를 주로 참고.

[2] 이 점에서 다수에 대한 집단면접 자료수집 방법과 다르고, 명목집단 기법과도 차이 난다. 같은 집단적 자료수집의 방법이기는 하지만, 명목집단 기법은 말 그대로 집단을 명목적으로만 운용할 만큼 집단 참가자 간의 상호작용을 가급적 억제하는 의도를 띠고 자료를 수집하는 방법이다.

[3] Powell, R., & Single, H. (1996). 'Focus groups'. *International Journal for Quality in Health Care, 8*(5), p. 499.

1) 초점집단의 자료수집

초점집단을 자료수집의 방법으로 활용하면, 외형적으로는 일종의 집단면접처럼 여겨질 수 있다. 그럼에도 상호작용의 성격에서 초점집단 조사는 단순한 집단면접 조사와 구분된다. [그림 14-1]에서 보듯이, 집단면접 조사는 한꺼번에 다수의 사람을 집단으로 모아서 면접하는 것으로, 상호작용은 주로 조사자와 참가자 간에 일어난다. 조사자의 질문에 대해 다수의 참가자가 개별적으로 응답하는 양상을 띠는 것이다. 반면에 초점집단은 조사자가 제공한 초점 주제에 근거해서 참가자 간에 집단적 토의와 의사표현 활동이 수행되도록 한다. 초점집단을 조성하고 운용하는 조정/연구자는 대부분의 과정에서 질문자라기보다 오히려 관찰자에 더 가깝다.

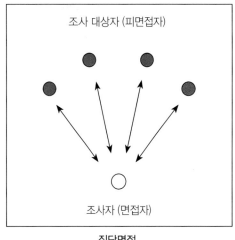
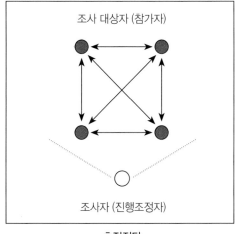

집단면접

초점집단

그림 14-1 집단면접과 초점집단

이같이 FGI를 활용한 자료수집 방법을 사용하면, 상호작용적 반응이나 맥락 정보 같은 것을 효과적으로 도출해 낼 수 있다. 초점집단에서는 일반적인 자료수집 방법(관찰, 일대일 면접, 설문지 등)과는 다른 방식으로 응답자의 견해나 태도, 믿음 등에 대한 반응을 끌어낸다. 사람들이 갖는 견해나 믿음 같은 것은 사회적 모임이나 집단 상호작용을 통해 노출될 가능성이 크다. 그래서 참가자들이 서로에게 활발하게 문답하고, 자신들의 경험을 재평가하게 되는 등의 집단적 상호작용에서 드러나는 사람들의 반응이 좋은 자료가 될 수 있다.

FGI는 맥락 있는 정보를 수집하는 데도 효과적이다. 집단적 상황하에서 복잡한 관점이나 감정적인 과정 등을 끌어내는 것이 가능하기 때문이다. 대인 면접에서 개인의 태도, 믿음, 느낌을 개별적으로 획득할 수 있다면, FGI에서는 집단의 구조에서 그것들을 획득, 분석할 수 있다. 그래서 특정한 정보가 왜 현저하게 두드러지게 나타나는지 등을 집단적 맥락에서 파악할 수 있다.

2) 초점집단의 구조

초점집단의 일반적인 구조는 〈표 14-1〉에 제시되어 있다. 초점집단은 진행조정자와 집단 참가자로 구성된다. 진행조정자는 유연하면서도 초점을 가지고 있어야 하고, 사전에 작성된 면접 방안을 사용한다. 동일한 사안에 대해 복수의 초점집단 회기(會期)를 갖는 경우에는, 면접 방안을 수정해 나가는 역할도 필요하다.

〈표 14-1〉 초점집단의 구조와 양식

진행조정자	초점 주제에 의거해 집단을 구성하고, 회기를 진행
집단 참가자	동질성과 이질성의 필요성을 적절히 고려해서 선발
회합 양식	소규모의 대면적 상호작용이 가능한 집담회
집단 크기	한 회기당 최소 4명~최대 15명
회기 길이	매 회기당 1.5~2시간가량이 적절
회기 수	연구 성격에 따름
자료 양상	대화의 내용과 톤, 침묵, 몸동작과 인상 등
자료수집 도구	펜과 노트, 노트북 컴퓨터, 오디오테이프, 녹취 등
보고서 양식	거듭 언급되는 주제(들), 대표적 코멘트들에 대한 분석

집단 참가자는 가급적이면 동질적으로 구성한다. 초점집단은 특정 주제에 대해 활발한 의사소통으로 심도 있게 논의하는 것이 목적이므로, 보통 동질적으로 구성하는 것이 원칙이다. 그럼에도, 획일적이어야 한다는 것은 아니다. 주제와 연관해서는 동질적이어야 하지만, 그 안에서도 다양한 의견이 폭넓게 포함되어야 할 필요가 있다. 이질적 성향의 사람들이 참가해야 할 필요성이 그 때문인데, 요구되는 이질성의 범위는 연구의 주제와 목적에 따라 각기 달리 결정된다. 집단 참여자에게는 비용 지급 등의 인센티

브가 제공될 수 있다.

초점집단은 소규모의 사람들이 대면적으로 상호작용하는 것이 가능한 상태(동시에 사람들이 대화할 수 있는 규모 정도)에서의 집담회 양식을 사용한다. 그래서 집단의 크기는 최소 4명에서 최대 15명까지도 가능하다고 보지만, 일반적으로는 10~12명 정도를 최대 규모로 간주한다. 보통은 6~10명 정도의 크기가 적절하다고 본다. 대면적 상황에서 특정 주제에 대해 활발한 상호작용이 이루어지려면, 대개 10명 이상으로는 힘들다.

초점집단의 수와 회기는 연구 문제의 목적과 성격에 따라 다양하게 조합될 수 있다. 한 집단으로 일회 모임만으로 그치는 경우부터, 다수의 집단들을 각기 다수의 모임으로 운용하는 조합까지도 가능하다. 보통은 하나의 주제에 대해 여러 차례의 초점집단 회기를 갖는다. 동일 집단을 복수의 회기로 나누기도 하고, 복수의 비동일 집단으로 회기를 나누어 실시하기도 한다.

대개의 경우 엄격한 자료수집의 방법으로 인정되려면, 하나의 주제에 대해 둘 이상의 비동일 초점집단을 구성해서, 각각에 대해 복수의 회기로 실시하는 것을 권장한다. 다수 집단을 운용하는 경우에는 집단별 특성이 곧 비교 변수의 성격을 띤다. 예를 들어, 동일한 주제에 대해 각 지역별로 초점집단을 운용해 보면, 집단 간에 논의의 초점에서 차이가 나타날 수 있다. 그러면 그 차이를 지역 변수의 변이에서 기인하는 것으로 해석하는 등으로 활용할 수 있다.

각각의 회기에서 소요되는 시간의 길이는 1.5~2시간가량이 적절하다. 이 정도의 시간이면 산만해지지 않고 집중해서 주제를 논의할 수 있기 때문이다. 그래서 가급적이면 이 시간 정도에 적합한 초점 논의의 주제와 범위를 선정한다. 필요하다면 회기를 나누어서 실시하는 것이 한 회기를 오랜 시간 동안 수행하는 것보다 효과적이라고 본다. 회의를 개최하는 장소는 가급적이면 안락하고, 조용한 곳으로 정한다. 특정 참가자의 편에 소속된 장소가 아닌 것이 좋고, 참가자 전원이 심리적으로 편안함을 느낄 수 있는 장소가 필요하다.

초점집단을 통해 수집되는 자료에는 일차적으로 집단 참가자 간의 상호작용 반응이 포함된다. 이는 주어진 주제에 대해 참가자들 간에 나누는 대화의 내용과 톤(목소리 포함), 몸동작과 인상 등의 자료 양상으로 수집된다. 특정 단어나 이슈가 대화에서 빠져 있는 것을 확인하는 침묵(silence) 형태의 자료도 수집될 수 있다. 자료수집의 도구는 질적 자료를 수집하는 경우와 마찬가지로 연구자의 펜과 노트가 일차적이고, 노트북 컴퓨터가 이를 대신하기도 한다. 오디오나 비디오 기기를 사용해서 기록한 후 녹취를 하기도 한다.

초점집단은 다양하게 변형되어 사용될 수 있다. 심지어는 물리적 대면 회합 집단이라는 원칙조차도 대체될 수 있다.[4] 초점집단의 응용 예로는, ① 한 초점집단이 다른 초점집단의 상호작용과 결론을 관찰한 것을 토대로 토의하는 양방향 초점집단, ② 다수의 조정자가 초점집단에 참여해서 회기를 이끌어 가는 복수 진행조정자 초점집단, ③ 인터넷 화상회의, 혹은 다자 간 음성 채팅 등을 활용해서 초점집단을 가상 공간에서 운용하는 온라인 초점집단 등이 있다.[5]

3) 진행조정자

FGI를 통해 질 높은 자료수집을 하는 데는 진행조정자의 역할이 결정적으로 중요하다. 진행조정자는 회합 기간 중에 개방형 질문을 통해 토론을 진작시킨다. 참가자에게 도전적인 질문을 던지기도 하고, 사람들 간의 견해 차이를 자극하기도 하고, 토픽에 관한 다양한 범위의 의미들을 건드리기도 한다. 또한 참가자들의 논의가 초점에서 벗어나지 않도록 하면서, 모든 사람이 말하고 참여할 수 있는 기회를 적절히 보장하는 등의 역할을 맡는다.

이러한 역할을 수행하는 데 적절한 진행조정자의 자격은 해당 주제에 대한 배경 지식과 대인적 기술, 개인적 덕성 등으로 판단한다. 연구 주제에 대한 기본 지식은 당연히 갖춘 상태에서, 다른 사람의 이야기를 경청할 줄 알고, 주관적 판단에 치우치지 않으며, 상황에 잘 적응할 수 있는 사람이 진행조정자로서 적격이다.

한 회기의 FGI에서 2인 이상의 진행조정자를 두는 것도 가능하다. 그럼에도 이런 경우에는 각 진행조정자의 역할이 사전에 구분되어 있는 것이 좋다. 그래야만 회기 중 FGI 참가자들에게 혼란스러운 의도가 주어지는 것을 막을 수 있다.

---

4) 참고: Marshall, C., & Rossman, G. (1999). *Designing Qualitative Research* (3rd ed). Thousand Oaks, CA: Sage.; 〈Wikipedia, 'Focus group' [http://en.wikipedia.org/wiki/Focus_group. 2006-08-08]〉에서 재참고.
5) 웹 콘퍼런스(web conference)와 같이 온라인 화상 방식의 대면 집단으로 초점집단을 구성하는 것이다. 근래 Zoom 등을 활용해서 FGI를 수행하는 경우도 늘어나고 있다.

4) 초점집단의 진행 단계

초점집단의 진행 과정에는 질적 연구와 집단면접 조사의 성격이 포함되어 있다. 거기에다 초점집단의 독특성인 집단의 상호작용을 활발하게 만들기 위한 노력이 추가된다. 진행 과정별로 단계를 소개하자면 다음과 같다.[6]

(1) 의도의 규정과 질문 작성

초점집단을 통해 해결하기를 원하는 이슈가 무엇인지를 확인하는 것이다. 이슈가 명확하게 확인되면 그에 연관된 몇 가지의 자료수집 목표들을 만들어 낸다. 목표는 가능한 한 구체적이어야 한다. 모호한 목표를 설정하면 다음 단계에서 초점이 흐려지기 때문에, 유용한 자료수집의 결과를 끌어내기 어렵다. 목표에 근거해서 토의의 전반적인 방향을 이끄는 데 필요한 여러 질문들이 개발될 수 있다.

질문은 개방형이고, 단순하고, 비편향적이며, 현실적으로 당면한 이슈들에 초점을 둔다. 초점집단에서는 질문이란 단순히 토의를 위한 가이드이며, 활발한 토의를 자극하기 위한 목적으로 준비되는 것이다. 이런 목적의 질문은 일반적인 것에서부터 구체적인 것들로의 흐름에 따라 제시되는 것이 적절하다. 진행조정자는 토의의 과정에서 추가적인 질문이 대두되면, 그것을 집단이 자연스레 따라가게 하는 것도 필요하다.

(2) 참가자의 확인과 모집

초점 이슈에 대해 이해관계를 가지면서, 그에 적절한 견해를 제시해 줄 수 있다고 판단되는 인구 집단을 확인한다. 복수의 초점집단을 운용하는 경우에는 각기 다른 견해나 관점을 대표할 수 있는 몇 개의 집단들로 분리해서 구성할 수도 있다. 예를 들어, 연령이나 소득, 성별, 교육 수준, 혼인 상태, 출신지, 취업 상태, 거주지 등과 같은 변수를 가지고 구분하는 것이다. 각 집단은 동일한 배경(변수 값)을 가진 참가자들로 구성하는 것이 좋지만, 지나치게 서로 잘 아는 사람들을 배치하는 것은 피해야 한다.

참가자로는 토의에 참여해서 자유롭게 의견을 내놓을 수 있는 사람들이 우선 선호된다. 참가 대상자들이 일차로 확인되고 나면, 이들에게 FGI에 참가 요청을 하는 통지를

---

6) 참고: Morgan, D. (1997). *Focus Groups as Qualitative Research* (2nd ed.). London: Sage.

보낸다. 전화와 문자, 메일 등을 사용할 수 있는데, 구성될 초점집단의 의도, 후원자, 결과의 활용 등에 대해 말해 준다. 참가자가 FGI에서 하는 발언은 엄격하게 비밀 보장이될 것이라는 점도 분명하게 알려 주어야 한다. 그리고 나서 FGI에의 참여 여부를 확인하는데, 가급적 문서화된 상태의 회신을 받아 두는 것이 약속의 의미를 보다 확실하게한다. 회기에 임박해서는 시간과 장소를 재확인시켜 주는 것이 참가율을 높이는 데 도움을 준다.

(3) 회의 진행

회합 장소는 조용하고, 안락하고, 외부의 영향을 받지 않는 곳이어야 한다. 참가자는탁자에 둘러앉아 서로를 바라볼 수 있어야 한다. 의자는 안락해야 한다. 토의를 산만하게 만들지 않을 정도의 가벼운 다과 준비도 필요하다.

FGI에서 진행조정자는 집단 토의의 핵심이다. 진행조정자는 토의에 직접적인 참여를 하지 않은 상태에서 토의를 이끌어 간다. 토의를 조장하고 촉진시키는 역할을 하는것이다. 이를 위해 진행조정자는 의사소통에 관한 적절한 기술을 보유해야 한다. 참가자들이 자기 의견을 자유롭게 표출할 수 있도록, 느슨하고도 비공식적인 분위기를 창출할 수 있어야 한다. 진행조정자는 자신의 의견을 절대로 표출해서는 안 되고, 참가자의 의견에 대해 판단을 내려서도 안 된다.

진행조정자는 일반적인 것에서부터 구체적인 것에 이르기까지 일련의 개방형 질문을 한다. 질문이 자연스레 참가자의 의견, 경험, 제안 등을 표출하게 만들도록 한다. 그러기 위해서는 엄격하게 규정된 질문의 방식은 피해야 한다. 진행조정자는 토의의 내용이 초점집단 인터뷰의 큰 주제에서 벗어나지 않는 한, 토의가 새로운 방향으로 전개되어 가는 것도 허용해야 한다.

진행조정자는 FGI에 참가한 모든 구성원들이 활발하게 토의에 참여하도록 조장한다. 한두 사람이 토의를 지배하는 것을 허용하지 않아야 한다. 어떤 경우에는 참가자들로 하여금 토의에 참가하기 전에 자신의 생각을 미리 적어 놓게 하기도 한다. 이것은참가자가 다른 사람들의 의견에 휩쓸리게 되는 편향성을 줄이고, 새로운 관점들이 많이 드러나게 하는 효과가 있다.

토의 내용은 테이프에 기록된다. 경우에 따라서는 회합 기간 동안에 노트북 컴퓨터등을 이용해 요약 정리하는 사람을 배치하기도 한다. 그런데 이 작업이 토의를 방해하는 수준이 되어서는 안 된다. 진행조정자 역시 간략한 기록을 해 나갈 수 있다.

(4) 자료 분석 및 해석

수집된 자료는 일반적인 질적 자료 분석의 방법을 적용할 수 있다. 대체로 전체 회기를 통해 수집된 갖가지 자료들, 대화의 내용을 포함해서 대화의 톤이나 침묵, 몸동작 등에 이르기까지의 전반적인 맥락 자료까지를 분석의 대상으로 한다. 질적 접근의 자료 분석은 기본적으로 범주화와 부호화를 통한 함축적 기술을 목적으로 둔다. 예를 들자면, 다음처럼 진행될 수 있다.

먼저 회기 중 녹음된 대화 내용에 대한 녹취록으로 만든다. 이때 화자(話者)의 실명은 보통 사용하지 않는다. 연구자는 녹취록을 읽으면서 주요 단어나 개념을 다시 찾아낸다. 간단하게는 각 단어나 개념이 몇 번 나왔는지를 헤아려 보는 분석도 해 볼 수 있다. 다음 단계는 주요 단어나 구(phrase)를 몇 개의 범주로 묶는 것이다. 각 범주는 3~10개의 단어나 구를 가지는 것이 보통이다. 모든 코멘트(comment)는 적어도 하나 이상의 범주에 들어맞아야 한다. 어떤 코멘트는 복수의 범주에 해당될 수 있는 단어나 구를 가질 수 있다. 주요 단어나 구를 코딩하는 방법은 ① 주요 테마, ② 일반적인 감정(긍정, 부정, 중립, 제안) 등으로 한다. 주요 단어와 구가 범주별로 묶이고 나면, 해석 단계가 시작된다. 여기에서 주요 테마와 이슈가 나타난다. 이들의 상대적인 중요도를 분석 결과로 제시한다.

(5) 보고서 작성

발견된 사실들에 대해 보고한다. 예를 들어, 지역복지의 증진 방안을 모색하는 목적의 초점집단이었다면, 그 결과를 지역 주민이나 해당 연구의 연구 의뢰자 혹은 후원자에게 발표하는 보고서를 작성하는 것이다. 초점집단 조사연구의 배경에 관한 정보도 보고서에 포함되어야 한다. 보고서에는 해당 이슈에 관한 양적 및 질적 분석 결과가 모두 제시되어야 한다. 양적 결과는 본질적으로 통계적 혹은 수적 결과다. 예를 들어, 방안 A, B, C를 우호적으로 간주했던 사람들의 숫자나 백분율 등을 제시하는 것이다.

질적 결과는 초점집단 참가자들의 생각을 대표할 수 있는 코멘트를 옮겨 놓는 것이다. 이를 통해 참가자의 감정과 무드를 생생한 그림으로 창출한다. 그래서 코멘트는 원문 그대로 인용되는 것이 보통이지만, 이때도 화자의 신분이 드러나게 해서는 안 된다.

코멘트는 초점집단의 견해를 정확하게 반영하는 것이어야 하고, 결과를 편향시킬 수 있는 코멘트가 사용되지 않도록 해야 한다.

5) FGI의 장단점

방법론적으로 FGI는 분리된 개인들을 대상으로 하는 설문이나 면접 조사, 관찰 등과 같은 일반적인 자료수집의 방법과 뚜렷이 구분된다. FGI는 집단적인 상호작용의 논의 과정을 의도적으로 진작시켜, 그로부터 필요한 초점 주제에 대한 자료를 맥락 정황까지를 포함해서 수집하는 방법이다. 이런 방법적 특성으로 인해 FGI 자료수집은 나름대로의 장단점을 가지고 있다.[7]

[장점]

① 맥락 정보: 초점집단은 집단적 상호작용과 역학을 통해 특정 주제에 관한 맥락적 정보를 획득한다. 이러한 정보는 사람의 태도나 감정을 탐색하거나 연구자에게 잘 알려지지 않은 이슈들을 파악해 내는 데 유용하다.

② 높은 타당도: 수집된 자료의 내용 타당도가 높다. 초점집단의 자료 생성은 맥락 정보의 형태를 띠므로, 맥락을 통한 명료화가 자료의 타당도를 높이는 데 기여한다.

③ 효율성: 비용효율적이다. 연구자는 집단 과정에서 명료화를 위해 심층 탐색을 시도할 수도 있고, 더 상세한 것도 끌어낼 수 있다. 그러므로 자연적인 과정에서 해당 현상이 일어나기를 기다려 관찰하는 것보다 비용이 훨씬 적게 든다.

④ 자료수집 시간의 단축: 짧은 기간에 결과가 획득될 수 있다. 집단 내 사회적 상호작용을 통해 보다 활달하고 복합적인 반응을 단시간에 생산해 낼 수 있다. 비록 자연스러운 자료수집이 아니라는 점에서 외적 타당도의 문제가 있기는 하지만, 축약된 정보를 짧은 시간에 도출해 낼 수 있다는 것은 막대한 강점이다.

⑤ 시행의 용이성: 초점집단은 시행하기가 비교적 쉽다. 비록 의미 있는 결과 분석을 위해서는 초점집단의 구성에서부터 질문 토픽이나 분석 방향 등에 대한 세심한 사

---

7) 강약점에 대한 정리는 〈Gibbs, A. (1997). 'Focus groups'. *Social Research Update, 19*, [http://www.soc. surrey.ac.uk/sru/SRU19.html. 2006-080-8]〉를 주로 참고.

전 준비가 필요하지만, 초점집단을 시행하는 것 자체는 그다지 어려운 일이 아니다. 능력 있는 진행조정자가 확보된다면, 시행 자체의 어려움은 크게 없다.

[단점]

① 통제력의 제한: 개인별 면접 조사 방법에서는 조사자가 응답자들을 통제한 상태에서 의도적으로 질문을 이끌어 가고, 심지어는 응답의 유형까지도 구조화시킬 수 있다. 그 결과 의도된 질문에 대해 명확한 응답을 얻어낼 수 있다. 반면에 초점집단은 참가자 간의 활발한 상호작용을 강조하기 때문에, 조사자가 과정상의 주도권을 갖기가 쉽지 않다. 그 결과 의도된 질문에 대한 의도된 답변 형태를 부과해서 획득하기가 쉽지 않다.

② 독자적 견해 분간의 어려움: 초점집단에서는 개인들이 자신의 견해를 자연스럽게 표출하는지를 확인해 내기 어렵다. 집단적인 맥락에서(다른 사람들과의 대화 가운데서) 개인들의 견해가 제시되어 있기 때문에, 조사자가 거기에서 각 개인의 구분된 메시지를 명확하게 가려내기가 쉽지 않다.

③ 민감한 주제의 어려움: 초점집단에서는 대면적 집단 상황이 전개되므로, 비밀성이나 익명성 보장이 어렵다. 그 결과 개인이 민감하게 느끼는 이슈나 사적 정보 등에 대해서는 노출을 꺼리거나 아예 의도적으로 왜곡시켜 표출할 수도 있다. 이런 경우 비록 자료수집은 되었으나, 그 자료의 신빙성에 대한 의문이 제기될 수 있다.

④ 일반화의 제한: 초점집단은 참여자의 수가 제한적이기 때문에, 초점집단의 결과를 쉽사리 일반화하기 어렵다. 비록 내밀하고 맥락적인 정보 수집을 통해 내적 타당성을 높일 수는 있지만, 연구 결과의 외부적 타당성은 상대적으로 떨어진다. 인위적인 상황을 조성해서(가정이나 질문 등을 통해) 자료를 수집한다는 점도 자연스런 상황에서의 자료수집에 비해서는 일반화의 가능성을 제한하는 요소로 작용한다.

⑤ 집단 소집의 어려움: 초점집단 구성의 현실적인 문제로서, 필요한 사람을 한 장소와 시간에 모으는 것이 쉽지 않다. 그 결과 연구 집단을 적절히 대변하는 표본 구성이 쉽지 않을 수 있다. 집단적인 과정에 참여하기를 꺼리는 사람들은 포함시키기가 어렵고, 의사소통 능력에 장애가 있는 사람들은 아예 원천적으로 배제될 수밖에 없다는 점도 표본의 대표성 문제에 영향을 미친다.

FGI는 자체로서 독자적인 연구 방법이 되기도 하지만, 일반 조사연구의 과정에서 보완적 역할을 하는 기법으로도 쓰일 수 있다. 연구의 방향과 범위 설정에 필요한 기초자료의 수집, 가설들의 모색, 설문지나 면접 스케줄 항목 개발 등의 목적에 필요한 아이디어를 구하는 등에 다양하게 FGI 기법을 활용할 수 있다. 프로그램 기획 목적의 조사연구들에서는 목표 설정에서부터 평가에까지 이르는 모든 과정에서 필요한 합의적 의사결정을 위해 FGI를 다양한 형태로 개입시킬 수 있다.

어떤 연구 방법의 선택에서도 그렇지만, FGI 기법 역시 이에 적절한 연구 주제와 목적이 있다. 조사연구자는 FGI 기법이 가지는 장단점 특성을 적절히 이해하고서, 자신의 실천/연구 주제에 이 기법을 활용하는 것이 적절할지를 판단해야 한다.

2. 델파이 기법

델파이 기법은 1950년대에 미국에서 군(軍)의 기술적인 결정을 위해 개발된 것으로, 전문가들의 합치된 견해를 이끌어 내는 방법으로 사용되기 시작했다.[8] 이 방법의 개발자들은 '델파이'라는 이름을 그리스 델파이 신전의 신탁에서부터 따왔다. 비록 그 이름에서부터 델파이가 완전히 과학적인 방법은 아니라는 것이 연상되지만, 합리적인 의사결정이 이루어지기 어려운 경우(정치, 사회 현상의 상당 부분)에는, 한정된 정보에 기초해서 다수의 전문적인 경험과 직관, 통찰력을 효과적으로 모으는 방법이 중요하게 된다.

1) 델파이 기법의 특성과 구조

델파이 기법(Delphi technique)은 FGI와 마찬가지로 집단적 성격을 활용한 조사방법이다. 집단 참가자가 집단 활동을 통해 특정 사안에 대한 견해의 일치에 도달하게 만드는 방법인 것이다. 집단의 상호작용을 활용한 자료수집의 방법이라는 점에서 델파이 기법은 FGI와 동일하다. 사용 목적도 집단 참가자들로부터 특정 사안에 관한 문제 해결, 기획, 의사결정을 용이하게 하는 정보와 판단을 이끌어내기 위한 것이라는 점에서

---

8) Gibbs, 'Focus groups', pp. 193-203.

FGI와 유사하다.[9]

델파이 기법이 FGI와 차이 나는 가장 큰 특징은 집단을 물리적 대면 관계로 구성하지 않는다는 점이다. 일반적인 집단에서는 대면 관계에서 발생할 수 있는 감정적인 교류가 자칫 전문가의 냉정한 판단을 저해할 수 있다는 문제와, 전문가 사이에서는 '안면'이나 체면상의 이유로 인해 자신이나 다른 사람의 견해를 쉽사리 수정하거나 반박하지 못하게 만든다는 문제 등이 나타난다.

델파이 기법에서는 이러한 문제를 익명적 집단의 구성을 통해 해결한다. 비록 대면적인 집단은 아니지만, 우편이나 팩스, 이메일 등을 통해 동일한 참가자들에게 수차례의 설문 조사를 되풀이되는 방식으로 가상적인 공간의 집단을 운용해서 집단적 성격의 논의가 가능하도록 한다.[10] 되풀이되는 설문 조사를 통해 참여자들이 서로의 의견에 대해 집단적으로 '주고받는' 토의를 하는 것과 같은 효과를 내는 방식이다. 이러한 특징들로 인해 델파이 기법은 특히 전문가 집단의 의견을 집약해 내는 데 효과적이다.[11]

집단적 성격의 자료수집 방법들 가운데서도, 델파이 기법이 특히 유용한 경우는 다음과 같다.[12]

- 특정한 주제에 대해 전문가 집단의 견해를 도출하고자 할 때
- 대면적인 회합이 없는 상태에서 집단적인 상호작용을 제공하고자 할 때
- 반대 견해를 가진 사람들이 직접적으로 맞대응하는 것을 피하고자 할 때

델파이 기법의 자료수집은 헤겔(Hegel)의 변증법 과정으로 비유된다.[13] 정(thesis)의 과정은 집단이 견해나 의견을 세우는 과정이 되고, 반(antithesis)은 갈등적인 견해나 의견이 개진되는 과정, 합(synthesis)은 새로운 견해의 일치나 합의에 도달하는 과정에 해당된다. 합의 과정에 이르러 이것은 다시 되풀이되면서 새로운 정의 과정부터 시작된다. 모든 집단 참여자는 이러한 정-반-합의 연속되는 과정을 통해 자신들의 명제를

9) 참고: Witkin, B., & Altschuld, J. (1995). *Planning and Conducting Needs Assessment: A Practical Guide.* Thousands Oaks, CA: Sage.

10) 이 점에서 외형적으로는 우편 설문 자료수집 방법의 일종처럼 여겨질 수 있지만, 집단적 상호작용의 과정을 만들어 낸다는 점에서 일반 서베이 자료수집 방법과도 차이가 난다.

11) Witkin, & Altschuld, *Planning and Conducting Needs Assessment,* pp. 193-203.

12) Program Development and Evaluation (2002). *Collecting Group Data: Delphi Technique, Quick Tips #4,* University of Wisconsin-Extension, Madison, WI.

13) 참고: Wikipedia, 'Delphi method' [http://en.wikipedia.org/wiki/Delphi_method 2006-08-08]

개진하거나 수정해 가면서, 점차 집단 전체가 '생각의 합치'를 지향해 가는 진화의 과정을 거쳐 간다.

델파이 집단의 구조는 조정자와 패널(panel)로 구성된다. 델파이 기법의 조정자는 촉진자(facilitator)라고도 불리는데, 전문가 패널의 응답을 매개하고 촉진하는 역할을 한다. 참가자 혹은 응답자로서의 전문가 패널은 연구 문제의 사안에 대해 유용한 견해나 지식을 가지는 사람들로 구성된다. 이들을 운용하는 데 따르는 델파이 집단의 주요 구조적 특성은 다음과 같이 요약된다.

참가자에 대한 익명성 보장   모든 패널 참가자는 익명성을 유지한다. 최종 보고서의 완성 이후에도 신원이 공개되지 않는다. 이것은 집단 역학에 의해 권위나 성향(예: 주도성) 등에서 우위에 있는 사람이 논의 과정을 독점하는 것을 방지할 수 있게 한다. 일반적인 대면 집단 회합에서는 체면이나 안면 등으로 인해 참가자는 자신의 의견에 고착되어 버리거나, 집단 리더의 견해에 지나치게 동조하고 마는 경향을 흔히 보인다. 델파이 기법의 익명성 구조는 그래서 시류 편승의 효과(bandwagon effect)나 후광 효과(halo effect)를 최소화시키고,[14] 자신의 견해를 자유롭게 개진해 나갈 수 있게 하는 데 도움을 준다.

정보 흐름의 구조화   구조화된 방식으로 정보의 흐름을 제어한다. 델파이 집단의 조정자는 개별 참가자들로부터 설문지 서베이 방식을 통해 정보를 얻는다. 수집된 정보들은 정리되어 참가자 모두에게 회신되고, 참가자들은 그것을 검토한 후에 수정된 의견을 재차 서베이 응답 형식으로 송부한다. 이러한 과정이 일정한 의견 합치가 집단에서 나타날 때까지 계속된다. 이처럼 구조화된 정보 수집의 방식은 전문가들에게 대면 관계에서의 집단 역학에 따르는 불필요한 에너지를 소모하지 않게 하면서도 필요한 상호작용(다른 사람들의 의견에 반응하는 것)을 가능하게 해서, 사안에 대한 판단을 보다 냉철하게 할 수 있도록 한다.

규칙적 피드백   수차례에 걸친 설문과 응답에서 참가자는 자신의 응답뿐만 아니라, 다른 사람들의 응답도 알 수 있다. 매회 설문이 끝나면 조정자가 패널 전체의 응답을 정리해서 다음 설문에 첨부시켜서 피드백을 해 주기 때문이다. 이 과정에서 참가자는

---

14) 시류 편승 효과는 다수의 견해에 쉽사리 동조하는 경향을 말한다. 후광 효과는 권위 있는 사람의 견해에 쉽사리 현혹되는 경향을 의미한다. 이 두 효과를 가진 견해들은 합리적 근거도 없이 쉽사리 지배적인 견해가 되어 버릴 수 있다.

다른 사람들의 견해를 고려해 가면서 언제든지 자신의 아이디어를 수정할 수 있다. 이러한 피드백 구조에 의한 장점은 일회성 서베이 방식에서는 기대하기 어렵다.

이러한 구조적 장점들로 인해 델파이 기법은 공공 정책의 이슈 확인과 의사결정의 목적에 많이 쓰여 왔다. 특히 익명성을 보장하면서도 자유롭게 견해를 교환 가능하게 한다는 델파이 기법만의 장점이 공공 정책의 분야에서 전문가들의 견해를 끌어내는 데 유용하게 사용되어 왔다. 보다 최근에는 공공과 민간 전반에 걸쳐 경제 동향, 보건, 교육, 복지 분야에 대한 이슈 확인과 의사결정을 위한 목적 등으로도 확산되어 쓰이고 있다.

2) 델파이 자료수집의 과정

델파이 조사의 과정은 [그림 14-2]와 같은 흐름도(flow chart)로 진행된다. 패널에 대한 수차례의 설문 조사와 조정자의 정리, 피드백, 재발송 등의 과정이 이루어지고, 이를 통해 최종적으로 의견의 합치와 보고서 작성에 도달한다.

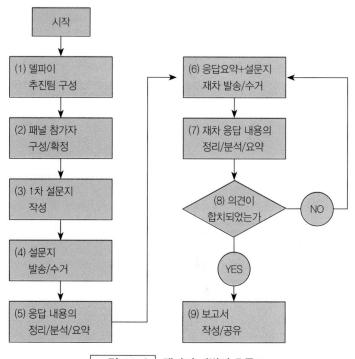

그림 14-2 델파이 기법의 흐름도

(1) 델파이의 진행조정자(coordinator)를 포함하는 추진팀을 구성한다. 진행조정자는 정보를 요청하고 회수하는 과정을 조직하고, 참가자와 의사소통에 대한 책임을 진다. 진행조정자와 각 참여자들은 구조화된 의사소통 채널을 통해 연결된다.

(2) 패널을 구성한다. 패널 참가자를 확인해 내는데, 보통은 해당 주제의 전문가들이 포함된다. 간혹 주제에 깊숙한 이해관계를 가진 사람을 포함시키는 경우도 있다. 참가자를 신중하게 선별하는 것은 무엇보다 중요하다. 델파이 응답의 질과 정확성이 여기에 달려 있기 때문이다.

- 참가자의 수: 델파이의 목적, 표적 집단의 다양성을 고려해서 참가자의 수를 결정한다. 참가자가 다양한 성격을 갖고 있지 않다면, 해당 이슈와 관련해서 10~15명이면 대개 충분하다. 반면에 수백 명의 참가자가 필요할 수도 있다. 해당 이슈와 관련된 표적 집단이 광범위한 이질성을 갖고 있는 경우에 그렇다.
- 참여 방법: 참가자의 윤곽이 확인되고 나면, 참가 대상자를 접촉해서 참여를 이끌어 낸다. 이때 델파이의 목적, 결과의 활용, 절차 등을 명확하게 설명한다. 이 과정은 중도 탈락을 방지하는 데 매우 중요하다. 공식적인 서한으로 참가를 확약시키는 것도 적절한 방법이다.

(3) 첫 회의 델파이 설문지를 개발한다. 적절한 문장으로 쓰였는지를 사전에 검사한다. 모호함이 없는지 등을 확인하는 것이 중요하다. 예를 들어, 다음과 같이 한다.

"이 질문은 여러 사람의 의견을 집약하는 델파이 기법의 일환으로 작성된 것입니다. 델파이의 특성상 선생님의 답변은 개인적으로 책임지는 답변으로 취급되지 않습니다. 답변은 집합해서 익명으로 처리되므로, 최대한 자유롭고 편한 마음으로 아이디어를 제시해 주시면 됩니다."

우리 시에서는 기초생활수급자 수가 계속해서 증가하는 문제를 안고 있습니다. 향후 5년 이내에 우리 시는 기초생활수급자 증가율을 0% 이하로 떨어뜨리려고 합니다. 이를 위해 시 차원에서 수행해야 할 가장 효과적이면서도, 실행 가능성(효율성 포함)이 높은 정책은 어떤 것들인지를 제시해 주십시오.

1) _____
2) _____
…

(4) 최초의 설문지를 패널 참가자에게 발송하고, 수거한다. 참가자들에게 개별적인

브레인스토밍을 실시할 것과, 가능한 많은 아이디어를 자유롭게 도출해 줄 것을 요청한다. 개방형 질문에 대해 참가자가 자유롭게(옳고 그름에 대한 부담감을 갖지 않고) 반응할 수 있도록 하는 것이 중요하다. 구체화된 아이디어를 요구하지 않고, 간단한 문장으로 표현해 줄 것도 당부한다. 브레인스토밍은 가급적 많은 아이디어를 활발하게 떠올리게 하는 것이다. 그러므로 이 시점에서 자신의 생각을 평가하거나 정당화시키도록 하는 것은 적절치 않다. 참가자는 자신의 아이디어를 간략한 방식으로 나열해서, 조정자에게 익명의 상태로 회신한다.

(5) 첫 회 응답 설문지를 정리하고 분석, 요약한다. 회수된 의견을 정리해서 보면, 유사한 것, 독특한 것, 주제와 무관한 것 등이 있을 것이다. 이들을 추려 내거나 묶고, 요약 정리하여 응답 리스트를 작성한다. 이 과정에서 조정자의 임의성이나 편향성이 개입될 수 있다. 델파이 기법을 사용하는 데 있어서 이는 어느 정도 불가피하다는 측면이 있다. 그럼에도 보통의 질적 연구와 마찬가지로, 연구자로서의 진행조정자가 자신의 편향 가능성을 스스로 확인해 내는 노력은 무엇보다 중요하다. 그래서 응답의 정리와 분석, 요약의 과정에 조정자 자신의 임의성과 편향성이 지나치게 개입되지 않도록 주의한다.

(6) 두 번째의 설문지를 작성해서, 동일한 패널 참가자들에게 발송한다. 여기에는 첫 회 설문에 대한 응답을 정리한 리스트가 포함된다. 참가자에게는 응답 리스트에 포함된 각각의 아이디어를 구체화시키고, 각 아이디어의 장단점과 해당 이슈에 대한 코멘트를 해 줄 것을 요청한다. 새롭게 추가될 아이디어가 있으면 이를 제시할 수 있는 기회도 준다. 참가자는 다른 사람들의 아이디어를 보고서, 자신의 생각을 수정하거나 가감할 수 있다. 델파이는 익명을 전제로 하기 때문에, 참가자가 자신의 내놓았던 아이디어를 변호하려는 성향을 줄이고 합리적인 아이디어에 부담 없이 집중할 수 있게 해 준다.

(7) 참가자들이 반송한 설문지는 다시 (5)와 같은 정리와 요약 과정을 거친다. 이전 응답에서 제시된 각각의 아이디어에 대한 강점과 약점, 실행 가능성 등이 참가자들에 의해 평가된 것을 정리해서 분석, 요약하는 것이다. 새롭게 추가된 아이디어들도 여기에서 포함된다. 정리와 분석, 요약의 과정은 단순히 사무적이지 않다. (5)에서와 마찬가지로 이 과정은 질적 연구 방법의 유형화와 분류화 작업과 유사하므로, 조정/연구자가 자신의 주관적인 편향성을 최소화하기 위한 의식적인 노력을 기울여야 한다.

(8) 만약 여기까지의 과정에서 델파이 조사팀이 당초 기대했던 정도의 합의적 의견

이 도출되었으면, (9) 보고서 작성의 단계로 넘어간다. 의견 합치가 되지 않은 것으로 판단되면 다시 (6) 단계로 가서 되풀이한다. 이 과정은 수차례에 걸쳐 계속될 수 있는데, 매번의 (8) 단계에서 ⒴와 ⒩ 경로로의 선택은 조정/연구자가 의견 합치에 대한 기대 정도를 얼마만큼 설정했는지에 달려 있다. 기대 정도에 못 미치면 일단 ⒩의 경로로 되돌아가지만, 합치의 필요성은 남아 있는데도 불구하고 참가자들로부터 추가적인 아이디어가 도출되거나 조정될 가능성이 없다고 판단되는 경우에는 ⒴의 경로로 빠진다.

(9) 특정한 아이디어(들)가 매우 높게 평가되어 합의에 도달하면, 델파이 의견 수렴은 종료된 것으로 선언한다. 델파이 조사의 최종 산물은 연구의 목적과 성격에 따라 달라질 수 있다. 일차적으로는 도출된 아이디어 항목들에 대한 각각의 강점과 약점을 기술한 리스트가 최종 산물이 된다. 여기에 추가해서 조정/연구자는 각 아이디어의 중요도에 대해 집단의 의견을 공식적인 방법으로 사정해 볼 수도 있다. 다양한 방식이 가능한데, 조정/연구자가 각각의 아이디어를 모두 열거하고 그에 대한 측정 척도를 제시하는 것이 한 방법이다. 이 방법은 명목집단 기법(NGT)에서 사용하는 '투표(voting)'와도 유사하다.[15] 예를 들어, 각 참가자에게 도출된 아이디어들 가운데서 가장 마음에 드는 5개의 아이디어를 확인하도록 하고, 이들에 대해 각기 최고 5점에서 최하 1점까지 평점(rating)하도록 하는 방식이다. 이런 방식을 채택한 델파이 결과보고서는 각 아이디어에 대한 우선순위 빈도와 평점 합 등을 함께 보고한다. 어떤 형태의 보고서를 쓰더라도, 보고서가 작성되면 델파이 패널의 참가자들과 반드시 공유되어야 한다.

3) 델파이 기법의 유용성과 한계

델파이 기법의 자료수집은 반복적인 의견 개진을 통해 전문가 집단의 견해를 합의적 방식으로 도출해 내는 데 특히 유용한 방법이다. 그러나 모든 조사 문제에 대해 이 기법이 적절한 것은 아니다. 모든 연구 자료가 전문가의 견해로만 구성되는 것도 아니다.

---

15) 명목집단 기법(Nominal Group Technique)이란 집단적 상호작용을 가급적 억제해서 집단을 명목적으로만 운용한 채 자료수집을 하는 것이다. 집단을 구성하더라도 자유로운 상호작용이 아니라 모든 참가자들에게 동등한 의사표출과 결정권이 부여될 수 있도록 만드는 데 역점을 둔다. 그래서 라운드 로빈(round robin, 돌아가면서 차례로 말하기)이나 1인 1표 등의 투표(voting) 방식을 의사결정 과정에서 즐겨 사용한다.

예를 들어, 서비스 대상자의 만족도에 관한 자료를 전문가들에게 델파이 기법으로 물어 수집한다는 것은 마땅한 이유를 찾기 어렵다.

델파이 기법으로 수집된 자료의 객관성에 관한 문제도 있다. 델파이 기법은 외부적으로는 집단의 자유로운 의견 개진을 표방하면서, 실제로는 진행조정자가 사전에 결정된 목적 방향으로 의견을 유도해 나가는 데 사용될 수도 있다. 질문을 제시하고, 수거하고, 정리하고, 다시 배포하고, 수거하고, 재정리해 나가는 반복 과정에서, 이를 매개하는 진행조정자의 역할이 지나치게 개입될 우려가 있다. 진행조정자의 주관적인 가치와 판단 등이 그 과정에서 작용하더라도, 개별적으로 진행조정자와만 관계를 가지는 패널 참가자들로서는 이를 수동적 입장에서 받아들이기 쉽다.

여러 한계에도 불구하고, 오늘날 델파이 방법은 다양한 분야에서 널리 쓰이고 있다. 특히 불명확한 미래 사건에 대한 예측 도구로서 델파이 기법은 그 유용성을 널리 인정받고 있다. 현재에는 각종 온라인 방식을 이용함으로써 우편 왕래 방식의 소통 불편함도 없앨 수 있어서, 현실적으로도 효율적인 조사 기법이 되고 있다. 그럼에도 델파이 기법 역시 다른 조사연구의 방법과 마찬가지로 이를 활용하는 연구자가 이 방법으로 수집된 자료의 성격을 적절히 이해할 수 있어야 한다. 그래야만 과학적 조사연구를 위해 수집된 자료로서의 가치가 인정될 수 있다.

제15장

자료 처리 및 분석

자료는 분석의 목적에 사용된다. 수집된 원자료들은 먼저 분석에 사용되기에 적합한 자료 형태로 처리(변형)되어야 한다. 양적 연구 접근에서는 자료가 주로 통계적 방법으로 분석된다. 질적 연구 접근에서는 자료의 수집과 처리, 분석의 과정이 혼재되어 되풀이되는 양상을 띤다. 질적 자료를 양적 자료의 형태로 변형하는 방법으로는 내용분석 기법 등이 있다.

1. 수집된 자료의 처리

자료 처리란 수집된 원자료를 분석에 적합한 형태로 작성하는 작업이다. 다양한 출처의 자료를 분석 체계에 맞추어 일괄적으로 편집하거나 분류, 재분류하는 것이다. 전산 통계 프로그램을 이용하는 경우에는 시스템에 자료를 입력하는 과정이 곧 자료 처리의 과정처럼 된다. 양적 분석을 위한 자료 처리의 과정을 단계별로 나누어서 설명하자면 다음과 같다.

1) 원자료의 정리 및 편집

원자료(raw data)란 현장에서 수집된 자료 형태 그대로를 말한다. 설문지나 면접 조사표, 필드 노트 등의 내용이 이에 해당한다. 수집된 원자료는 대개 그 자체로 곧장 분석 목적에 사용되기 힘들다. 한 조사연구에서 필요한 자료가 둘 이상의 원천에서 도출된 경우라면, 분석 체계에 맞게 조합하거나 재구성해서 통합된 자료 형태로 만들어야 할 필요가 있다. 부실하거나 명백히 오류가 드러나는 자료들은 가려내거나 표시해 두고, 이를 분석 과정에서 반영한다.

복수 양식의 원자료에 대한 정리　조사연구의 성격에 따라 각기 다양한 자료수집의 기법이 활용될 수 있고, 그에 따라 다양한 형태의 자료가 도출될 수 있다. 우편 설문으로 회신된 설문 응답지, 인터뷰를 통해 얻은 면접 조사표, 관찰 조사에서 나온 관찰 기록지, 문헌 연구에서 획득한 각종 문헌 자료나 내용분석의 결과 자료 등이 그런 예다. 보통 한 연구에서는 하나의 주된 자료수집 방법이 사용되지만, 때에 따라서는 두 가지 이상의 방법도 혼용될 수 있다. 보조적인 목적으로 여타 자료수집 방법들이 추가되는 경우도 있다. 그런 경우에 다양한 형태로 수집된 원자료를 검토하여 조사연구의 목적에 적절하게 정리하고, 합성하는 작업이 필요하다.

원자료의 편집　수집된 원자료는 분석에 활용되기 전에 적절하게 편집되어야 한다. 설문지 방식의 경우에는 일부 문항들에 대한 응답이 누락된 경우도 많고, 부적절한 응답이 주어진 경우도 흔히 볼 수 있다. 예를 들어, 우편 설문 조사에서 '남성'에 체크한 응답자가 뒤에 가서 여성만 응답하게 되어 있는 질문에 응답 체크를 해 놓을 수가 있다. 이 경우에 연구자는 응답자가 남성이면서 뒤의 질문에 응답 실수한 것인지, 아니면 여성인데 앞의 성별 질문에 잘못 응답한 것인지, 그것도 아니면 설문을 이처럼 무성의하게 했으므로 다른 모든 질문들에 대한 응답도 믿기 어려운 자료로 보아야 할지 등을 판단해야 한다. 만약 마지막의 경우라고 인정되면, 해당 응답자의 설문지 전체를 수집 자료에서 결측(missing, 자료 상실)으로 처리해서 분석한다.

경우에 따라서는 애매하게 표기된 항목을 결측으로 처리할 것인지, 아니면 특정 값을 줄 것인지를 판단해야 할 때도 있다. 응답자가 설문지에 있는 수많은 문항에 대해 체크하다 보면, 다음처럼 해 놓을 수도 있다.

〈문〉 당신은 현재 받고 있는 서비스에 대해 어떻게 생각하십니까? (✓ 해 주세요)

매우 만족　　만족　　보통　　불만족　　매우 불만족
(　　)　　(　／)　　(　　)　　(　　)　　(　　)

여기서는 응답자가 '만족' '보통' 중 어디에 응답했는지를 정확하게 알 수 없다. 자료 처리의 과정에서 연구자가 이를 판정할 수는 있는데, 그럼에도 일관된 근거의 판정 기준을 미리 갖춘 상태에서 해야 한다. 만약 이를 '만족'에 응답한 것으로 판정하려면, 그 근거로 최초의 선택 표시가 '만족'에서 출발했기 때문이라든지, 이 사람은 다른 문항의 응답들에서도 이와 유사하게 표시하는 경향이 있었다든지 등의 나름대로의 이유가 필요하다. 뚜렷한 기준 없이 자료 입력자의 임의적인 판단에 따라 응답 처리를 해서는 안 된다. 판단의 근거가 명확하지 않을 때는 일차적으로 결측 처리한다.

2) 부호화

부호화(coding)는 수집된 자료에 포함된 원래 형태의 속성 값을 숫자나 문자 등과 같은 기호로 치환하는 과정이다. 수집된 원자료가 분석 목적에 용이하게 쓰이려면, 나름대로의 유형화가 필요하다. 질적 연구에서는 이런 부호화 작업 자체만으로도 연구의 주된 테마를 형성하는 것이 보통이다. 미리 구조화되지 않은 상태에서 자유롭게 자료수집이 이루어지는 경우에, 자료수집이 끝난 후에 혹은 중간에 이 자료를 분류하고, 구성과 재구성을 반복해 가면서 나름대로의 유형화를 시도해야 한다.

> 사회복지관의 남성 자원봉사자들은 봉사활동 환경에서 여성 자원봉사자들과 어떤 방식으로 상호작용하는지를 관찰한 연구가 있다 하자. 비구조화된 관찰기록지를 사용한 경우에, '누가, 누구에게, 언제, 어떤 상황에서, 무엇을, 어느 정도로, 어떻게' 했는지를 관찰이 끝난 후에 정리해서 분류해 보아야 한다.[1] 이러한 연구의 주요 관심 사항들이 조사연구의 용어로는 곧 변수들이 된다.

예를 들어, '누가' 변수에 포함된 속성 값들은 '이선희' '송지은' '강영주' 등으로 자료가 구성되고, '언제' 변수는 '오전' '오후' '저녁' '밤' 등으로 구성되거나 보다 더 세분화된 시각 단위로 쪼개서 자료가 구성될 수도 있다. '어떤 상황'의 변수는 온갖 상황이 다 연출될 수 있어서, 질적 기술의 속성 값으로 자료가 표기될 수밖에 없을 것이다. 상황 기술의 예는 다음처럼 나타난다.

---

[1] 이런 형태의 연구 접근에서는 대개 관찰이 진행되는 도중에 구조화가 보완되면서 자료수집의 틀이 잡히는 경우도 많다.

- 기록지 #08: '푸드뱅크에서 급하게 지원받은 배추로 김장을 담기 위해, 비오는 날 복지관 앞마당에서(실내 식당이 복잡해서) 남녀 자원봉사자 7명이 큰 플라스틱 통에 배추를 담가 씻으면서 … '
- 기록지 #13: '연중 2~3차례 있는 자원봉사자 단합 대회를 위해 경주로 야유회를 가는 도중에, 30명가량의 남녀 자원봉사자가 복지관에서 전세 낸 대형버스 안에서 … '
- 기록지 #28': '2024년도 자원봉사 활동 계획 설정을 위한 모임이 자원봉사자 12명 정도의 참여 속에서 (회의실을 연신 들락거리며) 관장실 옆 중회의실에서 개최되는데 … '

이런 경우에 기록지의 수가 많아질수록, 상황은 점차 복잡해져서 분석 가능한 변수의 수준을 넘어서게 된다. 이 변수를 가지고 다른 변수들과의 관계에서 설명하기도 어렵게 된다. 그래서 이를 축약할 필요가 생기는데, '어떤 상황'을 ① 직접 봉사 활동, ② 간접 봉사 활동, ③ 내부 결속 활동으로 대분류해서 보는 것 등이다. 그러면 기록지 #08은 ①, #28은 ②, #13은 ③의 속성 값을 할당하는 등으로 자료 처리를 해 볼 수 있다.

양적 연구 방법에서는 부호화의 과정이 수월하다. 질적 연구에서는 자료수집 후에야 수행되는 작업이 양적 연구에서는 자료수집이 실시되기 전 측정 단계에서 대부분 이루어지기 때문이다. 그래서 자료수집 후의 부호화는 단순한 기호 변형 작업에 불과한 것이 된다. 전산 자료 처리의 목적으로 속성 값에다 숫자 등의 기호로 지정해 주는 정도다. 물론 양적 연구에서도 개방형 질문과 같은 경우에는 이를 사후 처리해서 분석 과정에 활용한다. 개방형 질문이란 폐쇄형 질문처럼 응답의 선택지가 사전에 주어져 있지 않는 경우를 말한다. 개방형 질문에 대한 응답을 처리하는 과정은 앞서 소개한 질적 자료의 처리 과정과 유사하다.

이처럼 분석의 목적으로 자료를 유형화해서 부호를 할당하는 것을 자료 처리의 부호화(coding) 과정이라 한다. 부호화를 위해서는 먼저 개별 정보 단위에 대해 변수 이름(예: 성별)을 지정하고, 그 변수의 개별 속성(예: 남, 여)에 대해 고유한 특정 부호 값을 할당한다. 부호에는 전산 자료 처리의 편의를 위해 숫자 기호가 많이 사용된다. 남은 '1', 여는 '2' 값을 주는 등이다. 성별 변수의 속성을 '남성, 중성, 여성'으로 규정해 측정했었다면, 1, 2, 3의 세 개 값이 필요했을 것이다.

조사연구의 자료에 포함된 모든 변수의 부호 관련 정보를 모아 둔 것을 부호책(codebook)이라 하는데, 변수의 이름과 변수 값에 대한 기호 할당, 변수의 성격(명목, 서열, 수량 등), 결측 관련 처리 등에 대한 정보가 들어 있다. 기호를 사용해서 입력한 자료는 부호책이 있어야만 해독된다. 가령 성별 변수 값들의 1, 2, 3이 무엇인지를 알려면 부호책을 보아야만 한다.

3) 자료 입력

근래에는 양적 자료의 처리와 분석은 대부분 SPSS 등과 같은 전산 통계 프로그램으로 수행된다. 처음부터 그 통계 프로그램에 자료를 입력해 놓고 분석을 할 수도 있다. 그러나 범용적으로 자료를 활용하기 위한 목적에서 입력을 할 때는 엑셀(Excel) 등과 같은 스프레드시트 형태의 프로그램을 사용하는 것이 편리하다. 스프레드시트 (spreadsheet)란 [그림 15-1]에 나와 있듯이, 행렬로 나타나는 칸들에 자료를 입력해서 분류나 변환, 계산 등을 자유롭게 할 수 있는 것이다. 엑셀 프로그램의 경우에는 평균이나 표준편차 등을 비롯한 일반적인 통계치들도 간단하게 계산해 준다.

	A	B	C
1			
2			
3			
4			
5			
6			

	A	B	C	D	E	F
1	이름	성별	연령	문1	문2	문.
2	김철수	1	28	4	3	1
3	박하늘	2	24	5	3	2
4	이시온	2	21	4	4	3
5	윤시내	2	19	3	4	2
6						

그림 15-1 | 스프레드시트의 사용

보다 고급 통계분석을 위해서는 SPSS나 SAS 등과 같이 통계분석에 전문화된 패키지 프로그램을 사용하는 것이 좋다. 이들 프로그램도 대개 스프레드시트와 같은 자료 입력 및 변환 창(window)을 일반적으로 제시한다. 또한 엑셀 등과 같은 다른 프로그램에 입력된 자료들도 가져오기를 할 수 있도록 한다. 다만 외부 자료를 가져오는 경우에는 자료에 대한 정의(변수의 이름이나 성격 등)를 현재의 프로그램에 맞추는 작업이 필요하다.

통계 프로그램은 저마다 각각의 자료 입력 양식을 가지고 있다. 따라서 자료 처리와 입력의 단계에 들어갈 때는 통계분석에 사용할 프로그램을 미리 결정하는 것이 좋다. 소규모 자료는 수작업으로 컴퓨터에 입력하는 것이 효율적이지만, 대규모 자료인 경우에는 수작업은 입력의 비용이 늘어날 뿐만 아니라 입력 오류도 통제하기 힘들다. 그래서 OMR을 사용한다든지,[2] 혹은 아예 자료수집 과정 자체를 온라인 응답의 형태로 제

시하는 방법도 사용한다. 문헌 자료의 내용 입력을 위해서는 OCR 장치 등을 도입할 수도 있다.[3]

2. 자료 분석의 방법

자료 처리의 과정을 거쳐 정제되고 입력된 자료는 분석에 사용된다. 자료를 분석한다는 것은 연구의 목적에 부합하는 형태의 경험적 근거를 찾아본다는 것이다. 과학적 조사연구는 경험과 논리를 결합해서 보는 것으로, 양적 접근에서는 사실에 대한 묘사나 가설 검증을 위한 경험적 근거로서 자료 분석이 사용된다. 질적 접근에서는 자료 분석을 통해 나타나는 경험적 근거가 가설을 만들어 내거나 사실을 해석하는 데 사용된다.

1) 자료의 특성

자료 분석의 방법에 대한 결정은 일차적으로 수집된 자료의 성격에 달려 있다. 수집된 자료는 연구 접근에 따라 양적 및 질적 측정 자료로 성격이 구분된다. 양적 측정 자료란 IQ나 수능점수 등에서와 같이 사전에 측정 기준을 엄격하게 설정해 놓고 측정한 값들을 수집한 자료다. 질적 측정 자료란 측정 기준을 사전에 갖추지 않고 수집되는 자료다.

> 사람들의 소득 수준을 측정하는데, 미리 소득 금액의 산출 기준(월 기본급여 액수 등)을 설정해 두고 그에 맞추어서 응답하도록 하면 양적 측정 자료가 된다. 반면 같은 소득 수준에 관한 자료라도, '소득 수준이 어느 정도인지 말씀해 주세요' 등으로 물어서 그에 대한 응답을 '당장은 적절한 정도라고 보는데, 장래를 생각하면 부족한 정도' '남들에 비해 적은 수준' 등으로 얻는다면 질적 측정 자료가 된다.

양적 및 질적 자료에 대한 선택은 무엇이 더 정확한지가 아니라, 어떤 성격의 경험적 근거를 필요로 하는지에 따라 결정된다. 예를 들어, 연구 목적에서 사용되는 소득 수준이라는 변수가 소득 액수 자체에 대한 경험적 근거로서 중요한 경우에는 양적 자료를

---

2) OMR(Optical Machine Reader)은 광학기계판독기라 한다.
3) OCR(Optical Character Reader)은 광학문자판독기라 한다.

2. 자료 분석의 방법 | **307**

사용한다. 그러나 이 변수를 사람들이 주관적으로 느끼는 자신의 소득 수준에 대한 느낌의 차이라 하면, 질적 자료의 형태가 보다 적절하다. 실제로 삶의 질이나 행복 연구들에서는 이러한 질적 성격의 소득 수준 변수가 더욱 중요하게 다루어진다.

양적 자료를 사용하는 연구에서는 자료 분석을 위한 방법으로 통계를 주로 사용한다. 질적 연구에서도 단순 통계(예: 빈도 분석 등)를 쓰기는 하지만, 주된 자료 분석의 방법으로 여기지는 않는다. 양적 연구가 주로 집단의 성향을 함축해서 설명한다면(집단을 구성하는 개별 케이스들에 대한 설명이 아니라), 질적 연구는 개별적 성향(각 케이스나 유형들마다 가지는 고유 성향)의 묘사에 초점을 둔다. 최근에는 양적 자료와 질적 자료를 결합하는 연구 경향도 있는데, 질적 연구의 목적에 고급 통계 기법이 동원되기까지도 한다.[4]

2) 분석 프로그램

근래에는 대부분의 양적 자료 분석은 컴퓨터 시스템을 통해 수행된다. 사회과학 분야에서는 전산 통계 프로그램으로 SPSS가 널리 사용되는데, 이 외에도 오픈소스 형태로 R 프로그램의 기반이 근래 확산되고 있다. 예를 들어, 인터넷 등에서 손쉽게 다운받을 수 있는 Jamovi 프로그램은 R 기반 통계 프로그램인데, 마치 SPSS와 같은 편리한 GUI 환경을 갖추면서 무료이고, 다양한 통계 절차를 필요에 따라 찾아서 추가할 수도 있게 한다.

전산 통계 프로그램들은 통계분석에 수반되는 복잡하고도 막대한 계산 과정을 대신해 준다. 그럼에도 자료 분석 자체를 이들 프로그램이 대신해 주는 것은 결코 아니다. 어떤 경우에도 자료 분석을 통해 연구 문제가 대답하려는 사실을 규명하는 것은 연구자의 몫이다. 다만 과학적 조사연구에서는 그런 규명 근거가 엄정한 자료 분석을 통해 갖추어져야 하는데, 통계분석의 결과를 활용하는 것도 그중 하나다.

---

4) 군집분석(cluster analysis)이나 다차원척도법(multi-dimensional scaling), 콘셉트 매핑(conceptual mapping, 개념도식) 등과 같은 통계 기법 등이 질적 연구의 범주화나 개념화 목적에 기여할 수 있다. 군집분석은 유사한 속성(변수 값)을 가진 개체들을 묶어 군집으로 범주화하는 통계분석 방법이고, 다차원척도법이나 콘셉트 매핑도 유사하게 개념들을 구분해 내는 데 사용될 수 있다. 참고: Trochim, W. (2006). *Research Methods Knowledge Base* [http://www.socialresearchmethods.net/kb/conmap.htm]

질적 연구들에서도 자료 분석을 위해 컴퓨터 프로그램을 사용한다. 비구조화된 면담을 녹음한 자료를 텍스트화된 녹취록으로 변환하는 과정에서부터, 텍스트 자료들을 분석 단위로 구분하고, 분류하고, 집합하는 등의 작업에 다양한 컴퓨터 프로그램들을 활용할 수 있다. 클로바 노트(CLOVA Note)와 같은 프로그램은 음성 자료를 텍스트 자료로 변환하는 'speech to text' 작업을 수월하게 해 주고, 엔비보(NVivo) 등과 같은 소프트웨어는 질적 자료를 분석하기 위한 텍스트의 해체, 선별, 조합, 분류 등의 과정에 필요한 지루한 수작업을 대신해 준다.[5]

양적 분석이나 질적 분석에서도 마찬가지지만 전산 프로그램들은 이들이 자료를 스스로 분석해 주지는 않는다. 통계 수치를 계산해 주거나, 텍스트 분석의 '오려붙이기'를 해 주는 것이 자료를 분석해 주는 것은 아니다. 어떤 경우에도 자료 분석의 주체는 연구자다. 연구자의 자료에 대한 이해에 기초해서 이들 자료가 어떻게 분석되어야 할지가 결정된다. 프로그램들은 단지 그에 따른 수작업의 과정을 손쉽게 대행해 줄 따름이다. 마치 글은 작가가 쓰지만, 글씨를 쓰는 도구로 워드프로세서가 유용한 것과 같다. 워드프로세서가 글을 써 주지는 않는다.

3. 통계분석

양적 자료를 활용하는 연구들에서는 통계분석 방법을 주로 사용한다. 통계분석을 하는 이유는 자료 값들을 함축적인 수치로서 요약해 줄 수 있기 때문이다. 또한 자료의 절대적인 크기에 구애받지 않고, 동일한 분석이 가능하다는 것도 장점이다. 예를 들어, 자료의 크기가 180명, 1,800명, … , 180,000,000명이 되더라도, 이 집단을 묘사하는 통계치나 표의 크기는 동일하다. 통계분석의 방법이 검약성과 효율성을 갖는다는 것은 이런 의미다.

---

5) 엔비보의 기능에는 대표적으로 코딩, 쿼리, 시각화, 네트워킹, 탐색, 군집화 등이 있다. 코딩(coding)이란 해체된 텍스트 자료 단위들을 특정 의미나 맥락 등으로 분류해 주는 작업이다. 쿼리(query)는 자료에서 연구자가 궁금해하는 단어나 구문, 코딩이 어디에, 어떤 맥락에 들어 있는지를 찾아 주는 것이다. 시각화(visualization)는 말 그대로 자료들을 시각적으로 배치해서 이해를 용이하게 해 주는 것이고, 네트워킹은 자료 값들 간에 네트워크분석을 수행해 주는 것이다. 탐색(exploring)과 군집화(clustering) 등도 모두 단어나 구분, 코딩 단위들을 이리저리 묶고 분류해 보는 작업을 용이하게 해 주는 기능들이다.

통계분석을 사용하는 또 다른 이유는 과학성과 전달성 때문이다. 통계치들의 의미는 사람들 간에 약속된 것이므로, 그것을 사용해서 객관적인 이해의 기반을 가지게 된다. 예를 들어, 두 집단을 비교하면서 평균값(mean)을 써서 설명하면, 사람들에게 똑같은 의미로 전달된다. 그렇지 않고 '유사한 정도' 등으로 하려면, 이것이 무슨 의미인지부터를 서로가 정교하게 합의해야 한다. 과연 가능할까?

이런 점들로 인해 한 연구의 결과를 다른 쪽에도 단지 그만큼의 의미로서 전달하는 데는 통계분석의 방법이 유용하다. 그럼에도 통계분석의 방법이 그 자체로서 객관적인 의미를 가지는 것은 아니다. 연구자가 분석에서 어떤 설명을 위해 어떤 통계 수치들을 적용할지에는 여전히 연구자의 주관적인 판단이 들어간다. 다만 선택된 통계 수치의 의미만큼은 합의적으로 공유되므로, 질적 방법으로 묘사하는 것에 비해서는 보다 객관적일 수 있다.

통계분석은 크게 기술통계와 추론통계로 나누어진다. 기술(descriptive)통계란 개별 변수에 대해서나 변수들 간의 관계에 대해 이를 단순히 묘사(기술)하는 목적에 쓰인다. 추론(inferential)통계란 표본조사를 염두에 두는 것으로, 표본 자료의 분석 결과를 가지고 모집단의 성격을 추정하는 목적에 쓰인다.

노인복지관의 이용자는 남성과 여성 중 어느 쪽이 더 많은지를 알고 싶다고 하자. 이를 위해 전국에서 확률 군집 샘플링의 방법을 통해 1,000명의 노인복지관 이용자 표본 집단을 가졌다. 여기에서 노인복지관 이용자의 성비를 알고 싶다면, 남성과 여성 수를 각기 헤아려서 $\frac{여성 합}{남성 합}$ 의 산식에 넣는다. 만약 1.5가 나왔다면, 여성 이용자가 남성 이용자에 비해 1.5배 많다는 것을 알려 준다. 여기까지가 기술통계 분석에 해당한다. 이 집단(노인복지관 이용자)의 성격을 성비라는 통계치를 써서 묘사(describe)한 것이다.

그런데 이 1.5가 원래 연구가 의도했던 모집단인 '노인복지관을 이용하는 (전국) 노인'에 대한 정확한 묘사인지는 확신하지 못한다. 표본은 모집단이 아닌 이상 언제나 표본오차를 전제로 한다. 그래서 이를 고려하는 추론통계 분석을 해 보아야 하는데, 대개는 표준오차(SE)를 계산해서 이를 표본 값 1.5에 대한 추정 한계치로 설정해서 제시하는 방법을 쓴다. 예를 들어, '95%의 신뢰도를 가지고 말하자면 노인복지관 이용 노인의 성비는 대략 1.3에서 1.7 정도 사이에 있을 것이다' 등으로 한다. 이렇게 하는 것을 추론통계라 한다.[6]

---

6) 표준오차와 추론통계에 대해서는 이 책 6부 '추론통계분석'에서 다룬다.

대부분의 연구는 표본조사의 성격을 가지므로, 통계분석을 할 때는 기술통계와 추론 통계의 방법들이 보통 함께 쓰인다. 이들 통계적 방법을 다양한 형태로 적용해 보는 데 따르는 계산의 어려움이나 복잡함은 더 이상 문제가 되지 않는다. 전산 통계 프로그램 이 그것을 수월하게 대신해 주기 때문이다. 그럼에도 통계분석을 활용하려는 연구자는 적어도 두 가지의 통계분석 방법과 여기에서 산출되는 수치들이 각기 어떤 의미인지에 대해서는 알 필요가 있다. 통계분석에 관한 자세한 설명은 이 책 5부 '기술통계분석', 6부 '추론통계분석'에서 다룬다.

4. 내용분석

내용분석(content analysis)이란 질적 형태의 자료들을 연구의 분석에 적절한 형태로 변환하는 방법이다. 내용분석은 이 자체로서 하나의 질적 연구 방법이 되기도 하지만, 한편으로는 질적 자료를 양적 자료로 변환해 주는 자료 처리 방법으로도 쓰인다. 일반 적으로 책자나 논문, 신문 기사 등과 같은 문헌 자료, 면접 기록이나 초점집단의 녹취 록 등과 같은 질적 형태의 자료들은 그 자체로는 분석에 사용할 수 없다. 질적 분석을 위한 유형화라든지, 빈도 분석과 같이 간단한 양적 통계를 작성하기 위해서라도 이들 자료에 대한 내용분석이 필요하다.

내용분석의 핵심은 질적 형태로 작성된 텍스트 자료로부터 연구가 필요로 하는 변수 에 대한 자료 값들을 도출해 내는 과정에 있다. 이 과정은 체계적인 틀로서 구성되어야 하는데, 주로 다음으로 구성된다.[7]

1) 샘플링

내용분석의 모집단과 샘플링 방법을 결정하고, 표본 자료수집을 한다. 이때 모집단이 란 연구 대상 전체 자료를 말하고, 이 가운데 분석에 쓰일 자료를 표본으로 추출해 낸다. 예를 들어, 신문 기사에 대한 내용분석을 하려고 하면, 먼저 연구 목적에 따라 어떤 기간

7) 참고: Bailey, K. (1982). *Methods of Social Research* (2nd ed.). NY: Free Press, pp. 312-324.

동안의 어떤 신문의 어떤 기사들을 연구 모집단으로 할지를 결정하고, 그 안에서 분석할 수 있을 만큼의 분량을 적절한 샘플링 방법을 통해 추출해서 표본 자료로 삼는다.

> 한 신문의 40년간의 고정 사설에 대한 내용분석을 한다고 하자. 하루에 한 편씩 일주일에 5편의 사설이 실렸다고 하면, 조사 대상이 되는 총 모집단 사설의 수는 어림잡아 5일(1주) × 4주(1개월) × 12개월(1년) × 40년 = 9,600편이 된다. 이것을 모두 조사하기는 어려우므로 표본 추출(샘플링)을 하는데, 이때 체계적인 오류에 주의해야 한다. 예를 들어, 매주 월요일의 사설만을 뽑아낸다든지 하는 것은 자료수집의 편의성은 있겠지만, 월요일에 주로 나타나기 쉬운 주제들이 표본에 과다하게 선택될 수 있는 위험성이 있다. 이 경우는 단순 무작위적 방법이나 요일별 층화 샘플링 방법이 적절하다.

내용분석을 위한 자료수집에 있어서는 모집단 자료에 대해 대표성을 충분히 갖춘 표본을 추출하는 것이 일차적으로 중요하다. 표본의 크기는 분석될 연구 주제의 성격과 범주 설정에 따라 달라질 수 있다. 연구의 주제와 범주가 드물게 분산되어 문헌에 산재하고 있다면, 표본의 크기는 커져야 한다. 반대의 경우는 그만큼 적은 수의 표본도 가능하다. 어떤 경우에도 연구의 대상 범주를 분석하기에 충분한 만큼의 빈도로 나타날 수 있는 표본 크기를 확보해야 한다.

2) 범주 설정

표본으로 추출된 자료를 유형화시키기 위해 범주(category)가 필요하다. 범주 설정을 위해서는 연구자가 사전에 문헌 자료에 대해 숙지하는 것이 필요하다. 연구 대상이 되는 문헌 자료에 대한 충분한 검토를 통해 적절한 범주 체계를 만들어 내는 것은 문헌 자료의 내용분석에서 무엇보다도 중요한 일이다.[8] 소수의 표본을 가지고 범주 설정을 위한 질적 조사의 과정을 사전에 시도해 볼 수도 있다.

> 앞서 예를 계속하자면, 40년 동안 진행된 신문 사설의 내용 변화를 담을 수 있는 범주를 설정한다. 표본 사설들에 대한 충분한 검토를 통해서, 단순하게 사설의 내용을 '경제성장' '사회복지' '기타 사회 일반'이라는 3가지 범주로 분류하고, '사회복지' 범주의 기사는 다시 '자선 지

---

8) 이러한 과정은 일종의 질적 자료 분석에 해당하고, 여기에 'Nvivo II' 등과 같은 다양한 컴퓨터 프로그램들이 오려붙이기 등의 수작업을 대신해 준다.

향' '복지국가 지향' '모호'라는 3가지 하위 범주로 구분한다고 하자.

어떤 경우에도 범주의 설정은 상호배타성과 포괄성이라는 측정의 두 가지 원칙에 입각하는 것이어야 한다. 즉, 내용분석의 대상이 된 어떤 자료 요소도 범주 항목들 중 하나에 해당되어야 하고(포괄성), 어떤 자료 요소도 두 가지 이상의 항목에 중복해서 해당되어서는 안 된다(상호배타성).

3) 기록 단위의 설정

기록 단위란 표본 자료를 설정된 범주에 분류하는 데 사용되는 일종의 분석 단위를 말한다. 범주가 설정되었다고 자연스레 기록 단위가 결정되는 것은 아니다. 따라서 표본 자료에 대한 기록 단위의 선택이 필요한데, 연구의 목적과 문헌 자료의 성격을 감안하고, 경제성과 연구 문제에 대한 적합성이 동시에 고려되어야 한다. 기록 단위로는 단어, 주제, 특성 인물, 문장이나 문단, 혹은 단락 전체 등이 가능하다.[9]

단어(word)를 기록 단위(혹은 분석 단위)로 삼으면 단위 간에 명백한 구분이 가능하다는 장점은 있으나, 자료수집의 양이 많아지게 된다는 단점이 있다. 반면에 주제(theme)를 기록 단위로 선정하면 자료수집의 양은 줄어드나, 주제를 구분하는 경계가 불명확해서 주관적 판단이 개입될 여지가 많아진다. 인물 특성(character)은 소설이나 영화 대본 등에 대한 내용분석에서 손쉬운 기록 단위로 사용될 수 있다. 문장(sentence)이나 단락(paragraph) 등을 사용하면 기술적으로 구분은 쉬우나, 그 안에 하나 이상의 주제가 들어 있는 경우가 많다.

4) 맥락 단위의 설정

맥락 단위(context unit)란 기록 단위가 들어 있는 상위 단위에 해당하는 것으로, 기록 단위의 의미를 파악하는 데 쓰인다. 하나의 기록 단위가 어떤 범주에 속하는지를 판단하려면 그 단위가 어떤 맥락에서 발견되었는지가 중요할 수 있다. 예를 들어, 단어

---

9) 참고: Holsti, O. (1969). *Content Analysis for the Social Sciences and Humanities*. Reading, MA: Addison-Wesley, pp. 116-119.

(word)를 기록 단위로 했을 때, 그 단어가 쓰인 문장이나 단락, 혹은 전체 글이 맥락 단위가 될 수 있는 것이다.

> 가족 문제에 관한 문헌 연구에서 단어를 기록 단위로 설정하고 '폭력'이라는 범주 값을 두었는데, '폭력'이라는 단어가 발견된 문헌에서 그것이 '부부간 폭력'을 의미하는지, '부모의 자녀에 대한 폭력'을 의미하는지 등은 기록 단위만으로 분간할 수 없다. 이런 경우에 맥락 단위가 필요하게 된다.

맥락 단위는 적어도 기록 단위보다는 더 큰 것이어야 한다. 맥락 단위 역시 일관적으로 적용되기 위해서는, 사전에 설정되는 것이 필요하다. 모든 기록 단위나 범주 체계에서 맥락 단위를 필요로 하는 것은 아니다. 주제를 기록 단위로 삼으면서 범주 구분에서 하위 범주를 설정하지 않는 등의 경우에는 굳이 맥락 단위를 설정해 둘 필요가 없다.

5) 계량화 체계

앞서 단계의 결정에 의해 도출되는 자료들은 일정한 양적 값들로 부여할 수 있다. 이에 필요한 규칙을 계량화(enumeration) 체계라 한다. 자료의 계량화는 ① 유무, ② 빈도, ③ 공간 차지, ④ 강도 등의 방법으로 가능하다. 각각은 서로 구분되는 양적 측정 개념들이다.

유무를 나타내는 체계는 문헌에서 특정 범주가 나타났는지의 여부를 이진법으로 나타내고, 빈도 체계는 얼마나 자주 나타났는지를 헤아리는 것이다. 공간 차지 체계는 특정 범주에 할당된 공간의 크기를 재는 것인데, 예를 들어 전체 신문에서 대상 기사가 차지하는 공간의 크기 등을 계산하는 것이다. 강도 체계란 특정 범주가 강조되는 정도를 두고 계량화하는 방법이다.

6) 자료 분석 및 해석

도출된 자료를 어떻게 분석할 것인지는 연구의 목적에 따라 자유롭게 결정된다. 내용분석의 결과가 대체로 양적 자료 값들을 산출해 주므로, 양적 자료 분석의 기법들이 보통 사용될 수 있다. 앞서 적용된 계량화 체계의 성격에 따라 산출되는 양적 자료의 측정 등급이 달라지는데, 예를 들어 유무 체계는 명목 변수를 만들어 내고, 공간 차지 체계는 수량 변수까지도 가능케 한다. 각각의 변수에는 그에 합당한 자료 분석의 기법이 적용될 수 있다.

앞서 예의 내용분석으로 산출된 변수 값들의 결과가 〈표 15-1〉과 같이 나왔다 하자. 모집단 대비 20% 크기의 표본 자료($n = 1,920$)가 분석되었다. 연도별 표본 기사들에 대해 1차, 2차 범주가 설정되었고, 기록 단위는 주제, 계량화의 체계는 유무가 적용되었다. 이 표의 결과는 연구의 목적에 따라 다양하게 분석될 수 있다. 언론에서의 사회복지 관련 사설 비중이 어떻게 변화해 왔는지를 묘사하려면, 비중의 백분율 변화를 그래프 형태로 제시하는 것이 효과적이다. 특정 시점을 전후로 한 차이를 설명하고 싶다면, 시계열 자료 분석 기법을 적용해 볼 수도 있다. 이런 방법으로 연구가 제기했던 관심 문제에 대한 설명은 보다 양적 차원의 경험적 근거를 가지게 된다.

〈표 15-1〉 내용분석 산출 값들에 대한 빈도 분포(%) 예

년도	사회복지						경제성장		기타 일반		전체
	자선 지향		복지국가 지향		모호		전체					
1961	4	(66.7)	0	(0)	2	(33.3)	6	(12.5)	16	(33.3)	26	(54.2)	48
1962	4	(100)	0	(0)	0	(0)	4	(8.3)	10	(20.8)	34	(70.8)	48
1963	1	(50.0)	0	(0)	1	(50.0)	2	(4.2)	20	(41.7)	26	(54.2)	48
1964	3	(50.0)	1	(16.7)	2	(33.3)	6	(12.5)	28	(58.3)	14	(29.2)	48
⋮	⋮		⋮		⋮		⋮		⋮		⋮		⋮
1997	3	(18.8)	12	(75.0)	1	(6.3)	16	(33.3)	16	(33.3)	16	(33.3)	48
1998	4	(28.6)	8	(57.1)	2	(14.3)	14	(29.2)	18	(37.5)	16	(33.3)	48
1999	4	(30.8)	8	(61.5)	1	(7.7)	13	(27.1)	17	(35.4)	18	(37.5)	48
2000	2	(13.3)	10	(66.7)	3	(20.0)	15	(31.3)	15	(31.3)	18	(37.5)	48
전체	104	(32.9)	163	(51.3)	50	(15.8)	317	(16.5)	584	(30.4)	701	(36.5)	1,920

제5부

기술통계분석

●
●
●

제5부는 기술통계의 분석 방법을 설명한다. 기술통계는 주어진 자료 안에서 유용한 정보를 통계 수치를 이용해서 함축 묘사하는 것이다. 제16장의 일원 기술통계는 단일 변수에 대한 분석 방법이고, 제17장의 이원 기술통계는 두 변수 간의 관계에 대한 분석 방법이며, 제18장의 다원 기술통계는 셋 이상의 변수 간에 존재하는 관계를 분석하는 것이다. 마지막 제19장에서는 다원 통계분석에서 흔히 쓰이는 기법들을 몇 가지 소개한다.

제16장

일원 기술통계

기술통계분석의 기본적인 목적은 방대한 자료의 성격을 함축적으로 묘사하는 것이다. 일원(univariate) 기술통계는 연구 대상 집단의 성격을 개별 변수의 빈도, 중심경향, 분산 등으로 묘사(describe)하는 데 쓰인다. 연구의 주목적이 집단의 특성을 탐색, 묘사하는 것이면, 대부분의 분석이 일원 기술통계로 이루어진다. 연구 목적이 변수들 간 관계를 밝히는 경우라면 이원이나 다원 기술통계 분석을 하는데, 이 경우에도 수집된 자료의 성격을 파악하기 위해 일차적으로 일원 기술통계가 쓰인다.

1. 빈도 분포

빈도 분포란 집단에서 한 변수의 값들이 어떻게 분포되어 있는지를 나타내는 것이다. 빈도(frequency)란 자료에서 변수의 각 범주(값)가 나타난 횟수를 말한다. 빈도 분석이란 그런 빈도를 헤아려 제시하는 것이다.

어떤 서비스 프로그램에 대한 만족도를 조사하기 위해 180명에 대한 설문지 자료가 수집되었다 하자. 분석을 위해 입력 처리된 자료는 〈표 16-1〉의 부호책과 같은 성격이다. 전산통계 프로그램을 사용하는 경우에는 이러한 부호책이 자료 입력 시에 함께 들어간다.

〈표 16-1〉 **부호책의 예**

변수 이름	변수 설명	변수 값	변수 값 설명
$CASENUM$	케이스 번호	1~180	케이스 고유 번호
$GENDER$	성별	1, 2	1(여자), 2(남자)
AGE	나이	1~99	만 나이
BSD	이동 지원 필요	1~3	1(없음), 2(낮음), 3(높음)
$PARR$	참가 이유	1~5	1(자발), 2(권유), 3(의뢰), 4(의무), 5(기타)
$S_1 - S_{10}$	만족도 문항들	1~5	1(매우 불만), 2(불만), 3(보통), 4(만족), 5(매우 만족)
TS	만족도 합	10~50	만족도 합: $\sum S_n$

1) 명목변수의 빈도 분석

명목변수는 서로 구분된 2개 이상의 변수 값을 갖는 것이다. 명목변수의 변수 값은 수량적 의미가 없으며, 단지 구분 기호에 불과하다. 〈표 16-2〉의 분석에서처럼 명목변수인 $GENDER$에 대한 빈도 분석은 구분 기호로서의 변수 값 1(남)과 2(여)가 자료에서 각기 몇 번 나타나는지를 헤아리는 것이다.

빈도 분석은 입력된 자료를 펼쳐 놓고 손으로 꼽아 가며 (혹은 '正'자를 써 가며) 할 수도 있으나, 자료가 큰 경우에는 엑셀이나 SPSS 등과 같은 전산 프로그램을 사용한다.[1] SPSS의 경우에는 자료를 입력하거나 혹은 기존의 자료를 불러온 상태에서 [기술통계량] 범주에 있는 [빈도 분석] 명령에서 $GENDER$ 변수를 지정해 주면 된다. 그러면 이 통계 프로그램이 전체($N = 180$) 자료에서 각 케이스마다 $GENDER$ 변수의 변수 값이 무엇인지를 하나씩 확인하여 '1'은 몇 번, '2'는 몇 번 나타났는지를 헤아려 준다. 그리고 그 결과를 〈표 16-2〉와 같은 빈도분석표로 산출해 준다.

〈표 16-2〉에서 $GENDER$의 변수 값 1(여)은 106케이스, 2(남)는 72케이스가 나왔다. 시스템 결측은 2케이스가 나왔다. 자료에 변수 값이 입력되어 있지 않은 경우를 결측 값(missing value)이라고 하는데, 별도로 지정되지 않으면 SPSS는 이를 시스템 결측으로 처리한다. 전체 180케이스를 100%로 한다면, 이 중 여자는 58.9%, 남자는 40.0%

---

1) SPSS(Statistical Package for the Social Sciences)는 통계분석에 필요한 각종 통계치를 산출해 주는 프로그램으로, SAS(Statistical Analysis System)나 R 기반 통계 패키지 등과 함께 사회과학 조사연구들에서 널리 쓰인다.

〈표 16-2〉 **명목변수 *GENDER*에 대한 빈도분석표**

변수 값		빈도	백분율	유효 백분율	누적 백분율
유효	1	106	58.9	59.6	59.6
	2	72	40.0	40.4	100.0
	합계	178	98.9	100.0	
결측	시스템 결측	2	1.1		
총 합계		180	100.0		

를 차지하고, 1.1%는 결측이 된다. 분석표에서 유효 백분율이란 결측 값을 제외한 유효 값들의 백분율을 나타낸 것이다. 자료에서 결측 값이 있을 경우에는, 이처럼 백분율과 유효 백분율을 분명하게 구분해서 사용해야 한다. 분석의 결과를 기술하는 경우에는 유효 백분율을 제시하면서 결측 값의 크기는 따로 표시하는 방법을 보통 쓴다.

2) 서열변수의 빈도 분석

서열변수는 변수 값들이 서열적 속성을 가지는 것이다. 앞서 부호책의 예에서는 이동 지원의 필요도 값을 나타내는 *BSD*가 대표적인 서열변수다. 서열변수에 대한 빈도 분포를 나타내는 방법은 기본적으로 명목변수의 경우와 같다. 다만 서열변수의 값들은 *BSD* 변수에서처럼 1에서 3까지의 변수 값이 단지 구분만이 아니라, 필요함의 크기를 없음에서부터 높음까지의 순서로 나타낸다.

〈표 16-3〉은 *BSD*를 SPSS에서 [빈도 분석]을 실행해서 얻은 결과표다. 여기서는 시스템 결측 값은 없는 반면에 결측이 '9'로 표시되어 있다. 이것은 자료 입력 시에 무응답의 경우를 빈칸으로 두지 않고, 9라는 특정 값으로 입력했기 때문이다. 이처럼 결측에 대해 특정 값을 지정해서 입력 처리하는 경우에는, 그 값이 결측임을 자료 입력자가 따로 프로그램에 규정해 두어야 한다.

어떤 결측 처리의 방식을 선택하더라도, 빈도 분석의 유효 백분율에 대한 계산 결과는 동일하다. 그럼에도 가급적이면 지정 값 처리 방식을 쓰는 것이 좋다. 그 이유는 결측의 사유를 유형화해서 볼 수 있기 때문이다. 예를 들어, 설문지의 해당 질문이 응답자에게는 해당되지 않아 무응답한 경우로 결측 처리한 것은 '7', 응답은 했으나 해당되

〈표 16-3〉 서열변수 *BSD*의 빈도분석 표

변수 값		빈도	백분율	유효 백분율	누적 백분율
유효	1	47	26.1	26.5	26.5
	2	72	40.0	40.7	67.2
	3	58	32.2	32.8	100.0
	합계	177	98.3	100.0	
결측	9	3	1.7		
	합계	3	1.7		
총 합계		180	100.0		

지 않은 값을 기입한 경우로 결측 처리한 것은 '8', 아무런 사유 없이 빈칸으로 되어 있는 결측 경우는 '9' 등으로 값들을 따로 지정해서 입력해 둔다. 그러면 필요에 따라 결측을 선별적으로 처리하거나, 혹은 결측의 유형들을 따로 분석해 볼 수도 있다.

3) 수량변수의 빈도 분석

수량변수는 등간변수와 비율변수를 말한다. 등간변수의 변수 값들은 비록 완전한 숫자의 의미를 가지지는 못하지만, 기초적인 연산(더하기, 빼기 등) 정도는 가능하기 때문에 비율 등급의 변수 값을 가지는 비율변수와 함께 수량변수로 취급된다. 앞서 예에서는 만족도를 측정하는 10개 문항 $S_1 \sim S_{10}$ 값들의 합인 *TS*, 나이를 나타내는 *AGE* 변수 등이 수량변수로 다루어질 수 있다.

수량변수의 빈도 분포는 명목변수나 서열변수의 경우처럼 변수 값들의 빈도를 모두 제시하는 방법을 쓰기는 어렵다. 수량변수의 특성상 변수 값들은 연속적인 개념으로 광범위하게 분포되어 있는데, 그것들을 모두 나열해서 빈도로 제시하는 것은 통계분석으로서의 함축적 의의가 크지 않기 때문이다. 예를 들어, 앞서 예시 자료에서 사람들의 연령 분포를 굳이 빈도 분석으로 나타낸다면 〈표 16-4〉와 같이 될 것이다.

이처럼 수량변수의 빈도 분포를 모든 변수 값 범주들로 나타내는 것은 함축적인 자료 설명을 목적으로 하는 통계분석으로서의 의미가 크지 않다. 이런 경우에는 굳이 빈도 분석을 쓰기보다는 평균이나 분산 등과 같은 요약 통계치를 사용해서 변수 값들의 분포를 묘사하는 방법이 보다 효율적이기 쉽다. 다만 수량변수의 경우에도 빈도 분석

〈표 16-4〉 수량변수 *AGE*의 단순 빈도 분석

변수 값		빈도	백분율	유효 백분율	누적 백분율
유효	13	4	2.2	2.3	2.3
	15	4	2.2	2.3	4.5
	⋮	⋮	⋮	⋮	⋮
	35	4	2.2	2.3	31.3
	36	4	2.2	2.3	33.5
	37	4	2.2	2.3	35.6
	⋮	⋮	⋮	⋮	⋮
	56	6	3.3	3.4	56.8
	57	3	1.7	1.7	58.5
	58	7	3.9	4.0	62.5
	61	3	1.7	1.7	68.2
	⋮	⋮	⋮	⋮	⋮
	69	8	4.4	4.5	91.5
	70	4	2.2	2.3	93.8
	72	3	1.7	1.7	95.5
	73	4	2.2	2.3	97.7
	75	4	2.2	2.3	100.0
	합계	176	97.8	100.0	
결측	시스템 결측	4	2.2		
	합계	4	2.2		
총 합계		180	100.0		

이 필요할 때가 있는데, 이럴 경우에는 변수 값들의 범주를 가능한 소수로 축약시킨다. 변수 값들을 구간(interval)으로 묶는 방법이 대표적이다.

수량변수의 값들을 구간별로 묶는 방법은 SPSS에서는 [코딩변경]이라는 명령에 있다. 단순히 기존의 변수 값들을 다른 변수 값으로 재부호화(recoding)해 주거나, 혹은 새로운 변수를 만들어서 재부호화된 값들을 가지게 할 수도 있다. *AGE* 변수의 변수 값들을 코딩변경한 값을 *AGE10*이라는 새로운 변수에 담는 식이다. 예를 들어, 10점 구간으로 코딩변경을 하자면 *AGE* 변수 값이 (0~19세) 사이에 있으면 *AGE10*의 변수 값은 '1'이라

규정하고, (20~29세)에 있으면 '2', (30~39세)는 '3', … , (70세 이상)은 '7' 등으로 재부호화하는 것이다. 〈표 16-5〉는 이렇게 만들어진 *AGE10*에 대한 빈도 분석 결과다.

〈표 16-5〉 구간화된 *AGE10* 변수의 빈도 분석

	변수 값	빈도	백분율	유효 백분율	누적 백분율
유효	1 (19세 이하)	12	6.7	6.8	6.8
	2 (20~29세)	23	12.8	13.1	19.9
	3 (30~39세)	26	14.4	14.8	34.6
	4 (40~49세)	22	12.2	12.5	47.1
	5 (50~59세)	30	16.7	17.0	64.2
	6 (60~69세)	48	26.7	27.3	91.5
	7 (70세 이상)	15	8.3	8.5	100.0
	합계	176	97.8	100.0	
결측	시스템 결측	4	2.2		
	합계	4	2.2		
총 합계		180	100.0		

　수량변수의 빈도 분석을 하기 위해서는 이처럼 변수 값들을 구간별로 축약하는 것이 필요하다. 몇 개의 구간을 어떤 방식으로 묶을 것인지는 분석의 목적에 의거해야 하지만, 가급적이면 재부호화된 변수 값들이 등간의 상태를 유지할 수 있도록 하는 것이 바람직하다. 또한 축약적 분석의 목적에 따라 구간의 수도 가급적 10개를 넘지 않는 것이 좋다.

4) 빈도 분포의 그래프

　그래프(graph)는 빈도 분석의 결과를 시각적 효과로써 나타낼 수 있게 한다. 변수 값들의 빈도 분포를 그래프로 보여 주게 되면, 전체적인 분포의 성격을 한눈에 쉽게 파악되게 할 수 있다. 다양한 유형의 그래프들이 있는데, 이들을 분석의 목적과 변수의 성격에 맞추어 각기 적절히 사용할 수 있다. 일반적으로 쉽게 쓸 수 있는 그래프들에는 원도표, 막대도표, 선도표 등이 있다.

　원도표(파이도표)　파이(pie) 혹은 원을 조각들로 나누어서, 전체 원에서 각 조각이 차지하는 크기의 비중으로 변수 값들의 차이를 나타낸다. 예를 들어, *GENDER* 변수의

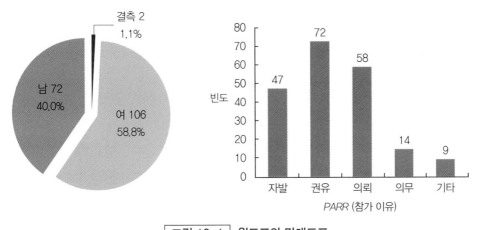

그림 16-1 | **원도표와 막대도표**

빈도 분석 결과를 원도표로 나타내면 [그림 16-1]의 왼쪽 그림과 같다. 여기서는 자료의 변수 값 1과 2의 분포, 즉 전체 집단에서 여와 남의 상대적인 비중 차이가 한눈에 파악된다.

막대도표 막대(bar)를 통해 변수 값 혹은 범주별 빈도의 차이를 나타내는 것으로, 막대의 길이로 변수 값들의 크기 차이를 나타낸다. 막대도표에서 막대는 원도표에서의 원조각과 같은 것이다. [그림 16-1]의 오른쪽 그림이 프로그램 참가 이유 *PARR* 변수 값들에 대한 빈도 분석 결과를 막대도표로 나타낸 것이다. 이를 원도표 형태로 나타낼 수도 있는데, 원도표는 범주의 수가 많으면 복잡하게 보일 수 있다. 막대도표는 비교적 많은 범주들을 일렬의 크기로 선명하게 비교해 줄 수 있다.

선도표 선(line)으로 범주별 차이를 보여 주는 그래프인데, 서열등급 이상의 변수 값들에서 나타나는 범주의 변화와 흐름을 보여 주는 데 효과적이다. 막대그래프의 막대들의 끝을 연결하면 선도표가 된다. [그림 16-2]는 구간별 연령대의 빈도를 나타내는 *AGE10* 변수에 대한 빈도 분석을 선도표로 나타낸 것이다. 연령대에 따라 변화하는 모습을 쉽게 묘사해 줄 수 있다.

이들 도표 이외에도 빈도 분포를 보여 줄 수 있는 그래프는 무수한 형태가 가능하다. 빈도 분포를 곡선의 형태로 나타내 주는 빈도 곡선(frequency curve), 누적빈도와 백분율을 나타내는 누적빈도 곡선(ogive), 수량변수와 같이 연속형 변수 값의 분포를 이어진 막대그래프 형태로 나타내 주는 히스토그램(histogram) 등과 같이 필요에 따라 다양한 성격의 그래프를 만들어 볼 수 있다. 전산통계 프로그램들이 보급되면서, 그래프를 만드는 것은 쉬운 일이 되었다. 조사연구자에게는 어떤 성격의 분석에 어떤 유형의 그래프가 적절한지를 판단하는 일이 중요해졌다.

그래프 방법은 통계분석의 결과를 단순히 수치만으로 제시하는 것보다 시각적 의미까지를 추가해서 전달할 수 있다는 장점이 있다. 그러나 이러한 시각적인 장점은 한편으로는 시각의 편향성이라는 위험을 초래하는 이유가 되기도 한다. [그림 16-2]에서 보여 주듯이, 동일한 수치 정보를 단지 선도표의 횡축과 종축 길이를 달리해서 보여 주면 연령대별 빈도 분포의 변화가 서로 다른 양상으로 나타나는 것처럼 여겨지게 만들 수 있다. 이 같은 시각적 편향성의 위험으로 인해 과학적 조사연구에서는 그래프를 자료 분석의 주된 방법으로 삼기 힘든 경우가 많다.[2]

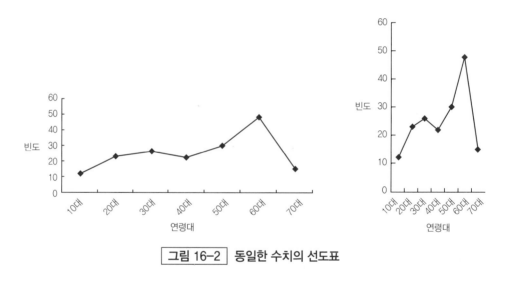

그림 16-2 동일한 수치의 선도표

만약 그래프 방법이 가지는 시각적 왜곡의 위험성을 적절히 감안할 수만 있다면, 그래프를 통한 자료 분석 결과의 제시는 여전히 유용하다. 앞서 제시된 단순한 그래프들에서부터 출발해서 무수히 많은 그래프적 방법들이 개발되고 있다. 참고로 SPSS 프로그램은 〈표 16-6〉에서 보여 주는 것과 같은 다양한 그래프 유형들을 제공한다. 최근에는 사회네트워크 분석과 같은 분야들에서 그래프 방법을 통한 집단의 묘사와 분석 기법이 활발하게 다루어지고 있다.[3]

---

2) 이럴 때 그래프 분석은 수치적 통계분석에 대한 보조적 수단으로 활용하거나, 자료를 직관적으로 제시하려는 목적에 주로 쓰인다.

3) 네트워크 분석에 대해서는 이 책 24장 참고.

〈표 16-6〉 SPSS의 그래프 유형

그래프 유형	설명	보기
막대도표 (Bar)	변수 값들의 빈도나 백분율 등을 막대의 길이로 표시해서, 비교를 용이하게 해 준다.	
선도표 (Line)	변수 값들의 상태를 이어진 선으로 표시하는데, 변화의 추이를 보는 데 적합하다.	
영역도표 (Area)	변수 값들의 상태를 포함된 영역의 크기로써 비교할 수 있게 해 준다.	
원도표 (Pie)	각 파이의 크기를 통해 변수 값들이 전체에서 차지하는 상대적인 비중을 쉽게 보여 준다.	
파레토 차트 (Pareto Chart)	변수 값들을 내림차순으로 정렬해서 막대로 보여 주며, 선은 누적 값을 나타낸다.	
상자도포 (Boxplot)	수량변수들에 대한 양극단 값, 사분위수, 평균값을 한 차트 안에서 비교 가능하게 한다.	
시계열 차트 (Time Series)	자료 값을 연속적으로 나타내 준다. 일정한 간격으로 측정된 시계열 자료인 경우에 쓸 수 있다.	
산점도 (Scatter gram)	두 수량변수의 값을 대비하여 X와 Y 축을 통해 표시해 준다. 3차원 (X, Y, Z)도 가능하다.	
히스토그램 (Histogram)	수량변수의 값들을 일정한 구간별로 나누어, 각 구간에 대한 빈도를 이어진 막대그래프 형태로 보여 준다.	

2. 백분율 분포

백분율(percentage) 분포는 빈도 분포를 백분율로 환산한 것이다. 전체 케이스의 빈도 수(N)를 100으로 환산해 보면, 각 변수 값들의 빈도는 어느 정도의 비중, 즉 백분율인지를 나타내는 것이다. 백분율 분포는 케이스 수가 각기 다른 하위 집단들 간을 비교하는 데 유용하다.[4] 예를 들어, 두 집단 간 성별 분포의 차이를 비교하기 위해 〈표

---

4) 자료에서 하위 집단이란 변수 값으로 구분되는 것이다. 성별로 집단을 나눈다면, 성별 변수 값이 남성인 하위 집단과 여성인 하위 집단이 생기는 것이다.

16-7〉의 왼쪽 표처럼 단순 빈도수를 제시하는 경우가 있다. 이런 경우에 두 집단은 쉽게 비교되지 않는데, 두 집단이 각기 다른 크기를 갖고 있기 때문이다. 집단 B에서 여자의 비율이 더 많다는 것은 그나마 비교표가 단순하기 때문에 쉽게 알 수 있지만, 집단 B가 집단 A에 비해 상대적으로 얼마만큼 여자의 비율이 더 많은지에 대해서는 알 수가 없다. 두 집단의 비교 기준(크기)이 일치하지 않기 때문이다.

〈표 16-7〉 빈도 분포와 백분율 분포를 통한 집단 비교

	집단 A	집단 B		집단 A	집단 B
남자	38	38	남자	38 (63.3%)	38 (47.5%)
여자	22	42	여자	22 (36.7%)	42 (52.5%)
합계	60	80	합계	60 (100%)	80 (100%)

〈표 16-7〉의 오른쪽 표는 백분율 분포를 함께 제시하는 것이다. 각 방(cell)에 있는 빈도를 열(집단) 기준으로 백분율로 환산하면 집단 A와 집단 B에서 나타나는 빈도 분포의 차이가 비로소 동일한 비교 잣대에서 파악될 수 있다. 백분율로 환산한 분포를 놓고 보면, 집단 A는 집단 B에 비해 남자의 비중이 약 16%가량 더 많다고 할 수 있다. 여자의 비중은 당연히 그 반대로 나타난다. 이처럼 백분율 분포는 비교의 기준을 동일하게 해 두고 빈도 분석을 해 볼 수 있게 한다. 그래서 대부분의 빈도 통계분석에서는 백분율을 함께 제시한다.

3. 비

한 변수를 압축적으로 묘사하기 위한 또 다른 방법으로 비를 사용할 수 있다. 비(ratio, 比)는 한 변수에 있는 두 변수 값들을 대비시켜 하나의 수치로 나타내는 방법이다. 예를 들어, 한 사회의 부양비는 인구의 생산성을 나타내는 변수의 값(생산인구, 비생산인구)에 대한 빈도를 다음처럼 대비시켜 산출한다.

$$부양비 = \frac{비생산인구 수}{생산인구 수} \qquad 부양비 = \frac{비생산인구 수}{전체인구(생산인구 수 + 비생산인구수)}$$

또 다른 예로, 성비라는 통계량은 성별 변수의 값을 남/여로 대비하여 산출한다. 만약 이를 비로 나타내지 않고 백분율로 분포를 묘사하려면 앞서 〈표 16-7〉의 예에서는 (남자 63.3%, 여자 36.7%)와 같이 나타내는 것이 최대의 축약일 것이다. 그러나 비를 사용하면 이를 보다 축약해서 하나의 수치로 나타낼 수 있다.

$$성비 \ = \ 남성 : 여성 \ = \ \frac{남성}{여성} \ = \ \frac{38}{22} \ ≒ \ 1.73$$

'집단 A의 성비는 1.73, 집단 B의 성비는 0.9'라고 단순하게 제시하더라도 〈표 16-7〉에서의 두 집단 간 비교 정보는 그대로 전달될 수 있다. 이처럼 비를 사용하면 백분율로 표시하는 것보다 훨씬 경제적으로 자료를 묘사할 수 있다. 그럼에도 한 변수의 변수 값 범주가 3개 이상이 되는 경우에는 비를 사용하기 어렵다. 비록 계산은 가능하더라도, 그렇게 종합된 수치가 어떤 의미를 띠는지가 쉽사리 전달되기 어렵다. 따라서 비는 서로 대비되는 두 변수 값을 가진 변수를 함축적으로 묘사할 경우에 주로 쓰인다.

4. 중심경향

중심경향(central tendency)이란 변수 값들이 어느 곳에서 중심을 이루어 분포되는지를 말한다. 중심경향을 찾기 위한 일원 통계분석에는 최빈값, 중위수, 산술평균 등이 쓰인다. 이들은 모두 변수 값들의 분포에서 나타나는 중심경향을 보여 주지만, 의미는 각기 차이 난다.

- 최빈값(mode, 모드) : 변수 값들의 빈도 분포에서 가장 큰 빈도를 가지는 변수 값을 말한다. 최빈값은 두 개 이상이 나올 수도 있다.
- 중위수(median, 미디언) : 전체 케이스들을 특정 변수 값의 크기(예: 소득액)에 따라 가장 낮은 것(예: 38만 원)에서부터 가장 높은 것(예: 689만 원)으로 차례로 늘어놓았을 때, 한가운데에 있는 케이스가 가지는 변수 값(예: 270만 원)을 말한다.
- 산술평균(mean, 민) : 개별 변수 값들을 모두 더해서 전체 케이스 수로 나누어 계산한 평균값을 말한다. 보통 평균이라 할 때는 이 산술평균을 의미한다.

최빈값, 중위수, 평균은 모두 변수 값들의 중심경향을 나타내지만, 각각이 제시하는 의미는 차이가 난다. 그럼에도 한 변수의 변수 값들이 좌우가 대칭되는 종형(∩) 분포를 이루고 있는 경우에는, 이 세 가지 중심경향 지표들은 하나의 값으로 일치된다. 이런 경우 셋 중에서 어느 것을 사용하더라도 변수의 중심경향을 똑같이 대표할 수 있다.

현실 자료에서는 좌우 대칭의 완벽한 종형 분포는 쉽지 않고, 변수 값들의 분포 상태는 비대칭적 불균형을 보이는 경우가 많다. 불균형이 심할수록 세 가지의 중심경향 지표들도 서로 다른 성격의 중심경향을 대표하는 값들로 차이 나기 쉽다. 이런 경우에 어떤 지표를 사용해서 자료 값들의 중심경향을 대표할 것인지는 연구의 목적을 두고 판단한다.

> $N = 9$인 집단의 자료에서 소득 변수에 대한 변수 값들을 조사하였더니 {5만, 11만, 42만, 7만, 8만, 11만, 2만, 80만, 3만} 으로 나타났다고 하자. 연구의 목적은 이 집단의 소득 분포가 어떻게 되어 있는지를 함축적인 수치로 제시해 보고자 하는 것이다. 일차적으로 중심경향을 찾아보는데, 최빈값, 중위수, 산술평균 중에서 무엇을 제시하면 연구 목적에 가장 부합될까?

먼저 이 집단에서 최빈값은 11만 원이다. 다른 소득변수 값들은 한 번씩만 나타났는데, 11만 원은 두 번 나타났으므로 가장 빈번하게 나타난 변수 값, 즉 최빈값이 된다. 최빈값은 가장 많은 빈도를 보이는 변수 값이므로, 그 자체로 중심경향을 의미할 수 있다. 중위수는 변수 값들의 서열상 정중앙에 위치한 변수 값이므로, 이 역시 중심경향을 대표할 수 있다. 중위수를 구하려면 먼저 9명의 소득 변수 값들을 낮은 것에서부터 차례로 늘어놓아야 한다.

$$2만, \quad 3만, \quad 5만, \quad 7만, \quad (8만,) \quad 11만, \quad 11만, \quad 42만, \quad 80만$$

그러면 5번째에 위치하고 있는 변수 값이 중앙에 있으므로, 8만 원이 중위수가 된다. 만약 전체 변수 값들의 수가 짝수인 경우에는, 가운데 위치한 두 개의 값을 더해서 2로 나눈 값으로 중위수를 삼는다.

산술평균은 다음의 공식으로 산출된다. 개별 변수 값들을 모두 더한 값을 전체 케이스 수로 나누는 것이다. 공식에서 N은 전체 케이스 수, X_i는 개별 케이스의 변수 값, $\sum X_i$는 개별 변수 값(X_i)들을 모두 합산한 값이다.

$$산술평균(\overline{X}) = \frac{\sum X_i}{N} = \frac{5+11+42+7+8+11+2+80+3}{9} = 18.8$$

이처럼 예에서는 최빈값 = 11만 원, 중위수 = 8만 원, 평균값 = 18.8만 원으로 중심경향을 나타내는 지표 값들이 제각기 차이를 나타낸다. 차이가 나는 일차적인 이유는 9명의 소득 분포에서 한두 명의 소득 값이 나머지 사람들의 소득 값에 비해 크게 높았기 때문이다. 그로 인해 합산 금액을 사람 수로 나눈 산술평균이 최빈값이나 중위수보다 훨씬 높게 나타난다. 소수의 사람들이 가지는 소득의 크기(42만, 80만)로 인해서, 산술평균 소득값(18.8만)은 다수 사람들의 소득 크기를 대표하기에는 지나치게 높은 값이 된다.

통계 수치들은 그 자체로서는 어떤 상황에서 무엇이 적절한지를 알려 주지 않는다. 어떤 중심경향 값을 사용할 것인지는 연구자의 관점에 달려 있다. 어떤 사회의 소득 분포가 실제로 이러한 비대칭의 현상을 보일 경우에, 어떤 연구자는 산술평균 값은 다수를 대표하는 값이 아니므로, 이를 사용하는 것은 정의롭지 못하고 최빈치나 중위수를 사용해야 한다고 주장할 수 있다. 다른 연구자는 비록 소수의 소득이지만 그것도 전체 사회의 소득 분포를 대표하는 데 정당하게 포함되어야 하므로 산술평균을 보다 선호할 수도 있다. 문제는 어떤 중심경향 값을 선택하느냐에 따라 동일한 집단에 대한 묘사의 방향도 상당히 달라질 수 있다는 데 있다.

비록 관점에 따라 통계분석의 취사선택이 있을 수는 있겠지만, 그럼에도 연구의 설명 의도와 사용되는 통계 수치 간에 정합성은 지켜져야 한다. 앞의 경우에서 다수의 사람들이 가지는 소득값을 최대한 대표하는 통계값을 찾는 것이 연구의 의도였다면, 그럼에도 연구자가 최빈값이나 중위수를 사용하지 않고 무작정 산술평균을 사용하는 것은 오류이다. 이러한 오류를 피하기 위해서라도 연구들에서는 가급적이면 다양한 중심경향 값들을 제시해서 보다 풍부한 해석이 가능하도록 하는 것이 필요하다.

5. 산포도

산포도(dispersion)란 변수 값들의 분포가 중심경향 값을 기준으로 밀집 혹은 분산되어 있는 정도를 나타내는 것이다. 앞서 설명한 중심경향 값들의 분석만으로는 자료의 전반적인 성격을 충분하게 묘사할 수 없다. 동일한 중심경향 값을 가진 집단들이라 해도, 집중이나 분산된 정도는 각기 다르게 나타날 수 있기 때문이다. 예를 들어, 두 집단

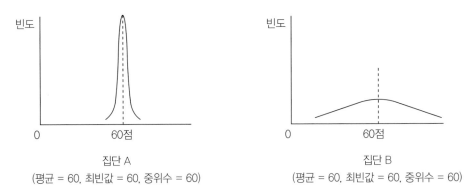

집단 A
(평균 = 60, 최빈값 = 60, 중위수 = 60)

집단 B
(평균 = 60, 최빈값 = 60, 중위수 = 60)

그림 16-3 중심경향이 같은 두 집단의 산포도 비교

에서의 시험 점수를 비교해 보는데, [그림 16-3]과 같은 분석 결과가 나왔다고 하자.

[그림 16-3]에서 보는 바와 같이, 집단 A, B는 동일한 중심경향 값들을 가지고 있다. 그럼에도 두 집단은 상당히 다른 성격의 집단으로 묘사되어야만 한다. 집단 A는 모든 케이스가 60점 근처의 점수(변수 값)를 가지고 있는 반면에, 집단 B는 비록 60점에서 동일한 중심경향을 보이기는 하지만 변수 값들은 매우 넓게 퍼져 있다. 즉, 시험 점수에 있어서 두 집단의 성격은 매우 이질적이라는 것이다. 그럼에도 만약 중심경향 값들만을 계산해서 두 집단을 묘사했더라면, 두 집단은 완전히 동질적인 것으로 묘사된다.

변수 값들의 중심경향과 함께 분산 정도를 알 수 있어야만 비로소 한 변수의 분포를 적절히 묘사할 수 있다. 변수 값들의 분산 정도를 의미하는 산포도의 통계 값들에는 범위, 사분위 편차, 분산 등이 쓰인다.

1) 범위

범위(range)란 변수 값들이 늘어져 있는 간격을 말한다. 범위의 값(R)은 가장 작은 것(최솟값)에서부터 가장 큰 것(최댓값)으로 늘어놓았을 때, 최솟값과 최댓값의 차이로써 계산된다.

$$R = X_{max} - X_{min}$$

범위는 산포도를 추정하는 가장 기초적인 방법이다. 예를 들어, $N = 100$명의 자료에서 어떤 변수의 최댓값(X_{max})이 4.3, 최솟값(X_{min})이 1.6으로 나타났다면, 그 변수의 값 범위는 4.3 – 1.6 = 2.7이 된다. 범위가 2.7이라는 것은 100명의 사람들은 그 변수 값을 2.7점의 간격 사이에서 가진다는 뜻이다. 범위는 변수 값들의 분산 정도에 대한 일차적인 가늠자 역할을 한다. 예의 경우에 만약 100명의 사람들이 이 사이에서 변수 값들을 골고루 가지고 있다고 가정하면, 각 사람들은 이 변수 값을 대략 앞뒤로 0.027 정도로 차이 나게 가지는 것으로 추정해 볼 수 있다.

범위를 통해 변수 값들의 분산 정도를 추정하는 것은 그다지 정밀한 방법은 아니다. 범위로 분산을 추정하기 위해서는, ① 변수 값들이 고루 분산되어 있을 것이라는 전제와, ② 최댓값과 최솟값이 극단적인 값을 가지지 않았을 것이라는 전제가 필요하다. 그런데 사회과학 연구 자료들에서는 이런 전제가 실제로 충족되기는 어렵다. 대개 최댓값과 최솟값은 지나치게 극단적일 가능성이 있으며, 변수 값들이 고루 분산되지 않은 경우도 많다. 따라서 범위만을 가지고 산포 정도를 파악하기에는 명백한 한계가 있다.

2) 사분위 편차

사분위 편차(quartile deviation)는 범위와 마찬가지로 자료의 산포 정도를 가늠하기 위한 것으로, 변수 값 배열에서 $\frac{3}{4}$에 위치한 값을 $\frac{1}{4}$에 위치한 변수 값으로 뺀 것이다. 변수 값 배열이란 변수 값들을 가장 낮은 것(X_{min})에서부터 가장 높은 것(X_{max})까지 순서대로 늘어놓은 것을 말한다. 대부분의 변수 값 분포에서 양끝에 위치한 최댓값과 최솟값은 극단치일 가능성이 높기 때문에, 이러한 값들로 계산된 범위(R)로 산포 정도를 추정하는 데는 위험이 따른다. 그래서 사분위 편차 값(QD)은 양극단 값들을 사용하지 않고, 그 대신 변수 값들의 배열에서 75%에 위치하는 값(Q_3)과 25%에 위치하는 값(Q_1) 사이의 간격으로 계산한다.

$$QD = Q_3 - Q_1$$

사분위 편차 값은 변수 값들의 분포에서 중간 50%를 차지하고 있는 케이스들의 범위를 파악하는 것과 같다. 이와 같은 방식으로 사분위 편차뿐만이 아니라 다양한 분위에 속하는 변수 값들의 범위를 계산해 낼 수도 있다. [그림 16-4]는 사분위 편차와 범위의 계산에 활용되는 수치들을 비교한 예다.

여기에서 범위(R)는 51 – 3 = 48, 사분위 편차(QD)는 38 – 19 = 19로 나온다. $R =$

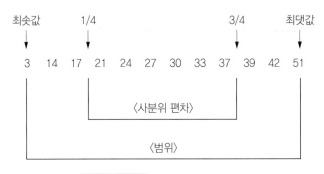

그림 16-4 범위와 사분위 편차

48을 가지고 집단의 산포도를 추정해 보려면, 이를 전체 케이스 수($N = 12$)로 나누어 본다. 그러면 $\frac{48}{12} = 4$가 케이스들 간 평균 산포 정도를 추정하는 값이 된다. 이 집단의 사람들은 4점 정도의 점수 차이를 평균적으로 가진다고 보는 것이다. 반면 $QD = 19$를 기준으로 산포 정도를 추정하자면, $38 - 19 = 19$의 차이값을 그 안에 포함된 케이스 수 ($N=6$)로 나눈 평균 $\frac{19}{6} = 3.17$이 나온다. QD로 추정되는 이 집단 사람들의 평균 점수 차이는 3점에 가깝다는 것이다.

다시 [그림 16-4]의 분포를 살펴본다. 최댓값과 최솟값을 제외하고는 대부분의 케이스들이 각기 3점 정도씩 차이를 나타내고 있다. 이는 R보다 QD의 값이 보다 산포도의 현실을 적절하게 대변하고 있음을 뜻한다. 여기에서는 그 이유가 양극단 값들 때문이다. 이처럼 양극단 값들이 지나치게 높거나 낮게 나타나는 분포(현실적으로는 이러한 분포의 가능성이 큼)에서는 사분위 편차가 산포 정도를 보다 유효하게 나타낸다.

3) 분산과 표준편차

분산(variance)은 산포도를 계산하는 한 방식이다. 범위나 사분위 편차와 마찬가지로 변수 값 분포의 집산(集散) 정도를 나타내는 것이지만, 분산은 모든 변수 값들을 계산에 포함시킨다는 점에서 그들과 명백히 차이가 난다. 범위와 사분위 편차는 단지 두 개의 변수 값들의 차이를 구해서 전체의 산포 정도를 추정하기 때문에, 그 변수 값들의 특이성에 지나치게 좌우되기 쉽다는 문제가 있다. 반면에 분산은 분포에 포함된 모든 변수 값들의 차이를 통해 집산의 정도를 알아내는 방법을 쓰므로, 그러한 문제에서는 자유롭다. 분산(S^2)을 계산하는 공식은 다음과 같다.

$$S^2 = \frac{\sum (X_i - \overline{X})^2}{N}$$

개별 케이스의 변수 값(X_i)에서 평균값$(\overline{X})$을 뺀 차이$(X_i - \overline{X})$를 모두 합해서 그 평균을 보면, 변수 값들이 어느 정도로 분산되어 있는지를 알 수 있다. 그런데 단순히 $(X_i - \overline{X})$의 총합인 $\sum(X_i - \overline{X})$를 구해 보면 그것은 어느 경우에도 0이 된다. 평균은 개별 값들의 차이를 고려해서 계산된 값이기 때문에, 이를 다시 개별값 모두에 빼주게 되면 그 결과는 당연히 +, − 값들이 동일하게 나타나서 그 합은 0이 될 수밖에 없다. 이 문제를 제거하기 위해서는 $(X_i - \overline{X})$ 대신에 제곱값 $(X_i - \overline{X})^2$을 사용한다. 이를 모두 더한 $\sum(X_i - \overline{X})^2$을 구해서 여기에 전체 케이스 수$(N)$로 나누어 주면 차이 제곱값들의 평균인 분산$(S^2)$이 계산된다.

이렇게 계산되는 분산(S^2)은 다음과 같이 해석된다. S^2이 클수록 변수 값들은 평균에서부터 흩어져 있고, S^2이 적을수록 평균을 중심으로 밀집되어 있다. 해당 변수에 관한 S^2이 큰 집단은 집단 구성원들이 이질적이고, S^2이 작은 집단은 집단 구성원들이 동질적이다. 만약 $S^2 = 0$이면 전체 케이스가 동일한 변수 값을 가지고 있다는 것이다. 예를 들어, 연구 집단에서 소득액 변수의 S^2이 0이라면, 모든 집단 구성원들은 동일한 소득액을 가지고 있다는 것이다.

표준편차(Standard Deviation)는 분산에서 제곱 값의 의미를 되돌리기 위한 것으로, 표준편차 값(SD)은 단순히 분산 값을 제곱근$(\sqrt{\;})$한 것이다.

$$SD = \sqrt{S^2}$$

그러면 표준편차는 개별 변수 값들이 평균으로부터 얼마나 떨어져 있는지를 보다 실제 값들에 가까운 의미로 나타낼 수 있다.

$N = 5$인 집단에서 한 변수의 자료 값이 {5, 10, 11, 17, 22}의 형태로 분포되어 있다. 이를 통계적 방법으로 묘사해 보려고 한다. (실제로는 $N = 50,000$이라고 상상해 본다.)

수량변수를 묘사하기 위해서는 중심경향과 산포도를 차례로 확인해 보는 것이 순서다. 먼저 산술평균$(\overline{X})$을 구해 본다.

$$\overline{X} = \frac{\sum X_i}{N} = \frac{(5 + 10 + 11 + 17 + 22)}{5} = 13$$

평균값 13을 기준으로 개별 변수 값들을 대조해 본다. 각각의 변수 값들이 평균으로 부터 얼마나 떨어져 있는지를 확인해 보는 것이다. 이를 분산(S^2)을 구하는 공식을 통해 구해 본다.

$$S^2 = \frac{\sum (X_i - \overline{X})^2}{N} = \frac{(5-13)^2 + \cdots + (22-13)^2}{5} = 34.8$$

$$SD = \sqrt{S^2} = \sqrt{34.8} = 5.9$$

표준편차 5.9는 전체 케이스의 개별 값들이 평균값 13을 기준으로 평균적으로 5.9만큼 떨어져 있다는 것을 말한다. $N = 5$인 자료 집단의 경우에는 굳이 표준편차를 구하지 않아도 케이스들의 산포 정도가 쉽게 확인될 수 있다. 그러나 $N = 50,000$이라고 생각해 보면, 전체 케이스들의 산포 정도가 수치 하나로 묘사될 수 있다는 것이 얼마나 대단한지를 알게 된다.

대부분의 기술통계분석에서 분산과 표준편차는 평균과 함께 쓰이면서 변수 값들의 분포 양상을 간결한 수치로서 다룰 수 있게 해 준다. 다양한 응용 고급 통계분석들도 그 근간에는 평균과 분산, 표준편차의 개념들이 깔려 있다.[5]

6. 분포도

분포도(distribution plot)는 변수 값들이 분포되어 있는 유형을 시각적으로 묘사하는 것이다. 분포는 일반적으로 정규곡선(normal curve, 정규분포 곡선)을 비교 기준으로 해서 보는데,[6] 좌우의 대칭성과 상하의 집중도에 대한 상대적인 분포도를 비교한다. 좌우 대칭성은 왜도로 나타내고, 상하 집중성은 첨도라는 수치를 사용해서 나타낸다.

$N = 406$인 집단의 연소득 수준을 조사했는데 평균 = 2,969.56, 표준편차 = 849.827로 나왔다 하자. 연소득 수준의 급간별 빈도 분포를 나타내기 위해 히스토그램(histogram)을 그

---

5) 대표적으로 분산분석(ANOVA, Analysis Of Variance)은 집단들 간 평균 차이에 대한 의미를 분산 개념에 기초해서 추론한다.
6) 정규곡선에 대해서는 이 책 20장에서 자세히 설명한다.

렸는데 [그림 16-5]의 좌측과 같이 나타났다. 그림은 X축의 소득 수준에 따라 406명이 각기 어떻게 분포되어 있는지를 Y축의 빈도로 표시한 것이다. 이 분포를 비교하는 기준으로 정규 곡선을 추가로 그려 넣었다. 우측 그림은 동일한 집단 크기와 분산을 가진 분포를 좌우 대비의 형태로 변형시켜 본 것이다.

예에서 보자면, 좌측 그림과 같은 406명의 연소득 분포는 정규곡선에 비해 왼쪽으로 뾰족하게 되어 있고, 오른쪽으로 꼬리가 길게 나타나 있다. 우측의 그림은 동일한 표준 편차의 크기 849.827을 가진 것인데(평균은 달라짐), 분포의 성격은 좌측 그림과 정반 대로 나타난다. 저소득자들의 분포가 넓게 분산되어 꼬리를 왼쪽으로 길게 하고, 오른 쪽 고소득자들의 빈도가 4,000만 원 근처에서 피크를 이루다 빈도가 급감한다.

이러한 성향은 분산이나 표준편차로써 확인될 수 없는 것이다. [그림 16-5]의 예에서 처럼 두 집단은 명백히 대조적인 성격의 분포를 갖고 있음에도 분산과 표준편차는 같 게 나타날 수 있기 때문이다. 집단에 대한 묘사에서 분포를 그림이나 혹은 관련된 수치 로 확인해 보아야 할 필요가 여기에서 나타난다.

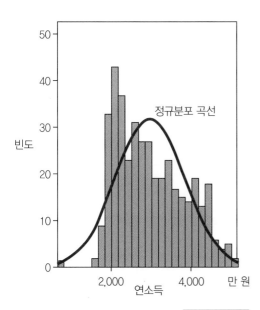
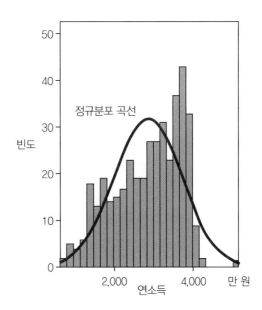

그림 16-5 | **분포 형태의 비교 예**

1) 왜도

왜도(skewness, 편포도)는 분포의 좌우 비대칭성에 대한 측정치이다. [그림 16-6]에서 보듯이, 만약 변수 값들의 분포가 유형 A와 같이 정규곡선의 분포 모양과 일치하면서 좌우의 분포가 대칭적이 되면 왜도 = 0이 된다. 유형 B와 유형 C는 유형 A를 기준으로 좌우 비대칭성이 나타나는 경우들인데, 유형 B는 왜도 값이 양으로 나타나는 분포로서 오른쪽으로 꼬리가 길게 나타나는 분포도를 그린다. 반면에 유형 C는 왜도 값이 음인 경우로 왼쪽 꼬리가 길게 나타나는 분포도를 그린다.

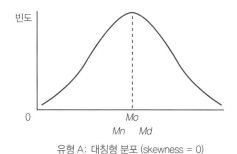

유형 A: 대칭형 분포 (skewness = 0)

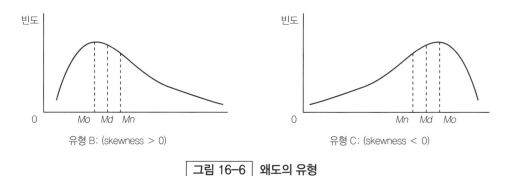

유형 B: (skewness > 0)　　　　유형 C: (skewness < 0)

그림 16-6 | 왜도의 유형

유형 A와 같이 좌우 대칭형인 정규분포 곡선에서는 변수 값들이 중심경향을 나타내는 평균값(Mn)을 중심으로 집중되어 있으면서 좌우로 고루 분산되어 있다. 이런 경우에는 중위수(Md)과 최빈값(Mo)도 이론상 평균값과 일치한다. 그러나 왜도 값이 0보다 크거나 작은 분포 곡선에서는 중심경향 값들이 각기 다른 곳에 위치하게 된다. 유형 B와 같이 플러스 왜도 값을 가지는 분포 곡선에서는 평균값이 중위수보다 크게 나타나고, 유형 C처럼 마이너스 왜도 값을 가진 분포 곡선에서는 평균값이 중위수보다 작게 나타난다.

2) 첨도

첨도(kurtosis)란 변수 값들이 중앙에 집중되어 있는 정도를 나타내는 수치다. [그림 16-7]은 정규곡선을 기준으로 첨도의 의미를 보여 주는 것이다. 정규분포인 경우에 첨도 값은 0이라고 규정된다. 유형 A가 이에 해당한다. 유형 B는 정규분포에 비해 변수 값들이 중앙으로 몰려 있는 경우로, 몰려지는 정도에 따라 첨도 값이 0보다 크게 된다. 유형 C는 반대로 정규분포보다 변수 값들이 중앙에서부터 분산되어 나타나는 경우로, 그 정도에 따라 첨도 값은 0보다 작아진다.

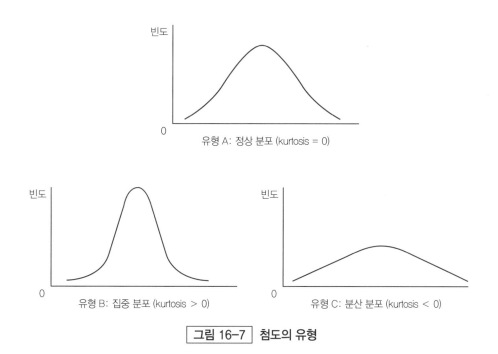

유형 A: 정상 분포 (kurtosis = 0)

유형 B: 집중 분포 (kurtosis > 0)

유형 C: 분산 분포 (kurtosis < 0)

그림 16-7 첨도의 유형

일원적 통계분석의 목적은 집단의 성격을 변수 값들의 분포를 통해 파악하고, 이를 함축적으로 요약해서 묘사하는 수치를 제시하는 것에 있다. 이러한 목적을 적절히 달성하기 위해서는 빈도나 중심경향 값들뿐만 아니라, 분산이나 왜도나 첨도 등과 같은 분포도를 산출해서 활용할 필요가 있다.

제17장

이원 기술통계

이원(bivarate) 기술통계 분석은 두 변수 간의 관계를 기술하기 위한 것이다. 두 변수의 값들이 어떻게 변화하는지를 통해 관계의 성격을 파악해서 상관관계의 계수를 산출해 낸다. 일원적 통계분석에서와 마찬가지로 분석 대상 변수들이 어떤 등급의 측정값을 가지는지에 따라 적용될 수 있는 상관계수의 유형이 달라진다.

1. 관계의 개념

관계(relation)란 어떤 현상(들)이 다른 현상(들)과 연관되어 있는 것을 말한다. '아이들이 자라면 몸무게가 증가한다' '도시화가 진전되면 공해가 증가한다' '경기가 침체될수록 사회복지 대상자는 늘어나지만, 그에 필요한 자원은 감소한다' 이처럼 성장과 몸무게, 도시화와 공해, 경기와 복지자원 등과 같은 개별 현상들이 서로 연관을 맺고 있는 상태를 관계라 한다.

과학적 조사연구에서 현상은 변수로 다루어진다. 변수들 간에 관계가 성립하는지의 여부를 경험적으로 확인하는 데는 '공변성 원칙'이 적용된다. 공변성 원칙(principle of covariation)은 한 변수(X)와 다른 한 변수(Y)가 서로 관계되어 있는지를 알려면 X의 변수 값들이 변화하는 경우에 Y의 변수 값들도 함께 변화하는 양상(공변)이 나타나는지를 확인해야 한다는 것이다. 공변성 원칙은 변수들 간 인과관계를 검증하는 데 일차적으로 필요한 조건이다.

사람들은 각자 정치 성향에서 차이가 나는데, 그러한 차이는 그 사람들이 속한 사회경제적 계층의 차이에서 비롯되는 것인가? 만약 그렇다면, 사회경제 계층과 정치 성향을 나타내는 두 변수들 값의 자료를 수집해서 보면, 그 값들은 어떤 형태로든 공변성을 드러낼 것이다.

공변성에 대한 확인만으로 두 변수 간의 관계를 인과관계로 규정할 수는 없다. 공변성의 확인으로는 어떤 변수가 원인이고, 어떤 변수가 결과인지를 알 수는 없다. 공변성은 인과관계의 확인을 위해 충분조건은 아닌 것이다.[1] 그럼에도 인과관계를 포함해서 두 변수 간에 어떤 형태로든 관계가 있다는 것을 경험적으로 입증하려면 공변성의 존재를 확인하는 것은 일차적으로 필요한 조건이다.

[그림 17-1]은 두 변수 간의 관계를 범주(변수 값)들의 변화로써 도식화한 것이다.

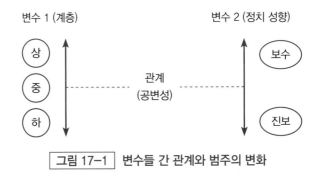

그림 17-1 변수들 간 관계와 범주의 변화

만약 사회경제적 계층과 정치 성향이라는 변수들이 어떤 관계가 있다면, 각 변수의 범주들이 변화하는 양상이 일정하게 연동되어 나타날 것이다. [그림 17-1]의 경우에는 수집된 자료에서 사람들은 계층 변수의 범주를 (상, 중, 하)의 값으로 가지고, 정치 성향의 범주는 (보수, 진보)의 값으로 가진다. 이때 두 변수가 관계가 있다는 것을 경험적으로 입증하려면, 케이스들이 계층 변수에서 특정한 값을 가지면 정치 성향 변수에서도 특정한 값을 함께 가지는 경향이 있음을 보여 주면 된다. 계층 변수 값이 '상'일 경우에 정치 성향 변수 값을 '보수'로 가지는 케이스가 많다든지, 아니면 거꾸로 '진보'가 많다든지 등을 집계해서 보여 주는 식이다. 이런 것을 공변성 확인이라 하고, 이를 통해 두 변수가 어떤 식으로든 관계가 있음을 검증한다.

---

1) 인과성(causality)을 확인하는 데 필요한 조건들은 이 책 6장 '양적 조사연구'에서 자세히 설명한다.

2. 이원 기술통계의 성격

이원 기술통계 분석은 대개 공변성의 확인을 목적으로 한다. 다음은 두 변수 간 관계의 여부를 경험적으로 밝혀내는 과정을 예시로 들면서, 이원 기술통계가 공변성의 확인에 어떤 역할을 하는지를 설명하려는 것이다. 일반적으로 이원 도표의 논리를 통해 이러한 과정이 적절히 설명된다.

1) 이원 도표의 작성

이원 도표(bivariate table)는 두 변수의 범주를 교차시켜 변수 값들의 분포를 나타내는 것으로, 명목이나 서열 등급의 변수들 간 관계를 확인해 보는 데 유용하게 쓰인다. 이원 도표의 활용 방법을 설명하기 위해 다음의 예를 들어 본다.

어떤 연구가 성별과 삶의 질은 관계가 있는지를 알고자 한다. 성별에 따라 삶의 질이 차이 나는지를 알고 싶은 것이다. $N = 14$인 집단의 구성원들을 대상으로 두 변수에 대한 자료를 수집한다. 성별의 범주는 (남, 여)이고, 삶의 질의 범주는 (높음, 보통, 낮음)으로 측정되었다 하자. 자료수집의 결과는 다음과 같다.

A(남, 보통) B(여, 높음) C(남, 높음) D(남, 낮음) E(여, 보통) F(남, 높음) G(여, 낮음)
H(여, 보통) I(여, 보통) J(남, 보통) K(남, 높음) L(여, 낮음) M(남, 높음) N(남, 낮음)

이 자료에서 성별과 삶의 질 변수 간에 관계가 있는지를 확인하려면, 먼저 두 변수의 범주들을 교차시킨 표를 만들고 표의 각 방(cell)에 그에 적절한 빈도 수를 헤아려 넣는다. 그 결과 〈표 17-1〉과 같은 행렬(matrix) 도표가 만들어지는데, 이를 이원 도표라 한다.

〈표 17-1〉에서 보면 변수의 범주들은 행(row)에 두고, 성별 변수의 범주들은 열(column)에 두었다. 각 방에는 두 변수의 교차 범주 값들을 가진 케이스의 수를 헤아려 넣는다. 예를 들어, '남'이면서 '높음' 값을 가진 케이스들은 4개가 발견되었으므로, 좌측 상단의 방에는 4가 들어간다. 이렇게 해서 모든 방들에 그에 적절한 빈도수를 채워 넣으면 이원 도표가 완성된다. 각 방들의 합은 언제나 총 빈도수, 즉 맨 우측 하단에 있

〈표 17-1〉 **이원 도표의 예**

		성별		합계
		남자	여자	
삶의 질	높음	4	1	5
	보통	2	3	5
	낮음	2	2	4
합계		8	6	14

는 케이스 수의 합(N = 14)과 일치해야 한다. 이 도표에서는 각 열과 행의 합들도 표기되어 있다.

이원 도표가 완성되면 우선 눈으로 두 변수의 변수 값(범주)들이 어떻게 분포되어 있는지를 대략 살펴볼 수 있다. 〈표 17-1〉에서 보자면, 남자는 8명이 있고, 여자는 6명이 있다. 삶의 질이 높은 사람은 5명이고, 보통인 사람은 5명, 낮은 사람은 4명으로 나타난다. 남자이면서 삶의 질이 높은 사람은 4명, 여자이면서 삶의 질이 높은 사람은 1명, … 등을 쉽게 볼 수 있다.

2) 공변성의 확인

이원 도표가 작성되고 나면, 이를 통해 공변성을 확인하는 절차에 들어갈 수 있다. 공변성이란 한 변수의 값들과 다른 변수의 값들이 분포된 양상이 얽혀 있는 성격으로, 이를 확인하는 절차는 다음의 예를 통해 설명해 본다.

직장의 유형이 직업만족도와 어떤 관계가 있는지를 확인하는 연구가 있다. 우선 직장 유형이라는 변수와 직업만족도 변수 간에 관계가 일차적으로 성립되는지부터 알아볼 필요가 있다. 이를 위해 N = 27 사회복지사들의 자료를 수집해서 두 변수에 대한 이원 도표를 작성해 보니, 〈표 17-2〉의 유형 (A), (B), (C) 중 하나로 결과가 나타났다고 가정해 보자.

만약 (A) 유형과 같은 이원 도표의 결과가 나타났다면, 두 변수 간에는 완벽한 공변성 관계가 존재한다고 말할 수 있다. 직장의 범주가 상담 기관, 이용시설, 생활시설의 값을 가진 경우에, 직업만족도도 정확하게 높음, 보통, 낮음의 값을 가지는 것으로 나타났다. 전체 27명 중에서 상담 기관 범주에 있는 9명은 모두 직업만족도가 높고, 이용

〈표 17-2〉 **이원 도표의 관계 유형들**

(A) 완벽한 관계

직업 만족도	직장		
	상담 기관	이용 시설	생활 시설
높음	9	0	0
보통	0	9	0
낮음	0	0	9

(B) 보통의 관계

직업 만족도	직장		
	상담 기관	이용 시설	생활 시설
높음	5	3	1
보통	2	4	3
낮음	2	2	5

(C) 완벽한 무관계

직업 만족도	직장		
	상담 기관	이용 시설	생활 시설
높음	3	3	3
보통	3	3	3
낮음	3	3	3

시설 9명 모두는 보통, 생활시설 9명은 모두 낮은 것으로 나타난다. 즉, 자료에서 사람들은 직장의 유형에 따라 직업만족도의 정도가 완벽하게 일치함을 보여 준다는 것이다. 공변성만으로 보자면 두 변수는 완벽한 관계에 있다고 한다.

만약 자료 분석의 결과가 (C) 유형의 이원 도표와 같이 나타난 경우라면, 이는 (A) 유형의 완벽한 관계와는 정반대로 완벽한 무관계가 된다. 즉, 직장의 차이가 직업만족도의 차이와 아무런 공변성이 없다는 것이다.

현실에서는 (A)와 같은 완벽한 관계나 (C)와 같은 완벽한 무관계 유형들을 찾아보기 쉽지 않다. 대부분의 조사 결과는 (B) 유형의 이원 도표와 같은 결과를 나타낼 것이다. 물론 그 안에서도 강하거나 약한 관계와 같은 정도의 차이는 있을 것이다. (B) 유형에서는 직장이 상담 기관인 사람들의 직업만족도는 높음으로 많이 나타나고, 이용시설은 보통, 생활시설은 낮음에 상대적으로 많이 몰려 있는 것이 확인된다. 따라서 두 변수의 값들 간에 일정한 정도의 공변성이 나타난다는 것이다. 그러면 두 변수 간의 관계도 그 정도의 크기로 존재함을 확인한다.

3) 이원 도표의 백분율화

앞서 〈표 17-2〉의 예에서는 행과 열의 합들이 동일했기 때문에 범주들 간 비교에 문제가 없었다. 그러나 대부분의 현실적인 자료수집에서는 각 범주가 동일한 빈도 값을 갖기는 어렵다. 이런 경우에는 이원 도표의 각 방에 있는 빈도를 백분율화해서 서로 비교 가능하게 만든다.

연구 의문: 자원봉사에 참여해 본 적이 있는지의 여부가 남자와 여자에 따라 차이가 날까? 이 의문에 답하기 위해 조사를 실시했는데, $N = 778$명의 집단 자료가 수집되었다. 여기에 남자는 299명, 여자는 479명이 포함되어 있다.

수집된 자료를 이원 도표로 작성하면 〈표 17-3〉의 (A)와 (B)처럼 된다. 성별에 따라 자원봉사 경험의 유무가 어떻게 차이 나는지를 비교해 보려는데, (A) 표와 같은 단순 빈도로는 범주들 간에 어느 정도의 공변성이 나타나는지를 쉽게 분간하기 어렵다. 자료수집의 과정에서 성별 빈도가 차이 났었기 때문이다. 이런 경우에는 범주들 간의 비교가 용이하도록 빈도를 백분율로 바꾸는 것이 필요하다. (B) 표가 (A) 표의 빈도를 백분율로 바꾼 것이다.

〈표 17-3〉 **단순 빈도와 백분율 이원 도표**

(A) 단순 빈도의 이원 도표

자원봉사 경험	성별	
	남자	여자
있음	162	225
없음	137	254
합계	299	479

(B) 백분율 이원 도표

자원봉사 경험	성별	
	남자	여자
있음	54%	47%
없음	46%	53%
합계	100%	100%

(B) 표에서 보자면, 남자로서 자원봉사 경험이 있음에 응답한 162명과, 없음에 응답한 137명은 각기 남자 전체 299명(100%) 중에서 각각 54%, 46% 정도를 차지하고 있다. 여자는 479명 중에서 있음의 응답자는 47%, 없음의 응답자가 53% 정도로 나타난다. 이렇게 (B) 표와 같이 백분율로 놓고 볼 때, 두 변수의 범주들 간 공변성이 보다 명확하게 확인될 수 있다. 남자들은 자원봉사 경험이 있음(54%)이 더 많고, 여자들은 없음(53%)에 더 많은 분포를 보이고 있음을 쉽게 알 수 있다.

4) 이원 도표의 작성 원칙

이원 도표는 두 변수 간의 관계를 체계적인 자료로 구성해서 보여 주는 것이다. 자료 제시의 목적을 보다 효과적으로 수행하기 위해서는, 이원 도표를 작성하는 원칙을 준수하는 것이 필요하다. 이것은 자료 작성자와 사용자 간의 일종의 약속에 해당하는 것이다. 성별과 자원봉사의 관계에 대한 이원 도표를 완성하자면 〈표 17-4〉와 같이 된다.

〈표 17-4〉 **성별에 따른 자원봉사 경험 유무의 차이 (%)**

자원봉사 경험	성별	
	남자	여자
있음	162 (54.2%)	225 (47.0%)
없음	137 (45.8%)	254 (53.0%)
합계	299 (100%)	479 (100%)

* 출처: 홍길동(2007). "논문이름". 논문수록지 이름, 권호, pp. 처음-끝.

① 도표의 제목: 도표에는 제목이 있어야 하고, 제목은 도표에 제시되는 자료의 성격을 적절하게 대변하는 것이어야 한다. 두 변수 간의 관계를 묘사하는 이원 도표의 제목에는 두 변수의 이름이 들어가고, 그들 간 관계의 성격이 함축적인 짧은 설명으로 붙여진다.

② 두 변수의 배치: 보통은 위쪽(열)에 독립변수의 범주들을 배치하고, 왼쪽(행)에 종속변수의 범주들을 배치한다. 그리고 각 방에 빈도와 백분율 등을 적절하게 적어 넣는다. 범주들이 절대 빈도수에서 차이가 나는 경우에는 빈도와 함께 백분율을 반드시 계산해 넣는다.

③ 백분율의 계산: 백분율은 독립변수의 범주를 기준으로 해서 계산하는 것이 원칙이다. 독립변수의 각 범주 합이 각기 100%가 되고, 그 안에서 종속변수의 각 범주와 교차하는 방의 빈도수가 차지하는 비중이 얼마인지가 계산된다. 독립변수의 범주는 보통 열(column)에 위치하므로, 백분율은 각 열을 기준으로 종적으로 100%의 합을 계산한다. 만약 독립변수가 행으로 놓이게 된다면, 백분율의 계산은 각 행을 기준으로 횡적으로 수행되어야 할 것이다.

④ 자료의 출처 제시: 도표 작성에 사용된 근거 자료의 출처를 나타낸다. 만약 조사자가 현재의 연구를 위해 직접 자료를 수집한 경우에는 출처를 따로 명기할 필요가 없다.

3. 상관관계의 계수

두 변수 간 상관관계를 확인하려면 이원 도표를 작성해서 눈으로 살펴보는 것이 기본적인 방법이기는 하지만, 그것만으로 관계성을 객관적으로 나타내기는 어렵다. 애매한 정도로 나타나는 공변관계의 유무라든지, 관계의 크기 등을 판단하는 데는 단순히 이원 도표의 작성만으로는 부족하다. 관계성에 대한 판단을 일정한 기준에서 하려면 객관적인 수치, 즉 계수가 필요하다.

상관계수와 PRE 원리　통계분석에서는 변수들 간 관계성의 크기를 상관관계 계수 혹은 상관계수(correlation coefficient)로 제시한다. 상관계수는 1에서 0 사이의 값으로 나타난다. 두 변수 간 상관관계가 완벽할 때 상관계수의 값은 1이 되고, 두 변수 간 상관관계가 전혀 없을 때는 값이 0이 된다. 대부분의 변수들 간 상관관계의 크기는 0에서 1 사이의 어느 계수 값으로 나타난다. 1에 가까울수록 상관관계가 크고, 0에 가까울수록 상관관계가 작다. 이처럼 일관된 기준의 상관계수 값을 통해 서로 다른 경우의 관계들을 동일한 잣대로 비교해 볼 수 있다.

> 어떤 연구에서 성별과 삶의 질 변수들 간 상관계수가 0.6, 다른 연구에서 직장유형과 직업만족도 변수들 간 상관계수가 0.6으로 계산되어 나왔다하자. 비록 관계의 성격들은 제각기 다르지만, 상관계수의 일관된 기준으로는 두 경우에서 나타나는 관계성의 크기는 같다고 한다.

상관계수를 계산하는 원리는 단순하다. 보통 PRE 원리라고 부르는 것을 사용하는데, 이는 '오류의 감소 비율'을 뜻한다.[2] PRE 원리를 적용해서 상관계수를 도출하는 공식은 다음과 같다. 여기에서 B는 독립변수의 값을 모르는 상태에서 종속변수의 값을 예측할 경우 발생하는 오류의 수, A는 독립변수의 값을 아는 상태에서 종속변수의 값을 예측할 경우 발생하는 오류의 수를 말한다.[3]

---

2) PRE는 Proportional Reduction of Error의 약자다.
3) 두 변수 간 관계는 보통 한 변수의 값들이 변화할 때 다른 변수의 값들에서도 변화가 있는지를 보아서 확인하는데, 이러한 관계에 있는 변수들을 보통 독립변수와 종속변수라고 부른다. 만약 두 변수가 인과관계를 가진다면, 이때는 독립변수를 원인변수, 종속변수를 결과변수라고 부를 수 있다. 독립변수와 종속변수는 보통 두 변수 간 상관성 관계를 예측성을 기준으로 분석하는 경우에 각 변수가 놓이는 위치를 구분하는 용어다.

$$PRE \text{ 원리의 상관계수} = \frac{B - A}{B}$$

이 공식을 통해 상관계수는 최대 1, 최소 0이 된다. A가 0이면, 즉 독립변수의 값을 알면 종속변수의 값이 하나의 오류도 없이 예측된다면, PRE는 $\frac{B-0}{B}$, 즉 $\frac{B}{B}$로 상관계수가 1이 된다. 완벽한 상관관계를 뜻한다. 만약 A가 B와 같으면, 즉 독립변수의 값을 아는데도 종속변수의 값을 예측하는 데 따르는 오류의 수가 독립변수의 값을 모르고 할 때의 오류 수(B)와 차이가 없다면, PRE는 $\frac{B-B}{B}$, 즉 $\frac{0}{B}$으로 상관계수가 0이 된다. 여기에서 알 수 있듯이, PRE 원리의 상관계수는 A의 오류 수가 B에 비해 감소된 비율에 의거해서 크기가 계산된다.

통계분석에서는 다양한 유형의 상관계수들을 사용한다. 이들은 대부분 PRE 계산 공식을 직접 적용하거나, 적어도 오류의 감소 혹은 예측력의 증가 비율이라는 공통된 원리를 기초로 해서 계산된다. 비록 원리는 유사하지만, 관계를 구성하는 변수들의 측정 등급이나 PRE의 B와 A에 대한 산출 방식의 차이 등에 따라 다양한 유형의 상관계수들이 나타난다. 이들을 각기 계산하는 원리와 과정에 대해서는 뒤에 자세히 설명한다.

두 변수 간 상관관계의 크기를 나타내는 이원적 상관계수에는 다음과 같은 것들이 있다.

- 명목변수들 간의 상관관계: 람다(λ, Lambda), 구드먼과 크러스칼 타우(Goodman & Kruskal's τ).
- 서열변수들 간의 상관관계: 감마(γ, Gamma), 소머 d(Somer's d), 켄달 타우$-b$ (Kendall's τ_b), 켄달 타우$-c$(Kendall's τ_c)
- 등간변수들 간의 상관관계: 피어슨 r(Pearson's r)

모든 상관계수는 대칭적이거나 혹은 비대칭적이다. 두 변수 간 예측의 방향이 포함되지 않는 경우를 대칭적이라 하고, 방향이 포함되는 경우를 비대칭적 상관계수라 한다. 대칭적 상관계수들은 독립변수와 종속변수를 따로 구분하지 않으므로, 어느 방향으로 상관성을 계산하든 똑같은 값이 나온다. 비대칭적 상관계수란 한 방향의 상관성에만 해당하는 값이므로, 독립변수와 종속변수가 구체적으로 명시되어야 한다. 비대칭 상관계수를 쓰게 되면 상관계수는 2개가 도출된다.

앞서 직장 유형(X)과 직업만족도(Y)의 관계 예에서는 X를 가지고 Y를 예측하는 데 도움이 되는 정도를 통해 상관계수를 계산할 수 있는데, 거꾸로 Y를 가지고 X를 예측하는 형태로 계산해도 같은 상관계수의 값이 산출되는 경우라면 대칭적 상관계수의 유형을 사용한 것이다. 만약 (X → Y)와 (Y → X)의 경우에 상관계수의 크기가 각기 다르게 나타나면, 비대칭적 상관계수의 유형을 사용한 것이다. 상관계수의 대칭성과 비대칭성은 계수 산출의 근거 규칙을 어떻게 적용하느냐에 따라 결정되는데, 예를 들어 구드먼과 크러스칼의 타우 (τ) 계수는 비대칭이고, 감마 (γ)나 켄달의 타우-b (τ_b), 타우-c (τ_c) 등이 대칭성 계수다. 람다 (λ)와 소머 d 같은 경우는 대칭과 비대칭 계수가 모두 계산될 수 있다.

상관계수의 대칭성은 부호의 방향성과 혼동되지 않아야 한다. 서열등급 (순서등급) 이상의 변수들 간 상관계수에서는 플러스 (+)와 마이너스 (−) 값을 가질 수 있는데, 두 변수의 범주 값들이 변화하는 방향이 순방향인지 혹은 역방향인지를 나타내는 것이다. X의 변수 값들이 증가할 때, Y의 변수 값들도 따라서 증가하는 양상으로 나타나면, 두 변수의 상관관계의 크기, 즉 상관계수는 + 부호를 갖게 된다. X가 증가할 때 Y가 감소하는 방향으로 나타나면, 상관계수는 − 부호를 갖게 된다.

4. 명목변수 간 상관계수

명목변수란 변수 값들이 단지 구분의 의미를 가지는 것을 말한다. 명목변수들 간 상관관계의 크기를 산출하는 방법으로는 몇 가지가 있는데, 모두 동일한 *PRE* 원칙에 의거한다. 그럼에도 *PRE*의 규칙 (B)와 규칙 (A)를 산출하는 방식들이 달라서, 상관계수의 유형마다 값들은 다소 차이를 보인다.

1) 람다

람다 (λ)는 명목변수들 간 상관관계의 크기를 나타내는 상관계수의 한 유형으로, 일명 거트만 (Guttman) 상관계수라 부르기도 한다. 람다의 논리를 설명하기 위해 다음의 예를 들어 본다.

사회복지사들이 어떤 유형의 시설에서 근무하는지에 따라 자신들의 개입방법 선택에 영향을 받게 되는지를 알아보려 한다. 근무 기관과 개입 방법이라는 두 변수 간 관계 검증을 목적으로 하는 것인데, $N = 287$ 사회복지사들의 자료를 수집하고, 두 변수 값들의 빈도 분포를 〈표 17-5〉와 같은 이원 도표로 나타냈다.

〈표 17-5〉 기관 유형과 개입방법 범주들의 이원 분포

개입 방법	근무 기관			합계
	상담기관	이용시설	생활시설	
행동수정	83	24	9	116
심리사회	16	65	18	99
과업중심	2	17	53	72
합계	101	106	80	287

〈표 17-5〉에서는 근무 기관을 독립변수에 두고, 개입 방법을 종속변수로 설정하고 있다. 두 변수 간 상관관계의 크기를 계산하기 위해, 람다는 다음과 같은 PRE 규칙(A)와 규칙(B)를 적용한다.

첫째, 먼저 독립변수를 모르는 상태에서 종속변수의 분포만을 안다고 해 보자. 행동수정은 116명이 선택했고, 심리사회는 99명, 과업중심은 72명이 각각 선택한 것으로 나타났다(〈표 17-5〉의 우측에 있는 합계만을 보고, 근무 기관의 차이는 아직 모른다고 가정). 이제 전체 287명의 개인들 각각에 대해 어느 개입 방법을 선택했는지를 알아맞추어, 즉 예측해 보려고 한다. 오류를 최소화하기 위해 287명 모두를 최빈값 범주에 해당하는 '행동수정'이라고 예측해 본다. 그러면 287명 중 116명에 대해서는 올바른 예측이 될 것이고, 나머지 99 + 72 = 171명에 대한 예측은 오류가 될 것이다. PRE의 규칙(B)에 해당하는 오류 수가 171, 혹은 $\frac{171}{287}$의 경우로 계산된다.

둘째, 이제 독립변수의 분포까지를 알게 되었다고 하자. 종속변수와 독립변수를 교차시킨 결과 〈표 17-5〉의 모든 정보를 알게 되었다. 이제 이 이원 도표를 기준으로 해서 287명에 대한 개입방법의 선택을 예측해 본다. 독립변수인 근무 기관 변수에서는 각 범주들마다 최빈값이 각기 따로 있다. 그래서 이를 사용하여 종속변수의 값을 예측해 본다. 상담기관의 근무자 $N = 101$명 사람들에 대해서는 '행동수정'이라고 예측하면, 그중 83명에 대해서는 정확하게 맞고, 나머지 16 + 2 = 18명에 대해서는 틀린 것이 된다. 이용시설의 근무자들은 '심리사회'라고 예측하면 106명 중 65명에 대해서는 맞고, 나머지 24 + 17 = 41명에 대해서는 틀린 것이 된다. 생활시설에서는 최빈값이 '과업 중심'에 나타나므로, 이것을 모두에게 적용하면 80명 중 53명은 맞고 나머지 9 + 18 = 27명은 틀린 예측이 된다. 그러면 독립변수를 도입하고서 총 287명에 대한 예측을 시도한 결과, 오류는 총 18 + 41 + 27 = 86개가 발생한다. 따라서 PRE 공식의 규칙(A)는 86 혹은 $\frac{86}{287}$ = 0.3이 된다.

셋째, PRE 공식의 (B)와 (A)를 이처럼 구하는 것을 람다 방식이라 하는데, 이를 가지고 람다 계수를 구하면 다음과 같다.

$$Lambda(\lambda) = \frac{B-A}{B} = \frac{171-86}{171} = 0.497$$

람다의 해석　람다 계수는 한 변수가 다른 변수에 대해 어느 정도의 예측 능력을 가지는지를 통해 산출된다. 앞의 경우에 λ = 0.497이라는 것은, 사람들이 어떤 유형의 기관에 근무하는지(독립변수)를 안다면 그들의 개입방법(종속변수)을 예측하는 데 약 50% 정도의 예측력 향상을 가져온다는 것이다. 이것은 곧 두 변수가 상관관계를 그 정도의 크기로 가지고 있음을 뜻한다. 만약 100%에 가까워지면 람다 계수가 1에 접근하는데, 그것은 독립변수만 알게 되면 종속변수의 값이 완벽하게 예측될 수 있는 상태라는 뜻이다. 두 변수가 이러한 관계로 나타날 때, 이를 완벽한 관계라 한다. 만약 람다가 0에 접근하게 되면, 독립변수를 안다 하더라도 종속변수에 대한 예측력에 전혀 변화가 없는 것이므로 두 변수 간의 관계는 완벽하게 없는 것이 된다.

명목변수들 간의 상관관계의 크기를 나타내는 데는 다양한 계수들이 쓰이지만, 보통은 람다 계수를 많이 쓴다. 람다는 단순한 PRE 원칙을 적용하므로 그만큼 계수에 대한 해석이 용이하다. 그럼에도 람다 계수를 쓰기 위해서는 자료가 그에 적절한 것이어야 한다. 이원 도표에서 각 방(cell)들의 빈도 분포가 심하게 편재되어 있는 경우에 람다 계수는 자료를 정확하게 반영하는 값을 산출하지 못한다.

2) 구드먼과 크러스칼 타우-b

구드먼과 크러스칼 타우-b(τ_b)는 PRE 방식에 근거해서 상관계수를 산출한다는 점에서 람다와 유사하다. 그러나 람다에 비해서 오류를 산출하는 규칙(B)와 규칙(A)가 조금 더 엄격하다는 점에서 차이가 있다. 〈표 17-5〉의 이원 도표를 그대로 사용하면서 타우-b에서 적용하는 PRE 규칙들을 갖고 상관계수를 구해 본다.

규칙(B) 종속변수의 값 분포만을 아는 상태에서 287명의 개입 방법을 예측하는데, 람다에서는 종속변수 범주의 최빈값을 적용했다. 그러나 타우-b에서는 그와 달리 무작위로 종속변수의 범주 값을 배분하는 규칙을 적용한다. 287명을 무작위로 한 명씩 뽑아 행동수정에 116명, 심리사회에 99명, 과업 중심에 72명 순으로 차례로 할당한다. 이 경우에 오류가 발생할 가능성들은 다음과 같이 계산된다. 먼저 행동수정으로 할당된 116명 중, 실제로는 행동수정이 아닌 사람들이 끼어 있을 확률은 $\frac{(287-116)}{287}$ = 0.596이 된다. 따라서 예상되는 오류의 경우 수는 $166 \times 0.596 = 69.1$이다. 즉, 무작위로 선발되어 행동수정이라고 예측된 116명 중에서 47명은 맞고, 69명은 틀리게 될 것이다. 같은 방법으로 심리사회로 예측 할당된 99명에 대해서는 $\frac{(287-99)}{287}$ = 0.655의 오류 확률이 적용되고, 그래서 $99 \times 0.655 = 64.8$ 경우의 오류 수가 발생한다. 과업중심은 $\frac{(287-72)}{287}$ = 0.749의 오류 확률에 대해 $72 \times 0.749 = 53.9$ 경우의 오류 수가 예상된다. 따라서 PRE의 규칙(B) 오류의 총합은 $69+65+54 = 188$이 된다.

규칙(A) 독립변수의 분포를 알고서 예측할 때의 오류를 계산하는 것으로, 앞서 규칙(B)의 오류 산출 방식을 독립변수의 각 범주들 안에 각기 적용해서 오류 수를 구한다.

- 상담기관 내 예측 오류: $(83 \times \frac{18}{101}) + (16 \times \frac{85}{101}) + (2 \times \frac{99}{101}) = 30.2$

- 이용시설 내 예측 오류: $(24 \times \frac{82}{106}) + (65 \times \frac{41}{106}) + (17 \times \frac{89}{106}) = 58.0$

- 생활시설 내 예측 오류: $(9 \times \frac{71}{80}) + (18 \times \frac{62}{80}) + (53 \times \frac{27}{80}) = 39.8$

따라서 이러한 오류들을 모두 합하면 $30.2 + 58.0 + 39.8 = 128$이 되는데, 이것이 규칙(A)에 의해 산출된 오류 수다. 전체 287명에 대해 근무하는 기관(독립변수의 값)을 알고서 개입방법의 선택(종속변수 값)을 예측할 경우, 128 경우의 오류가 발생한다는 것이다.

이렇게 산출된 규칙(A)와 규칙(B)를 PRE 공식에 적용시켜 구드먼과 크러스칼 타우-b 상관계수를 구하면 다음과 같다.

$$\tau_b = \frac{B-A}{B} = \frac{188-128}{188} = 0.32$$

타우-b가 0.32라는 것은 상관관계의 크기를 뜻하는데, 상관계수는 0에서 1 사이의 값을 가지는 것이다. 이 값의 의미는 독립변수를 알고서 종속변수의 값을 예측하는 데 약 32% 정도의 효과가 있다는 것이다. 동일한 자료에서 람다 계수의 값은 0.50 정도가 나왔는데, 타우-b는 0.32가 나왔다. 이처럼 두 상관계수의 값이 차이 나는 이유는, 비록 PRE 원칙으로 계수를 산출하는 것은 같으나 오류의 경우 수를 계산하는 규칙 (B)와 규칙 (A)가 각기 다르기 때문이다. 일반적으로 구드먼과 크러스칼 타우-b는 보다 엄격한(보수적인) 규칙을 적용하는 관계로 람다 계수에 비해 대체로 작은 수치로 나타난다.

5. 서열변수 간 상관계수

서열변수들 간의 상관계수 역시 PRE 원칙에 따라 계산될 수 있다. 다만 명목변수들 간 상관계수의 계산과 다른 점은, 서열(순서)적 속성을 가진 변수들을 대상으로 하기 때문에 짝이라는 개념이 추가된다는 것이다. 감마(γ)와 켄달 타우-b(Kendall's τ_b) 등이 대표적인 서열변수의 상관계수들이다.

1) 짝의 개념

서열관계의 등급을 평가하기 위해서는 짝의 개념을 이용한다. 여기에서 짝(pair)이란 분석 자료에 포함된 모든 케이스(N)들을 두 케이스씩 짝 지운다는 것이다. 예를 들어, $N = 6$의 경우에 가능한 모든 짝들의 수는, 다음과 같은 공식을 이용해서 총 15개가 나온다. 만약 $N = 10$인 경우라면 가능한 모든 짝들의 수는 45개가 된다.

$$\binom{N}{2} = \frac{N \times (N-1)}{2} = \frac{6 \times (6-1)}{2} = 15$$

$\binom{N}{2}$개의 짝들은 다양한 성격으로 분류될 수 있다. 이원 도표에서 두 변수의 범주들

을 모두 교차시켜 놓고 보면 다양한 성격의 조합 유형이 나타난다. 예를 들어, 앞서 〈표 17-5〉에서는 3 × 3개의 성격 유형이 나오고, 다음의 〈표 17-16〉에서는 2 × 2개가 나온다. 이를 각 짝에 포함된 케이스들에 적용시켜 보면 순위에 관한 몇 가지 공통된 짝의 유형으로 나타난다. 그러한 짝들에서 일관성 있는 순위 등급을 가진 짝들이 많은지, 아니면 불규칙적인 순위 등급의 짝들이 많은지를 평가한다. 그리고 이들을 비교해서 상관관계의 크기를 나타내는 계수를 구할 수 있다.

$N = 6$인 사회복지사들(갑, 을, 병, 정, 무, 기)에 대한 조사에서 그들의 정치 성향과 의사결정 과정에의 참여 정도가 〈표 17-6〉과 같이 나타났다고 하자. 과연 정치 성향과 의사결정 과정에의 참여 정도는 상관관계가 있는지, 있다면 어느 정도인지를 알고 싶다.

〈표 17-6〉 정치 성향과 참여 정도에 관한 이원적 도표

참여 정도 (Y)	정치 성향 (X)		합계
	낮음	높음	
낮음	① 2 (갑, 을)	③ 1 (정)	3
높음	② 1 (병)	④ 2 (무, 기)	3
합계	3	3	6

〈표 17-6〉에서 보자면 ①번 방에는 정치 성향이 낮고 의사결정 과정에의 참여도가 낮은 사회복지사 '갑'과 '을' 2명이 들어 있다. ④번 방에는 정치 성향이 높고 참여도가 높은 사회복지사 '무'와 '기' 2명이 들어 있다. 사회복지사 '병'과 '정'은 변수 값들이 상반되는 방향으로 나타나는 경우로, ②와 ③번 방에 각기 들어간다. 이렇게 작성된 이원도표를 가지고 두 변수 간 상관관계가 있는지를 확인해 본다. 명목변수들 간 상관관계는 두 변수의 범주 값들 간 공변성만 확인하지만, 서열변수들의 관계에서는 공변성과 함께 변수 값들의 서열 방향까지도 고려해야 해야 한다. 이때 짝의 개념을 활용한다.

6명의 사회복지사들을 각기 짝을 지어 본다고 생각하면, $\binom{6}{2}$가 되어 총 15가지 종류의 짝이 나온다. 예를 들어, 이 중에서 '갑'과 '무' 사회복지사가 짝이 된 경우이면, 이 짝에서 두 사람은 각자 X와 Y 범주 값의 순위가 일치하는 점이 동일하다. X가 낮으면 Y도 낮고 ('갑'), X가 높으면 Y도 높다('무'). 이런 짝을 Ns라고 표시한다. 다른 짝의 경우, 예를 들어 '정'과 '병'이면, X가 높을 때 Y는 낮거나('정'), X가 낮을 때 Y는 높은 것('병')처럼 역순위의 변수 관계를 공통적으로 가진다. 이런 짝을 N_D라고 표시한다. 그 외 나머지 짝들은 '갑'과 '을'의 짝처럼 X와 Y의 순위 값이 일치(T_{XY})하거나, '갑'과 '병'의 짝처럼 X의 순위 값만 일치(T_X), 혹은 '갑'과 '정'의 짝처럼 Y의 순위 값만 일치 (T_Y)하는 경우 중 어느 하나다.

이런 식으로 서열변수의 자료 케이스들을 짝으로 구성해서 보면, 모든 짝들은 반드시 다음 중 하나의 성향으로 구분된다.

· T_{xy} (X 값과 Y 값의 순위가 일치하는 짝)
· T_x (X 값의 순위가 일치하는 짝)
· T_Y (Y 값의 순위가 일치하는 짝)
· N_S (동일 순위 짝)
· N_D (역순위 짝)

〈표 17-7〉은 앞서 〈표 17-6〉에서 나타난 서열변수들 간 이원 분포를 짝의 개념을 적용해 순위의 성향을 분석한 결과다.

〈표 17-7〉 서열변수 관계의 짝과 순위 유형

짝		방	정치 성향 (X)	참여 정도 (Y)	순위 유형
1	갑	①	낮음	낮음	T_{XY}
	을	①	낮음	낮음	
2	갑	①	낮음	낮음	T_Y
	정	③	높음	낮음	
3	을	①	낮음	낮음	T_Y
	정	③	높음	낮음	
4	갑	①	낮음	낮음	T_X
	병	②	낮음	높음	
5	을	①	낮음	낮음	T_X
	병	②	낮음	높음	
6	갑	①	낮음	낮음	N_S
	무	④	높음	높음	
7	갑	①	낮음	낮음	N_S
	기	④	높음	높음	

8	을 무	① ④	낮음 높음	낮음 높음	N_S
9	을 기	① ④	낮음 높음	낮음 높음	N_S
10	정 병	③ ②	높음 낮음	낮음 높음	N_D
11	정 무	③ ④	높음 높음	낮음 높음	T_X
12	정 기	③ ④	높음 높음	낮음 높음	T_X
13	병 무	② ④	낮음 높음	높음 높음	T_Y
14	병 기	② ④	낮음 높음	높음 높음	T_Y
15	무 기	④ ④	높음 높음	높음 높음	T_{XY}

다음에 설명하는 서열변수 간의 상관계수들은 모두 이러한 짝의 순위 유형을 활용해서 구해지는데, 이 역시 기본적으로는 PRE 원칙에 근거한다.

2) 감마 계수

감마(γ)는 서열변수들 간 상관관계의 크기를 나타내는 계수로서, 독립변수와 종속변수를 구분하지 않는 대칭적 통계치에 속한다. 계수 값은 0에서 1 사이에서 변한다. 다른 서열변수 상관계수들과 마찬가지로 감마 역시 짝의 개념을 활용하는데, 동일순위 짝(N_S)과 역순위 짝(N_D)의 수들만을 고려하며 다른 합치 짝들(T_X, T_Y, T_{XY})은 사용하지 않는다.

PRE 원칙에서의 (A)와 (B)를 구하는 규칙을 감마에서는 다음과 같이 규정한다.

· 규칙(B) : 0.5 ($N_s + N_D$)
· 규칙(A) : Min (N_s, N_D)　　　(※ N_s, N_D 중에서 작은 것을 선택)

모든 짝들을 N_S와 N_D 값들만으로 두고 본다면, 규칙(B)의 예측에 따른 오류의 확률은 $\frac{1}{2}$과 같다. 각 짝들에 대해 어느 것이 동일 순위인지 혹은 역순위인지를 예측하는 것은 반반의 확률을 가지고 있기 때문이다. 따라서 〈표 17-7〉의 예에서 (B)는 0.5 × (4 + 1) = 2.5가 된다.

규칙 (A)는 정방향이든 역방향이든 짝들의 방향이 어느 하나로 분명하게 나타날수록 오류의 개수는 줄어든다는 점에 기초한다. 만약 동일 순위(N_S)의 짝들이 더 많다는 것을 알게 되면, 일단 모든 짝들을 N_S로 예측을 시도한다. 그러면 실제로는 N_D인 짝들은 예측에서 오류가 된다. 같은 방식으로 만약 역순위 짝(N_D)들이 많다는 것을 알고 난 후이면, N_D로 예측을 시도하게 되는데, 이 경우에 N_S들은 오류가 되는 것이다. 그러므로 독립변수를 도입한 상태에서 예측의 오류 경우 수는 N_D와 N_S 중에서 작은 값이 되고, 그것이 곧 감마 계수에서의 PRE 규칙 (A)가 되는 것이다. 만약 $N_S > N_D$인 경우이면 순방향의 상관관계로 예상할 수 있고, $N_S < N_D$이면 역방향의 상관관계임을 예상할 수 있다. 〈표 17-7〉의 분석 결과를 보면 N_S = 4, N_D = 1이므로 순방향의 상관관계임을 예상할 수 있고, 규칙 (A)의 오류 수는 1이 된다. 따라서 이렇게 산출된 (A)와 (B)를 PRE 공식에 대입하면 다음과 같은 감마 계수가 산출된다.

$$\gamma = \frac{0.5(N_S + N_D) - Min(N_S, \ N_D)}{0.5(N_S + N_D)} = \frac{2.5 - 1}{2.5} = 0.6$$

γ = 0.6은 독립변수 범주의 서열(순위)을 알게 됨으로써 종속변수 범주의 서열을 예측하는 능력이 60% 향상되었음을 뜻한다. 이것은 곧 두 변수 간의 상관관계의 크기가 1과 같은 완벽한 관계는 아니지만, 무관계인 0보다는 훨씬 큰 0.6 정도인 것을 의미하는 것이다.[3]

서열변수들 간 상관성에 대한 측정치로서 감마 계수의 가장 큰 취약점은 모든 유형의 짝들을 포함시키지 않는다는 점이다. 상관성 순위가 없는 각종 합치 짝들(T_{XY}, T_X, T_Y)은 계산에서 제외되었다는 점이다. 그 결과 이원 도표에서 소수의 범주에 관찰 값들이 집중되어 각 방의 분포가 불균형적으로 나타나는 경우에는, 동일 순위와 역순위 짝들(N_S, N_D)의 수가 크게 적어지는데도 그러한 짝들에만 기초하여 감마 계수가 산출될 수밖에 없다. 그래서 소수의 범주를 가진 두 변수의 교차분석(특히 2 × 2 도표) 등에서

---

3) 대부분의 전산통계 프로그램들에서 감마의 계산은 기본적으로 포함되어 있으므로, 감마 계수를 계산해 내는 작업은 더 이상 큰 의미가 없다. 그럼에도 감마 계수가 의미하는 바는 계산 절차를 통해서만 이해될 수 있다.

는 감마에 의한 상관계수는 적절치 못할 가능성이 크다.

3) 소머 d

소머 d(Somer's d)는 서열변수의 상관관계를 나타내는 계수다. 감마가 갖는 약점이 모든 합치 짝들을 계산에 포함하지 않는다는 것이므로, 이를 보완하기 위해 일부 합치 짝을 포함시킨 것이 소머 d의 특징이다. 소머 d는 서열변수 간의 상관성에 대한 비대칭적 측정치이며, 측정값은 완벽한 역상관관계를 나타내는 −1에서부터 완벽한 정상관관계를 나타내는 1 사이에서 변화한다. 모든 상관계수가 그렇듯이 소머 d의 계수값 0은 완벽한 무관계를 의미한다.

소머 d도 감마와 마찬가지로 짝 개념에 근거해서 상관성의 계수가 산출되는데, 이를 구하는 공식은 다음과 같다. 여기에서 d_{YX}는 Y를 종속변수, X를 독립변수로 두었을 때의 소머 d의 계수 값을 뜻한다.

$$d_{YX} = \frac{N_S - N_D}{N_S + N_D + T_Y}$$

종속변수의 합치 짝 T_Y 를 포함시키는 논리는, 각기 다른 독립변수의 범주들에서 종속변수 값이 합치한다는 것은 곧 종속변수에 대해 독립변수가 아무런 영향력을 행사하지 못하는 경우로 본다는 것이다. 감마에서는 이를 무시했지만, 소머 d에서는 보다 보수적인 접근을 써서 상관성의 크기를 엄격하게 측정하기 위해 T_Y를 포함시킨다. 이것은 PRE의 (B)를 보다 크게 잡는 효과로 나타난다. 따라서 위의 공식에서도 알 수 있듯이 소머 d의 계수 크기는 감마에 비해 작을 수밖에 없고, 단지 T_Y가 0일 경우에만 감마와 일치한다.

비록 소머 d는 직접적인 PRE 공식 $\frac{B-A}{B}$이 적용되지 않는 약점이 있기는 하지만, 최근 사회과학 분야에서 많이 사용되는 경향이 있다.

4) 켄달 타우-b, 켄달 타우-c

켄달 타우-b(Kendall's τ_b)는 서열변수 간 상관관계에 대한 측정치이며, 소머 d와 마찬가지로 합치 짝들을 고려하지 않는 감마의 취약점을 보완하기 위한 것이다. 소머 d 와의 차이점은 계산식에 T_Y뿐만 아니라 T_X까지도 모두 포함시킨다는 것이다. 켄달 τ_b 는 대칭적 측정 계수이며, 그 값은 −1과 1 사이에서 존재한다. 켄달 타우−b의 계산공 식은 다음과 같다.

$$\text{켄달 } \tau_b = \frac{N_S - N_D}{\sqrt{(N_S + N_D + T_Y) \times (N_S + N_D + T_X)}}$$

대부분의 경우 켄달 타우−b는 감마에 비해 낮은 수치를 보인다. 그 이유는 합치 짝 들이 분모 계산에 포함되는 보수적인 접근을 취하기 때문이다. 앞서 예로 든 〈표 17−6〉 의 경우 감마가 0.6이었는데, 타우−b는 0.33 정도로 계산된다. 그러므로 감마 계수에 비해 타우−b에 의한 상관계수가 주어진 자료에 대해 상관관계의 크기를 보다 신중하 게 제시해 준다고 볼 수 있다. 감마와 타우−b가 일치하는 경우는, 이원 도표에서 합치 짝들(T_X와 T_Y)이 전혀 나타나지 않을 때다. 이때는 소머 d와도 일치한다.

켄달 타우−b는 독립변수의 범주 수와 종속변수의 범주 수가 일치할 때에만, 즉 두 변 수의 범주들 간의 교차도표가 정사각형일 경우에만 +1이나 −1이라는 최댓값에 도달 할 수 있다. 교차도표가 직사각형일 경우에는 최댓값에 도달하지 못하는데, 이것은 켄 달 타우−b의 심각한 약점이 된다. 켄달 타우−c (τ_c)는 타우−b가 갖는 이러한 약점을 보완하기 위해 만들어졌는데, 행과 열의 범주 수가 일치하지 않는 직사각형 이원도표 의 경우에도 최댓값에 도달할 수 있도록 공식을 변형한 것이다.

비록 감마를 보완하기 위한 목적으로 켄달 타우−b 와 타우−c 계수들이 사용되지만, 이러한 계수들은 해석하기가 쉽지 않다는 단점이 있다. PRE 원칙에의 준거를 명확하게 찾기 어렵기 때문이다. 따라서 자료의 조건이 적절히 충족되기만 하면, 보다 쉽게 해석 될 수 있는 감마가 선호되는 경향도 있다.

6. 등간변수 간 상관계수

상관관계의 분석 대상이 되는 변수들(X, Y)이 수량변수인 경우에, 선형함수의 개념 을 통해 상관계수가 산출된다. 선형함수(linear function) 관계란 X와 Y 값의 짝들이 직선상에 놓이는 경우의 관계를 말하는 것이다. 선형함수의 관계식은 보통 다음과 같이 표현된다. 여기에서 X는 독립변수, Y는 종속변수 a, b는 상수로서 각기 절편과 기울기를 나타낸다.

$Y = a + b \cdot X$

이 선형함수가 의미하는 바는, X 값에서 한 단위가 변화하면 a와 b 상수 값을 반영하면서 Y 값에 일정한 변화를 초래한다는 것이다. 두 변수의 모든 변수 값들이 하나의 예외도 없이 이러한 선형함수에 맞아떨어진다면, 두 변수의 관계는 완벽하다고 할 수 있다. 그러나 실제로는 이러한 완벽한 관계가 관찰되기 힘들며, 선형함수를 기준으로 크고 작은 오류들이 나타나는 관계에 있는 것이 보통이다.

선형함수를 사용하는 목적은, 그것을 기준으로 변수들 간의 공변성 관계에 어느 정도의 오류가 나타나는지를 계산해 내기 위한 것이다. 선형함수에 비추어 오류가 지나칠 때 두 변수는 서로 관계가 없다고 판단하며, 선형함수에 가깝게 변수 값들이 나타난다면 두 변수는 높은 상관관계에 있다고 판단하는 것이다. 선형함수를 이용해 두 변수 간 상관계수를 산출하려면, 먼저 선형회귀에 대한 이해가 필요하다.

1) 회귀분석과 선형회귀

함수를 이용하여 변수들 간의 관계를 분석하는 방법을 회귀분석(regression analysis)이라 한다. 선형회귀(linear regression)는 다양한 회귀분석 방법들 중 하나이며, 두 변수 간의 함수 관계를 선형 방정식으로 나타내는 것이다. 선형 방정식이란 $Y = a + b \cdot X$ 같은 것으로, X와 Y 변수의 관계를 규정하는 함수가 직선형으로 규정되는 것이다. [그림 17-2]의 예는 $N = 6$명에 대해 X와 Y 변수를 측정해서 얻은 결과를 X와 Y의 좌표에 점들로 표시하고, 그것들을 잇는 선을 그은 것이다.

이 선들에 대한 방정식을 구해 보니, $Y = 6 + 2 \cdot X$, $Y = 2 - 3 \cdot X$로 각기 나온다. 두 경우는 모두 완벽한 상관관계를 보여 주고 있다. X 값만 알면 Y 값은 완벽하게(오류 없이) 예측될 수 있기 때문이다. 반대로 Y 값으로 X 값 역시 완벽하게 예측될 수 있다. 현실적으로는 사회 현상에서 [그림 17-2]와 같은 완벽한 직선 회귀가 자료에서 나타나는 경우는 극히 드물다. 그래서 이러한 선형 함수는 대개 예측 회귀선으로 사용되는데, 이

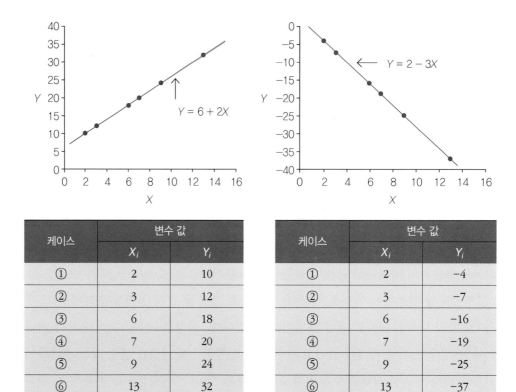

케이스	변수 값	
	X_i	Y_i
①	2	10
②	3	12
③	6	18
④	7	20
⑤	9	24
⑥	13	32

케이스	변수 값	
	X_i	Y_i
①	2	−4
②	3	−7
③	6	−16
④	7	−19
⑤	9	−25
⑥	13	−37

그림 17-2 기울기와 절편이 다른 선형회귀선의 예

는 실제 나타난 자료 값들을 최대한 가깝게 대변하거나 예측할 수 있는 선을 말한다. 이를 직선 형태로 나타낸 것을 직선 회귀선 혹은 선형 회귀선이라 한다.

2) 최소제곱 기준

실제로는 직선으로 나타나지 않는 X와 Y의 값들에 대해, 회귀분석은 이 값들을 가장 적절하게 대변할 수 있는 직선을 찾아내서 활용한다. 이 직선은 실제 변수 값들의 분포를 최대한 반영할 수 있어야 하는데, 그러자면 실제 값들과 최소한의 오차를 가지는 것이 되어야 한다. 이 과정에 최소제곱 기준(least-square criterion)이 동원된다.

총 케이스 수 N = 6명에 대한 관찰에서 X와 Y의 변수 값들이 다음과 같이 나타났다고 하자.

〈표 17-8〉 *X*와 *Y* 변수 값들의 분포

	갑	을	병	정	무	기
X_i	2	3	6	7	9	13
Y_i	11	14	17	15	18	28

[그림 17-3]은 〈표 17-8〉의 자료 값들을 산점도(scatter plot)로 나타낸 것이다. *X*와 *Y* 를 축으로 하는 이차원 공간에 *N* = 6명의 변수 값들이 동그라미(예: ㉮)로 나타난다. 여기에다 이들 6개 값을 최대한 대변할 수 있는 직선을 긋는다면, $Y_p = a + b \cdot X$ 라는 회귀선이 된다. 이때 최대한 대변한다는 것은 이 회귀선을 통해 예측되는 Y_{pi}의 값이 실제 값 Y_i와 대비해서 발생하는 오차가 최소화되어야 한다는 것이다.

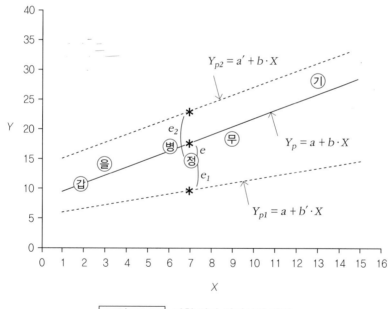

그림 17-3 관찰 값과 회귀선의 관계

[그림 17-3]에서 $Y_{p1} = a + b' \cdot X$나 $Y_{p2} = a' + b \cdot X$와 같은 선들은 각각 절편(a)이 나 기울기(b)가 회귀선 Y_p과 다르게 나타난 경우를 예시할 목적으로 그려 넣은 것이 다. Y_{p1}과 Y_{p2} 선들은 눈으로 보아서도 6개 관찰 값들을 최대한 대표할 수 없음을 쉽게 확인할 수 있다. 개별 값들로부터의 거리(오차)가 Y_p 선에 비해 크기 때문이다. 예를 들 어, ㉝ 케이스의 경우 실제 관찰 값은 *X*가 7, *Y*가 15다. 이것이 회귀선 Y_p 방정식에서

는 X가 7일 때 Y의 예측 값은 15보다 e만큼 큰 값으로 나온다. 만약 다른 방정식(Y_{p1}, Y_{p2})을 가지고 했다면, e보다 훨씬 더 큰(e_1, e_2) 만큼의 오차 크기를 각각 가지게 될 것이다. 이를 다른 관찰 값들에도 적용해 보면, 종합적으로 오차의 크기를 최소화하는 것은 Y_p 회귀선 방정식이 될 것이다.

이처럼 모든 점들을 최소의 오차로서 대표하는 직선, 혹은 X 값을 가지고 Y 값을 예측하려 할 때 오차들의 합이 최소가 되게 하는 선을 회귀선(regression line)이라 한다. 그림에서의 Y_p는 직선형 회귀선으로, 이 회귀선에 대한 방정식을 구하려면 기울기(b)와 절편(a) 값이 필요하다. 이들 값은 최소제곱 기준에 의거해서 구해질 수 있는데, 최소제곱 기준이란 실제 관찰 값과 회귀선을 통해 예측되는 값들 사이에서 나타나는 오류들의 제곱 값에 대한 합이 최소화되어야 한다는 것이다.

정의상 회귀선에서 발생하는 오차들은 모두 단순하게 합하면 결과는 언제나 0이 된다. 플러스와 마이너스 값들의 합이 일치되어 정확히 상쇄되기 때문이다. 그래서 제곱 값으로 ± 부호를 뗀 절대적인 오차의 크기를 구한다. 이것은 마치 평균으로 표준편차를 구할 때, 제곱 값의 의미인 분산을 먼저 구하는 것과도 같다. 그래서 최소제곱 기준은 개별 값들에서 발생하는 오차를 제곱으로 처리한 상태에서 이들의 합이 최솟값으로 되게 하는 의미다.

최소제곱 기준에 의거하자면 회귀선 $Y_p = a + b \cdot X$에서의 a와 b 값은 다음과 같은 공식에 의거해서 구해진다.

$$b = \frac{\sum (X_i - \overline{X}) \cdot (Y_i - \overline{Y})}{\sum (X_i - \overline{X})^2} \qquad a = \frac{\sum Y_i - b \cdot \sum X_i}{N}$$

앞서 예의 자료에서 a와 b 값을 구하기 위해 〈표 17-9〉와 같은 계산을 수행해 본다. 이러한 계산들은 엑셀(Excel) 등과 같은 프로그램을 이용하면 간편하게 수행할 수 있다.

〈표 17-9〉의 계산 결과를 앞서 최소제곱 기준의 공식에 대입하면, 회귀선의 기울기와 절편 값은 다음처럼 나온다.

$$b = \frac{110.3}{81.3} = 1.36 \qquad a = \frac{103 - 1.36 \times 40}{6} = 8.12$$

〈표 17-9〉 회귀선의 기울기(b)와 절편(a)를 구하는 계산

케이스	X_i	Y_i	$(X_i - \overline{X})$	$(Y_i - \overline{Y})$	$(X_i - \overline{X}) \cdot (Y_i - \overline{Y})$	$(X_i - \overline{X})^2$	$(Y_i - \overline{Y})^2$
갑	2	11	-4.67	-6.17	28.78	21.78	38.03
을	3	14	-3.67	-3.17	11.61	13.44	10.03
병	6	17	-0.67	-0.17	0.11	0.44	0.03
정	7	15	0.33	-2.17	-0.72	0.11	4.69
무	9	18	2.33	0.83	1.94	5.44	0.69
기	13	28	6.33	10.83	68.61	40.11	117.36
합($\sum$)	40	103	0.00	0.00	110.33	81.33	170.83
평균($\overline{x}$)	6.67	17.17					

따라서 이들 값을 대입한 회귀선 방정식은 $Y_P = 8.12 + 1.36 \cdot X$가 된다. 회귀선 Y_P는 개별 관찰 값 X_i에 대해 Y_i 값을 예측하는 Y_{Pi} 값들을 산출해 준다. 이와 관련된 계산이 〈표 17-10〉에 나와 있다.

〈표 17-10〉 Y의 실제 값(Y_i)과 예측 값(Y_{Pi})들 간의 차이

케이스	X_i	Y_i	Y_{Pi}	$(Y_i - Y_{Pi})$	$(Y_i - Y_{Pi})^2$
갑	2	11	10.84	0.16	0.03
을	3	14	12.19	1.81	3.27
병	6	17	16.26	0.74	0.54
정	7	15	17.62	-2.62	6.86
무	9	18	20.33	-2.33	5.44
기	13	28	25.76	2.24	5.03
합($\sum$)	40	103	103.00	0	21.16
평균($\overline{x}$)	6.67	17.17	17.17	0	

실제 관찰 값에서는 X_i가 2, 3, … 일 때, Y_i가 11, 14, … 등으로 나타났다. 그러나 회귀선(예측선) Y_P에 의하면 X_i가 2, 3, … 일 때, Y_{Pi}는 10.84, 12.19, … 등으로 산출된다. 회귀선에 의한 Y_{Pi} 값들은 실제 관찰 값들과 $Y_i - Y_{Pi}$ 만큼의 차이가 발생한 것이다. 만약 모든 X_i 값들에 대해 $Y_i - Y_{Pi} = 0$이라면, 회귀선으로 예측된 값들은 실제 관찰 값들과 완벽하게 일치한다는 뜻이다. 이는 곧 두 변수 간 관계가 완벽히 상관되어 있음을 의미한다. 즉, X 값을 알면 Y 값을 예측하는 데 한 치의 오차도 발생하지 않는다는 것이

다. 현실 자료들에서는 이런 경우가 나타나는 일이 드물고, 그러므로 $Y_i - Y_{Pi}$ 들은 대개 0보다 크게 나타난다.

앞서 설명했듯이 $Y_i - Y_{Pi}$ 들의 단순 합, 즉 $\sum(Y_i - Y_{Pi})$ 를 계산하면 언제나 0이 되므로, 이들을 제곱한 상태에서 합한다. 예에서 $\sum(Y_i - Y_{Pi})^2$ 은 21.16으로 계산된다. 21.16은 회귀방정식으로 예측하는 경우에 발생하는 최소한의 오류 총합 값인 것이다. $\sum(Y_i - Y_{Pi})^2$ 을 총 관찰 수(N)로 나누고 이에 대한 제곱근을 구하면 개별 오차 값들의 평균적인 크기를 나타내는 표준오차(SE)가 된다. 이 표준오차는 회귀선에 의한 예측 값과 실제 값들 사이에 나타나는 오차들의 평균값을 의미한다.

$$SE(e) = \sqrt{\frac{\sum(Y_i - Y_{Pi})^2}{N}}$$

표준오차가 크면 클수록, Y_{Pi} 값과 실제 Y_i 값 사이에 격차가 크다는 것을 의미한다. 회귀선 Y_p 는 X 와 Y 두 변수 간 완벽한 상관관계에 대한 기준이므로, 실제 Y_i 값이 Y_{Pi} 값과의 차이를 뜻하는 $SE(e)$ 가 크다는 것은 두 변수 간 상관관계가 크지 않다는 것을 뜻한다. 반대로 표준오차가 작을수록, 즉 $\sum(Y_i - Y_{Pi})^2$ 이 0에 가까워질수록 X 의 Y 에 대한 예측력이 완벽해짐을 뜻하고, 그것은 곧 두 변수 간의 관계가 그만큼 밀접히 상관되어 있음을 의미한다.

3) PRE 원칙의 적용

상관관계를 측정하는 PRE 원칙은 하나의 변수를 통해서 다른 변수에 대한 예측 능력이 향상되었는지를 보는 것이다. PRE에는 종속변수만에 의한 예측에서 나타나는 오류를 찾는 기준인 규칙(B)와, 독립변수를 도입한 상태에서 발생되는 오류를 구하는 규칙(A)가 있다. 앞서 설명한 최소제곱 기준을 적용해서 수량변수에 관련된 PRE 원칙을 제시하자면 다음과 같다.

규칙(B)　총변이(total variation)를 나타낸다. 총변이는 변이의 합을 뜻하고, 변이란 오차의 제곱값이다. 독립변수(X)를 알기 이전에 종속변수(Y)의 값을 예측하고자 했을 때, 개별 Y_i 값들을 예측하는 데 가장 효율적인 방법은 Y_i 값들의 평균($\overline{Y}$)을 사용하는 것이다.[4] 그러면 오차의 총합(총변이)이 가장 낮게 나오기 때문이다. 앞서 예의 경우를 여기에 적용해 보자면 다음과 같다.

총변이 값: $\sum (Y_i - \overline{Y})^2 = \sum (Y_i - 17.17)^2 = 170.83$

규칙(A) 미설명된 변이를 말한다. 독립변수의 분포를 알게 된 상태에서 최소제곱 기준의 예측선을 만들고, 이를 근거로 종속변수를 예측했을 때 잔재하는 오차의 크기를 뜻한다. 종속변수 값 Y_i를 예측하는 데 회귀선 $Y_p = a + b \cdot X$라는 함수를 사용하는데, 이에 기준해서 산출된 Y_{pi} 값들은 실제 Y_i 값들과 일정한 오차를 보인다. 그 오차들을 제곱 값으로 해서 합한 것이 미설명 변이가 된다.

미설명 변이 값: $\sum (Y_i - Yp_i)^2 = 21.16$

등간변수들 간 상관관계의 크기는 PRE 규칙(B)와 규칙(A)에 의거해 구해질 수 있는데, 피어슨 상관계수(r)가 대표적인 경우다.

4) 피어슨 r

피어슨 r(Pearson's r)은 PRE 공식의 (B)와 (A)를 산출하는 규칙을 앞에서 설명한 것과 같이 적용한다. 종속변수만을 가지고 시도하는 데 따르는 오차(B)는 총변이로 구하고, 독립변수를 도입하고 난 후의 오차(A)는 미설명 변이로 계산한다. 즉, 독립변수의 정보를 포함시킨 회귀선을 이용하여 종속변수 값을 예측할 때, 종속변수의 정보만으로 예측했을 때에 비해 어느 정도로 오차가 줄어드는지를 통해 두 변수 간의 상관관계의 크기를 결정하는 것이다. 앞서 예의 경우를 피어슨 r 상관계수로 구하면 다음과 같다. 여기에서 r^2이 구해지는 이유는 변이들이 제곱 값의 성격을 갖기 때문이다.

$$r^2 = \frac{\text{총변이} - \text{미설명 변이}}{\text{총변이}} = \frac{170.83 - 21.16}{170.83} = 0.88$$

$r^2 = 0.88$은 한 변수에 의해 다른 변수가 설명될 수 있는 정도를 뜻하는 것으로, 그만

4) 시험 삼아 몇 개의 수를 뽑아서 확인해 본다. $N = 5$에서 Y 값이 {30, 5, 16, 21, 28}이라 하자. 누가 어떤 값을 갖는지는 모른다고 가정한 상태에서, 5명 각각에 대한 Y 값을 알아맞히고자 한다. 이때 다른 어떤 값보다도 평균 값($\overline{Y}$)을 쓰는 것이 전체 오차를 최소화시켜 주는 것을 볼 수 있다.

큰 크기의 상관관계가 두 변수 간에 존재한다는 것을 뜻한다. 비록 완벽하지는 않지만, 이 정도 크기이면 상관관계는 상당히 큰 것이라 할 수 있다.

보통은 피어슨 상관계수라 하면 r^2의 제곱근인 r을 가리킨다. r^2이 제곱 값인 관계로 0에서 +1 사이에 위치한 반면, r은 −1에서 +1 사이에 위치하여 상관관계의 방향을 나타낼 수 있다. r이 −1에서 0 사이에 있으면, 두 변수(X, Y)는 역상관 관계에 있다고 한다. r이 0과 1 사이에 있으면 순상관 관계를 나타낸다. X 값이 증가할 때 Y 값도 증가하면 순상관 관계이고, X 값이 증가할 때 Y 값이 감소하면 역상관 관계가 된다.

r과 r^2의 값들이 0이 되는 경우는, 미설명 변이의 크기가 총변이의 크기와 같은 때다. 즉, 독립변수(X)의 값들을 알더라도 종속변수(Y)의 값들을 예측하는 데 있어서 단순히 평균으로 예측할 때와 차이가 전혀 없는 경우다. 따라서 이 경우는 두 변수의 상관관계가 전혀 없음을 뜻한다. 반면에 계수 값이 1 혹은 −1에 접근하는 경우는, 미설명 변이가 0이 되는 때이다. 이는 곧 독립변수에 의해 종속변수가 완벽하게 예측되는 상태가 되는 것으로, 두 변수는 완벽한 관계에 있음을 의미한다.

5) 산점도의 작성

수량변수들의 관계를 알기 위해 단순히 r과 같은 수치만을 사용하는 것은 때로 위험할 수 있다. 비록 피어슨 상관계수로는 0에 근접하는 것으로 나타나지만, 실제로는 변수들 간에 밀접한 관계가 있는 경우들도 가능하다. 예를 들어, X와 Y의 관계가 곡선 형태로 이루어져 있는 경우에는, 직선을 기준으로 하는 회귀선 방식에 의한 상관관계의 예측은 적절하지 않다.

그러므로 수량변수들 간 관계를 알아보기 위해서는 먼저 산점도(scatter plot)를 그려 보는 것이 중요하다. 두 변수 간 관계가 시각적으로 직선형 분포인지 혹은 곡선형 분포인지 등을 사전에 파악할 필요가 있다. [그림 17-4]는 분포의 유형을 몇 가지로 나타내 본 것이다. 단순 선형회귀는 왼편 두 개의 그림과 같은 직선 분포만을 염두에 둔다. 따라서 오른편 그림과 같이 두 변수 값들이 곡선형으로 분포된 경우에는, 직선형 회귀선(Y_L)을 사용하면 이들 간에 아무런 관계가 없는 것으로 나타난다. 이때 상관계수는 0에 가까워진다. 같은 자료에 대해 곡선형 회귀 방정식(Y_C)을 사용하면 두 변수 간에는 긴밀한 관계가 있는 것으로 나타난다. 상관계수가 1에 가까워진다.

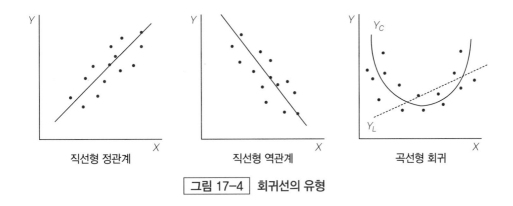

그림 17-4 회귀선의 유형

곡선형 분포에 대해서는 그에 맞추어 곡선형 회귀 방정식도 사용할 수 있다. 회귀선을 이용한 상관계수의 산출에 있어서 무조건적으로 직선형 회귀를 대입하는 것은 옳지 않다. 즉, 피어슨 r 이 무조건 수량변수들 간 관계의 크기를 대변해 주는 것은 아니라는 뜻이다. 언제나 그렇지만 수집된 자료에서 나타나는 변수들의 분포를 질적으로나 시각적 방법 등을 통해 적절히 파악한 연후에, 그에 적합한 수량적 분석 방법을 적용하는 것이 중요하다. 곡선형 회귀에 대해서는 이 책에서 다루지 않는다.

두 변수 간 상관관계의 크기 정도는 산점도만을 보고서도 어느 정도 유추해 볼 수 있다. [그림 17-5]는 상관관계의 크기에 따라 변수 값들이 다르게 분포되어 있는 것을 보여 준다. 상관관계가 강하게 나타날수록 측정값들은 회귀선을 중심으로 모여 있고, 상관관계가 약할수록 회귀선으로부터 분산되어 있다. 피어슨 r의 크기는 왼쪽으로 갈수록 1에 가까워지고, 오른쪽으로 갈수록 0에 가까워질 것이다. 최소제곱 기준의 원칙을 상기해 보면 그 이치가 쉽사리 이해될 수 있다. 측정값들이 회귀선으로부터 떨어져 있을수록 오차의 합이 커지기 때문이다.

그림 17-5 변수 값들의 분포 형태와 상관관계의 크기

SPSS와 같은 통계 프로그램들은 대부분 산점도를 그려 주는 그래프 기능을 가지고 있으며, 관찰점들을 근거로 최적의 회귀선에 관한 정보(절편과 기울기 값)도 계산해 준다. 이런 시각적 및 수치 정보들은 상관계수의 수치와 함께 변수들 간의 상관관계에 대한 성격을 파악하는 데 중요한 도움을 준다.

7. 이원적 기술통계의 종류

두 변수 간의 상관관계의 크기를 나타내는 다양한 계수들은 SPSS와 같은 전산통계 프로그램을 사용하면 손쉽게 계산될 수 있다.[5] 〈표 17–11〉 ~ 〈표 17–15〉에는 SPSS의 이원 기술통계에서 주로 사용되는 상관관계 계수들이 소개되어 있다.[6] 이원 분석에 포함된 변수의 성격에 따라 사용되는 계수들이 각기 다르므로, 이를 구분해서 간단한 설명들과 함께 제시한다. 여기에 있는 카이제곱(χ^2), 크레이머 V, 개연성 계수 등과 같은 카이제곱에 기반을 둔 통계 수치들에 대해서는 이 책 6부 '추론통계 분석'에서 보다 상세히 설명한다.

〈표 17–11〉 **명목변수들 간의 상관계수**

통계치	설명
카이제곱 (χ^2, Chi-square)	기대 빈도와 실제 관찰된 빈도 간의 차이에 의해 발생하는 오차의 크기를 계산한 것이다. 카이제곱 값 자체는 상관계수가 아니지만, 이에 기반한 여러 상관계수들의 산출 근거가 된다.
개연성 계수 (Contingency Coefficient)	카이제곱에 근거한 상관계수다. 계수는 항상 0과 1 사이에 있지만, 1이 되는 것은 일반적으로 가능하지 않다. 비록 이론적 최댓값은 1이지만, 도표에 있는 행과 열의 수에 의해 최댓값이 제한된다.
파이 (Phi), 크레이머 V (Cramer's V)	파이(Phi)는 카이제곱에 근거한 상관계수다. 카이제곱 값을 케이스 수로 나누고 다시 제곱근한 것이다. 크레이머 V 역시 카이제곱에 기반한 상관계수다.

---

5) 복잡한 다원 분석의 계산들도 손쉽게 처리해 준다. 그래서 연구자는 통계 수치를 계산하는 작업보다는 여기에서 산출된 온갖 통계 수치들이 각기 무엇을 의미하는지 아는 것이 보다 중요하다.
6) SPSS-Win의 도움말 색인에서 주로 발췌.

불확실성 계수 (Uncertainty Coefficient)	PRE에 의한 상관계수다. 계수 값이 상한선 1에 근접할수록, 첫째 변수에 대한 관찰 값의 지식으로부터 두 번째 변수의 값에 관한 정보를 완전히 얻을 수 있음을 뜻한다. 하한선은 0이며, 첫 번째 변수 값의 지식이 두 번째 변수 값에 관한 정보 획득에 전혀 도움이 되지 않음을 의미한다. 대칭, 비대칭 계수가 모두 가능하다.
람다 (λ, Lambda)	PRE에 기반의 상관계수로서, 독립변수의 값이 종속변수의 값 예측에 따른 오류를 감소시키는 정도를 나타낸다. 계수 값은 0에서 1 사이에 있는데, 1은 독립변수가 종속변수를 완벽하게 예측할 수 있는 완벽한 상관관계, 0은 독립변수가 종속변수를 예측하는 데 전혀 도움이 되지 않는 완벽한 무관계를 뜻한다.

〈표 17-12〉 **명목변수와 수량변수 간의 상관계수**

통계치	설명
에타 (η, Eta)	등간 측정에 의한 종속변수와 한정된 수의 범주를 가진 독립변수에 적합한 상관계수다. 두 가지의 에타 값이 계산된다. 하나는 행에 있는 변수를 등간변수로 취급하는 것이고, 다른 하나는 열에 있는 변수를 등간변수로 취급하는 것이다.

〈표 17-13〉 **서열변수들 간의 상관계수**

통계치	설명
감마 (γ, Gamma)	두 서열변수들 간의 상관계수다. 감마는 대칭적이며, 0과 1 사이의 값을 가지고 있다. 만약 교차분석이 세 변수 이상을 포함하고 있다면, 조건부 감마가 각 하위 도표에 대해 계산된다.
소머 d (Somer's d)	두 서열변수들 간의 상관계수다. 비대칭적 형태의 감마와 같다. 감마와의 차이는 계산식에 합치 짝들을 포함시키는 것과 관련되어 있다. SPSS는 대칭형의 소머 d도 계산해 준다.
켄달 타우-b (Kendall's τ_b)	서열변수들 간 비모수 상관계수다. 합치 짝들을 기준으로 하고 있다. 계수 값은 관계의 크기를 말하고, +, − 부호는 관계의 방향을 가리킨다. 절댓값이 클수록 더 강력한 관계를 나타낸다. 계수 값의 가능한 영역은 −1에서 1 사이지만, 양극단 값들은 정사각형 이원 도표에서만 구해질 수 있다.
켄달 타우-c, (Kendall's τ_c)	서열변수들 간 비모수 상관계수로서, 합치 짝들을 계산에 포함하지 않는다. 계수의 +, − 부호는 관계의 방향을 가리키며, 절댓값은 관계의 강도를 나타낸다. 가능한 계수 값은 −1에서 1 사이에 있다.

⟨표 17-14⟩ 수량변수들 간의 상관계수

통계치	설명
피어슨 r (Pearson's r)	두 수량변수들 간 직선형 상관계수다. 계수 값이 +1이면 완전한 정상관 관계, −1이면 완전한 역상관 관계임을 뜻한다. 하나가 증가하면, 하나가 감소하는 관계가 역상관 관계이다. 대부분의 계수 값들은 +1에서 −1 사이에 있는데, 계수 값이 0이면 선형 관계가 전혀 없음을 말한다.

⟨표 17-15⟩ 기타 상관계수

통계치	설명
카파 (Cohen's Kappa)	두 사람이 동일한 현상에 대해서 평가할 경우에 두 명의 평가자들 간의 합의를 측정한 계수다. 평가자들이 합의하는 경우의 관찰된 비율과 우연에 의해 기대되는 비율들 사이의 차이를 통해서 계수 값이 산출되는데, 1은 완벽한 합치, 0은 우연보다 더 나을 바가 전혀 없는 합치를 의미한다.
상대 위험도 (Relative Risk)	한 요인의 존재와 한 사건의 발생 사이에 나타나는 상관성을 측정하는 계수다. 종단 연구의 코호트(cohort) 분석 등에서 흔히 쓰이는데, 계수 값은 요인이 존재할 경우의 사건의 발생률과 요인이 존재하지 않을 경우의 사건의 발생률들 사이의 비(ratio)를 가리키는 것이다. 그러므로 계수 값이 1이면 요인이 사건과 상관관계가 전혀 없음을 나타낸다. 요인의 존재가 드물게 나타나는 경우에는 오즈비(Odds Ratio, OR)를 사용한다.

제18장

다원 기술통계

다원(multivariate, 다변량) 기술통계는 셋 이상의 변수들 간에 나타나는 관계를 분석하는 것이다. 분석에 포함하는 변수들의 수가 제한이 없으므로, 그만큼 다양한 용도로 활용될 수 있다. 다원 통계분석의 주요 기능은 통제와 명료화, 예측이다.[1] 통제란 외부 설명의 영향을 배제하는 것이고, 명료화는 기존의 관계를 구체화해 주는 것이다. 예측은 다수의 원인 변수들이 초래하는 영향을 분석하는 것이다.

1. 통제

다원 분석에서 통제(control)란 변수들 간 관계에 대한 설명을 엄격하게 하는 기능이다. 앞서 이원 분석에서는 변수들 간 관계가 성립하는지를 단지 '공변성'의 확인에 초점을 두었다. 모든 이원적 상관관계 계수들은 그러한 공변성의 크기만을 제시한다. 공변성은 그 자체로 변수들 간의 관계가 실제로 존재하는지, 아니면 우연이나 가짜로 그렇게 보이는지를 확인해 줄 수 없다.

모든 연령층을 대상으로 키와 소득을 수집한 자료의 이원 분석을 해 보면 두 변수가 상관관계를 가지는 것처럼 나타난다. 공변성이 쉽게 발견되기 때문이다. 키가 클수록 소득이 높아지고,

---

1) Nachmias, D. & Nachmias, C. (1981). *Research Methods in the Social Sciences* (2nd ed.). NY: St. Martin's Press, pp. 359-360.

키가 작을수록 소득이 낮아진다. 그렇다면 키와 소득이 실제로 상관관계가 있다거나, 혹은 더 발전하여 키가 곧 소득의 원인이 된다고 할 수 있겠는가?

두 변수 간 공변성을 확인한 것만으로는 이들이 직접적으로 관계되어 있다는 근거로 충분치 못하다. 두 변수가 실제로 상관 관계를 가진다는 것이 입증되려면, 상관성과 함께 다른 외부 변수들에 의한 설명 가능성도 배제될 수 있어야 한다. 현재 나타나는 공변성의 관계가 실제로 두 변수 간의 작용에 의한 것인지, 아니면 다른 외부 변수가 두 변수에 작용하여 공변성을 일으키는지가 확인되어야 한다. 인과관계의 입증에서는 이러한 조건을 통제(control)라 한다.[2]

앞서 예에서 만약 키와 소득이 실제로 직접 관계에 있다면, 다른 외부 변수들은 이 관계를 설명할 수 없어야 한다. 예를 들어, '나이'라는 외부 변수를 집어넣어 보면, 키와 소득의 공변 관계가 대부분 그것만으로 설명되어 버릴 수 있다. 나이가 키와 소득 모두를 변화시키므로, 이로 인해 키와 소득은 직접 관계가 없음에도 불구하고 공변성이 발생하는 것이다. 이처럼 사실과는 다르지만 그럴듯하게 보이는 관계들을 허위 관계(spurious relation)라고 부른다.

[그림 18-1] 허위 관계

[그림 18-1]에서 나타나는 바와 같이 키와 소득의 공변 관계는 나이를 넣고 보면 허위 관계가 되어 버린다. 다원 통계분석에서는 이런 경우에 나이를 통제변수라 한다. 통제변수를 도입해서 보면 기존의 관계에 대한 설명이 사라지는 경우, 이를 허위 관계라 한다.

---

2) 두 변수 간에 인과관계가 성립하는지를 입증하기 위해서는, ① 공변성, ② 시간적 우선성, ③ 통제라는 세 조건이 경험적으로 충족됨을 제시해야 한다. 앞서 이원 분석에서 초점을 두었던 공변성은 인과성(causality)의 입증에 필요한 단지 하나의 기본 조건에 불과하다. 인과관계의 입증을 위해서는 상관성과 함께 나머지 두 조건이 충족되어야 한다. 다원 분석을 위한 통계 기법들은 특히 인과관계를 입증하기 위한 ③ 통제 조건을 제시하는 데 적절히 쓰인다. 이에 대한 자세한 설명은 이 책 6장에서 제시한다.

관계에 대한 검증을 시도하는 조사연구들에서는 이처럼 허위성에 대한 통제가 필요하다. 허위성을 유발할 가능성이 있는 외부 변수들을 의도적으로 자료수집에 포함시키고, 통제한 상태에서 기존 관계를 확인해 보아야 한다. 통제변수를 도입해서 보아도 기존의 공변성이 그대로 확인된다면, 그로 인해 기존 관계에 대한 설명의 신뢰성은 한층 더 높아진다.

다원적 통계분석에서 이처럼 통제의 기능을 수행해야 하는 이유는 실험 디자인을 사용할 수 없기 때문이다. 실험 디자인에서는 외부 사건 혹은 설명들을 통제하기 위해 통제집단을 사용한다. 실험집단과 동일한 성격의 통제집단을 유지함으로써 독립변수의 개입 이외에 다른 설명들이 종속변수의 변화에 영향을 미치는 부분을 배제해 낼 수 있다.

비록 실험 디자인이 통제의 목적을 달성하는 데 매우 효과적이기는 하지만, 사회복지 조사연구들에서 실제로 사용하기에는 쉽지 않은 측면들이 많다. 특정한 독립변수를 조작하고, 무작위로 실험집단과 통제집단을 배분하며, 이들을 엄격히 분리한 상태에서 동질적인 환경을 유지시켜 준다. 이러한 물리적인 통제 방식의 실험실 환경 요소들이 사회복지 실천/연구 환경에는 적용되기가 거의 불가능하다.

이런 어려움으로 인해 현실 연구들에서는 대개 물리적 통제가 약한 디자인들을 쓸 수밖에 없는데, 그로 인해 외부 변수의 개입 여부와 허위 관계의 가능성 등은 통계적 기법으로 통제해서 설명하는 경우가 많다. 이런 기법은 자료수집이 끝나고 난 후에 분석 단계에서 실시되는 것으로, 일종의 사후 통제의 성격을 띤다. 다원 통계분석의 기법으로 사후 통제를 실시하는 방법으로는 교차분석과 부분상관이 대표적이다.

1) 교차분석 기법

통제 목적의 교차분석 기법은 실험 디자인에서의 배합(matching) 메커니즘에 비교될 수 있다. 두 방법 모두 분석 결과에 영향을 줄 수 있는 외부 요인을 통제해서 보기 위한 것으로, 비교집단을 동질적으로 만들기 위한 노력이다. 배합을 하게 되면 조사 대상자들은 독립변수의 개입 이전에 배합에 사용된 통제변수에 따라 미리 동등하게 실험집단과 통제집단에 할당된다.[3] 반면에 교차분석 기법을 적용하면 사후에 비교집단들의 차이를 통제하는 시도를 하는 것과 같다.

실험 디자인에서의 사전 배합과 같은 물리적 통제 방법은 사회과학적 현실에서는 적용되기 어렵다. 그로 인해 대부분의 현실적인 비실험적 조사연구들에서는 교차분석 기법과 같은 다원적 통계분석의 통제 방법을 많이 사용한다.

어떤 대학에서 캠퍼스 내 음주 허용에 대한 학생들의 의견을 서베이 조사한 자료가 있다고 하자. 이 자료를 가지고, 사회복지를 전공하는 학생들과 다른 학생들 간에는 어떤 차이가 있는지를 분석해 보았더니 〈표 18-1〉과 같은 결과가 나왔다.

〈표 18-1〉 전공에 따른 음주 허용의 찬반 견해

캠퍼스 내 음주 허용	전공	
	사회복지	여타
찬성	20　(20%)	50　(50%)
반대	80　(80%)	50　(50%)
합계	100 (100%)	100 (100%)

〈표 18-1〉의 결과로 보자면 사회복지 전공 학생들은 음주 허용에 찬성하는 학생들의 비율이 20%에 불과하다. 여타 전공의 50%에 비하면 상당히 낮은 수치다. 이것만을 가지고 본다면, 전공의 차이에 따라 음주 허용에 대한 견해가 다르게 나타나는 것처럼 여겨질 수 있다. 사회복지를 공부하면서 음주 행위에 대한 부정적인 인식이 높아졌기 때문이라고 이 결과를 그럴듯하게 설명해 볼 수도 있다.

그런데도 이러한 설명이 경험적으로 설득력을 가지려면, 다른 대안적인 외부 설명들이 배제될 수 있어야 한다. 만약 사회복지 전공과 여타 전공 학생들 간에 나타나는 차이가 공부의 성격이 아니라 다른 것들 때문이라면? 예를 들어, 음주에 대한 견해는 학생들의 성별에 따라 차이가 있다면, 만약 사회복지 전공과 여타 전공이 성별 구성에서 차이가 있다면? 이런 의문은 위의 분석 결과에 대한 설명인 '전공 공부로 인한 영향'을 부인할 수도 있는 것이므로, 이를 '통제'해서 볼 필요가 있다.

통계분석에서 통제란 대안적 설명의 가능성이 있는 변수를 기존의 분석에 보태서 분

---

3) 배합은 어떤 변수가 통제되어야 할 것인지를 사전에 명확히 알면, 그에 매칭해서 표본으로 추출되는 비교 집단들에서 해당되는 변수 값들이 골고루 분포될 수 있게 하는 것이다. 예를 들어, 성별 변수를 통제하고 싶다면, 비교 집단들에서 성별 변수 값이 동일하게 분포되도록 사전에 표본을 구성하는 것이다.

석해 보는 것이다. 음주 허용에 대해 찬성하는 학생과 반대하는 학생의 비중이 전공에 따라 차이가 나는데, 혹시 이것이 성별에 따른 차이로서 설명될 수 있는 것은 아닌지를 확인해 보려면 먼저 전공별로 성별 변수 값을 들여다본다. [그림 18-2]처럼 해 보는 것이다.

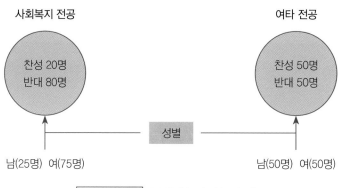

그림 18-2 통제변수의 가능성 검토

[그림 18-2]의 결과는 다분히 성별 변수가 음주 견해 변수에 관련되어 있을 것이라는 대안적 설명이 가능함을 보여 준다. 만약 그림의 분석과는 달리 사회복지 전공의 성별 분포가 여타 전공처럼 50명 : 50명으로 유사하게 나타났다면, 성별의 차이가 두 전공 집단 간에 없으므로, 성별 변수는 더 이상 음주 견해 차이에 대한 대안 설명으로 검토될 필요가 없다. 그러나 [그림 18-2]의 예에서는 성별이 통제변수로서의 가능성을 다분히 가진다.

어떤 변수가 통제변수로서의 가능성을 가지고 있다면, 이것은 가능한 사전에 통제되는 것이 적절하다. 예를 들어, 실험연구 디자인을 통해 미리 두 집단의 남학생과 여학생 성비를 균등하게 맞추어 자료수집을 했더라면, 적어도 성별 변수만큼은 사전에 통제가 될 수 있었을 것이다. 그러나 이 예의 경우에는 사전 통제의 방법을 사용하지 않았으므로, 성별 변수의 영향에 대해 사후 통제를 위한 분석 방법을 적용하는 것이다.

통계적 방법의 사후 통제는 다음과 같이 진행한다.

첫째, 통제하려는 변수에 대한 자료는 반드시 수집되어 있어야 한다. 성별을 통제하고 싶다면 성별에 대한 자료가 전공과 음주 견해에 대한 자료와 함께 수집되었어야 한다.

둘째, 일차적으로 통제변수와 독립변수의 관계에 대해 살펴본다. 명목변수나 서열변수에서는 두 변수를 교차분석해 보는 것이 좋은 방법이다. 〈표 18-2〉에서처럼 사회복지 전공에서는 성별이 25 : 75로 여학생의 비중이 크고, 여타 전공에서는 50 : 50으로 동일하다. 이러한 두 집단에서의 성비 차이는 통제변수로의 가능성을 확인해 준다.

셋째, 통제변수와 종속변수의 관계를 살펴본다. 성별의 분포에 따라 견해가 어떻게 나타나고 있는지를 알아보기 위해 〈표 18-2〉와 같은 이원 도표를 만든다.

〈표 18-2〉 **성별과 음주 견해의 이원 도표**

캠퍼스 내 음주 허용	성별	
	남	여
찬성	60 (80%)	40 (30%)
반대	15 (20%)	85 (70%)
합계	75 (100%)	125 (100%)

교차분석의 결과, 성별에 따라 음주 견해가 확연하게 구분되며 두 변수는 상당히 밀접한 관련이 있는 것으로 나타난다. 이를 명목변수들 간의 상관관계 계수인 람다(λ)로써 관련성의 크기를 계산해 볼 수 있다.[4]

$$\lambda \ = \ \frac{100 \ - \ (15 + 40)}{100} \ = \ 0.45$$

여기에서 람다 계수가 0.45라는 것은, 성별의 차이가 음주 허용에 대한 견해 차이를 약 45%가량 설명할 수 있다는 것을 뜻한다. 단일 변수의 작용으로 본다면 결코 작다고 할 수 없는 설명력이다. 즉, 통제변수가 종속변수에 대한 대안적 설명의 가능성을 높게 가지는 것이 확인된다.

넷째, 통제변수의 범주에 따라 자료를 구분하고, 각 범주 자료 안에서 원래의 이원 관계를 검증해 본다. 성별을 분리해서 전공과 음주 견해의 관계를 빈도 분포로서 재구성해 보니 〈표 18-3〉과 같이 나타났다. 여기에서 남학생들의 경우 전공의 차이에 따른 견해의 차이가 완전히 없어졌다. 여학생들의 경우에도 전공에 따라 약간의 차이는 있지만, 원래의 크게 상반되었던 견해 차이는 사라졌다. 이 결과를 들여다보면, 음주 허용에 대한 찬반 견해는 전공별 차이보다는 여학생과 남학생 집단의 차이에서 나타나는

---

4) 람다의 계산 논리는 16장 '이원 기술통계'에서 설명한다.

것임을 알 수 있다. 남학생들은 찬성하고, 여학생들은 반대하는 것이다. 이것은 전공 공부의 영향으로 캠퍼스 내 음주 허용에 대한 견해에서 차이가 나타난다는 기존의 이원적 관계에 대한 설명을 부인하게 만든다.

⟨표 18-3⟩ 통제변수 도입 후의 관계

캠퍼스 내 음주 허용	성별			
	남		여	
	사회복지	여타	사회복지	여타
찬성	20 (80%)	40 (80%)	20 (27%)	20 (40%)
반대	5 (20%)	10 (20%)	55 (73%)	30 (60%)
합계	25 (100%)	50 (100%)	75 (100%)	50 (100%)

만약 이 결과와 달리 성별 변수로 통제하고 난 후에도 전공 여부와 음주 허용 견해가 원래의 이원적 관계와 유사한 것으로 나타났다면, 이는 성별이라는 외부 설명이 가능하지 않음을 보여 주는 것이다. 그러면 성별과는 무관하게 원래의 '전공 공부로 인한 음주 견해의 차이'에 대한 관계의 규명을 계속해 나갈 수 있다. 관계의 허위성에 대한 강력한 의심 하나를 배제할 수 있게 됨으로써, 관계의 입증이 보다 강화될 수 있을 것이다.

이처럼 통제변수를 도입하여 원래의 관계를 분석한 결과는 몇 가지 유형으로 나타날 수 있으며, 그에 대한 해석은 다음과 같다.

- 원래의 관계가 사라짐: 이 경우는 통제변수의 영향력이 매우 크게 작용하고 있음을 의미한다. 따라서 원래 설정했던 관계는 허위 관계일 가능성이 크다. 앞서 분석의 예가 이 경우에 해당한다.
- 원래의 관계가 그대로 존속: 통제변수를 도입한 후에도 원래의 관계 유형이 그대로 나타나는 경우는, 통제변수에 의한 영향력(설명력)이 없음을 의미한다. 따라서 기존의 관계에 대한 설명은 보다 강력하게 지지된다.
- 관계가 약화됨: 통제변수를 도입한 후에 원래의 관계가 약화된 것으로 나타날 수 있다. 이런 경우는 통제변수가 부분적으로 영향력을 행사하고 있는 것으로 보아야 한다. 따라서 통제변수의 영향력을 감안한 변수들 간의 관계에 대한 설명, 즉 설명의 명료화가 필요하다. 뒤에 설명한다.

2) 부분상관

부분상관(partial correlation)은 이원 상관계수를 수학적 절차를 통해 조절한 것으로, 교차분석과 마찬가지로 통계적 통제 방법이다. 교차분석을 이용한 통제 방법은 설명이 용이하다는 장점이 있는 대신에, 케이스 수가 한정된 경우에는 사용하기 어렵다는 단점이 있다. 교차분석의 통제를 위해서는 통제변수의 범주별로 케이스를 나누어야 하는데, 수량변수와 같이 범주 수가 많은 경우에는 원천적으로 사용이 어렵다.

부분상관을 이용한 통제 방법은 통제를 위해 물리적으로 케이스를 나누지 않고도 수학적 절차만으로 통제 효과를 볼 수 있다. 부분상관의 계수를 산출하는 논리는 교차분석의 경우와 유사하다. 두 변수 간 관계의 크기를 평가하는 데 제3의 통제변수를 도입하여 원래의 관계가 어느 정도로 존속하는지를 확인하는 것은 두 방법이 동일하다. 부분상관 계수를 만들어 내는 공식은 다음과 같다. 여기에서 $r_{12.3}$은 변수(3)을 통제한 상태에서의 변수(1)과 변수(2) 간 부분상관 계수이고, r_{12}, r_{13}, r_{32}는 각 변수들 간 단순 이원 상관계수다.

$$r_{12.3} = \frac{r_{12} - r_{13} \times r_{32}}{\sqrt{1 - r_{13}^2} \times \sqrt{1 - r_{32}^2}}$$

부분상관 계수를 구하는 공식과 그 의미를 평가해 보기 위해 다음과 같은 예를 들어 본다.

클라이언트의 '자아존중감(변수 1)'과 '치료에 대한 기대감(변수 2)'이 r_{12} = 0.6의 0차 상관계수의 크기로 나타났다고 하자. 이러한 상관관계의 본질을 검증해 보기 위해, 두 변수에 대해 각기 상관관계가 있을 것으로 예상되는 변수를 통제해 본다. '사회계층(변수 3)'이 그중 하나였는데, 이는 자아존중감과 0차 상관이 r_{13} = 0.3, 기대감과는 r_{23} = 0.4의 상관계수로 나타났다고 하자.

이런 경우 부분상관 계수를 산출해 내면, 사회계층이 두 변수에 미치는 영향력을 배제한 상태에서 두 변수만의 관계를 제한해서 나타낼 수 있다.

$$r_{12.3} = \frac{0.6 - 0.3 \times 0.4}{\sqrt{1 - (0.3)^2} \times \sqrt{1 - (0.4)^2}} = 0.55$$

부분상관 계수를 구하는 공식의 분자 값에는 먼저 원래의 0차 상관계수를 넣는다. 여기에다 통제변수와 원래 변수들 사이의 상관관계로 인한 효과를 제거(−)한다. 그리고 그 결과는 분모에 있는 수정 요인으로 표준화된다. 수정 요인은 독립변수와 종속변수에 있는 변이들 중에서 통제변수에 의해서 설명되는 것을 반영한다.

부분상관 계수의 제곱 값은 통제변수에 의해 설명되지 않으면서 순전히 독립변수에 의해서만 설명되는 종속변수의 변이(variation, 편차들의 제곱 합) 부분들을 반영한다. 앞서 예에서 $r^2_{12.3}$을 구해 보면 0.30 정도가 나오는데, 이는 치료에 대한 기대감의 변이 중 약 30%가 사회계층의 효과를 제거하고 난 후에도 여전히 자아존중감에 의해서 설명될 수 있다는 것을 보여 준다. 원래의 관계(r_{12} = .60)와 비교해 보면, 사회계층이 통제된 상태의 관계($r_{12.3}$ = .55)가 큰 차이를 보이지 않는다. 따라서 이 경우에 사회계층은 자아존중감과 치료에 대한 기대감의 관계 설명에 그리 크게 개입되어 있지 않다고 할 수 있다.

이처럼 하나의 통제변수를 도입해서 나타나는 상관관계를 1차 부분상관이라 한다. 기존의 단순 이원 상관관계를 0차 상관이라 한다. 두 개의 통제변수를 사용해서 분석한 상관관계는 2차 부분상관, 세 개를 사용한 것은 3차 부분상관 등으로 부른다. 둘 이상의 통제변수를 쓰는 부분상관의 계수는, 예를 들어 $r_{12.34}$와 같은 방법으로 나타낸다. 즉, 변수(3)과 변수(4)를 통제한 상태에서, 변수(1)과 변수(2)의 부분상관 관계를 본다는 것이다. 다음의 2차, 3차 부분상관 계수를 구하는 공식을 살펴보면, 기본 논리는 1차 부분상관의 경우에서와 같다는 것을 알 수 있다.

$$r_{12.34} = \frac{r_{12.3} - r_{14.3} \times r_{24.3}}{\sqrt{1 - r^2_{14.3}} \times \sqrt{1 - r^2_{24.3}}}$$

$$r_{12.345} = \frac{r_{12.34} - r_{15.34} \times r_{25.34}}{\sqrt{1 - r^2_{15.34}} \times \sqrt{1 - r^2_{25.34}}}$$

부분상관의 방법으로 통제의 기능을 수행하는 데는 일정한 한계가 있다. 부분상관의 방법은 통제의 결과를 하나의 수학적 요약 수치로 뭉뚱그려 제시한다. 따라서 통제변수의 각 범주들에서 각기 상이하게 나타날 수 있는 상관관계의 특성들을 살펴볼 수가 없다. 만약 범주마다 각기 상이한 부분상관의 유형이 나타날 것으로 예상되는 경우에는, 가능한 한 교차분석 기법을 활용한 통제가 적절하다.

2. 설명의 명료화

다원 분석의 두 번째 용도는 변수들 간의 관계에 대한 설명을 명료화하는 것이다. 통계분석에서 명료화(elaboration)란 독립변수와 종속변수 간의 관계가 어떤 연유로 나타나는지, 혹은 상황이나 조건에 따라 관계가 어떻게 달라질 것인지 등으로 구체화해서 보는 것을 말한다. 통계분석에서는 관계를 명료화하는 작업에 매개변수나 조절변수의 개념을 사용한다.

1) 매개변수

매개변수(intervening variable)는 변수들 간의 관계를 중간에서 매개해 주는 역할을 하는 변수다. [그림 18-3]에 매개변수의 위치와 역할이 나타나 있다. 비록 독립변수와 종속변수 간에 관계가 있는 것으로 추정되지만, 그것이 구체적으로 어떻게 나타나는지는 명확히 설명되지 않은 상태가 왼편 그림의 점선으로 나타난다. 이를 명료화하기 위해 매개변수(X_I)를 도입한 관계가 오른편 그림의 실선처럼 제시된다.

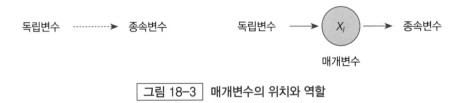

독립변수 ┈┈┈┈▶ 종속변수　　　독립변수 ──▶ X_I ──▶ 종속변수

매개변수

그림 18-3 | **매개변수의 위치와 역할**

매개변수는 가짜 관계를 나타내게 하는 허위변수(spurious variable)와는 다르다. 허위 관계라면 허위변수를 두 변수 간 관계에 도입하면 상관관계가 사라지지만, 매개 관계라면 매개변수를 도입해 보면 원래의 관계가 보다 명료하게 설명된다.

어떤 직업상담 프로그램이 상담 서비스를 실시하고, 취업률에 변화가 있는지를 확인하려 한다. 즉, 직업상담(독립변수)이 취업률(종속변수)과 관계가 있는지를 보려는 것이다. 만약 관계성이 나타났다고 하면, 다음으로는 무엇이 그런 관계성에 연관되어 있는지를 알고 싶을 것이다. 예를 들어, '상담 → 일에 대한 동기 강화 → 취업'인지, 아니면 '상담 → 취업 정보 확대

→ 취업'인지 등을 분간해서 알고 싶은 것이다. 이런 경우에 '일에 대한 동기' '취업 정보' 등이 매개변수가 된다.

매개변수를 활용해서 기존의 관계를 명료화하는 방법은 학술 이론에서뿐만 아니라 현장의 프로그램 이론들에서도 유용하다. 프로그램 이론에서는 매개변수가 프로그램의 효과를 나타나게 만드는 이유에 해당한다. 만약 프로그램의 결과가 의도했던 매개변수로 인한 효과로 설명될 수 없다면, 그 프로그램은 이론적인 타당성이 없는 것이 된다.[5] 이처럼 프로그램 이론을 개발하고 명료화하는 데는 매개변수의 개념이 특히 중요시된다.

2) 조절변수

조절변수(mediating variable)란 변수들 간 관계의 성격을 조절하는 역할을 하는 변수다. 관계를 중간에서 이어 주는 역할을 하는 매개변수와는 구분된다. 조절을 한다는 것은 두 변수 간 관계의 크기가 조절변수의 값에 따라 정도의 차이를 보인다는 것이다.

교육 수준과 소득 수준 간에 이원적 관계가 r_{12} = 0.6의 계수 크기로 성립한다고 하자. 그런데 이 관계가 남성과 여성 집단에서는 달리 나타날 수도 있다. 이를 확인해 보려면, 성별 변수를 추가로 분석에 투입할 필요가 있다.

[그림 18-4]의 경우는 성별이 조절변수로서의 위치와 역할을 가지고 있음을 보여 준다. 전체 집단에서 두 변수 간의 관계 크기(r_{12} = 0.6)에 성별이 조절변수로 작용하여 성별 하위 집단에 따라 상관계수의 크기가 0.7, 0.3으로 각기 다르게 나타남을 보여 주는 것이다. 이런 경우에는 교육과 소득 변수 간에는 관계가 있지만, 그 관계의 성격은 성별에 따라 조절된다고 말한다.

조절변수는 일반적으로 두 변수 간 관계에 수반되는 조건이나 상황을 구체화하기 위한 목적에 쓰인다. 대부분의 이원적 상관관계는 주어진 상황이나 조건에 따라 각기 다른 양상으로 나타날 수 있다. 어떤 상황에서는 그 관계가 강하게 나타나고, 어떤 상황에서는 약하게도 나타날 수 있는 것이다. 이와 같이 조절변수들을 이원적 상관관계의

5) 이 책 26장 '평가 조사'에서 이를 자세하게 설명한다.

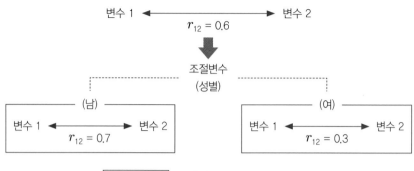

그림 18-4 조절변수의 위치와 역할 예시

분석에 포함시키게 되면, 상황에 따른 관계의 양상이 명료화될 수 있다.

실천 현장에서는 조절변수에 대한 고려가 특히 중요한데, 예를 들어 특정 치료 기법의 효과성은 연령대별, 성별, 혹은 치료 환경에 따라 상당한 차이를 보일 수 있는 것이다. 그러므로 현실적인 서비스 프로그램을 개발하기 위해서는 서비스 상황이나 대상 인구 집단의 조건이나 상황 등이 조절변수로서 중요하게 다루어져야 한다.

일반적으로 사회과학 연구에서 유의하는 조절변수들에는 다음이 있다.

시간과 장소   사람들에 대한 조사연구에서는 시간과 장소는 중요한 조절변수로 작용한다. 사람들은 시간의 흐름이나 장소가 바뀜에 따라 생각이나 행동들이 달라질 수 있다. 이를 인정한다면, 변수들 간 관계의 조사연구에서는 시간이나 장소와 같은 요인이 조절변수로서 어떻게 작동하는지를 함께 확인하는 것이 중요하다. 특히 종단 연구들에서는 시간 변수 자체가 중요한 독립변수로까지도 활용된다. 횡단 연구들에서는 상황이나 장소 등이 대부분 조절변수로서 자동적으로 포함되는 경향까지도 있다.

배경 특성   분석 단위들의 배경적 특성들도 중요한 조절변수가 된다. 특정 사람들이나 집단에서는 상관관계가 나타나지만, 다른 사람들이나 집단에서는 그 관계가 나타나지 않는 경우가 있다. 예를 들어, 동일한 교육 방법이라 해도 그 효과는 집단들마다 달리 나타날 수 있으며, 어떤 상담 기법은 특정 연령층에만 유효한 것으로 판명되기도 한다. 따라서 성별, 연령, 교육 수준, 소득 수준, 직업적 권위 등과 같이 사람들에게 일반적으로 영향을 미치는 배경 특성의 변수들은 대부분 사회과학 연구들에서 무의식적이다 싶을 정도로 조절변수에 포함하는 경향이 있다.

흥미와 관심   사람들은 관심이나 흥미의 정도에 따라 태도나 행동 유형에 있어서 차이를 보인다. 따라서 사람들의 흥미와 관심 정도에 따라 연구 대상 변수들 간의 관계가 어떻게 달리 나타나는지를 살펴볼 필요가 있다. 즉, 조절변수로서의 가치가 있다는 뜻이다.

3. 예측과 다중회귀 분석

다원 분석의 최종 목적은 예측 능력의 향상에 있다. 한 현상을 설명하고자 할 때, 이 원적 관계를 위주로 하는 분석들은 설명력에 있어서 한계를 내포한다. 하나의 변수만 으로 충분히 설명될 수 있는 현상들의 수는 극히 제한되어 있기 때문이다. 대개는 하나 의 현상에 대해 다양한 독립변수들이 관련을 맺고 있으면서 복합적으로 작용하고 있는 것이 보다 현실적이다. 예를 들어, '청소년 비행'이라는 현상의 원인은 [그림 18-5]와 같은 몇 가지 복합적인 요인들로 설명될 수 있다.

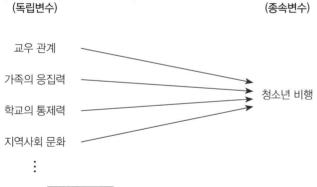

그림 18-5 | **종속변수에 대한 다원적 설명의 예**

다수의 변수들이 작용하는 다원적 상황을 분석하는 데는 다중회귀 분석 방법이 적합 하다. 다중회귀(multiple regression) 분석은 복수의 독립변수들이 종속변수에 대해 미 치는 영향력을 측정하는 것이다. 다중회귀에 사용되는 등식은 선형회귀에 기초하고 있다. 다음은 2개의 독립변수가 한 종속변수에 미치는 영향력을 선형회귀 방정식으로 표현한 것이다. 여기에서 Y_1은 종속변수, X_2와 X_3은 독립변수, $a_{1 \cdot 23}$은 절편, $b_{12 \cdot 3}$와 $b_{13 \cdot 2}$는 기울기에 해당한다.

$$Y_1 = a_{1.23} + b_{12.3} \cdot X_2 + b_{13.2} \cdot X_3$$

이 다중회귀 방정식에서 $b_{12.3}$과 $b_{13.2}$는 부분회귀 계수가 된다. $b_{12.3}$은 X_2에 있어서의 변화가 Y_1에는 얼마만큼의 변화를 초래할 것인지를 나타내는 계수 값이다. 이것이 부분회귀 계수로 표현된다는 것은 X_3이 일정하다고 통제된 경우를 가정한다는 것이다. $b_{13.2}$도 역시 마찬가지로, X_2가 일정한 것으로 통제될 때 X_3의 Y_1에 대한 영향력의 정도를 표현하는 부분회귀 계수 값이다.

이원 상관관계의 상황에서와 같이 다중 선형회귀 방정식의 상수들(a, b)은 회귀 방정식에 의한 예측이 실제와의 차이에서 발생할 수 있는 오차를 최소화할 수 있는 값으로 결정된다. 이처럼 기존 자료에 대한 최적합성(best fit)을 성취하도록 고안된 것이 바로 최소제곱(least-square) 기준이며, 이에 근거해서 다중회귀 방정식의 상수 $b_{12.3}$, $b_{13.2}$, $a_{1.23}$은 다음과 같이 구해진다.

$$b_{12.3} = \frac{b_{12} - b_{13} \cdot b_{32}}{1 - b_{23} \cdot b_{32}} \qquad b_{13.2} = \frac{b_{13} - b_{12} \cdot b_{23}}{1 - b_{32} \cdot b_{23}}$$

$$a_{1.23} = \overline{Y}_1 - b_{12.3} \cdot \overline{X}_2 - b_{13.2} \cdot \overline{X}_3$$

여기에서 b_{32}는 b_{23}과 다르다. 회귀 계수는 비대칭적이므로 두 상수의 값은 각기 다를 수 있다. 무엇을 독립변수로, 무엇을 종속변수로 두는지에 따라 계수가 달리 계산되기 때문이다. 따라서 이를 혼용해서는 안 된다.

청소년 비행에 대한 한 연구에서, 청소년 비행(Y_1)을 가족의 응집력(X_2)과 학교의 통제력 (X_3)이라는 두 요인을 가지고 설명하려 한다. 기초자료의 분석 결과, 평균, 표준편차(S), 단순 상관계수(b)들이 다음과 같이 나타났다 하자.

$\overline{Y}_1 = 80$	$\overline{X}_2 = 16$	$\overline{X}_3 = 7$	
$S_1 = 12$	$S_2 = 6.3$	$S_3 = 2.7$	
$b_{12} = 1.3$	$b_{13} = 0.8$	$b_{32} = 1.1$	$b_{23} = 0.4$

예에서 제시된 상관계수들을 이용하여 다중회귀 방정식에 들어가는 상수들을 계산해 보면 다음과 같이 나타난다.

$$b_{12.3} = \frac{1.3 - 0.8 \times 1.1}{1 - 0.4 \times 1.1} = \frac{0.42}{0.56} = 0.75$$

$$b_{13.2} = \frac{0.8 - 1.3 \times 0.4}{1 - 1.1 \times 0.4} = \frac{0.28}{0.56} = 0.50$$

$$a_{1.23} = 80 - 0.75 \times 16 - 0.50 \times 7 = 64.5$$

따라서 청소년 비행을 예측하기 위한 회귀방정식을 완성하면 다음과 같다.

$$Y_1 = 64.5 + 0.75 X_2 + 0.5 X_3$$

이 다중회귀 방정식은 가족의 응집력(X_2)과 학교의 통제력(X_3)이 청소년 비행률 (Y_1)에 영향을 미치는 정도를 설명한다. 어느 정도의 설명력인지는 두 독립변수가 종속변수와 얼마나 밀접하게 관련되어 있는지에 따라 결정된다. 이는 b 계수들을 통해 파악된다. $b_{13.2}$는 가족 결집력(X_2)을 통제한 상태에서 학교 통제력(X_3)이 청소년 비행 (Y_1)에 미치는 영향의 크기를 부분상관의 형태인 부분회귀 계수로서 나타낸 것이다. $b_{12.3}$ 역시 마찬가지로 X_3을 통제한 상태에서 X_2와 Y_1 간 관계의 크기를 나타내는 부분 회귀 계수이다.

　b 계수 값들은 이 자체로는 영향력의 크기를 서로 비교할 수 없다. $b_{12.3}$과 $b_{13.2}$의 경 우에서 보듯이 이들이 대변하는 변수 X_2, X_3은 각기 다른 단위를 사용해서 측정될 수 있기 때문이다. 그러므로 이들 계수 값을 서로 비교되도록 하려면 표준화가 필요하다. b 계수의 표준화된 값을 베타(β) 가중치 혹은 베타 계수라 부른다. 베타 계수를 얻는 방 법은 다음과 같다. 여기에서 S_i와 S_d는 각기 독립변수와 종속변수의 표준편차 값이다.

$$\beta = b \times \frac{S_i}{S_d}$$

이 공식을 이용해 앞서 예의 베타 계수들을 구하고, 이를 가지고 다중회귀 방정식을 재구성하면 다음과 같다.

$$\beta_{12.3} = 0.75 \times \frac{6.3}{12} = 0.39 \qquad\qquad \beta_{13.2} = 0.5 \times \frac{2.7}{12} = 0.11$$

$$\therefore\ Y_1 = 0.39 X_2 + 0.11 X_3$$

베타 계수의 다중회귀 방정식에서 보자면, 가족 응집력(X_2)이 한 표준편차의 단위인

6.3만큼의 증가를 보일 때, 청소년 비행(Y_1)은 표준편차 단위의 0.39 혹은 39% 정도 변화하게 된다. 마찬가지로 학교 통제력(X_3)이 한 표준편차 단위만큼 변한다면, 그에 따라 청소년 비행(Y_1)도 표준편차의 11% 정도의 크기로 변화한다. 따라서 이러한 베타 계수를 두고 보면, 두 변수 중에서 어떤 변수가 종속변수의 예측에 더 큰 영향력이 있는지를 상대적으로 비교하는 것이 가능해진다.

단순회귀 분석에서와 마찬가지로, 다중회귀 방정식도 실제 자료와의 적합성(fit)을 찾아볼 필요가 있다. 단순상관에서는 회귀선의 적합성을 PRE 원칙에서 근거해서 독립변수의 도입을 통해 오류가 상대적으로 감소되는 비중으로 구한다. 대표적으로 피어슨 r^2이 그와 같다.[6] 이와 유사하게, 예측이 두 개 이상의 독립변수에 의해 다원적으로 이루어진다면, 그러한 회귀선에 대한 적합성의 추정치는 종속변수만에 의한 변이와 다수의 독립변수들로 구성한 예측 회귀선에 의한 변이를 비교함으로써 구해진다.

대문자 R^2은 바로 이러한 다중회귀선의 적합성에 대한 추정치를 나타내며, 다중결정 계수라고 불린다.[7] 이 계수의 의미는 다수의 독립변수들이 종속변수 값들의 변이를 어느 정도로 설명할 수 있는지를 비율로 나타내는 것이다. R^2에 대한 제곱근($\sqrt{}$)인 R은 모든 독립변수들이 함께 모여서 종속변수와 어느 정도의 상관관계를 갖는지를 나타내는 계수 값을 뜻한다. 따라서 다중상관 계수라고 할 때는 R을 사용한다.[8]

다중상관 계수의 표기 방법은, 종속변수는 대개 점 왼쪽에 위치시키며 독립변수들은 2, 3, 4 … 등으로 모두 점 오른쪽에 둔다. 하나의 종속변수에 대해 독립변수가 4개로 이루어진 관계를 다중상관 계수로 구한다면, $R_{1 \cdot 2345}$로 표현될 것이다. 만약 3개의 독립변수들이 모여 전체적으로 2개의 종속변수를 설명하려 한다면, 그 상관관계의 크기를 나타내는 계수는 $R_{12 \cdot 345}$로 표기된다. 두 개의 변수 집단군 간의 상관관계를 측정하는 정준상관 분석에서 이런 유형의 계수가 사용된다.[9]

세 변수로 이루어진 다중회귀의 경우에, 다중결정 계수 R^2를 구하는 공식은 다음과 같다.

---

6) r^2은 종속변수의 변이와 회귀선의 변이를 이용하여 PRE 원칙으로 만들어진다. 17장에서 설명한다.
7) 다중결정계수(coefficient of multiple determination)
8) 다중상관계수(coefficient of multiple correlation)
9) 정준상관 분석(canonical correlation analysis)도 기본적인 논리는 다중회귀 분석과 같다.

$$R_{1.23}^2 = \frac{r_{12}^2 + r_{13}^2 - 2 \times (r_{12} \times r_{13} \times r_{23})}{1 - r_{23}^2}$$

사회복지기관들의 재정 자립도(Y_1)를 설명하기 위해 민간 후원율(X_2)과 법인 기여율(X_3)을 독립변수로 동원하였는데, 세 변수들 간의 상관관계가 $r_{12} = 0.4, r_{13} = 0.6, r_{23} = 0.2$로 각기 나타났다고 하자. 그러면 이 경우에 다중결정 계수는 다음처럼 구한다.

$$R_{1.23}^2 = \frac{(0.4)^2 + (0.6)^2 - 2 \times (0.4 \times 0.6 \times 0.2)}{1 - (0.2)^2} = \frac{0.424}{0.96} = 0.44$$

$R_{1.23}^2 = 0.44$라는 의미는 기관들 간에 나타나는 재정 자립도 차이에 따른 변이 중 약 44% 정도는 민간 후원율과 법인 참여율에 의해서 설명될 수 있다는 것이다. 이 가운데서 민간 후원율과 법인 기여율이 각기 어느 정도로 상대적인 설명력이 있는지를 파악하려면, 다중회귀 방정식에서 각 독립변수들에 대한 부분회귀 계수로 나타내는 b 값들을 베타(β) 계수로 전환해서 비교한다.

이 다중회귀 방정식에서는 두 독립변수 간에 전혀 상관관계가 없다면, $R_{1.23}^2$ 값은 $(r_{12}^2 + r_{13}^2)$의 값과 같을 것이다. 그러나 조금이라도 상관관계가 있다면 $R_{1.23}^2 < (r_{12}^2 + r_{13}^2)$이 될 것이므로, 독립변수들의 영향에 대한 순수 총량을 얻고자 한다면 그들 간 상관관계로 인한 효과를 상쇄하고서 R^2을 구해야 한다. 앞의 공식이 이것을 나타낸다. 분모와 분자에서 독립변수들 간의 관계 크기(r_{23}^2)를 제거하려는 것이다. 여기에서 $r_{23}^2 = 0$이면, 즉 두 독립변수 간 관계성이 전혀 없다면, 다시 $R^2 = (r_{12}^2 + r_{13}^2)$가 된다. 만약 r_{23}^2이 극도로 큰 경우라면, R^2의 값은 r_{12}^2나 r_{23}^2 중 어느 하나의 값이나 마찬가지가 될 것이다. 따라서 그런 경우에 R^2은 굳이 다중결정 계수로서의 의미를 갖지 못하게 된다.

다중회귀 분석에서 독립변수들 간에 나타나는 높은 상관관계로 인해서 종속변수에 대한 상대적인 영향력을 검증하기 어려운 문제를 다중공선성(multcollinearity)의 문제라 한다. 다수의 독립변수들을 설명 변수로 갖는 다중회귀 분석에서는 다중공선성은 충분히 예상될 수 있는 문제다. 다중공선성이 나타나면, 다중회귀 분석의 의도를 적절히 달성할 수 없게 된다. 따라서 다중회귀 분석을 실시하기 전에 다중공선성의 문제를 확인해 보는 절차를 수행하는 것이 필요하다. 대부분의 전산통계 프로그램들에서는 이를 위한 구체적인 절차를 제시하고 있다.

제19장

다원 통계분석 기법

앞 장에서 설명했던 다원적 기술통계분석의 원리는 다양한 기법들로 나타난다. 사회과학 조사연구들에서는 보통 다중회귀 분석, 경로 분석, 판별 분석, 요인 분석 등이 기본적으로 쓰인다. 이들은 다중회귀 분석에 대한 앞 장에서의 설명과 유사하게, 다수 변수들 간의 관계를 상대적 영향력의 크기를 측정하는 부분상관의 논리로써 다룬다.

1. 경로 분석

경로 분석(path analysis)은 다원 기술통계를 이용하여 인과관계 모형을 검증하기 위한 것이다. 비록 상관관계를 나타내는 자료들만으로는 엄격한 인과관계에 대한 결론을 내리지는 못하지만, 적어도 특정한 인과 모형이 적절한 것인지에 대한 추정은 가능하다. 특정 변수들 간 관계로 구성한 인과 모형이 적절한지를 추정하기 위해서는 다양한 방법이 있지만, 사이먼(Simon)과 블래락(Blalock)이 제시하는 방법이 대표적이다.[1] 여기서는 다음을 전제로 한다.

- 인과 모형을 구성하는 변수들에 대한 명확한 정의
- 이들 변수가 어떻게 인과적으로 연결되어 있는지에 대한 가정

---

1) 참고: Simon, H. (1957). *Models of Man: Social and Rational*. NY: Wiley.; Blalock, H. (1964). *Causal Inference in Nonexperimental Research*. Chapel Hil, NCl: Univ. of North Carolina Press.

• 외부의 영향 요인이 모형 내 변수들에 미치는 영향력에 대한 가정

이러한 정의와 가정들에 기초하여 구성된 인과 모형은 최소 세 개 이상의 변수들을 포함하는 것이어야 한다. 다음은 이론적 인과 모형의 타당성을 경험적으로 검증하는 단순 경로 분석 모형에 대한 설명이다.

1) 세 변수 모형

만약 세 개의 변수(X_1, X_2, X_3)가 있다면, 이론적으로는 모두 6개의 인과적인 연결이 이들 사이에서 가능하게 된다. [그림 19-1]의 왼편 그림에 있는 세 변수들 간의 양방향 화살표가 그러한 연결들을 나타낸다. 화살표는 인과성의 방향을 나타내는데, 화살촉이 가리키는 변수가 결과변수(종속변수)이며, 반대 쪽 변수가 원인변수(독립변수)다.

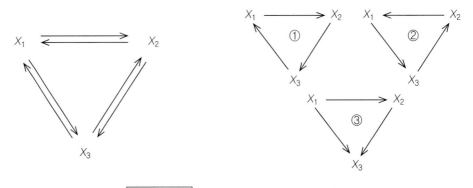

그림 19-1 | 세 변수의 인과관계 연결 모형

양방향 인과관계 배제　단순 경로 모형의 가정에서는 양방향으로의 인과관계를 배제한다. ($X_1 \leftrightarrows X_2$)와 같은 직접적인 형태의 양방향 인과관계라든지, [그림 19-1]의 ①이나 ②와 같은 간접적인 형태의 양방향 관계를 인정하지 않는다. 그렇지 않으면 원인과 결과의 관계의 순서가 뒤섞이게 되어, 영향력의 방향 혹은 경로를 규명하지 못하기 때문이다. 그러므로 단순 경로 모형의 인과 체계에서는 양방향의 상호관계를 포함하지 않는다. 만약 이론 모형이 변수들 간 상호관계를 다루는 것이라면, 단순 경로 분석으로는 검증할 수 없다.

양방향 인과관계를 배제하고 보면, 하나의 변수는 인과적 순서에서 자신보다 앞에

있는 다른 어떤 변수들도 결정하지 못한다. 즉 자신보다 앞서 나타나는 변수들에 대한 원인이 될 수 없다는 뜻이다. 관계의 순서가 X_1, X_2, X_3의 차례로 되어 있는 경우라고 하면, X_2는 X_1을 결정할 수 없고, X_3은 X_2와 X_1을 결정할 수 없다는 뜻이다. 따라서 이러한 가정하에서는 [그림 19-1]에서 ③과 같은 유형만이 단순 경로의 인과적 모형으로 성립할 수 있다.

단순 경로 모형으로 세 변수의 인과 체계를 구성하자면 재귀 모형의 구조방정식이 성립된다.[2] 여기에서 변수들은 각자의 인과적인 우선성에 따라 위계적으로 배치된다.

$$X_1 = e_1$$
$$X_2 = b_{21} \cdot X_1 + e_2$$
$$X_3 = b_{31.2} \cdot X_1 + b_{32.1} \cdot X_2 + e_3$$

이들 방정식이 의미하는 바는 X_1은 단지 모형 외부로부터 생성되는 요인들의 영향 (e_1)을 받는 변수로 간주된다는 것이다. X_2는 X_1과 외부 요인 (e_2)에 의해서 영향을 받고, X_3은 X_1, X_2, e_3에 의해 영향을 받는 것으로 간주한다. 이렇게 해서 구성되는 인과 체계의 유형은 [그림 19-2]와 같다.

[그림 19-2]에서 b 계수들은 일반 선형회귀 방정식으로 계산될 수 있다. 이때 전제는 각 변수가 다른 변수들과 가지는 관계는 선형함수로 나타나고, 독립변수들은 부가적인

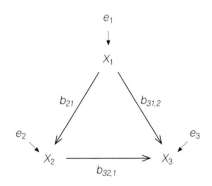

그림 19-2 세 변수 인과 체계 모형

---

2) 재귀방정식(recursive equation)이란 변수들 간 영향이 한 방향으로 흐른다는 것을 가정해서 계산 처리하는 방정식이다. 이와 다르게 비재귀방정식 혹은 순환방정식은 양방향으로 영향이 순환되는 것을 처리할 수 있는 방정식이다.

효과를 가진다는 것이다. 선형함수의 관계란 변수들의 값 분포가 직선 형태에 가까운 관계로 되어 있다는 뜻이다. 부가적인 효과란 종속변수에 대한 영향이 다수의 독립변수들로부터 나온다는 것을 뜻한다.

모형에서 회귀 계수 b_{21}은 선형회귀 방정식에 의거해서 산출된 단순상관 계수로서, X_1이 X_2에 대해 미치는 효과의 크기를 뜻한다. 마찬가지로 회귀 계수 $b_{32.1}$은 X_1의 효과를 통제한 상태에서 X_2가 X_3에 미치는 영향의 크기를 나타내는 부분상관 계수다. 각 방정식들에서 절편(a)은 생략되었는데, 이는 b를 표준화시켜 베타(β) 계수로 했다는 것을 의미한다. 이렇게 하는 이유는 계수들 간 상대적인 비교가 필요하기 때문이다(다음의 설명들에서 b는 곧 베타 계수의 의미로 본다).

상호 관련 없는 오류들 단순 경로 모형의 두 번째 가정은 각 방정식에 들어 있는 오류들에 관한 것이다. 오류(e)란 모형 체계 바깥에서부터 체계 내 각 변수들에 미치는 영향으로, 통제되지 않은 외부 효과의 크기를 말한다. 이러한 오류들(e_1, e_2, e_3)은 서로 관련되어 있지 않다고 본다. 예를 들어, 종속변수인 X_3에 영향을 미치는 외부 요인 효과로서의 e_3은 e_1이나 e_2와는 관련이 없다고 가정한다는 것이다.

단순 경로 모형으로서의 가정들이 충족된다는 전제하에서, 이론적 모형에 대한 방정식들이 검토된다. b_{21}, $b_{31.2}$, $b_{32.1}$과 같은 회귀 계수들은 일반 회귀분석을 활용한 단순상관이나 부분상관 계수로써 산출해 볼 수 있다. 그러나 이들 회귀 계수의 계산만으로 주어진 경로 모형이 적합한지를 검증할 수는 없다. 어떤 체계 모형이 자료와 일치하는지를 알려면, 자료와 불일치하는 모형들을 제거해 가면서 적합한 모형을 찾아보는 등이 필요하다.

한 모형의 적합성을 테스트하기 위해서는, 하나 이상의 계수(b)들을 0으로 둠으로써 미지수들의 수를 줄여야 한다. 회귀 계수가 0이라는 것은 두 변수들 간에 직접적인 연관이 없다는 것을 말하는 것과 같다. 세 변수 체계를 가정한다면 앞의 [그림 19-2]의 기본 모형에서부터 세 가지 형태의 대안 모형들이 가능해진다. 이들은 [그림 19-3]에 나와 있다.[3] 모형 1은 $b_{21} = 0$인 경우인데, X_1과 X_2 사이에는 직접적인 인과관계가 없는

---

3) 화살표가 없어진 부분은 상관관계 계수가 각각 0으로 나타난다는 것을 의미한다. 각 모형에 부과된 조건들이란 모형이 정확하다면 참으로 나타나야 하는 예측들이다. 하나의 b 값이 사라진다는 것은 그에 필적하는 상관관계가 사라진다는 것과 같다. 따라서 $b_{21} = 0$이면 두 변수 간 상관관계가 없음을 의미하고, $b_{32.1} = 0$이면 부분상관관계가 없다($r_{32.1} = 0$)는 의미다. 마찬가지로 $b_{32.1} = 0$이면 $r_{32.1} = 0$을 의미한다.

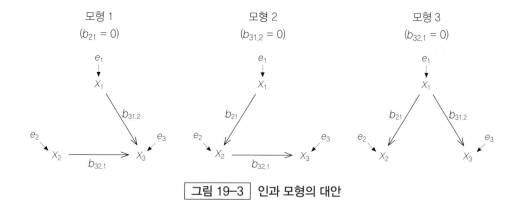

모형 1
$(b_{21} = 0)$

모형 2
$(b_{31.2} = 0)$

모형 3
$(b_{32.1} = 0)$

그림 19-3 인과 모형의 대안

것이다. 모형 2는 $b_{31.2} = 0$인 경우인데, X_1과 X_3은 직접적인 인과관계가 없는 것이다. 모형 3이 $b_{31.2} = 0$이라는 것도 X_2와 X_3 간에 인과관계가 없음을 말한다.

[그림 19-3]의 세 가지 대안 모형은 자료를 통해 검증되어야 하는 조건을 말한다. 자료에서 도출되는 구조방정식의 회귀 계수 b 값들이 어떠해야 특정 이론 모형과 적합하게 되는지를 말해 주는 것이다. 각 모형들로부터 나온 예측에 대한 검증은, 어떤 회귀 계수들이 0에 가까운지를 보는 것이다. 각 인과 모형에 대한 예측들의 수는 하나의 함수로서 나타내는데, 한 체계 안에 있는 변수들의 수와 0으로 설정된 회귀 계수들의 수로 구성된다. 다음의 공식이 바로 이러한 예측의 수를 계산해 내는 함수다. 여기에서 P는 예측들의 수, n은 변수들의 수, K는 계수 값이 0이 아닌 경우(화살표)의 수를 뜻한다.

$$P = \frac{n \cdot (n-1)}{2} - K$$

앞서 예시에서 각 모형들은 모두 $n = 3$, $K = 2$이므로, 예측 수 P는 모든 모형들에서 1로 나온다.

장애인의 이직 의도에 영향을 미치는 결정 요인들에 대한 한 연구가 있다 하자.[4] 이론적 근거를 통해 내린 잠정적인 결론은 조직몰입과 직무만족이라는 요인이 장애인들의 이직 의도에 결정적인 영향을 주는 두 요인으로 간주되었다. 여기에서, 직무만족(X_1)이란 개인이 직무나 직무 경험을 평가한 후 느끼게 되는 긍정적인 정서 상태로 규정되고, 조직몰입(X_2)은 조직의 목표와 가치를 자신의 것으로 채택하고 직무에 깊이 관여하거나 조직에 애착을 갖는 상태로

---

4) 참고: 김기원·김승아 (1996). "장애인근로자와 정상인근로자의 이직요인 비교연구". 한국사회복지학, 29, pp. 42-67. 여기에서 변수의 수와 계수 값들은 예로 들기 편하게 임의로 수정된다.

규정된다. 이직 의도(X_3)는 직장을 그만두고 싶은 생각이라고 규정되었다.

이렇게 세 변수로 구성된 인과관계망은 앞서 제시된 재귀 모형의 체계 가정으로 본다면, 세 가지의 대안적인 인과 모형이 나타날 수 있다.

[그림 19-4]의 모형 I에서는 조직몰입(X_2)과 이직의도(X_3)는 직접적인 인과관계가 없다고 본다(예측). 비록 두 변수 사이에서 단순 상관관계를 나타내는 r_{32} 계수는 일정한 크기로 나타날 수 있으나, 그것은 직무만족(X_1)이라는 제3의 변수가 두 변수에 대해 각각 미치는 영향의 일환인 것으로 판명될 것이라고 본다. 즉, X_1을 통제한 상태에서 X_2와 X_3의 상관관계를 나타내는 부분상관 계수인 $r_{32.1}$은 0에 가까울 것으로 예측한다.

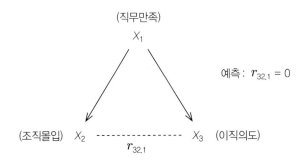

[그림 19-4] 모형 I : 직무만족이 조직몰입과 이직의도를 직접 결정

[그림 19-5]의 모형 II에서는 조직몰입(X_2)이 일종의 매개변수 역할을 하는 것으로 상정한다. 직무만족은 이직의도에 직접적인 영향력을 행사하지 않으며, 다만 조직몰입에 영향을 주어 조직몰입의 정도가 직접적으로 이직의도를 결정하게 된다고 보는 것이다. 따라서 매개변수로서의 X_2를 통제한 상태에서 X_3에 대한 X_1의 영향력을 가늠하는

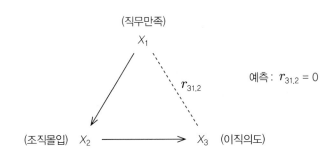

그림 19-5 │ 모형 II: 직무만족이 조직몰입에 영향을 주고, 조직몰입이 직접적으로 이직의도를 결정

일차 부분상관 계수 $r_{31.2}$를 구해 보면, 그것은 0에 가까울 것이라고 예측할 수 있다.

[그림 19-6]의 모형 Ⅲ에서는 직무만족(X_1)과 조직몰입(X_2)이 각각 이직의도에 영향을 미치지만, X_1과 X_2 사이에는 직접적인 관련이 없는 것으로 가정한다. 이 모형이 적절한 것으로 판정되려면, 적어도 두 독립변수들 사이의 단순 회귀 계수인 r_{21}이 0에 가까워야 한다.

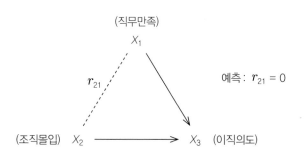

그림 19-6 | 모형 Ⅲ: 직무만족과 조직몰입이 각각 따로 이직의도를 결정

앞에서 제시된 세 모형을 테스트하기 위해서, 먼저 〈표 19-1〉과 같은 변수들 간의 단순상관 계수 표를 작성해 본다. 이러한 단순상관 계수들을 이용해서 필요한 부분상관 계수들을 계산한다. 산출된 상관계수들을 모두 모아 각 모형에서 예측하였던 값들과 비교해 보면, 〈표 19-2〉와 같다.

〈표 19-1〉 단순상관 계수 표

	X_1	X_2	X_3
X_1	1.00	.625	-.247
X_2		1.00	-.173
X_3			1.00

〈표 19-2〉 모형의 예측값과 검증 결과

	예측	검증 결과
모형 Ⅰ	$r_{32.1} = 0$	$r_{32.1} = -.025$
모형 Ⅱ	$r_{31.2} = 0$	$r_{31.2} = -.181$
모형 Ⅲ	$r_{21} = 0$	$r_{21} = .625$

〈표 19-2〉의 결과를 두고 보면, 모형 Ⅲ은 쉽게 배제될 수 있다. X_1과 X_2 두 변수 간 단순상관 계수의 크기가 예측되었던 0보다 지나치게 크게 나타났기 때문이다. 모형 Ⅰ과 모형 Ⅱ를 두고 비교해 보면, 모형 Ⅱ보다는 모형 Ⅰ이 보다 예측 값과 검증 결과가 일치하는 경향을 보인다. 따라서 위의 결과들을 두고 볼 때는, 모형 Ⅰ이 비교적 적합한 것으로 판정될 수 있다. 비록 〈표 19-1〉의 단순상관 계수들로만 볼 때는 조직몰입(X_2)

도 직무만족(X_1)과 마찬가지로 장애인들의 이직의도(X_3)에 영향 관계가 있는 것(r_{32} = −0.173)처럼 나타나지만, 경로 분석에서 X_1의 영향을 통제한 상태에서 부분상관 계수로서는 0에 가까우므로($r_{32.1}$ = −0.025), 이들의 관계는 일종의 허위 혹은 의사(疑似) 관계라고 보는 것이다. 그 결과 실제로는 직무만족만이 이직의도에 직접적인 영향을 미친다고 판단한다.

이처럼 경로 분석에서는 하나의 특정한 인과 모형에 대한 타당성을 직접적으로 검증하는 것이 아니라, 다수의 대안적인 모형들을 배제해 나가는 과정을 거치면서 특정 모형에 대한 인과적 적합성을 확인하는 방법을 따른다. 체계 모형에 포함된 변수들의 수가 많아지면, 검증되어야 할 예측 값들의 수와 회귀 계수의 계산이 복잡하게 늘어난다. 이 문제는 전산통계 프로그램들이 손쉽게 처리하는 절차를 마련해 두고 있다.

2) 네 변수 이상 모형

변수들의 수가 네 개 이상이 된다 해도 경로 분석의 절차는 앞서 예로 든 세 변수 모형과 다를 바가 없다. 먼저 모든 변수들에 대한 설명과 그들 간의 관계에 대한 이론을 세우고, 그러한 이론에 따라 변수들 간의 관계를 나타내는 모형을 그림으로 그린다. 모형에 포함된 변수의 수가 네 개 이상만 되어도, 앞서 세 변수 모형과는 비교할 수 없을 만큼 검증의 관계 수가 크게 늘어난다.

한 모형에 포함된 변수의 수가 4개면 두 변수들 간의 관계의 짝은 총 6개가 되며, 그로 인해 각기 다른 경로들의 총수는 2^6이 되어 모두 64개가 된다. 변수의 수가 5를 넘어서서 늘어 갈수록 관계망의 총 수는 기하급수적으로 늘어나서 이들을 모두 대안 모형으로 검증해 본다는 것은 불가능에 가깝다. 복잡하고 방대한 계산 자체는 전산 프로그램들이 손쉽게 처리해 주더라도, 그것들을 이론적 모형의 의미와 대조해서 검증하는 역할은 연구자가 해야 하는 것이다.

따라서 경로 분석에서는 이론적으로 검토해 볼 가치가 있는 대안적인 체계 모형들 연구자가 미리 설정해 두는 것이 필요하다. 이렇게 작성된 대안 모형들 가운데 무엇이 경험적인 자료와 가장 적합하게 일치하는지는 예측된 회귀 계수와의 일치 여부를 통해 판단한다. 이 과정은 세 변수 모형에서 설명했던 바와 같이, 부적합한 모형을 하나씩 제거해 가는 것이다.

　예를 들어, 5개의 변수로 구성된 인과관계망을 재귀 체계로 가정하여, X_5에 영향을 미치는 가능한 모든 인과관계의 포화 경로를 그려 보면 [그림 19-7]과 같다. 여기서 포화(saturation)라는 것은 가득 찼다는 뜻이다.

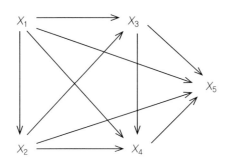

그림 19-7 | 재귀 체계의 포화 인과관계망

　이러한 포화 인과관계망은 관계에 대한 이론이 주어지지 않은 상태를 뜻한다. 현실에서는 이러한 포화 관계망의 설명이 가능하지 않고, 설령 가능하더라도 과학적 이론의 축약주의적 설명 의도에는 바람직하지 않다. 그래서 이론이 적용된 모형이 필요하고, 예를 들어 [그림 19-8]에서와 같이 두 개의 인과관계 경로 모형이 이론적으로 타당한 대안으로 설정되었다 하자.

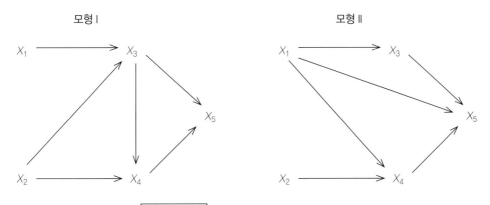

그림 19-8 | 5변수 체계의 대안 이론 모형

　수집된 자료를 가지고 단순상관 및 부분상관 계수를 계산하여 예측된 대안 모형들과의 적절성 검증을 해 본 결과는 〈표 19-3〉과 〈표 19-4〉로 나왔다 하자. 〈표 19-4〉의 결과로 보면, 모형 II는 채택되기 어렵다. 예측값과 자료 결과가 지나치게 차이 나기 때문이다. 반면 모형 I은 모형 II에 비해 예측 값과 자료가 훨씬 근접한 것으로 나타난다. 따라서 주어진 자료에서 보면 모형 I의 인과 경로 체계가 보다 적합하다고 판정된다.

〈표 19-3〉 단순상관 계수 표

	X_1	X_2	X_3	X_4	X_5
X_1	1.000	0.012	0.342	0.214	0.251
X_2		1.000	0.477	0.392	0.176
X_3			1.000	0.635	0.287
X_4				1.000	0.432
X_5					1.000

〈표 19-4〉 모형의 예측 값에 대한 검증 결과

	예측		검증 결과	
공통	$r_{21} = 0$	$r_{52.134} = 0$	$r_{21} = 0.012$	$r_{52.134} = 0.037$
모형 I	$r_{41.23} = 0$	$r_{51.234} = 0$	$r_{41.23} = -0.170$	$r_{51.234} = 0.186$
모형 II	$r_{43.12} = 0$	$r_{32.1} = 0$	$r_{43.12} = 0.519$	$r_{32.1} = 0.503$

다원적 경로 분석 기법은 나름대로의 장단점을 가지고 있다. 경로 분석의 장점은 연구자가 변수들의 다양한 조합을 통해 여러 인과적 경로를 설정해 보고 각각의 대안들을 주어진 경험적 자료를 통해서 비교 검증해 볼 수 있도록 한다는 데 있다. 자료에 적합하지 않는 모형들을 제거해 나가면서 점차 적절한 인과 경로 모형을 찾아 나갈 수 있도록 해 준다. 그럼에도 단순 경로 분석 기법과 같은 경우에는 재귀 체계의 가정(양방향 영향 배제 등)이 전제되는 경우에만 쓸 수 있다. 양방향의 영향을 고려하는 경로 모형이라면, 비재귀 체계의 분석 기법을 필요로 한다.

2. 판별 분석

판별 분석(discriminant analysis)은 다중회귀 분석과 유사한 의도를 가진다. 다수의 예측변수(독립변수)들을 사용하여 종속변수를 예측하고, 예측 값들의 크기를 파악해 보려는 것이다. 차이점은 종속변수의 측정 등급에 있다. 일반 다중회귀 분석은 독립변수들을 통해 예측하려는 종속변수가 수량변수여야 하지만, 판별 분석에서는 종속변수가 명목 등급의 구분 변수여야 한다는 차이다.

[그림 19-9]는 판별 분석의 예를 도식으로 나타낸 것으로, 이를 통해 판별 분석의 전체 수행 과정을 살펴볼 수 있다. 그림의 오른편에는 주어진 $N = 12$ 자료를 토대로 판별함수를 개발하고, 그 함수를 기준으로 집단을 예측해서 구분해 보는 것이다. 이렇게 예측된 구분 집단들(α', β')이 그림의 왼편에 제시된 바와 같은 자료의 실제 집단들(α, β)과 비교된다. 그 결과 판별함수에 의한 예측이 얼마나 정확한지, 어느 정도의 오류가 있는지를 확인해 볼 수 있다. 판별 분석에서는 판별함수에 포함된 독립변수들이 얼마나 종속변수와 밀접한 상관관계를 맺고 있는가에 따라 판별예측 능력의 크기가 결정된다.

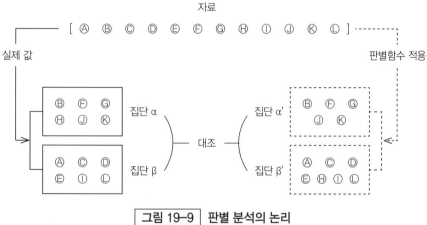

그림 19-9 판별 분석의 논리

판별 분석에서 사용하는 함수와 계수들은 다음과 같다.[5]

판별함수와 판별 점수   판별함수란 개별 예측 변수(독립변수)들의 값에 가중치를 주어 구성한 함수를 말하며, 각 케이스들에 이 함수를 적용하면 케이스들은 각기 판별 점수를 갖게 된다. 판별함수는 보통 다음과 같이 정의된다. 여기에서 L은 개별 케이스의 판별 점수, x_k는 해당 케이스의 예측변수들의 값, b_k는 변수마다의 가중치다.

---

5) 참고: Kachigan, S. (1986). *Statistical Analysis*. NY: Radius Press, pp. 357-376.

$$L \;=\; b_1 \cdot x_1 \;+\; b_2 \cdot x_2 \;+\; \cdots \;+\; b_k \cdot x_k$$

공식에서 알 수 있듯이, 이는 단순 회귀 분석에 사용되었던 다중회귀 방정식과 유사하며, 가중치 b_k는 개별 변수들이 L 값에 대해 갖는 상대적인 영향력의 크기를 의미하는 것이다. L이라는 종속변수 값을 예측하는 데 각각의 변수들이 어느 정도의 기여를 하는지를 부분상관의 형태인 회귀 계수를 이용한다는 점에서는 다중회귀 분석 기법과 일치한다.

컷오프 점수   컷오프(cutoff) 점수란 집단을 나누고자 할 때 사용되는 끊는 점으로, 개별 관찰 대상자(케이스)들마다 계산된 판별 점수(L)에 대해, 특정한 점수대인 컷오프 점수를 설정하여 그것으로 집단을 나눈다. 예를 들어, 세 개의 예측변수를 사용하여 범주 변수(종속변수)에 대한 분류를 시도한 경우에 판별 함수와 컷오프 점수가 다음과 같이 도출되었다고 하자.[6]

$$L \;=\; 3.5 \cdot x_1 \;-\; 5.8 \cdot x_2 \;+\; 14.7 \cdot x_3$$

컷오프 점수 : $L > 46$이면 집단 α', $L \leqq 46$이면 집단 β'

판별함수에서 각 케이스에 대한 L 점수가 산출된다. 만약 어떤 케이스가 ($x_1 = 10$, $x_2 = 8.5$, $x_3 = 4$)라면 그 케이스의 L 값은 44.5가 된다. 앞서 산출된 컷오프 점수 기준에 따라, 이 케이스는 L이 46보다 작으므로 집단 β에 속하는 것으로 예측되어 집단 β'에 배속시킨다. 이런 식으로 모든 N개의 관찰 케이스들에 대한 L 값을 구해서, 컷오프 점수 기준을 통해 집단을 분류해 보는 예측을 시도한다.

판별 계수   판별 함수의 분석을 통해 다양한 계수들이 산출되는데, R^2 값이 대표적이다. R^2은 다중결정 계수라고 부르는데, 다중상관 계수 R의 제곱 값이다. 이들은 다중회귀 분석에서 쓰이는 R^2이나 R과도 같은 의미다. 다수의 예측변수들에 의해 산출된 L 값들이 실제 범주 값들과 얼마나 일치하는지, 즉 어느 정도의 상관관계를 가지고 있는지를 나타내는 것이다. 모든 R^2과 마찬가지로 최솟값 0, 최댓값 1 사이에서 계수 값이 나타난다. 1에 가까이 갈수록 예측변수들이 케이스를 구분해 낼 수 있는 예측력이 높고, 0에 가까워질수록 낮음을 의미한다. 이와 유사한 의미로 사용되는 계수들로는 마

---

6) 가중치와 컷오프 점수가 어떻게 계산되는지에 대해서는 여기에서 따로 설명하지 않는다.

하라노비스 D^2, 윌크스 Λ, 라오 V 등이 있다.[7] 이들은 계산 방식이 약간씩 다르므로 산출된 계수 값들도 다소 차이난다.

분류의 정확성과 판별적중률　　L 값과 컷오프 점수에 의해 구분된 예측 집단(α', β')과, 자료에서 나타난 실제 집단(α, β)이 어느 정도로 일치하는지를 대조해 보는 것이다. 일치되는 짝이 많을수록 분류의 정확성이 높아진다. 분류의 정확성이 높다는 것은 곧 예측 변수들이 범주 변수에 대해 갖는 상관관계의 정도가 크다는 것을 의미한다. [그림 19-9]의 경우에는, 판별함수의 예측력은 12케이스 중에서 단지 1케이스의 오류를 갖는 정도, 즉 $\frac{11}{12} = 0.92$ 혹은 92%가량의 판별적중률을 가진다고 말한다.

판별 분석은 다양한 분야에서 실용적인 목적으로 쓰일 수 있다. 판별 분석에 동원되는 예측변수들이 예측과 분류의 정확성을 갖게 된다면, 이들로 구성된 판별 함수만으로도 특정 개인이나 집단이 어느 범주에 들어가게 될지를 예측해 낼 수 있게 된다. 보험 분야를 비롯해 다양한 판정 처리가 일상화된 곳에서는 판별 분석의 기법이 상당 수준으로 활용되는 경향이 있다. 예를 들어, 자동차 보험회사에서는 성별이나 연령, 이전 사고 횟수 등과 같은 여러 예측 변수들을 가지고 판별 함수를 개발한다. 이를 토대로 개인들마다 사고 가능성을 예측해서 보험료를 차등 적용할 수 있다.

사회복지 분야에서도 예를 들어, 기초생활수급자를 비롯한 대상자 선정에 따른 정확성을 높이는 데 판별 분석이 활용될 수도 있다. 물론, 개별성(individuality)과 전일성(holism)을 중시하는 휴먼서비스에서 대상자의 필요에 대한 판단을 단순히 기계적인 공식으로 할 수는 없지만, 선정의 정확성을 높이는 데 필요한 정보의 유형을 정비하는 등의 합리적 목적에는 유용할 수 있다.

3. 요인 분석

요인 분석(factor analysis)은 주어진 자료 값들에서 소수의 요인을 추출해 내는 것을 목적으로 한다. 자료를 축약하거나 검증하는 데 쓰이는 기법으로, 다수 변수들의 값에서 유사한 변이를 나타내는 것들을 찾아 묶어 소수의 대표 요인들로 추출해 내는

---

7) 마하라노비스 D^2(Mahalanobis D^2), 윌크스 람다(Wilks' Λ), 라오 V(Rao's V)

것이다.

[그림 19-10]은 요인 분석의 한 예를 보여 주는 개념도인데, 10개의 변수가 가지는 값들의 변이를 요인 분석을 통해 3개의 요인으로 축약하는 과정을 나타낸다. 하나의 요인에 속하는 변수들은 그 요인의 성격으로는 서로 간에 높은 상관관계를 가지고 있는 것들이다. 예를 들어, 요인 B에 포함된 변수들 {X_2, X_5, X_6, X_9}끼리는 다른 변수들 {X_1, X_8, X_{10}, X_3, X_4, X_7}과의 관계에서보다는 상대적으로 높은 상관관계를 가지고 있다. 그것은 곧 그러한 변수들의 집단이 특정한 성격을 배타적으로 가진다는 뜻인데, 이를 대표하는 것이 하나의 요인이 된다.

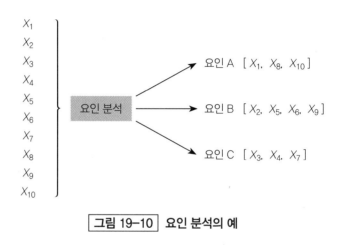

그림 19-10 요인 분석의 예

요인 분석의 계산 과정에 대한 상세한 설명은 생략한다. 다만 요인 분석의 결과로서 도출되는 수치들을 적절히 활용하기 위해서는, 다음 내용들은 이해할 필요가 있다.[8]

요인 행렬과 요인 적재값　요인 행렬(matrix)이란 요인 분석의 결과로 도출된 요인들과 기존 변수들 간의 상관관계의 크기를 나타내는 도표다. 행렬 도표의 열에는 분석결과로 도출된 요인들이 나열되고 행에는 기존의 변수들이 위치한다. 도표의 각 방(cell)들은 행과 열에 있는 요인과 변수들 간 상관관계의 크기를 나타내는 계수들이 들어 있다. 이를 요인 적재값(factor loading)이라 한다. 요인적재값은 단순상관 계수로 표시된다. 크기는 −1에서 1 사이에 있다. 요인적재값들을 분석해 보면 각 변수가 각 요인에 대해 얼마만큼의 의미를 가지고 있는지를 알아볼 수 있다. 한 변수가 한 요인에 대해 높은

---

8) 참고: Kachigan, *Statistical Analysis*, pp. 377-401.

적재값을 갖는다는 것은, 그 변수가 그 요인에 관여하는 바가 크다는 것을 의미한다.

요인 점수　요인 점수(scores)란 개별 케이스들에 부과되는 요인들의 값을 의미한다. 개별 관찰 케이스들은 기존의 변수 값들에다 새롭게 추가된 요인들의 점수값을 부여받는다. 요인 점수들은 마치 새롭게 만들어진 변수의 변수값들과도 같이 취급된다. [그림 19-10]의 예에서 보자면, 개별 케이스는 10개의 변수값들로만 구성되어 있었지만, 이제 3개의 요인에 대한 값들이 추가로 부여된다. 한 관찰 케이스의 한 요인에 대한 점수는 그 요인을 규정하는 변수들이 구성하는 점수의 가중치 합과 같은 의미다. 즉, 한 요인을 종속변수로 하는 다중회귀 분석에 의해 도출되는 예상 점수와도 같은 것이다. 예를 들어, 개별 케이스들에 대한 요인 A의 점수는 $F_A = a + b_1 \cdot x_1 + b_8 \cdot x_8 + b_{10} \cdot x_{10}$ 이라는 다중회귀 방정식으로 도출된다.

요인 추출 방법　이론적으로는 만약 10개의 변수가 있으면, 10개의 요인 성분까지 추출될 수 있다. 만약 모든 변수들이 완전히 독립된 상태로 각기 독자적인 현상을 설명하고 있다면, 10개의 성분이 존재하는 것이다. 성분(component)이란 쉽게 말하자면 구성 요소와 같은 것이다. 10개의 변수들로 어떤 현상을 설명하고 있다면, 여기에는 여러 가지 설명들이 뒤섞여 있겠지만, 이들을 어떤 식으로든 묶어서 재구성해 보면 성분이란 것들이 나오게 된다. 요인 분석은 이러한 성분들을 분석해서 요인을 추출해 내는 것이다. 만약 모든 변수들의 수만큼 요인 수가 추출된다면, 요인 분석은 의미가 없게 된다.

요인 추출을 위해서는 먼저 성분 분석을 수행해야 하는데, 다양한 방법이 사용될 수 있다. 주성분(principal components) 분석 방법이 대표적으로 사용되지만, 이외에도 수학적으로 다른 절차들을 사용하는 방법들도 가능하다.[9] 보통은 이들 방법이 대부분 유사한 결과를 산출해 낸다. 성분 분석의 결과로 개별 성분이 차지하는 분산의 정도와 고윳값 등을 알 수 있다. 초기 성분 분석에서는 총 변수의 수만큼의 성분을 제시해 준다. 그러면 이를 근거로 몇 개의 요인 수를 추출할 것인지를 결정한다. 〈표 19-5〉는 총 9개 변수의 성분 분석을 해서 나타난 결과표를 예로 든 것이다.

---

9) 가중되지 않은 최소제곱법(unweighted least-squares method)이나 최대우도법(maximum likelihood estimation), 주축요인추출법(principal axis factoring) 등이 있는데, 대부분의 전산통계 프로그램들에서는 요인 분석의 절차에서 이들이 기본 옵션으로 제공된다.

〈표 19-5〉 **성분 분석에 의한 분산과 고윳값 분포**

성분	설명된 총 분산 %		고윳값	
	개별	누적	개별	누적
성분 (1)	41.2%	41.2%	3.71	3.71
성분 (2)	23.1%	64.3%	2.08	5.78
성분 (3)	14.8%	79.1%	1.33	7.11
성분 (4)	7.2%	86.3%	0.65	7.76
성분 (5)	5.2%	91.5%	0.47	8.23
성분 (6)	4.2%	95.7%	0.38	8.61
성분 (7)	2.3%	98.0%	0.21	8.82
성분 (8)	1.2%	99.2%	0.11	8.93
성분 (9)	0.8%	100%	0.07	9.00

고윳값과 스크리 도표 고윳값(eigenvalue, 아이겐 값)이란 요인이 기존 변수들의 정보를 어느 정도 설명해 주는지를 나타내는 지표다. 아이겐 값이 크다는 것은 그 요인이 변수들의 분산을 잘 설명한다는 것을 의미한다. 전체 아이겐 값의 합은 전체 변수들이 대변하는 값이며, 전체 변수들의 수와 일치한다. 만약 9개의 변수를 가지고 요인 분석을 했다면 전체 고윳값의 합은 9가 된다. 그래서 예에서처럼 성분(2)의 요인이 고윳값 2.08을 가졌다면, 그 요인이 전체 분산(variance) 중에서 2.08개의 변수들이 차지하는 분산만큼을 설명한다는 뜻이다. 9개의 변수 집단에서 각 변수가 차지하는 분산 평균은 11% 정도가 되므로, 2.08개의 변수가 설명하는 분산의 크기는 전체의 23.1%을 차지하게 되는 것이다.

요인들이 가지는 고윳값들의 분포를 통해서 보면 대략 몇 개의 요인을 도출할 것인지가 결정된다. 요인 분석이란 다수의 변수들이 가지는 성격을 소수 요인의 성분으로 축약하는 의미를 갖기 때문에, 대개는 고윳값이 1보다 작은 요인들은 배제하는 선에서 추출될 요인의 수가 결정되는 것이 보통이다. 〈표 19-5〉의 예와 같은 경우에는 대략 (1), (2), (3)까지의 세 성분을 고려해 볼 수 있으며, 이들 세 성분이면 기존의 9개 변수들이 가지는 전체 100%의 분산 중 약 79.1%를 설명할 수 있다.

스크리 도표(scree plot)는 고윳값의 분포를 시각적으로 나타내는 것으로, 요인 추출의 하한선을 결정하는 데 도움을 주기 위한 것이다. 일반적으로는 요인 추출 시 고윳값 1을 기준으로 요인 선택을 하지만, 그렇게 결정되는 것이 반드시 바람직하지는 않다.

경우에 따라서는 1 이하의 값을 가진 요인들까지도 선택할 수 있다. 이런 경우에 스크리 도표가 도움이 된다. 스크리 도표는 하나의 요인을 추가함에 따라 추가적으로 설명되는 분산의 크기가 얼마나 급속하게 달라지는지를 그래프를 통해 시각적으로 보여 줌으로써, 어느 선까지 요인 선택을 해야 하는지를 결정하는 데 도움을 준다.

[그림 19-11]이 스크리 도표의 예인데, 〈표 19-5〉의 성분별 고윳값을 꺾은선 그래프의 형태로 그려 넣은 것이다. 이 그림에서 보면 성분(4)까지는 그나마 급격하게 차이를 두고서 고윳값이 떨어지는 것으로 보아, 나름대로의 배타적인 특성을 가지는 요인들이 있음을 알 수 있다. 그러나 성분(5)에서부터는 상대적으로 고윳값의 변동폭이 급격하게 줄어든다. 따라서 이런 경우에 성분(4)까지를 요인으로 추출하는 결정도 고려해 볼 만하다. 앞서 〈표 19-5〉만 보자면 이러한 결정이 쉽지 않다. 그래서 고윳값 > 1의 기준뿐만 아니라, 스크리 도표 등을 참고하는 것도 요인 수의 결정에 필요하다.

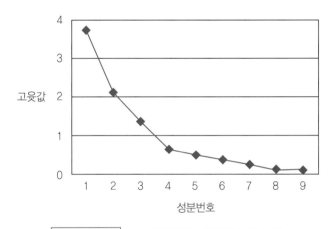

그림 19-11 스크리 도표를 이용한 요인 추출

요인 회전　　요인 회전(rotation)이란 성분 분석을 통해 일정한 수의 요인을 추출해 낸 다음에, 요인들 사이에서 분산의 설명을 최적화하기 위해 요인들의 위치를 재규정하는 것이다. 이를 요인 회전이라 하는데, 돌려 가면서 최적의 위치를 찾아본다는 것이다. 회전의 방법은 베리맥스, 쿼티맥스, 이퀴맥스, 오브리민 등으로 다양한데,[10] 계산 방식에서 차이가 있지만 요인들 간의 의미를 보다 분명하게 하기 위해 분산을 조정한

---

10) 베리맥스(varimax), 쿼티맥스(quartimax), 이퀴맥스(equamax), 오브리민(oblimin)

다는 취지는 같다.

요인 회전을 하게 되면 결과적으로 요인 적재값들이 새롭게 규정되는데, 중간 정도의 값들을 높은 값이나 낮은 값들로 나누어 주는 작용을 한다. 요인 회전의 단계에서 요인 수가 변화하지는 않으며, 설명되는 분산의 크기에 있어서도 변화가 없다. 단지 기존의 변수들이 각 요인들에 대해 갖는 상관관계의 크기에 있어서 재분배가 이루어지는 것이라 생각하면 된다. 요인들을 뽑아내고 난 후에 그 요인들이 무엇인지를 설명하는 데는, 대부분 요인 회전의 결과로서 해당 요인과 높은 관련성을 갖는 변수들을 참고하는 것이 보통이다.

요인 분석은 복잡하게 설명되는 현상을 단순화한다든지, 설명에 있어서의 주요 성분을 가려내고, 이를 근거로 기존의 설명들을 묶어내는 것을 가능하게 하는 등의 장점을 가지고 있다. 그로 인해 측정 도구를 개발하는 과정이나 측정의 타당도를 확인하는 작업 등에 널리 유용하게 쓰이고 있다.

요인 분석을 실행하는 데 있어서 가장 어려운 문제는 추출된 요인들에 대한 이름과 의미를 부여하는 작업이다. 이것은 통계분석의 수학적인 작업이 아니다. 이는 질적인 분석 작업으로 연구자가 각 요인에 포함되는 변수들의 성격에 근거하여 그에 공통된 성분의 의미와 이름을 곰곰이 생각해 내야 하는 것이다. 이 과정에 연구자의 해당 연구 주제에 대한 깊이 있는 지식이 요구된다. 그렇지 못하면 아무리 통계적 분석의 절차를 잘 수행했더라도, 요인 분석의 결과는 자칫 주관적이거나 비합리적인 의미로 귀결될 수 있다.

추론통계분석

• • •

　제6부는 추론통계분석을 설명한다. 추론통계는 표본 자료를 분석해서 모집단의 성격을 추정하는 것이다. 제20장에서는 추론통계와 가설 검증이란 무엇인지에 대해 설명한다. 추론통계는 모수에 대한 가정 여부에 따라 모수 검증과 비모수 검증으로 나뉘는데, 제21장과 제22장에서 이들을 각기 다룬다.

제20장

추론통계와 가설 검증

추론통계는 표본조사에서 쓰이는 분석 방법이다. 표본조사는 전수조사와 달리 모집단 전체를 조사하지 않고, 일부를 표본으로 추출해서 조사하는 것이다. 표본은 모집단을 대변하는 데 있어서 일정한 오차, 즉 표본오차를 가진다. 추론통계에서는 표본오차의 크기를 표준오차의 확률로써 산출하고, 이를 통해 표본 값을 가지고 모집단의 값(모수)을 추정하는 유의 수준으로 삼는다. 추론통계에 의한 가설 검증의 과정이 이와 같다.

1. 표본조사와 추론통계

표본조사란 모집단의 일부 요소를 표본으로 추출해서 분석하고, 그 표본 값을 가지고 모수(parameter, 모집단의 값)를 추정하는 것이다. 표본은 표본일 뿐이다. 아무리 정교하게 표본을 추출해서 정확히 분석했더라도, 그 결과는 엄밀하게는 표본 자료에 국한된다. 어떤 경우에도 연구의 관심은 모집단에 주어져 있다. 그럼에도 모집단을 전체로 조사하기 어려운 까닭에, 표본을 조사하고 분석한 결과로써 모집단을 추정하는 것이 보통이다. 이때 쓰이는 통계적 방법을 추론통계라 한다.

대부분의 양적 조사연구들은 가설 검증을 염두에 둔다. 가설이란 연구 명제가 옳다면 어떤 경험적인 사실이 나타날 것인지를 예측하는 서술이다. 연구 명제란 조사연구의 의문에 대한 잠정적인 결론을 말하는데, 양적 조사연구들에서는 연구 문제에 대한 이론적 검토를 거쳐 먼저 잠정 결론(명제)을 내리고, 이 명제를 검증하기 위해 가설을 설정하고 자료를 수집해서 분석한다. 만약 가설이 자료와 일치한다면, 연구 명제도 참으로 인정되는 것이다.[1]

　조사연구의 가설은 언제나 모집단을 대상으로 한다. 연구 문제가 대상으로 삼는 모집단을 염두에 두고 가설이 설정되기 때문이다. 비록 표본을 통해 자료수집을 하지만, 표본자료를 분석하는 목적은 모집단을 추론하기 위한 것이다. 전수조사의 경우에는 모수가 직접 도출되므로 추론 분석은 필요하지 않다.[2] 자료에서 분석되는 바가 곧 연구 문제에 대한 결론이 된다. 우연히 이런 결과가 나왔는지 등을 고려할 필요가 없다.

　표본조사에서는 모집단에 대한 가설을 어떻게 표본 자료를 통해 검증해 볼 수 있을까? 이로부터 추론통계의 필요성이 나타난다. 기술통계 방법이 표본자료 자체를 분석하는 것이라면, 추론통계는 이런 분석의 결과가 모집단의 성격을 어느 정도로 추정할지를 분석하는 방법이다. [그림 20-1]에 표본조사에서 추론통계분석이 이루어지는 과정이 나타나 있다. 표본추출의 과정에서 발생하는 표본오차를 구하고(①), 이를 표본 분석의 결과에 적용해서(②), 이를 근거로 모집단을 추론 분석한다는 것이다.

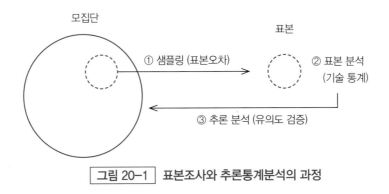

그림 20-1 표본조사와 추론통계분석의 과정

　대부분의 연구들은 전수조사보다 표본조사를 활용한다. 비용의 문제도 있지만, 전수조사가 표본조사보다 반드시 더 좋은 자료를 산출한다는 보장도 없기 때문이다. 방대한 전수조사의 과정에서 발생하는 여러 가지 자료수집과 처리의 오류들을 고려한다면, 세밀하게 짜인 표본조사가 오히려 이러한 오류들을 줄여 정확성을 더 높일 수도 있다.

---

1) 질적 조사연구에서의 가설 검증은 연구 명제의 도출 과정과 함께 순환적으로 진행된다. 일반적으로 가설 검증이라고 하면 양적 조사연구의 과정을 뜻한다.
2) 그럼에도 자료수집에서 비의도적인 누락 등과 같은 비표본오차까지를 염두에 둔다면, 전수조사의 자료도 일종의 표본과 같은 성격을 가지게 될 것이므로 추론통계가 여전히 유효하다는 입장도 있다.

그러나 아무리 정교하게 짜인 표본이라 해도, 전수를 조사하지 않은 이상 표본 결과는 모수에 대해 일정한 오차를 가진다. 그래서 추론통계분석에서는 이러한 오차(표준오차)의 크기를 계산해 내서, 확률 이론을 통해 모수 추론에 반영하는 방법을 사용한다.

2. 표준오차의 산출과 활용

표준오차(Standard Error, SE)는 표본이 가지는 모집단에 대한 오차의 크기를 가늠하게 해 주는 개념이다. 단순하게 말하자면, 표준오차는 모집단의 값(모수)을 표본의 결과 값을 통해 추정하려고 할 때 적용되는 신뢰도의 오차 기준이 된다.

예를 들어, 표준오차(SE)의 크기가 1.5인데 표본의 통계값이 20으로 나왔다면, 추론통계에서 모수의 추정은 이렇게 한다. '모수가 18.5에서 21.5 사이에 있을 확률은 68%가량이고, 모수가 17에서 23 사이에 있을 확률은 95%, 모수가 15.5에서 24.5 사이에 있을 확률은 99%를 넘는다.' 이들은 각기 통계값(20)에 대해 ±1·SE, ±2·SE, ±3·SE라는 신뢰도 오차 기준을 적용한 것이다.

표준오차의 크기에 대한 계산은 EPSEM(동일선택확률)이 적용된 확률샘플링에서 그 근거가 나오는데, 확률 이론이 그와 같다. 표준오차의 개념은 표준편차의 일종으로 이해할 수 있는데, 표준편차(SD)는 한 집단의 평균값에서부터 개별값들이 어느 정도 떨어져 있는지를 평균한 것이다. 표준오차에도 이와 같은 개념이 적용된다. 동일한 모집단으로부터 무수히 많은 표본들을 뽑아내 보았다고 가정할 때, 각 표본의 통계치가 구해지고, 그들 통계치 집단에 대한 산술 평균을 구할 수 있다. 그 평균에서부터 개별 표본 통계치들이 각기 얼마나 떨어져 있는지를 평균적으로 나타낸 것이 표준오차의 개념이다.

1) 표준오차의 계산

이론적으로는 표준오차를 구하려면 무수히 많은 표본들을 추출해 보아야만 한다. 그래야 각각의 표본들이 그 평균에서 어느 정도로 떨어져 있는지가 계산될 수 있기 때문이다. 그러나 현실 연구에서 이것은 불가능하고, 또한 그런 소용도 없다. 무수히 많은 표본들을 뽑아서 모수를 추정하느니, 차라리 전수 조사를 통해 모수를 찾는 것이 훨씬 쉽기 때문이다. 그래서 대부분의 현실 연구들에서는 표준오차를 추정치로 구해서 활용한다.

> 아주 단순한 모집단을 가상해 본다. $N = 5$명으로 이루어진 모집단이 있는데, 연구는 이 모집단 학생들의 월 아르바이트 수입이 얼마 정도가 되는지를 알고자 한다. 우선 하나의 수치로 나타내 보기 위해 이들 5명에 대한 아르바이트 수입의 평균값을 구해 본다. 연구에서는 모르는 일이지만, 이 모집단의 실제 월수입 분포는 다음처럼 되어 있다 하자. 그러면 월수입 평균의 모수(μ)는 57만 원이다.

학생 (x_i)	X_1	X_2	X_3	X_4	X_5
월수입	50만 원	65만 원	40만 원	70만 원	60만 원

이제 모수(μ)를 추정하기 위해 $n = 2$인 표본을 뽑아낸다고 하자. 여기에 X_1과 X_3이 우연히 뽑혔다면, 이 표본의 평균값($\bar{x}$) 통계치는 $\frac{50 + 40}{2} = 45$만 원이 된다. 이것으로 모집단의 모수가 45만 원일 것이라고 추정해 본다. 그러면 실제 57만 원의 모수와 45만 원이라는 통계치 간에는 12만 원만큼의 오차가 존재한다. 만약 같은 $n = 2$ 표본으로 x_2와 x_4가 뽑혔더라면, 이 표본의 통계치는 67.5만 원이 되어 모수와는 10.5만 원의 차이가 생긴다.

표본 통계치의 정확성이란 모수에 근접하는 정도를 말하는데, 예에서와는 달리 현실적으로는 모수를 알지 못한다. 그래서 표본 통계치가 얼마나 정확한지, 오차가 얼마인지를 직접 계산할 방법은 없다. 다만 여기에 확률 이론을 적용하게 되면, 산출된 통계치가 모수에 가까운 확률이 어느 정도인지를 추정해 볼 수는 있다. 예에서 만약 표본 크기를 3으로만 해 보아도, (x_1, x_2, x_3), (x_4, x_5, x_6)에서 각기 평균 통계치가 55만 원, 56.7만 원으로 모수에 훨씬 근접한다. 이렇듯 표본의 정확성 확률은 일차적으로 표본의 크기와 관련이 있다.

표본의 정확성 확률은 거꾸로 하면 표본의 오차 확률이 된다. 표본의 오차 확률은 표본의 크기와 함께 모수의 성격에 따라서도 달라진다. 같은 크기의 표본이라면 모수가 분산이 큰 경우(예: 차이가 많은 소득액)에는 분산이 작은 경우(예: 비슷한 성별)에 비해 표본의 오차 확률이 높아진다.

이제 이러한 관계를 보다 구체화해서 그런 확률을 어떻게 계산해 볼 것인지를 설명해 본다. 위의 경우에 2명으로 된 표본들을 계속해서 뽑아낸다고 가정하면, 그것들은 〈표 20-1〉에서 나타나는 바와 같이 10가지의 경우 중 어느 하나로 나타난다.

〈표 20-1〉 n = 2인 표본들에서 나타나는 아르바이트 수입 평균 통계치 ($\bar{x}$)

표본$_i$	표본 요소	$\bar{x}_i$
표본$_1$	(x_1, x_2)	57.5
표본$_2$	(x_1, x_3)	45
표본$_3$	(x_1, x_4)	60
표본$_4$	(x_1, x_5)	55
표본$_5$	(x_2, x_3)	52.5
표본$_6$	(x_2, x_4)	67.5
표본$_7$	(x_2, x_5)	62.5
표본$_8$	(x_3, x_4)	55
표본$_9$	(x_3, x_5)	50
표본$_{10}$	(x_4, x_5)	65
		$\sum \bar{x}_i = 570$ 전체 평균 = 57

모집단의 요소(x)들이 동일한 선택 확률(ESPEM)이 주어진 상태에서 표본 추출이 계속해서 이루어진다면, 이들 표본 역시 10가지 유형이 궁극적으로는 동일한 정도로 선택될 확률을 가질 것이다. 이를 확률 샘플링 분포라고 한다. N = 5 모집단에서 아르바이트 수입 평균이라는 모수를 추정하기 위해 n = 2 표본을 확률 샘플링으로 추출하게 되면, 샘플링 분포에 들어 있는 10개의 값($\bar{x}_i$) 중 어느 하나를 얻게 된다는 뜻이다.

만약 샘플링을 무한히 되풀이해서 $\bar{x}_i$를 구해 보면, $\bar{x}_i$들의 전체 평균은 궁극적으로 $\frac{570 \times \infty}{10 \times \infty}$ = 57이 된다. 결국 모집단에서의 아르바이트 수입 평균(μ)인 모수와 같게 된다. 이처럼 다수의 표본들을 뽑아낸다고 가정할 때 각 표본 통계치($\bar{x}_i$)들의 합계 평균을 통해 모수에 대한 기댓값($E_{\bar{x}}$)이 구해진다. 표본에서 도출된 값으로 모수를 추정하는 데 사용하기 때문에 이를 표본 추정치라고도 한다. 만약 $E_{\bar{x}} = \mu$가 되면, 이 표본 추정치는 비편향(unbiased)되어 있다고 한다. 만약 추정치가 모수와 다르면 편향된 것인데, 이때 편향의 크기 혹은 오차 = $(E_{\bar{x}} - \mu)$로 계산된다.

앞서 예에서는 무수한 수의 샘플링이 이루어졌다고 가정했으므로 표본 값들의 전체 평균은 모수에 대한 비편향 추정치가 된다. 그럼에도 개별 표본_i들의 경우에는, 서로 다른 값($\bar{x}_i$)들을 가지므로 모수(μ)에 대한 추정치로서 편향된다. 만약 모수가 알려져 있는 경우라면, 하나의 표본_i가 가지는 오차는 손쉽게 계산된다. 그러나 표본조사는 모수를 모르는 상태에서 이를 추정하려고 수행하는 것이므로, 연구에서 추출한 하나의 표본_i가 어떤 확률 중 하나인지, 그것이 모수와 얼마만큼의 오차를 가지는지를 직접 계산해 볼 수 없다.

다시 앞서 예로 돌아가서, 어떤 하나의 표본_i가 산출한 통계치($\bar{x}_i$, 아르바이트 수입 평균)가 다른 표본들에서의 통계치들과 얼마나 차이 나는지, 그러한 차이들이 평균적으로는 얼마나 되는지를 알 수 있으면, 이를 통해 하나의 표본 값($\bar{x}_i$)이 오차를 어느 정도 가지는지 추정해 볼 수 있다. 이는 샘플링 분포에 대한 표준편차(S) 혹은 분산(S^2)을 통해 측정될 수 있다. 〈표 20-1〉의 경우에서 샘플링 분포의 표준편차는 다음과 같다.

$$S = \sqrt{S^2} = \sqrt{\frac{\sum (X_i - \bar{X})^2}{N}} = \sqrt{\frac{(57.5-57)^2 + \cdots + (65-57)^2}{10}} = 6.60$$

이처럼 표본 추정치($\bar{x}$)들의 분포가 나타내는 표준편차를 통해 표준오차 $SE(\bar{x})$가 계산될 수 있다. 문제는 현실에서는 하나 이상의 표본 값들을 알지 못한다는 것이다. 여기에서 하나의 표본만으로 모수를 추정하는 데 따르는 편향의 크기, 즉 표본오차를 추정할 필요가 생긴다. 만약 샘플링이 EPSEM이 이루어진 경우라면, 하나의 표본만으로 표준오차의 크기, 표본 값들이 평균적으로 어느 정도의 오차를 가지는지를 확률 이론으로 측정하는 방법이 있다.

만약 모집단의 크기와 모수의 분산 정도를 알 수 있다면, 한 표본이 가지는 표준오차는 다음 공식에 의해 계산될 수 있다. 여기에서, σ(시그마)는 모수의 표준편차, N은 모집단의 크기, n은 표본의 크기를 말한다.

$$SE(\bar{x}) = \sqrt{\frac{\sigma^2}{n} \times \frac{N-n}{N-1}}$$

이 공식에서 보면, 표준오차의 크기는 모수의 분산 정도(σ^2), 모집단 및 표본의 크기에 의해 결정되는 것을 알 수 있다. 첫째, 동일한 크기의 표본을 가정하면, 즉 n이 일정하다면, σ^2이 작을수록 표본 추정치의 표준오차는 작아진다. 반대로 σ^2이 클수록, 표준오차도 커진다. 둘째, 표본의 크기와 표준오차는 반비례한다. 동일한 성격의 모수를 가정한다면, 즉 N과 σ^2이 일정하다면, 표본의 크기(n)가 커지면 표준오차는 작아지고, n이 작아지면 표준오차는 커진다.

위의 공식을 통해 표준오차를 구하기 위해서는 모수의 표준편차 값(σ)을 알아야 한다. 그런데 연구를 수행할 때 표준편차를 포함한 모수에 관한 대부분의 성격들은 알려져 있지 않은 경우가 대부분이다. 이런 경우에 한 표본 값($\bar{x}_i$)의 표준오차를 구하기 위해서는, 위의 공식에서 모집단의 표준편차(σ)를 표본에서의 표준편차(S)로서 추정하는 방법을 사용한다.

표본 값의 표준편차(S)를 구하는 공식은 다음과 같다. 여기에서 x_i는 표본의 요소들, $\bar{x}$는 표본 요소들의 평균값, n은 표본 크기를 말한다.

$$S \ = \ \sqrt{\frac{\sum (x_i \ - \ \bar{x}\ )^2}{n \ - \ 1}}$$

하나의 표본을 추출해서, 그로부터 어떤 표본 값이 얻어진다. 그러면 이 값이 모수를 추정하는 데 어느 정도의 오차 가능성(크기)을 가지는지는, 다음과 같은 표준오차 공식(SE)으로 구해진다.

$$SE \ = \ \sqrt{\frac{S^2}{n} \ \times \ (1 - \frac{n}{N})}$$

여기에서 $(1 - \frac{n}{N})$ 부분은 모집단의 크기가 작은 경우에 적용되는 수정 요인이다. 만약 모집단(N)이 표본(n)에 비해서 매우 크다면, 이 요인은 1에 가까워지므로 생략될 수 있다. 거꾸로 N과 n이 같다면, 이 요인 자체가 0이 되므로 표준오차도 0이 된다. 표준오차란 표본 값이 가지는 오차인데, 표본이 모집단과 동일하다면 오차가 있을 수 없게 되는 것이다.

이렇게 계산되는 SE 값은 하나의 표본 값이 모수를 추정하는 데 수반되는 평균적인 오차의 크기를 뜻한다. 어떤 표본 값이든 그것은 샘플링 분포의 확률에서 보자면, 수많은 표본 결과 가능성(앞서 예에서는 10가지 가능성) 중 하나에 불과하다. 그럼에도 이것으로 모수를 추정하려면, 표준오차의 가능성을 전제로 해야 한다.

위의 공식에서 보듯이, 표준오차 SE의 크기는 추정하려는 모수(예: 아르바이트 수입)가 모집단에서 얼마나 분산되어 있는지(σ^2 혹은 S^2)에 비례해서 커지거나 작아진다. 분산이 크면, 표본 값으로 추정하려는 데 오차를 크게 잡아야 한다는 것이다. SE의 크기는 또한 표본의 크기(n)에 반비례한다. 표본의 크기가 클수록 표준오차의 크기는 작아진다.

표본 값에 대한 표준오차는 이런 논리를 통해 계산될 수 있다. 실제 표준오차 값을 산출하는 데 필요한 지루한 계산들은 전산통계 프로그램들이 손쉽게 대행해 줄 수 있다. 그러나 산출된 표준오차 값을 가설 검증에 활용하고 그로부터 도출되는 분석 결과를 적절히 해석하기 위해서는 표준오차가 어떤 논리로 산출되는지는 이해해야 한다.

2) 확률 이론

확률 샘플링으로 추출된 표본에는 확률 이론이 적용될 수 있다. 확률 샘플링이란 모집단의 요소들이 표본에 포함될 확률이 동일하게 주어진 상태에서 이루어진 표본추출을 말한다. 이를 동일 선택 확률 방법(EPSEM)이라 하는데, 이 방법이 적용되어 추출된 표본을 확률 표본이라 한다. 확률 표본이 되면, 모집단의 요소가 표본에 포함될 확률의 크기가 얼마였는지를 알 수 있으므로, 표본의 오차 정도도 확률 이론을 적용해서 파악해 볼 수 있다.

확률 이론(probability theory)이란 현상을 비결정적으로 설명하는 것으로, 확률 분포의 개념을 활용한다. 확률 분포란 표본값들이 분포되는 양상을 확률 수치로써 나타내는 것으로, 통계학에서의 정규분포(normal distribution)가 이러한 확률 이론에 의거한 분포를 대표한다.[3]

확률 샘플링의 기본적인 논리는 샘플링 분포의 개념을 통해 적절히 설명된다. 샘플링 분포(sampling distribution)란 모집단에서 수많은 표본들을 추출해 본다고 가정할 때, 그 표본들은 어떤 값을 가지고 분포될 것인지를 나타낸다. 확률 표본의 샘플링 분포라면 다음과 같은 특성을 띤다.

모수 중심 분포   확률 샘플링에서는 표본 값들이 모수를 중심으로 해서 분포되어 있을 것으로 가정한다. 만약 동일 모집단으로부터 무수히 많은 표본들을 EPSEM이 적용된 상태로 추출해 본다면, 각 표본들에서 얻어지는 표본 값들은 모수를 중심으로 정규 분포를 이룰 것이다. 개별 표본 값은 모수보다 크거나 작은 등으로 다양하게 나타날

---

3) 모집단의 요소들이 동일 선택의 확률을 가진다면, 무수히 많은 표본 집단을 뽑아 본다고 할 때, 개별 표본들마다는 차이가 있겠지만 전체적으로 모아서 보면 이들 표본이 모집단의 속성을 중심으로 좌우 동형의 정규적인 종형 곡선의 형태를 띤다는 것이다.

수 있겠지만, 확률적으로는 특정 표본 값이 모수에 가깝게 나타날 확률이 모수로부터 멀어져서 나타날 확률보다는 크다는 것이다. [그림 20-2]의 정규분포 곡선은 이러한 확률 이론에 따른 샘플링 분포를 나타내는 것이다.

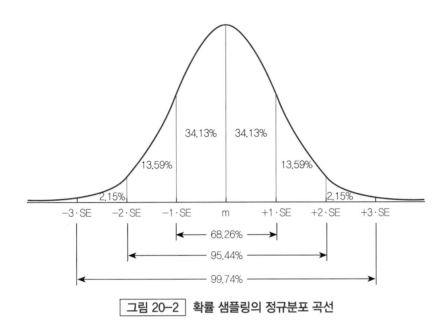

그림 20-2 │ 확률 샘플링의 정규분포 곡선

정규분포 곡선 확률 샘플링의 표본 값들은 중심극한 정리에 근거해서 정규분포 곡선의 형태를 띤다. 중심극한 정리(central limit theorem)란 EPSEM으로 무한한 수의 표본들을 뽑아내게 되면 각 표본 값들은 전체 표본 평균값을 중심으로 좌우대칭의 정상 분포되는 상태를 나타낸다는 이론이다. 이때 전체 표본 평균은 곧 모수와 일치하게 된다. 그러므로 정규분포 곡선은 곧 하나의 표본 값이 모수에 얼마나 가깝게 될지에 대한 확률을 뜻하는 것인데, 이는 표준오차의 크기에 따라 결정된다. 표본 값이 표준오차를 크게 가지면 모수를 가깝게 추정할 수 있는 확률이 떨어지고, 표준오차가 작으면 모수에 가깝게 추정할 확률이 높아진다. 즉, 확률 샘플링의 정규분포 곡선은 다음과 같은 특징을 지닌다.[4]

- 좌우대칭이며, 종형(bell-shaped) 모양을 띤다.

---

4) Elifson, K., Runyon, R., & Haber, A. (1998). *Fundamentals of Social Statistics* (3rd ed.). NY: McGraw-Hill, p.137.

- 최빈값, 중위수, 산술평균이 중앙의 한 점에서 일치한다.[5]
- 표준오차의 정도에 따라 표본 값이 나타나는 정도를 구체적인 확률로 계산해 낼 수 있다.

정규분포 곡선에서는 무한한 수의 표본 값들을 100%로 두는데, 곡선 안의 면적은 표본 값들이 분포할 확률을 나타낸다. 100%의 표본 값들 중에서 68.26% 정도는 모수 혹은 전체 표본 값 평균(m)을 중심으로 좌우에 한 표준오차 이내의 값(m ± 1 · SE)을 가진 표본 값들이 위치하고, m ± 2 · SE 이내의 표본 값은 95.44%가 포함된다. 더 넓혀서 m ± 3 · SE 이내에서는 거의 대부분의 표본 값들에 해당하는 99.74%가 들어간다. 정규분포 곡선에서의 표준오차 범위와 관련된 구체적인 곡선 면적 값은 이 책 부록의 〈별첨 1: 정규분포표〉에 제시되어 있다.

표준점수 정규분포 곡선은 표본의 대표성에 관한 유용한 정보를 제공해 준다. 만약 표본 값들의 분포가 정규분포 곡선과 같은 모양의 정상(정규)성에 가깝다면, 하나의 표본 값을 통해 모수의 위치를 추정하는 데 [그림 20-2]와 같은 정규분포 곡선의 특성을 이용할 수 있다. 「정규분포표」의 빈도 확률들의 수치는 표준점수를 기준으로 한다. 만약 전체 표본 값(X)들의 평균(m, 확률 이론상 이는 모수 μ의 기댓값)과 표준편차(SE, 확률 이론상 모수의 표준편차 σ의 기댓값)를 안다면, 표준점수(Z)가 다음처럼 계산될 수 있다.

$$Z = \frac{X - \mu}{\sigma}$$

여기에서 Z 값은 원점수(X)가 평균(μ)으로부터 얼마나 떨어져 있는지를 표준편차(σ)의 단위로 환산한 것이다. 표준편차의 한 단위로서는 그 차이가 어느 정도인지를 점수화한 것이다. 어떤 경우에도 Z 값이 0이면 원점수는 평균과 같다는 것이고, + 값이면 원점수는 평균보다 크고, - 값이면 평균보다 작다는 것이 된다.

Z 점수를 계산하려면 모집단의 평균과 표준편차를 알아야 한다. 표본의 평균과 표준편차로는 Z 점수를 계산할 수 없다. 그런데 현실적으로 모집단의 분포를 직접 확인하기는 대개 어렵다. 이런 경우에 통계치를 표준점수화시키는 다양한 방법이 있지만(다음 장에서 다룸), 무엇을 사용하더라도 모집단이 정규 분포되어 있다는 가정을 전제로

---

5) 최빈값(mode), 중위수(median), 산술평균(mean)에 대해서는 이 책 16장 참고.

해야 한다. 표준점수를 알게 되면, 평균이 0이고 표준오차 값이 1인 정규분포 곡선에 대비해서 그 점수가 어느 정도의 위치에 있는지를 알 수 있다.

대부분의 추론통계 분석은 확률 이론에 따른 정규분포 곡선 등과 같은 다양한 샘플링 분포의 모형을 활용한다. 이를 가지고 표본조사의 결과로써 모집단의 값을 추정하는 데 따르는 오차의 확률을 제시한다. 신뢰 구간과 신뢰 수준이 그에 사용되는 방법이다.

3) 신뢰 구간과 신뢰 수준

한 표본의 통계치로 모수를 추정하고자 할 때는 오차가 필히 수반된다. 확률 샘플링에서는 이를 감안하기 위한 목적으로 표준오차를 계산해 내고, 이를 모수 추정 시에 오차 확률, 혹은 거꾸로 말하면 신뢰 확률로서 감안하도록 한다. 신뢰 확률은 신뢰 구간과 신뢰 수준으로 나타낸다. 앞서 설명했던 정규분포 곡선의 성격을 표준오차와 함께 쓰면, 신뢰 수준과 신뢰 구간은 다음과 같이 규정된다.

- 모수가 표본 값의 $\pm 1 \cdot SE$ 이내 신뢰 구간에 있을 것이라고 추정하는 것은, 68% 정도의 신뢰 수준을 가진다.
- 95% 정도의 신뢰 수준을 가지고 모수를 추정하자면, 신뢰 구간은 표본 값 $\pm 2 \cdot SE$의 범위 내로 설정된다.
- 99% 정도의 신뢰 수준에서는 표본 값 $\pm 3 \cdot SE$가 신뢰 구간이 된다.[6]

신뢰 구간과 신뢰 수준이 어떻게 쓰이는지를 예를 들어 설명해 본다. 어떤 지역에서 장애인 출현율(인구 100명당 장애인 수)을 알기 위해 표본조사를 실시했는데, 표본 값 (α)이 3.08명으로 나왔다. 이때 표준오차가 0.75 정도로 계산되었다 하자. $\alpha = 3.08$이라는 통계치는 하나의 표본 값에 불과하다. 만약 무수히 많은 표본들을 계속해서 뽑아 본다면, 그 값은 각기 다르게 나올 수 있을 것이다. 그래서 표준오차의 값을 계산해서 표본 값의 오차 확률로 고려해야 한다. 정규분포 곡선의 신뢰 범위에 대한 논리로서는 다음처럼 말한다.

---

6) 엄밀하게는 95%의 신뢰 수준은 표본 값 $\pm 1.96 \cdot SE$를 신뢰 구간으로 하고, 99%의 신뢰 수준은 표본 값 $\pm 2.58 \cdot SE$를 신뢰 구간으로 한다.

'68% 정도의 확신을 가지고 말하자면(신뢰 수준), 우리 지역에서는 장애인이 100명당 2.33명에서 3.83명 사이에 있을 것이다(신뢰 구간).'

'95% 정도의 확신을 가지고 말하자면, 장애인 출현률은 대략 1.58명(3.08 − 2 × 0.75)에서 4.58명(3.08 + 2 × 0.75) 사이에 있을 것이다.'

연구에서 어느 정도의 신뢰 수준을 적용하는 것이 적절한지는 사안에 따라 차이가 있다. 일반적인 학술 연구에서는 95%의 신뢰 수준을 보편적으로 준수하는 경향이 있다. 모수 추정에서 5% 이하의 오차 확률은 허용한다는 뜻이다. 그런데 실용적인 목적의 조사연구에서는 단순히 신뢰 수준을 몇 %에 둘 것인지에 만족할 수 없다. 앞서 예처럼 한 지역의 장애인 출현율을 조사한 결과로 '1.6명에서 4.6명 사이(오차 확률 5% 이하)'라고 발표한다면, 이것은 표적 인구의 규모를 추정하려는 실용적인 정책 목적에 쓰일 수 있을까?

실천 조사연구에서의 신뢰 수준에 대한 고려는 신뢰 구간에 대한 고려와 병행되어야 한다. 그런데 막상 조사가 끝난 다음에는 신뢰 구간을 좁힐 수 있는 방법이 없다. 억지로 좁힐 수는 있지만 신뢰 수준을 아주 떨어뜨려야만 가능한 것이 된다. 신뢰 수준을 손상시키지 않는 상태에서 신뢰 구간을 좁히려면, 사전에 표준오차의 크기를 줄이는 방법밖에 없다. 표준오차의 크기는 표본의 크기에 민감하게 좌우된다.

앞서 경우에 표본 크기를 적절하게 늘려서 수행한 연구가 표준오차의 크기를 0.03 정도로 가지게 된다면, 다음과 같이 말할 수 있다. '우리 지역의 장애인 출현율은 추정치 3.08이고, 95% 정도의 신뢰 수준에서 말하자면 3.02명에서 3.14명 사이에 있다.' 이 정도면 표본조사의 결과를 모수로 간주하는 데 무리가 없을 것이므로, 특별히 수치 변동에 민감할 필요가 없다면 신뢰 수준과 구간을 생략하고 추정치만을 사용해도 무방할 것 같다.

모집단의 성격을 추정하는 표본조사에서는 항상 표준오차의 크기가 중요한 관건으로 작용한다. 그런데 앞서 공식에서 보았듯이 모집단의 분산과 크기는 이미 대부분 주어진 것으로 되어 있기 때문에, 표준오차의 크기에 대한 결정은 표본의 크기에 대한 결정으로 좌우될 수밖에 없다. 그래서 표본조사를 통해 추론통계 분석을 시도하려는 연구들에는 표본의 크기를 민감하게 고려한다.

3. 가설 검증의 추론통계

표본조사에서 가설 검증은 추론통계를 활용한다. 이를 위해서는 우선 가설이 통계적 방법으로 검증 가능한 형태로 작성되어야 한다. 예를 들어, 사회복지 현장에서 성별에 따른 급여 수준의 불평등이 존재한다는 연구 명제가 있다면, 이를 검증해 볼 수 있는 가설들 중 하나는 다음처럼 될 수 있다.

> "다른 조건들이 동일하다면, 남자 사회복지사 집단의 월급여 평균은 여자 사회복지사 집단의 월급여 평균보다 높을 것이다."

이처럼 통계적 가설은 일련의 구체적인 관측 사항에 대해 평균이나 상관관계 등과 같은 기술통계의 용법을 사용하는데, 그러한 통계치가 어느 정도의 값으로 관측될 것이라는 예측의 형태로 기술된다. 위의 예에서는 성별 간 급여 차이가 0보다 클 것이라는 예측 가설인데, 표본조사 연구에서는 표본 자료를 수집하고 분석해 보고 모집단에서 이 가설이 성립될 수 있을지를 판단한다. 여기에 추론통계가 적용되어 연구 명제의 타당성에 대한 확률적인 결론을 내린다.

1) 연구가설과 영가설

추론통계의 분석을 위해 가설은 연구가설과 함께 이에 반하는 영가설의 형태를 작성한다. 영가설을 따로 작성하는 이유는 추론 방법의 편의성 때문이다.

- 연구가설 (H_1) : 연구자가 실제로 검증해 보고자 하는 연구 명제를 경험적 사실에 대한 통계적 용어로 나타낸 것이다.
- 영가설 (H_0) : 영가설 (null hypothesis) 이란 귀무가설이라고도 하는데, 연구가설에 대한 일종의 반명제적 성격이다. 연구가설을 부인할 때 성립될 수 있는 가설을 말한다.

대개의 경우 조사연구에서 연구가설은 그 자체로서 검증되기 어렵다. 연구가설이 옳은 것인지는 연구가설을 부인하는 영가설이 옳지 않다는 것을 입증해야만 비로소 검증될 수 있다. 영가설은 몇 가지 다른 방식으로 표현될 수 있지만, 보통은 차이가 없다거나 관계가 없다는 식으로 표현된다.

> '남자 노인들과 여자 노인들 간에는 부양의존도의 평균에서 차이가 날 것이다'라는 연구가설
> 이 있다 하자. 이 경우에 검증하려는 통계치는 집단 간 부양의존도의 평균 차이가 된다. 남자
> 노인 집단의 부양의존도 평균을 μ_1, 여자 노인 집단의 평균을 μ_2라고 한다면, 연구가설과 영
> 가설은 각기 다음과 같이 표기될 수 있다.
>
> $H_1 : \mu_1 \neq \mu_2$ $H_0 : \mu_1 = \mu_2$

두 집단 간에 평균 차이가 있다는 연구가설에 대해서, 영가설은 그와 상반되는 명제
로서 두 집단 간에 차이가 없는 것으로 가정하는 것이다. 영가설을 따로 설정하는 이유
는 표본조사의 특성 때문이다. 만약 전수조사라면 자료수집의 결과를 기술통계적으로
분석해 보면, 차이가 있는지를 곧바로 확인해 볼 수 있다. 그러나 표본조사에서는 자료
를 분석한 결과가 표본 샘플링의 분포 중 하나인 표본에서 우연히 도출된 값일 뿐이므
로, 과연 이 결과가 모집단에서도 유사하게 적용될지는 단지 확률적인 고려로서만 가
능하다. 즉, 추론통계분석을 필요로 한다.

예를 들어, 표본 자료를 분석해 본 결과 남자 노인 집단의 평균이 60, 여자 노인 집단
의 평균이 50으로 나왔다 하자. 만약 이것이 전수조사라면 더 이상의 추론 분석이 불필
요하다. 가설이 옳다는 것이 바로 드러났기 때문이다.[7] 그런데 이것이 표본조사의 결
과라면 사정은 다르다. 남자 노인 평균$(\bar{x}_1) = 60$, 여자 노인 평균$(\bar{x}_2) = 50$은 표본의
결과일 따름이다. 표본 통계치는 언제나 모수와 일정 정도의 오차를 확률적으로 가지
고 있다. 그래서 설령 한 표본조사의 결과가 $\bar{x}_1 \neq \bar{x}_2$로 나온다 해서, 이것을 근거로 곧
바로 모집단에 대해 $\mu_1 \neq \mu_2$라는 연구가설(H_1)을 수용할 수는 없는 것이다. 만약 연구
가설을 직접 검증하는 결과를 제시하려면, 표본에서 $(60, 50)$으로 나온 것을 미루어 보
아 모집단에서 $\mu_1 \neq \mu_2$라고 보는 것이 타당할지, 만약 표본 결과가 $(60, 59)$로 나왔다
면 어떻게 해야 할지, $(55, 50)$이었다면, $(70, 50)$이었다면, … 등으로 무한히 많은 경
우들을 하나하나 상정해서 일일이 추론 분석의 대상으로 삼아야 할 것이다.

영가설을 사용하는 목적은 연구가설이 옳은지의 경우를 일일이 다 검증하지 못하기

---

7) 물론 이때도 비표본오차와 관련된 다양한 오류의 발생 확률을 생각한다면, 추론통계분석을 도입해 볼 필요가
   있다.

때문이다. 그래서 모든 연구가설이 성립하는 경우들을 일거에 부인하는 가설(영가설)을 상정해 두고, 이 영가설이 부인되는지의 여부만을 분석해서 연구가설이 옳은지를 판단하려는 것이다. 앞서 예를 영가설로 검증하자면, 표본 결과가 ($\bar{x}_남 = 60$, $\bar{x}_여 = 50$)으로 나온 것으로 보아서 모집단에서 $\mu_1 = \mu_2$라는 영가설은 받아들이기 어려운 것으로 추정되고(영가설의 부인), 그렇다면 그 외 나머지는 모두 $\mu_1 \neq \mu_2$라는 연구가설을 받아들이는 것밖에 없게 된다(연구가설의 수용)는 식이 될 것이다.

표본조사 연구들에서 두 가지 형태의 가설은 논리적인 필요성 때문에 사용되는 측면도 있다. 소위 말하는 '후건 긍정의 오류'를 피하기 위해서는 연구가설 이외에도 부정추론에 근거한 영가설이 필요하다.[8] 즉, 옳은 가설들을 수용하려고 할 때 발생하는 오류를 피하기 위해, 그보다는 틀린 가설들을 설정해서 제거하는 것이 타당하다는 것이다. 그래서 추론통계의 가설 검증에서는 연구가설의 수용 여부를 직접 판단하지 않고, 영가설의 기각 여부를 통해 간접적으로 판단하는 방법을 쓴다.

2) 1종 오류와 2종 오류

표본조사에서는 모집단이 직접 측정되지 않기 때문에, 모집단에 대해 설정된 영가설이 옳은 것인지 혹은 그릇된 것인지를 직접적으로 증명할 수가 없다. 표본 자료를 근거로 하는 통계 검증은 다만 표본 결과가 모집단에 대한 영가설을 기각하거나 수용하는 결정을 정당화하기에 충분할 것인지를 말해 줄 뿐이다. 통계 검증의 결과에 따라 영가설은 기각될 수도 있고 유지될 수도 있다. 그러나 통계 검증과는 상관없이 모집단에 대한 영가설이 실제로는 옳을 수도 있고, 틀릴 수도 있다.

영가설이 실제로는 옳은데도 불구하고 그것을 모르고 기각했다면, 그러한 결정은 오류다. 이런 오류를 '옳은 영가설의 기각' 혹은 1종 오류(type I error)라 한다. 만약 영가설이 실제로는 틀린 것인데도 그것을 모르고 기각하지 않았다면, 그것 역시 오류다. 이런 오류를 '거짓 영가설의 수용' 혹은 2종 오류(type II error)라 한다. 영가설의 진위 여부와 가설 검증의 결과를 두 축으로 해서 보면, 〈표 20-2〉와 같은 4가지의 경우가 나타난다.

---

8) 후건 긍정의 오류(fallacy of affirming consequent)는 결과가 발생하고 난 후에 그 결과를 입증하는 과정에서 발생하는 오류를 말한다.

〈표 20-2〉 가설 검증의 제1종 오류, 제2종 오류

결정	실제	
	영가설이 옳음	영가설이 틀림
영가설 기각	1종 오류	오류 아님
영가설 수용	오류 아님	2종 오류

　　이런 오류들이 존재하는 이유는 우리가 표본을 통해 세상을 판단하기 때문이다. 표본조사의 결과를 가지고 모집단의 현상을 추론할 때, 우리는 늘 우리의 판단이 잘못될 수 있는 가능성을 안고 있다. 만약 그러한 오류의 가능성이 어떤 것들인지를 이해하게 되면, 오류를 줄이기 위해 어떤 노력을 해야 할지를 알 수 있다.

　　실제로는 옳은 영가설을 기각할 확률, 즉 1종 오류를 범할 확률이 '유의 수준'이라고 규정되는 것이다. 이것은 엉터리 연구가설을 수용할 가능성 확률과도 같은 것이다. 그래서 1종 오류를 범하는 잘못을 줄이기 위해서는 유의 수준을 가능한 한 낮추는 노력이 필요하다. 그러나 유의 수준을 낮추면 비록 1종 오류는 줄어들지만, 반대로 2종 오류는 늘어나게 된다. 1종 오류와 2종 오류는 거꾸로 연결되어 있기 때문에, 유의 수준을 낮추면 옳은 영가설을 기각하는 1종 오류의 확률은 줄어드는 대신, 틀린 영가설을 수용하는 2종 오류의 확률은 증가하게 된다.

　　한 조사연구의 목적이 정신질환자들에 대한 새로운 개입방법의 효과성 검증에 있다고 하자. 이 연구 결과가 검증되면 새로운 개입방법이 전국적으로 보급될 예정이다. 이 경우 연구자는 연구결과의 오류 가능성에 매우 신중해야 할 것이다. 영가설이 '새로운 개입방법은 기존의 개입방법과 비교하여 효과성의 차이가 없다'로 규정되었다고 하자. 이러한 영가설이 참인데도 불구하고, 이를 기각하는 오류를 범한다는 것은 심각한 문제를 야기할 수 있다. 효과성의 차이도 없는 새로운 개입방법이 기존의 개입방법을 대체하는 과정에서 야기할 혼란과 비용 손실 등을 고려하면, 1종 오류는 심각한 문제가 될 수 있다.

　　따라서 이런 경우에는 유의 수준(1종 오류의 허용 수준)을 최대한 낮추는 것이 바람직하다. 유의 수준을 낮추면 2종 오류의 가능성이 상대적으로 증가한다. 2종 오류가 발생한다면, 즉 영가설이 잘못된 것임에도 불구하고 수용되었다면, 실제로는 새로운 개입방법이 효과적인데도 불구하고 이것이 제대로 받아들여지지 않게 된 것이다. 적절한 유의 수준에 대한 판단은 1종과 2종 오류들로 인한 해로움이 각기 어느 정도인지를 파

악해 보고서 내려진다. 앞서 경우에 새로운 개입방법의 효과성 검증이 계속적인 보완을 필요로 하는 문제 정도로 남을 거라면, 이로 인한 해로움은 막대한 비용을 낭비할 수 있는 1종 오류에 비해 그리 크지 않을 수 있다. 따라서 이 경우에는 2종 오류보다는 1종 오류의 위험성에 보다 많은 관심이 주어지게 된다.

가설 검증에서 1종 오류와 2종 오류에 대한 상대적인 교환 관계를 고려해 보는 것은 매우 중요하다. 적어도 무작정 유의 수준을 낮추는 것이 좋지는 않을 수 있다. 조사연구들에서 유의 수준의 선택은 ① 조사하려는 대상 문제의 유형, ② 옳은 영가설을 기각할 때 나타나는 결과 혹은 틀린 영가설을 수용할 때 나타나는 결과 등을 고려하여 이루어져야 한다.

4. 영가설의 수용과 기각

영가설을 수용하거나 기각하는 데는 나름대로의 근거와 규칙이 필요하다. 표본 결과가 영가설의 샘플링 분포에서 심하게 벗어난 영역에 속해 있으면 그 영가설은 기각된다. 그러한 영역을 기각 영역이라 하고, 표본 결과가 기각 영역에 포함될 확률을 유의수준(α, significance level)이라 한다. 사회과학 연구들에서는 보통 유의 수준을 0.05나 0.01 정도에 두는데, 이는 현재의 영가설이 옳다는 가정하에서 이루어진 샘플링 분포를 두고서, 특정한 표본 결과가 거기에 포함될 가능성이 5%나 1% 이하로 나타난다면, 그 정도의 유의 확률은 감수하고 영가설을 기각할 수 있다는 것이다.

노후 대책을 조사한 한 연구에서, 여러 가지 이유들로 인해 농촌 지역의 사람들은 도시 지역의 사람들보다 노후에 대한 불안감이 덜할 것이라고 이론을 세웠다. 이 명제의 타당성을 확인하기 위해 영가설을 검증하는데, 유의 수준을 0.05로 선택했다고 하자.

H_1 : 도시인의 노후 불안감 평균(μ_1) > 농촌인의 노후 불안감 평균(μ_2)
H_0 : $\mu_1 - \mu_2 = 0$, 혹은 $\mu_1 - \mu_2 < 0$

표본 자료가 수집되었고, 자료 분석의 결과 두 집단의 평균 차이가 $\bar{x}_{도시} - \bar{x}_{농촌} = 2.3$으로 나왔다. 이때 표준오차는 1.0으로 계산되었다고 하자.

이 표본 결과만을 두고 보면, 마치 영가설의 모집단에 대한 예측($\mu_1 - \mu_2 = 0$)은 잘못된 것처럼 보인다. 그러나 실제로 영가설은 옳은데 표본 결과가 우연히 그렇게 나왔을 가능성은 여전히 배제할 수 없다. 이를 오류 확률이라 하는데, 추론통계분석에서 유의 수준을 0.05로 둔다는 것은 그런 오류 확률을 5%, 즉 100개 중에 5개 이하의 오류 가능성으로 허용하겠다는 것이다. 보다 엄격한 연구에서는 이런 오류 확률을 100개 중의 하나 혹은 1,000개 중 하나 이하로만 허용하기도 한다. 그만큼 유의 수준을 낮춘다는 것인데, 영가설의 기각 영역을 좁힌다는 뜻이다. 이는 곧 영가설을 쉽사리 기각하지 못하게 함으로써 연구가설이 옳다는 결정을 그만큼 더 엄격하게 제한하는 것이다.

[그림 20-3]에서처럼 표본 결과는 2.3으로 영가설이 설정하는 분포(모수=0, 여기에서 모수는 집단 간 평균점수의 차이)에서는 기각 영역에 속하게 된다. 즉, 실제로는 0을 중심으로 하는 샘플링 분포인 경우에서, 표본 결과가 우연히 2.3이 되어 나올 확률이 5% 이하의 확률에 있다는 뜻이다. 그러므로 유의 수준 0.05에서 영가설은 기각된다. 따라서 도시인들이 농촌 사람들보다 노후에 대한 불안감이 더 크다는 연구가설은 유효하게 된다.

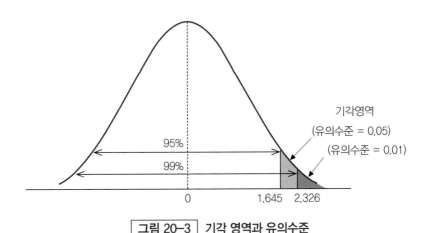

95%
99%

기각영역
(유의수준 = 0.05)
(유의수준 = 0.01)

0   1.645 2.326

그림 20-3 | 기각 영역과 유의수준

그러나 동일한 2.3의 표본 결과를 두고서도 유의 수준을 0.01(1%)로 낮추게 된다면, 기각 영역이 좁혀지게 되어 영가설을 기각할 수 없게 된다. 유의 수준 0.01에서 영가설을 기각하는 데 필요한 표본 결과는 $(\bar{x}_1 - \bar{x}_2)$가 적어도 2.326 이상이 되어야 하기 때문이다.[9] 현재의 표본 결과로 나타나는 2.3의 차이로는 도시 사람들과 농촌 사람들이

---

9) 이런 식의 계산에 대해서는 다음 21장 '모수 검증'에서 설명한다.

노후 불안감에서 차이가 있다는 것을 95% 정도로는 확신할 수 있지만, 99%로 확신하기는 부족하다는 뜻이다.

같은 표본 결과를 두고서도 이처럼 가설이 기각되기도 혹은 유지되기도 하는 것을 두고 볼 때, 가설 검증에는 임의적인 소지가 있음을 알 수 있다. 따라서 엄격하게 0.05 혹은 0.01과 같은 인위적으로 설정된 수치에 지나친 의미를 부여하는 것은 옳지 않다. 다만 연구자들이 이러한 기각 수준을 제각기 선택하여 사용하는 것도 곤란하므로, 사회과학에서는 보통 0.05 등을 일반적인 기준으로 삼는 경향이 있다. 그러나 같은 사회과학 분야일지라도 연구가설의 검증에 따른 위험 부담이 큰 분야들에서는 유의 수준을 0.01이나 그보다 낮은 것으로 요구하기도 한다.

영가설에서 상정하는 모집단의 샘플링 분포에 비추어서, 한 표본의 결과가 기각 영역에 속하는 것인지 아닌지를 판단하는 것이 통계학적 유의도 검증이다. 통계학적 검증은 일방(one-tailed, 한쪽 꼬리) 혹은 양방(two-tailed, 양쪽 꼬리)일 수 있다. 양방 검증에서는 기각 영역이 오른쪽과 왼쪽 모두에 위치한다. 일방 검증에서는 기각 영역이 왼쪽이나 오른쪽 꼬리 어느 한쪽에 위치하게 된다. 어떤 검증을 선택할 것인지는 연구가설

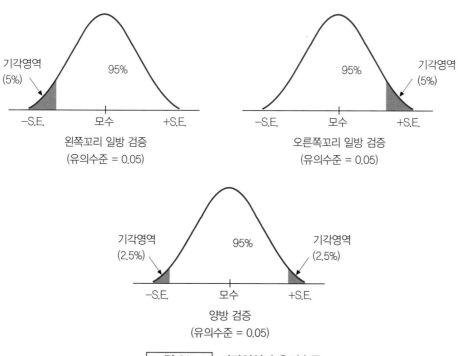

그림 20-4 기각영역과 유의수준

(H_1)의 성격에 의해 결정된다. 각 검증들의 성격은 [그림 20-4]에서와 같이 나타난다.

일방 검증　만약 H_1이 '무엇이 무엇보다 크다'라는 것이면, H_0의 기각 영역은 샘플링 분포의 오른쪽 꼬리 부분에 위치하게 된다. 만약 H_1이 '무엇이 무엇보다 작다'고 한다면, H_0의 기각 영역은 왼쪽 꼬리가 된다. 예를 들어, '남자들은 여자들에 비해 자원봉사 참여도가 낮다'는 가설에 대해, 모집단에서 남자들의 자원봉사 참여도 평균을 μ_1, 여자들의 평균을 μ_2라고 두면, H_1과 H_0는 각기 다음과 같이 표현된다.

H_1 : $\mu_1 < \mu_2$, 즉 $\mu_1 - \mu_2 < 0$

H_0 : $\mu_1 = \mu_2$, 즉 $\mu_1 - \mu_2 = 0$ 혹은 $\mu_1 - \mu_2 > 0$

일방 검증에서 영가설의 추가되는 부분(예: $\mu_1 - \mu_2 > 0$)은 따로 검증의 대상으로 삼지 않는다. 영가설 $\mu_1 - \mu_2 = 0$을 검증하면서 기각 영역의 크기를 조절하는 것으로 가능하기 때문이다.

영가설(H_0)에서는 모집단의 샘플링 분포가 0을 중심으로 분포되어 있다고 가정한다. 따라서 이러한 분포에 비추어 보아 표본 결과가 0보다 충분히 작거나 커서 기각영역으로 나갈 때 들어갈 때, 비로소 H_0의 가정과 표본 결과는 일치하지 않는다고 할 수 있다. 즉, 앞서 예의 경우에서는 μ_1이 μ_2에 비해 충분히 작아야 H_0이 기각될 수 있는 것이다. 유의 수준을 0.05로 설정하고 영가설을 기각하려면, 표본 결과는 왼쪽 꼬리 5%의 기각 영역에 들어갈 수 있어야 한다. 만약 앞서 예에서 연구가설의 방향이 반대로 설정되었더라면, 즉 $\mu_1 > \mu_2$였다면, 이에 대한 영가설의 기각 영역은 오른쪽 꼬리 부분에 설정될 것이다. 즉, 표본 결과에서 나타나는 $(\bar{x}_1 - \bar{x}_2)$의 값이 0보다 충분히 커야 영가설이 기각되는 것이다.

양방 검증　연구가설의 방향이 정확하게 예측되기 어려운 경우들도 있다. 예를 들어, '(모집단에서) 남자와 여자들은 자원봉사 참여도가 서로 다를 것이다'는 것만 가정하는 경우다. 어떤 집단의 참여도가 더 높고, 혹은 낮은지를 연구가설에서 따로 검증하려 하지 않는다. 다만 두 집단이 차이 날 것이라는 것만 예측한다.

H_1 : $\mu_1 \neq \mu_2$, 즉 $\mu_1 - \mu_2 \neq 0$

H_0 : $\mu_1 = \mu_2$, 즉 $\mu_1 - \mu_2 = 0$

이처럼 연구가설이 방향을 구체적으로 나타내지 않을 경우에는, H_0은 표본 결과가 양쪽 극단의 어느 한 곳에 위치하는 경우에 기각되는 것으로 한다. 이런 경우를 양방 검증이라 하는데, 유의 수준은 반으로 나누어진다. 따라서 0.05 수준의 유의도를 가지고 이런 가설을 검증하자면, 표본 결과는 왼쪽이나 오른쪽 꼬리 중 한곳에 위치해야 하므로 각각의 꼬리는 2.5%의 기각 영역을 갖는다.

5. 유의도 검증에 대한 논의

추론통계에서는 표본조사의 결과를 가지고 모집단에 대한 가설을 검증하는 데 확률 샘플링 이론에 의거한 유의도 검증의 방법을 쓴다. 이는 표본 통계치에 대한 신뢰 혹은 오차의 확률에 관한 것이다. 그런데 이러한 유의도 검증을 비확률 샘플링의 표본에도 적용가능한지, 혹은 아예 전수조사를 한 경우에도 유의도 검증이 필요한지 등에 대한 논의가 있다. 또한 유의도의 수준을 설정하는 것과 관련해서도 현실 연구들에서 유념해야 할 부분이 있다.[10]

1) 유의도 검증의 대상

유의도 검증은 샘플링과 관련해서 두 가지 문제가 있다. 비확률 표본들에도 유의도 검증이 사용될 수 있는지의 문제와, 모집단 자체가 분석 대상일 경우에도 유의도 검증이 활용될 수 있는지의 문제다. 이러한 두 가지 문제에 대한 논의를 정리하자면 다음과 같다.

비확률 표본의 유의도 검증　유의도 검증은 확률과 샘플링 이론에 의거한 추론통계다. 확률 이론에 의해 무수한 표본들의 샘플링 분포를 예상하고, 그에 따라 그중의 하나에 속할 것으로 추정되는 현재 표본에 대한 선택 확률을 계산하여 가설 검증의 추론에 사용한다. 따라서 추론 분석에 사용되는 표본은 확률 샘플링에 근거하여 추출된 것

---

10) 참고: Morrison, D., & Henkel, R. (1970). *The Significance Test Controversy*. Chicago, IL: Aldine.; 〈Nachmias, D., & Nachmias, C. (1981). *Research Methods in the Social Sciences* (2nd ed.), NY: St. Martin's Press, pp. 469-473.〉의 요약을 재참고.

이어야 한다. 그렇다면 비확률적인 방법에 의해 추출된 표본에도 이러한 유의도 검증 방법이 적용될 수 있을까?

유의도 검증을 엄격하게 확률 샘플링에만 제한해야 한다는 주장에서는, 비확률적으로 추출된 표본들은 유의도 검증의 기본 가정에 위배되는 것이므로 이러한 검증 방법을 적용할 수 없다고 본다. 그렇다면 많은 사회과학 조사연구들은 이러한 가정을 위배하고 있으므로, 유의도 검증 방법이 부적절하게 사용되어 왔다는 것이 된다.

반면에 유의도 검증의 사용을 옹호하는 입장에서는, 비록 비확률 표본들이라 해도 확률적 추론 검증은 유효하다고 본다. 그 이유는 크게 세 가지다. 첫째, 어떤 자료들이라도 측정에 따르는 오류는 피하기 어려우며, 또한 이러한 오류들은 무작위적(비체계적)인 것으로 가정할 수 있으므로, 이에 대한 추론적 방법의 적용이 가능하다는 것이다. 둘째, 확률 표본들에서와 마찬가지로, 비확률 표본들 역시 샘플링이 이루어진 환경을 모집단으로부터 추출된 것으로 가정할 수 있으므로, 여전히 추론적 방법을 적용할 부분이 있다고 본다. 셋째, 비록 비확률 표본일지라도 유의도 검증을 적용해서 분석한 결과는 적어도 보다 더 깊이 있는 분석을 위해 도움이 될 것으로 간주한다.

모집단 자료의 유의도 검증　　만약 수집된 자료가 표본이 아니라 모집단이라면, 이 경우에도 유의도 검증 방법을 적용할 수 있을까? 예를 들어, 한 지역에 한정된 연구 목적을 가진 조사연구에서, 그 지역의 모든 사회복지 기관들을 대상으로 전수 조사를 했다고 하면, 그것이 곧 자료수집의 모집단이 된다. 이 경우에 이 기관들을 대상으로 수집된 자료를 기초로 하여 다른 지역에 있는 사회복지 기관들에까지 설명을 일반화하기 위해 유의도 검증을 하는 것은 부적절하다. 이미 자료수집의 모집단이 모두 포함되었으므로, 이론적인 모집단은 따로 존재하지 않으며, 그로 인해 표본 결과를 모집단에 대비하는 식의 유의도 검증은 사용될 수 없다는 것이 정설이다.

그럼에도 불구하고, 이러한 모집단 자료에까지도 유의도 검증이 용인되는 경우들이 있다. 다만 이런 경우에는 한 조사 결과를 확대해서 추론해 보려는 대상 집단이 현재 조사연구의 모집단 성격과 유사하거나 동일하다는 가정을 전제로 해야 한다.

2) 통계학적 유의도와 실질적 유의도

통계학적 유의도와 실질적 유의도는 각기 다른 개념이다. 실질적 유의도는 이론적인 중요성을 말하는 것으로, 단순히 차이의 유무를 말하는 통계적 유의도와는 성격이 다르다. 그런데도 통계적 유의도를 근거로 이론적 중요성을 말하려고 하는 것은 명백히 잘못된 것이다. 통계적 유의도는 단지 표본의 크기와 확률 분포에 의한 함수일 뿐이다. 실질적으로 큰 소용이 없는 가설이라도, 통계적으로 매우 높은 수준의 유의도를 갖출 수 있다. 반면에 통계적 유의도는 떨어지더라도, 가설의 내용이 실질적인 중요성을 갖춘 것들도 많다.

통계학적 유의도 검증은 변수들 간의 관계의 크기를 나타내는 데는 그다지 민감하지 못하다. 특히 규모가 큰 표본의 경우에는 대부분 상관관계의 크기와는 상관없이 높은 통계적 유의도를 나타낸다. 통계적 유의도는 표본 크기에 민감하게 연동되기 때문이다. 이것은 통계적 유의도 검증이 관계의 실질적인 중요성의 크기를 나타내는 것과는 무관하다는 것을 의미한다. 예를 들어, 피어슨 r 값이 크거나 작은 데 따르는 차이가 아니라 표본의 크기가 얼마나 되는지에 따라 통계적 유의도가 좌우된다.

통계적 유의도와 실질적 유의도가 일치하는 경우에는 문제가 없지만, 일치하지 않는 경우에는 문제가 생긴다. 통계적으로 유의하다는 이유만으로 비교적 약한 관계에 있는 변수들 간의 관계에 대해 중대한 이론적인 해석을 붙이는 경우나, 실질적으로는 상당한 이론적 중요성을 갖는 관계에 대해서도 통계적인 유의도가 부족하다는 이유만으로 기각하는 경우 등에서 이러한 문제들이 나타난다. 따라서 연구자는 통계적 유의도에만 관심을 둘 것이 아니라, 조사 대상이 되는 관계의 실질적인 이론적 중요성의 정도에 대해서 먼저 관심을 가져야 한다. 적어도 조사 대상의 통계적 유의도의 높고 낮음이 이론적 설명력의 크고 작음을 뜻하는 것과는 다르다는 것을 분명히 해야 한다.

3) 유의도를 선택하는 기준

경험적인 결과를 평가하는 데 있어서 이론적인 기준보다는 통계적 기준에 매달리게 될 때, 유의도 수준을 선택하는 데 따르는 문제가 발생한다. 앞서 논의된 바와 같이, 유의 수준은 전통적으로 0.05, 0.01, 혹은 0.001 등으로 정해진 것을 따른다. 이처럼 미리 유의 수준을 정해 두는 것은, 조사연구들마다 각기 다른 유의 수준을 사용함으로써 유발될 혼란을 예방하기 위함이다. 통일된 유의 기준을 사용함으로써 유사한 분야의 연구 결과들에 대한 비교도 용이해진다.

이러한 장점에도 불구하고, 임의 기준으로 설정된 유의 수준을 모든 연구에서 무차별적으로 적용하는 것은 종종 심각한 문제를 야기할 수 있다. 샘플링 분포는 개별 사건들이 발생하는 확률이 연속적으로 이어진다는 개념인데, 여기에다 임의적인 분절 기준을 적용하는 것은 명확한 타당성이 없다. 임의적인 기준을 두면 조그마한 차이로 유의수준에 못 미치는 경우나, 큰 차이로 못 미치는 경우도 똑같이 취급해 버리는 문제도 있다. 이러한 문제들로 인해 유의 수준의 적용과 관련하여 몇 가지 대안이 제시된다.

첫째, 유의 수준에 대한 판단은 이론적인 근거를 고려하거나 혹은 기각에 따른 실제적인 결과를 고려하여 결정한다. 1종 오류를 범할 경우 나타나는 실질적인 문제들이 심각하다면, 유의 수준은 최소한으로 낮추어야 한다. 사전에 이론과 경험적인 근거를 충분히 갖추지 않은 채 발견되는 사실들에 대해서는, 영가설을 성급하게 기각하는 잘못을 피하기 위해 기각에 따른 유의 수준을 낮추는 것이 필요하다. 그러나 탐색적 목적을 가진 연구에서처럼 이론적 관계의 성립 가능성을 타진하려는 조사들에서는, 2종 오류를 줄여야 하므로 굳이 유의 수준을 낮추어서 기각 영역을 좁힐 필요가 없다.

둘째, 표본의 크기를 유의 수준을 선택하는 데 있어서 기준으로 삼는다. 표본에 포함되는 케이스의 수가 수가 많은 표본에서는, 비록 변수들 간의 관계가 약하더라도 쉽게 통계적 유의도를 얻을 수 있다. 예를 들어, 표본의 크기에 따라서는 $r = 0.1$ 정도의 상관계수를 가진 변수들 간 상관관계도 유의수준 0.01 이하에서 유의미한 것으로 나타날 수 있다. 일반적으로 $r = 0.1$ 정도의 상관관계의 크기는 실질적인 중요성을 거의 갖지 못하는 미약한 관계로 규정된다. 그런데도 표본의 크기가 크다면 통계적 유의도는 쉽게 성취될 수 있다. 반대로 크기가 작은 표본들에서는, 비록 상관계수가 크게 나타나더라도 통계적 유의도를 획득하기가 쉽지 않다. 따라서 크기가 큰 표본의 경우에는 통계적 유의 수준을 낮게 잡는 것이 바람직하지만, 크기가 작은 표본들에서 통계적 유의수준을 무조건 낮추어 잡는 것은 바람직하지 않다.

제21장

모수 검증

추론통계의 가설 검증은 크게 모수 검증과 비모수 검증으로 나눌 수 있다. 모수 검증 (parametric test)이란 모집단의 값(모수)을 전제로 하는 것으로, 다음 가정이 필요하다. 첫째, 표본이 추출되는 모집단에서 모수는 정규분포되어 있으며, 둘째, 검증 대상 변수는 적어도 등간 등급 이상으로 측정된다. 이런 가정이 충족되는 경우에는 모수 검증의 방법으로 가설 검증을 할 수 있다.

비모수 검증은 모수에 관한 가정들을 전제하지 않는 방법이다. 따라서 비모수 검증은 쉽게 적용할 수는 있으나, 모수 검증 방법에 비해 강력하지 못하다는 단점이 있다. 비모수 검증의 방법은 다음 장에서 다루고, 여기서는 모수 검증에 대해 먼저 설명한다.

1. 집단 평균-차이 검증

조사연구의 가설들은 집단을 비교하는 형태를 띠는 경우가 많다. 집단 간에 차이가 있는지를 통해 변수들 간의 관계 여부나 방향 등을 확인하는 것이다. 예를 들어, 어떤 연구가 '주택 환경'과 '공동체 의식' 간의 관계에 관심을 가지고, 공동 주택 거주자들 (집단 1)과 단독 주택 거주자들(집단 2)이 공동체 의식의 정도가 차이 날 것이라는 가설을 설정했다. 만약 표본조사와 가설 검증을 통해 두 집단이 차이가 있음을 확인했다면, '주택 환경'과 '공동체 의식' 변수 간에 관계가 있다는 것을 추론해 볼 수 있다.

이런 경우에 연구 대상이 되는 종속변수('공동체 의식')가 등간 척도 이상으로 측정되고, 이 변수 값(모수)이 모집단에서 정규분포되어 있을 것이라고 가정한다면, 독립변수와 종속변수의 관계는 집단 간 평균값의 차이를 통해 확인해 볼 수 있다. 독립변수의 범주를 기준으로 집단을 나누고, 자료를 수집해서 집단 간에 종속변수 평균값이 차이가 나는지를 본다. 만약 두 집단 간에 차이가 있다면, 두 변수는 관계가 있다고 보는 것이다. 그런데 여기에 사용된 자료가 표본이라면, 그 차이 값은 추론통계의 유의도 검증을 거쳐야 한다. 이를 평균-차이 검증이라 한다.

> 실업자와 취업자 간의 정신건강 상태를 비교해 보는 조사가 있다 하자. 연구가설은 '실업자들은 취업자들에 비해 낮은 정신건강 상태를 보일 것이다'로 주어졌다. 정신건강을 측정하는 척도는 등간등급으로 최저 10점에서 최고 100까지로 되어 있다. (μ_1: 실업자 집단의 정신건강 점수 평균, μ_2: 취업자 집단의 정신건강 점수 평균)
>
> $H_1 : \mu_1 < \mu_2$, 즉 $\mu_1 - \mu_2 < 0$
> $H_0 : \mu_1 = \mu_2$, 혹은 $\mu_1 - \mu_2 > 0$[1]

여기에서 검증의 대상이 되는 모수는 $(\mu_1 - \mu_2)$로서, 집단 간 평균-비교의 값이다. 연구가설은 이 모수가 0보다 작다는 것이고, 영가설은 0이거나 0보다 크다는 것이라고 가정하는 것이다. 이 가설을 검증하기 위해, 표본조사를 실시해서 결과를 분석해 보니 〈표 21-1〉과 같이 나타났다 하자.

〈표 21-1〉 두 집단의 평균값 비교

집단	표본 크기(n)	표본 평균($\overline{x}$)	표준편차(s)
실업자	350명	68점	5.8점
취업자	480명	81점	7.3점

표본 결과를 보면 취업자 집단의 정신건강 점수 평균($\overline{x}_2$)과 실업자 집단의 정신건강 점수 평균($\overline{x}_1$)의 차이가 $(81 - 68) = 13$점으로 나온다. 이것만 보면 연구가설이 제기한 $\mu_1 < \mu_2$와 들어맞는 것 같지만, 이는 단지 하나의 표본에서 나타난 분석 결과에 불과하다. 이것만으로 모집단에서의 영가설에 대한 가능성을 모두 부인할 수는 없다. 그

---

1) 영가설 $\mu_1 - \mu_2 > 0$ 부분은 일방 검증에서 기각 영역의 크기를 고려하는 것에 포함된다. 이에 대해 20장을 참고한다.

러므로 이 표본조사의 결과는 유의도 검증을 통한 추론 분석을 거쳐야 한다.

모수에 관한 유의도 검증을 하기 위해서는 그에 적절한 샘플링 분포를 찾아야 한다. 샘플링 분포는 표본 크기에 의거하여 선택된다. 표본의 크기가 $n > 30$이면, 대체로 정규성에 가까운 분포에 속하는 것으로 간주한다.[2] 이것이 의미하는 바는, 만약 모수가 정규분포되어 있다고 가정할 때(모수 검증의 가정), 모집단에서부터 표본을 수없이 뽑아 본다면, 그 표본 값(예에서는 평균-차이 값)들 각각은 비록 서로 다를 수 있지만 적어도 모수 값을 중심으로 좌우동형의 정규분포의 확률로 나타날 것이라는 뜻이다.

이런 경우에는 가설 검증을 위한 통계 모형으로 정규분포 곡선이 사용될 수 있다. 정규분포 곡선에서 나타나는 샘플링 분포를 가상해서 본다면, 현재 가지고 있는 한 개의 표본에서 나타난 평균-차이 값이 그런 분포에서 어떤 위치에 속해 있을지를 추정해 볼 수 있다.

정규분포에 비추어 보려면 현재 표본의 평균-차이 값은 표준점수(Z)로 바꾸어야 한다. 정규분포표는 표준점수를 사용하기 때문이다(부록의 〈별첨 1: 정규분포표〉 참고). 표준점수는 표본 값들 간의 단위로 인한 차이를 없애기 위해 이를 표준화시킨 것인데, 표준점수를 계산하는 방법은 다음과 같은 공식에 따른다.

$$Z = \frac{X_i - \overline{X}}{S}$$

정의상 표준점수(Z)는 개별값(X_i)에서 평균($\overline{X}$)을 뺀 값($X_i - \overline{X}$), 즉 어떤 점수가 평균에서부터 얼마나 떨어져 있는지를 나타내는 값을 표준편차(S)로써 나눈 것이다. 이렇게 함으로써 개별값들이 가지는 단위의 차이, 예를 들어 100 단위나 10,000 단위의 값들 간에도 비교가 가능하다. 표본 값을 표준점수로 만들면 (평균 = 0, 표준오차 = 1) 인 정규분포 곡선의 기준을 따를 수 있다.

정규분포표는 정규분포 곡선의 면적이 확률 이론에 의해 산출된 것이다. 정규분포 곡선의 전체 면적을 1로 두고서 좌우로 .5000씩 나누었을 때, 중앙의 0에서부터 좌우로 표준점수 값만큼 이동하게 될 때 중앙에서 표준점수까지의 사이에 포함되는 곡선 면적

---

2) 이것이 의미하는 바는, 만약 모수가 정규분포되어 있다고 가정할 때(모수 검증의 가정), 모집단에서부터 표본을 수없이 뽑아 본다면, 그 표본 값(예에서는 평균-차이 값)들은 비록 서로 다를 수 있지만 적어도 모수 값을 중심으로 좌우동형의 정규분포의 확률로 나타날 것이라는 뜻이다.

이 표에 제시되어 있다.

정규분포표의 곡선 면적은 곧 특정한 표본 값(Z환산 점수)이 도출될 확률과도 같다. 정규분포에서 0.05의 유의 수준을 가정한다면, 양방 검증인 경우는 Z 점수가 중앙으로부터 양쪽으로 각각 ±1.96 이상이 되는 지점부터가 기각 영역이 된다. 일방 검증인 경우는 중앙으로부터 +1.65(오른쪽-꼬리 검증) 혹은 −1.65(왼쪽-꼬리 검증) 이상이 되는 지점부터 기각 영역이 된다.

앞의 예에서는 H_1이 플러스 방향성을 가지고 있으므로, H_0에 대한 검증은 오른쪽-꼬리 검증이 될 것이다. 유의 수준을 0.01로 잡았다면, 오른쪽 꼬리가 1%의 영역을 가진 기각 영역을 갖게 된다. 정규분포표에서 한쪽 꼬리가 차지하는 면적의 위치를 확인하려면, 한쪽 전체 면적 0.5000에서 기각 영역의 면적을 빼 주면 된다. 한쪽 꼬리의 면적이 1%, 즉 0.0100이 되려면, 0.5000 − 0.0100 = 0.4900만큼의 가운데 면적에 해당하는 지점이 표준점수로는 2.326에서 시작된다. 즉, [그림 21-1]에서처럼 검게 표시된 영역이 유의 수준 0.01의 일방 검증 기각 영역이 된다.

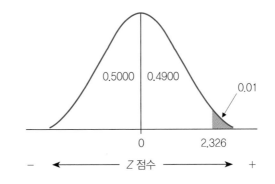

그림 21-1 유의 수준 0.01의 일방 검증에서 기각 영역

앞서 예에서는 $(\bar{x}_2 - \bar{x}_1) = 13$이라는 평균-차이의 표본 값이 나타났는데, 이를 표준점수로 환산해서 만약 2.326보다 큰 값으로 나온다면 영가설 $(\mu_2 - \mu_1 = 0)$의 샘플링 분포에서부터 벗어나는 것이 된다. 즉, 영가설을 기각할 수 있는 유의 수준(1%)에 속하는 것이다. 표준점수를 구하기 위해서는 샘플링 분포의 표준편차 값 S를 알아야 하는데, 이 값을 어떻게 구할 것인지가 다음에 설명하는 t 검증의 핵심 사안이 된다.

2. *t* 검증

t 검증은 평균-차이의 통계치에 대한 유의도를 통계학적으로 검증하는 방법이다. 표본의 크기가 작아서(보통 $n \leq 30$을 기준으로 함) 그에 대한 샘플링 분포를 정규분포로 가상하기가 힘든 경우에, 평균-차이 통계치들의 분포를 정규분포 대신 *t* 분포로 대체해서 표본 통계치를 검증해 보는 방법이다. 이 검증을 흔히 스투던트 *t* 검증(Student's *t* test)이라고도 한다.

t 점수를 계산하는 공식은 Z 점수를 계산하는 것과 마찬가지다. 개별 수인 X_i를 대신해서 하나의 표본 값으로서의 표본의 평균 차이 $(\bar{x}_2 - \bar{x}_1)$가 들어가고, $\bar{X}$를 대신해서는 모수로서의 모집단 평균 차이 $(\mu_2 - \mu_1)$가 사용된다.[3] 공식에서 $\hat{\sigma}_{(\bar{x}_2 - \bar{x}_1)}$는 $(\bar{x}_2 - \bar{x}_1)$ 값들의 샘플링 분포에서 표준편차 S에 해당하는 표준오차 추정치다.

$$t = \frac{(\bar{x}_2 - \bar{x}_1) - (\mu_2 - \mu_1)}{\hat{\sigma}_{(\bar{x}_2 - \bar{x}_1)}}$$

즉, *t* 점수 역시 Z 점수와 마찬가지로 표준편차를 이용해서 표본 통계치가 평균으로부터 얼마나 떨어져 있는지를 표준점수화한 것이다. *t* 점수가 Z 점수와 차이 나는 점은 다른 분산 값을 사용하는 데 있다. Z 점수는 모수의 분산(σ_1^2, σ_2^2)을 알아야만 계산할 수 있는 데 반해, *t* 점수는 표본에서의 분산 정도를 가지고 모수 분산에 대한 추정치로 사용하는 것이다. 모수의 분산은 대부분 구하기 어려우므로, 실제로는 거의 모든 경우에 표본 분산을 활용한 *t* 점수를 통해 평균-차이 표본 값을 표준점수화시킨다고 보아도 무방하다.

t 점수의 분포는 표본 크기가 $n > 30$이면 정규분포에 가까워지게 된다. 그러므로 표본의 크기가 30을 초과하는 경우에는 정규분포 곡선을 통해 표본값의 확률을 구할 수 있다. 반면에 표본 크기가 $n \leq 30$일 경우에는 정규분포에 대한 가정은 적절하지 않게 된다. 이때는 반드시 *t* 샘플링 분포가 적용되어야 한다.

---

[3] 샘플링 분포의 논리에서는 개별 표본 값들을 무수히 많이 뽑아서 이를 평균해 보면, 모수와 같게 된다고 보기 때문이다.

1) t 검증의 표준오차 추정치

t 점수의 계산에 사용되는 표준오차 추정치($\hat{\sigma}_{\bar{x}_2 - \bar{x}_1}$)는 표본에서 구한 분산과 표본 크기에 의해서 구해지는데, 모집단의 분산과 관련된 가정 차이에 따라 다음과 같은 두 가지 방법을 사용한다.

통합 추정   표준오차를 통합 추정(pooled estimate)하는 경우는 두 모집단의 분산이 동일하다($\sigma_1^2 = \sigma_2^2$)고 가정하는 때다. 이를 등분산 가정이라 하는데, 이 경우에는 두 집단의 표본으로부터 나타나는 분산들은 σ_1^2이나 σ_2^2의 단일한 추정값으로 합쳐진다. 이런 조건 하에서의 표준오차는 다음과 같은 공식으로 구해진다. 여기에서, n은 각 표본의 크기를 말하고, s^2는 각 표본 집단에서의 분산 크기를 말한다.

$$\hat{\sigma}_{(\bar{x}_2 - \bar{x}_1)} = \sqrt{\frac{n_1 \cdot s_1^2 + n_2 \cdot s_2^2}{n_1 + n_2 - 2}} \times \sqrt{\frac{n_1 + n_2}{n_1 \cdot n_2}}$$

비통합 추정   표준오차를 비통합 방식으로 추정하는 경우는 두 모집단의 분산이 동일하다고 가정할 수 없는 때다. 모집단의 등분산 가정을 인정하지 않는 경우에는 그들로부터 도출된 표본의 분산들을 합쳐서 보는 것이 가능하지 않게 된다. 그래서 두 분산에 대한 추정이 각기 따로 수행되며, 이런 비통합 방법으로 표준오차 추정치를 구하는 공식은 다음과 같이 나타난다.

$$\hat{\sigma}_{(\bar{x}_2 - \bar{x}_1)} = \sqrt{\frac{s_1^2}{n_1 - 1} + \frac{s_2^2}{n_2 - 1}}$$

이 공식을 이용해서, 앞서 예에서의 표준오차 추정치 점수를 구해 본다. 만약 등분산을 가정한 통합 추정의 방법을 사용하면, 표준오차 추정치는 다음과 같이 계산된다.

$$\hat{\sigma}_{(\bar{x}_2 - \bar{x}_1)} = \sqrt{\frac{350 \times (5.8)^2 + 480 \times (7.3)^2}{350 + 480 - 2}} \times \sqrt{\frac{350 + 480}{350 \times 480}} = 0.47$$

이를 t 점수를 산출하는 공식에 대입시키면 다음과 같이 t 점수가 산출된다. 여기에서는 영가설을 검증하므로, 영가설에 따른 평균-차이 값의 모수($\mu_2 - \mu_1$)는 0으로 넣는다.

$$t = \frac{(81 - 68) - 0}{0.47} = 27.54$$

부록의 〈별첨 3: *t* 분포표〉에서 찾아보면, *t* = 27.54라는 값은 오른쪽 꼬리의 일방 검증에서 0.01의 유의 수준을 위해 필요한 *t* 값인 2.326을 훨씬 초과했다. 이 경우에는 두 집단의 표본 크기(*n*)가 각각 350, 480으로 *n* > 30이므로, 정규분포표를 참고해도 마찬가지의 결과로 나온다. 즉, 취업자 집단과 실업자 집단 사이에 나타나는 정신건강 점수의 차이 값(= 27.54)은 영가설에서 가정하는 모수 값 0의 샘플링 분포에 포함된다고 보기에는 지나치게 크다는 것이다. 따라서 유의도 0.01의 수준(99%의 확률)에서 영가설(H_0)은 기각되고, 그에 따라 연구가설(H_1)이 대변하는 이론은 경험적인 지지를 획득하게 된다.

2) *t* 분포와 자유도

만약 표본의 두 집단 중 하나라도 크기(*n*)가 30 이하인 경우에는 평균-차이 값에 관한 샘플링 분포를 정규분포 곡선에 기준하지 못한다. 그런 경우에 영가설의 확률을 결정하기 위해 정규분포를 사용하면 부정확한 결론을 산출해 내므로, *t* 샘플링 분포를 사용해야만 한다. *t* 분포는 정규분포 곡선과는 달리 하나의 곡선이 아니라 수많은 곡선들의 집합으로 이루어진 것이다. 여기에서 각 곡선들의 형태는 표본의 크기에 따라서 결정된다. 예를 들어, 표본 크기 *n* = 9인 경우와 *n* = 7인 경우의 *t* 값들은 각기 다른 샘플링 분포를 가진다. *t* 분포표에서는 이것이 자유도(*df*)에 따른 *t* 값들의 분포로서 유의수준(α)별로 나타나 있다(참고: 〈별첨 3: *t* 분포표〉).

자유도(degree of freedom: *df*)란 샘플링 분포를 구성하는 표본들에서 자유롭게 선택할 수 있는 수의 크기를 말한다. 예를 들어, 2개의 수를 자유롭게 뽑을 수 있도록 허락되었다면 자유도는 2가 된다. 만약 두 수의 합이 특정한 값이 되어야 한다면, 거기에는 단지 하나의 자유 선택이 있게 된다. 첫 번째 수는 자유롭게 선택될 수 있으나, 두 번째 수는 주어진 특정 값에 맞도록 결정되어야 하기 때문에 자유롭지 못하다.[4]

t 분포에서 각 표본에 대한 자유도의 수는 표본 크기 *n* − 1로 한다. 따라서 두 표본 집단에서의 평균-차이에 관한 가설을 검증하는 데 있어서의 자유도(*df*)는 다음과 같이

---

[4] a, b가 그 수들이라 하면, 만약 a+b=15가 되어야 한다는 조건이 있으면, 자유도는 1이 된다. 첫 번째 값인 a는 어떤 수가 되어도 되지만, 두 번째 선택하는 b는 반드시 (15 − a)가 되어야 하므로 자유 선택이 되지 않기 때문이다.

계산된다.

$$df = (n_1 - 1) + (n_2 - 1) = n_1 + n_2 - 2$$

영가설에 대한 기각 영역에 필요한 t 값을 t 분포표에서 찾기 위해서는, 이처럼 표본 크기와 관련된 자유도(df)를 계산하는 것이 필요하다.

3. 피어슨 r의 유의도 검증

수량변수들 간 상관관계의 크기를 나타내는 피어슨 r 상관계수도 표본조사를 통해 구해진 것이면 표본 통계치가 된다. 그러므로 이것 역시 모집단 상관관계 크기의 모수에 대한 하나의 추정치일 뿐이다. 통계치로서의 피어슨 r에 대응하는 모집단에서의 상관계수는 보통 p(로)라고 쓴다. r이 모수 p 추정을 위한 하나의 표본 값이라는 것은 이 값이 확률적인 샘플링 분포로 파악될 수 있다는 것이다. 그러므로 표본 결과로서의 피어슨 r 값은 추론통계에 의한 유의도 검증의 대상이 된다. 여기에서도 영가설이 사용된다.

1) 영가설이 ($p = 0$)인 경우

상관관계의 가설을 검증하는 데 채택하는 기법은, 평균−차이 검증에서 사용하는 기법과 유사하다. 먼저 두 변수 간에 상관관계가 있다는 연구가설과 이를 부인하는 영가설, 즉 모집단에서 상관계수가 0이라는 가설을 설정한다.

$$H_1 : \quad \rho \neq 0 \qquad\qquad H_0 : \quad \rho = 0$$

n > 50인 경우　　표본의 크기(n)가 50을 초과한 경우에는, r 상관계수에 대한 통계적 유의도는 정규분포나 t 분포 어느 것을 사용해서 검증해도 무방하다. 이 경우에 r의 샘플링 분포는 정규분포와 대략적으로 일치하기 때문이다. 따라서 영가설의 샘플링 분포를 가정하면, r에 대한 표준오차(σ_r)는 다음과 같이 정의된다.

$$\sigma_r = \frac{1}{\sqrt{n-1}}$$

이를 근거로 표준점수를 구하는 공식에 따라 r에 관한 표준점수 Z는 다음과 같이 계산된다. 여기에서는 영가설을 상정하므로 표준점수 계산의 $\overline{X}$에 해당하는 모수 p는 0을 넣는다.

$$Z_r = \frac{X_i - \overline{X}}{S} = \frac{r - 0}{\sigma_r} = \frac{r}{1/\sqrt{n-1}} = r \times \sqrt{(n-1)}$$

표본 값 r을 Z 점수로 표준점수화했으면, 이를 정규분포표에 대비해서 영가설에 대한 확률을 찾아볼 수 있다. 예를 들자면, 다음처럼 한다.

사회복지 조직들의 재정자립도와 개방성의 상관관계에 대해 알아본다 하자. n = 60인 표본 자료를 분석한 결과 두 변수의 상관계수가 r = 0.28인 것으로 나타났다. 이 결과를 근거로 두 변수 간에는 상관관계가 성립한다는 이론을 검증하고자 한다. 이를 위해 영가설을 설정하는데, 모집단에서 상관관계(p)가 실제로는 없다(p = 0)는 것이다. 그렇다면 이 영가설의 검증은 수집된 표본 자료를 통해 나타난 (r = 0.28)이 모집단의 영가설은 참인데도 나타날 가능성 확률이 어느 정도인지를 밝히는 것이다.

이 연구에서는 $n > 50$이므로 정규분포를 검증에 필요한 샘플링 분포로 삼을 수 있다. 정규분포를 참고하려면 표본 값 r을 표준점수로 바꾼다. 위의 공식에 대비하면, $Z_r = 0.28 \times \sqrt{59}$ = 2.15 로 나온다. 정규분포에서는 유의수준 0.05에서 영가설을 기각하기 위해 Z 값이 1.96보다 크거나 혹은 −1.96보다 작아야 한다 (이것은 양방 검증이므로 기각 영역의 값이 정규분포 곡선의 양쪽 꼬리에서 각각 .025로 나타난다(〈별첨 1: 정규분포표〉 참고). 예에서 피어슨 r = 0.28은 표준점수로는 2.15가 되는데, 이 점수가 영가설 (p = 0)의 분포에서 나타났을 확률은 5%도 되지 않는다. 즉, 실제로는 참인 영가설을 기각하는 오류의 가능성(1종 오류)이 5% 이하라는 것이다. 따라서 예에서 조직의 개방성과 재정자립도는 서로 관련되어 있다는 설명은 통계적 유의수준 0.05에서 받아들여진다.

n ≤ 50인 경우　표본의 크기(n)가 50 이하인 경우에는 t 분포를 사용하여 피어슨 r에 대한 유의도를 검증해 볼 수 있다. 이 경우에 t 검증에 필요한 자유도는 (n − 2)로 둔다. 상관관계에 대한 검증은 회귀방정식에 대한 검증이기도 하다. 따라서 회귀방정식에 포함되는 두 상수, 즉 절편과 기울기로 인해서 회귀선을 결정하는 데는 2개의 자유도가 상실된다. 피어슨 r에 대한 t 값은 다음과 같이 계산된다.

$$t_r = \frac{r \cdot \sqrt{n-2}}{\sqrt{1-r^2}}$$

아동 입양 기관들의 신뢰도와 입양 성공률이 관련이 있을 것으로 보았다 하자. 기관 신뢰도와 입양 성공률의 관계를 $n = 19$ 표본을 통해서 조사해 보았더니, 피어슨 r 상관계수가 0.38이 나왔다. 표본 통계치인 r에 대한 모집단에서의 유의도를 검증해 보려 한다. 유의 수준은 0.05 에 둔다.

$$H_1 : \quad \rho \neq 0 \qquad\qquad H_0 : \quad \rho = 0$$

이 경우는 $n < 50$이므로 정규분포를 사용할 수 없고, $df = 17$인 경우의 t 분포를 사용해야 한다. r을 t 값으로 전환하면 다음과 같이 나온다.

$$t_r = \frac{0.38 \times \sqrt{17}}{1 - 0.38^2} = 1.83$$

이 예는 연구가설의 성격상 양방 검증의 대상이다. 이때 $df = 17$에서 유의수준 0.05 에 해당하는 t 분포표에서의 기각 영역 t 값은 2.110이다. 표본에서 얻어진 1.83은 여기 에 미치지 못하므로 영가설을 기각할 수 있는 수준이 되지 못한다. 즉, 영가설의 분포 에서 충분히 벗어났다고 보기 어려운 점수라는 것이다. 따라서 입양기관의 신뢰도와 입양 성공률 간에 유의미한 관계가 있을 것이라는 설명은 95%의 신뢰도를 기준으로 해 서는 수용될 수 없다. 같은 경우에도 유의도를 낮추어서, 가령 60% 정도의 신뢰도를 기 준으로 한다면, 관계에 대한 설명은 유효한 것으로 볼 수도 있다.[5]

2) 영가설이 ($p \neq 0$)인 경우

영가설이 모집단의 상관계수인 모수 p를 0이 아닌 다른 수로 가정하는 경우, 표본 값 피어슨 r의 검증을 위한 샘플링 분포는 비대칭적으로 비뚤어진다. 따라서 정규분포나 t 분포처럼 대칭적인 샘플링 분포의 가정들은 적용될 수 없게 된다. 이런 경우에는 r 값 을 다른 통계치로 전환해서 검증하는 절차를 쓴다. 피셔(R. Fisher)에 의해 개발되었다 해서, 이런 절차를 보통 피셔 z(Fisher's z)라고 한다. 피셔 z는 모든 표본 크기와 모든

---

5) 일반적으로는 95%의 신뢰도, 유의수준 0.05가 영가설 검증의 기준으로 사회과학 연구들에서 널리 쓰이지만, 그럼에도 이 기준이 절대적인 것은 아니다.

값들에 대해 대략적으로 정규성을 가진 분포로 만든 것이다. 피어슨 r을 피셔 z로 전환하는 공식은 다음과 같다.

$$\text{피셔 } z = 1.151 \times \log_{10}\left(\frac{1+r}{1-r}\right)$$

$$\text{피셔 } z\text{의 표준오차}(\sigma_z) = \frac{1}{\sqrt{(n-3)}}$$

이렇게 피어슨 r이 변형되어 만들어진 피셔 z 값을 사용해서, 표준점수 Z를 산출해 낼 수 있다. 이렇게 산출된 Z 값은 정규분포 곡선에 기준해서 유의도 검증에 필요한 값을 찾는 데 쓰인다. 여기에서 z_r은 r에 대응하는 피셔 z 값, z_p는 p에 대응하는 피셔 z 값을 말한다.

$$Z = \frac{z_r - z_\rho}{\sigma_z}$$

기초생활보장 수급자 선정의 정확성과 관련한 한 연구에서, 사회복지직 공무원들의 근무 경력과 정확성 간의 상관관계에 대해서 관심을 가졌다. 기존의 연구들에서 근무 경력과 대상자 선정의 정확성은 $r = 0.4$ 정도의 상관관계를 가지고 있는 것으로 알려져 있다고 하자. 연구에서의 가정은 근무 경력에 따른 정확성 차이의 관계(ρ)가 실제로는 그처럼 크지는 않다는 것이다. 이를 검증하기 위해 확률 표본($n = 200$)을 추출하여 상관관계를 내어 보았더니, $r = 0.29$가 나왔다. 이를 유의 수준 0.05에서 검증해 보려 한다.

$$H_1 : \rho < 0.4 \qquad H_0 : \rho = 0.4$$

이처럼 영가설에서의 모수가 0이 아닌 경우에는, 모집단의 p 분포가 비대칭적으로 비뚤어져 있으므로 0을 중심 값으로 하는 정규분포나 t 분포와 같은 대칭형 분포를 샘플링 분포로 활용할 수 없다. 따라서 p와 r을 변형하는 절차인 피셔 z를 사용하는데, $r = 0.29$인 경우에 대응하는 z_r은 0.30에 해당한다. $p = 0.4$에 대응하는 z_p는 0.42로 나온다.[6] 피셔 z에 대한 표준오차 값인 σ_z는 $\frac{1}{\sqrt{(200-3)}} = 0.07$이 된다. 따라서 표준점수는 다음과 같이 계산된다.

---

6) 위의 계산식을 이용하든지 혹은 피셔 값으로의 변환 좌표를 이용할 수도 있다. 부록의 〈별첨 9: $r \rightarrow z_r$ 변환표〉 참고.

$$Z = \frac{0.30 - 0.42}{0.07} = -1.76$$

연구가설의 성격상 이것은 왼쪽 꼬리 검증이 될 것이며, 유의수준 .05를 위해 z 값은 적어도 -1.65보다 아래에 위치해야 한다. 예에서는 표본 값의 Z가 이 조건을 충족시키므로, 영가설은 기각된다. 즉, 연구가설은 통계적인 유의도가 있다는 것이며, 전담공무원의 근무 경력이 수급자 선정의 정확성에 미치는 효과 관계는 기존에 알려진 것보다 크지 않다는 주장은 경험적인 지지를 얻는다. 이러한 연구 결과는 수급자 선정의 정확성을 높이기 위해서는 다른 대안적 접근들, 예를 들어 전담공무원에 대한 교육이나 선정 절차의 개선 등이 보다 중요하다는 함의를 제시하는 데 쓰일 수도 있다.

4. 아노바[7]

아노바(ANOVA)는 분산분석이라고 하는데, 둘 이상의 집단들 간 평균-차이를 검증하기 위해 분산을 분석하는 통계 방법이다.[8] 유사한 성격으로 t 검증이 있지만, 이는 단지 두 집단 간 평균-차이만을 다룰 수 있다. 아노바는 분산 분석을 통해 셋 이상 집단들 간 차이 비교도 가능하게 한다.[9] 아노바를 사용하기 위해서는 독립변수가 명목적인 범주 값들을 가지고, 종속변수가 수량 등급으로 측정된 것이어야 한다.

서로 다른 개입방법을 사용하는 미혼모 상담 프로그램들을 비교하여, 그 효과성이 각기 다르게 나타나는지를 조사해 보려는 연구가 있다. 전체 표본의 크기는 $n = 27$ 이며, 집단상담 프로그램, 개별상담 프로그램, 자조집단 프로그램으로 분류되는 세 집단에서 나타난 효과성 점수들은 〈표 21-2〉와 같이 나왔다. 전체 평균 $\bar{X}$은 5.85로 나왔다.

---

7) 참고: Elifson, K., Runyon, R., & Haber, A. (1990). *Fundamentals of Social Statistics* (2nd ed.). NY: McGraw-Hill, pp. 382-400.

8) ANOVA는 ANalysis Of VAriance의 약자다.

9) 아노바를 사용해서 두 집단을 비교할 경우에는 그 결과가 t 검증과 일치한다.

〈표 21-2〉 **집단별 점수와 변이 계산표**

개별상담 (집단 1)		집단상담 (집단 2)		자조집단 (집단 3)	
X_i	$(X-\overline{X}_1)^2$	X_i	$(X-\overline{X}_2)^2$	X_i	$(X-\overline{X}_3)^2$
4	1.23	12	11.11	1	7.72
5	0.01	8	0.44	3	0.60
4	1.23	10	1.78	4	0.05
3	4.46	5	13.44	6	4.94
6	0.79	7	2.78	8	17.83
10	23.90	9	0.11	5	1.49
1	16.90	14	28.44	3	0.60
8	8.35	9	0.11	2	3.16
5	0.01	4	21.78	2	3.16
$\overline{X}_1 = 5.11$		$\overline{X}_2 = 8.67$		$\overline{X}_3 = 3.78$	
$\sum(X-\overline{X}_1)^2 = 56.89$		$\sum(X-\overline{X}_2)^2 = 80.00$		$\sum(X-\overline{X}_3)^2 = 39.56$	

1) 아노바의 계산

아노바를 계산하기 위해서는 먼저 다음의 값들에 대한 성격을 이해해야 하고, 그 값들이 어떻게 구해지는지를 알아야 한다. 여기에서 SS는 제곱합(Sum of Squares)인데, 개별 값들이 평균값과 얼마나 차이 나는지를 계산하는 것이다.[10]

$$SS_{전체} = \sum (X_i - \overline{X}_{전체})^2$$
$$SS_{집단내} = \sum SS_i$$
$$SS_{집단간} = \sum N_i \times (\overline{X}_i - \overline{X}_{전체})^2$$

공식에서 보듯이 $SS_{전체}$는 표본 전체의 개별 요소들이 전체 평균값과 각기 차이 나는 부분들을 제곱해서 모두 합산한 것이다. 이 값은 표본 전체의 개별값들이 어느 정도의 변이(variation) 크기를 가지는지를 나타낸다. 예에서는 $SS_{전체}$ 값이 $n = 27$인 개인들의 효과성 점수가 각각 전체 평균값($\overline{X} = 5.85$)과 차이 나는 정도를 제곱으로 합산한 것이다.

---

10) 제곱을 하는 이유는, 이 차이들이 전체적으로 ± 값을 동일하게 가지기 때문이다. 이를 단순 합으로 하면 그 합은 언제나 0이 된다. 그러므로 그 차이의 크기를 보기 위해 제곱합(SS)을 한다.

$$SS_{전체} \; = \; (4 - 5.85)^2 + (5 - 5.85)^2 + \cdots + (2 - 5.85)^2 \; = \; 291.41$$

$SS_{집단내}$는 개별 집단 내에서의 변이 크기(SS_i)들을 모두 합한 것이다. $SS_{집단내}$를 구하기 위해서는 먼저 SS_i 값들을 구해야 한다. SS_i는 앞서 $SS_{전체}$와는 달리 개별 집단별로 제곱합을 각기 계산해서 그것을 모두 더하는 것이다. 변이의 총량을 구하는 것은 같지만, $SS_{집단내}$는 그것을 각 집단 내에서의 변이의 성격으로 구한다는 것이 차이다. $ss_i = \sum(X - \overline{X_i})^2$에서 i는 개별 집단을 말한다.

예에서는 세 집단이 있으므로 3개의 SS_i 값들이 구해진다. 따라서 집단 내 제곱합 $SS_{집단내}$는 다음과 같이 구해진다.

$$SS_1 \; = \; (4-5.11)^2 + (5-5.11)^2 + \cdots + (5-5.11)^2 \; = \; 56.89$$

$$SS_2 \; = \; (12 - 8.67)^2 + (8 - 8.67)^2 + \cdots + (4-8.67)^2 \; = \; 80.00$$

$$SS_3 \; = \; (1 - 3.78)^2 + (3-3.78)^2 + \cdots + (2-3.78)^2 \; = \; 39.56$$

$$\therefore \; SS_{집단내} \; = \; \sum SS_i \; = \; SS_1 + SS_2 + SS_3 \; = \; 176.45$$

$SS_{집단내}$는 집단 내에서의 변이 크기이므로, 독립변수를 제외한 다른 모든 외부 변인들에 의한 효과로서 간주된다. 변이 값이 각 집단들 내부에서 발생하는 것이므로 이를 독립변수의 범주 차이에 따른 효과로 발생하는 변이라고 볼 수 없는 것이다. 이처럼 집단 내 제곱합($SS_{집단내}$)을 구하는 의미는 전체 제곱합($SS_{전체}$) 가운데 독립변수의 효과를 제외한 외부 변인들의 영향력 크기를 파악하기 위한 것이다.

$SS_{집단간}$은 집단 간 제곱합으로, 집단들 간에 나타나는 변이의 크기를 나타낸다. 집단들 간 변이는 개별 집단의 평균들을 전체 집단의 평균으로 각기 뺀 것을 제곱해서 각 개별 집단의 크기만큼 곱하고, 이들을 모두 합한 것이다. 따라서 집단 간 제곱합 $SS_{집단간}$은 곧 종속변수에 대한 독립변수의 영향력의 크기를 나타내는 것이라고 볼 수 있다. 예에서는 $SS_{집단간}$이 다음처럼 계산된다.

$$\begin{aligned} SS_{집단간} \; &= \; \sum N_i \cdot (\overline{X_i} - \overline{X})^2 \\ &= \; 9 \times (5.11 - 5.85)^2 + 9 \times (8.67 - 5.85)^2 + 9 \times (3.78 - 5.85)^2 \\ &= \; 114.96 \end{aligned}$$

$SS_{전체}$는 전체 표본의 모든 개별값들에서 나타나는 변이의 전체 크기이다. 이것은 ① 집단 내에서 개별값들이 보이는 변이인 집단 내 제곱합($SS_{집단내}$), ② 집단 간에서 차이로 나타나는 변이인 집단 간 제곱합($SS_{집단간}$)으로 구성되어 있다.

$$SS_{전체} = SS_{집단내} + SS_{집단간}$$

앞서 예에서도 291.41 = 176.45 + 114.96이라는 결과를 보면, 이러한 구성이 타당함을 확인할 수 있다.

2) 아노바의 유의도 검증

아노바는 집단 간 차이를 검증하기 위해 분산(variance)을 분석한다. 그래서 앞서 계산했던 제곱합(SS)의 변이 값들을 분산 값으로 바꾸어야 한다. 분산은 변이를 표준점수화한 것이다. 변이의 크기는 표본의 크기에 따라 좌우되기 쉬우므로, 표본 집단들 간 비교를 위해 이를 표준점수화한다. 그것이 분산 값이 된다. $SS_{집단내}$와 $SS_{집단간}$을 각각 비교집단의 크기로 나눈 평균 의미의 평균제곱(Mean Square)으로 해서, 이들을 분산 추정치($\hat{\sigma}^2$)로 삼는다.

$$\hat{s}^2{}_{집단내} = \frac{SS_{집단내}}{df_{집단내}} \qquad \hat{s}^2{}_{집단간} = \frac{SS_{집단간}}{df_{집단간}}$$

여기에서 집단 간 자유도($df_{집단간}$)는 집단 수(k)에서 1을 뺀 값($k-1$), 집단 내 자유도($df_{집단내}$)는 전체 표본 수(N)에서 집단 수를 뺀 값($N-k$)으로 한다. 앞서 예에서 $df_{집단간}$은 2, $df_{집단내}$는 24로 계산된다. 분산 추정치를 구하기 위해 제곱합(SS)들을 자유도로 나누어 주는 이유는, 표본 크기와는 무관하게 분산의 정도를 비교 가능하도록 만들려는 것이다.

이를 토대로 해서 예에서 각 분산 추정값들을 구해 보면 다음과 같다.

$$\hat{s}^2{}_{집단간} = \frac{SS_{집단간}}{df_{집단간}} = \frac{114.96}{2} = 57.48$$

$$\hat{s}^2{}_{집단내} = \frac{SS_{집단내}}{df_{집단내}} = \frac{176.45}{24} = 7.35$$

아노바는 이들 분산 추정치 간에 나타나는 차이가 의미 있는 정도인지에 대한 판단을 피셔 F(Fisher's F) 분포에 기준한다. F 값은 비(ratio)로서 구하는데, 상대적 크기로 변화하는 두 값을 대비하는 데 쓰이는 통계 값이다. 아노바에서는 $\hat{s}^2_{집단내}$와 $\hat{s}^2_{집단간}$이라는 두 값이 어느 정도로 차이 나는지를 대비하는 값이다.

$$F = \frac{\hat{s}^2_{집단간}}{\hat{s}^2_{집단내}}$$

만약 집단 내 분산에 비해서 집단 간 분산이 크다면, 즉 집단들 간의 차이가 집단 내에서의 차이들보다 크다면, F 값은 커진다. 이에 대한 의미는 전체 케이스들에서 나타나는 개별 값들 간의 차이가 집단 간 차이에서부터 기인하는 바가 큰 것이라고 해석할 수 있다. 도출된 F 값은 표본 값이므로, 이를 가지고 모집단의 가설(집단 간 차이가 있음)을 검증하려면 샘플링 분포에 대비해 보아야 한다. 피셔 F 분포가 이러한 유의도 검증에 사용된다.

앞서 예에서는 F 값이 7.819로 나온다. 여기까지의 과정을 가지고 보통의 경우에 〈표 21-3〉과 같은 아노바의 결과표를 만든다.

〈표 21-3〉 ANOVA 결과표

변이 구분	제곱합 (SS)	자유도 (df)	평균제곱 (MS, $\hat{\sigma}^2$)	F
집단 간	114.96	2	57.48	7.819
집단 내	176.45	24	7.35	
전체	291.41	26		

표본 결과로서 얻어진 $F = 7.819$(df : 2, 24)를 가지고 F 분포표를 찾아본다(〈별첨 4: F 분포표〉 참고). F 검증은 제곱합과 비의 개념을 써서 산출되기 때문에 자동적으로 양방 검증이 된다. 여기에서 유의수준을 0.05에 두었다고 한다면, 영가설의 기각 영역은 F 값이 3.40 이상에 해당한다. 표본에서 얻어진 분산 추정치들로 구해진 F 값이 적어도 3.40 이상은 되어야 영가설(집단 간 차이가 없음)을 벗어날 수 있다. 표본 결과의 F 값 7.819는 이보다 크므로, 집단들 간에 차이가 없다는 영가설은 기각될 수 있다.

예에서는 집단이 곧 상담 기법의 차이를 나타내는 독립변수의 범주를 나타낸다. 집단 간의 효과성 차이에 대한 연구가설이 통계적으로 수용 검증된다는 것은, 곧 상담 기법 간에 효과성이 다를 것이라는 이론을 지지하는 결과가 된다.

3) 아노바의 가정

아노바 검증은 t 검증과 마찬가지로 모수를 전제로 하는 추론통계의 방법이다. 모수 추론통계를 사용하기 위해서는 자료들이 다음과 같은 몇 가지 가정들을 충족시켜야 한다. 대표적으로는 첫째, 샘플링 분포의 오차가 정규분포되어 있고, 둘째, 모수의 분산이 동질적이며(이를 등분산 가정이라 한다), 셋째, 표본 내 자료 값들이 각기 독립적으로 구성되어 있어야 한다는 것 등이다.

다른 모수 통계 방법들과 마찬가지로 아노바 통계를 사용하기 위해서는 가급적이면 이런 가정들이 충족되면 좋다. 그러나 현실적인 조사연구의 상황에서는 이러한 가정들이 충족되는지를 직접 확인해 볼 수 없는 경우가 많다. 이런 경우에 아노바를 사용할 수 있는지에 대한 논란도 있지만, 일반적으로 아노바는 '강건해서(robust)' 일부 가정들이 위배되더라도 결과가 심하게 왜곡되지 않는다고 알려져 있다.[11]

그래서 아노바가 집단 간 차이 검증에 널리 사용되는 것이다. 다만 그럼에도 표본조사의 추론통계 적용에 필요한 요건은 가급적이면 충족하는 것이 좋다. 표본의 크기는 크면 클수록 좋고, 비교집단들 간 표본의 크기도 가급적 같아야 한다는 조건 등이 대표적이다.

4) F 검증에 대한 해석

아노바 검증은 전반적으로 집단들 간의 평균 차이가 유의미한 것인지를 확인하기 위해 F 비라는 단일 통계치를 사용한다. 한편 집단의 수가 세 개 이상이 되면 검증해야 할 개별적인 가설들도 존재하는데, 이것을 어떻게 처리할 것인가의 문제가 남아 있다. 세 집단인 경우에 관심의 대상이 되는 가설과 가설 검증 전략들은 다음과 같다.

---

11) Elifson et al., *Fundamentals of Social Statistics*, p. 367.

$$H_0: \quad \mu_1 = \mu_2 \qquad H_0: \quad \mu_1 = \mu_3 \qquad H_0: \quad \mu_2 = \mu_3$$

비교 집단이 3개 이상인 경우에 전체 F 값에 대한 의미를 찾기 위해 개별 집단들 간 1:1 비교를 위와 같은 영가설로 하게 된다. 영가설에서부터 벗어나는 정도의 크기를 말하는 전체 F 값에 대해 개별 두 집단 간 관계들이 각기 어느 정도의 기여를 하는지를 찾아보려는 것이다. 여기에는 사전 비교와 사후 비교의 방법이 있다.

개별 가설과 관련한 비교들이 사전에 계획되어 있었던 경우에 사전(a priori) 검증이 적절하다. 사전비교 검증을 위해서는 아노바의 전체 F 값이 유의미해야 할 필요가 없다. 만약 사전에 계획되지 않았던 비교를 하는 경우라면 사후(a posteriori) 검증을 적용한다. 이때는 전체 F 값이 유의미해야 함을 전제로 해서, 어떤 개별 관계가 이에 기여했는지를 찾아보는 것이다. 집단 평균-차이에 대한 사후 비교 검증을 위해서는 쉐페(Scheffe), 투키(Tukey), 던컨(Duncan) 등의 다양한 방법들이 사용되는데, 대부분 유사한 논리를 가진다.

투키의 HSD 검증 방법을 통해 사후 비교의 논리를 설명하자면 다음과 같다.[12] 먼저 이 테스트는 사후 비교 검증에 해당하므로, 전반적인 F 값이 유의미해야 한다. 그리고 개별 두 집단 간 평균 차이들이 F 값에 의미 있는 기여를 한 것인지를 판단하기 위해 HSD 값을 구한다. 여기에서 q_α는 주어진 유의수준(α)의 값, N은 각 집단에서의 케이스 수, $\hat{s}^2_{\text{집단내}}$는 집단 내 평균제곱(MS) 혹은 분산 추정치이다.

$$HSD = q_\alpha \times \sqrt{\frac{\hat{s}^2_{\text{집단내}}}{N}}$$

개별 두 집단 간 평균 차이 값들이 HSD 값 이상이 되면 주어진 유의수준에서 유의미한 것으로 판단한다. 위의 공식에서 q_α는 참조표에서 $df_{\text{집단내}}$ 자유도와 독립변수 범주수 k 값을 가지고 찾는다.[13] 이를 대입해서 앞서 예에서 HSD를 구하면, 다음과 같이 나온다.

---

12) HSD는 Honestly Significant Difference의 약자다.
13) q_α 참조표는 이 책에서 생략한다.

$$HSD = 3.53 \times \sqrt{\frac{7.35}{9}} = 3.19$$

이를 〈표 21-5〉에서 나타나는 평균값들 간의 차이에 비교하여 본다. 표의 각 셀에는 각 집단 평균($\overline{X_i}$)들 간의 차이 값이 들어간다.

〈표 21-4〉 세 집단 평균 차이 값

	$\overline{X_1}$ (= 5.11)	$\overline{X_2}$ (= 8.67)	$\overline{X_3}$ (= 3.78)
$\overline{X_1}$ (= 5.11)	0	3.56	1.33
$\overline{X_2}$ (= 8.67)		0	4.89
$\overline{X_3}$ (= 3.78)			0

이 결과에서 보자면, 집단 1과 집단 3 간의 평균 차이 값 1.33은 HSD 값인 3.19를 넘지 못한다. 반면 집단 1과 집단 2의 차이 값 3.56과, 집단 2와 집단 3의 차이 값 4.89는 HSD 값을 초과해서 사후검증의 유의수준 0.05 조건을 충족한다. 즉, 모수에서는 차이가 없다는 영가설의 분포에서 벗어날 만큼 충분한 크기의 차이가 이들 두 개의 관계에서 나타났다는 것이다. 엄정하게는 집단 2의 평균(= 8.67)이 다른 집단들에서보다 크게 나타나므로, 집단 2로 인해서 전체 F 검증에서 집단들 간 평균 차이에 대한 유의도가 나타났을 것으로 간주한다.

예에서 집단 2는 집단상담 프로그램이다. 그러면 이러한 분석 결과를 가지고 다음처럼 해석할 수 있다. '세 가지 형태의 미혼모상담 프로그램들 간에는 효과성이 차이가 있는데(전체 F 검증), 그러한 차이는 주로 집단상담 프로그램의 효과성이 두드러지기 때문에 나타나는 것이다(사후 검증)'. 이처럼 사후 검증은 전반적인 집단들 간 차이에 대한 검증과 함께, 개별적인 집단 간 차이 가설들에 대한 복수의 비교 조사를 통해 아노바 검증의 결과를 구체적으로 해석하는 데 도움을 준다.

제22장

비모수 검증

비모수 검증은 모수에 대한 가정을 전제로 하지 않는 추론통계적 방법이다. 모수 검증에서 요구하는 전제들(모집단의 정규분포, 집단 간 등분산, 수량 측정)을 충족할 수 없는 경우에는 비모수 검증이 대안으로 유용하다. 일반적으로는 모수 검증이 자료들의 가치를 보다 민감하게 반영해 줄 수 있다는 점에서 선호되지만, 그럼에도 모수 통계의 전제가 심각하게 위배되는 경우에는, 비모수 검증이 불가피하다.[1] 비모수 검증에는 χ^2 검증을 비롯해서 다양한 방법이 있다.

1. χ^2 검증

χ^2(카이제곱) 검증은 약 40개 정도의 비모수 통계 방법들 가운데서 가장 널리 쓰이는 방법이다. 이 방법에서는 변수들을 수량변수가 아닌 범주변수로 취급하고, 각 범주의 실제 빈도와 기대 빈도 사이의 차이를 통해서 χ^2 값을 구한다. 그리고 그 값이 통계적으로 유의미한지를 영가설의 기대 분포와 비교해서 결정한다. χ^2 검증은 두 명목변수가 이원 도표에 교차 분류될 수 있는 상황에 보편적으로 적용될 수 있다.

다음의 예를 통해 χ^2 검증의 방법을 설명한다.

---

1) Elifson, K., Runyon, R., & Haber, A. (1990). *Fundamentals of Social Statistics* (2nd ed.). NY: McGraw-Hill, pp. 404-441.

기관별 유형에 따라 사회복지사들이 선호하는 개입방법에 차이가 나는지를 알아보기 위한 조사에서, 수집된 자료를 교차분석한 결과 〈표 22-1〉과 같은 이원 빈도 분포표가 만들어졌다 하자.

〈표 22-1〉 빈도 분포 교차분석표

		기관 유형			합계
		유형 A	유형 B	유형 C	
개입방법	행동수정	83 (82.2%)	24 (22.6%)	9 (11.3%)	116 (40.4%)
	심리사회	16 (15.8%)	65 (61.3%)	18 (22.5%)	99 (34.5%)
	과업중심	2 (2.0%)	17 (16.1%)	53 (66.2%)	72 (25.1%)
합계		101 (100%)	106 (100%)	80 (100%)	287 (100%)

〈표 22-1〉에서 보면, 유형 A에 근무하는 $n = 101$명의 사회복지사들 중에 행동수정의 개입 방법을 선호하는 사회복지사는 83명으로 82.2%를 차지하며, 심리사회 방법을 선호하는 사회복지사는 16명으로 15.8%, 과업중심은 2명으로 2.0%를 차지하고 있다. 유형 B, 유형 C에 대해서도 마찬가지로 빈도에 대한 백분율이 주어져 있다.

이 결과는 한눈에도 기관 유형과 개입방법 변수 간에는 높은 상관관계가 있는 것이 보인다. 기관 유형에 따라 선호된 개입방법들에서 명백한 차이가 존재하기 때문이다. 그럼에도 이것이 표본조사의 결과라는 점을 감안한다면, 이것이 의도했던 모집단의 차이를 의미 있게 보여 줄 수 있는 정도인지는 아직 모른다. 비록 표본 결과에서는 차이가 있는 것처럼 보이지만, 이것이 단지 이 표본을 통해 우연히 나타난 결과인지, 아니면 실제로 모집단에서도 이와 유사하게 나타나는 것인지에 대해서는 아직 알 수 없다.

추론 검증의 목적은 표본에서 나타나는 정도의 차이가 영가설(모집단에서는 실제로 기관별 유형에 따른 개입방법 선호의 차이가 없다는 것)을 부정하기에 충분한 것인지를 확인하는 것이다. 그래서 영가설이 부인된다면, 기관별로 선호도에 있어서의 차이가 있다는 연구가설은 받아들여질 수 있게 된다. 비모수 통계로서의 χ^2 검증의 절차는 다음과 같다.

첫째, χ^2 검증에서는 먼저 영가설을 기준으로 해서 모집단의 빈도 분포를 예상해 보는데, 그 결과는 〈표 22-2〉와 같이 나타날 것이다. 각 개입방법별 빈도 합에 대한 백분율을 기준으로 해서, 모든 범주의 기관들에서 동일한 백분율이 나타날 것이라는 영가설의 예측에 맞게 각 방의 빈도 분포들이 계산된 것이다. 영가설이 옳다면, 집단 간에는 빈도 분포가 차이가 없어야 하는 것이다.

〈표 22-2〉 영가설에 의한 기대빈도 분포

		기관 유형			합계
		유형 A	유형 B	유형 C	
개입방법	행동수정	41 (40%)	43 (40%)	32 (40%)	116 (40%)
	심리사회	35 (35%)	36 (35%)	28 (35%)	99 (35%)
	과업중심	25 (25%)	27 (25%)	20 (25%)	72 (25%)
합계		101 (100%)	106 (100%)	80 (100%)	287 (100%)

둘째, 영가설의 기대빈도 분포에 대해서 표본 자료에서 실제로 나타난 분포를 비교해 본다. 표본의 실제 분포가 영가설에 의한 기대 분포와 현격하게 차이가 난다면, 영가설은 기각된다. 비록 한 표본의 결과는 확률적으로 나타나는 것이지만, 이 정도의 차이라면 기관별 유형(독립변수)에 따라 개입방법의 선호(종속변수) 차이가 있다는 설명을 부인하기 어렵다는 것이다. 카이제곱(χ^2)은 바로 그 '이 정도의 차이'가 유의미한 것인지를 고려하는 데 사용되는 통계치며, 다음과 같이 정의된다. 여기에서 f_0는 한 셀의 실제 빈도, f_e는 한 셀의 영가설 기대 빈도, $\sum$는 모든 셀에 대한 합을 말한다.

$$\chi^2 = \sum \frac{(f_0 - f_e)^2}{f_e}$$

χ^2 값의 계산식에서 알 수 있듯이, 만약 모든 셀에서 관찰빈도(f_0)와 기대빈도(f_e)의 값들이 일치한다면 χ^2 값은 0이 된다. 반대로 f_0와 f_e 값들 간의 차이가 크면 클수록 χ^2 값은 커지게 되는데, 이는 곧 χ^2 값이 크면 클수록 영가설(모집단에서는 차이가 없을 것, 즉 $\chi^2 = 0$)을 부인하는 것이 된다.

앞서 예에서 χ^2 값은 3×3 도표의 셀 9개에서 발생하는 f_0와 f_e 값들 간의 차이의 제곱을 f_e로 나눈 값들을 모두 합한 것이다.

첫째 방(유형 A, 행동수정) : $\dfrac{(f_0 - f_e)^2}{f_e} = \dfrac{(83-41)^2}{41} = 43.02$

둘째 방 (유형 B, 행동수정) : $\dfrac{(f_0 - f_e)^2}{f_e}$ $=$ $\dfrac{(24-43)^2}{43}$ $=$ 8.40

$\vdots$

아홉째 방 (유형 C, 과업중심) : $\dfrac{(f_0 - f_e)^2}{f_e}$ $=$ $\dfrac{(53-20)^2}{20}$ $=$ 54.45

이들을 다 더해서 χ^2 값 = 184.51이 나온다. 다음으로는 이렇게 산출된 χ^2 값이 영가설을 기각할 수 있을 만큼 충분히 큰지를 검증해 본다. 이를 위해서는 영가설을 기준으로 작성된 χ^2 분포표가 필요하다 (부록의 〈별첨 5: χ^2 분포표〉 참조). 연구에서 산출된 χ^2 값은 유의수준(α)과 자유도(df)를 고려해서 χ^2 분포표를 참조하는데, χ^2 분포에서 자유도는 기대빈도(f_e)가 자유롭게 선택될 수 있는 셀의 개수를 의미한다.[2] 그래서 이 원도표의 경우에 df는 열과 행의 범주 수(c, r)에 따라 결정된다.

df $=$ $(c-1) \times (r-1)$

이제 마지막으로 영가설의 기각 영역을 χ^2 분포표에서 찾아본다.[3] 해당되는 유의수준과 자유도의 위치에 따라 χ^2 값을 찾아내는데, 이 값이 영가설의 기각 영역에 대한 기준점이 된다. 표본 결과에서 산출된 χ^2 값이 이 값보다 더 크다면 영가설은 기각된다. χ^2 검증은 모두 오른쪽-꼬리 일방 검증이다. 비록 연구가설에서 방향성을 제시하지 않고 단지 차이가 있다는 것만을 지적하더라도, 이런 경우들 역시 가설 검증은 차이가 없는 경우의 확률(영가설의 χ^2 분포)로만 비추어 보기 때문이다.

앞서 예에서는 3×3 이원 도표이므로 $df = 4$로 결정되고, 연구에서 유의수준을 $\alpha = 0.01$로 두었다면, 영가설을 기각하는 데 필요한 최소 χ^2 값은 13.28임이 분포표에서 확인된다. 적어도 표본 결과의 χ^2 값이 이보다는 커야 영가설의 분포를 벗어나는 것으로 볼 수 있다는 것이다. 예에서는 표본 결과의 χ^2 값이 184.51로 나왔으므로, 기각 값을 크게 초과한다. 따라서 예에서는 영가설이 기각되고, 근무하는 기관에 따라 사회복지

---

2) χ^2 검증의 자유도는 두 교차분석에 사용되는 범주의 수만으로 결정된다. 이원 도표에서는 임의로 결정될 수 있는 셀의 수는 두 변수의 한계합(marginal sum)으로 제한된다. 예를 들어, 3×3 도표의 경우에는 4개의 셀만이 자유롭게 변할 수 있다. 나머지 5개의 셀은 주어진 한계합에 종속되어 결정될 수밖에 없다.

3) χ^2 분포표는 F 분포나 t 분포와 마찬가지로 각 유의도와 자유도의 수준에 따라 각기 다른 분포들로 구성된 집합이다.

사들은 선호하는 개입접근을 달리 가진다는 설명이 통계적으로 유의미하다. 즉, 주어진 자료로 보자면 이 설명이 오류일 확률은 1% 미만이라는 것이다.

2. χ^2에 근거한 상관계수

앞서 명목변수들 간의 상관관계의 크기를 뜻하는 상관계수를 산출하기 위한 *PRE* 원칙을 설명한 바 있다. 이 원칙을 활용하면 χ^2 값을 명목변수(범주변수)들 간 상관계수를 산출하는 데 사용할 수 있다. χ^2 논리에 근거한 상관계수들에는 파이 계수, 개연성 계수, 크레이머 V 등이 있다.

(1) 파이 계수

파이(ϕ) 계수는 주로 2 × 2 도표에서의 상관관계 크기를 나타내는 계수다. 계수를 구하는 공식은 χ^2 값에서 전체 케이스 수(N)를 나누고, 그에 대한 제곱근을 구하는 것이다.

$$\phi \;=\; \sqrt{\frac{\chi^2}{N}}$$

ϕ 계수의 값은 0(무관계)에서 1(완벽한 관계) 사이에 있다. 그러나 이원도표의 행이나 열이 세 개 이상의 범주를 가지는 경우, 즉 2 × 2를 초과하게 되면 ϕ 계수의 값은 1을 초과할 수도 있다. ϕ 계수가 0에서 1 사이에만 있다는 것은, 상관관계의 방향이 역의 관계인지 정의 관계인지를 보여 주지 않는 것을 의미한다.

(2) 개연성 계수

개연성 계수(contingency coefficient)도 χ^2 논리에 기반을 둔 상관관계 측정 계수다. 이 계수는 2 × 2 이상의 정사각형 도표에 사용되기 위해 만들어졌다. 예를 들어, 3 × 3이나 4 × 4 이원도표로 성립되는 변수들 간 상관관계의 크기를 제시하는 데 적합한 계수다.

$$C \;=\; \sqrt{\frac{\chi^2}{\chi^2 + N}}$$

개연성 계수 값 C는 두 변수가 무관계일 때는 0이 되지만, 최댓값은 항상 1보다 작다. 도표의 행과 열의 범주 개수에 의해 최댓값의 정도가 결정된다. 따라서 서로 다른 크기의 도표들 간에 C 값을 비교하거나 해석하는 데 어려움이 있다는 것이 단점이다. 또한 개연성 계수는 정사각형 도표에서만 사용할 수 있다는 것도 한계다.

(3) 크레이머 V

크레이머 V(Cramer's V)도 χ^2 논리에 기반해서 상관관계의 크기를 측정하는 계수다. 개연성 계수가 정사각형 도표에서만 사용될 수 있다는 단점을 극복하기 위해 만들어진 것으로, 정사각형과 직사각형 도표 모두에 대해 적용될 수 있다. 크레이머 V의 계수 값은 0(무관계)에서 1(완벽한 관계) 사이에서 움직인다. 계수를 구하는 공식은 다음과 같다. 여기에서 $Min(r-1, c-1)$는 행(r)과 열(c)의 범주 수 중 작은 쪽을 선택해서 1을 뺀 값이다.

$$V = \sqrt{\frac{\chi^2}{N \times Min(r-1, c-1)}}$$

크레이머 V는 χ^2에 기반을 둔 상관관계 측정 계수들 중에서 가장 유력한 도구다. 왜냐하면 이 계수값은 항상 0에서 1 사이에 변화하며, 어떤 크기와 모양의 도표에서도 사용될 수 있기 때문이다. 그럼에도 크레이머 V는 PRE 원칙을 온전하게 따르지 않기 때문에(이 점은 ϕ 계수나 개연성 계수도 마찬가지다), 그 해석이 명쾌하지 못하다는 것은 단점이다. 또한 크레이머 V를 포함해서 χ^2에 기반을 둔 상관관계 계수들은 관계의 방향을 제시하지 못하는 한계도 공통적으로 가진다.

3. 맨-휘트니 U 검증

맨-휘트니 U(Mann-Whitney U) 검증은 비모수 통계로서 서열변수들 간 관계를 순위합(rank sum)의 방법을 통해 검증하는 것이다. 비모수 통계 검증의 장점은 모수 검증 방법들이 전제로 하는 모집단의 성격에 대한 가정을 요구하지 않는다는 것이다. 맨-휘트니 U 검증에서는 t 검증이나 F 검증을 적용하는 데 필요로 하는 모수 분포의 정규성이나 등분산 가정, 수량변수의 사용 등에 관한 가정이 필요 없다.

맨–휘트니 *U* 검증 역시 변수들 간 관계가 있다는 연구가설을 검증하기 위해, 표본 결과가 그에 반하는 영가설을 기각할 수 있는 정도로 나타나는지를 보는 것이다. 연구 가설은 비교하는 집단들이 각기 다른 모집단으로부터 도출된 것, 즉 서로 다른 성격을 가진 집단이라는 것이다. 영가설은 같은 모집단이라고 보는 것이다. 비록 모수 검증에 서와 같은 엄격한 가정들이 필요하지는 않으나, 맨–휘트니 *U* 검증에서도 다음 조건들 은 전제로 한다.

- 두 표본이 서로 독립적이며, 각기 무작위로 추출된 것이어야 한다.
- 변수들의 측정 수준은 적어도 서열 등급 이상이어야 한다.

맨–휘트니 검증의 성격에 대해 설명하기 위해 한 예를 들어 본다. 다음과 같은 경우 에는 *t* 검증의 전제 조건들, 특히 수량변수 측정이 이루어지지 않았으므로, 맨–휘트니 *U*와 같은 순위합 검증이 보다 적합하다.

> 종교의 유무와 자원봉사 참여 정도 간의 관계를 알아보는 조사연구가 있다 하자. 종교를 가진 사람들 (*n* = 6)의 표본 1과 종교가 없는 사람들(*n* = 7)의 표본 2를 각기 추출하여, 자원봉사 참여도를 측정했다. 그런데 이것이 등간 측정은 아니어서 얼마나 많고 적음을 수치로서 나타 낼 수는 없고, 단지 누가 누구보다 참여 정도가 높거나 낮다는 서열 정도만을 제시할 수 있다 하자.
>
> 표본(1) – 종교인 집단 : A(6) B(9) C(11) D(15) E(17) F(32)
> 표본(2) – 비종교인 집단 : H(1) K(4) L(7) M(13) N(19) P(25) Q(30)

이 예에서는 모수 분포의 정규성에 대한 확신이 없으므로, 맨–휘트니 검증을 사용하 여 관계를 검증해 보려 한다. 여기에서 연구가설은 '종교를 가진 사람들이 종교를 갖지 않은 사람들보다 자원봉사 활동에의 참여도가 더 높다'라는 것이다. 이를 통해 설명하 려는 변수들 간 관계는 곧 '종교인 여부'와 '자원봉사 참여도'다. 여기에서 연구가설은 종교인과 비종교인은 자원봉사 참여도를 놓고 보면 서로 이질적인 집단이라는 것이다. 이를 영가설 기각의 방식으로 검증해 보려면, 영가설은 종교인과 비종교인 집단에서 참여도는 동질적이라는 것이 된다. 의미 있는 차이가 없을 것이라는 예측이다.

만약 영가설이 옳다면, 즉 종교인 집단과 비종교인 집단이 자원봉사 참여도에 있어서 동질적이라고 가정한다면, 두 표본 집단에서 도출된 측정값들도 유사할 것이라고 기대된다. 두 표본 집단의 값들이 크기가 유사할 것으로 가정하면, 종교인-비종교인으로 구성된 모든 짝들 가운데 대략 반 정도는 종교인이 더 높은 점수를 가지는 짝이고, 나머지 반은 비종교인이 더 높은 점수를 보이는 짝이 될 것이다. 영가설의 기대 분포인 것이다.

맨-휘트니 U 검증의 순위합 비교를 위해서는 집단 간 짝(pair)의 개념을 활용한다. 예의 자료에서는, 두 표본에 포함된 사람들에 대한 모든 가능한 집단 간 짝들은 A-H 짝에서부터 F-Q 짝에 이르기까지 총 $6 \times 7 = 42$개의 짝이 만들어진다. 그중에서 종교인이 더 높은 참여도 점수를 갖는 짝들의 수를 헤아려서 그 값을 U라 하고, 그 반대되는 짝들의 수는 U'라고 해 보자. 만약 두 집단이 동질적이라는 영가설이 옳다면, 표본 결과인 U와 U'는 크기가 같을 것으로 기대할 수 있다. U와 U'를 결정하기 위한 공식은 다음과 같다. 여기에서 n_1은 표본 1의 크기, n_2는 표본 2의 크기, R_2는 표본 2에서의 순위합이다.

$$U = n_1 \times n_2 + \frac{n_2 \times (n_2 + 1)}{2} - R_2$$
$$U = n_1 \times n_2 - U$$

각 표본값들에 대한 순위와 순위합은 〈표 22-3〉과 같은 방법으로 구해 볼 수 있다. 각 표본 집단별로 표본 값들을 순서에 따라 차례로 나열해 넣고, (　) 안에 각 값에 대한 전체 순위를 낮은 것부터 ①에서 최고 ⑬까지를 기입한다. 그런 다음 각 표본별로 표본 값들에 대한 순위 점수들을 합해서 오른쪽 순위합의 칸에 적어 넣는다.

〈표 22-3〉 표본값들과 순위, 순위합

표본 집단	표본 값 (순위)							(순위 합)
표본 1	6 (③)	9 (⑤)	11 (⑥)	15 (⑧)	17 (⑨)	32 (⑬)		(44)
표본 2	1 (①)	4 (②)	7 (④)	13 (⑦)	19 (⑩)	25 (⑪)	30 (⑫)	(47)

이제 이 값을 맨-휘트니 U 값으로 산출해서, 이를 맨-휘트니 U 검증표(〈별첨 6: Mann-Whitney U 검증표〉)에 대비해서 보면 된다. 〈표 22-3〉의 표본 자료를 가지고 U와

U' 값을 구하면 다음과 같이 된다.

$$U \quad = \quad 6 \times 7 \quad + \quad \frac{7 \times (7+1)}{2} \quad - \quad 47 \quad = \quad 23$$

$$U' \quad = \quad 6 \times 7 \quad - \quad 23 \quad = \quad 19$$

맨-휘트니 U 검증표는 영가설하에서의 U의 샘플링 분포를 나타낸다. 여기서는 각 표본 집단의 크기(n)를 기준으로 삼는데, 표에서 보면 $n_1 = 6$, $n_2 = 7$인 경우 유의수준 0.05의 일방 검증으로 U의 영가설 영역은 8과 34 사이가 된다. 따라서 표본 결과에서 나타나는 U와 U' 값들 중에서 작은 쪽(여기서는 U')은 8과 같거나 작아야 하고, 큰 쪽(여기서는 U)은 34보다 같거나 커야만 영가설의 영역에서 벗어나 있다는 것을 95% 이상 확신할 수 있다. 예의 경우는 $U = 23$, $U' = 19$이므로 유의수준 0.05 에서 영가설을 기각할 확률 영역에 포함되지 못한다. 따라서 종교인과 비종교인 집단 사이에 자원봉사 참여도가 차이가 있을 것이라는 연구가설은 경험적인 지지를 얻지 못하게 된다. 종교인 여부와 자원봉사 참여도 변수 간에 관계가 있다는 설명은 지지되지 못한다.

맨-휘트니 U 검증에서는 표본들의 크기가 증가하면 U의 샘플링 분포는 정규성에 근접한다. 두 표본들 중 어느 한쪽이 20보다 크면, 표준점수를 계산하여 정규분포를 사용할 수 있다. 이 경우 U에 대한 샘플링 분포의 평균(μ)과 표준오차(σ_U)를 구하면, 표준점수 Z는 다음과 같이 된다.

$$\mu_U \quad = \quad \frac{n_1 \times (n_1 + n_2 + 1)}{2}$$

$$\sigma_U \quad = \quad \sqrt{\frac{n_1 \times n_2 \times (n_1 + n_2 + 1)}{12}}$$

$$Z \quad = \quad \frac{U - \mu_U}{\sigma_U}$$

이렇게 표준점수 Z를 구하게 되면, 두 표본이 동질적인 모집단에서 추출된 것인지의 여부에 관한 영가설의 검증에 필요한 샘플링 분포를 정규분포표에 기준할 수 있게 된다.

4. 부호 검증

부호 검증(sign test)은 상관-표본이나 대응-집단 연구에서 표본 결과를 비교하는 데 쓰이는 비모수 통계 방법이다. 비교 대상인 두 집단의 관찰값들이 서로 짝 지어져 있는 연구 디자인에서 이러한 검증 방법이 사용된다. 동일한 대상의 결과를 전-후 집단에서 비교하는 디자인으로, 비록 서로 다른 대상들이기는 하지만 특정 변수를 기준으로 짝이 지어진 실험-통제집단 디자인 등이 여기에 속한다. 모수 통계의 방법에서는 대응표본 t 검증의 방법이 이와 같은 디자인에서 사용된다. 비모수 통계에서는 단순 부호 검증이나 윌콕슨 부호-순위 검증 등의 방법이 대응 디자인에 사용된다.

부호 검증은 단순히 짝들에서 부호의 방향이 어떻게 변화했는지만을 헤아린다. 짝들에서 나타나는 수량적인 값의 차이 크기 등은 고려하지 않는다. 따라서 수량적인 정보의 많은 부분을 잃게 된다는 단점이 있다. 그러나 측정에 사용된 도구가 거칠어서 등간 이상의 수량 정보를 산출하기 어려울 때는, 이러한 검증 방법을 사용하는 것이 필요하다.

> 한 프로그램이 서비스의 효과성을 파악하기 위해 이용자 만족도를 전-후 집단 디자인을 사용해서 비교하려 한다. 만족도 측정에 사용된 도구는 서열 값들을 산출하였다고 하자. 이 경우는 두 집단이 서로 독립적이지 않기 때문에, 관련된 짝들(여기서는 동일 대상자들)에서 전-후로 어떤 변화가 발생하였는지를 살펴보고, 그 표본 결과에 대한 유의도를 검증하려 한다. 연구가설 H_1 은 두 집단에서 차이가 있을 것으로 설정되고, 영가설 H_0 는 그에 상반되게 두 집단에서 차이가 없을 것이라고 가정한다. 표본 결과는 〈표 22-4〉와 같이 나타났다.

부호 검증은 점수의 비교에서 단지 부호의 변화만을 본다. 〈표 22-4〉의 예에서는 11명 (짝)의 관찰 대상자들이 있다. 서비스의 전-후 상태를 두 집단으로 구성하는데, 두 집단에서 각 짝이 어떤 부호를 산출했는지가 표의 오른편 칸에 들어 있다. 여기에서 관찰 대상자 K는 부호가 없는데, 두 번의 측정에서 동일한 값을 산출했으므로 부호가 주어지지 않고, 앞으로의 검증 계산에도 포함시키지 않는다.

나머지 10개의 짝에 대해서 생각해 보면, 만약 영가설 (H_0) 이 옳다면 10개의 짝들 가운데 5개는 + 부호가 발생해야 하며, 나머지 5개의 짝은 − 부호가 발생해야 할 것이다. 즉, 서비스 전에 비해 서비스를 받고 난 후에 만족도가 높아지는 + 경우의 가능

〈표 22-4〉 서비스 전-후의 효과성 차이의 부호

관찰 대상자	집단 1 (서비스 전)	집단 2 (서비스 후)	차이 부호 (후 - 전)
A	23	41	+
B	36	39	+
C	34	29	−
D	15	30	+
E	10	27	+
F	18	26	+
G	40	38	−
H	12	19	+
I	7	15	+
J	9	8	−
K	11	11	0

성과, 서비스 후에 만족도가 떨어지는 − 경우의 가능성에 대한 확률이 동일하다는 것이 영가설의 입장이다. 이와 같은 분석은 +와 −라는 두 범주를 가진 집단을 대상으로 하는 것이므로, 영가설 H_0는 P = Q, 즉 P − Q = 0인 이항 검증(binomial test)에 기준하게 된다.

예의 표본 결과는 n = 10 케이스에 대한 전-후 비교 짝들 중 7개는 + 부호, 3개는 − 부호가 나왔다(P = 7, Q = 3). 이 결과를 P = Q 라는 영가설을 기준으로 하는 이항 검증표에 대비해 본다(〈별첨 7: 이항 검증표〉 참조). 여기에서는 0.05의 유의수준에 대한 양방 검증의 P 값은 9로 되어 있다. 이는 영가설을 95% 이상의 확신을 가지고 기각하려면 적어도 표본 결과의 P 값이 9 이상이어야 함을 뜻한다. 그런데 예의 표본 결과는 P = 7이 나왔으므로, 유의수준 0.05에서는 영가설을 기각할 수 없다. 이 표본 결과로는 해당 서비스가 효과적일 것이라는 설명은 통계적 확률 검증으로 지지받지 못한다.

부호 검증은 단순한 측정 자료들을 통계적 유의도로 분석할 수 있는 장점이 있다. 그럼에도 자료에 포함된 수량 정보들을 무시해 버리는 것은 단점이다. 위의 경우에서처럼 A의 변화(41 − 23 = 18)와 B의 변화(39 − 36 = 3) 등이 모두 + 부호만으로 취급되므로, 수량 자료의 정보들로부터 얻을 수 있는 분석 가치가 상실된다. 비록 수량 정보가 부실한 경우에 부호 검증을 쓸 필요가 생기기는 하지만, 그럼에도 수량 자료 값들을 가능한 활용할 수 있는 경우에는 부호 검증만으로 분석을 끝내는 것은 손실이다.

5. 윌콕슨 부호-순위 검증

부호 검증이 단지 차이의 부호만을 가지고 유의도를 검증하는 데 비해서, 윌콕슨 부호-순위 검증(Wilcoxon matched-pairs signed-rank test)은 차이에 대한 부호와 함께 그 차이의 크기에 대한 정보도 추가해서 검증에 사용한다. 앞서 부호 검증의 예를 다시 사용하면서, 측정 도구가 차이의 증감 여부뿐만 아니라 순위까지도 측정할 수 있을 정도라고 가정을 바꾸어 보자. 그러면 개별 짝들에서 나타나는 서비스 전-후의 차이를 +, ─ 부호뿐만 아니라, 순위까지도 산출해 낼 수 있게 된다. 이처럼 동일한 자료에 대해 약간의 가정만을 바꾸어도, 〈표 22-5〉에서와 같은 추가 정보가 도출된다.

〈표 22-5〉 서비스 전-후의 차이에 대한 부호와 순위

관찰 대상자	집단 1 (서비스 전)	집단 2 (서비스 후)	차이 부호와 크기	차이 순위	순위 값 +	순위 값 ─
A	23	41	+ 18	10	+ 10	
B	36	39	+ 3	3	+ 3	
C	34	29	─ 5	4		─4
D	15	30	+ 15	8	+ 8	
E	10	27	+ 17	9	+ 9	
F	18	26	+ 8	6	+ 6	
G	40	38	─ 2	2		─2
H	10	19	+ 7	5	+ 5	
I	7	15	+ 8	6	+ 6	
J	9	8	─ 1	1		─1
K	11	11	0			
				합	+ 47	─7

윌콕슨 부호-순위 검증에서는 부호와 순위를 모두 활용해서 영가설을 검증한다. 예에는 이렇게 적용될 것이다. 만약 서비스 전-후에 만족도 차이가 없다는 영가설이 옳다면, + 순위 값들의 합(Σ)인 T_+와 ─ 순위 값들의 합인 T_-는 서로 균형을 이룰 것이

다. 즉, $T_+ = T_-$로서 $T_+ - T_- = 0$이라는 영가설이 된다. 그렇다면 표본 자료에서 T_+와 T_- 간 차이가 크게 나타날수록 영가설은 기각되기 쉬울 것이다. 〈별첨 8: Wilcoxon T 검증표〉를 찾아보면, $N = 10$인 경우에 유의 수준 .05(양방 검증)에서 T는 순위합 절댓값 중 작은 쪽을 기준으로 8보다 작아야 영가설의 분포에서 벗어난다.[4] 표본 결과에서는 작은 쪽(T_-)이 절댓값 7로 나타났다. 따라서 영가설은 기각될 수 있으며, 조사연구가 검증하려던 프로그램의 효과성에 대한 설명은 95% 이상의 통계적 확률로서 인정된다.

앞서 부호 검증에서는 기각될 수 없었던 영가설이 윌콕슨 부호–순위 검증에서는 기각될 수 있었다. 이러한 차이는 윌콕슨 검증이 차이의 크기에 따른 순위라는 추가적인 정보를 분석에서 활용할 수 있었기 때문이다. 따라서 윌콕슨 부호–순위 검증은 단순한 부호 검증보다 더 민감하게 유의도를 검증해 줄 수 있다는 장점이 있다. 다만 윌콕슨 검증에서는 추가 정보를 얻기 위해 측정의 서열성 혹은 등간성이 전제되어야 한다. 자료 측정이 이런 수준에 못 미칠 경우에는 단순 부호 검증을 적용할 수밖에 없다.

---

4) 부호가 없는 케이스 K는 N에서 제외되므로 [T 검증표]에서 $N=10$을 기준으로 한다.

제7부

사회복지 조사연구의 응용

사회복지 조사연구의 활용

• • •

　제7부에서는 사회복지 실천에서 조사연구의 방법들이 활용되는 측면을 설명한다. 제23장은 사례를 중심으로 다루는 사회복지 실천 현장에서 단일사례의 효과성 검증 등에 유용하게 사용되는 단일사례 디자인(SSD)을 설명한다. 제24장은 집단 내 구성원들 간 상호작용에 관한 사회관계망을 분석하는 방법으로서 소시오메트리와 사회네트워크 분석에 대해 설명한다. 제25장과 제26장은 프로그램 기획이나 실행, 평가 등에서 필수적인 욕구사정과 평가의 단계에서 적용되는 조사 방법을 다룬다.

제23장

단일사례 디자인

단일사례 디자인은 한 개인이나 집단, 프로그램이라는 단일한 사례를 대상으로 개입의 효과성을 평가하는 데 유용한 연구 방법이다. 일반적인 연구 방법들은 주로 집단 디자인을 사용해서 대상들에 대한 집합적인 성격을 기술하거나 추론하는 데 초점을 둔다. 이런 집단 디자인은 개별적인 사례에 개입해 나가면서 한편으로 효과성을 확인해야하는 서비스 실천에서는 유용하지 못하다. 이에 대한 대안으로 사회복지 실천 현장에서 각광을 받게 된 것이 단일사례 디자인이다.

1. 단일사례 디자인의 성격

단일사례 디자인(single subject design)은 1960년대 말부터 행동수정 접근의 임상심리학에서 사용되기 시작해서, 1970년대 이후에는 사회복지 실천에서도 폭넓게 사용되고 있다. 이런 종류의 디자인에 대한 명칭은 심리학 등에서는 단일사례 연구 디자인, 단일사례 실험, 단일체계 디자인 등으로 불러 왔다. 정치학이나 경제학 등에서는 거시적 동태 지표를 사용하면서 시계열 디자인이라는 이름으로 쓴다. 이들 디자인의 공통점은, 이 책 7장 '연구 디자인의 유형'에서 소개했던 바와 같이, 단절 시계열(interrupted time-series)의 성격에 있다.[1]

---

1) 단절 시계열이란 시계열의 단절 지점에서 특정 사건의 개입 효과를 파악하는 것으로, 시계열(time-series)이란 시간의 흐름에 따른 자료값의 배열을 말한다.

단일사례 디자인은 연구의 과정이 실천의 과정과 분리되지 않고, 통합 가능하다는 것이 중요한 특징이다.[2] 기존의 평가 연구 디자인들은 대개 실천 개입이 끝난 후에야 그 결과를 놓고 효과성의 여부를 판단한다. 반면에 단일사례 디자인은 실천 개입이 계획되고 실행되는 과정 내내 개입의 효과성에 대한 정보가 수집되어, 실천에 필요한 피드백 기능도 제공해 줄 수 있다. 이런 특성으로 인해 직접 서비스 실천에서뿐만 아니라, 기획이나 행정 분야의 실천/연구에서도 단일사례 디자인은 매우 유용한 조사방법이 되고 있다.

단일사례 디자인에 의거한 조사 분석을 통해 다음과 같은 실천 관련 연구 질문들에 답할 수 있다.[3]

· 개입이 효과를 보이고 있는가?
· 개입이 모든 문제를 해결하는가, 부분만을 해결하는가?
· 개입의 효과는 어느 시점에서 나타나겠는가?
· 개입의 효과는 얼마나 지속되는가?
· 개입의 효과는 다른 상황들에서도 일반화될 수 있는가?
· 다양한 개입방법들이 있다면, 각각의 효과는 어떻게 다른가?

[그림 23-1]은 단일사례 디자인의 전형을 보여 주는 예다. 하나의 사례에 대해서 특정한 시점(여기서는 5일 이후)에 개입이 시작되었으며, 그로 인해 표적 행동의 변화가 즉시 나타나는 효과를 보여 준다. 단일사례 디자인에서는 변화의 대상이 되는 문제는 주로 '표적 행동'이 되는데, 조사연구의 용어로는 이를 종속변수라 한다. 표적 행동을 변화시키기 위한 실천 개입은 독립변수라 한다.

단일사례 디자인에서는 표적 행동을 반복적으로 측정하고, 그 측정값들에서의 변화를 그림으로 나타내고 분석한다. 단절 시계열의 상태를 보려는 것인데, 시간 흐름에 따라 표적 행동의 자료 배열(시계열)이 개입이 이루어지기 이전과 이후에 어떤 단절적인

---

2) Rubin, A., & Babbie, E. (1993). *Research Methods for Social Work* (2nd ed.). Pacific Grove, CA: Brooks/Cole, pp. 297-300.
3) 질문들에서 사용된 개입(intervention)이란 용어는 하나의 구체적인 프로그램을 뜻할 수도 있고, 특정 문제에 대한 실천가의 개입 활동이나 클라이언트 자신의 변화 시도, 혹은 특정 상황의 변화 등까지를 지칭하는 용법일 수도 있다. 연구 디자인의 용어로는 대개 개입은 독립변수(X)로, 효과성은 종속변수(Y)로 간주된다.

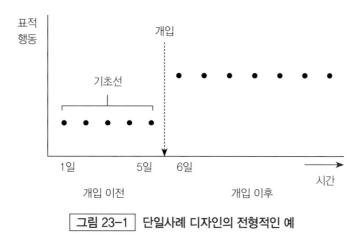

그림 23-1 단일사례 디자인의 전형적인 예

성격으로 나타나는지를 본다. 개입 이전의 시계열을 '기초선'이라 하는데, 개입 이후의 시계열에서 나타나는 경향을 대비해 보는 기준이 된다. 기초선(baseline)은 마치 실험 디자인에서의 통제집단 기능과 같다. 개입이 주어지지 않은 상태에 대한 측정값들이기 때문이다. 단일사례 디자인에서 개입 이후의 측정값들은 실험 디자인에서 실험집단의 기능과 같다. 개입 이후의 측정값에서 기초선과 다른 경향이 나타난다면, 그것은 마치 실험집단에서 개입으로 인한 변화가 측정되는 것과 같은 의미를 띤다.

단일사례 디자인이 다른 연구 디자인들과 비교해서 가지는 독특한 성격은 다음처럼 정리된다.[4]

단일사례　하나의 사례를 두고 개입의 효과를 평가해 볼 수 있게 한다. 일반적으로 집단연구 디자인에서는 효과를 평가하기 위해 비교 집단을 두고, 외부 요인을 통제하는 장치를 필요로 한다. 그러므로 복수의 사례를 집단으로 묶어서 보지 않으면 효과를 확인하기 어렵다. 반면에 단일사례 디자인에서는 하나의 사례만을 두고서도 그 안에서 비교의 대상을 가질 수 있다. 한 사례에 대한 반복 관찰을 통해 통제집단과 실험집단의 기능과 같은 것을 구현할 수 있다.

개인이나 집단　단일사례 디자인은 조사 대상이 되는 사례가 개인이나 집단 모두에 해당될 수 있다. 집단인 경우에는 집단 구성원의 개별적인 정보가 평균이나 전체 빈도 등으로 묶여 단일한 사례로 취급된다. 즉, 집단 전체가 하나의 사례가 되는 것이다. 조

4) Polster, R., & Lynch, M. (1981). 'Single subject designs'. In R. Grinnell (Ed.), *Social Work Research and Evaluation*. Itasca, IL: Peacock, pp. 374-375.

직이나 지역사회, 문화적 단위 등 무엇이든 하나의 사례 단위로 묶이면 곧 단일사례 디자인의 연구 대상이 될 수 있다.

반복 측정 반복 측정이란 측정을 되풀이해서 하는 것을 말한다. 반복 측정을 통해 시계열 자료가 갖추어진다. 단일사례 디자인에서는 통제집단과 실험집단을 따로 가지지 않는데, 그럼에도 개입의 효과를 알기 위해 집단 간 비교의 기능은 필요하다. 이를 단일사례 디자인에서는 사례 내부에서의 반복 측정을 통해 대신한다. 반복 측정된 시계열 자료들은 개입을 전-후로 단절된 양상이 나타나는지를 보는 분석에 쓰인다. 이러한 반복 측정은 단일사례 디자인을 다른 연구 디자인들과 차별되게 하는 장점이 있지만, 한편 조사 대상자의 반응성(reactivity)을 유발할 가능성과 같은 단점도 있다.

즉각적인 피드백 단일사례 디자인은 개입 효과를 파악하기 위해 사례의 진행 과정에서 도출되는 정보의 자료를 주기적으로 수집한다. 이들 자료는 개입에 반응해서 나타나는 표적 행동의 변화 상황에 관한 것으로, 자료수집과 동시에 즉각적인 피드백 형태로 실천에 활용될 수 있다. 이로 인해 실천/연구의 진행 중에도 새로운 개입 지식과 기술들을 수시로 적용해 보고 평가하는 것이 가능하다. 이 때문에 단일사례 디자인은 실천/연구자들이 현재의 개입 상황에 신속히 대처할 수 있는 반응성과 유연성을 제공해 준다.

2. 개입과 독립변수

단일사례 디자인에서는 표적 행동의 변화를 유발하는 요인으로 간주되는 개입이나 상황을 독립변수로 간주한다. 개입(intervention)이라 함은 기존의 상태를 변화시키는 온갖 종류의 사건, 실험적 자극, 서비스 실천, 프로그램 제공, 환경 변화의 시도 등까지를 모두 포함하는 것이다. 개입은 일종의 변화의 유발 요인이다. 단일사례 디자인에서는 개입의 효과성 여부를 표적 행동에 나타나는 변화를 관찰하여 유추한다. 실천자 입장에서의 개입은 조사연구자의 관점에서는 독립변수가 된다.

이런 독립변수가 불명확하게 규정되어 있으면, 종속변수에서의 변화가 어떤 요인의 개입으로 인해 나타나게 된 것인지를 구체적으로 연결할 수 없다. 다양한 형태의 개입이 복합적으로 주어지는 경우에, 각각의 개입들이 각기 어떤 효과를 유발했는지, 그리고 개입 이외의 다른 외부 요인들은 종속변수에 어떤 영향을 미쳤는지 등을 파악하기 어렵다. 또한 다른 연구나 실천 분야들에서 이를 복제해서 확산이나 전이를 시도하기도 어렵다.

독립변수로서의 개입 방법을 구체화하려면, 일차적으로 개입에 포함되는 요소들과 절차를 적절하게 규정해야 한다.

· 개입 절차: 어떤 구성 요소(실천 내용)들이 어떤 순서로 진행되는지를 규정
· 수행 기준: 개별 요소들과 절차가 어떻게 수행되어야 할지를 규정

개입 독립변수에 대한 규정은, 예를 들어 '가족 체계 접근의 사용'과 같은 식으로 막연하게 해서는 안 된다. 그 안에는 무수히 많은 독특한 요소들과 절차가 상이하게 나타날 수 있으며, 이런 차이가 종속변수에 막대한 영향의 차이를 초래할 수 있기 때문이다.

개입 변수를 명확하게 규정하려면, 예를 들어 어떤 교육 프로그램이 '비장애 아동들이 장애인을 대하는 사회적 행동에서의 변화'를 의도한다고 할 때, 개입 변수에 해당하

〈표 23-1〉 개입 변수에 대한 조작화의 예

개입 요소	규정
장애인	비일상적인 육체적 특징들로 인해 특정한 육체적 기능을 못하게 하는 조건. 시각과 청각의 상실, 불균형적인 걸음걸이, 수족의 일부분 마비 등. 대부분 인공적인 물리 보조기구(휠체어라든지 청각보조기) 등을 사용하는 상태
사회적 행동	눈인사나 악수, 혹은 접근하여 말을 붙이기 등과 같이 말이나 신체적인 수단을 통하여 접촉을 시도하는 것
지역사회 교육 프로그램	프리젠테이션과 훈련으로 구성 • 초등학교 학생들에게 보여 줄 90분짜리 멀티미디어 프리젠테이션에는 ① 3명의 장애인들이 삶을 꾸려 나가는 모습을 보여 주는 20분짜리 동영상, ② 장애인들이 겪게 되는 일상적인 편견들을 장애 아동들이 출연하여 묘사하는 10분짜리 아동극, ③ 장애 아동들이 장애인으로 살아가는 것이 어떤지를 토론하는 20분짜리 질문과 대답 등을 포함 • 비장애인 아동들이 장애인으로서의 느낌을 경험하기 위한 세 가지 훈련에는, ① 시각장애: 아이들의 눈을 가리고, 교실에서 화장실까지 찾아가도록 한다. ② 청각장애: 아이들의 귀를 막게 하고, 다른 사람으로부터 지시를 받도록 한다. ③ 신체장애: 휠체어에 타도록 하고, 교실을 돌아다니게 한다.

출처: Polster, R. & Lynch, M. (1981). 'Single subject designs'. In R. Grinnell (Ed.), *Social Work Research and Evaluation*. Itasca, IL: Peacock, pp. 378-379.

는 교육 프로그램은 최소한 〈표 23-1〉 정도로 규정되어야 한다. 조사방법의 용어로는 이를 조작화라 한다.

때로 개입 변수가 미리 명확하게 규정되기 어려울 수도 있다. 예를 들어, 치료 상담의 상황에서 실천자와 클라이언트 간 긴밀한 상호작용 과정이 주된 개입방법이 되는 경우, 상호작용의 내용과 절차들을 미리 세세히 구성해서 조작화해 두기는 어렵다. 그럼에도 불구하고, 특정한 개입 사례가 가지고 있는 독특한 측면들에 대해서만큼은 명확하게 규정되어야 한다. 적어도 개입이 이루어지는 장소와 상황, 개입이 이루어지는 시간과 빈도, 개입의 구체적인 내용과 적용 대상자 등만큼은 반드시 명시되어야 한다. 이는 개입 실천자가 언제, 어디서, 누구에게, 얼마나 자주, 무엇을 하는지 등만큼은 분명히 규정해 두어야 한다는 것이다.

3. 표적 행동과 종속변수

표적 행동이란 개입이 의도하는 변화의 대상 행동을 말한다. 직접 실천을 하는 사회복지사들은 클라이언트의 기능 수행과 관련해서 문제 행동을 발견하고, 이를 변화의 대상이 되는 표적 행동으로 삼는다. 기관의 행정관리자들은 서비스 제공과 관련된 각종 지표, 자원 수급의 변화 상태, 재정 상태, 업무자의 참여 등과 같은 것을 변화의 목표가 되는 표적 행동으로 규정할 수도 있다. 연구자들에게 표적 행동이란 독립변수와의 관련성을 가지고 있는 종속변수로 간주된다.

단일사례 디자인에서는 종속변수에 대한 반복 측정을 주된 자료 원천으로 한다. 어느 연구에서나 측정 자료의 신빙성을 확보하는 것은 중요하지만, 단일사례 디자인에서는 반복 측정을 전제로 하는 자료수집 특성을 감안하자면 그것이 특히 중요한 일이 된다. 일차적으로는 반복 측정이 가능한 종속변수의 선택부터가 필요하다. 대개는 행동 차원의 변화를 종속변수로 하는 것도 같은 이유에서다.

좋은 자료를 산출하기 위해서는 종속변수로서 표적 행동의 변화를 명확하게 규정하는 조작화가 필요하다. 실천 개입의 목표에 따라 다양한 행동 변화가 표적으로 가능하나, 일단은 객관적인 측정이 가능한 표출된 행동을 선택하는 것이 좋다. 표출된 행동(expressed behavior)이란 겉으로 드러나는 행동이라는 뜻이다. 내면적인 태도나 생각,

의도된 행동 등과는 달리 표출된 행동은 명확히 규정되고 관찰될 수 있다.

어떤 단일사례 디자인에서는 생각이나 느낌 등과 같이 외부에서 관찰하기가 불가능한 개인의 내면적 상태를 표적으로 할 수도 있다. 이런 경우는 외부 관찰자의 객관적인 잣대로 측정하기가 불가능하므로, 보통 직접 측정을 피하게 된다. 그보다는 내면 상태를 추정하기 위해 관찰 가능한 외부 지표를 동원하는 간접 측정을 시도한다. 예를 들어, 개인의 걱정 상태를 측정하는 데 '더듬거림' '떨림' '땀 흘림' '과업 수행의 실패' 등과 같은 외부로 표출된 행동 지표들을 써서 추정하는 것이다.

1) 자료수집 방법

단일사례 디자인에서는 시계열 형태의 자료를 활용한다. 시계열 자료란 실천 개입의 효과(표적 행동의 변화)에 관한 정보가 시간적 진행에 따라 체계적으로 배열된 것을 말한다. 이런 정보를 통해 개입 이전, 진행 도중, 개입 이후에 표적 행동의 변화가 각기 어떤 양상으로 나타나는지를 비교해 볼 수 있다. 이 같은 표적 행동의 자료는 관찰 측정의 방법에 따라 다양한 성격으로 수집된다.[5]

관찰 시점　　관찰의 시점은 등간이나 지점-체크 방법으로 할 수 있다. 관찰을 일정한 간격마다 지속적으로 할 것인지, 아니면 띄엄띄엄 할 것인지에 관한 차이다. 연구 대상이 되는 표적 행동이 단기간의 집중적인 관찰을 요구하는 경우에는, 등간 측정이 더 나은 선택이 된다. 그러나 관찰의 기간이 길어지거나 관찰로 인한 반응성의 문제가 심할 경우에는 지점-체크가 더 적절할 수도 있다.

- 등간(interval): 관찰의 전 기간을 동일한 간격으로 나누고, 각 세부 관찰 기간 동안에 표적 행동이 발생했는지의 여부를 체크하는 것이다. 자연스런 환경에서 지속적으로 수행되는 관찰에서 사용된다.
- 지점-체크(spot-check): 간헐적인 관찰이다. 시간 간격을 두고 건너뛰어 가면서 표적 행동을 관찰하는 것이다. 지정된 시간에만 대상을 관찰하고, 대상자가 그 시점에 표적 행동을 나타내는지의 여부를 기록한다.

---

5) 참고: Polster & Lynch, 'Single subject designs', pp. 297-300.

관찰의 내용　관찰에서는 표적 행동의 빈도나 지속 기간, 강도 등을 보고 기록한다. 어느 하나를 반드시 선택해야 할 필요는 없으며, 가능하다면 다면적인 측정을 시도하는 것이 좋다.

- 빈도: 표적 행동이 나타난 횟수를 측정해서 기록한다.
- 지속 기간: 표적 행동이 나타나서 지속된 시간의 길이를 기록한다.
- 강도: 표적 행동의 양, 수준 혹은 정도를 기록하는 것이다.

관찰의 시점과 내용에 관한 측정 방법은 표적 행동과 연구 환경의 특성까지를 적절히 고려해서 선택한다. 대개 표적 행동에 따라 선택 가능한 측정 방법이 한정되어 있지만, 같은 표적 행동이라도 실천/연구자들의 위치에 따라 각기 다른 측정 방법을 선택하게 될 수도 있다.

> 아동생활시설의 생활지도교사(이모)가 저녁 시간대에 공부방에서 아동들의 사회적 교류 행동에 대해 관찰하려면, 적어도 등간 측정을 시도하기는 힘들 것이다. 이모가 계속해서 지켜보고 있으면, 아이들은 당연히 다르게 반응할 수 있기 때문이다. 만약 이를 무시하고 그 방법을 선택하면 측정의 타당성 문제가 발생한다. 이런 경우에는 지점-체크 방법을 고려해 볼 수 있을 것이고, 이에 따라 기록 내용의 선택도 제한된다. 지속 기간에 대한 기록보다는 빈도나 강도 등을 기록하기가 용이하다.

표적 행동은 반드시 직접 관찰로만 측정되어야 하는 것은 아니다. 측정의 내용에 따라서 간접 관찰로도 측정 가능한 것이 있다. 일명 '산출물 절차'와 같은 경우에는 표적 행동의 발생 여부를 직접적으로 관찰하지 않는다. 산출물 절차(permanent product procedure)란 표적 행동이 만들어 냈을 결과물을 보고 표적 행동이 발생했음을 간접적으로 측정하는 것과 관련된 절차를 말한다. 예를 들어, '청소하는 행동'의 발생 여부는 청소가 되었는지를 관찰하면 가능하며, '서비스 기관에 자발적으로 방문하는 행동'은 방문했는지를 확인하는 측정 절차로써 가능하다.

2) 기록 방법

표적 행동의 측정 방법은 다양하게 선택, 조합될 수 있는데, 그에 따라 자료의 기록 방법도 달라진다. 〈표 23-2〉에 다양한 기록 방법 간 성격 차이가 정리되어 있다. 자료의 기록 방법에 따라 자료 기록자의 유형(어느 정도의 훈련이 필요한지), 획득되는 정보의 성격, 자료수집에 소요되는 비용 등에서 각기 차이가 난다. 실천/연구자는 각각의 방법에 따르는 차이를 적절히 이해하여 자신의 실천/연구 목적에 가장 적합한 방법을 선택할 수 있어야 한다.

〈표 23-2〉 **표적 행동에 관한 기록 방법의 차이**

기록 방법	행동 유형	획득될 정보의 종류
등간	빈번하고 변화가 많은 행동	행동이 발생한 간격의 백분율, 행동 유형, 행동들 간의 관계
지점-체크	유지 존속되는 행동	특정 시점에서의 행동 발생 여부
빈도	고빈도, 저빈도 행동	한번 관찰에서 나타난 전체 행동 발생 건수
존속기간	존속 기간이 측정되는 행동	행동이 발생해서 지속된 시간의 길이
강도	다양한 양상의 행동	발생한 행동마다 척도 평가, 행동의 유형 확인
산출물 절차	지속 효과가 외부적 결과로 확인되는 행동	발생 빈도, 지속, 강도 확인

자료의 기록은 대개 연구/실천자와 같은 외부 관찰자가 수행하지만, 대상자가 스스로 작성하는 방법도 있다. 관찰 대상자인 클라이언트를 적절히 교육시켜 자신의 행동을 기록하게 하는 경우를 '자기-보고' 방식이라 한다. 자기-보고(self-report)는 비용 측면이나 내용 측면에서 외부 관찰보다 우수할 수 있으나, 표적 행동이나 환경의 특성상 자기-보고 방식으로 기록하기 힘든 경우가 많다. 이때는 외부 관찰자가 기록을 수행할 수밖에 없다.

어떤 식의 자료 측정과 기록 방법을 선택하든, 단일사례 디자인에서는 되풀이되는 측정이 필수적이다. 그런데 대개 사람에 대한 직접 관찰을 요구하므로, 관찰자의 존재로 인한 반응이 개입될 가능성이 크다. 반복 측정에서 대상자의 반응은 자료의 타당성을 심각하게 위협할 수 있는 문제다. 따라서 단일사례 디자인의 실천/연구들은 자료수집의 방법을 선택하는 데 있어서 반응성에 관한 문제를 우선적으로 고려해 보아야 한다.

4. 디자인의 종류

단일사례 디자인은 개입 이전과 이후에 표적 행동의 변화를 시계열 자료로써 확인하고, 이를 통해 개입의 효과성에 대한 인과관계를 검증한다. 변화의 양상을 시계열 자료로 확인하는 방법과 관련해서 단일사례 디자인은 몇 가지 유형으로 나뉜다. 가장 기본적인 유형은 AB 디자인이고, 여기에서 변형된 여러 디자인이 있다.

1) AB 디자인

AB 디자인은 단일사례 디자인의 기본 모형이다. 개입 이전 단계(A)와 개입 이후 단계(B)의 측정 자료들을 단순히 비교해 보고서, 개입이 표적 행동에 변화를 유발했는지를 파악해 보는 방법이다. 두 집단을 비교하는 디자인에 비유하자면, A 단계의 자료는 일종의 통제집단의 역할을 하고, B 단계의 자료는 실험집단과 같은 성격을 가진다. 집단 비교 디자인에서와 같이 AB 디자인에서는 A와 B 단계의 측정 자료를 비교해서 개입의 효과성을 확인한다.

[그림 23-2]는 AB 디자인의 한 예다. 표적 행동의 빈도를 시간 흐름에 따라 측정한 것으로, 총 15차례의 관찰이 수행되었음을 15개의 기록점으로 알 수 있다. A 단계는 개

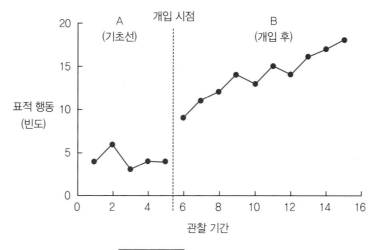

그림 23-2 | AB 디자인의 예

입 이전의 측정을 보여 주는데 이를 일명 '기초선(baseline)'이라 한다. 총 5차례의 관찰이 행해졌다. B 단계는 개입 이후의 측정을 나타내는데, 총 10차례의 관찰이 이루어졌음을 보여 준다. 그림에서의 자료 결과는 이렇게 분석된다. '개입이 이루어지기 이전인 5주 동안의 A 단계에서는 표적 행동(빈도)에서 큰 변화가 없다가, 개입이 시작된 6주 이후부터 표적 행동이 증가 추세로 변화했다. 다른 특이 사항이 없다면, 개입으로 인해 변화가 발생한 것으로 추정된다.'

대부분의 단일사례 디자인에서 개입은 기초선에서 안정된 경향을 확인한 후에 실행된다. 경향을 확인하기 위해서는 적어도 셋 이상의 기록점이 필요하며, 기록 시점 간에 변화가 심한 행동일수록 보다 많은 기록점이 필요하게 된다. 기초선의 경향 확인에 필요한 충분한 기록이 확보되고 나면, 그때에야 개입이 이루어지고, 개입 이후 시점부터의 자료 기록도 역시 기록점들이 경향성을 제시할 때까지 계속되어야 한다. 그래야 기초선과 개입 이후의 경향이 명확히 비교될 수 있기 때문이다.

AB 디자인을 포함한 모든 단일사례 디자인은 측정 자료를 시간과 표적 행동을 나타내는 2차원 좌표에 배열한다. 개입과 표적 행동의 변화에 대한 판단은 그림을 분석해서 이루어진다. 분석의 주된 방법은 '보는' 것이다. 어떻게 보느냐가 중요한데, 이를 익히는 것이 단일사례 디자인을 배우는 것이다.

[그림 23-3]은 AB 디자인의 자료가 나타낼 수 있는 몇 가지 경향성을 단순하게 도식화한 것이다. 점선이 아닌 실선을 기준으로 해서 보면, 유형 1과 유형 2는 개입의 효과성이 명확하게 드러난 경우다. 개입 이전의 기초선이 안정된 성향을 보이다가 개입 이후의 시점부터 점차 변화하거나(유형 1), 즉시 변화한 경우(유형 2)를 각각 나타낸다. 만약 유형 1과 유형 2에서 개입 이후가 점선의 경향성을 나타낸다면, 그것은 개입이 아무런 영향을 주지 못했음을 의미한다. 개입 이전의 행동과 아무런 차이가 없기 때문이다.

유형 3과 유형 4는 개입에 의한 효과성을 주장하기 어려운 경우다. 유형 3은 B 단계에서 증가를 보이지만 그 변화가 기초선에서 이미 시작된 것으로 나타난다. 그래서 B의 증가 경향에 대한 설명은 개입보다는 다른 어떤 것이 될 가능성이 크다. 만약 B 단계가 점선처럼 나타났다면, A와 B는 단절적인 시계열 경향의 변화를 보이므로 개입 효과를 말할 수 있다. 점선의 경향 효과는 부정적 행동이 증가하던 것을 억제하게 된 것으로 해석된다. 유형 4는 기초선이 심하게 요동하고 있으므로, 개입 이후에 나타난 B 단계의 어

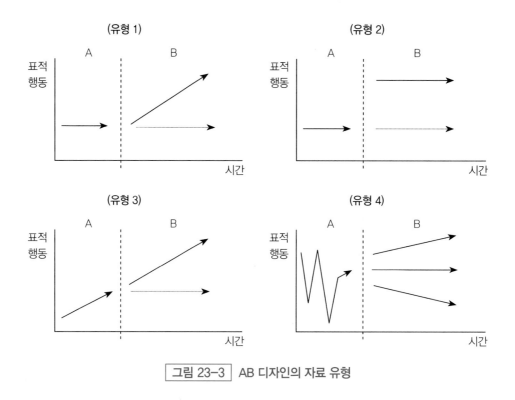

그림 23-3 | AB 디자인의 자료 유형

떤 실선 경향들을 가지고서도 개입으로 인한 효과를 주장하기 어렵다. 단일사례 디자인에서 기초선의 안정된 성향 확보를 강조하는 이유가 여기에서 잘 보여진다.

AB 디자인의 장점은 단순성 때문에 어디에나 쉽게 적용된다는 것에 있다. 단점은 개입 시점이 하나이기 때문에 발생할 수 있는 문제에 있다. 개입 시점에 우연히도 다른 외부 사건(들)이 동시에 관여해서 변화 효과를 초래했을 가능성도 있는데, AB 디자인으로는 이런 외부 효과에 대한 설명을 검증해 내기 힘들다는 것이다. 이 문제의 보완책으로 다수의 사례를 대상으로 AB 디자인을 적용해 보는 방법이 있다. 유사한 사례에서 A-B 형태의 효과가 계속 보이면, 개입이 표적 행동의 변화를 초래한다는 이론의 신빙성은 보다 높아지게 된다. 즉, 개별 사례들에 대한 설명을 벗어나서, 변수 간의 관계에 대한 이론으로 진전되는 것이다.

2) BA 디자인

AB 디자인의 단계 적용 순서를 바꾸면, BA 디자인이 된다. 이 디자인은 학술 연구 환경에서는 자주 쓰이지는 않지만, 실천 현장의 응급 상황에서 쓰이기에는 적절한 디자인이다. AB 디자인에서는 A 단계의 안정된 성향을 확인하는 기초선 자료수집이 무엇보다 중요하다. 하지만 응급을 요구하는 상황에서는 A 단계의 안정된 자료를 확보할 수 있는 시간적 여유가 없다. 기초선 자료를 확보하기 위해 응급 환자에 대한 치료 개입을 미룰 수 없는 것과 같다. 이런 경우 A-B 단계를 거꾸로 적용해 볼 필요가 생긴다. B 단계, 즉 개입부터 이루어지고, 개입 단계의 자료가 안정적인 성향을 보일 때쯤(대개는 서비스의 종료 시점) A 단계의 자료를 확보해서 비교해 보는 것이다.

BA 디자인은 별다른 연구 목적이 개입되지 않은 일상적인 실천 과정에서 부지불식간에 쓰이는 것이기도 하다. 실천 개입에 들어간 후, 그 케이스에 대한 상황이 어떤지를 살펴보는 것도 일종의 BA 디자인 형태의 활동이다. 그럼에도 비록 응급 상황에서는 어쩔 수 없지만, 현장의 실천/연구자들은 가능하면 B-A보다는 A-B 형태 디자인의 논리와 실행력을 갖추는 것이 좋다. 그 이유는 BA 디자인이 논리적으로 선명하지 못하다는 문제를 가지기 때문이다.

BA 디자인에서는 B 단계의 개입부터 들어가는데, 그러면 B 단계에서 나타나는 표적행동의 변화가 개입으로 인한 것인지, 다른 요인에 의한 것인지를 비교해서 분간할 기준이 없다. 뒤에 A 단계의 자료수집과 분석이 이루어지더라도 명확한 비교 기준이 되기 어렵다. 설령 A 단계의 자료값들이 앞서 B 단계에 비해 효과가 떨어지는 것으로 나온다고 해도, 그것이 B 단계에서의 개입 효과를 말해 주는 것인지, 아니면 개입이 지속적인 효과가 없음을 증명하는 것인지도 분간하기 어렵다. 이런 BA 디자인의 문제점은 다음에 설명하는 반전 디자인들에서도 유사하게 나타난다.

3) 반전 디자인 (ABAB, ABA)

반전 디자인은 단순 AB 디자인의 문제를 보완하기 위한 것이다. ABAB 디자인, ABA 디자인 등이 이에 속한다. ABAB 디자인은 동일 대상에 대해 AB 디자인의 과정을 한 번 더 반복해 보는 것이다. ABA 디자인은 A-B에 A 단계를 한 번 더 시행해 보는 것이다. A-B의 지속적인 효과를 확신하고 싶은 경우에 ABA 디자인이 적절할 수 있다. 이러한 반전 디자인들은 앞서 AB 디자인이 가지는 단점, 즉 A-B 사이에 우연한 외부 사건이 개입되어 효과가 발생했다는 설명을 배제하기 어려운 문제를 보완해 줄 수 있다.

ABAB 디자인은 '기초선(A)-개입(B)-개입 중단(A)-재개입(B)'의 단계들로 구성
된다. 단순 AB 디자인에서와 마찬가지로, ABAB 디자인 역시 모든 단계에서의 안정적
인 경향성이 자료로 확보되는 것을 중시한다. [그림 23-4]는 ABAB 디자인의 경향성에
관한 전형을 단순 도식화한 것이다.

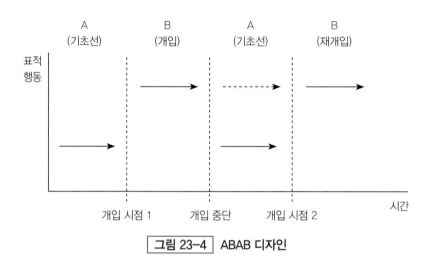

그림 23-4 ABAB 디자인

ABAB 디자인은 A-B의 과정이 한 번 더 반복되게 하여 AB 디자인의 약점이었던 개
입 전후 시점에서의 외부 사건의 가능성을 자료로써 확인해 볼 수 있다는 장점이 있다.
그림의 실선처럼, 두 번째 A 단계에서 표적 행동이 개입 이전의 상태로 복귀하고, 다시
개입을 재개했을 경우 두 번째 B에서 또다시 변화를 나타내 보인다고 하자. 그러면 이
것을 가지고 개입 시점 1과 시점 2에서 외부 효과가 또 우연히 반복해서 나타났기 때문
이라고 설명하기는 힘들 것이다. 이 점에서 AB 디자인보다는 ABAB 디자인이 개입의
효과에 대한 인과관계를 보다 강력하게 설명할 수 있다.

ABAB 디자인을 가지고 개입의 효과성을 입증하는 데도 문제는 있다. 첫째, 개입의
지속성에 관한 문제다. 만약 [그림 23-4]의 실선의 형태로 모든 단계에서 결과가 나타
났다면, 이것은 개입의 효과 있음을 입증하는 것일 수 있지만, 한편으로는 개입의 효과
가 일시적인 것임을 드러내는 것으로 해석될 수도 있다. 차라리 두 번째 A에서 점선 경
향의 효과가 나타났다면, 개입의 일시적 효과 논란은 배제될 수 있다. 비록 개입 시점
1에서부터 시작된 효과(변화)가 외부적 사건의 우연한 개입으로 인한 것일 수 있다는
의심은 여전히 배제할 수 없다 하더라도, 점선의 결과는 적어도 개입의 지속성 효과를

보여 주는 것이다.

둘째, ABAB 디자인은 실천에 적용하는 데 윤리적인 문제가 있을 수 있다. 첫 번째 B에서 개입의 효과성이 잘 나타나고 있음을 알면서도, 효과성 검증이라는 연구 목적을 위해 두 번째 A-B 단계를 넣어서 개입을 중단해 보았다가 다시 개입을 재개하는 등의 실험을 하는 것이 바람직한가라는 문제다. 예를 들어, 어떤 약을 투입(개입)하였는데, 대상자가 고통이 완화되고 증상이 크게 호전되었다. 그런데 실천/연구자는 정말 이것이 약 때문이었는지를 확인하려고 환자에게 약을 중단하고, 다시 기초선 자료를 수집하기 위한 A 단계를 시도하는 것이 가능하겠는가?

반전 디자인은 인위적으로 개입 중단을 시도하는 것이 특징인데, A-B를 통째로 다시 시도하면 ABAB 디자인이 되고, A 단계만을 다시 시도해 보면 ABA 디자인이 된다. 이러한 개입 중단의 시도가 효과성 검증이나 윤리적인 문제를 야기할 수는 있지만, 때로 실천 상황에서는 오히려 유용할 수도 있다. 개입이 지속적인 효과를 발생시키는지, 개입이 중단될 필요가 있는지를 확인해 보려면 의도적으로 개입 중단의 실천을 할 필요가 있다. 때로는 일시적 개입 중단이 서비스를 받는 개인이나 집단에게 서비스의 필요성을 더욱 인식하게 만드는 경우도 있다. 이런 경우들에서는 반전 디자인이 유용하다.

4) 복수 요소 디자인 (ABCD, ABAC)

복수 요소 디자인이란 하나의 기초선 자료에 대해서 복수의 각기 다른 개입방법을 연속적으로 도입해 보는 것이다. ABAB처럼 동일한 개입방법의 A-B를 되풀이하는 것이 아니라, 기초선 A 이후에 B, C, D라는 각기 다른 개입방법을 바꾸어 가며 적용해서 비교해 보는 것이다. 이전의 개입이 일정한 상태의 경향성을 보이면 다른 개입방법을 도입해 보고, 거기에서 다시 안정된 경향성이 나타나면 또 다시 새로운 개입방법을 적용해 보는 식이다. [그림 23-5]는 단순화된 ABCD 디자인의 결과에 대한 예다.

[그림 23-5]에서는 기초선의 조건이 수평적 안정 상태임을 보여 준다. 즉, 개입이 주어지기 전에 관찰한 표적 행동은 일정하게 안정된 경향을 나타내고 있다. 첫 번째 개입이 이루어진 이후의 B 단계는 A와 비교해서 증가 효과를 나타낸다. B에서 안정된 경향이 확인되어, B 단계를 중단하고 새로운 개입방법을 투입한 C 단계를 시행한다. 그 결과 C 단계의 자료는 감소 효과의 경향을 보인다. 다시 마지막 개입방법을 써 보았더니

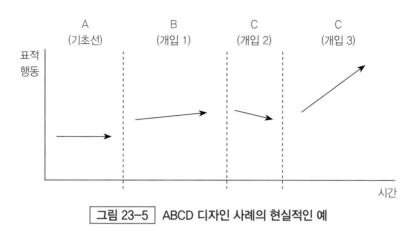

그림 23-5 ABCD 디자인 사례의 현실적인 예

D 단계에서 매우 높은 효과성 경향을 나타낸다. 이를 두고 다음과 같이 해석해 볼 수 있다. '개입방법 B는 약한 효과, D는 강한 효과, C는 부정적인 효과가 있는 것으로 평가된다.'

그러나 이런 해석에는 한계가 있다. 왜냐하면 만약 각각의 개입방법들이 별도로 하나씩 적용되었을 때도, 그림에서 나타낸 것과 동일한 모양으로 나올지를 확신할 수 없기 때문이다. 개입 C와 개입 D는 선행 효과가 잔재된 상태에서 실시된 것이므로, 그 효과도 긍정적이든 부정적이든 앞 단계의 영향을 받을 수밖에 없다. C에는 B의 효과, D에는 B와 C, 그리고 B와 C의 상호작용 효과까지 포함될 것이다. 이처럼 효과들의 섞임을 통제할 수 없다는 것이 ABCD 디자인의 한계다.

복수 요소 디자인은 서로 다른 서비스 방법의 효과성을 측정하는 실용적인 목적에 적절한 방법이다. 서로 다른 개입방법에 대한 비교를 위해, 각각의 기초선을 따로 마련하지 않아도 되므로 실천/연구가 효율적으로 수행될 수 있다. 또한 자연스런 실천 상황에서는 서로 다른 개입들이 연속되면서 이루어질 때가 많으므로, 실천 현장에서 사용되기 적합한 디자인일 수도 있다. 그러나 섞임 효과들의 문제를 극복할 수 있는 방법이 이 디자인 자체로는 없다는 것이 한계다.[6]

복수 요소 디자인은 반드시 A-B-C-D에 국한되지 않고, A-B-C 혹은 A-B-C-D-E 등으로 덧붙여 나갈 수 있다. 복수 요소 디자인의 논리에 반전 디자인의 논리를 결합시키면, A-B-A-C 형태의 디자인도 가능해진다. 이는 A-B 이후에 A-C를 시도한다는

---

6) 만약 각각의 개입방법에 대한 독자적인 효과의 인과관계를 명확히 하려면 개별적인 AB 디자인들이 필요하다.

점에서, ABC 디자인의 단점을 보완하고, 한편으로 ABA 디자인도 가능하게 한다. 새로운 기초선으로 인해 C의 효과를 앞선 B의 효과와 섞지 않고 볼 수 있다는 장점도 있다. 그럼에도, ABAC 디자인은 두 디자인 유형의 장점도 공유하지만, 단점도 그대로 가질 수 있다. 효과성이 섞이는 문제는 여전히 깨끗이 극복하기 힘들고, 윤리적 문제와 효과의 지속성 문제도 남을 수 있다.

5) 복수 기초선 디자인

복수 기초선 디자인은 복수의 단순 AB 디자인들로 구성된 것이다. 하나의 대상 표적 행동에 대해 기초선과 개입을 반복하는 ABAB 디자인과는 달리, 하나의 개입방법을 복수의 사례나 표적 행동들 혹은 각기 다른 상황들에 반복적으로 적용해 보는 것이다. [그림 23-6]이 복수 기초선 디자인의 예인데, 세 사례에 대해 동일한 개입방법을 적용하고, 그 효과를 각각의 AB 디자인으로 확인하는 경우다. 이 경우에 개별 사례들 간의 상호작용은 허용되지 않는다. 개입의 효과가 전이되게 되면, 각 사례에서 개입 시점에 맞춘 변화가 확인되기 어렵기 때문이다.

[그림 23-6]의 결과는 개입이 표적 행동에 효과적임을 나타내고 있다. 세 사례 모두에서 기초선과 개입 이후의 표적 행동 측정치가 의미 있는 변화를 나타내는 것으로 관찰되기 때문이다. 사례 1, 2, 3은 각기 다른 시점에서 개입이 이루어졌는데, 이것은 AB 디자인의 문제를 회피하기 위한 목적이다. 하나의 개입 시점에서 우연히 외부 사건이 포함되어 개입에 영향을 줄 수는 있지만, 모든 사례에서 매번 개입 시점마다 우연히 외부 사건이 개입되어 있다고 말하기는 어렵기 때문이다.

복수 기초선 디자인은 AB 디자인 단점을 보완할 수 있는 가장 좋은 방법이기도 하다. 비록 ABAB 디자인에 비해서는 비용이 늘어나겠지만(복수의 케이스와 개별 디자인을 적용해야 하므로), 이 같은 방식을 사용하여 특정 사례에 적용된 개입방법이 각기 다른 환경에서는 어떻게 나타나는지 확인해 볼 수 있다. 또한 동일 사례와 동일 환경에 대해서 각기 다른 표적 행동들에는 어떤 효과를 내는지도 확인해 볼 수 있다. 복수의 디자인을 활용한다는 점에서, 특정 사례에 국한되지 않은 일반화된 설명을 시도하는 데 특히 유리하다.

만약 복수 기초선 디자인에서 각각의 개입 이후에 행동의 변화가 일관적으로 나타나

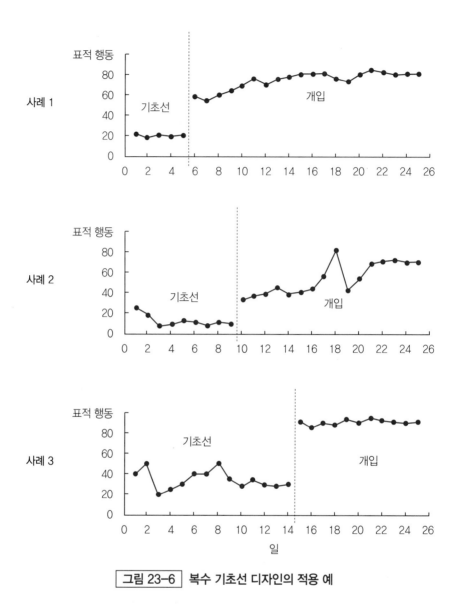

그림 23-6 | 복수 기초선 디자인의 적용 예

지 않는다면, 그것은 독립변수의 효과가 없음을 의미한다. 표적 행동의 변화가 독립변수의 개입 시점과는 다른 곳에서 발생한다면, 그것은 외부 조건에 의한 변화로 간주될 수 있다. 이러한 변화 양상을 잘 분석해 보면, 한 개입방법이 어떤 외부 환경이나 특정 행동에 대해서는 잘 적용되고, 어떤 것에서는 잘 안 되는지를 확인할 수 있다. 그래서 이러한 자료는 개입방법의 적용 범위와 한계 등을 명확히 하는 데 도움을 줄 수 있다.

복수 기초선 디자인은 실천/연구자가 매우 유용하게 사용할 수 있다. ABAB 디자인에서는 개입 도중에 기초선을 재확보하려고 개입을 중단했다가 나중에 다시 재개하는 등의 인위적인 개입 조작으로 인한 비윤리성의 문제가 있었다. 일단 복수 기초선 디자인은 그러한 문제가 없다는 것이 가장 큰 장점이다. 이 디자인은 복수의 행동, 사례, 상황에 대해 개입의 효과를 한 번에 보여 줄 수 있기 때문에, 비용 면에서도 효율적일 수 있다. 다양한 조건에서 개입의 효과성을 평가할 수 있기 때문에, 서비스 개입방법의 일반화 가능성을 검증하는 데도 효과적으로 사용될 수 있다.

5. 자료 분석의 방법

단일사례 디자인에서 측정된 자료는 시각적, 통계적, 실용적 방법을 써서 분석하고 해석된다.[7] 시각적 분석이란 기초선과 개입 단계의 시계열 자료 그래프를 보면서, 개입 이전에 비해 개입 이후에 표적 행동이 눈에 띌 만한 경향 변화를 나타내는지를 확인하는 것이다. 통계적 분석이란 시각적 분석을 보충하기 위한 것으로, 자료에서 나타나는 변화가 통계학적으로 의미 있는 것인지를 판단하는 분석이다. 실용적 분석이란 개입 이전과 이후에 변화가 발생하였다면, 그것이 얼마나 실질적으로 가치 있는 변화인지를 판단하는 것이다.

실천/연구의 목적에 따라 분석 방법에 대한 선호가 다를 수는 있지만, 대개 이들 분석 방법들은 함께 상호보완적으로 쓰인다. 분석의 진행 순서로는 시각적 분석이 가장 우선시된다. 시각적 분석을 통해 의미 있는 경향성의 변화가 감지되고 나면, 필요에 따라 나머지 분석들을 사용하는 것이 보통이다. 통계적 분석을 시각적 분석에 대한 보충으로 사용할 수 있고, 실용적 분석을 통해 그러한 변화의 성격과 크기가 얼마나 가치 있는 것인지를 전문적으로 판단해 볼 수 있다.

1) 시각적 분석

시각적 분석은 기초선의 측정값들과 개입 이후의 값들 간에 어떤 차이가 있는지를 확인하기 위해, 꺾은선 그래프 형태로 자료를 배열해 놓고 분석하는 방법이다.

---

7) 참고: Rubin, & Babbie, *Research Methods for Social Work*, pp. 323-327.

위기 청소년을 대상으로 장기간 상담을 실시하는 한 프로그램이 있다. 프로그램의 효과를 알아보기 위해 단순 AB 디자인을 사용하였다. 한 청소년에 대한 6개월간의 자료수집과 문제 분석을 통해서 가출이 하나의 표적 행동으로 규정되었고, 그 이후 10개월 동안 행동수정 개입을 실시한 결과 [그림 23-7]과 같이 나타났다고 하자.

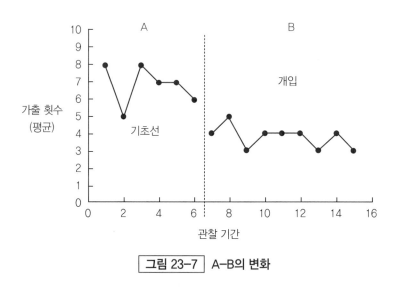

그림 23-7 | A-B의 변화

시각적 분석에서는 먼저 기초선의 수준을 파악한다. 기초선을 보면 대략 한 달에 평균 7회 정도의 가출을 행하고 있는 것으로 나타난다. 두 번째 달에는 5회 정도로, 첫째 달 8회보다 큰 차이를 보이며 떨어진 것을 볼 수 있다. 무엇이 원인이 되었을까를 생각해 본다. 이러한 고려는 수량보다는 대상 사례에 대한 질적인 분석에 의거한 전문적인 해석에 가깝다. 이 예에서 AB 디자인의 적용을 위해 필요한 기초선의 안정은 일단 확보된 것으로 분석되었다 하자. 개입 이전에 이 사례(대상자)의 표적 행동(가출)은 월 6~8회 정도임이 확인된 것이다.

기초선에 대한 분석이 끝나면 행동수정 개입이 도입된 시점과 그 이후에 나타나는 개입선의 변화를 분석한다. 개별 관찰점의 변동에 대한 해석도 역시 대상 사례에 대한 질적인 이해와 분석에 의거한다. 그림에서는 일단 시각적으로 볼 때 A와 B의 가출 횟수에서 차이가 나타나는 것처럼 보인다. 한 가지 유의해야 할 것은 A의 마지막 네 관찰점에서 나타나는 하향성이다. 이것은 B의 변화가 이미 A 단계에서의 어떤 외부 요인에 의해 이미 시작된 것은 아닌가라는 의심이 들게 한다. 그러나 A 단계에 대한 질적인 해석에서 특별히 그럴 만한 이유가 없다고 판단된다면, B의 변화는 의미가 있는 것으로 간주할 수 있다.

2) 통계적 분석

통계적 분석은 시각적인 분석을 보충하는 역할을 한다. B에서의 변화가 우연히 나타나는 정도에 불과한 것은 아님을 검증해 보는 것이다. 통계학에서는 이러한 목적을 위해 영가설을 사용한다. 여기에서 영가설은 A와 B의 차이는 단지 '확률적으로 우연히 나타날 수 있는 범위 안에 있는 것'이라는 점이다. 통계분석은 이런 영가설의 가능성을 염두에 두고, 개입 이후 B에서의 변화가 과연 그 영가설을 부인할 수 있을 만큼 충분히 큰 것인지를 확인한다.

(1) 평균 비교

A(개입 이전)에서 나타나는 관찰 값들의 평균과 B(개입 이후)의 평균을 비교해 보는 방법이다. B의 평균이 A의 평균에서 얼마만큼 벗어나 있는지를 계산하고, 그 차이가 통계학적으로 의미 있는지를 판단하는 것이다. 보통은 영가설에 대한 추론통계에서 어떤 통계치가 0에서부터 ±(2 × 표준오차) 범위의 바깥에 있으면, 그것은 95% 신뢰 수준에서 영가설을 부인할 수 있는 결과라고 한다. 쉽게 말하면 비교되는 집단들 간에 차이가 있다는 것, 즉 두 집단은 '이질적'이라는 것이다.[8]

[그림 23-8]에서 나오듯이, 기초선의 평균은 6.83이고, 개입선의 평균은 3.78이다. 기초선의 표준편차는 1.17로 나타났다. 단순한 계산을 위해 이 표준편차 값을 표준오차를 대신하는 것으로 써 본다. 따라서 기초선 평균 6.83을 기준으로 같은 점수대에 속하는 것으로 부인하기 어려운 점수는 6.83 ± 2 × 1.17 사이에 있는 것들이다. 즉, 상위 9.17 ~ 하위 4.49가 영가설의 기각선이 되는 것이다. 만약 B의 평균이 9.17과 4.49 사이에서 나타난다면 개입으로 인한 효과가 있다는 설명은 통계적으로 95%의 신뢰도에

---

8) 단일사례 디자인의 통계분석에서는 두 표준편차를 기준으로 삼는다고 해서 평균-차이 비교를 '두 표준편차' 접근이라고 하기도 한다. 이는 집단 간 평균비교에서 표준오차를 활용하는 논리를 단순하게 적용한 것이다. 추론통계분석에서 ±(2 × 표준오차)는 95% 신뢰수준, 혹은 0.05 유의도를 가진다는 의미이다. 자세한 설명은 이 책 6부 '추론통계 분석'을 참고한다.

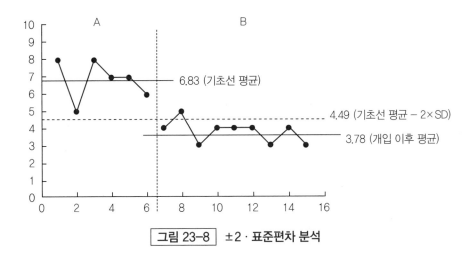

그림 23-8 **±2 · 표준편차 분석**

서는 성립되지 않는다.

예에서는 B의 평균이 3.78로 A의 평균 − (2 × 표준오차) 하한선인 4.49보다도 낮게 나왔다. 이는 A와 B의 관찰값들이 확률적으로 의미 있는 차이를 가진다는 뜻이다, 즉, A와 B의 상태가 우연히 다를 수 있는 정도를 벗어나는 차이를 보인다는 것이다. 이에 근거해서 이 차이를 설명할 수 있는 프로그램 개입의 효과성이 주장된다.

(2) 경향선(celeration line) 접근

평균 비교가 단순한 통계학적 기법을 제시해 주지만, 기초선이 불안정하게 형성되어 일종의 경사를 보이고 있을 때는 단순 평균 비교가 힘들다. 예에서도 기초선의 마지막 몇 관찰점의 하향 불안정성에 대한 의심이 가능하다. 이런 경우에는 경향선 접근 방법을 시도하는 것이 바람직하다. 이 방법도 평균 비교와 마찬가지로 A의 정보를 토대로 B의 차이를 평가하는 것인데, 평균 비교가 단지 A의 변화 폭만을 고려한 것이라면 경향선 접근은 변화의 폭과 기울기까지를 동시에 고려할 수 있다는 것이 장점이다. [그림 23-9]는 경향선 접근을 통한 분석방법을 예시한 것이다.

경향선(celeration line)은 기초선의 관찰점을 최대한 대표하는 선이다. 경향선은 다양하게 산출해 볼 수 있는데,[9] 가장 간단한 방법으로는 기초선 A에 해당하는 관찰점들을 반으로 나누어서 경향성의 좌표를 찾아보는 것이다. 먼저 전반부와 후반부 관찰점

---

9) 엄밀하게는 최소제곱 기준을 적용한 선형함수를 도출해서 경향선을 그을 수 있지만, 여기서는 손쉬운 방법으로 설명해 본다.

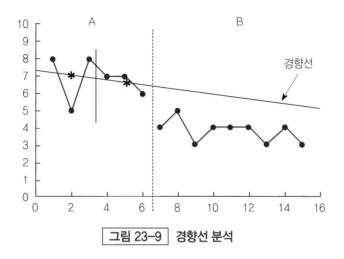

그림 23-9 경향선 분석

들의 평균을 각기 구한다. [그림 23-9]의 예에서는 A의 전반부 관찰값들이 (8, 5, 8)이므로, 평균은 7이 된다. 후반부 관찰값들도 (7, 7, 6)의 평균 6.67이 나온다. 이제 이 두 점 (*)을 좌표로 해서 잇는 직선을 그어 B까지 연장한다. 이런 식으로 만든 선을 경향선이라 하는데, 이는 기초선 A에서 발생한 변화를 기울기 경향으로 나타낸 것이다. 개입이 없는 상태에서 자연스레 기초선이 연장된다면 어떤 결과가 나왔을 것인지를 보여주는 일종의 예측선과 같은 의미를 띤다.

개입이 효과가 있다고 말하려면, 이상적으로는 B에 있는 모든 관찰 값이 이 선보다 아래에 있거나 위에 있어야 한다. 그래야 개입으로 인해 다른 효과가 나타났다고 할 수 있다. 예에서는 가출이 감소하는 것이 효과적인 것이므로, 경향선 아래에 B의 모든 개입 관찰 값들이 위치해야 한다. 경우에 따라서는 (확률적으로는) B에 있는 몇몇 관찰점이 경향선 위로 넘어가는 경우도 있을 수 있다. 그런 경우가 몇 개 정도까지 허용될 수 있는지를 확인하는 것이 추론통계분석에 해당된다. 여기에는 표준통계표들이 활용될 수 있다.

경향선을 기준으로 두 개의 값 (위, 아래)을 갖는 변수의 분포를 평가하는 것과 마찬가지이므로, 이항 변수(binominal) 표준통계표인 부록의 〈별첨 3: 이항 검증표〉를 사용할 수 있다. 먼저 기초선에서는 6개의 값 중 2개가 경향선 아래에 위치해 있으므로, 그 비율(P)은 $\frac{1}{3}$이며 이항검증표의 위쪽에서 그에 해당하는 값을 찾는다. 표에서 좌측의 N값은 표본의 크기인데, 여기서는 개입선에 속하는 관찰점들의 총 수가 표본 크기가 된다. 유의 수준 .05에서 P = 0.33과 N = 9가 만나는 방에 있는 6이 영가설을 기각하는 값이 된다. 즉, 9개 중 적어도 6개는 경향선 아래에 있어야만, B의 측정값 경향이 A의 경향과는 다르고, 그 차이의 크기를 감안할 때 그것이 단지 우연히 나타나지 않았을 것이라고 95% 확신할 수 있다는 것이다. 예에서는 9개가 전부 선 아래에 위치하므로, 개입으로 인한 변화 혹은 개입의 효과는 통계학적으로 유의미하다고 추론할 수 있다.

대부분의 전산통계 프로그램들에서는 이러한 경향선 분석에 관한 절차들을 마련해 두고 있다. 분석의 결과는 다양한 통계치와 경향선을 포함한 그래프 등까지로 제시해 준다. 그래서 현재 경향선 분석은 계산의 수고로움은 불필요하게 되었다. 그럼에도 프로그램에서 제시하는 각종 수치와 그래프를 해석해서 연구 문제에 대한 적절한 설명을 하려면, 앞서와 같은 통계적 기본 논리에 대한 이해가 필요하다.

3) 임상적 분석

임상적 분석(실용적 분석)이란 변화의 크기를 임상적인 기준에서 판단해 보는 것이다. 시각적으로나 통계학적으로 의미 있는 변화라고 해서, 그것이 변화의 질적인 중요성을 뜻하는 것은 아니다. 위의 경우를 예로 들자면, 청소년의 가출이 개입 이전에는 7회 정도(평균 = 6.83)에서 개입 이후에 4회 정도(평균 = 3.78)로 감소하게 되었다. 결과적으로는 장기간의 상담을 통한 개입이 월 평균 3회 정도의 가출 예방을 위한 효과를 나타냈다는 것인데, 시각적으로나 통계학적으로도 분명히 의미가 있는 것으로 나타난다. 그렇지만 이러한 변화가 실질적으로는 얼마만한 가치를 가지는 것인지는 그런 분석들로는 알 수가 없다.

임상적 분석은 개입을 통해 나타난 변화의 크기가 실천적 의미에서 볼 때 과연 개입의 정당성을 보장할 수 있는지를 설명한다. 비용-효과성에 대한 분석 등이 그런 설명을 위한 것이다. 이런 분석을 위한 기준은 표준적으로 주어지지 않는다. 제기된 문제의 성격에 따라 개별적으로 주어진다. 만약 앞서 예의 자료 수치가 중대한 문제에 대해 치료가 극히 어려운 어떤 대상에게 실시되어 나타난 결과라고 한다면, 개입의 비용-효과성이 훨씬 높은 것으로 평가될 것이다. 반대로 쉽게 해결될 수 있는 문제에 대해 이와 같은 수치가 나왔다면, 비용-효과성은 부인될 것이다. '비싼 돈 들여 겨우 그런 결과?'라는 평가를 받게 된다.

이처럼 실용적 분석은 문제의 특성에 대한 고려, 다른 케이스나 개입방법에서 보고

되는 효과성과의 비교, 사례의 진행 과정에 대한 깊이 있는 전문적 이해 등을 동원해서 개입의 실천적 함의를 판단하는 것이다. 현장의 서비스 실천자는 이런 임상적 분석 접근을 다른 분석 접근보다 우선시하려는 경향이 있다. 그러나 문제는 전문적인 판단을 지나치게 중시하다 보면, 자칫 실천/연구자의 주관성을 제어하기 어렵게 되는 경우가 많다는 것이다.

따라서 전문적 판단에 대한 객관적이고 경험적인 자료를 추가하기 위해서라도, 시각적 및 통계적 분석을 겸용하려는 자세가 중요하다. 시각적 및 통계적 분석은 실천/연구의 성과를 클라이언트나 동료, 다른 연구자에게 전파하는 데 필요한 설득력을 강화할 수도 있다. 프로그램이나 서비스에 대한 책임성 강화가 요구되는 현실에서는, 단일사례 디자인을 사용해서 전문적인 임상 성과에 대한 시각적, 통계적 분석 결과로 설득력을 강화할 필요가 커진다.

제24장

사회관계망 분석

사회관계망 분석이란 사람과 같은 개체들이 사회적으로 관계되어 있는 양상(네트워크)을 분석하는 것이다. 현상에 대한 특성을 집합적이고 속성 변수화해서 분석하는 일반 조사방법들과는 달리, 사회관계망 분석은 개체 단위의 관계 행위에 대한 자료를 직접 수집하고 분석한다. 사회복지 실천에서는 소시오메트리 등의 소집단 분석 방법이 있어 왔지만, 근래 보다 확대된 범주의 사회관계망을 분석하는 방법이 기술적으로 가능해졌다.

1. 소시오메트리와 사회네트워크 분석의 개념

소시오메트리와 사회네트워크 분석은 둘 다 집단 내 개체들 간의 관계를 연구하는 것이다. 소시오메트리에서 사회네트워크 분석이 진화되었기 때문에 이 둘은 흔히 같은 의미로도 쓰인다. 소시오메트리(sociometry)는 어의적으로 '사람들 간의 관계를 측정한다'는 뜻인데,[1] 이를 모레노(J. Moreno)가 오래전에 도형으로 분석하는 방법을 개발

---

[1] 소시오메트리(sociometry)는 라틴어 'socius(사회)'와 'metrum(측정)'의 합성어에서 유래되었다. 이 용어는 모레노(J. Moreno)가 1934년에 『누가 생존할까(who shall survive)』라는 책에서 처음 사용한 것으로, 여기에서 모레노는 사람의 심리적 안녕 상태를 측정하는 방법으로 '친구의 선택'을 사용했으며, 이 선택을 대인적 관계의 기하학적 도형으로 나타내는 방법을 개발해 냈다. 참고: Moreno, J. (1934). *Who Shall Survive?* NY: Beacon House.

했던 것이다.[2]

소시오메트리는 주로 소집단 연구와 밀접하게 관련되어 왔고, 초점은 대인적 선택의 양상을 분석하는 데 주어져 왔다.[3] 사람은 대인관계를 하는 데 있어서 언제나 판단을 한다는 사실에 기초해서, 그러한 개체들의 판단을 조사의 대상으로 삼는 것이다. 사람들이 모일 때면 사람은 언제나 판단을 한다. 누구 옆에 앉을 것인지, 누가 친구로 여겨지는지, 누가 무리의 중심인지, 누가 집단에서 배척당하고 있는지 등을 판단한다. 각자의 판단들을 묶어서 나타내면, 그것이 곧 집단 내의 대인관계에 관한 양상을 드러내는 것이라고 본다.

공식적으로 규정된 집단 구조를 이해하는 연구들과는 달리, 소시오메트리는 주관적 경험을 통한 현상학적 접근으로 집단의 구조를 이해하려는 것이다. 다만 여기에 양적 분석 기법을 적용한다. 모레노는 소시오메트리를 '인구 집단의 심리학적인 속성에 대한 수학적, 양적 방법의 실험적 기법이자 결과'로 규정한 바 있다.[4] 집단적 상황에서 개인이 특정한 목적 행동을 할 때 각자가 어떻게 연관되는지에 관한 심리사회학적 구조 유형을 보여 주는 것이 소시오메트리 방법이라는 것이다.[5]

소시오메트리는 사회과학의 대안적 방법론이라는 의의와 함께 실천적 목적에도 기여해 왔다. 소시오메트리는 개인의 집단 내 행동을 사정하고, 긍정적인 변화를 위한 개입을 시도하고, 변화의 정도를 평가하는 전문적 실천 활동 등에도 유용하게 쓰일 수 있다. 집단과 집단 구성원이 집단적 역학하에서 자기 성찰을 가능케 하는 자료를 산출하기 때문에, 작업 집단(직장 집단, 치료 집단, 교육 집단 등을 모두 포함)에서의 의사소통을 증진시키고, 갈등을 해소하는 데도 도움을 줄 수 있다. 이런 이유로 인해, 일부 분야에서는 소시오메트리라는 용어가 사이코드라마(psychodrama)에 관련된 치료의 한 형태

2) 모레노는 여기에서 집단내의 사람들을 점들의 집합으로 표시하고, 이들을 각기 부호 (+ : 좋아함, - : 싫어함)와 방향(화살표)을 갖는 연결선으로 이어 놓았다. 이런 식의 도형은 1950년대에 카트라이트와 하래리(Cartwright & Harary)가 그래프 이론(graph theory)을 사용해서 정형화시켰다. 참고: Cartwright, D, & Harary, F. (1956). 'Structural balance : A generalization of Heider's theory', *Psychological Review*, *63*, pp. 277-293.

3) 참고: Northway, M. (1967). *A Primer of Sociometry*. University of Toronto Press.

4) Moreno, J. (1953), *Who Shall Survive?* (2nd ed.). NY: Beacon House, pp. 15-16.; 〈Hoffman, C. (2001), 'Introduction to sociometry' [http://www.hoopandtree.org/sociometry.htm 2006-08-08]〉에서 재인용.

5) Criswell, J. (1960). 'Foundations of sociometric measurement'. In J. Moreno (*Ed.*), *The Sociometry Reader*. Glencoe, IL: Free Press, pp. 205-211.

를 뜻하는 것만으로 인식되는 경향도 있다.[6]

이러한 소시오메트리 방법으로부터 사회네트워크 분석이 나타난다.[7] 사회네트워크 분석(SNA)은 1960년대에 밀그램(S. Milgram)의 '6도 분리의 가설' 등이 등장하고 이에 대한 검증 실험이 활발하게 이루어지는 과정에서, 소집단 중심의 소시오메트리보다는 확산된 사회 구조의 분석을 위한 방법론으로 진화하게 된 것이다.[8] 현재에는 다양한 수학적 모델과 컴퓨터 기술이 결합해서 전형적인 소시오메트리 방법의 한계를 훨씬 뛰어넘은 사회네트워크 분석이 널리 쓰이고 있다.

사회복지 분야에서는 전형적으로 소시오메트리를 실천 개입의 방법으로 간주해 왔다. 집단 실천(group practice)의 중요한 방법 기술로 간주되어 왔다. 그러던 것이 최근 들어 지역사회 중심의 서비스 체계에 대한 관심이 높아지면서, 체계의 구축과 통합, 평가 등의 목적에 필요한 분석 방법으로서 사회네트워크 분석의 유용성이 강조되는 경향도 나타난다.

2. 네트워크 자료의 특성

집단에서는 집단을 구성하는 개체 간의 연결이 있다. 개체란 개인뿐만 아니라, 조직이나 지역 단위 혹은 어떤 사회적 단위도 집단을 구성하는 것이라면 모두 가능하다. 개인으로 구성된 집단에서 모든 개인은 비공식적으로 가족, 친구, 직업 등의 끈(tie)으로 다른 사람과 연결되어 있다. 그러므로 그 끈을 연구하면 특정한 사회 체계 구조로서의 네트워크(network)가 확인될 수 있다.

친족이나 이웃, 동창회, 지역사회, 결사체(association) 등과 같은 다양한 형태의 비공식 집단이 모두 이러한 사회 체계로서 적절히 이해될 수 있다. 공공 기관이나 사회복지

---

6) Hoffman, 'Intrduction to sociometry'.

7) 사회네트워크 분석(Social Network Analysis, SNA)

8) 스탠리 밀그램의 '좁은 세상의 문제(the small world problem)'에서 수행했던 '6도 분리(six degree of separation) 가설'은 지구의 한쪽 끝에 있는 사람이 다른 쪽 끝 사람에게 연결되기 위해, '친구의 관계'를 사용한다면 6명의 사람만으로 연결될 수 있다는 것이다. 즉, 6개의 연결고리(chain) 이내가 필요하다는 가정이다. 밀그램은 미국 내 사람들을 대상으로 한 연구에서 이러한 결론을 내린 바 있는데, 이 연구 결과는 아직까지도 많은 논쟁을 불러일으키고 있다. 참고: Wikipedia, 'Six degrees of separation' [http://en.wikipedia.org/wiki/Six_degrees_of_separation 2006-08-08]

기관 등과 같은 공식 집단에 대해서도 이러한 방식의 연구가 적용될 수 있는데, 이 경우에도 조직표(organizational chart)와 같은 공식적인 위계 구조보다는 그 안에서의 개체들 간 비공식적 연결 구조에 주된 관심을 둔다.

　네트워크 자료는 속성형 변수가 아니라, 관계형 변수로 구성된다. 속성이란 개체들의 내재된 특성을 뜻하고, 관계는 개체들 간의 연결 특성을 뜻한다. 예를 들어, 성별이란 속성형 변수인데, 개인을 성별 변수로 측정하면 '남성' 혹은 '여성'이라는 속성 값으로 나타낼 수 있다. 거래(transaction)는 관계형 변수인데, 어떤 개인(들)에서 어떤 개인(들)에게로 이전이 이루어지는지에 관한 특성 관계를 나타낸다. 의사소통이나 파워 관계, 친족의 연결 등도 대표적인 관계형 변수가 될 수 있다.

　네트워크 자료수집의 목적은 기본적으로 관계형 변수를 분석하자는 것에 있다. 이를 위해 조사자는 관계의 여부는 기본적으로 포함하고, 다음과 같은 관계의 특성에 대한 자료들도 수집 대상으로 삼는다.

- 지속성(durability) : 관계가 얼마나 오랫동안 지속되는지
- 상호 교환성(reciprocity) : 관계를 맺는 양쪽이 동등한 입장에 있는지
- 강도(intensity) : 관계가 어느 정도로 강한지
- 밀도(density) : 집단 내에 얼마나 많은 관계가 있는지
- 도달성(reachability) : 처음에서 끝으로 가는 데 얼마나 많은 관계가 필요한지
- 중심성(centrality) : 관계가 집중되는 지점을 어느 정도 가지고 있는지

3. 자료수집의 방법

　사회네트워크 분석을 위한 자료수집의 대상으로는 사회적 단위들 간에 이루어지는 모든 '교환 관계'가 해당될 수 있다. 전형적인 소시오메트리의 자료수집은 '특정 집단의 구성원들이, 특정 기준에 근거해서, 집단 내의 누구를 선택할 것인지'에 관해 주로 이루어진다. 자료수집에 필요한 질문 혹은 기준이 일차적으로 결정되면, 그 기준에 의거해서 가장 적합한 자료수집 방법을 선택한다. 서베이에서 관찰에 이르는 다양한 자료수집 방법의 선택이 가능하다.

- 서베이: 서베이 방법은 묻고, 답하는 것이다. 집단 구성원에게 어떤 경우에 누구를 선택할 것인지를 설문지나 대인 면접 등을 통해 묻고, 그 응답을 받아서 자료로 삼는 것이다.
- 관찰: 관찰 방법은 집단 내에서 구성원이 행하는 선택을 조사자가 직접 보고 기록하는 것이다. 조사자의 기록이 곧 자료가 된다.
- 비간섭 측정: 질문이나 관찰 방법의 문제점으로 지적되는 대상자의 반응성 유발 등으로 인해, 비간섭적인 자료수집의 방법을 쓰는 것도 가능하다. 각종 거래 기록이나 족보 등의 문헌 자료, 서한이나 이메일, 혹은 통화 기록 등과 같은 온갖 의사소통의 거래 흔적을 자료로 삼을 수도 있다. 이를 보통 흔적 분석(trace analysis)이라고도 한다.

소시오메트리 검사(test)는 소시오메트리 자료를 구하기 위해 보편적으로 쓰는 방법이다. 대개는 소집단 구성원을 대상으로 관계의 여부, 방향, 강도 등을 파악하기 위한 질문을 해서, 그 응답으로 소시오메트리 자료를 구성한다. 이런 경우 소시오메트리 자료는 구성원 간의 선택이 주가 된다. 선택을 묻는 질문은 기준에 의해 만들어진다. 기준(criterion)은 주관적 혹은 객관적인 것일 수 있다. 누구를 좋아하거나, 싫어하는지 등에 관한 것은 주관적인 기준에 해당한다. 어떤 사람이 특정한 과업 수행에 필요한 기술을 갖고 있는지를 아는 것 등은 객관적 혹은 인지적 기준이 된다.

소시오메트리 검사는 여러 기준을 지정해서 사람의 판단을 묻는다. 이때 기준은 집단의 경계를 구체화하고, 미래 지향적이면서, 검사의 결과가 어떻게 사용될 것인지를 함의하고 있어야 한다. 예를 들자면 다음과 같다.

"이 집단 내에서, 다음 (A, B, C, D)의 경우에, 당신은 누구를 선택할 것인가?"

A: 다루기 힘든 클라이언트를 상대할 때 도움을 요청
B: 비밀을 공유하면서도 지켜지기를 원함
C: 일이 잘되었다고 칭찬해 줄 것으로 기대
D: 직원들의 점심 식사 주문을 도맡아 할 것으로 기대

소시오메트리 검사를 통해 수집되는 자료가 유용하게 쓰이려면, 무엇보다도 적절한 기준을 선택해야 한다. 모든 서베이 조사에서처럼 조사자가 얻게 되는 자료의 유용성 여부는 질문의 적절성 여부에 달려 있다. 소시오메트리 검사에서 질문은 곧 관계 선택의 기준이다. 소시오메트리 검사의 질문은 가급적 다음 원칙을 따라 작성하는 것이 좋다.[9]

- 단순성: 기준은 단순하게 기술되고, 가능한 한 직설적인 것이 좋다. 복잡하고 우회적인 기준 질문은 다양한 해석을 가능하게 해서 측정의 타당성 문제를 유발한다.
- 구체성: 기준은 일반적이지 않고, 구체적이어야 한다. 모호한 질문은 모호한 반응을 불러일으킨다. 예를 들어, '관심이 가는 사람'이라고 하면, 어떤 관심을 의미하는 것인지가 지나치게 광범위해서 분명한 응답을 구하기 어렵다.
- 현재성: 현재 상황에서 경험될 가능성이 있는 질문이 좋다. 그렇지 않으면 추상적으로만 생각되어 적절한 반응을 얻기 힘들다.
- 실제성: 기준은 실제적이어야 한다. 가정적인 기준은 비현실적인 상태를 인위적으로 구성하게 만들므로, 자연스럽지 않은 선택을 유발할 수 있다.

무엇보다 선택의 기준은 이해하기에 어렵지 않아야 한다. 기준 자체를 이해하기가 어렵다면, 대상자의 선택 활동이 쉽게 일어나기 어렵기 때문이다. 소시오메트리 집단에서 구성원들이 활발하게 선택 활동을 하게 만들려면, 기준에 따른 선택은 대상자에 대한 전인격적인 선택(사람의 모든 것이 좋거나 혹은 나쁘다는 판단)이 아니라는 점을 강조한다. 동일 대상에 대해서도 각기 다른 기준에 따라 각기 다른 선택이 일어날 수 있다는 점을 인지시키는 것도 중요하다.

전형적인 소시오메트리 조사에서는 개인들 간의 선택을 주된 자료수집의 대상으로 삼았지만, 사회네트워크 분석으로 들어가면서 네트워크 자료수집은 보다 다양한 대상들로 확대된다. 네트워크 내에서 개인, 집단, 각종 조직 단위들 간의 교환 관계를 파악하게 만드는 것이면 무엇이든 자료수집의 대상이 될 수 있다. 예를 들어, 사회복지 전달체계에서 지역사회 조직들 간 사회네트워크의 분석에서는 자금의 흐름, 서비스의 의뢰, 공식적 및 비공식적 정보의 교류, 직원의 조직 간 교류와 인지도 등에 관한 온갖 지표 자료가 서베이, 관찰, 흔적 분석, 문헌 자료 등과 같은 방식으로 수집되어 분석될 수 있다.

---

9) Hoffman, 'Introduction to sociometry'.

4. 네트워크 자료의 분석

소시오메트리를 포함하는 사회네트워크 자료를 분석하는 방법으로는 크게 세 가지가 있다. 첫째, 자료를 지도 모양의 그림(diagram)으로 나타내는 방법인데, 이를 소시오그램이라 한다. 둘째, 자료를 행렬 도표 형태로 나타낼 수도 있는데, 이런 방법을 소시오매트릭스라 한다. 셋째, 자료를 축약된 양적 지수의 형태로 나타내는 방법도 있다. 전형적으로 소집단 내의 구성원 관계를 양적, 질적으로 혼합해서 분석하는 것을 목적으로 했던 소시오메트리 분석에서는, 소시오그램과 소시오매트릭스의 방법을 많이 활용했다. 규모가 큰 자료의 분석이 필요하게 되는 사회네트워크 분석으로 갈수록, 지수 형태의 네트워크 지표가 유용성을 더해 준다.

1) 소시오그램

소시오그램(sociogram)은 소시오메트리 검사에서 밝혀진 관계를 그래프로 나타내는 것이다. 소시오그램은 점(point)과 선(line)으로 나타낸다. 점은 집단 구성원이고, 선은 이들이 서로 어떻게 연결되어 있는지를 나타낸다. 선은 한 구성원이 다른 구성원들과 어떤 형태의 관계에 포함되어 있는지를 나타낸다. [그림 24-1]은 점과 선의 연결로 나

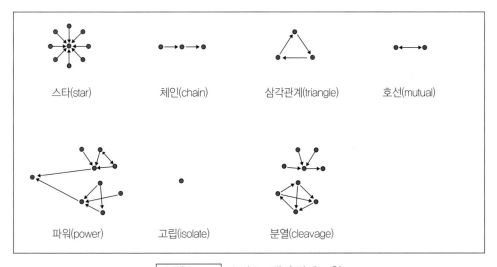

스타(star)   체인(chain)   삼각관계(triangle)   호선(mutual)

파워(power)   고립(isolate)   분열(cleavage)

그림 24-1 소시오그램의 관계 모형

타나는 집단 구성원 간 관계 모형에 대한 몇 가지 예다.

- 스타(star) : 다수의 선택. 선택이 집중되는 경우다.
- 체인(chain) : 관계의 연속. A가 B를 선택하고, B는 C를 선택하는 경우다.
- 삼각관계(triangle) : 삼각형 관계. 세 개체의 선택이 결합되어 나타나는 경우다. 체인형뿐만 아니라, 상호 선택형, 혼합형 삼각관계 등도 가능하다.
- 호선(mutual) : 상호 선택의 관계. 서로가 서로를 선택하는 것이다.
- 파워(power) : 권좌 뒤의 파워. 소수의 스타들이 선택하는 대상이다.
- 고립(isolate) : 선택의 제외. 집단의 선택에서 배제되어 있는 경우다.
- 분열(cleavage, gap) : 단절된 군집. 한 집단 내에서 부분 군집이 존재하고, 각자 군집 내부에서만 선택들이 이루어지는 경우다.

소시오메트리에서 사용되는 고전적 도형은 비교적 단순 선택을 표시하는 정도에 그쳐 왔었다. 그러다 사회네트워크 분석에 들어오면서 컴퓨터의 발달과 함께 복잡한 관계 유형의 정보까지도 나타낼 수 있는 다양한 네트워크 도형들의 활용이 보편화되고 있다. 변수나 집단들 간의 관계의 흐름을 나타내는 경로 도형(path diagram)이나, 이차원 산포도를 사용해서 변수나 집단을 거리 개념으로 나타내는 군집 도형(cluster diagram), GIS 등에 활용되는 공간 네트워크 도형(spatial network diagram) 등이 그러한 예다.[10]

소시오메트리의 분석은 일차적으로 질적 방법을 통해 이루어진다. 소시오그램에서 나타나는 점과 선의 결합을 유형별로 분류하고, 그 이유를 다양한 추정 근거와 관련 자료를 참고하여 해석해 낸다. 실천/연구자의 입장에서는 그것을 통해 관계에 대한 설명과 함께, 집단과 그 안에 포함된 개인들의 상황 변화를 시도하는 개입에서 유용한 근거로 삼을 수 있다.

---

10) 경로 도형(path diagram)은 변수나 집단을 원으로 표시하고, 관계는 화살표, 관계의 강도는 화살표의 굵기로 나타내는 도형을 말한다. 군집 도형(cluster diagram)은 변수나 집단을 이차원 산포도로 점으로 나타내는데, 점들 간 거리는 유사성의 크기를 의미한다. 보통 점들의 군집은 외곽선을 그려서 표시한다. 공간 네트워크 도형(spatial network diagram)은 공간에 대한 거리적 개념을 나타내는 도형으로, GIS(Geographic Information System) 등이 대표적이다.

2) 소시오매트릭스

소시오매트릭스(sociomatrix)는 소시오메트리의 자료를 나타내는 또 다른 방법이다. 집단의 규모가 커지면 그 상호관계를 도형으로 나타내는 것이 지나치게 복잡하게 되는데, 이런 경우에 자료를 행렬 매트릭스의 숫자 형태로 나타낼 수 있다. 단순 소시오메트리에서는 행렬 매트릭스가 행과 열에 대상 구성원들(총수=N)을 각기 나타내어서 N × N으로 구성된다. 각 셀(cell)에는 한 구성원(i)이 제시한 다른 구성원에 대한 선택을 각기 나타낸다. 여기에 각기 다른 기준들(C)에 따라 달리 나타나는 N×N 행렬 도표를 나타내자면, 일반적인 사회네트워크 분석에서는 N × N × C의 육각형 테이블이 기본적인 소시오매트릭스의 개념이 된다.

5명으로 구성된 소집단에서 각 구성원(a, b, c, d, e)에게 4개의 각기 다른 기준(C1, C2, C3, C4)을 사용해서 선택(1: 선택함, 0: 선택하지 않음)하게 했다. 수집된 자료를 구조화하면 〈표 24-1〉과 같은 5×5×4의 복합 행렬 도표 자료 구성이 될 것이다.

〈표 24-1〉소시오메트릭스의 구성 예

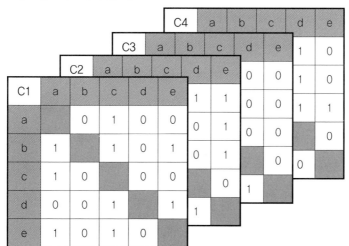

소시오매트릭스에서는 보통 행(row)을 선택자로, 열(column)은 피선택자로 나타낸다. 〈표 24-1〉의 행렬 도표에서는 C1 기준의 조사에서 구성원 a는 구성원 c만을 선택했고, 구성원 b는 구성원 d를 제외한 나머지 사람을 모두 선택했다. 피선택의 관점에서 보자면, 구성원 b를 어떤 구성원도 선택을 하지 않았고, 구성원 c는 모든 구성원이 선

택했다. 그리고 이러한 선택들은 기준 C2, C3, C4에 따라 달라질 수 있다. 도표에서 대각선 방향의 셀이 비어 있는 이유는, 구성원이 자기 자신에 대해 선택하는 것은 의미 없는 값이기 때문이다.

소규모 집단의 선택에 대해 소시오매트릭스를 작성하는 것은 쉬운 일이지만, 집단의 구성원 수가 늘어날수록 이를 작성하고 활용하는 것은 매우 힘든 일이 된다. 비록 컴퓨터가 소시오매트릭스 작성에 대한 처리 작업은 손쉽게 대신해 줄 수 있지만, 작성된 매트릭스를 판독하는 것은 여전히 연구자의 몫이다.

3) 네트워크 분석의 지수

소시오그램과 소시오매트릭스는 소집단의 구성원 간 관계를 질적으로 분석하고 묘사하는 것에 유용하다. 그럼에도 분석 대상 집단의 크기가 커질수록 관계의 복잡성을 질적으로 해석해 내는 것도 점차 어려워진다. 또한 집단들 간의 구조적 특성을 비교해 보려는 목적에도 소시오그램과 같은 도형적 접근 방식만으로는 한계가 있다. 사회네트워크 분석에서 많이 쓰이는 양적 지표는 그러한 어려움과 한계를 보완해 줄 수 있다. 개체나 집단의 네트워크 특성을 나타내는 양적 지표는 다양하게 구성될 수 있는데, 지수 형태의 축약 정보 단위를 보통 많이 활용한다.

(1) 개체별 특성 지수

집단에서 각 구성 개체가 나타내는 관계 특성을 지표화하는 것이다. 다양하게 구성해 볼 수 있는데, 대표적으로는 다음과 같은 것들이다.

피선택성(selectedness) 한 구성원(개체)이 집단 내에서 어느 정도 선택되고 있는지를 의미한다. 자신(i)을 뺀 나머지 전체 집단 구성원(점)들 가운데서 자신을 선택한 구성원들이 얼마나 되는지를 다음의 지수로 나타낸다.

$$\text{구성원}(i)\text{의 피선택 지수} = \frac{i\text{를 선택한 점들의 수}}{\text{전체 점들의 수} - 1}$$

이렇게 만들어진 피선택 지수는 측정에 사용했던 기준에 의거해서 해석된다. 기준이 우호적인 것이었으면, 이 지수는 개인의 해당 기준과 관련한 집단 내에서의 인기 정도를 나타내는 것으로 해석된다. 기준이 배척을 제시하는 것이라면, 예를 들어 '함께 놀기 싫은 사람을 선택하시오'였다면, 이것은 따돌림의 정도를 나타내는 지수가 될 것이다. 지수 값은 0에서 1 사이에 움직이는데, 0은 자신을 선택한 사람이 한 명도 없는 상태이고, 1은 자신을 제외한 모든 집단 구성원이 자신을 선택한 경우다.

선택성(selectness)   한 구성원이 집단 내에서 다른 구성원들을 어느 정도 선택하는지를 의미한다. 자신(i)을 뺀 나머지 집단 구성원 중 얼마나 많은 수의 구성원(점)들을 선택하였는지를 다음의 지수로 나타낸다.

$$\text{구성원}(i)\text{의 선택 지수} \ = \ \frac{i\text{가 선택한 점들의 수}}{\text{전체 점들의 수}-1}$$

선택 지수 역시 해당 기준에 의거해서 이해된다. 기준이 부정적 혹은 긍정적 의미인지에 따라 선택 지수의 값은 달리 해석될 수 있다. 이 지수 값 역시 피선택 지수 값과 마찬가지로 0과 1 사이에서 움직이는데, 긍정적 기준의 경우에는 1에 가까울수록 집단 내에서 구성원(i)의 호의적 외연이 크다는 것을 의미한다. 부정적 기준의 경우에는 1에 가까울수록 구성원(i)의 적대적 외연이 크다. 선택 지수가 0이고, 동시에 피선택 지수도 0인 경우는 소시오그램에서 이 구성원(i)을 고립(isolate)으로 표시한다.

(2) 집단적 특성 지수

사회네트워크 분석에서는 전체 집단의 특성을 확인하는 노력을 많이 한다. 이 경우에도 다양한 지수 형태의 지표들이 주로 사용된다. 집단적 특성을 나타내는 양적 지표의 개념으로는 내포성과 밀도 등이 대표적이다.

내포성(inclusiveness)   네트워크의 전체 집단적 특성으로, 집단 구성원들이 집단에 어느 정도로 포함되어 있는지를 의미한다. 전체 점(구성원)의 수에 대비해서 고립되지 않은 점들의 수가 어느 정도인지를 다음의 지수로 나타낸다.

$$\text{내포성} \ = \ \frac{\text{전체 점들의 수}-\text{고립 점들의 수}}{\text{전체 점들의 수}}$$

집단 내에서 한 구성원이 누구와도 선택하거나 혹은 선택되는 관계에 있지 않으면, 이를 고립(isolate)이라 한다. 만약 $n=10$인 집단에서 단 한 명의 구성원이 이와 같다면, '이 집단은 내포성이 .90 혹은 90%다'로 나타낼 수 있다. 내포성 지수의 공식에서 알 수 있듯이, 내포성 역시 0에서 1 사이에 존재한다. 1 혹은 100%는 집단 구성원 전체가 어떤 형태로든 다른 구성원과 연결되어 있는 상태를 의미하고, 0 혹은 0%는 집단이 완전히 상호관계가 없는 상태임을 의미한다. 집단 내 모든 점들이 고립인 경우다. 내포성의 수치 또한 조사의 기준이 무엇을 의미했는지에 따라 그에 적절한 의미로 해석된다.

밀도(density) 네트워크의 전체 집단적 특성으로, 집단 구성원 간의 관계가 얼마나 촘촘하게 이루어져 있는지를 의미한다. 소시오그램으로 표현하자면, 점들 간의 연결선이 얼마나 많이 이루어져 있는지를 나타내는 것이다. 내포성은 단지 고립된 점이 어느 정도로 있는지를 나타내지만, 밀도는 연결된 점들 간의 관계가 얼마나 촘촘하게 이루어져 있는지를 의미하는 것이다. 밀도는 모든 점이 다른 모든 점들과 완벽하게 연결되어 있다고 가상했을 때의 선(연결)들의 총 수에 대비해서, 실제로 네트워크에 존재하는 선들의 수로 계산된다.

$$\text{밀도} = \frac{\text{실제 나타난 선의 수}}{\text{가능한 선의 총 수}}$$

집단 크기 n인 집단 구성원들이 서로 모두에게 연결되어 있다고 가정하면, 선의 총 수는 짝의 경우 수를 찾는 공식 $_nC_2 = \frac{n!}{(n-2)! \times 2!}$에 의거해서 계산된다. 예를 들어, $n = 10$ 집단에서 연결 가능한 모든 선은 $_{10}C_2 = \frac{10!}{8! \times 2!} = 45$개가 된다. 이것은 선이 단순 연결을 의미할 때의 경우다. 만약 선이 화살표 방향을 갖는 것이 되면, 가능한 선의 총 수는 당연히 그 2배인 90이 된다. '—'으로 연결할 때에 비해 '⇆'으로 연결하는 방식에서는 연결되는 선의 수가 2배로 늘어나기 때문이다. 만약 $n = 10$ 집단의 단순 관계(—) 소시오그램에서 9개의 선이 있다고 하면, 총 가능한 45개의 선 중 9개이므로 이 집단은 밀도가 0.2 혹은 20%라고 말한다.

밀도 지수 역시 0에서 1 사이의 값을 갖고 있다. 0은 집단 구성원 전체가 완전한 무관계임을 의미하고, 1은 집단 구성원 전체가 완벽한 관계(모두가 모두에게 연결되어 있는)에 있음을 의미한다. 밀도 지수 0의 값과 내포성 지수 0의 값은 의미가 같다. 그러나 1의 값에 대한 의미는 밀도와 내포성 지수가 각기 다르다. 내포성 지수 = 1의 값은 밀도 지수 = 1을 위한 당연 조건이다.

(3) 중심성

다양한 네트워크의 분석 개념들이 구성되어 사용되고 있는데, 현재까지 가장 널리 쓰이는 것 중 하나가 '중심성'이다. 중심성(centrality)이란 네트워크 집단에 포함된 구성 개체 간에 중심이 되는 정도의 차이를 나타내는 개념이다. 개체별 차이를 나타내는 것이지만, 이를 집단적 특성의 묘사에도 활용할 수 있다. 높은 중심성을 가진 구성원 (들)이 있는 집단과 없는 집단 간에는 뚜렷한 특성 차이가 있음을 보여 주는 식으로 집단적 비교 기준으로도 가능하다.

중심성 개념은 개인 간 네트워크뿐만 아니라 조직 간 네트워크 분석 등에도 폭넓게 적용될 수 있는 것이다. 특히 사회복지서비스 전달체계를 조직 간 연결망의 특성으로 분석하는 시도에서는, 이러한 중심성 관련 지표들이 매우 중요하게 다루어진다.[11] 중심성의 개념은 일반적으로 매개성, 근접성, 정도성으로 구분되어 쓰인다.[12]

매개 중심성(betweenness centrality)　한 개체가 네트워크 내의 개체 간 연결에서 거쳐 가야 하는 경로에 포함되어 있는 정도를 나타낸다. 어떤 개체가 특정 개체(a)를 거쳐서야만(의존해서야만) 다른 개체에게로 연결될 수 있다면, 그 특정 개체(a)는 매개 중심성이 있는 것이 된다.

근접 중심성(closeness centrality)　한 개체가 다른 개체에 도달하는 데 걸리는 단계(연결 수)의 정도를 나타낸다. 만약 'a-b-c'의 네트워크가 있다면, a 개체에서 b 개체까지는 한 단계, a에서 c 개체까지는 두 단계가 걸리는 것이다. 개념에 의거하면 근접 중심성의 값이 낮을수록, 높은 중심성이 있는 것이다.

정도 중심성(degree centrality)　한 개체에 연결되어 있는 다른 개체들의 수를 나타낸다. 연결 수가 큰 개체일수록 중심성이 높다. 앞서 피선택성과 선택성 지수가 정도 중심성의 개념에 해당하는 것들이다.

각 중심성 측정치의 크기는 절댓값으로 사용되기가 어렵다. 앞서 정의에서 알 수 있듯이 네트워크의 크기(N)가 커지면 각 중심성의 측정값들도 저절로 커지게 되기 때문이다. 그래서 절댓값으로 측정된 중심성 점수는 네트워크들 간 상대적 비교에 적절한

11) 참고: Woodard, K. & Doreian, P. (1994). 'Utilizing and understanding community service provision networks: A report of three case studies having 583 participants'. *Journal of Social Service Research, 18*(3-4), pp. 1-41.
12) 참고: Freeman, L. (1977). 'A set of measures of centrality based on betweenness'. *Sociometry, 40*, pp. 35-41.

지표로 간주하지 않는다. 대개 중심성을 포함한 대부분의 네트워크 측정치들은 네트워크의 크기를 계산식에 포함시켜 표준화시킨 지수 형태로 사용된다. 앞서 설명한 개체별 및 집단적 특성 지수들이 모두 그러한 방식으로 계산된 것이다.

네트워크 분석에서 중심성은 파워와 밀접하게 연관된다. 사회복지서비스 전달체계 내 조직 간 네트워크에서는 특히 매개 중심성과 정도 중심성의 개념이 체계 내 파워의 위치를 파악하는 데 중요한 것으로 간주된다. 서비스 자원(돈, 클라이언트 등)이나 정보 등이 네트워크 내에서 어떤 개체를 매개해서 이루어지는지를 분석해서, 그 네트워크 내에서 조직 간 파워의 양상 등을 드러내 보일 수 있다.[13]

사회네트워크의 분석 개념에는 중심성 이외에도 다른 많은 것들이 있고, 다양한 양적 지표들이 사용되고 있다.[14] 소시오그램 분석에서 그림의 유형을 찾는 것이나, 지수 분석에서 양적 지표들을 계산하는 것이나 그 목적은 동일하다. 전체 집단에 대한 묘사나 집단 구성원 간의 관계를 말로서 표현하는 것보다는 그림의 형태나 묶음 정보식의 지수 형태로 나타내는 것이 이해에 도움이 되기 때문이다. 대부분의 네트워크 분석에서는 그림과 양적 지표를 동시에 사용하면서 질적, 양적 방법으로 분석을 시도하는 것이 보편적이다.

5. 소시오메트리 분석의 예

소규모 직장 부서(n = 6)에서, 동료들 간의 신뢰 관계 측정을 바탕으로 업무 집단의 기능성을 향상시킬 방안을 제시하기 위한 프로젝트가 있다 하자. 관계에 대한 측정을 위해 먼저 소시오메트리 분석을 시행한다. 조사자는 집단 구성원에게 절대 비밀 보장을 약속하고, 다음과 같은 질문을 각자에게 제시한다.

〈질문 기준〉 집단 내 모든 사람들에 대해, '당신과의 약속을 잘 지키고, 뒤에서 배신하지 않을 것'이라는 믿음을 기준으로, 평가를 해 보시오.

---

13) Woodard & Doreian, 'Utilizing and understanding community service provision networks', pp. 7-8.

14) 이에 대한 상세한 설명은 이 책의 범위를 벗어난다. 사회네트워크 분석의 개념과 방법은 〈Wasserman, S., & Faust, K. (1994). *Social Network Analysis: Methods and Applications*. Cambridge University Press.〉를 참고한다.

〈응답 기준〉 높은 신뢰(↑), 보통 신뢰(—), 신뢰하지 않음(↓)

6명의 구성원을 면접 조사해서 이들이 각기 다른 5명에 대해 평가하는 것을 (↑, —, ↓)의 자료 값으로 수집한다. 이 과정에서 각자에게 왜 그러한 응답 값을 주었는지를 묻는 등의 질적 자료수집도 병행한다. 이러한 자료는 나중에 개인의 속성형 자료(성별, 나이, 근무경력 등)와 결합되어 개인별 네트워크 속성을 해석하는 데 다양하게 쓰일 수 있다. 조사자는 조직(집단)의 상황 변화를 위해 각 구성원이 각자 무엇을 할 수 있을 것인지에 대해서도 질문할 수 있다. 조직 진단과 컨설팅을 목적으로 하는 조사에서는 대개 이러한 질문을 토대로 문제 해결의 대안 구성에 참고한다.

총 6명에 대한 면접 조사의 자료 결과를 〈표 24-2〉와 같은 소시오매트릭스로 나타내 본다. 표의 윗부분이 원자료를 입력한 것인데, 행에는 선택을 하는 주체(A, B, C, D, E, F)가 표시된다. 열에는 선택을 받는 대상(A, B, C, D, E, F)이 표시된다. 행은 각 개인이 누구를 어떻게 선택했는지를 나타내고, 열은 각 개인이 누구의 선택을 어떻게 받았는지를 나타낸다. 결과적으로 A는 B, D, F를 깊이 신뢰하고, C는 보통 신뢰, E는 불신하는 것으로 나타났다. B는 A와 C를 깊이 신뢰하고, D와 F는 약간 신뢰, E는 불신한다. 선택받은 사람들의 입장에서 A는 B, D, F로부터 깊은 신뢰를 받았고, C와 E로부터는 보통 정도의 신뢰만을 받는다. 나머지 구성원들의 선택도 그렇게 읽어 낼 수 있는데, E의 경우는 F를 제외한 나머지 모두에게서 불신을 받았음을 알 수 있다.

〈표 24-2〉의 소시오매트릭스만 보더라도 $n = 6$인 이 소집단의 집단 역학이 이미 상당 부분 드러난다. 이것은 마치 집단의 구성원 간 관계에 대한 어떤 측면을 단층 촬영해 놓은 것과 같다. 단순하게만 보더라도 다음의 사실을 알 수 있다.

첫째, 열에서 ↑ 부호를 많이 가진 사람은 집단의 비공식적인 리더로 인정된다. 여기서는 A가 비교적 이에 가깝다. 둘째, 열에서 ↓ 부호를 많이 가진 사람은 집단이 거부를 보이는 사람으로 확인된다. 여기에서는 E가 이에 해당한다. 셋째, ↑ 부호의 상호선택은 집단의 결속력을 보여 준다. 주체 간의 선택 부호가 동일한 것을 상호선택(mutual)이라 한다. A가 B를 선택한 수준과 같은 형태로 B도 A를 선택하는 것이다. 부정적 상호선택의 부호인 ↓는 집단의 갈등 영역을 나타낸다. 부정적 상호선택의 확인은 조사자/컨설턴트에게 집단의 비기능성 문제 지점을 알려 주고, 개입을 위한 접근의 출발점으로 삼을 수 있게 한다. 〈표 24-2〉의 경우에는 전체적으로 ↑ 상호선택이 많아서 대체

〈표 24-2〉소시오메트릭스의 구성과 자료 분석

	A	B	C	D	E	F
A		↑	—	↑	↓	↑
B	↑		↑	—	↓	—
C	—	—		—	↓	—
D	↑	—	—		↓	↑
E	—	↓	↓	—		—
F	↑	—	↓	↑	—	

결과 분석

		A	B	C	D	E	F
피선택	↑ (높은 신뢰)	3	1	1	2	0	2
	— (보통 신뢰)	2	3	2	3	1	3
	↓ (낮은 신뢰)	0	1	2	0	4	0
	합계	5	5	5	5	5	5
비선택		0	0	0	0	0	0
상호선택	↑ (높은 신뢰)	3	1	0	2	0	2
	— (보통 신뢰)	1	2	2	2	1	2
	↓ (낮은 신뢰)	0	1	1	0	2	0

로 높은 결속력을 가진 집단인 것으로 확인된다. 다만 E와 관련해서 높게 나타나는 ↓ 상호선택에서 이 집단의 부정적인 문제 측면이 드러난다.

〈표 24-2〉의 아래 부분에는 결과 분석이 제시되어 있다. 이는 선택의 부호들을 다양하게 분석해 놓은 것이다. 이를 근거로 개인별 혹은 집단적 특성에 관한 양적 지표들이 쉽게 산출될 수 있다. 이러한 분석 자료는 기본적으로 소시오메트리의 도형적 분석 방법인 소시오그램과 합쳐져서, 집단의 구조와 구성원 개인 간 상호작용에 관한 유용한 통찰력을 제시할 수 있다.

[그림 24-2]는 구성원들의 ↑ 선택에 대한 결과 분석을 근거로 소시오그램을 작성하고, 집단 및 구성원 개인별 특성에 관한 양적 지수들을 제시해 놓은 것이다. 도형에서는 구성원 간에 고립, 상호선택의 삼각관계, 스타 유형 등의 관계가 쉽게 보이는데, 이를 분석한다는 것은 그러한 관계 유형이 성립하는 이유를 개인별 속성이나 여타 면접 조사시의 질문 자료 등과 결부시켜 이해해 보는 것이다. 이 예에서와 같은 소규모 집단

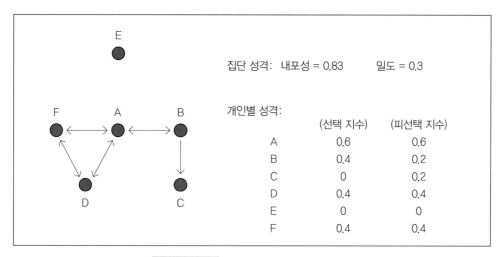

그림 24-2 소시오메트리의 결과 분석

에서는 집단적, 개인별 양적 지표는 큰 소용이 없으나(손쉽게 눈으로도 파악되므로), 조금이라도 집단의 규모가 커지는 경우에는 그 중요성이 함께 커진다.

양적 지표는 집단 간 비교를 위해서도 긴요하다. 규모가 서로 다른 집단들을 조사하는 경우에, 그 집단적 특성을 단순 질적 묘사만으로 비교하기는 쉽지 않다. 이런 경우에 동일한 근거하에서 집단 간 특성을 비교하는 데 양적 지표가 유용하게 쓰일 수 있다. 예를 들어, 내포성 = 0.83이고 밀도 = 0.3인 이 집단은 비록 규모가 다르지만 유사한 성격의 다른 집단들이 보이는 내포성과 밀도 점수에 비교되어 집단의 상대적인 조직 건강성 등이 평가될 수 있다.

6. 사회네트워크 분석의 적용과 한계

사회네트워크 분석은 집단을 이해하고 변화시키는 데 유용한 도구로 쓰일 수 있다. 한 집단 내에서 집단 구성원들 간 네트워크를 분석하면, 집단의 변화를 기획하는 데 필수적인 문제 분석과 개입 실행, 평가에 대한 다양한 근거 자료를 산출할 수 있다. 특히 소시오메트리 방법은 조직 진단이나 집단 변화를 위한 목적으로도 쓰일 수 있는데, 이런 경우에는 보통 다음 단계들로 수행된다.[15]

① 연구될 집단의 확인 : 집단의 경계를 구분

② 기준의 개발 : 분석과 응용에 적합한 기준을 선택

③ 라포(rapport) 형성 : 집단 구성원과의 상호신뢰를 구축

④ 소시오메트리 자료수집 : 관계형 자료를 다양한 자료수집 방법으로 획득

⑤ 자료의 분석과 해석 : 관계의 자료를 개인별 속성이나 정황 자료 등을 통해 이해

⑥ 개인이나 집단에 자료를 피드백 : 분석 자료를 제시하고 반응을 획득

⑦ 행동 계획의 개발과 이행 : 구성원 개인별 변화 노력의 시도

⑧ 사후검사(옵션) : 적절한 변화가 있었는지를 확인

소집단에 대한 분석과 처방을 위해 소시오메트리를 사용하는 것은 다양한 장점이 있다. 구성원 간의 관계를 파악해서 집단의 역학을 이해할 수 있게 하고, 이를 통해 집단과 집단 구성원들 각자에 대한 변화의 처방을 내고, 또한 그것을 실행하고 평가하는 근거로 삼을 수도 있다.

이러한 장점과 함께 한계도 있는데, 주로 개인들 간의 선택에 대한 자료수집의 부적절성에서 비롯된다. 소시오메트리 분석의 정확성과 유용성은 측정의 타당성에 크게 의존하는데, 개인이 상호작용하는 것에 대한 자료를 질문이나 관찰을 통해 얼마나 정확하게 수집할 수 있을 것인지에 대한 의문이다. 이것은 반드시 소시오메트리 방법만의 한계라기보다는 사회과학의 측정 방법에 대한 일반적인 한계에서 비롯되는 것이기도 하다.

소시오메트리와 사회네트워크 분석의 전반적인 한계는 대규모 집단에 대한 해석을 어렵게 한다는 것이다. 특히 소시오그램 형태의 도형은 집단의 크기가 늘어나서 점과 선, 군집의 수가 많아지면, 지나치게 복잡해져서 해독하는 것이 매우 힘들어진다. 비록 다양한 그래프적 묘사 방법이나 양적 지표 제시 등의 방법이 있으나, 표현할 수 있는 규모의 한계는 여전히 존재한다.

소시오메트리의 규모적 한계는 선택 주체가 되는 자료 응답자들이 지적, 정서적으로 감당할 수 있는 집단 범위의 한계에서도 명백히 드러난다. 비록 응답자들에게 대규모

---

15) 참고 : Hoffman, C., Wilcox, L., Gomez, E., & Hollander, C. (1992). 'Sociometric applications in a corporate environment'. *Journal of Group Psychotherapy Psychodrama & Sociometry*, 45, pp. 3-16.

집단 구성원을 선택의 대상으로 주더라도, 응답자들은 자신의 소집단 범위 내로 대부분의 선택들을 한정시키는 경향을 보인다. 그로 인해 집단에 관한 편향된 자료를 측정하게 되는 오류를 유발할 수도 있다.

모든 조사방법은 각자 나름대로 적합한 연구 문제와 대상이 있다. 소시오메트리와 사회네트워크 분석 역시 사회과학 조사방법의 일종으로서, 적용하기에 적합한 연구 문제와 대상이 따로 있다. 네트워크 분석의 방법을 제대로 몰라서 연구에 쓸 수 없는 것도 문제지만, 방법 적용을 먼저 앞세워서 그에 맞는 연구 문제와 대상을 찾아 나가는 것도 문제다. 연구자는 다양한 조사방법의 한 유형으로서 소시오메트리와 사회네트워크 분석을 이해하고, 적절한 적용 대상과 한계를 명확하게 이해하는 것이 중요하다.

제25장

욕구 조사

욕구 조사는 누구에게 무엇이 필요한지를 판단하는 욕구사정에 쓰이는 조사다. 욕구(needs)를 조사한다는 것은 단순히 대상자가 무엇을 원하는지(wants)를 측정하는 것과 다르다. 욕구란 필요로서, 대상자가 무엇을 필요로 하는지를 판단하는 것이다. 과학적 방법의 사회복지 실천을 위해서는 욕구에 대한 판단을 경험적 근거 자료를 가지고 하는 것, 즉 욕구 조사가 중요하다.

1. 욕구사정과 욕구 규정

욕구사정이란 대상자들의 욕구를 파악하는 것인데, 사회복지 실천에서는 크게 두 가지 용도로 구분되어 쓰인다. ① 집단에서의 수요 예측을 위한 것과, ② 사례별 서비스 실천 계획을 위한 것이다. 욕구 조사는 이러한 경우들에서 소용되는 경험적 근거를 확보하는 조사를 말한다.

수요 예측을 위한 욕구 조사는, 지역이나 집단에서 누가 문제를 안고 있으며, 어떤 서비스가 필요한지를 확인하고, 그 수효를 추정하는 것이다. 그래서 샘플링이나 수요-공급 간 격차 분석과 같은 양적 방법들이 중요시된다. 잠재적 수요자를 대상으로 실시하는 우편 설문이나 면접 조사와 같은 서베이 조사, 기존 자료를 수집해서 분석해 보는 사회지표 조사, 이러한 자료를 통해 문제 확인을 시도하는 의사결정 집단 조사 등이 이런 목적에 활용된다.

반면 서비스 대상자가 이미 결정된 상태에서, 이들 사례에 대한 서비스 실천을 계획하기 위해 소용되는 욕구사정도 있다. 여기서는 개인이나 대상 집단 혹은 조직 단위의 사례들에 관해서 신상(병력, 역사)이나 신체적/심리적 진단, 타인 관계나 가족 관계, 집단적 상호작용 등의 정보가 필요하다. 이를 근거로 이들이 어떤 문제나 필요를 가지며, 서비스 과정에서 어떤 변화가 요구되는지를 확인한다. 이런 경우에 필요한 자료수집과 분석의 방법은, 양적 추정을 가능하게 하는 샘플링이나 추산의 기법보다는, 프로그램의 실행과 관련된 깊이 있는 정보를 획득하는 데 유리한 전문적 혹은 질적 자료수집 기법이 보다 선호된다.

개별화되고 전문화된 과정에 대한 욕구 조사는 일반화시켜 설명하기 어려우므로, 여기서는 다루지 않는다. 이 장에서 설명하는 욕구사정 조사의 성격은 집단적 수요 파악과 계획 수립을 위한 목적에 관련된 것이다.

1) 욕구사정의 의의

욕구사정(needs assessment)은 '한정된 지역 안에서 사람들의 욕구 수준을 확인해 내고, 이를 수량화하는 방법'으로 정의되는데,[1] 욕구 조사는 욕구사정에 필요한 경험적 근거를 확보하는 노력에 해당된다. 욕구사정을 통해 구비되어야 할 적절한 서비스 형태가 판단되고, 이를 구현하기 위한 활동 계획이 세워질 수 있다. 개인이나 집단을 대상으로 하는 서비스 계획, 조직이나 프로그램, 지역사회의 제반 기획 과정 등이 성공적으로 수행되려면, 합리적인 욕구사정을 실시하는 것은 필수적이다.

욕구사정의 구체적인 용도는 다음과 같다.

문제 분석   욕구사정의 자료는 프로그램 기획에서 문제 분석을 위한 목적으로 쓰인다. 위기 인구(risk population)와 표적 인구(target population)를 확인해 내고, 욕구가 지역적, 집단적으로 어떻게 분포되어 있으며, 개별 욕구들은 서로 어떤 양상으로 연결되어 있는지 등에 대한 분석을 가능하게 한다.

자원 배분의 우선순위 결정   문제 분석의 결과는 자원 배분에 관한 우선순위의 결정

---

1) Gates, B. (1980). *Social Program Administration: The Implementation of Social Policy*. Englewood Cliffs, NJ: Prentice-Hall, p. 101.

에 활용된다. 문제 분석에서 드러난 문제나 욕구의 특성을 고려해서, 자원을 어떤 서비스나 문제 해결에 우선적으로 투입해야 할지를 결정한다. 자원은 늘 한정되어 있으므로, 자원 활용의 우선순위를 결정하는 것은 자원의 효용성을 극대화하기 위한 것이다.

평가의 근거   욕구사정의 결과는 평가의 근거로도 활용된다. 욕구사정을 통해 이루어지는 문제 분석과 합리적인 의사 결정은 필연적으로 현재의 상태를 변화시키는 노력의 방향과 정도를 제시한다. 그리고 그것이 나중에 평가의 근거가 된다. 얼마나 개선되었는가를 문제 분석의 상태와 비교해서 평가할 수 있게 한다. 욕구사정의 문제 분석은 평가를 위한 일종의 기준선(baseline)을 제시하는 것이다.

서비스나 프로그램 기획의 전 과정(계획 수립, 실행, 평가)에서 욕구 조사는 합리성 담보를 위해 매우 중요하다. 기획의 전 과정이 단순히 정치경제적 파워 집단의 이론이나 이해 관계로만 이루어지는 것을 막으려면, 그것에 대항하는 합리적 근거가 확보되어야만 한다. 욕구 조사는 그러한 합리성의 근거를 경험적인 자료의 산출을 통해 가능하게 한다.

흔히 욕구사정의 과정은 과학적이고 객관적이어야 한다는 당위성이 강조되었다. 그것은 욕구사정이 그만큼 과학적이지도, 객관적이지도 못해 왔다는 것에 대한 반증이기도 하다. 그러나 과학과 객관성의 문제가 잘못 이해되는 측면도 있다. 자칫 잘못 이해하면, 욕구 조사 자체를 욕구사정이라고 믿을 수도 있다. 그러나 사람이나 사회가 가지고 있는 욕구를 파악해 내는 과정은, 결코 과학적이고 객관적인 사실에 입각한 조사 과정만으로 도출되는 것이 아니다.

엄밀하게 말하자면, 욕구는 사정(assess)되는 것이지 조사(research)되는 것은 아니다. 욕구가 사정, 평가되는 과정은 맹목적인 합리성이 지배하지 않는다. 욕구의 개념을 규정하고, 선을 긋는 작업 등에는 다양한 사람들의 다양한 생각과 관점이 개입된다. 과학적이고 객관적인 욕구 조사의 과정은 이를 배제하는 것이 목적이 아니다. 오히려 욕구 조사의 과정은 그것들이 누구의 것이며, 어떤 과정을 통해 얼마나 포함되며, 누가 어떤 방법으로 분석해서, 어떻게 의사 결정에 이르렀는지를 정확하게 보여 주는 것이다. 거기에 욕구 조사의 과학성과 객관성의 몫이 있다. 그것은 욕구사정 자체가 과학적이어야 한다는 것과는 다른 이야기다.[2]

---

2) 보다 자세한 욕구사정의 개념은 〈김영종(2018). 사회복지행정(4판). 학지사.〉 참고.

2) 욕구의 규정

욕구(needs)란 '무엇을 필요로 하는가'에 관한 것이다. 휴먼서비스(human service)적 관점에서 보자면, 인간의 존엄을 유지하는 데 '필요하지만 충족되지 못하고 있는 어떤 것'이 욕구가 된다. 이것은 원함(want)의 개념과 구분된다. 어떤 사람이 '나는 못살기 때문에 이런 도움을 원한다'는 것과 그 사람에게 '어떤 도움이 필요한가'를 결정하는 것은 서로 분리될 수 있다.

정치경제학적 관점에서는 욕구를 분배적 개념으로 해석한다.[3] 한정된 사회적 자원이 사회 구성원에게 배분될 때, 인간 욕구가 근거 기준이 될 수 있다고 본다. 그럼에도 어떤 개인이나 집단이 특정 상태에서 결핍이나 박탈을 느낀다고 해서, 그것만을 기준으로 사회가 욕구로 규정하지는 않는다. 사회적으로 규정되는 욕구란, '개인이나 집단이 갖는 결핍이나 박탈이 사회의 정치경제적 역학 관계를 통해서 사회적으로 인정되고 배분이 허용되는 상태'를 뜻하는 것이다.[4]

사회적으로 욕구가 규정되는 과정은 '누가' '무엇을' 근거로 어떤 사람들이나 집단에 대해 사회적 배분이 필요한 상태라고 결정하는지가 중요하다. 이에 초점을 두고 브래드쇼(J. Bradshaw)는 욕구가 사회적으로 규정되는 근거를 네 가지 유형으로 나누어서 정의한다.[5]

규범적 욕구(normative need)　전문가나 전문직에 의해 '누구에게 무엇이 필요하다'고 규정되는 것으로, 보통 표준적/전문적인 기준을 사용한다. 예를 들어, 어린이의 영양 기준을 전문가가 의학적으로 정하고, 이에 미치지 못하는 영양 상태를 가진 어린이를 욕구가 있는 경우로 규정하는 것이다. 규범적 욕구는 쉽게 수량화될 수 있어서 구체적인 표적을 제시할 수 있다는 장점이 있지만, 이런 욕구의 규정은 사람마다 혹은 시간 변화에 따라 달라질 수 있다는 것이 단점이다.

인지적 욕구(felt need, 느껴진 욕구)　인지적 욕구란 사람들이 스스로 '자신에게 무엇이 필요하다'고 느끼는 것이다. 인지적 욕구는 대개 사람의 '원함(want)'이 무엇인

---

3) 참고: Austin, D. (1988). *The Political Economy of Human Service Programs*. Greenwich, CT: JAI Press.

4) 욕구의 개념과 유형에 대한 다음 설명들은 〈김영종(2013). **사회복지 프로그램 개발과 평가**. 학지사, pp. 83-114.〉에서 주로 발췌.

5) Bradshaw, J. (1972) 'The taxonomy of social need'. In G. McLachlan (Ed.), *Problems and Progress in Medical Care*. Oxford University Press.

지를 파악하는 것이다. 앞서 욕구의 개념에서 보았듯이, 사람의 원함만이 곧 욕구사정의 모든 기준이 되는 것은 아니다. 이런 유형의 욕구 역시 욕구사정의 한 측면으로 간주된다. 인지적 욕구는 주로 사회 서베이를 통해 조사되는데, 사람들은 자신이 무엇을 필요로 하는지에 대해 응답한다. 여기에서 어려운 점은 개인마다 인지적 기준이 다르기 때문에, 지역사회 주민 전체의 욕구를 단순히 서베이의 총합 결과로 제시하기 어렵다는 것이다.

표출적 욕구(expressed need, 표현적 욕구)   인지적 욕구가 행위로 전환되어 나타난 것을 말한다. 욕구의 표출적인 측면에서는 욕구란 사람들이 요구하는 것이고, 욕구의 정도는 얼마나 많은 사람이 서비스를 요청하는지에 따라 결정된다고 본다. 표출적 욕구는 휴먼서비스에서 통상적으로 가장 많이 사정되고 있는 욕구의 측면이다. 예를 들어, 서비스 이용률을 통해 지역사회 주민들이 표현하는 욕구를 확인할 수 있다. 표출적 욕구는 주민 서베이를 통해서도 얻을 수가 있는데, 원하는 서비스 리스트에 체크하게 해서 확인해 보는 방법이다. 표출적 욕구의 한계는, 존재하지 않거나 생각할 수 없는 서비스에 대해서는 필요함을 표현하기 어렵다는 점에 있다.

비교적 욕구(comparative need)   각기 다른 인구 집단(지역)에 존재하는 서비스의 수준 차이를 설명해서, 어떤 사람들에게 무엇이 필요하다는 것을 파악하는 것이다. 어떤 집단이 받고 있는 서비스의 수준이 다른 비교 집단보다 떨어지는 것으로 파악될 경우, 그 집단에는 서비스 수준의 상승이 필요하다고 보는 것 등이다. 비교적 욕구는 욕구사정의 기준이 외부에 있다는 점이 다른 욕구 유형들과는 다르다.

각각의 욕구 유형은 욕구를 규정하는 주체에 있어서의 차이를 나타낸다. 규범적 욕구와 비교적 욕구는 욕구를 규정하는 주체가 전문가나 일반 사회이고, 인지적 욕구와 표출적 욕구는 클라이언트 당사자가 욕구 규정의 주체가 된다. 어떤 상황이 모든 욕구 유형들로 동시에 규정될 때, 그것은 욕구로 인정받는 것에 문제가 없을 것이다. 전문가와 대상자, 사회 모두가 그것을 욕구로 규정하는 데 일치하기 때문이다. 이런 욕구에 대해서는 그 개입을 위한 프로그램화를 시도하는 데 아무런 문제가 발생하지 않는다. 문제는 욕구 규정 시에 욕구 유형들 간에 불일치가 나타나는 경우다.

아동학대의 경우에, 학대를 하는 부모나 학대를 받는 아동이 그것을 인지나 표출적 욕구로서 규정하지 않는데도, 규범이나 비교 기준에서 그것을 욕구라고 규정하게 될 때가 있다. 특히

'가끔 뺨 몇 대 때리는 것'과 같은 학대의 정도를 두고서, 욕구의 규정은 극히 대립적으로 나타날 수도 있다. 이런 경우에 누구에 의한 어떤 유형의 욕구 규정이 우선할 것인지의 문제가 쟁점화될 수 있다.

이런 경우에서 보면, 욕구의 규정은 결국 정치경제적 과정으로 이해될 수밖에 없게 된다. 욕구의 규정에서 누가 얼마만한 정치적 파워와 경제적 자원을 소유하고 있는지가 중요한 결정 요인이 되는 것이다. 사회 문제의 규정에서도 그렇지만, 욕구의 규정에 있어서도 순수한 합리성만으로 그 과정을 이해하는 데는 한계가 있다. 〈표 25-1〉은 욕구가 규정되는 상황과 그에 대한 설명을 제시한 것이다.[6]

〈표 25-1〉 욕구 규정의 상황 비교

상황	규범적	인지적	표출적	비교적	설명
1	○	○	○	○	모두가 욕구로 지정/ 논란의 여지 없음/ 해결 가능성 높음 (예: 절대빈곤)
2	○	○	×	○	욕구가 표현 안 됨/ 서비스에 대한 접근성이 결여되어 있을 가능성 (예: AIDS)
3	○	○	×	×	서비스 공급 부족의 가능성 (예: 정신건강 서비스)
4	×	○	○	○	욕구가 표현됨/ 서비스가 제공되고 있음/ 그래도 전문가들은 필수문제로 보지 않음 (예: 성형수술)
5	○	○	○	×	모두가 욕구를 지정/ 전체적으로 서비스가 부족/ 새로운 서비스 수립에 최적 조건 (예: 노인요양)
6	○	×	×	○	전문가들의 욕구 지정/ 서비스도 제공/ 대상자들은 인지, 표현 안 함/ 서비스 실행에 가장 어려운 경우 (예: 청소년 비행)
7	○	×	×	×	예방적 개입의 경우 (예: 아동학대)
8	×	×	×	○	대상자 욕구의 부재에도 제공되는 서비스/ 수급자보다는 공급자의 입장을 고려 (예: 자선행사)
9	×	○	×	×	욕구라기보다 원함(want)에 가까운 것

6) 참고: York, R. (1982). *Human Service Planning: Concepts, Tools and Method*. University of North Carolina Press, p. 60.

2. 욕구 확인과 추산

욕구사정의 작업은 욕구의 확인 과정과 확인된 욕구를 추산해 내는 과정으로 구분된다.[7] 욕구 확인은 어떤 종류의 사회적, 경제적, 인간적 조건이 조직적 개입을 요청하는 것인지를 결정하는 것이고, 욕구 추산은 욕구를 가진 사람의 수를 헤아리거나 필요한 서비스 단위의 수를 헤아리는 등의 수량적 과정이다. 현실적으로 욕구의 확인과 추산 과정은 엄격하게 분리되지 않는다. 각 과정에 수반되는 활동들이 상호의존적으로 구성되어 있기 때문이다.[8]

1) 욕구 확인

욕구사정 작업의 일차 과정은 욕구를 확인(identification)하는 것이다. 욕구 확인은 개인과 사회의 안녕에 중요한 것으로 간주되는 인간적 혹은 사회적 존재의 박탈이나 장애를 질적(qualitative) 상태로 확인하고 표식하는 것이다. 이러한 규정 작업은 정치적 과정과 함께 문제를 해결할 기술이 가능한지에 대한 기대에 비추어서 이루어진다. 예를 들어, 거주지, 음식, 건강, 소득 등의 상실은 박탈의 상태를 뜻하고, 이것은 적절한 정치적 과정과 이에 대한 문제 해결의 기술이나 자원이 존재할 때 어느 정도까지 해결될 수 있는지에 대비되어, 사회적인 욕구 확인으로 이어지게 된다.

인간 욕구가 확인되는 과정은 사회 문제가 규정되는 과정과 유사하다. 사회 문제에 대한 규정이 사회적인 것과 마찬가지로, 욕구의 확인도 사회적으로 이루어지는 측면이 강하다. 사회적 욕구 확인의 과정에는 다음과 같은 조건이 필요하다.[9]

첫째, 자원과 기술의 존재 여부다. 가용 자원과 기술 수준 안에서 변화 가능한 상황만이 욕구로 확인될 수 있다. 아무리 절박한 문제라도 현재의 자원과 기술로 변화될 가능성이 없을 때는, 그것이 욕구나 문제로 확인되지 않는다. 예를 들어, '암'이나 '죽음'

---

7) Gates, *Social Program Administration*, p. 111.
8) 다음 설명들은 〈김영종, 사회복지 프로그램 개발과 평가, pp. 83-114.〉에서 주로 발췌.
9) Gates, *Social Program Administration*, p. 113.

이 사람에게 엄청난 고통을 초래해 왔지만, 그것을 사회 문제라고 하지는 않았다. 해결될 수 없었기 때문이다. 기술의 발전과 자원의 확대로 치유될 가능성을 갖추면서, 이들은 점차 사회 문제의 영역에 포함된다.

둘째, 정치적 과정이 존재한다. 특정 상황이 사회의 조직적 개입을 요구하는 것으로 확인되기 위해서는, 다원화된 정치적 결정 과정을 거쳐야 한다. 궁극적으로는 이 과정에서 다수 집단이나 소수지만 정치적 영향력이 큰 집단이 이를 문제로 인정하는 것이 중요하다. 욕구의 주체와 객체, 제3자 집단 등에 대한 앞서의 설명에 준한다.

셋째, 객관적인 정의와 측정이 가능해야 한다. 문제 해결에 동원되는 사회적 자원의 조달과 할당에 대한 책임성을 확실히 하기 위해서, 욕구로 규정될 상태나 조건은 객관적으로 정의되고 측정이 가능한 것이어야 한다. 막연하게 추상적인 상태를 두고서는 욕구사정의 사회적, 다면적 과정이 진행되기 힘들다.

지역 차원의 사회복지 욕구사정 작업에서, 욕구의 확인은 지역에서 해결 가능한 문제의 발견과 공론화, 지역의 정치적 과정을 통한 문제 인정과 우선순위 결정 등을 포함한다. 이 모든 과정에서 욕구 조사는 다면적인 자료수집과 분석을 근거로 제시함으로써 합리적 의사결정이 이루어지도록 돕는다. 그러면서 특정한 문제가 새삼스레 부각되기도 하고, 이제까지 확인되지 않았던 문제가 새롭게 욕구로서 나타나기도 한다. 이전까지 높은 우선순위를 보였던 문제나 사람들의 욕구가 낮은 우선순위로 제시되기도 하는 등의 변화도 나타날 수 있다.

2) 욕구 추산

욕구 확인이 문제의 규정과 관련한 질적인 과정이라면, 욕구 추산은 추상적인 문제 규정을 양적(quantitative)으로 조작화하는 과정이다. 일종의 측량 작업에 해당한다. 예를 들어, '지역 내 장애를 가진 독거 노인의 사회적 활동으로부터의 배제'가 욕구 확인이라면, 욕구 추산은 '지역 내 장애를 가진 독거 노인'이란 어떤 사람들이며, 몇 명이나 되는지, '사회적 활동의 배제' 상태를 '있음, 없음' 혹은 '심함, 약함'으로 한다면 얼마나 되는지 등을 헤아리는 것이다.

욕구 추산은 박탈과 소외와 같은 문제에 대해 '적정선'을 긋는 작업과 같다. 문제에다 눈금자를 갖다 대고 측량을 시도하는 것이다. 정치경제학적 관점을 따르자면, 여기에서 사용되는 눈금은 자연적, 생물학적으로 규정되는 것이 아니다. 개인과 사회의 상호기대적인 산물로서 인위적으로 판단, 결정되는 것이다. 예를 들어, 무엇이 '장애'이고, 누가 '장애를 가진 사람'인지는 순전히 생물리적인 규정이라 보기 어렵다. 그것은 인위적–사회적 규정의 산물이다.

> 시력이 나빠서 안경을 써야 하는 사람을 모두 장애인이라 하지 않는다. 목욕탕에 가기 어렵고, 안경을 끼고서 할 수 없는 운동은 포기해야 하고, 겨울에 버스도 제대로 탈 수 없는 등 (일상생활의 영역에) 심각한 지장을 초래하는데도 불구하고, 누구도 안경 낀 사람 혹은 렌즈를 착용한 사람을 장애인이라 하지 않는다. 아무도 그것을 '보장구'라 하지 않는다. 보조금도 없다. 분명 장애의 규정은 인위적, 사회적이다.

추상적인 문제를 조작화, 수량화하는 욕구 추산의 과정은 숱한 어려움을 내포하고 있다. 예를 들어, '장애를 가진 독거 노인'이 어떤 사람인지를 경험적으로 구체화시켜야 지역 내 그런 노인의 수가 파악되는데, '장애를 가진'이 뜻하는 바가 무엇인지는 단지 전문가나 기술자가 '설문 조사를 해서…' 파악해 내는 그런 것도 아니다. 여기에도, 즉 욕구 추산의 과정에도 욕구사정의 정치경제적 맥락은 엄연하게 존재한다.

사회복지 욕구 조사에서는 욕구의 기본적인 규정으로 '가난한 사람'을 빼놓을 수 없다. 다른 분야의 욕구 조사와 일차적으로 차이 나게 하는 욕구 규정의 출발점이 빈곤과 관련 있기 때문이다. 사회복지 욕구 조사에서는 가족 문제나 사회 문제, 개인 문제 등에서 빈곤과의 관련성을 어떤 형태로도 띠고 있지 않으면, 사회복지의 욕구로서 규정되기 어려운 것이 현실이다. 그것은 '왜 그 사람들을 사회가 도와줄 필요가 있나?'에 대한 강력한 설득력 기제로서 작용하는 것이다. 그런데 사회복지의 욕구 조사에서 기본 출발점이 되면서도 가장 어려운 문제가 바로 이 '누구'에 대한 문제다. 이 문제가 욕구 추산의 어려움을 대변한다. 빈곤선(poverty line)의 규정을 둘러싼 논란도 이 문제의 어려움을 단적으로 대변한다.

그나마 장애의 기준이나 빈곤선 등에 대해서는 이미 공식화된 규정(예: 법적 기준)이 마련되어 있으므로, 합의가 수월할 수 있다. 그러나 인간 욕구의 상위 단계로 올라갈수록, 욕구 추산의 양화 작업은 점차 힘들고 복잡한 과정이 된다. 매슬로(A. Maslow)의 인간 욕구 위계의 최상위 단계인 '자아실현'의 욕구를 추산해 내는 데 어떤 어려움이 따를지는 상상하기조차 힘들다.

욕구의 확인, 추산 과정에는 다양한 조사방법의 기법이 필요하다. 연구 디자인의 설정과 측정 도구의 개발, 샘플링과 추론 통계분석을 활용한 추정치 산출, 다면적 자료수집 등에 조사방법론의 지식은 필수가 된다. 그럼에도 이러한 조사방법의 기법들은 단지 욕구사정의 의사결정에 필요한 다층적인 정보를 정확하게 도출하는 방법일 뿐이며, 그것만으로 욕구사정의 전반이 결정되는 것은 아니다. 자료에 대한 해석과 의사 결정의 과정은 보다 폭넓은 정치경제적 맥락을 담고 있다.

3. 욕구 조사를 위한 자료수집

욕구 조사는 욕구사정에 필요한 경험적인 근거 자료를 산출하는 것이다. 여기에는 다양한 기법들이 사용될 수 있다. 주어진 상황에서 가장 적합한 기법을 취사 선택하려면 조사자의 욕구 조사에 대한 폭넓은 이해가 전제되어야 한다. 자료가 도출되는 원천에 따라 욕구 조사의 유형은 다음과 같이 구분된다. ① 기존 자료의 활용, ② 서비스 제공자 조사, ③ 지역주민 조사, ④ 주요 정보 제공자 조사.

1) 기존 자료의 활용

각종 사회 조사나 기수행된 연구 자료들을 활용하여, 지역사회의 욕구를 추정하는 자료를 얻는 방법이다. 장기적인 관점에서 지역사회의 욕구 변화 등을 파악하는 데는 이러한 자료들이 보통 유용하게 사용될 수 있다. 사회복지 조직과 프로그램을 둘러싼 일반 환경의 변화를 이해할 수 있게 하고, 서비스 프로그램의 장기적인 목적 설정 등에 유용한 자료를 제공할 수 있다.

이 방법의 가장 큰 장점은 신속하고 저렴하다는 데 있다. 이미 존재하고 있는 자료를 토대로 욕구사정에 필요한 것을 추출하기 때문에, 자료수집을 위한 비용 부담이 낮은 편이다. 이 방법의 주된 단점은 특정한 욕구사정의 구체적 상황에 적합한 자료를 얻기가 쉽지 않다는 점이다. 설령 그런 자료가 존재하더라도 소재 파악이 쉽지 않을 수 있다.

자료의 출처　기존 자료에서 많이 활용되는 것이 각종 정부 기관이나 연구 기관에서 고정적으로 발표하는 다양한 사회지표들이다. 사회지표란 한 지역사회나 전체 인구의 어떤 차원을 특징적으로 나타내는 비율이나 평균값 같은 수치를 말한다.[10] 욕구사정에서 중요하게 다루어지는 사회지표는 주로 지역사회와 관련한 사회인구학적 특성을 반영하는 지표다. 지역사회의 인구 변화, 성비, 혼인 및 이혼율, 가족 구성, 주택 보급률, 소득 분포, 질병률, 범죄율, 서비스 기관의 분포 등이 기존의 통계 자료에서 도출될 수 있다. 비록 시중에 유포되지는 않으나, 공공 기관 등에서 행정적 과정을 통해 조사하고 보관하는 자료들도 그 소재를 파악할 수만 있다면 유용한 정보로 쓰일 수 있다.

자료 처리 기존 자료를 활용하는 데는 다양한 자료 처리 방법을 사용할 수 있다. 가장 쉽고 기본적인 자료의 활용은, 지역의 지도 위에 각종 자료를 투입하고 이를 비교해 보는 것이다. 비록 단순하지만 지역사회의 욕구에 대한 인식을 갖게 하는 데는 매우 유용하다. 자료를 통계학적으로 처리해서 변수 간의 분포와 상관관계 등을 살펴볼 수도 있다. 각종 도표나 통계학적 비교를 수행하는 데 있어 컴퓨터는 매우 중요한 역할을 한다. 자료의 입력과 변형, 각종 형태의 분석 및 출력을 위해 컴퓨터를 활용하는 것은 수작업과는 비교할 수 없는 효율성을 준다. 최근에는 비전문인도 쉽게 활용할 수 있는 전산통계 프로그램들이 많이 나와서 각종 사회지표 자료를 분석하거나 처리, 해석해 내는 것이 손쉬워지고 있다.

기존 자료 활용의 주의점 기존 자료를 활용하는 데 있어서는 그 자료가 갖는 한계점을 이해하고, 그 안에서 적절한 용도를 찾는 것이 중요하다. 자료수집 방법으로서 문헌 연구가 갖는 문제점을 참고하면, 기존 자료의 활용에 따르는 일반적인 한계가 파악될 수 있다.[11] 욕구 조사에서는 특별히 다음을 주의한다.

① 간접적 욕구 측정: 사회지표는 그 자체로서 욕구를 나타내지 않는다. 예를 들어, 이혼율이라는 사회지표의 수치가 증가하고 있다고 하자. 이 경우에 이혼율의 증가 그 자체는 문제나 욕구가 되지 않는다. 이혼율은 단지 이혼하는 비율을 나타내고 있을 따름이다. 이혼율의 증가는 이혼에 의해서 발생될 것으로 예상되는 문제를 추정하게 하는 간접적인 지표일 따름이다. 이혼에 따른 양육의 어려움이나 개인들의 정서적 불안정, 경제적 손실 등의 문제가 보다 실제적인 욕구에 가까운 것이다. 대개 사회지표는 이처럼 간접적인 추정 도구이기 때문에, 직접적으로 욕구가 측정되지 않는다는 한계를

---

10) Meenaghan, T., Washington, R., & Ryan, R. (1982). *Macro Practice in the Human Services*. NY: Free Press, p. 179.
11) 이 책 13장의 문헌연구에 관한 장·단점 부분 참고.

갖는다.

② 자료의 성격과 한계에 대한 정확한 인식 필요: 자료의 한계를 벗어나는 결과가 유추되는 경우가 흔히 있다. 그 대표적인 경우가 '생태 오류'인데, 욕구사정 조사가 기존 자료를 활용하는 경우에 자주 등장하는 문제다.[12] 조사자의 관심에 직접적으로 들어맞는 자료는 찾기 힘들고, 그래서 대개는 집단화된 자료를 구하여 그것으로 개인들에 대한 성향을 유추하는 경우가 많다. 예를 들어, 이혼율이 높게 나타나는 지역에서 청소년 비행률도 높게 나타나는 것을 기존 자료에서 보여 주고 있다 하자. 이러한 자료를 활용하여 지역의 문제를 규정하려는 조사자는 다음과 같은 결론을 내릴 수 있다. '이혼한 가정의 자녀는 청소년 비행에 노출되기가 쉽다.' 비록 이러한 설명이 조사자의 선입견에는 부합될지 모르나, 주어진 자료 내에서는 경험적인 근거가 전혀 없는 설명이다. 자료에서는 이혼 가정의 '자녀'가 청소년 비행에 노출되는지를 보여 주는 것이 아니라, 단지 이혼율이 높은 '지역'에서 청소년 비행률도 높게 나타난다는 것만을 보여 주고 있다. 이러한 것이 생태 오류이며, 기존 자료를 활용하여 욕구사정 조사를 하는 경우에 특히 조심해야 할 부분이다.

③ 자료의 정확성에 대한 관심: 기존 자료의 정확성에 대한 의심이 필요하다. 흔히 수량화되어 있는 자료를 사용하다 보면, 자료가 어떻게 수집되고 손질되었는가를 떠나서 마치 그러한 자료가 객관성을 띠고 있는 것처럼 간주되는 경우가 많다. 그러나 사회현상에 대한 어떤 수량화된 자료도, 수량화 과정의 이해를 전제하고 보면 수량화에 따른 위험성이 많음을 쉽게 알 수 있다. 따라서 이차적 자료의 올바른 활용은 정당한 의심을 전제로 하여야 한다.

2) 서비스 제공자 조사

지역사회에서 현재 서비스를 제공하고 있는 기관들로부터 자료를 획득하는 방법이다. 기관의 관리자나 개별 업무자들에게서 직접 자료를 수집하거나, 기관이 축적하고 있는 기존 자료를 자료수집의 대상으로 한다. 이 방법은 클라이언트의 수와 특성, 서비스 성격과 분포, 서비스 활용의 특성, 서비스 전달 체계의 적합성과 충분성, 미충족된

---

12) 생태 오류와 관련해서는 이 책 3장에서 설명.

욕구에 대한 추정, 비서비스 지역 등에 관한 정보를 얻는 데 유용하다.

서비스 제공자의 자료를 수집하기 위해 사용되는 기법은 크게 몇 가지로 나눌 수 있다. 각 기법에 따라 나름대로의 장단점이 있으므로, 수집될 자료의 성격과 자료수집의 상황을 고려한 적절한 선택이 필요하다.

구조화되지 않은 면접 조사　구조화란 질문 내용들을 사전에 정해 두는 것이다. 인터뷰를 하기 전에 질문과 응답을 예상하여 정형화된 면접 조사의 틀을 갖춘다. 구조화되지 않은 면접 조사는 이와 반대로 대략적인 주제만을 결정하여, 정형화된 질문과 응답이 없이 자유롭게 인터뷰를 수행한다. 장점은 비용이 적게 들고 신속하게 마칠 수 있다는 것이다. 또한 심도 있게 규명해 들어가면서, 예상치 못했던 자료를 획득할 수 있는 재량도 갖게 한다. 단점은 획득한 자료들 간의 일관성이 부족할 경우가 많다는 것이다. 어떤 인물들을 면접 대상으로 선택하는가와 이들이 필연적으로 가지고 있을 편향성을 발견하고 배제해 내는 것이 쉽지 않은 문제다.

구조화된 서베이　구조화된 설문지나 인터뷰를 사용하여 기관에서 정보를 수집하는 것이다. 개별화된 자료수집 상황의 문제가 배제되어 있기 때문에, 수집된 자료가 종합적인 관점을 유지할 수 있다는 것이 장점이다. 이 방법의 단점은 시간과 비용이 많이 든다는 데 있다. 설문 제작이나 인터뷰에 드는 시간, 우편 비용, 후속(follow-up) 조사, 자료 분석 등에 드는 비용이 만만치 않다. 또한 구조화되지 않은 면접 조사와는 달리, 심도 있고 내밀한 정보를 얻기가 어렵다.

서비스 이용 자료 조사　서비스 조직이 서비스 이용자에 관해 축적해 놓은 자료를 사용하는 것이다. 모니터링과 인테이크 절차를 위해서 축적된 자료, 인구사회학적 자료, 문제와 욕구, 제공된 서비스, 서비스 빈도 및 지속 기간, 의뢰 기관, 개입 성과 등에 대한 자료 등이 이에 해당한다. 이러한 정보는 지역사회의 욕구사정뿐만 아니라, 건전한 경영 통제와 프로그램 평가를 위해서도 유용하다. 그럼에도 서비스 이용 자료를 활용하는 데는 몇 가지의 문제점을 사전에 예상해야 한다. 첫째, 클라이언트 정보에 대한 기밀 보호성 때문에 외부에서 이러한 자료에 접근하기가 쉽지 않을 수 있다. 둘째, 서비스 이용 자료는 대개 경영 통제와 책임성 등의 목적으로 만들어지므로, 그것을 욕구 사정의 목적으로 활용하기는 힘든 경우가 많다. 기관이나 업무자들 사이에 표준화된 자료 작성에 대한 합의가 부재하므로, 자료의 범주가 일정하지 않다는 것도 같은 이유에 속한다. 셋째, 서비스 이용 기록은 명백하게 클라이언트 인구에 한정된 것이다. 서비스를 받으러 온 사람들만의 성격과, 서비스를 받지 않은 사람들까지 포함된 전체 인구의 성격은 많은 차이가 있을 수 있다. 따라서 서비스 이용 자료만으로는 일반 인구의 성격을 파악하기가 어렵다.

만약 서비스 이용 자료에서 예상되는 이러한 장애들을 극복할 수만 있다면, 이것은 매우 귀중한 자료 원천이 될 수 있다. 특히 다른 기법들을 통해 수집된 자료와 서비스 이용 자료를 합쳐서 비교·대조하는 수렴식 접근 방법을 택한다면, 욕구사정의 정보에 대한 전반적인 타당성과 신뢰도를 향상시키는 데 기여할 수 있다.

3) 지역주민 조사

지역주민을 대상으로 의견을 수렴하는 조사다. 이는 다시 지역주민을 모집단으로 하여 개별 표본조사를 수행하는 지역주민 직접 서베이 조사와, 지역주민을 한 자리에 모아서 집단 의견을 수렴하는 방식의 지역사회 포럼(공청회) 등으로 구분될 수 있다.

지역주민 직접 서베이　욕구사정을 위한 일차적인 자료수집 방법으로서, 지역주민 당사자에게서 직접적으로 자료를 획득하는 것이다. 따라서 사회지표와 같은 이차적 자료의 활용에 따른 한계가 극복될 수 있다. 또한 서비스 이용 자료의 활용 시 우려되는 특정 서비스 제공자의 공급자적 편향성과, 특정 서비스를 염두에 두고 하는 욕구 산출 등과 같은 치명적인 오류를 피할 수 있다. 적절한 목적과 표본, 자료수집 도구 등이 갖추어진다면, 지역주민 서베이는 욕구사정을 위한 자료수집 방법으로는 최선의 선택이 된다.

지역주민 서베이는 지역주민 전체를 모집단으로 둘 수도 있고, 잠재적 클라이언트의 가능성을 가진 특정 지역사회 주민들을 대상으로 할 수도 있다.

① 일반 인구 서베이: 지역주민 전체를 대상으로 하는 조사로 지역사회 전체를 기준으로 개별적인 문제들의 상대적 중요도를 가늠할 수 있게 한다. 특정 인구 집단의 세밀한 문제나 특성을 파악하는 데는 한계가 있다.

② 하위 인구 서베이: 잠재적 클라이언트의 가능성이 높은 특정 인구 집단을 사전에 지정해서 구체적으로 문제를 파악해 보는 조사다. 이 조사의 한계는 개별 하위 집단들에 대한 조사 결과를 서로 비교하기가 어렵다는 점이다. 그래서 어느 문제가 다른 것에 비해 얼마나 더 심각한 것인지 등을 파악하는 집단 간 욕구의 우선순위 결정에는 적

절하게 쓰이기 어렵다. 수급자(recipient) 조사가 대표적으로 하위 인구 서베이에 해당한다.

일반 인구보다는 하위 인구로서의 위기 인구(risk population)를 서베이 조사의 대상으로 하는 경우에는, 잠재적 클라이언트를 정보 원천으로 활용하여 서비스를 받게 될 사람의 의견과 인지를 직접 끌어낼 수 있다. 그들이 생각하는 욕구는 무엇이며, 그 욕구를 만족시키는 서비스는 무엇인지, 그런 서비스가 주어진다면 얼마나 활용할 것인지 등을 직접 파악할 수 있다. 이러한 정보는 추후에 표적 집단에 대한 서비스 계획의 수립을 위한 중요한 기초 자료가 된다.

일반적으로 지역주민 서베이의 단점은 시간과 비용이 많이 들고, 연구 조사와 관련한 전문적인 능력을 필요로 한다는 것이다. 우편 설문지나 전화 면접 조사 등을 사용하면 대인 면접 조사에 비해서는 비용이 적게 들 수 있으나, 낮은 응답률, 정보의 손실 등이 따른다. 장기간에 걸친 서베이는 시작과 끝의 시점이 상당한 차이를 보이게 되므로, 이 시간 격차에 따라 욕구의 성격이 변화할 수 있다는 단점도 있다. 서베이를 통해 프로그램에 대한 지역사회의 기대감을 상승시키는 부정적인 효과를 초래할 수도 있다. 그래서 지역주민 서베이 기법을 사용할 경우에는 신중한 주의가 필요하다.

어느 서베이 조사에서나 마찬가지로, 지역주민 서베이가 욕구사정을 위한 엄격한 자료로 활용될 수 있기 위해서는 타당성을 확보하여야 한다. 대부분의 서베이는 표본조사로 수행되는데, 표본으로부터 전체 인구의 특성을 도출해 내는 통계학적 추론 방법을 많이 사용한다. 이런 경우에 표본이 대표성을 갖지 못하면, 욕구사정이 목적으로 하는 지역사회 욕구의 수량화는 불가능하다. 대부분의 지역주민 서베이가 시간에 쫓기거나, 의무적인 자료 확보를 위해 형식적으로 수행되는 경우가 많다. 이런 경우에서 표본의 부적절성에 관한 문제가 많이 나타난다.

서베이의 실질적인 유용성을 높이는 데는 조사연구에 대한 전문적 지식을 갖춘 인력의 확보가 중요하다. 측정 도구로서의 설문지나 인터뷰 스케줄을 작성하거나, 표본 선택, 자료수집 과정, 자료 분석 등을 수행하려면 조사방법론에 대한 적절한 이해를 갖춘 조사자가 반드시 필요하다.

지역사회 포럼 지역사회 포럼(community forum)은 지역사회의 다양한 구성원들로부터 가치나 태도, 의견 등을 직접 청취하여 자료를 수집하는 방법이다. 수집될 정보의 내용이 사전에 결정되어 있지 않으므로, 자유로운 지역사회의 의견이 도출될 수 있다는 것이 가장 큰 장점이다. 이에 따라 지역사회 서베이의 문제인 서비스 공급자(조사연구자 포함)의 시각에서 미리 욕구의 범위를 설정해 두고, 그 안에서 욕구를 선택하게 하는 식의 문제가 줄어들 수 있다. 또한 개별적인 면접 방식에서 알아내기 힘든 지역사회의 분위기를 파악할 수 있는 것도 포럼의 장점이다. 지역주민의 개별적인 느낌과 지역주민 전체로서의 감정이 각기 다를 수 있는데, 서베이가 전자를 파악하는 데 유리하다면 포럼은 후자에 유용하다.

지역사회 포럼은 비용이 적게 든다는 경제적 측면의 장점도 있다. 비록 포럼을 준비하는 과정, 사람과의 접촉, 포럼에서 도출된 의견을 요약하고 분석하는 과정, 회의 개최의 시간 등도 적지 않은 비용으로 작용하지만, 서베이와 같은 방법에 비해서는 전반적으로 비용이 적게 든다.

포럼의 중요한 장점은 자유로운 의사 개진에 있지만, 한편으로는 그것이 포럼의 단점으로 작용하기도 한다. 포럼을 통해서 도출되는 자료는 지나치게 방만하거나 아니면 지나치게 협소한 측면만을 다룬 것이 될 수 있다. 포럼은 그 특성상 참석하는 사람을 선별하거나 통제하기가 어렵기 때문에, 지역사회의 대표성을 고루 갖춘 참석자를 확보하는 것이 어렵다. 그 결과 포럼의 참석자는 흔히 지역사회의 한 특수한 집단의 이익만을 대표하는 편중을 보일 수 있다. 의사 진행의 어려움도 포럼의 단점으로 작용한다. 전체 참석자에게 유익한 의사 표출을 유도하고, 특정한 방향으로 의사를 집중해 나가는 것은 매우 어려운 일이다. 이 경우에 시간의 제약 등이 실질적인 문제가 되기도 한다. 이러한 포럼의 대표성과 의사 진행의 실질적인 어려움 등으로 인해, 특정 사안만이 포럼을 통해 부각될 위험성이 충분히 있다.[13]

포럼의 활용에서 가장 중요한 것은 지역사회의 대표성을 가진 참석자를 확보하는 것이다. 그럼에도 전체의 대표성은 획득하기 힘들다. 따라서 이러한 포럼을 활용할 때는, 포럼의 대표성과 의사 진행의 한계를 정확하게 파악하는 것이 중요하다. 포럼에서 도출된 견해는 그러한 한계에 비추어 적절하게 해석되어야 할 필요가 있다. 이처럼 포럼 방법에 수반되는 편향성의 가능성을 적절히 해석해 낼 수 있는 능력만 있다면, 포럼은 지역사회의 욕구사정을 위한 매우 유용한 자료수집 방법이 된다.

---

13) Patti, R. (1983). *Social Welfare Administration: Managing Social Programs In A Developmental Context*. Englewood Cliffs, NJ: Prentice-Hall, pp. 75-78.

포럼은 욕구사정을 통해서 만들어질 프로그램이 지역사회에 성공적으로 받아들여
지는 여건을 조성하는 데도 유용하게 쓰인다.[14] 지역사회에서 프로그램의 실행과 협
조를 구하기 위해서는, 지역사회의 리더십을 가진 사람들의 도움이 필요하다. 포럼의
과정은 자연스레 누가 리더십을 가지고 있는지를 파악할 수 있게 하고, 새로운 프로그
램을 잠재적인 클라이언트에게 직접적으로 널리 알리는 역할도 수행한다.

4) 주요 정보제공자 조사

주요 정보제공자(key informant) 조사는 지역주민의 문제에 대한 정보를 가장 적절히
파악한다고 여겨지는 사람들을 대상으로 수행하는 욕구 조사의 한 형태다. 주요 정보
제공자에는 지역의 통반장, 아파트 관리인, 동네 구멍가게 주인 등과 같은 수요자 측의
정보를 적절하게 대변하는 사람들이 포함되고, 한편으로 지역사회 문제에 대한 전문가
집단이 주요 정보제공자에 해당될 수도 있다. 두 유형이 제공하는 주요 정보의 성격은
각기 다를 수 있다.

지역주민에 대한 직접 서베이는 다양한 장점에도 불구하고, 비용이나 실효성의 측면
에서 수행되기 어려운 경우가 많다. 그럼에도 지역사회의 실태에 대한 견해를 파악할
필요가 여전히 남아 있는 경우에, 주요 정보제공자를 활용하는 대안적 방법이 유용하
다. 이는 주민 직접 서베이에 대한 보완적 의미의 조사로도 사용될 수 있다.

주요 정보제공자의 견해를 도출하기 위한 조사방법으로는 우편 설문이나 대인 면접
등과 같은 일반적인 서베이 방식이 사용될 수 있지만, 초점집단(FGI)이나 델파이 기법
(Delphi) 등이 전문가 집단에 대한 의견 수렴 조사에서는 보다 유용한 것으로 인정되
고 있다. 이 방법들은 개별 대상자를 상대로 개별적으로 자료를 수집하는 방법이 아니
라, 집단의 역학을 활용해서 보다 정제된 정보를 도출해 낼 수 있다는 공통점을 갖고 있
다.[15]

주요 정보제공자 조사의 장점은 비용이 저렴하게 든다는 데 있다. 만약 지역사회의
실정을 꿰뚫고 있는 소수 집단을 대상으로 한다면, 오히려 지역주민에 대한 직접 서베

---

14) 상계서, p. 78.
15) 최근에 이들 기법의 활용도가 새롭게 조명되고 있다. 이 책 14장에서 설명한다.

이보다도 질 높은 욕구사정의 정보를 도출해 낼 수 있다는 점도 장점에 해당한다. 그럼에도 주요 정보제공자 조사의 한계는 명백하다. 그것은 지역주민에 대한 간접적인 욕구 확인의 방법이라는 점이다. 직접 조사에서만 얻을 수 있는 정보를 간접 조사에서는 제공받을 수 없다는 점과, 조사에 포함된 정보제공자들이 누가 되는지에 따라 수집될 정보의 내용이 크게 달라질 수 있다는 점, 그리고 정보제공자들의 편향성의 개입은 불가피하다는 점 등이 단점으로 작용한다.

4. 욕구 조사 기법의 결정

이제까지 욕구사정 조사에 관한 다양한 기법을 살펴보았다. 〈표 25-2〉는 이를 요약 정리해 놓은 것이다. 욕구사정 조사자는 다양한 욕구 상황에 대해 다양한 기법을 적절히 취사선택할 수 있어야 한다. 여기에는 외부로부터의 요구나 시간과 비용의 제한과 같은 현실적 여건들을 고려하는 것도 물론 포함된다.

〈표 25-2〉 욕구 조사의 유형별 비교

조사 유형	욕구 유형	자료원	자료수집 방법	장점	유의점
사회지표 조사	비교	이차 자료	문헌자료 수집	신속/저렴, 장기적 변화 파악	특정 상황에 대한 자료의 부재 가능성
자원재고 조사	표출	서비스 기관	면접 / 설문지	지역 서비스 자원의 정보 획득	공급자 중심의 욕구사정 위험성
지역주민 서베이	인지 표출	지역 주민	면접 / 설문지	수요자 중심의 욕구사정	고비용, 전문지식 부재, 측정의 문제
지역사회 포럼	표출 인지	참가 주민	기록 분석	집단적 차원의 요구 파악	소수 집단의 편향된 의견에 지배될 가능성
전문가 집단 조사	규범 비교	전문가	FGI / 델파이	문제의 원인론과 대안 파악에 유리	참여 전문가 집단의 편향성 위험
주요 정보제공자 조사	규범 표출 인지	주민 대표 등	면접 / 설문지	저비용, 고급 정보 획득	간접적 욕구 파악, 정보제공자의 편향

욕구 확인의 많은 과정이 정치경제적 작용에 대한 질적인 이해를 필요로 하는 데 반해, 욕구 추산의 기법은 구체적인 자료의 확보와 수량을 산출해 내는 고도의 기술적인 능력을 필요로 한다. 따라서 욕구사정을 진행하는 전문가는 자료수집과 분석에 관한 기술적인 지식도 반드시 갖추어야 한다. 그러한 지식이 있어야만, 주어진 상황에 가장 적합한 욕구 조사의 기법을 취사선택할 수 있게 된다.

어떤 기법을 선택하는가에 대한 결정은 단순히 기계적인 과정이 아니다. 욕구사정의 목적, 욕구사정이 수행되는 기관의 성격, 특정 자료의 가용성, 측정의 명확화가 요구되는 정도 등을 복합적으로 고려하여 선택한다. 이상적으로는 하나 이상의 다양한 기법을 복합적으로 사용하여, 비교를 통해 욕구사정의 정확성을 높이는 방법이 있다. 하나의 기법이 가지고 있는 장단점을 보완해 줄 수 있도록 다른 기법을 추가해서 사용하면, 욕구사정의 신빙성이 급격하게 증가할 수 있다.

예를 들어, 지역사회 포럼과 주민 서베이를 같이 사용하면, 자유로운 지역사회의 의견 수렴과 전반적인 분위기를 파악하면서 한편으로 대표성 있는 의견 수렴도 동시에 가능해질 수 있다. 지역사회 서베이나 포럼 기법은 주민의 시각만이 개입된 욕구 파악이라는 한계가 있는데, 여기에 서비스 제공자 조사나 기존 자료를 동원하면 적절한 비교로 활용될 수 있다. 또한 전문가 조사를 통해 드러난 대안적 접근 방법에 대한 정보를 추가시키면, 욕구사정의 실효성까지도 높일 수 있다. 그러므로 비록 한정된 비용으로 욕구 조사가 수행된다는 현실을 고려하더라도, 동일한 비용으로 하나의 기법에 투자하기보다는 다수의 기법들에 분산하는 것이 바람직하다.

제26장
평가 조사

평가 조사는 평가를 목적으로 하는 조사다. 사회복지 실천이나 프로그램에서는 효과/효율성 등을 확인하는 실천 조사연구의 유형으로 쓰인다.[1] 평가 조사의 대부분 과정은 과학적 조사방법을 채택하여 경험적인 자료를 수집하고, 이를 토대로 평가의 목적에 부합되는 분석 결과를 제시하는 것이다. 평가의 목적이나 기준 설정, 결과 활용은 평가 조사의 범위를 넘어선 정치경제적 역학이 작용한다.[2] 이 장에서는 평가 조사의 방법을 중심으로 설명한다.

1. 평가 조사의 목적

평가 조사는 다양한 의문을 제시하고 해답을 구하는 과정이다. 평가 조사의 의문은 일반 조사연구에서의 연구 문제와 그 성격이 같다. 의문의 답을 구하기 위해 논리와 경험이 결합된 과학적 조사방법을 사용한다는 것도 같다. 단지 그러한 의문 혹은 문제가 조직이나 프로그램에 대한 평가 목적 때문에 도출된다는 점이 일반 조사연구의 문제 도출 과정과 차이가 난다.

평가 조사는 의문에서 시작되는데, 그 의문의 성격에 따라 평가 조사의 방향이 달라

---

1) Mark, R. (1996). *Research Made Simple*. Thousand Oaks, CA: Sage, pp. 230-240.
2) 참고: 김영종 (2018). 사회복지행정(4판). 학지사.

진다. 예를 들어, 어떤 직업 훈련 프로그램이 다음과 같은 의문을 제시할 수 있다.

- 직업 훈련 프로그램은 어떤 일을 했나?
- 그것을 위해 얼마만큼의 자원과 비용이 투입되었나?
- 프로그램 참가 훈련생이 이전보다 더 숙련된 기술과 더 많은 보수를 받는 직장을 얻게 되었나?
- 다른 직업 훈련 프로그램들에 비해, 이 프로그램의 성과는 적절한 것인가?
- 직업 훈련이 아니라 취업 알선 프로그램을 실시하였다면, 그 효과는 어떠했을까?
- 취업 알선 전략에 비추어 볼 때, 직업 훈련 전략은 과연 비용-효율적인가?
- 만약 직업 훈련 프로그램이 효과적이면서 비용-효율적이었거나 혹은 그 반대였다면, 무엇이 원인이었나?
- 목표 설정의 근거가 되는 이론은 적절했으며, 실행 요소들도 적합했나?

이런 식의 의문들이 곧 평가의 목적을 형성한다. 모든 평가에는 나름대로의 목적이 있다. 단순히 일이 잘 진행되고 있는지를 확인하려는 목적에서부터, 프로그램이 채택하는 이론의 적절성을 파악해 보려는 목적까지 다양하게 있다. 하나의 평가 조사에서 이를 다 담을 수도 있고, 특정한 의문만을 제시할 수도 있다. 어떤 경우에서든 평가 조사는 이러한 평가 목적 혹은 의문에 대한 답을 제시하려는 것이다.

평가에서 도출되는 정보가 구체적으로 어떤 것이어야 하는지는 그러한 평가 정보를 누가 필요로 하는지에 따라 달라진다. 자원의 배분이나 할당을 책임지는 입장에서는 평가 정보가 특정 프로그램에 대한 계속적인 지원이나 지원 중단, 확대 혹은 축소 등의 의사결정에 필요하다. 서비스 실행 기관과 업무자의 입장에서는 평가 정보가 자신들의 업무 수행에 대한 피드백으로 필요하다. 평가 정보는 프로그램의 개선, 서비스 전달 체계와 조직의 변화 필요성과 방향 등을 파악할 수 있게 한다. 클라이언트의 입장은 특정 프로그램이나 기관이 자신의 이해에 부합되도록 적절하게 활동하고 있는지에 관한 평가 정보를 얻고자 하는 것이다.

이처럼 누구에 의해 어떤 목적으로 평가의 정보가 활용되는가에 따라서 평가의 성격은 달리 나타난다. 평가 조사에서 답해야 할 평가의 의문도 달라지고, 수집되어야 할 평가 정보의 유형도 그에 따라 달라진다.

2. 평가 정보의 수집

어떤 유형의 평가 정보를 수집할 것인지는 평가의 목적에 달려 있다. 평가의 목적에 따른 프로그램 정보의 종류를 분류하면 크게 세 가지로 나눌 수 있다. ① 프로그램의 노력, ② 효과성, ③ 효율성.[3]

1) 노력 정보

노력(effort) 정보는 프로그램의 활동 혹은 업무 수행을 평가하는 목적에 필요하다. 대부분 일원적 기술통계의 자료와 설명으로 구성된다. 다양한 프로그램 활동을 대변할 수 있는 변수들에 대한 축약적 의미의 수치나 자료가 노력 정보로 사용되는데, 예를 들면 클라이언트의 프로그램 참여도, 업무자가 수행한 활동의 양이나 질, 투입된 자원의 정도 등이 이에 해당된다. 프로그램 모니터링에 필요한 대부분의 정보는 이 과정에서 도출되며, 그러한 정보가 효과성과 효율성 평가를 위한 기초 자료로 사용된다.

다음과 같은 노력 정보들이 일반적으로 중요시된다.

- 클라이언트: 수, 나이, 성별, 소득 수준, 가족 구성 등
- 표적 인구가 서비스를 받은 정도: 적용 범위, % 등
- 클라이언트의 서비스 경험: 서비스 접촉의 수와 빈도, 서비스 요청과 최초 접촉 사이의 시간, 중도 탈락 건수 등
- 서비스 담당자의 활동: 케이스 부담률, 제공된 서비스 단위(예: 상담 시간), 서비스 유형(예: 진단, 치료, 출장, 의뢰 등), 서비스 방법(예: 집단, 개인, 가족), 서비스 제공의 시간대 등
- 담당자 업무 수행의 질: 적절한 치료 기법의 활용 여부, 구체적 계획에 의해 서비스가 진행되는지, 행정 규칙과 보고 의무를 적절히 준수하는지 등
- 지출과 자원 활용: 예산 항목의 지출, 물품 사용, 공간과 시설의 적합성 등
- 서비스 비용: 서비스 단위가 전달되는 데 발생한 실질적 비용

---

3) Tripodi, T., Fellin, P., & Epstein, I. (1971). *Social Program Evaluation*. Itasca, IL: F. E. Peacock, pp. 45-50.

2) 효과성 정보

효과성(effectiveness)은 제공된 서비스와 성취된 결과 사이의 관계를 나타낸다. 프로그램이 의도된 성과를 초래하였는지를 나타내는 것이다. 효과성 정보는 '목표가 성취되었는가, 그것이 과연 개입 때문에 초래된 결과인가?'라는 질문에 대한 답을 추구한다. 효과성에 대한 정보는 직접 혹은 간접적 자료수집을 통해서 구할 수 있다.

- 직접 자료: 서비스 대상에 대한 의도된 성과가 나타나는지를 직접적으로 보여 줄 수 있는 자료(예: 특정 지역의 빈곤 감소, 대상 가족의 기능 회복 등)
- 간접 자료: 성과를 간접적으로 유추해 볼 수 있는 자료(예: 특정 지역의 수급자 증가율 감소, 서비스에 대한 만족도 등)

프로그램의 효과성을 나타내는 정보를 구하기 위해서는, 서비스 목표가 성취된 정도를 나타내는 성과 측정이 필요하다. 하지만 많은 경우에 성과 측정의 자료는 직접적으로 산출되기가 어렵다. 특히 사회복지서비스 프로그램에서는 효과성을 직접 성과로 나타내는 것이 어려운 문제로 여겨져 왔다. 성과가 장기간에 걸쳐 나타난다는 것, 대상자의 사회심리학적 변화를 다룬다는 것, 또한 대상자의 서비스 수급으로 일반 사회가 얻는 혜택이 광범위하게 확산되어 있다는 점 등이 사회복지서비스의 성과 측정을 어렵게 하는 이유다. 대상자의 만족도나 참여도 등과 같은 간접적인 성과 지표를 사용하게 되는 것도 그런 이유 때문이다.

3) 효율성 정보

프로그램의 효율성(efficiency) 개념은 두 가지 용법으로 쓰인다. 보통은 $\frac{산출}{투입}$로 많이 사용하지만, $\frac{성과}{투입}$가 프로그램 목표 성취와 관련해서는 보다 유용하다. 프로그램 용어로 산출(output)은 활동의 직접적인 결과물을 말하고, 성과(outcome)는 그런 산출을 통해 의도했던 프로그램 목적의 성취를 뜻하는 것으로 구분된다. 투입(input)은 프로그램 활동에 들어가는 인력, 시간, 돈, 재료, 장비 등을 비용으로 환산한 것이다.

효율성을 측정하기 위해서는 다음과 같은 비용 관련 분석 자료들이 필요하다.

- 산출 비용: 프로그램 산출물 단위에 기준한 생산 비용
- 성과 비용: 프로그램 목표 성취에 기준한 부과 비용
- 상대적 비용: 동일한 산출물을 대안적인 방식으로 생산할 때 소용되는 비용
- 비용 환산: 투입, 산출, 성과 등을 단일한 화폐 가치로 환산

산출을 계산하는 데 필요한 정보는 대부분 노력 정보가 제공한다. '프로그램이 얼마만큼의 일을 했는데, 거기에 들어간 비용은 얼마인가'로 평가하는 것이 $\frac{산출}{투입}$의 효율성 평가가 된다. 성과의 계산은 산출과 다르다. 성과는 산출에다 목표 성취의 정도를 덧붙이거나, 목표 성취의 정도만으로 계산한다. 그 정도의 목표 성취를 위해 투입된 비용이 얼마인지를 비교해서 $\frac{성과}{투입}$ 효율성이 나온다. 그래서 이 두 가지의 효율성은 분명히 다른 정보를 제공하는 것이다.

3. 효과성 평가

효과성이란 궁극적으로 한 조직이나 프로그램의 목표 성취 정도와 관련이 있다.[4] 의도했던 목표가 성취되었는지, 성취되었다면 프로그램 때문이었는지를 확인하는 것이 효과성 평가의 질문이다. 그래서 효과성 평가에서는 먼저 조직이나 프로그램의 목표들이 무엇인지를 찾아내는 것이 일차적으로 중요하다.[5]

사회복지 조직이나 프로그램이 갖는 목표는 대개 사회적 목적과 관련된 목표와, 자기 생존과 유지를 위한 목표로 크게 나누어질 수 있다. 비록 명시적으로는 사회적 목표를 우선시하는 것처럼 보이지만, 자기 생존과 유지를 위한 목표도 무시할 수는 없다. 때로는 조직 유지를 위한 목적이 사회적인 목적을 압도하는 경우도 많다. 그러나 사회복지 조직과 프로그램이 존립하는 기본적인 당위성이 대사회적인 목적에서 비롯되므로, 효

---

4) Anthony, R., & Herzlinger, R. (1975). *Management Control In Nonprofit Organizations*. Homewood, IL: Richard D. Irwin, p. 19.
5) 많은 프로그램들이 프로그램 활동은 하고 있지만, 그것을 프로그램이라는 실체로 인식하지 못하는 경우가 많다. 설령 인식하더라도 명시적으로 내세우는 목표와 실제적인 목표가 다른 경우가 있고, 아예 무엇이 목표인지도 명확하게 규정하지 않은 경우도 많다. 그래서 효과성 평가에서는 ① 프로그램 단위의 확인, ② 개별 프로그램 단위의 목표 규명이 일차적으로 중요한 과업이 되는 경향도 있다.

과성 평가의 일차적인 관심은 프로그램의 사회적 목표 성취 여부에 주어져야 한다.

1) 효과성 평가의 이론적 모형

모든 프로그램은 변화를 위한 도구다. 변화되는 상태를 목적이라고 본다면, 수단으로서의 프로그램은 그러한 변화 상태를 어떻게 성취할 것인지의 이론에 해당된다. 사회복지 프로그램 역시 일종의 변화 모형으로서, 의도적 개입을 통해 개인과 사회에 대한 사회복지 목적의 변화를 시도하는 것이다. 사회복지 프로그램의 효과성 평가는 의도적 개입 목적이 과연 기대했던 변화를 초래했는지의 여부를 확인하는 것이다.

효과성 평가를 위해서는, 첫째, 의도된 변화가 나타났는지, 둘째, 그러한 변화가 개입 때문에 나타난 것인지를 확인해야 한다. 이들을 확인하는 과정이 곧 효과성 평가 조사가 된다. 조사를 위해서는 먼저 프로그램의 변화 모형을 상정하고, 그 안에 있는 다양한 성격의 변수들을 찾아내야 한다. [그림 26-1]은 전형적인 프로그램 모형을 나타내는 것으로, 목표에서부터 성과에 이르는 과정에 위치한 다양한 변수들과 그들 간의 관계를 보여 준다. 목표는 '설정'되고, 성과는 '측정'된다. 이를 비교 평가해서 그 결과를 전체 모형에 포함된 변수 간의 관계를 통해 설명하는 것이 곧 프로그램의 효과성 평가다.

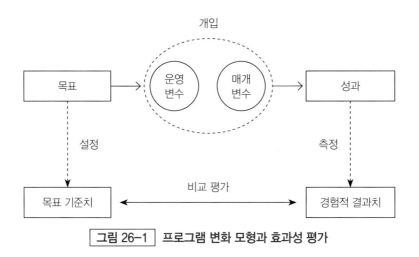

그림 26-1 프로그램 변화 모형과 효과성 평가

먼저 프로그램에는 목표가 있다. 그러한 목표는 구체적인 목표 기준치로 나타낼 수 있는데, 이는 프로그램의 결과에 대한 예상치를 뜻한다. 목표 기준치는 프로그램이 의

도하는 결과를 양화(量化)한 것인데, 이는 목표 설정의 과정에서 이루어진다. 욕구사정을 바탕으로 확인된 문제와 욕구 추산의 결과로서, 특정 프로그램의 목표와 목표 기준치가 설정된다.

　수단으로서의 프로그램은 개입 이론과 개입 변수로 구성되어 있다. 개입 이론은 특정한 원인(X), 즉 개입을 제공하면 특정한 결과(Y)가 도출될 것이라는 논리적인 설명을 말한다. 개입 이론은 개입 변수들로 구성되는데, 개입 변수에는 운영변수와 매개변수가 포함된다. 운영변수란 프로그램을 운영하는 방식의 조합이다. 매개변수란 프로그램의 운영 방식이 결정되어 개입이 이루어졌을 때, 변화가 발생할 것으로 의도된 곳이다. 프로그램은 대개 성과에 직접 영향을 미치는 활동을 하지 않는다. 직접적인 영향은 일차적으로 매개변수에게 주어지고, 매개변수가 변화하면 기대했던 성과가 달성될 것이라고 이론적으로 연결되어 있다.

　프로그램의 결과는 측정된다. 매개변수를 측정하거나 성과를 직접 측정하여 프로그램의 경험적인 결과로 나타낸다. 프로그램의 결과에 대한 측정치는 애초에 설정되었던 목표 기준치와 비교되는데, 이것이 프로그램 효과성 평가의 첫 번째 질문에 대한 답을 제시한다. '과연 의도된 결과가 발생했는가?'에 대한 답이다.

2) 개입 변수의 분석

　개입 변수란 프로그램의 개입 과정에 포함된 운영변수와 매개변수를 말하는 것이다. 프로그램이 성과 목표에 도달하기 위해 수행하는 활동들과 그 활동에 대한 근거이론이 개입 변수의 형태로 이해될 수 있다.

- 운영변수: 프로그램 개입을 구성하는 활동으로 개입 과정을 구체적으로 규정해 놓은 것이다.
- 매개변수: 프로그램의 실행과 결과 사이에 존재하며, 개입 활동과 성과를 이어 주는 가교(bridging) 역할을 하는 변수다.

　한 프로그램의 개입 과정을 적절히 이해하려면, 이 두 가지 변수를 명확하게 구분하는 것이 필수적이다. 프로그램의 오류를 확인하거나 수정 권고를 하기 위해서는 이처럼 개입 변수를 쪼개어서 보는 것이 중요하다.

어떤 직업상담 프로그램이 다음과 같은 가정을 했다고 하자. "직업상담 서비스를 통해 일에 대한 태도와 취업 능력을 변화시키고, 그 결과 취업을 증대시킬 수 있다." '상담'이라는 개입방법을 사용하여 '취업 증대'라는 성과를 기대하는 개입 이론으로, '일에 대한 태도'와 '취업 능력'이 가교 역할을 하는 매개변수로 사용되었다. 운영변수는 직업상담 서비스의 운영 방식을 구체적으로 규정하는 것이다. 집단 상담을 할 것인지 아니면 개별 상담을 할 것인지, 서비스 기간은 어느 정도로 할 것인지, 강제적 참여로 할 것인지 아니면 자발적 참여로 할 것인지, 취업 알선과 연계를 할 것인지, 어느 연령대의 사람을 대상으로 할 것인지, 어느 정도의 난이도를 가진 사람을 대상으로 할 것인지 등과 같은 프로그램의 운영 과정에 대한 구체적인 결정이 곧 운영변수의 값들을 규정한다.

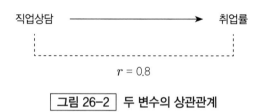

그림 26-2 | 두 변수의 상관관계

두 유형의 변수에 대한 정보를 수집해서 상관관계를 확인해 보니, [그림 26-2]와 같이 높은 상관관계 $r = 0.8$이 나왔다고 하자.[6] 만약 프로그램이 취업률에만 영향을 주었는지를 확인하려 했다면, 평가 조사는 여기에서 끝날 수 있다. 두 변수 간의 관계가 강력하게 성립됨을 보여 주었기 때문이다. 그러나 이 정도의 목적을 위해 평가 조사를 실시하지는 않는다. 평가 조사에 드는 노력과 비용에 대한 효용성이 크지 않기 때문이다.

정상적인 평가 조사라면 그다음 질문 '왜 이러한 관계가 나타나는가?'로 넘어간다. 즉, $r = 0.8$이 어떻게 해서 나타나게 되었는지를 설명해 들어가는 것이다. 그렇게 함으로써 직업상담 프로그램과 취업률과의 관계를 보다 정교하게 이해할 수 있게 되고, 프로그램 이론의 발전과 일반화에도 기여할 수 있는 경험적인 지식이 도출된다.

이 직업상담 프로그램의 개입 이론은 '취업 증대를 위해서는, 취업 대상자의 변화가 필요하다'에 기반하고 있다. 그래서 두 가지 측면의 변화에 중점을 두었는데, 그것들이 곧 매개변수가 된다. ① 취업 동기(일에 대한 태도), ② 취업 능력(기술 및 지식). 이를 도

---

6) 상관계수 r은 완벽한 관계일 때 최대 1에서부터 완전 무관계일 때 0까지 사이의 값을 가진다.

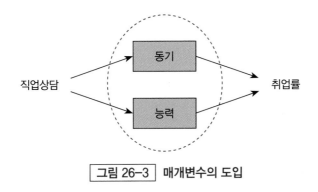

식으로 나타내면 [그림 26-3]처럼 된다.

프로그램이 제공하는 직업상담 서비스는 두 가지 요인에 대해 각기 어느 정도의 효과를 발생시켰으며, 그로 인해 취업률에는 어떤 영향을 미쳤는지를 알아본다. 이것은 막연하게 '직업상담이 취업률을 높였다'로 평가하는 것보다 훨씬 정교하고 유용한 평가 정보를 제공한다. 이처럼 매개변수를 개입시켜 놓고 보면, 프로그램의 효과성에 대한 몇 가지 설명이 뚜렷이 도출될 수 있다.

3) 프로그램 효과성에 대한 설명

앞서 [그림 26-2]에서처럼 직업상담과 취업률이 0.8 정도의 높은 상관관계를 나타냈다면, 일단은 프로그램의 효과성이 나타난 것을 확인할 수 있다. 다음에는 [그림 26-3]과 같이 매개변수들을 동원하여 그 이유를 다양하게 설명해 볼 수 있다. 다음과 같은 몇 가지 가능성을 고려해 본다.

첫째, 두 매개변수가 상담 서비스와 취업률의 상관관계를 모두 다 설명하는 경우다. 이는 프로그램 효과성을 명확하게 설명하는 경험적 근거를 마련하는 것이다. 이를 보다 구체적으로 분석해 보면, 각 매개변수의 상대적 영향력에 대해서도 알 수 있다.

둘째, 두 매개변수가 상담 서비스와 취업률의 상관관계를 충분히 설명하지 못하는 경우다. 전체 0.8의 상관계수 값 중에서 두 매개변수는 단지 0.4 정도의 설명력만을 가진다고 하자. 그러면 나머지 0.4의 설명력은 외부 영향으로 설명할 수밖에 없게 된다. 프로그램 이론만으로 취업률 변화가 완벽하게 설명되지 않고, 부분적으로 설명되지 않는 다른 요인들이 남아 있다는 것이다. 예를 들어, 대상자들이 프로그램에 참가하는 기간 중에 그 지역에 큰 기업이 들어오면서 갑자기 일자리들이 늘어나 취업률 확대에 기여했을 수도 있다.

셋째, 두 매개변수가 상담 서비스와 취업률의 상관관계를 전혀 설명하지 못하는 경우다. 전체 0.8의 상관관계 가운데 매개변수가 취업률을 설명하는 몫은 0이라는 것이다. 이런 경우는 프로그램의 성취가 개입 이론과는 전혀 무관한 다른 요인들에 의한 것이라는 설명이 된다. 아무리 성과 지표가 높게 나왔다 해도, 그것들은 프로그램 개입의 의도된 효과와는 무관한 것이 된다. 프로그램은 효과성 입증에 실패한 것이다.

프로그램 평가는 성과 지표와 매개변수의 변화 정보를 확보하는 것에 그쳐서는 안 된다. 그것만으로는 평가 조사가 의도하는 설명(이론)이 검증되지 못하기 때문이다. 프로그램의 이론을 검증하기 위해서는 과학적 평가 조사의 틀을 갖추어야 한다.

4) 프로그램의 오류와 평가 조사

평가 조사에서 개입 변수를 동원하는 이유는, 프로그램의 효과성이 어떻게 발생하는지의 과정을 이해하고 싶기 때문이다. 이러한 이해를 바탕으로 프로그램의 다양한 오류 가능성도 확인할 수 있다. 이제 예를 바꾸어, 직업상담 프로그램의 목표가 달성되지 않은 경우를 생각해 본다. [그림 26-2]의 0.8 상관계수를 [그림 26-4]와 같이 0인 경우로 바꾸어 본다.

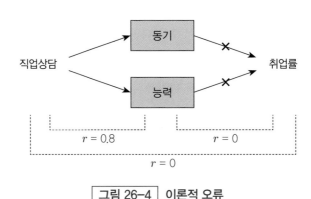

[그림 26-4] 이론적 오류

이는 프로그램 개입과 '취업률' 성과 간에 아무런 연관성이 없다는 것으로, 프로그램을 실시한 후에 취업률의 변화가 없었음을 나타낸다. 이 경우에 일차적으로 프로그램은 효과가 없는 것으로 판명되는데, 평가 조사의 본격적인 의문은 이제부터 시작된다.

그러면 프로그램은 왜 효과적이지 않은가? 프로그램에서 효과성이 나타나지 않은 이유는 크게 이론적 오류와 실행적 오류로 구분해서 해석될 수 있다.

이론적 오류　프로그램 개입이 매개변수들의 변화는 정확하게 초래했지만, 개입 목표의 성과 지표는 변화하지 않는 경우가 있다. 이런 경우를 프로그램이 이론적 오류에 빠졌다고 한다. [그림 26-4]와 같은 경우가 이론적 오류의 전형이다. 직업상담이 취업 동기와 능력을 변화시켰음에도 불구하고, 취업률에서 변화가 발생하지 않는 것이다. 그 이유는 예를 들어 취업 정보의 부족 때문일 수 있다. 취업 동기와 취업 능력이 아무리 높아져도 일자리 기회가 적절히 주어지지 않으면 취업에는 아무 효과가 없을 수도 있다. 이처럼 매개변수의 변화가 성과와 연결되지 않는 경우를 프로그램의 이론적 오류라고 한다.

이론적 오류는 수많은 매개변수들 사이의 상호작용을 명확하게 이해하지 못했거나 규명해 놓지 않았기 때문에 발생하는 것이다. 이 경우는 다른 매개변수들을 고려하여 개입 이론을 수정해야 할 필요가 있다. 동기와 능력에다 취업 기회의 제공이라는 매개변수를 추가로 투입한다든지, 아니면 개입 이론을 전면적으로 수정하여 아예 취업 기회 제공을 직업상담 서비스의 중심 목표와 매개변수로 삼을 것인지 등을 정책적으로 고려해 보아야 한다.[7]

실행 오류　매개변수에서부터 의도된 변화가 발생하지 않으면, 이는 실행 오류로 규정된다. [그림 26-5]와 같은 경우를 실행 오류로 본다. 프로그램의 성과가 발견되지 않은 이유는, 일단 매개변수가 변화하지 않았기 때문이라고 본다. 프로그램이 제대로 실행되지 않았기 때문에 매개변수의 변화가 나타나지 않는다고 해서 이를 실행 오류라 한다. 이는 이론적 오류와는 무관하다. 실행 오류가 확인되면, 이론적 오류에 대한 검증은 이미 수행할 방법이 없다.

실행 오류의 분석은 우선 프로그램이 제대로 실행되지 않았던 데서 문제가 발생한 것으로 간주한다. 만약 프로그램이 매개변수에 대한 변화를 유발할 수 있었다면, 이론적으로는 취업률을 향상시키는 데 기여할 수 있었을 것으로 가정한다. 따라서 프로그램 혹은 직업상담 서비스는 왜 의도했던 대로 사람들의 취업 동기나 능력을 변화시킬

---

7) 정책적 고려가 필요한 이유는 프로그램 형성은 이러한 분석 결과만으로 되지 않기 때문이다. 자원공급자의 선호, 시장 환경의 고려, 내부 인력 구성의 변화 가능성 등과 같은 다양한 프로그램 내·외부 환경 요소들이 정책적 고려의 대상이 된다.

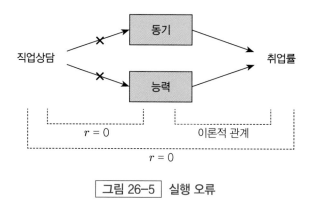

그림 26-5 | 실행 오류

수 없었는지를 분석해 보아야 한다.

실행 오류를 설명하는 평가 조사는 프로그램의 운영변수들에 주목한다. 프로그램의 운영변수들에 속하는 프로그램 기술(집단 상담 혹은 개별 상담과 같은 상담방법, 상담의 시간 길이나 시간대, 상담자의 자질과 능력, 상담 내용 등)이나 프로그램 실시 환경 등을 분석해서, 왜 의도했던 매개변수에의 변화가 발생하지 않았는지를 파악할 수 있다. 제반 실행 오류의 수정을 위해서는 행정적인 접근 전략들이 필요하다. 전문적 인력 개발이나 관리 혹은 교체, 프로그램의 물리적 환경 변화(예: 상담실의 위치나 기자재 변경 등), 슈퍼비전이나 리더십, 조직 내 서비스 전달 체계의 개선 등이 이러한 접근에 포함된다.

프로그램의 목표가 바람직한 성과로 도출되지 않았을 경우에, 그것이 어떤 원인에서 비롯된 것인지를 분석할 필요가 있다. 즉, 오류에 대한 규명이 필요하다는 것인데, 평가 조사에서는 개입 이론에 의거해서 매개변수와 운영변수를 설정하고 조사하여 오류의 근원을 찾아가는 방법을 쓴다. 평가 조사는 프로그램의 오류가 무엇인지를 밝혀 설명함으로써, 평가의 원래 목적인 프로그램 수정이나 개선을 위한 정보를 제공할 수 있다. '무엇을' '어떻게' 고쳐야 할 것인지에 대한 합리적 근거를 제시하는 것이다.

5) 성과 변수와 기준

프로그램 실행의 결과로 성과가 나타나는데, 성과를 어떤 형태로든 측정할 수 있는 형태로 담는 것을 성과 변수라 한다. 성과 변수의 측정은 프로그램의 예상 목표 혹은 기대치들과 비교되어 평가된다. 성과 변수가 담는 측정의 내용을 유형별로 분류하면 다음과 같다.[8]

- 인지, 감성: 프로그램 참여자들의 지식이나 능력, 태도 등과 관련한 속성의 측정치. 심리사회적 설문 형식의 측정 도구를 주로 사용
- 행동, 건강: 신체적/정신적 건강 상태나 다양한 개인적/사회적 행동 등의 속성에 관한 측정치. 진단적 절차의 채용이나 관찰 등의 방법을 주로 사용
- 지역사회: 집합적인 의미의 변화에 대한 측정치. 실업, 사망률, 질병률, 이혼율 등의 사회 지표를 주로 사용
- 서비스 네트워크: 서비스 전달 체계의 변화에 대한 측정치. 관찰이나 서비스 기관의 기록, 서비스 이용자의 주관적인 느낌, 욕구 조사 등의 복합적 자료수집의 방법을 사용

성과 변수는 프로그램의 계획 단계에서 규범적으로 설정했던 '기준치'와 실행 결과의 '측정치'로 구분한다. 이 두 개의 값이 비교되어 평가가 이루어진다. 성과의 측정치들은 그 자체로는 아무런 의미가 부여될 수 없다. '크다, 작다'를 말할 수조차 없다. 그것에 의미를 부여하려면 그 측정치들에 대한 비교 기준이 필요하다. 이러한 기준을 '규범적(normative)'이라 하는 이유는 그것이 바람직한 상태에 대한 인위적인 설정이기 때문이다. 어떤 성과가 발생했을 때 그것을 성공이나 혹은 실패라고 규정하는 평가 기준은 자연적이 아니라 인위적이라는 뜻이다.

평가에서 규범적 기준을 설정하는 방법에는 절대적 목표 기준과 상대적 목표 기준이 있다.[9]

절대적 목표 기준   프로그램의 성과 목표치를 사전에 '무엇' '얼마'로 못 박아 두고 평가의 기준으로 삼는 방법이다. 절대적 목표 기준은 평가를 손쉽게 해 준다는 장점도 있지만, 문제도 적지 않다. 미리 못 박아 놓은 목표치의 성취 여부만을 보는 것이므로, 평가의 초점을 지나치게 좁힌다는 것이 가장 큰 문제다. 어떤 프로그램이 비록 정해진 절대 목표는 훌륭하게 성취했더라도, 그 프로그램의 실행 과정에서 어떤 예기치 않은 결과들이 나타났을지에 대해서는 평가할 수 없다.

---

8) Gates, B. (1980). *Social Program Administration: The Implementation of Social Policy*. Englewood Cliffs, NJ: Prentice-Hall, p. 223.
9) 상게서, pp. 226-226.

청소년 선도를 목적으로 하는 프로그램이 구체적인 목표를 비행청소년의 사회 재적응에 두고, 일반 청소년과 비행청소년들 간의 교류 확대라는 방법을 사용했다고 하자. 프로그램을 실행한 결과 비행청소년들의 재발률이 현저하게 감소했다. 이 경우에 절대적 목표 기준만을 두고 평가하자면, 이 프로그램은 매우 효과적이다. 목표에서 의도했던 성과가 발생했기 때문이다. 만약 교류 확대의 부정적인 결과로서 일부 일반 청소년들이 비행에 빠진 결과가 발생하였더라도, 사전에 평가 기준을 엄격하게 못 박아 놓은 관계로 그 사실들이 평가 과정에서 포착되어 나올 가능성은 희박하다.

절대적 목표 기준의 평가가 얼마나 정확한지는 성과 변수의 정교성과 기준의 양화 정도에 달려 있다. 예를 들어, 단순히 '직업상담의 제공'을 목표로 한다는 프로그램의 성과를 평가하는 것은 거의 불가능하다. 왜냐하면 목표 기준이 너무 느슨하게 설정되어 있기 때문이다. 어떤 종류의, 얼마나 많은 사람들에게, 어떤 목적의, 얼마의 기간 동안 등의 구체화된 목표 규정이 없기 때문이다. 이런 경우는 프로그램의 성공 여부를 판단할 수 없다. 판단의 근거가 되는 목표 기준이 애초부터 설정되지 않았던 것이나 마찬가지이기 때문이다.

상대적 비교 기준　평가 기준을 상대적인 개념으로 제시하는 것이다. 유사한 활동을 수행하는 다른 프로그램들의 성과 예에 비추어 보아, 프로그램의 성과 기준을 탄력적으로 채택하는 것이다. 상대적 비교 기준을 채택하는 장점은 절대적 기준의 장단점과 대치된다. 상대적 비교 기준의 단점은 엄격한 사전 기준치의 부재로 인해 성과의 측정치들이 제각기의 잣대로 평가될 소지가 크다는 것이다. 장점은 평가에 유연성을 제공할 수 있다는 것이다.

한 직업상담 프로그램이 그 성과 목표를 상담자들 중 85% 정도를 취업시키는 것으로 삼았다고 하자. 프로그램 실행 후에 결과를 측정해 보니 취업률이 40%로 나타났다. 절대적 목표 기준으로 평가할 경우, 이 프로그램은 명백히 실패한 것이 된다. 예상 기대치의 절반 정도에도 못 미치는 성과를 냈기 때문이다. 그런데 상대적인 규범 기준을 적용하면, 이 프로그램은 매우 성공적이라고 평가될 수도 있다. 유사한 환경에서 유사한 목표를 가진 다른 프로그램들은 평균 취업률이 20% 정도에 불과했다. 그러면 취업률 40%의 성과를 낸 이 프로그램은 다른 프로그램들에 비해 두 배 이상 높은 효과를 거둔 것이 된다.

이처럼 상대적 비교 기준을 채택하는 평가의 장점은 비현실적일 수도 있는 이상적인 규범 기대에서 벗어나, 실현 가능한 정도로서의 평가 기준을 세울 수 있다는 것에 있다. 그러나 상대적 비교 기준의 핵심이 되는 비교 기준치들이 분명하게 존재하지 않는다면, 이 기준 방법은 적용되기 힘들다.

6) 개입 효과와 연구 디자인

프로그램 개입에 따른 효과성을 경험적으로 밝히기 위해서는 일련의 조사 절차를 거친다. 앞서 예를 들어 설명한 평가 조사의 경우들도 이러한 조사 절차를 거쳐 나타난다. 평가 조사에는 연구 디자인, 측정과 자료수집, 자료 분석 등의 조사 기법들이 요구된다.[10] 여기서는 평가 연구의 디자인에 대해서만 간단하게 설명한다.

(1) 개입과 효과성의 관계

프로그램의 목적은 어떤 상태에 대한 의도된 변화로서, 자연스럽게 진행되는 과정에 인위적인 개입을 시도하는 것이다. 프로그램이 효과적이라고 말할 수 있기 위해서는 두 가지의 사실이 확인되어야 한다. 프로그램이 실시되기 전과 후에 상태의 변화가 있었는지, 그러한 변화 차이가 반드시 프로그램 개입 때문인 것인지가 모두 확인되어야 한다. 이 중 어느 하나만으로는 효과성이 확인될 수 없다.[11]

개입의 효과성을 확인하려면, 일차적으로 상태에 변화가 있었는지를 확인한다. 이를 위해서는 적어도 대상 집단이나 개인에 대해 서비스 개입의 전과 후를 비교할 수 있는 측정 자료가 구비되어야 한다. 집단 프로그램에서는 '전-후 검사' 디자인이 이를 가능하게 하고, 단일사례 실천/연구에서는 'A-B' 디자인이 이를 가능하게 한다. 개입 전과 후가 비교될 수 있는 자료를 산출하기 위한 최소한의 디자인 장치다. 이러한 디자인은 프로그램이 실시되기 전 기획 단계에서 구비되어야 하는데, 그래야 디자인 실행에 필요한 요소들을 갖출 수 있게 된다. 프로그램이 이미 실행되면 '전 검사' 혹은 'A' 자료의 필요성을 뒤늦게 확인해도 방법이 없다.

[그림 26-6]은 단순 전후 비교 디자인을 채택해서 상태의 변화를 확인하는 것을 도식화한 것이다. 프로그램 실시 전의 상태인 O_1과 프로그램 실시 후의 상태인 O_2의 크기

---

10) 이 주제들은 이 책의 대부분 내용에 해당한다.

11) 현실적인 이유에서 전-후 차이만으로 효과성의 증거를 제시하는 경향이 있지만, 그럼에도 이 차이가 개입 때문이었는지에 대한 증거를 제시하지 못하면 엄밀하게는 효과성 평가라고 하기 어렵다.

를 비교한다. 비교의 방법은 크기의 차이($O_2 - O_1$)를 확인하는 것이다. 그리고 그 차이가 의미 있다고 판단될 만큼 큰 것인지를 확인한다. 이때 '의미 있음(significance)'의 판단 여부는 단순히 통계학적 방법을 쓰지 않는다. 여기에는 절대적, 상대적 목표 기준치의 달성 여부가 반영되고, 그 과정에 전문적, 관점에서의 의미 있음이 판단된다. 사전에 약속된 목표 기준치나 전문적인 판단 등에 의거해 볼 때 O_2가 O_1보다 충분히 큰 것이라고 판단되면, 일단은 의미 있는 차이가 있는 것으로 평가된다.

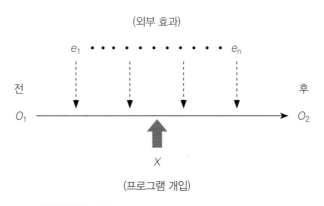

그림 26-6 | 프로그램 개입과 효과성의 관계

그런데 이러한 차이나 상태 변화가 의미 있음을 보여 주는 것만으로는, 개입의 효과성이 충분히 검증되었다고 말할 수 없다. 여기에는 두 번째 사실에 대한 검증이 필요하다. 조사방법의 용어로는 인과관계의 규명에서 '외부 사건(history)의 개입'에 대한 가능성을 배제해야 한다고 표현한다. 여기서는 이렇게 적용된다. '그처럼 의미 있는 차이 ($O_2 - O_1$)가 과연 외부의 어떤 알 수 없는 영향(e_i)들 때문이 아니라, 프로그램(X) 때문에 발생했다는 것을 어떻게 확신할 수 있는가?'의 의문에 답하는 것이다.

[그림 26-6]에 나타나 있는 〈외부 효과〉가 이러한 맥락을 보여 주고 있다. 실제로 어떤 프로그램에서든 무수히 많은 외부 영향이 있다. 그래서 그것들의 가능성을 배제하지 못하면, ($O_2 - O_1$)의 차이를 개입(X)으로 인한 효과성으로 설명할 수 없다.

지역사회 청소년 비행의 예방과 억제에 관심을 둔 프로그램이 있는데, 특정 지역의 청소년들을 대상으로 집단실천 개입방법을 채택하였다. 성과에 대한 측정 지표를 비행률에 두었는데, 1년간의 프로그램 실행 기간이 끝나고 이 프로그램이 과연 효과적이었나를 알고자 한다. 프로그램 실시 전에는 10%였던 해당 지역의 비행률이 프로그램 실시 후에는 1%가 되었다고 한다. 일단 평가자들에게 이 차이는 매우 의미 있는 것으로 인정되었다. 그러면 이 프로그램은 성공했다고 보아도 무방한가?

단순 전후 비교 디자인을 채용해서 평가를 수행한 경우는 이 의문에 답할 수 없다. 이를 검증할 자료수집이 이루어지지 않았기 때문이다. 만약 효과성 평가의 두 번째 질문을 예상했더라면, 여기에는 또 다른 자료가 필요하고 그에 적절한 연구 디자인을 구비했을 것이다. 질문은 '그토록 놀라운 9%의 이유는 무엇인가?'에 관한 것이다. 9%의 변화 차이가 과연 프로그램 때문이었는지를 입증하라는 질문이다. 예를 들어, '같은 시기에 그 지역에 이루어진 재개발 공사로 인해 비행청소년 인구가 대거 외지로 이주했기 때문'이라는 등의 대안 설명 혹은 오류(e_i)들의 가능성을 경험적인 근거를 들어 배제해 보라는 것이다.

(2) 평가 조사의 연구 디자인

효과성 평가에 필요한 두 번째 경험적인 사실은 인과성의 검증을 목적으로 한다. 이를 위해서는 개입 변수와 성과 변수 간의 인과관계를 검증하는 데 필요한 경험적 자료들의 배열이 필요한데, 이것이 연구 디자인의 몫에 해당한다. 단순 전후 비교 디자인은 변화 발생 여부를 확인하는 데 필요한 경험 자료는 제시하지만, 인과성 확인에 필요한 경험적 근거는 제시하지 못한다. 그래서 단순 전후 비교 디자인에다 외부 효과 설명 가능성들을 경험적으로 확인해 볼 수 있는 디자인 요소를 추가해야 한다.

이러한 고려를 통해 평가 조사를 위해서는 몇 가지 연구 디자인들이 많이 쓰인다. 각각의 디자인은 나름대로의 장단점이 있으므로, 실천/연구자는 평가 조사 시에 개별 환경에 가장 적합한 것을 선택하기 위해 이들 연구 디자인을 폭넓게 이해하고 있어야 한다.[12]

실험 디자인 실험 디자인(experimental design)은 동질적인 통제집단과 실험집단을 갖추고 있으므로, 외부 변수들의 영향 여부를 쉽게 확인해 낼 수 있다. 그래서 개입의 효과성을 확인하는 데 가장 이상적인 디자인이라고 할 수 있다. 실험 디자인으로 개입의 효과성을 검증했다면, 그 효과는 그만큼 더 신뢰할 수 있다는 뜻이다.

그럼에도 사회복지 프로그램의 평가 조사에 실험 디자인을 적용하는 데는 몇 가지 어려움이 있다. 첫째, 실험 혹은 통제를 목적으로 유사한 처지의 서비스 대상자들에게

---

12) 다양한 연구 디자인의 논리에 대한 설명은 이 책 7장 참고.

인위적인 차별을 하게 되므로(서비스를 받는 실험집단과 서비스를 받지 못하는 통제집단으로 나누는 경우), 윤리적인 문제의 소지가 있다. 둘째, 현실적인 문제로서, 실천 상황에서는 대상자들에 대한 인위적인 조작(인센티브의 조절이나 서비스 환경의 변화 등)이나 엄격한 통제(집단 간 교류를 금하는 것 등)가 이루어지기 힘들다. 따라서 실험 디자인은 사회복지 프로그램 평가 조사에서 실제로 사용되기 어렵고, 다만 실험 디자인의 이상(ideal)은 다른 평가 디자인들의 한계를 찾아보는 근거로 활용되는 것이 보통이다.

유사−실험 디자인　유사−실험 디자인(quasi-experimental design)은 실험 디자인에서와 같은 엄격한 통제집단을 갖추기 힘든 경우에 쓴다. 통제집단의 효과를 대신할 수 있는 방법을 나름대로 갖춘 디자인들이 이에 해당한다. 느슨한 통제집단을 갖춘 비동일 통제집단 디자인, 통제집단 대신에 한 사례 내부에서 시간적인 차이를 둔 반복 측정으로 비교의 근거로 삼는 단절 시계열 디자인(혹은 단일사례 디자인) 등이 유사−실험 디자인의 대표적인 경우들이다.

사회복지 프로그램의 평가 조사에서는 엄격한 통제집단을 갖기 힘든 이유로 인해, 다양한 유사−실험 디자인들이 선호된다. 그럼에도 이러한 디자인들이 실험 디자인의 이상을 완전히 대체할 수는 없다. 따라서 유사−실험 디자인을 사용하는 경우에는, 결과의 분석과 해석이 적절한 한계 설정하에서 이루어져야 한다. 평가 조사자가 조사방법에 대한 충분한 지식을 갖추어야 하는 것도 바로 이러한 이유들 때문이다.

비교 디자인　비교 디자인(comparative design)은 유사한 개입 이론을 갖는 다수의 프로그램들을 비교의 대상으로 삼아서 해당 프로그램의 개입 효과성을 파악하는 방식이다. 이 디자인의 성격은 하나의 엄격한 통제집단 대신에 다수의 상이한 실험집단들을 갖는 것과도 같다. 실험이나 유사−실험 디자인들이 조사방법론의 논리에 충실하다면, 비교 디자인은 통제를 수반하지 않는 상태에서 각기 다른 프로그램들을 비교하기 때문에 현실 상황에 보다 충실한 디자인이라 할 수 있다.

비교 디자인은 비슷한 개입 이론을 가진 프로그램들이 각기 서로 다른 성과를 내는 이유를 각 프로그램의 운영변수들의 차이에서 확인한다. 어떤 운영변수가 성과에 중요한 영향을 미치고, 그러한 운영변수들의 영향을 어떻게 분리해서 설명할 수 있는지를 찾아낸다. 이 과정은 사전에 명확하게 설정된 논리적 틀보다는, 현장에 대한 풍부한 경험과 프로그램 내부의 지식을 갖춘 실천/평가자들을 더 필요로 한다. 이들은 프로그램의 운영변수들을 잘 식별해 내고, 그 각각의 분리된 효과성의 검증을 위해 필요한 통제를 경험적인 지식으로 보충할 수 있다.

비교 디자인은 엄격한 인과관계에 대한 검증에 필요한 체계적인 경험 자료를 제시하기는 어렵다. 설령 가능하더라도 그것을 시도하는 데는 많은 전문가와 시간, 비용이 투입되어야 한다는 문제도 있다. 그래서 비교 디자인은 프로그램 이론에 대한 전면적인 검증을 요구하는 평가 연구에서는 쓰이기 어렵다. 그러나 대부분의 평가 조사는 프로그램 수정 차원의 피드백 정보를 목적으로 실행되는데, 이런 경우에는 비교 디자인이 크게 불리하지 않다.

비교 디자인은 프로그램의 내부 사정에 익숙한 평가자들이 수행하고, 다른 프로그램들과의 비교를 통해 평가 분석이 이루어진다. 그 때문에 사회복지 조직이나 프로그램이 서비스의 개선을 위해서 어떤 운영변수들을 수정해 나가야 할 것인가를 판단하는 데는 오히려 실용적인 고급 정보를 제공해 줄 수 있다. 만약 내부자적인 편견을 억제할 수 있는 디자인 요소가 확보될 수만 있다면, 제한된 자원 내에서 평가 조사를 수행해야 하는 사회복지 기관이나 프로그램의 입장에서는 비교 디자인이 적절한 선택일 수 있다.

4. 효율성 평가

효율성 평가는 프로그램의 결과를 비용적인 측면에서 평가하는 것이다. 효과성 평가가 프로그램의 목적 달성 여부를 확인하는 것이라면, 효율성 평가는 그러한 목적 달성에 소요된 비용의 문제를 다룬다. 목표를 성취하는 데 얼마만큼의 자원과 비용이 투입되었는지, 투입된 자원의 비용을 감안할 때 목표 성취의 정도는 적절한 것인지, 대안적인 프로그램 방법들에 비해 그것이 과연 비용 효율적이었는지 등을 평가하는 것이다. 효율성 평가에는 비용의 항목 설정과 계산 등이 중요한데, 그것은 이 책의 범위를 벗어난다.[13] 여기서는 효율성 평가의 대표적인 두 가지 분석 유형만을 간단히 설명해 본다.

---

13) 효율성 평가에 대한 구체적인 내용은 참고: 김영종, 사회복지행정.

1) 비용-편익 분석

비용-편익(cost-benefit) 분석은 프로그램에 투입된 자원과 도출된 성과를 화폐적 단위로 환산해서 비교해 보는 것이다. 한 프로그램에 투입된 자원의 총량을 화폐 단위로 계산하면 비용(cost)이 되고, 성과 역시 측정을 통해 드러난 상태의 변화량이 갖는 의미를 화폐적 가치로 환산하면 '편익'이 된다. 특정 서비스에 대한 성과를 계산하는 방식은 만약 그 서비스가 주어지지 않았다면 발생할 수 있었을 결과들을 통해 유추해 낸다. 이렇게 산출된 프로그램의 경제적 편익 가치는 프로그램에 투입된 비용 가치와 대비된다. 비용-편익의 비율은 $\frac{편익}{비용}$으로 나타내는데, 이 비율이 클수록 프로그램은 효율성이 높은 것으로 간주된다.

이 분석틀에서는 사회복지 프로그램이란 일종의 투자(investment)로 간주된다. 그리고 사기업에서 투자에 대해 분석하는 것과 마찬가지로, 대안 프로그램들을 '수익성(profitability)'이라는 기준에 비추어 평가해 볼 수도 있다.[14] 한 프로그램의 효과는 미래의 편익과 비용의 흐름을 발생시키는 것으로 간주된다. 그 프로그램의 일생을 통해 발생할 모든 성과는 현재적 화폐 가치로 환산된다. 프로그램 비용의 흐름에 대해서도 마찬가지다. 그 결과 '프로그램의 수익성 = 편익의 현재적 가치 − 비용의 현재적 가치'로 계산된다. 모든 대안적인 프로그램들에 대한 가능성을 이러한 방법으로 분석한 후에 가장 수익성이 높은 것을 가장 효율성이 큰 것으로 평가할 수도 있다.

비용-편익 분석은 제2차 세계대전 이후에 미 국방성 내에서 의사결정 도구로 개발된 이래 여러 분야에서 다양하게 사용되고 있다. 비용-편익 분석이 의사결정에 도움을 주는 이유는, 그것이 서로 이질적인 목표를 가진 프로그램들의 손익 비교를 가능하게 해 주기 때문이다. 화폐 가치 기준이라는 공통된 잣대가 그것을 가능하게 한다.

> 한 입양 프로그램과 한 미혼모 프로그램을 비교한다고 하자. 입양 프로그램은 10명의 아이들이 입양 완료되는 것을 성과 목표로 하고, 미혼모 프로그램은 50명의 미혼모와 그 아이들에게 일정 기간의 주거와 육아 서비스를 제공하는 것을 목표로 한다. 만약 100이라는 자원이 있을 때, 이를 어디에 투자할 것인가? 골고루? 너무 고루하지 않을까? 이 결정을 하기 위해서는 두 프로그램의 기대 성과에 대한 가치를 비교할 수 있어야 한다. 그런데 두 프로그램은 두 가지의

---

14) 상게서, p. 213.

이질적인 목표를 두고 있어서, 이대로는 어느 것이 더 가치 있는 것인지에 대한 결정을 주관적인 가치 판단에 의존할 수밖에 없다. 만약 비용-편익 분석의 개념을 도입해서 두 프로그램의 목표를 화폐 가치로 환산할 수 있다면, 이제 두 프로그램은 동일한 가치 기준으로 비교, 평가될 수 있을 것이다.

이처럼 비용-편익 분석은 각기 다른 목표를 갖는 프로그램들까지를 포함한 모든 활동들을 동일한 가치 기준에서 비교할 수 있게 해 준다. 각각의 프로그램들에 대한 상대적인 장점은 궁극적으로 수익성이라는 단일한 기준으로 평가된다. 어떤 분야에서는 비용-편익 분석이 의사결정에서 핵심적인 도구가 된다. 예를 들어, 댐이나 교량 건설 등에 따른 타당성 문제는 이러한 분석 도구를 적용해서 보다 합리적인 의사결정에 도달할 수 있다.

사회복지 분야에서는 비용-편익 분석이 널리 확산되어 사용되는 것에 한계가 있다. 주된 문제는 사회복지 프로그램의 편익을 어떻게 계산할 것인가와 관련되어 있다. 대부분의 휴먼서비스 프로그램들이 그렇듯이 사회복지 프로그램들 간에는 역할 경계가 불명확하기 때문에, 지역사회에서 특정 성과가 발생했을 때 그것이 어떤 프로그램에 얼마 정도로 귀속된 것인지를 분간하기 쉽지 않다는 문제도 있다.

2) 비용-성과 분석

비용-성과(cost-outcome) 분석은 비용-효과성(cost-effectivenss) 분석이라 불리기도 한다. 비용-편익 분석에서 가장 어려운 문제는 성과를 화폐적 가치로 환산해 내는 것이다. 이러한 어려움을 고려하여 비용-성과 분석은 성과에 대한 화폐 단위 환산을 시도하지 않는다. 그 대신 유사한 목표를 가진 프로그램들을 각각에 드는 비용에 대비시켜 보고, 최소 비용으로 최대 효과를 내는 프로그램을 가장 효율적이라고 판단하자는 것이다. 이러한 분석은 비용-편익 분석보다 훨씬 덜 복잡하지만, 그래도 평가에 관한 전문적인 능력이 일정 정도 필요하다.

성과를 화폐 가치로 환산하지 않아도 된다는 것은 비용-편익 분석에 비해서 비용-성과 분석이 갖는 가장 큰 장점이자 단점이다. 무형의 사회복지서비스에서 발생하는 성과를 화폐 가치로 환산해 내기는 대단히 어려운 일인데, 비용-성과 분석은 그 문제에서 벗어날 수 있다는 것이 장점이다. 반면 동일한 이유로 인해 각기 다른 유형의 성과가 발생하는 프로그램들에는 비용-성과 분석을 적용하기 어렵다는 단점이 있다.

청소년 가출 문제의 해결을 목적으로 하는 프로그램들이 각기 있다 하자. 각 프로그램은 각기 다른 전략을 구사하고 있으며, 각기 다른 투입 비용과 가출 감소율 성과를 제시한다. 그것이 〈표 26-1〉과 같을 때 어느 프로그램이 가장 비용 효과적인지를 알아본다.

〈표 26-1〉 투입 비용과 성과

프로그램	전략	비용 (원)	성과 (가출 감소율)
A	개별상담	10,000,000	11%
B	집단상담	35,000,000	35%
C	가족치료	50,000,000	40%
D	지역사회 환경 개선	80,000,000	40%

이와 같은 평가에는 비용-성과 분석의 적용이 가능하다. 개별 프로그램이 각기 다른 전략을 사용하고 있지만, 성과 목표의 유형은 일치하고 있다. 그래서 비교를 위해 성과 단위를 굳이 하나의 가치(화폐)로 통일시킬 필요가 없다.

비용-성과 분석은 다음의 순서대로 진행한다. 먼저 프로그램들을 투입된 비용 순으로 늘어놓는다. 비용과 성과를 비교해 본다. 만약 비용이 높은 프로그램이 비용이 낮은 프로그램보다 성과가 같거나 떨어지는 것이 있으면, 그것들은 일차적으로 배제된다. 프로그램 D의 경우가 그와 같다. C와 동일한 산출 결과를 내면서도, C에 비해 1.6배의 비용이 투입되었기 때문이다. 이런 분석을 한계 분석이라 한다. 다른 프로그램들에 대한 한계 분석은 비용이 증가함에 따라 성과치들도 증가하는 긍정적인 결과를 나타낸다. A에서 B로의 2,500만 원을 추가 투자한 데 따르는 생산성 증가는 24%이며, B에서 C로의 1,500만 원 비용 증가에 따르는 생산성 증가는 5%다.

다음으로, 남은 A, B, C 가운데 어떤 것을 선택할 것인지는 프로그램에 요구되는 성과 목표와 결부해서 생각한다. 만약 프로그램에 주어진 목표가 40%의 감소율이었다고 하자. 만약 이 목표가 절대적인 것이라면, 위의 경우에서는 프로그램 C만이 여기에 해당한다. 더 이상의 비용-성과 분석은 무의미하다. 만약 이 목표가 상대적이며 탄력적이라면, 어떤 프로그램이 비용과 성과를 대비해서 가장 적절한 것인지를 볼 여지가 있다.

이를 위해 각 프로그램이 한 성과 단위에 대해 어느 정도의 비용을 발생하는지를 파악한다. A 프로그램의 경우는 1,000만 원을 들여서 11%의 감소율이 나왔다. 계산하면,

4. 효율성 평가 | **557**

1%당 91만 원이라는 단위 비용이 나온다. 같은 방식으로 계산해서 B 프로그램은 1%당 100만 원, C 프로그램은 125만 원, D 프로그램은 200만 원이 나왔다. 만약 주어진 목표를 전혀 고려하지 않고 단위당 비용 효율성만을 따지자면, A 프로그램이 가장 적절할 것으로 보인다.

다음으로, 주어진 목표에 가장 근접하면서도 상대적 비용이 가장 적게 드는 프로그램은 무엇인지를 찾아본다. A는 주어진 목표에서 지나치게 떨어져 있다. B와 C가 근접한데, B에서 C로의 비용 증가에 따르는 생산성 증가는 단지 5%/1,500만 원이며, A에서 B로의 생산성 증가는 24%/2,500만 원이다. 백만 원당 0.33%의 증가와 백만 원당 0.96%의 증가 차이를 보이는 것이다. 따라서 절대적 목표 기준인 40%에서 5% 정도를 낮추어 B 프로그램을 선택한다면, 한계 효용은 보다 커질 것으로 평가된다.

이제 마지막으로 모든 것들을 종합적으로 고려한다면, 비용-성과 분석은 프로그램 B를 선택할 가능성이 높다. 프로그램 B는 주어진 목표에 근접하면서, 단위당 효율성이 가장 높은 A와 비교해도 단위당 9만 원 정도의 낮은 차이밖에 나지 않으며, 한계 효용도 가장 크기 때문이다.

효율성의 평가에서는 성과를 측정하고, 비용을 환산해 내는 것이 중요한 과업이다. 서비스 프로그램의 실행으로 기대되는 성과들을 찾아내는 것도 쉽지 않지만, 이를 양화시키거나 화폐 가치로까지 환산하는 작업은 그다지 쉽지 않은 일이다. 그럼에도 사회복지 실천에 대한 책임성 요구가 강화되는 현실에서, 효율성 평가는 효과성 평가에 대한 강조 못지않게 점차 중요한 부분을 차지하고 있다. 효율성 평가 조사에 대해서도 실천/연구자들이 보다 많은 관심을 가질 필요가 있다.

통계표

●
●
●

〈별첨 1〉 정규분포표

표의 방에 들어 있는 수들은 정규분포 곡선의 면적 (p)을 나타낸다. 최댓값은 0.5000인데 표준점수의 평균(0)에서 Z 점수 사이의 간격이 p이다. 예를 들어 일방(one-tailed) 유의수준(α) 0.05라 하면, 0.5000 − p = 0.0500를 의미하므로 p = 0.4500을 찾아야 한다.

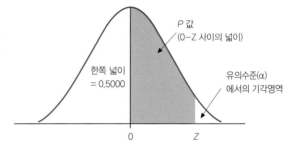

Z	0.00	0.01	0.02	0.03	0.04	0.05	0.06	0.07	0.08	0.09
0.0	.0000	.0040	.0080	.0120	.0160	.0199	.0239	.0279	.0319	.0359
0.1	.0398	.0438	.0478	.0517	.0557	.0596	.0636	.0675	.0714	.0753
0.2	.0793	.0832	.0871	.0910	.0948	.0987	.1026	.1064	.1103	.1141
0.3	.1179	.1217	.1255	.1293	.1331	.1368	.1406	.1443	.1480	.1517
0.4	.1554	.1591	.1628	.1664	.1700	.1736	.1772	.1808	.1844	.1879
0.5	.1915	.1950	.1985	.2019	.2054	.2088	.2123	.2157	.2190	.2224
0.6	.2257	.2291	.2324	.2357	.2389	.2422	.2454	.2486	.2517	.2549
0.7	.2580	.2611	.2642	.2673	.2703	.2734	.2764	.2794	.2823	.2852
0.8	.2881	.2910	.2939	.2967	.2995	.3023	.3051	.3078	.3106	.3133
0.9	.3159	.3186	.3212	.3238	.3264	.3289	.3315	.3340	.3365	.3389
1.0	.3413	.3438	.3461	.3485	.3508	.3531	.3554	.3577	.3599	.3621
1.1	.3643	.3665	.3686	.3708	.3729	.3749	.3770	.3790	.3810	.3830
1.2	.3849	.3869	.3888	.3907	.3925	.3944	.3962	.3980	.3997	.4015
1.3	.4032	.4049	.4066	.4082	.4099	.4115	.4131	.4147	.4162	.4177
1.4	.4192	.4207	.4222	.4236	.4251	.4265	.4279	.4292	.4306	.4319
1.5	.4332	.4345	.4357	.4370	.4382	.4394	.4406	.4418	.4429	.4441
1.6	.4452	.4463	.4474	.4484	.4495	.4505	.4515	.4525	.4535	.4545
1.7	.4554	.4564	.4573	.4582	.4591	.4599	.4608	.4616	.4625	.4633
1.8	.4641	.4649	.4656	.4664	.4671	.4678	.4686	.4693	.4699	.4706
1.9	.4713	.4719	.4726	.4732	.4738	.4744	.4750	.4756	.4761	.4767
2.0	.4772	.4778	.4783	.4788	.4793	.4798	.4803	.4808	.4812	.4817
2.1	.4821	.4826	.4830	.4834	.4838	.4842	.4846	.4850	.4854	.4857
2.2	.4861	.4864	.4868	.4871	.4875	.4878	.4881	.4884	.4887	.4890
2.3	.4893	.4896	.4898	.4901	.4904	.4906	.4909	.4911	.4913	.4916
2.4	.4918	.4920	.4922	.4925	.4927	.4929	.4931	.4932	.4934	.4936
2.5	.4938	.4940	.4941	.4943	.4945	.4946	.4948	.4949	.4951	.4952
2.6	.4953	.4955	.4956	.4957	.4959	.4960	.4961	.4962	.4963	.4964
2.7	.4965	.4966	.4967	.4968	.4969	.4970	.4971	.4972	.4973	.4974
2.8	.4974	.4975	.4976	.4977	.4977	.4978	.4979	.4979	.4980	.4981
2.9	.4981	.4982	.4982	.4983	.4984	.4984	.4985	.4985	.4986	.4986
3.0	.4987	.4987	.4987	.4988	.4988	.4989	.4989	.4989	.4990	.4990

Z 점수의 소수점 이하 둘째 자리

〈별첨 2〉 무작위 숫자표

무작위 숫자를 뽑는 방법: 어느 한 곳에서 출발해서 위, 아래, 옆, 대각선 중 어느 방향이든지 체계적으로만 따라가면서 숫자를 선택한다. 같은 숫자가 나오면 버리고, 다른 수를 계속해서 뽑아가면 된다.

04433	80674	24520	18222	10610	05794	37515
60298	47829	72648	37414	75755	04717	29899
67884	59651	67533	68123	17730	95862	08034
89512	32155	51906	61662	64130	16688	37275
32653	01895	12506	88535	36553	23757	34209
95913	15405	13772	76638	48423	25018	99041
55864	21694	13122	44115	01601	50541	00147
35334	49810	91601	40617	72876	33967	73830
57729	32196	76487	11622	96297	24160	09903
86648	13697	63677	70119	94739	25875	38829
30574	47609	07967	32422	76791	39725	53711
81307	43694	83580	79974	45929	85113	72268
02410	54905	79007	54939	21410	86980	91772
18969	75274	52233	62319	08598	09066	95288
87863	82384	66860	62297	80198	19347	73234
68397	71708	15438	62311	72844	60203	46412
28529	54447	58729	10854	99058	18260	38765
44285	06372	15867	70418	57012	72122	36634
86299	83430	33571	23309	57040	29285	67870
84842	68668	90894	61658	15001	94055	36308
56970	83609	52098	04184	54967	72938	56834
83125	71257	60490	44369	66130	72936	69848
55503	52423	02464	26141	68779	66388	75242
47019	76273	33203	29608	54553	25971	69573
84828	32592	79526	29554	84580	37859	28504
68921	08141	79227	05748	51276	57143	31926
36458	96045	30424	98420	72925	40729	22337
95752	59445	36847	87729	81679	59126	59437
26768	47323	58454	56958	20575	76746	49878
42613	37056	43636	58085	06766	60227	96414
95457	30566	65482	25596	02678	54592	63607
95276	17894	63564	95958	39750	64379	46059
66954	52324	64776	92345	95110	59448	77249
17457	18481	14113	62462	02798	54977	48349
03704	36872	83214	59337	01695	60666	97410
21538	86497	33210	60337	27976	70661	08250
57178	67619	98310	70348	11317	71623	55510
31048	97558	94953	55866	96283	46620	52087
69799	55380	16498	80733	96422	58078	99643
90595	61867	59231	17772	67831	33317	00520
33570	04981	98939	78784	09977	29398	93896
15340	93460	57477	13898	48431	72936	78160
64079	42483	36512	56186	99098	48850	72527
63491	05546	67118	62063	74958	20946	28147
92003	63868	41034	28260	79708	00770	88643
52360	46658	66511	04172	73085	11795	52594
74622	12142	68355	65635	21828	39539	18988
04157	50079	61343	64315	70836	82857	35335
86003	60070	66241	32836	27573	11479	94114
41268	80187	20351	09636	84668	42486	71303

〈별첨 3〉 *t* 분포표

도표의 방에 들어 있는 수들은 *df*, α에서 요구되는 기각 *t* 값들이다.

df = 자유도 (degree of freedom) , α = 유의도 수준 (significance level)

df	1−α						
	0.75	0.90	0.95	0.975	0.99	0.995	0.9995
1	1.000	3.078	6.314	12.706	31.821	63.657	636.619
2	0.816	1.886	2.920	4.303	6.965	9.925	31.598
3	0.765	1.638	2.353	3.182	4.541	5.841	12.941
4	0.741	1.533	2.132	2.776	3.747	4.604	8.610
5	0.727	1.476	2.015	2.571	3.365	4.032	6.859
6	0.718	1.440	1.943	2.447	3.143	3.707	5.959
7	0.711	1.415	1.895	2.365	2.998	3.499	5.405
8	0.706	1.397	1.860	2.306	2.896	3.355	5.041
9	0.703	1.383	1.833	2.262	2.821	3.250	4.781
10	0.700	1.372	1.812	2.228	2.764	3.169	4.587
11	0.697	1.363	1.796	2.201	2.718	3.106	4.437
12	0.695	1.356	1.782	2.179	2.681	3.055	4.318
13	0.694	1.350	1.771	2.160	2.650	3.012	4.221
14	0.692	1.345	1.761	2.145	2.624	2.977	4.140
15	0.691	1.341	1.753	2.131	2.602	2.947	4.073
16	0.690	1.337	1.746	2.120	2.583	2.921	4.015
17	0.689	1.333	1.740	2.110	2.567	2.898	3.965
18	0.688	1.330	1.734	2.101	2.552	2.878	3.922
19	0.688	1.328	1.729	2.093	2.539	2.861	3.883
20	0.687	1.325	1.725	2.086	2.528	2.845	3.850
21	0.686	1.323	1.721	2.080	2.518	2.831	3.819
22	0.686	1.321	1.717	2.074	2.508	2.819	3.792
23	0.685	1.319	1.714	2.069	2.500	2.807	3.767
24	0.685	1.318	1.711	2.064	2.492	2.797	3.745
25	0.684	1.316	1.708	2.060	2.485	2.787	3.725
26	0.684	1.315	1.706	2.056	2.479	2.779	3.707
27	0.684	1.314	1.703	2.052	2.473	2.771	3.690
28	0.683	1.313	1.701	2.048	2.467	2.763	3.674
29	0.683	1.311	1.699	2.045	2.462	2.756	3.659
30	0.683	1.310	1.697	2.042	2.457	2.750	3.646
40	0.681	1.303	1.684	2.021	2.423	2.704	3.551
60	0.679	1.296	1.671	2.000	2.390	2.660	3.460
120	0.677	1.289	1.658	1.980	2.358	2.617	3.373
∞	0.674	1.282	1.645	1.960	2.326	2.576	3.291

〈별첨 4〉 *F* 분포표 (α=0.1)

V_1 = 분자의 자유도, V_2 = 분모의 자유도
도표의 각 방에 들어 있는 수는 $α = 0.1$ 수준에서 기각에 필요한 *F* 값을 나타냄.

V_2	V_1									
	1	2	3	4	5	6	7	8	9	10
1	39.86	49.50	53.59	55.83	57.24	58.20	58.91	59.44	59.86	60.19
2	8.53	9.00	9.16	9.24	9.29	9.33	9.35	9.37	9.38	9.39
3	5.54	5.46	5.39	5.34	5.31	5.28	5.27	5.25	5.24	5.23
4	4.54	4.32	4.19	4.11	4.05	4.01	3.98	3.95	3.94	3.92
5	4.06	3.78	3.62	3.52	3.45	3.40	3.37	3.34	3.32	3.30
6	3.78	3.46	3.29	3.18	3.11	3.05	3.01	2.98	2.96	2.94
7	3.59	3.26	3.07	2.96	2.88	2.83	2.78	2.75	2.72	2.70
8	3.46	3.11	2.92	2.81	2.73	2.67	2.62	2.59	2.56	2.50
9	3.36	3.01	2.81	2.69	2.61	2.55	2.51	2.47	2.44	2.42
10	3.29	2.92	2.73	2.61	2.52	2.46	2.41	2.38	2.35	2.32
11	3.23	2.86	2.66	2.54	2.45	2.39	2.34	2.30	2.27	2.25
12	3.18	2.81	2.61	2.48	2.39	2.33	2.28	2.24	2.21	2.19
13	3.14	2.76	2.56	2.43	2.35	2.28	2.23	2.20	2.16	2.14
14	3.10	2.73	2.52	2.39	2.31	2.24	2.19	2.15	2.12	2.10
15	3.07	2.70	2.49	2.36	2.27	2.21	2.16	2.12	2.09	2.06
16	3.05	2.67	2.46	2.33	2.24	2.18	2.13	2.09	2.06	2.03
17	3.03	2.64	2.44	2.31	2.22	2.15	2.10	2.06	2.03	2.00
18	3.01	2.62	2.42	2.29	2.20	2.13	2.08	2.04	2.00	1.98
19	2.99	2.61	2.40	2.27	2.18	2.11	2.06	2.02	1.98	1.96
20	2.97	2.59	2.38	2.25	2.16	2.09	2.04	2.00	1.96	1.94
21	2.96	2.57	2.36	2.23	2.14	2.08	2.02	1.98	1.95	1.92
22	2.95	2.56	2.35	2.22	2.13	2.06	2.01	1.97	1.93	1.90
23	2.94	2.55	2.34	2.21	2.11	2.05	1.99	1.95	1.92	1.89
24	2.93	2.54	2.33	2.19	2.10	2.04	1.98	1.94	1.91	1.88
25	2.92	2.53	2.32	2.18	2.09	2.02	1.97	1.93	1.89	1.87
26	2.91	2.52	2.31	2.17	2.08	2.01	1.96	1.92	1.88	1.86
27	2.90	2.51	2.30	2.17	2.07	2.00	1.95	1.91	1.87	1.85
28	2.89	2.50	2.29	2.16	2.06	2.00	1.94	1.90	1.87	1.84
29	2.89	2.50	2.28	2.15	2.06	1.99	1.93	1.89	1.86	1.83
30	2.88	2.49	2.28	2.14	2.05	1.98	1.93	1.88	1.85	1.82
40	2.84	2.44	2.23	2.09	2.00	1.93	1.87	1.83	1.79	1.76
60	2.79	2.39	2.18	2.04	1.95	1.87	1.82	1.77	1.74	1.71
120	2.75	2.35	2.13	1.99	1.90	1.82	1.77	1.72	1.68	1.65
∞	2.71	2.30	2.08	1.94	1.85	1.77	1.72	1.67	1.63	1.60

〈별첨 4〉 F 분포표 – 앞의 표에서 계속 (α=0.1)

V_1 = 분자의 자유도, V_2 = 분모의 자유도
도표의 각 방에 들어 있는 수는 α = 0.1 수준에서 기각에 필요한 F 값을 나타냄.

V_2	V_1								
	12	15	20	24	30	40	60	120	∞
1	60.71	61.22	61.74	62.00	62.26	62.53	62.79	63.06	63.33
2	9.41	9.42	9.44	9.45	9.46	9.47	9.47	9.48	9.49
3	5.22	5.20	5.18	5.18	5.17	5.16	5.15	5.14	5.13
4	3.90	3.87	3.84	3.83	3.82	3.80	3.79	3.78	3.76
5	3.27	3.24	3.21	3.19	3.17	3.16	3.14	3.12	3.10
6	2.90	2.87	2.84	2.82	2.80	2.78	2.76	2.74	2.72
7	2.67	2.63	2.59	2.58	2.56	2.54	2.51	2.49	2.47
8	2.50	2.46	2.42	2.40	2.38	2.36	2.34	2.32	2.29
9	2.38	2.34	2.30	2.28	2.25	2.23	2.21	2.18	2.16
10	2.28	2.24	2.20	2.18	2.16	2.13	2.11	2.08	2.06
11	2.21	2.17	2.12	2.10	2.08	2.05	2.03	2.00	1.97
12	2.15	2.10	2.06	2.04	2.01	1.99	1.96	1.93	1.90
13	2.10	2.05	2.01	1.98	1.96	1.93	1.90	1.88	1.85
14	2.05	2.01	1.96	1.94	1.91	1.89	1.86	1.83	1.80
15	2.02	1.97	1.92	1.90	1.87	1.85	1.82	1.79	1.76
16	1.99	1.94	1.89	1.87	1.84	1.81	1.78	1.75	1.72
17	1.96	1.91	1.86	1.84	1.81	1.78	1.75	1.72	1.69
18	1.93	1.89	1.84	1.81	1.78	1.75	1.72	1.69	1.66
19	1.91	1.86	1.81	1.79	1.76	1.73	1.70	1.67	1.63
20	1.89	1.84	1.79	1.77	1.74	1.71	1.68	1.64	1.61
21	1.87	1.83	1.78	1.75	1.72	1.69	1.66	1.62	1.59
22	1.86	1.81	1.76	1.73	1.70	1.67	1.64	1.60	1.57
23	1.84	1.80	1.74	1.72	1.69	1.66	1.62	1.59	1.55
24	1.83	1.78	1.73	1.70	1.67	1.64	1.61	1.57	1.53
25	1.82	1.77	1.72	1.69	1.66	1.63	1.59	1.56	1.52
26	1.81	1.76	1.71	1.68	1.65	1.61	1.58	1.54	1.50
27	1.80	1.75	1.70	1.67	1.64	1.60	1.57	1.53	1.49
28	1.79	1.74	1.69	1.66	1.63	1.59	1.56	1.52	1.48
29	1.78	1.73	1.68	1.65	1.62	1.58	1.55	1.51	1.47
30	1.77	1.72	1.67	1.64	1.61	1.57	1.54	1.50	1.46
40	1.71	1.66	1.61	1.57	1.54	1.51	1.47	1.42	1.38
60	1.66	1.60	1.54	1.51	1.48	1.44	1.40	1.35	1.29
120	1.60	1.55	1.48	1.45	1.41	1.37	1.32	1.26	1.19
∞	1.55	1.49	1.42	1.38	1.34	1.30	1.24	1.17	1.00

〈별첨 4〉 *F* 분포표 (α = 0.05)

V_1 = 분자의 자유도, V_2 = 분모의 자유도
도표의 각 방에 들어 있는 수는 $\alpha = 0.05$ 수준에서 기각에 필요한 *F* 값을 나타냄.

V_2	V_1									
	1	2	3	4	5	6	7	8	9	10
1	161.4	199.5	215.7	224.6	230.2	234.0	236.8	238.9	240.5	241.9
2	18.51	19.00	19.16	19.25	19.30	19.33	19.35	19.37	19.38	19.40
3	10.13	9.55	9.28	9.12	9.01	8.94	8.89	8.85	8.81	8.79
4	7.71	6.94	6.59	6.39	6.26	6.16	6.09	6.04	6.00	5.96
5	6.61	5.79	5.41	5.19	5.05	4.95	4.88	4.82	4.77	4.74
6	5.99	5.14	4.76	4.53	4.39	4.28	4.21	4.15	4.10	4.06
7	5.59	4.74	4.35	4.12	3.97	3.87	3.79	3.73	3.68	3.64
8	5.32	4.46	4.07	3.84	3.69	3.58	3.50	3.44	3.39	3.35
9	5.12	4.26	3.86	3.63	3.48	3.37	3.29	3.23	3.18	3.14
10	4.96	4.10	3.71	3.48	3.33	3.22	3.14	3.07	3.02	2.98
11	4.84	3.98	3.59	3.36	3.20	3.09	3.01	2.95	2.90	2.85
12	4.75	3.89	3.49	3.26	3.11	3.00	2.91	2.85	2.80	2.75
13	4.67	3.81	3.41	3.18	3.03	2.92	2.83	2.77	2.71	2.67
14	4.60	3.74	3.34	3.11	2.96	2.85	2.76	2.70	2.65	2.60
15	4.54	3.68	3.29	3.06	2.90	2.79	2.71	2.64	2.59	2.54
16	4.49	3.63	3.24	3.01	2.85	2.74	2.66	2.59	2.54	2.49
17	4.45	3.59	3.20	2.96	2.81	2.70	2.61	2.55	2.49	2.45
18	4.41	3.55	3.16	2.93	2.77	2.66	2.58	2.51	2.46	2.41
19	4.38	3.52	3.13	2.90	2.74	2.63	2.54	2.48	2.42	2.38
20	4.35	3.49	3.10	2.87	2.71	2.60	2.51	2.45	2.39	2.35
21	4.32	3.47	3.07	2.84	2.68	2.57	2.49	2.42	2.37	2.32
22	4.30	3.44	3.05	2.82	2.66	2.55	2.46	2.40	2.34	2.30
23	4.28	3.42	3.03	2.80	2.64	2.53	2.44	2.37	2.32	2.27
24	4.26	3.40	3.01	2.78	2.62	2.51	2.42	2.36	2.30	2.25
25	4.24	3.39	2.99	2.76	2.60	2.49	2.40	2.34	2.28	2.24
26	4.23	3.37	2.98	2.74	2.59	2.47	2.39	2.32	2.27	2.22
27	4.21	3.35	2.96	2.73	2.57	2.46	2.37	2.31	2.25	2.20
28	4.20	3.34	2.95	2.71	2.56	2.45	2.36	2.29	2.24	2.19
29	4.18	3.33	2.93	2.70	2.55	2.43	2.35	2.28	2.22	2.18
30	4.17	3.32	2.92	2.69	2.53	2.42	2.33	2.27	2.21	2.16
40	4.08	3.23	2.84	2.61	2.45	2.34	2.25	2.18	2.12	2.08
60	4.00	3.15	2.76	2.53	2.37	2.25	2.17	2.10	2.04	1.99
120	3.92	3.07	2.68	2.45	2.29	2.17	2.09	2.02	1.96	1.91
∞	3.84	3.00	2.60	2.37	2.21	2.10	2.01	1.94	1.88	1.83

〈별첨 4〉 *F* 분포표 – 앞의 표에서 계속 (α=0.05)

V_1 = 분자의 자유도, V_2 = 분모의 자유도
도표의 각 방에 들어 있는 수는 α = 0.05 수준에서 기각에 필요한 F 값을 나타냄.

V_2	V_1								
	12	15	20	24	30	40	60	120	∞
1	243.9	245.9	248.0	249.1	250.1	251.1	252.2	253.3	254.3
2	19.41	19.43	19.45	19.45	19.46	19.47	19.48	19.49	19.50
3	8.74	8.70	8.66	8.64	8.62	8.59	8.57	8.55	8.53
4	5.91	5.86	5.80	5.77	5.75	5.72	5.69	5.66	5.63
5	4.68	4.62	4.56	4.53	4.50	4.46	4.43	4.40	4.36
6	4.00	3.94	3.87	3.84	3.81	3.77	3.74	3.70	3.67
7	3.57	3.51	3.44	3.41	3.38	3.34	3.30	3.27	3.23
8	3.28	3.22	3.15	3.12	3.08	3.04	3.01	2.97	2.93
9	3.07	3.01	2.94	2.90	2.86	2.83	2.79	2.75	2.71
10	2.91	2.85	2.77	2.74	2.70	2.66	2.62	2.58	2.54
11	2.79	2.72	2.65	2.61	2.57	2.53	2.49	2.45	2.40
12	2.69	2.62	2.54	2.51	2.47	2.43	2.38	2.34	2.30
13	2.60	2.53	2.46	2.42	2.38	2.34	2.30	2.25	2.21
14	2.53	2.46	2.39	2.35	2.31	2.27	2.22	2.18	2.13
15	2.48	2.40	2.33	2.29	2.25	2.20	2.16	2.11	2.07
16	2.42	2.35	2.28	2.24	2.19	2.15	2.11	2.06	2.01
17	2.38	2.31	2.23	2.19	2.15	2.10	2.06	2.01	1.96
18	2.34	2.27	2.19	2.15	2.11	2.06	2.02	1.97	1.92
19	2.31	2.23	2.16	2.11	2.07	2.03	1.98	1.93	1.88
20	2.28	2.20	2.12	2.08	2.04	1.99	1.95	1.90	1.84
21	2.25	2.18	2.10	2.05	2.01	1.96	1.92	1.87	1.81
22	2.23	2.15	2.07	2.03	1.98	1.94	1.89	1.84	1.78
23	2.20	2.13	2.05	2.01	1.96	1.91	1.86	1.81	1.76
24	2.18	2.11	2.03	1.98	1.94	1.89	1.84	1.79	1.73
25	2.16	2.09	2.01	1.96	1.92	1.87	1.82	1.77	1.71
26	2.15	2.07	1.99	1.95	1.90	1.85	1.80	1.75	1.69
27	2.13	2.06	1.97	1.93	1.88	1.84	1.79	1.73	1.67
28	2.12	2.04	1.96	1.91	1.87	1.82	1.77	1.71	1.65
29	2.10	2.03	1.94	1.90	1.85	1.81	1.75	1.70	1.64
30	2.09	2.01	1.93	1.89	1.84	1.79	1.74	1.68	1.62
40	2.00	1.92	1.84	1.79	1.74	1.69	1.64	1.58	1.51
60	1.92	1.84	1.75	1.70	1.65	1.59	1.53	1.47	1.39
120	1.83	1.75	1.66	1.61	1.55	1.50	1.43	1.35	1.25
∞	1.75	1.67	1.57	1.52	1.46	1.39	1.32	1.22	1.00

〈별첨 4〉 *F* 분포표 (α=0.025)

V_1 = 분자의 자유도, V_2 = 분모의 자유도

도표의 각 방에 들어 있는 수는 $\alpha = 0.025$ 수준에서 기각에 필요한 F 값을 나타냄.

V_2	V_1									
	1	2	3	4	5	6	7	8	9	10
1	647.8	799.5	864.2	899.6	921.8	937.1	948.2	956.7	963.3	968.6
2	38.51	39.00	39.17	39.25	39.30	39.33	39.36	39.37	39.39	39.40
3	17.44	16.04	15.44	15.10	14.88	14.73	14.62	14.54	14.47	14.42
4	12.22	10.65	9.98	9.60	9.36	9.20	9.07	8.98	8.90	8.84
5	10.01	8.43	7.76	7.39	7.15	6.98	6.85	6.76	6.68	6.62
6	8.81	7.26	6.60	6.23	5.99	5.82	5.70	5.60	5.52	5.46
7	8.07	6.54	5.89	5.52	5.29	5.12	4.99	4.90	4.82	4.76
8	7.57	6.06	5.42	5.05	4.82	4.65	4.53	4.43	4.36	4.30
9	7.21	5.71	5.08	4.72	4.48	4.32	4.20	4.10	4.03	3.96
10	6.94	5.46	4.83	4.47	4.24	4.07	3.95	3.85	3.78	3.72
11	6.72	5.26	4.63	4.28	4.04	3.88	3.76	3.66	3.59	3.53
12	6.55	5.10	4.47	4.12	3.89	3.73	3.61	3.51	3.44	3.37
13	6.41	4.97	4.35	4.00	3.77	3.60	3.48	3.39	3.31	3.25
14	6.30	4.86	4.24	3.89	3.66	3.50	3.38	3.29	3.21	3.15
15	6.20	4.77	4.15	3.80	3.58	3.41	3.29	3.20	3.12	3.06
16	6.12	4.69	4.08	3.73	3.50	3.34	3.22	3.12	3.05	2.99
17	6.04	4.62	4.01	3.66	3.44	3.28	3.16	3.06	2.98	2.92
18	5.98	4.56	3.95	3.61	3.38	3.22	3.10	3.01	2.93	2.87
19	5.92	4.51	3.90	3.56	3.33	3.17	3.05	2.96	2.88	2.82
20	5.87	4.46	3.86	3.51	3.29	3.13	3.01	2.91	2.84	2.77
21	5.83	4.42	3.82	3.48	3.25	3.09	2.97	2.87	2.80	2.73
22	5.79	4.38	3.78	3.44	3.22	3.05	2.93	2.84	2.76	2.70
23	5.75	4.35	3.75	3.41	3.18	3.02	2.90	2.81	2.73	2.67
24	5.72	4.32	3.72	3.38	3.15	2.99	2.87	2.78	2.70	2.64
25	5.69	4.29	3.69	3.35	3.13	2.97	2.85	2.75	2.68	2.61
26	5.66	4.27	3.67	3.33	3.10	2.94	2.82	2.73	2.65	2.59
27	5.63	4.24	3.65	3.31	3.08	2.92	2.80	2.71	2.63	2.57
28	5.61	4.22	3.63	3.29	3.06	2.90	2.78	2.69	2.61	2.55
29	5.59	4.20	3.61	3.27	3.04	2.88	2.76	2.67	2.59	2.53
30	5.57	4.18	3.59	3.25	3.03	2.87	2.75	2.65	2.57	2.51
40	5.42	4.05	3.46	3.13	2.90	2.74	2.62	2.53	2.45	2.39
60	5.29	3.93	3.34	3.01	2.79	2.63	2.51	2.41	2.33	2.27
120	5.15	3.80	3.23	2.89	2.67	2.52	2.39	2.30	2.22	2.16
∞	5.02	3.69	3.12	2.79	2.57	2.41	2.29	2.19	2.11	2.05

〈별첨 4〉 *F* 분포표 − 앞의 표에서 계속 (α=0.025)

V_1 = 분자의 자유도, V_2 = 분모의 자유도
도표의 각 방에 들어 있는 수는 α = 0.025 수준에서 기각에 필요한 *F*값을 나타냄.

V_2	V_1								
	12	15	20	24	30	40	60	120	∞
1	976.7	984.9	993.1	997.2	1001	1006	1010	1014	1018
2	39.41	39.43	39.45	39.46	39.46	39.47	39.48	39.49	39.50
3	14.34	14.25	14.17	14.12	14.08	14.04	13.99	13.95	13.90
4	8.75	8.66	8.56	8.51	8.46	8.41	8.36	8.31	8.26
5	6.52	6.43	6.33	6.28	6.23	6.18	6.12	6.07	6.02
6	5.37	5.27	5.17	5.12	5.07	5.01	4.96	4.90	4.85
7	4.67	4.57	4.47	4.42	4.36	4.31	4.25	4.20	4.14
8	4.20	4.10	4.00	3.95	3.89	3.84	3.78	3.73	3.67
9	3.87	3.77	3.67	3.61	3.56	3.51	3.45	3.39	3.33
10	3.62	3.52	3.42	3.37	3.31	3.26	3.20	3.14	3.08
11	3.43	3.33	3.23	3.17	3.12	3.06	3.00	2.94	2.88
12	3.28	3.18	3.07	3.02	2.96	2.91	2.85	2.79	2.72
13	3.15	3.05	2.95	2.89	2.84	2.78	2.72	2.66	2.60
14	3.05	2.95	2.84	2.79	2.73	2.67	2.61	2.55	2.49
15	2.96	2.86	2.76	2.70	2.64	2.59	2.52	2.46	2.40
16	2.89	2.79	2.68	2.63	2.57	2.51	2.45	2.38	2.32
17	2.82	2.72	2.62	2.56	2.50	2.44	2.38	2.32	2.25
18	2.77	2.67	2.56	2.50	2.44	2.38	2.32	2.26	2.19
19	2.72	2.62	2.51	2.45	2.39	2.33	2.27	2.20	2.13
20	2.68	2.57	2.46	2.41	2.25	2.29	2.22	2.16	2.09
21	2.64	2.53	2.42	2.37	2.31	2.25	2.18	2.11	2.04
22	2.60	2.50	2.39	2.33	2.27	2.21	2.14	2.08	2.00
23	2.57	2.47	2.36	2.30	2.24	2.18	2.11	2.04	1.97
24	2.54	2.44	2.33	2.27	2.21	2.15	2.08	2.01	1.94
25	2.51	2.41	2.30	2.24	2.18	2.12	2.05	1.98	1.91
26	2.49	2.39	2.28	2.22	2.16	2.09	2.03	1.95	1.88
27	2.47	2.36	2.25	2.19	2.13	2.07	2.00	1.93	1.85
28	2.45	2.34	2.23	2.17	2.11	2.05	1.98	1.91	1.83
29	2.43	2.32	2.21	2.15	2.09	2.03	1.96	1.89	1.81
30	2.41	2.31	2.20	2.14	2.07	2.01	1.94	1.87	1.79
40	2.29	2.18	2.07	2.01	1.94	1.88	1.80	1.72	1.64
60	2.17	2.06	1.94	1.88	1.82	1.74	1.67	1.58	1.48
120	2.05	1.94	1.82	1.76	1.69	1.61	1.53	1.43	1.31
∞	1.94	1.83	1.71	1.64	1.57	1.48	1.39	1.27	1.00

〈별첨 4〉 *F* 분포표 (α=0.01)

V_1 = 분자의 자유도, V_2 = 분모의 자유도
도표의 각 방에 들어 있는 수는 $\alpha = 0.01$ 수준에서 기각에 필요한 *F* 값을 나타냄.

V_2	V_1									
	1	2	3	4	5	6	7	8	9	10
1	4052	4999.5	5403	5625	5764	5859	5928	5982	6022	6056
2	98.50	99.00	99.17	99.25	99.30	99.33	99.36	99.37	99.39	99.40
3	34.12	30.82	29.46	28.71	28.24	27.91	27.67	27.49	27.35	27.23
4	21.20	18.00	16.69	15.98	15.52	15.21	14.98	14.80	14.66	14.55
5	16.26	13.27	12.06	11.39	10.97	10.67	10.46	10.29	10.16	10.05
6	13.75	10.92	9.78	9.15	8.75	8.47	8.26	8.10	7.98	7.87
7	12.25	9.55	8.45	7.85	7.46	7.19	6.99	6.84	6.72	6.62
8	11.26	8.65	7.59	7.01	6.63	6.37	6.18	6.03	5.91	5.81
9	10.56	8.02	6.99	6.42	6.06	5.80	5.61	5.47	5.35	5.26
10	10.04	7.56	6.55	5.99	5.64	5.39	5.20	5.06	4.94	4.85
11	9.65	7.21	6.22	5.67	5.32	5.07	4.89	4.74	4.63	4.54
12	9.33	6.93	5.95	5.41	5.06	4.82	4.64	4.50	4.39	4.30
13	9.07	6.70	5.74	5.21	4.86	4.62	4.44	4.30	4.19	4.10
14	8.86	6.51	5.56	5.04	4.69	4.46	4.28	4.14	4.03	3.94
15	8.68	6.36	5.42	4.89	4.56	4.32	4.14	4.00	3.89	3.80
16	8.53	6.23	5.29	4.77	4.44	4.20	4.03	3.89	3.78	3.69
17	8.40	6.11	5.18	4.67	4.34	4.10	3.93	3.79	3.68	3.59
18	8.29	6.01	5.09	4.58	4.25	4.01	3.84	3.71	3.60	3.51
19	8.18	5.93	5.01	4.50	4.17	3.94	3.77	3.63	3.52	3.43
20	8.10	5.85	4.94	4.43	4.10	3.87	3.70	3.56	3.46	3.37
21	8.02	5.78	4.87	4.37	4.04	3.81	3.64	3.51	3.40	3.31
22	7.95	5.72	4.82	4.31	3.99	3.76	3.59	3.45	3.35	3.26
23	7.88	5.66	4.76	4.26	3.94	3.71	3.54	3.41	3.30	3.21
24	7.82	5.61	4.72	4.22	3.90	3.67	3.50	3.36	3.26	3.17
25	7.77	5.57	4.68	4.18	3.85	3.63	3.46	3.32	3.22	3.13
26	7.72	5.53	4.64	4.14	3.82	3.59	3.42	3.29	3.18	3.09
27	7.68	5.49	4.60	4.11	3.78	3.56	3.39	3.26	3.15	3.06
28	7.64	5.45	4.57	4.07	3.75	3.53	3.36	3.23	3.12	3.03
29	7.60	5.42	4.54	4.04	3.73	3.50	3.33	3.20	3.09	3.00
30	7.56	5.39	4.51	4.02	3.70	3.47	3.30	3.17	3.07	2.98
40	7.31	5.18	4.31	3.83	3.51	3.29	3.12	2.99	2.89	2.80
60	7.08	4.98	4.13	3.65	3.34	3.12	2.95	2.82	2.72	2.63
120	6.85	4.79	3.95	3.48	3.17	2.96	2.79	2.66	2.56	2.47
∞	6.63	4.61	3.78	3.32	3.02	2.80	2.64	2.51	2.41	2.32

〈별첨 4〉 *F* 분포표 − 앞의 표에서 계속 (α=0.01)

V_1 = 분자의 자유도, V_2 = 분모의 자유도
도표의 각 방에 들어 있는 수는 α = 0.01 수준에서 기각에 필요한 *F* 값을 나타냄.

V_2	V_1								
	12	15	20	24	30	40	60	120	∞
1	6101	6157	6209	6235	6261	6287	6313	6339	6366
2	99.42	99.43	99.45	99.46	99.47	99.47	99.48	99.49	99.50
3	27.05	26.87	26.69	26.60	26.50	26.41	26.32	26.22	26.13
4	14.37	14.20	14.02	13.93	13.84	13.75	13.65	13.56	13.46
5	9.89	9.72	9.55	9.47	9.38	9.29	9.20	9.11	9.02
6	7.72	7.56	7.40	7.31	7.23	7.14	7.06	6.97	6.88
7	6.47	6.31	6.16	6.07	5.99	5.91	5.82	5.74	5.65
8	5.67	5.52	5.36	5.28	5.20	5.12	5.03	4.95	4.86
9	5.11	4.96	4.81	4.73	4.65	4.57	4.48	4.40	4.31
10	4.71	4.56	4.41	4.33	4.25	4.17	4.08	4.00	3.91
11	4.40	4.25	4.10	4.02	3.94	3.86	3.78	3.69	3.60
12	4.16	4.01	3.86	3.78	3.70	3.62	3.54	3.45	3.36
13	3.96	3.82	3.66	3.59	3.51	3.43	3.34	3.25	3.17
14	3.80	3.66	3.51	3.43	3.35	3.27	3.18	3.09	3.00
15	3.67	3.52	3.37	3.29	3.21	3.13	3.05	2.96	2.87
16	3.55	3.41	3.26	3.18	3.10	3.02	2.93	2.84	2.75
17	3.46	3.31	3.16	3.08	3.00	2.92	2.83	2.75	2.65
18	3.37	3.23	3.08	3.00	2.92	2.84	2.75	2.66	2.57
19	3.30	3.15	3.00	2.92	2.84	2.76	2.67	2.58	2.49
20	3.23	3.09	2.94	2.86	2.78	2.69	2.61	2.52	2.42
21	3.17	3.03	2.88	2.80	2.72	2.64	2.55	2.46	2.36
22	3.12	2.98	2.83	2.75	2.67	2.58	2.50	2.40	2.31
23	3.07	2.93	2.78	2.70	2.62	2.54	2.45	2.35	2.26
24	3.03	2.89	2.74	2.66	2.58	2.49	2.40	2.31	2.21
25	2.99	2.85	2.70	2.62	2.54	2.45	2.36	2.27	2.17
26	2.96	2.81	2.66	2.58	2.50	2.42	2.33	2.23	2.13
27	2.93	2.78	2.63	2.55	2.47	2.38	2.29	2.20	2.10
28	2.90	2.75	2.60	2.52	2.44	2.35	2.26	2.17	2.06
29	2.87	2.73	2.57	2.49	2.41	2.33	2.23	2.14	2.03
30	2.84	2.70	2.55	2.47	2.39	2.30	2.21	2.11	2.01
40	2.66	2.52	2.37	2.29	2.20	2.11	2.02	1.92	1.80
60	2.50	2.35	2.20	2.12	2.03	1.94	1.84	1.73	1.60
120	2.34	2.19	2.03	1.95	1.86	1.76	1.66	1.53	1.38
∞	2.18	2.04	1.88	1.79	1.70	1.59	1.47	1.32	1.00

〈별첨 5〉 χ^2 분포표

df = 자유도(degree of freedom), α = 유의수준
도표의 각 방에 들어 있는 수는 χ^2 값.

df	$\chi^2_{0.01}$	$\chi^2_{0.025}$	$\chi^2_{0.05}$	$\chi^2_{0.10}$	$\chi^2_{0.90}$	$\chi^2_{0.95}$	$\chi^2_{0.975}$	$\chi^2_{0.99}$
					$\chi^2_{(1-\alpha)}$			
1	0.0316	0.0398	0.0039	0.0158	2.71	3.84	5.02	6.63
2	0.0201	0.0506	0.1026	0.2107	4.61	5.99	7.38	9.21
3	0.115	0.216	0.352	0.584	6.25	7.81	9.35	11.34
4	0.297	0.484	0.711	1.064	7.78	9.49	11.14	13.28
5	0.554	0.831	1.15	1.61	9.24	11.07	12.83	15.09
6	0.872	1.24	1.64	2.20	10.64	12.59	14.45	16.81
7	1.24	1.69	2.17	2.83	12.02	14.07	16.01	18.48
8	1.65	2.18	2.73	3.49	13.36	15.51	17.53	20.09
9	2.09	2.70	3.33	4.17	14.48	16.92	19.02	21.67
10	2.56	3.25	3.94	4.87	15.99	18.31	20.48	23.21
11	3.05	3.82	4.57	5.58	17.28	19.68	21.92	24.73
12	3.57	4.40	5.23	6.30	18.55	21.03	23.34	26.22
13	4.11	5.01	5.89	7.04	19.81	22.36	24.74	27.69
14	4.66	5.63	6.57	7.79	21.06	23.68	26.12	29.14
15	5.23	6.26	7.26	8.55	22.31	25.00	27.49	30.58
16	5.81	6.91	7.96	9.31	23.54	26.30	28.85	32.00
18	7.01	8.23	9.39	10.86	25.99	28.87	31.53	34.81
20	8.26	9.59	10.85	12.44	28.41	31.41	34.17	37.57
24	10.86	12.40	13.85	15.66	33.20	36.42	39.36	42.98
30	14.95	16.79	18.49	20.60	40.26	43.77	46.98	50.89
40	22.16	24.43	26.51	29.05	51.81	55.76	59.34	63.69
60	37.48	40.48	43.19	46.46	74.40	79.08	83.30	88.38
120	86.92	91.58	95.70	100.62	140.23	146.57	152.21	158.95

〈별첨 6〉 Mann–Whitney U 검증표 (α = 0.005, 일방 검증) (α = 0.01, 양방 검증)

표의 각 방에 있는 수들은 U와 U'의 기각값 (CV). 주어진 N_1과 N_2에 대해 유의미하려면: $U \leq CV$, $U' \geq U$.

예) 만약 α = 0.01인 양방 검증에서, N_1=15, N_2=18일 때 U=210이라면, 영가설 (Ho)은 기각될 수 없다. U가 상위 243과 하위 81 기각값 내에 있기 때문이다.

N_2 \ N_1	1	2	3	4	5	6	7	8	9	10	11	12	13	14	15	16	17	18	19	20
1	—	—	—	—	—	—	—	—	—	—	—	—	—	—	—	—	—	—	—	—
2	—	—	—	—	—	—	—	—	—	—	—	—	—	—	—	—	—	—	0/38	0/40
3	—	—	—	—	—	—	—	—	0/27	0/30	0/33	1/35	1/38	1/41	2/43	2/46	2/49	2/52	3/54	3/57
4	—	—	—	—	—	0/24	0/28	1/31	1/35	2/38	2/42	3/45	3/49	4/52	5/55	5/59	6/62	6/66	7/69	8/72
5	—	—	—	—	0/25	1/29	1/34	2/38	3/42	4/46	5/50	6/54	7/58	7/63	8/67	9/71	10/75	11/79	12/83	13/87
6	—	—	—	0/24	1/29	2/34	3/39	4/44	5/49	6/54	7/59	9/63	10/68	11/73	12/78	13/83	15/87	16/92	17/97	18/102
7	—	—	—	0/28	1/34	3/39	4/45	6/50	7/56	9/61	10/67	12/72	13/78	15/83	16/89	18/94	19/100	21/105	22/111	24/116
8	—	—	—	1/31	2/38	4/44	6/50	7/57	9/63	11/69	13/75	15/81	17/87	18/94	20/100	22/106	24/112	26/118	28/124	30/130
9	—	—	0/27	1/35	3/42	5/49	7/56	9/63	11/70	13/77	16/83	18/90	20/97	22/104	24/111	27/117	29/124	31/131	33/138	36/144
10	—	—	0/30	2/38	4/46	6/54	9/61	11/69	13/77	16/84	18/92	21/99	24/106	26/114	29/121	31/129	34/136	37/143	39/151	42/158
11	—	—	0/33	2/42	5/50	7/59	10/67	13/75	16/83	18/92	21/100	24/108	27/116	30/124	33/132	36/140	39/148	42/156	45/164	48/172
12	—	—	1/35	3/45	6/54	9/63	12/72	15/81	18/90	21/99	24/108	27/117	31/125	34/134	37/143	41/151	44/160	47/169	51/177	54/186
13	—	—	1/38	3/49	7/58	10/68	13/78	17/87	20/97	24/106	27/116	31/125	34/135	38/144	42/153	45/163	49/172	53/181	56/191	60/200
14	—	—	1/41	4/52	7/63	11/73	15/83	18/94	22/104	26/114	30/124	34/134	38/144	42/154	46/164	50/174	54/184	58/194	63/203	67/213
15	—	—	2/43	5/55	8/67	12/78	16/89	20/100	24/111	29/121	33/132	37/143	42/153	46/164	51/174	55/185	60/195	64/206	69/216	73/227
16	—	—	2/46	5/59	9/71	13/83	18/94	22/106	27/117	31/129	36/140	41/151	45/163	50/174	55/185	60/196	65/207	70/218	74/230	79/241
17	—	—	2/49	6/62	10/75	15/87	19/100	24/112	29/124	34/136	39/148	44/160	49/172	54/184	60/195	65/207	70/219	75/231	81/242	86/254
18	—	—	2/52	6/66	11/79	16/92	21/105	26/118	31/131	37/143	42/156	47/169	53/181	58/194	64/206	70/218	75/231	81/243	87/255	92/268
19	—	0/38	3/54	7/69	12/83	17/97	22/111	28/124	33/138	39/151	45/164	51/177	56/191	63/203	69/216	74/230	81/242	87/255	93/268	99/281
20	—	0/40	3/57	8/72	13/87	18/102	24/116	30/130	36/144	42/158	48/172	54/186	60/200	67/213	73/227	79/241	86/254	92/268	99/281	105/295

〈별첨 6〉 Mann–Whitney U 검증표 (α = 0.01, 일방 검증) (α = 0.02, 양방 검증)

표의 각 방에 있는 수들은 U와 U'의 기각값(CV). 주어진 N_1과 N_2에 대해 유의미하려면: $U \leq CV,\ U' \geq U$.

각 칸은 U(위) / U'(아래) 형식으로 표기함.

N_2 \ N_1	1	2	3	4	5	6	7	8	9	10	11	12	13	14	15	16	17	18	19	20
1	–	–	–	–	–	–	–	–	–	–	–	–	–	–	–	–	–	–	–	–
2	–	–	–	–	–	–	–	–	–	–	–	–	0/26	0/28	0/30	0/32	0/34	0/36	1/37	1/39
3	–	–	–	–	–	–	0/21	0/24	1/26	1/29	1/32	2/34	2/37	2/40	3/42	3/45	4/47	4/50	4/52	5/55
4	–	–	–	–	0/20	1/23	1/27	2/30	3/33	3/37	4/40	5/43	5/47	6/50	7/53	7/57	8/60	9/63	9/67	10/70
5	–	–	–	0/20	1/24	2/28	3/32	4/36	5/40	6/44	7/48	8/52	9/56	10/60	11/64	12/68	13/72	14/76	15/80	16/84
6	–	–	–	1/23	2/28	3/33	4/38	6/42	7/47	8/52	9/57	11/61	12/66	13/71	15/75	16/80	18/84	19/89	20/94	22/98
7	–	–	0/21	1/27	3/32	4/38	6/43	7/49	9/54	11/59	12/65	14/70	16/75	17/81	19/86	21/91	23/96	24/102	26/107	28/112
8	–	–	0/24	2/30	4/36	6/42	7/49	9/55	11/61	13/67	15/73	17/79	20/84	22/90	24/96	26/102	28/108	30/114	32/120	34/126
9	–	–	1/26	3/33	5/40	7/47	9/54	11/61	14/67	16/74	18/81	21/87	23/94	26/100	28/107	31/113	33/120	36/126	38/133	40/140
10	–	–	1/29	3/37	6/44	8/52	11/59	13/67	16/74	19/81	22/88	24/96	27/103	30/110	33/117	36/124	38/132	41/139	44/146	47/153
11	–	–	1/32	4/40	7/48	9/57	12/65	15/73	18/81	22/88	25/96	28/104	31/112	34/120	37/128	41/135	44/143	47/151	50/159	53/167
12	–	–	2/34	5/43	8/52	11/61	14/70	17/79	21/87	24/96	28/104	31/113	35/121	38/130	42/138	46/146	49/155	53/163	56/172	60/180
13	–	0/26	2/37	5/47	9/56	12/66	16/75	20/84	23/94	27/103	31/112	35/121	39/130	43/139	47/148	51/157	55/166	59/175	63/184	67/193
14	–	0/28	2/40	6/50	10/60	13/71	17/81	22/90	26/100	30/110	34/120	38/130	43/139	47/149	51/159	56/168	60/178	65/187	69/197	73/207
15	–	0/30	3/42	7/53	11/64	15/75	19/86	24/96	28/107	33/117	37/128	42/138	47/148	51/159	56/169	61/179	66/189	70/200	75/210	80/220
16	–	0/32	3/45	7/57	12/68	16/80	21/91	26/102	31/113	36/124	41/135	46/146	51/157	56/168	61/179	66/190	71/201	76/212	82/222	87/233
17	–	1/34	4/47	8/60	13/72	18/84	23/96	28/108	33/120	38/132	44/143	49/155	55/166	60/178	66/179	71/201	77/212	82/224	88/234	93/247
18	–	0/36	4/50	9/63	14/76	19/89	24/102	30/114	36/126	41/139	47/151	53/163	59/175	65/187	70/200	76/212	82/224	88/236	94/248	100/260
19	–	0/37	4/53	9/67	15/80	20/94	26/107	32/120	38/133	44/146	50/159	56/172	63/184	69/197	75/210	82/222	88/235	94/248	101/260	107/273
20	–	1/39	5/55	10/70	16/84	22/98	28/112	34/126	40/140	47/153	53/167	60/180	67/193	73/207	80/220	87/233	93/247	100/260	107/273	114/286

〈별첨 6〉 Mann-Whitney U 검증표 (α = 0.025, 일방 검증) (α = 0.05, 양방 검증)

표의 각 방에 있는 수들은 U와 U'의 기각값(CV). 주어진 N_1과 N_2에 대해 유의미하려면: $U \leq CV$, $U' \geq U$.

각 칸은 $U\ /\ U'$ 형식으로 표기함.

N_2 \ N_1	1	2	3	4	5	6	7	8	9	10	11	12	13	14	15	16	17	18	19	20
1	—	—	—	—	—	—	—	—	—	—	—	—	—	—	—	—	—	—	—	—
2	—	—	—	—	—	—	—	0/16	0/18	0/20	0/22	1/23	1/25	1/27	1/29	1/31	2/32	2/34	2/36	2/38
3	—	—	—	—	0/15	1/17	1/20	2/22	2/25	3/27	3/30	4/32	4/35	5/37	5/40	6/42	6/45	7/47	7/50	8/52
4	—	—	—	0/16	1/19	2/22	3/25	4/28	4/32	5/35	6/38	7/41	8/44	9/47	10/50	11/53	11/57	12/60	13/63	13/67
5	—	—	0/15	1/19	2/23	3/27	5/30	6/34	7/38	8/42	9/46	11/49	12/53	13/57	14/61	15/65	17/68	18/72	19/76	20/80
6	—	—	1/17	2/22	3/27	5/31	6/36	8/40	10/44	11/49	13/53	14/58	16/62	17/67	19/71	21/75	22/80	24/84	25/89	27/93
7	—	—	1/20	3/25	5/30	6/36	8/41	10/46	12/51	14/56	16/61	18/66	20/71	22/76	24/81	26/86	28/91	30/96	32/101	34/106
8	—	0/16	2/22	4/28	6/34	8/40	10/46	13/51	15/57	17/63	19/69	22/74	24/80	26/86	29/91	31/97	34/102	36/108	38/114	41/119
9	—	0/18	2/25	4/32	7/38	10/44	12/51	15/57	17/64	20/70	23/76	26/82	28/89	31/95	34/101	37/107	39/114	42/120	45/126	48/132
10	—	0/20	3/27	5/35	8/42	11/49	14/56	17/63	20/70	23/77	26/84	29/91	33/97	36/104	39/111	42/118	45/125	48/132	52/138	55/145
11	—	0/22	3/30	6/38	9/46	13/53	16/61	19/69	23/76	26/84	30/91	33/99	37/106	40/114	44/121	47/129	51/136	55/143	58/151	62/158
12	—	1/23	4/32	7/41	11/49	14/58	18/66	22/74	26/82	29/91	33/99	37/107	41/115	45/123	49/131	53/139	57/147	61/155	65/163	69/171
13	—	1/25	4/35	8/44	12/53	16/62	20/71	24/80	28/89	33/97	37/106	41/115	45/124	50/132	54/141	59/149	63/158	67/167	72/175	76/184
14	—	1/27	5/37	9/47	13/57	17/67	22/76	26/86	31/95	36/104	40/114	45/123	50/132	55/141	59/151	64/160	67/171	74/178	78/188	83/197
15	—	1/29	5/40	10/50	14/61	19/71	24/81	29/91	34/101	39/111	44/121	49/131	54/141	59/151	64/161	70/170	75/180	80/190	85/200	90/210
16	—	1/31	6/42	11/53	15/65	21/75	26/86	31/97	37/107	42/118	47/129	53/139	59/149	64/160	70/170	75/181	81/191	86/202	92/212	98/222
17	—	2/32	6/45	11/57	17/68	22/80	28/91	34/102	39/114	45/125	51/136	57/147	63/158	67/171	75/180	81/191	87/202	93/213	99/224	105/235
18	—	2/34	7/47	12/60	18/72	24/84	30/96	36/108	42/120	48/132	55/143	61/155	67/167	74/178	80/190	86/202	93/213	99/225	106/236	112/248
19	—	2/36	7/50	13/63	19/76	25/89	32/101	38/114	45/126	52/138	58/151	65/163	72/175	78/188	85/200	92/212	99/224	106/236	113/248	119/261
20	—	2/38	8/52	13/67	20/80	27/93	34/106	41/119	48/132	55/145	62/158	69/171	76/184	83/197	90/210	98/222	105/235	112/248	119/261	127/273

〈별첨 6〉 Mann–Whitney *U* 검증표 (α = 0.05, 일방 검증) (α = 0.10, 양방 검증)

표의 각 방에 있는 수는 U와 U'의 기각값(CV). 주어진 N_1과 N_2에 대해 유의미하려면: U≤CV, U'≥U.

N_2＼N_1	1	2	3	4	5	6	7	8	9	10	11	12	13	14	15	16	17	18	19	20
1	–	–	–	–	–	–	–	–	–	–	–	–	–	–	–	–	–	–	0 / 19	0 / 20
2	–	–	–	–	0 / 10	0 / 12	0 / 14	1 / 15	1 / 17	1 / 19	1 / 21	2 / 22	2 / 24	2 / 26	3 / 27	3 / 29	3 / 31	4 / 32	4 / 34	4 / 36
3	–	–	0 / 9	0 / 12	1 / 14	2 / 16	2 / 19	3 / 21	3 / 24	4 / 26	5 / 28	5 / 31	6 / 33	7 / 35	7 / 38	8 / 40	9 / 42	9 / 45	10 / 47	11 / 49
4	–	–	0 / 12	1 / 15	2 / 18	3 / 21	4 / 24	5 / 27	6 / 30	7 / 33	8 / 36	9 / 39	10 / 42	11 / 45	12 / 48	14 / 50	15 / 53	16 / 56	17 / 59	18 / 62
5	–	0 / 10	1 / 14	2 / 18	4 / 21	5 / 25	6 / 29	8 / 32	9 / 36	11 / 39	12 / 43	13 / 47	15 / 50	16 / 54	18 / 57	19 / 61	20 / 65	22 / 68	23 / 72	25 / 75
6	–	0 / 12	2 / 16	3 / 21	5 / 25	7 / 29	8 / 34	10 / 38	12 / 42	14 / 46	16 / 50	17 / 55	19 / 59	21 / 63	23 / 67	25 / 71	26 / 76	28 / 80	30 / 84	32 / 88
7	–	0 / 14	2 / 19	4 / 24	6 / 29	8 / 34	11 / 38	13 / 43	15 / 48	17 / 53	19 / 58	21 / 63	24 / 67	26 / 72	28 / 77	30 / 82	33 / 86	35 / 91	37 / 96	39 / 101
8	–	1 / 15	3 / 21	5 / 27	8 / 32	10 / 38	13 / 43	15 / 49	18 / 54	20 / 60	23 / 65	26 / 70	28 / 76	31 / 81	33 / 87	36 / 92	39 / 97	41 / 103	44 / 108	47 / 113
9	–	1 / 17	3 / 24	6 / 30	9 / 36	12 / 42	15 / 48	18 / 54	21 / 60	24 / 66	27 / 72	30 / 78	33 / 84	36 / 90	39 / 96	42 / 101	45 / 108	48 / 114	51 / 120	54 / 126
10	–	1 / 19	4 / 26	7 / 33	11 / 39	14 / 46	17 / 53	20 / 60	24 / 66	27 / 73	31 / 79	34 / 86	37 / 93	41 / 99	44 / 106	48 / 112	51 / 119	55 / 125	58 / 132	62 / 138
11	–	1 / 21	5 / 28	8 / 36	12 / 43	16 / 50	19 / 58	23 / 65	27 / 72	31 / 79	34 / 87	38 / 94	42 / 102	46 / 108	50 / 115	54 / 122	57 / 130	61 / 137	65 / 144	69 / 151
12	–	2 / 22	5 / 31	9 / 39	13 / 47	17 / 55	21 / 63	26 / 70	30 / 78	34 / 86	38 / 94	41 / 102	47 / 109	51 / 117	55 / 125	60 / 132	64 / 140	68 / 148	72 / 156	77 / 163
13	–	2 / 24	6 / 33	10 / 42	15 / 50	19 / 59	24 / 67	28 / 76	33 / 84	37 / 93	42 / 101	47 / 109	51 / 118	56 / 126	61 / 134	65 / 143	70 / 151	75 / 159	80 / 167	84 / 176
14	–	2 / 26	7 / 35	11 / 45	16 / 54	21 / 63	26 / 72	31 / 81	36 / 90	41 / 99	46 / 108	51 / 117	56 / 126	61 / 135	66 / 144	71 / 153	77 / 161	82 / 170	87 / 179	92 / 188
15	–	3 / 27	7 / 38	12 / 48	18 / 57	23 / 67	28 / 77	33 / 87	39 / 96	44 / 106	50 / 115	55 / 125	61 / 134	66 / 144	72 / 153	77 / 163	83 / 172	88 / 182	94 / 191	100 / 200
16	–	3 / 29	8 / 40	14 / 50	19 / 61	25 / 71	30 / 82	36 / 92	42 / 102	48 / 112	54 / 122	60 / 132	65 / 143	71 / 153	77 / 163	83 / 173	89 / 183	95 / 193	101 / 203	107 / 213
17	–	3 / 31	9 / 42	15 / 53	20 / 65	26 / 76	33 / 86	39 / 97	45 / 108	51 / 119	57 / 130	64 / 140	70 / 151	77 / 161	83 / 172	89 / 183	96 / 193	102 / 204	109 / 214	115 / 225
18	–	4 / 32	9 / 45	16 / 56	22 / 68	28 / 80	35 / 91	41 / 103	48 / 114	55 / 123	61 / 137	68 / 148	75 / 159	82 / 170	88 / 182	95 / 193	102 / 204	109 / 215	116 / 226	123 / 237
19	0 / 19	4 / 34	10 / 47	17 / 59	23 / 72	30 / 84	37 / 96	44 / 108	51 / 120	58 / 132	65 / 144	72 / 156	80 / 167	87 / 179	94 / 191	101 / 203	109 / 214	116 / 226	123 / 238	130 / 250
20	0 / 20	4 / 36	11 / 49	18 / 62	25 / 75	32 / 88	39 / 101	47 / 113	54 / 126	62 / 138	69 / 151	77 / 163	84 / 176	92 / 188	100 / 200	107 / 213	115 / 225	123 / 237	130 / 250	138 / 262

〈별첨 7〉 이항(Binominal) 검증표

N이 2~49 사이에 있을 때 다양한 P, Q 값들에 따른 $\alpha = 0.05$ (가는 글씨), $\alpha = 0.01$ (**굵은 글씨**) 에서의 X의 기각값.

N	P .01	.02	.03	.04	.05	.06	.07	.08	.09	.10	.11	.12	.13	.14	.15	.16	.17	.18	.19	.20	.21	.22	.23	.24	.25
Q	.99	.98	.97	.96	.95	.94	.93	.92	.91	.90	.89	.88	.87	.86	.85	.84	.83	.82	.81	.80	.79	.78	.77	.76	.75
2	1	1	2	2	2	2	2	2	2	2	2	2	2	2	2	2	2	2	2	2	2	2	–	–	–
	1	**2**	**2**	**2**	**2**	**2**	**2**	**2**	**2**	**2**	**–**	**–**	**–**	**–**	**–**	**–**	**–**	**–**	**–**	**–**	**–**	**–**	**–**	**–**	**–**
3	1	2	2	2	2	2	2	2	2	2	2	2	3	3	3	3	3	3	3	3	3	3	3	3	3
	2	**2**	**2**	**2**	**2**	**3**	**3**	**3**	**3**	**3**	**3**	**3**	**3**	**3**	**3**	**3**	**3**	**3**	**3**	**3**	**3**	**–**	**–**	**–**	**–**
4	1	2	2	2	2	2	2	2	2	3	3	3	3	3	3	3	3	3	3	3	3	3	3	3	4
	2	**2**	**2**	**2**	**3**	**3**	**3**	**3**	**3**	**3**	**3**	**3**	**3**	**3**	**4**	**4**	**4**	**4**	**4**	**4**	**4**	**4**	**4**	**4**	**4**
5	1	2	2	2	2	2	2	3	3	3	3	3	3	3	3	3	3	3	3	4	4	4	4	4	4
	2	**2**	**2**	**3**	**3**	**3**	**3**	**3**	**3**	**3**	**4**	**4**	**4**	**4**	**4**	**4**	**4**	**4**	**4**	**4**	**4**	**4**	**5**	**5**	**5**
6	2	2	2	2	2	2	3	3	3	3	3	3	3	3	3	4	4	4	4	4	4	4	4	5	5
	2	**2**	**3**	**3**	**3**	**3**	**3**	**3**	**4**	**4**	**4**	**4**	**4**	**4**	**4**	**4**	**4**	**5**	**5**	**5**	**5**	**5**	**5**	**5**	**5**
7	2	2	2	2	2	3	3	3	3	3	3	3	4	4	4	4	4	4	4	4	4	4	5	5	5
	2	**2**	**3**	**3**	**3**	**3**	**3**	**4**	**4**	**4**	**4**	**4**	**4**	**4**	**5**	**5**	**5**	**5**	**5**	**5**	**6**	**6**	**6**	**6**	**6**
8	2	2	2	2	3	3	3	3	3	3	3	4	4	4	4	4	4	4	4	5	5	5	5	5	5
	2	**3**	**3**	**3**	**3**	**3**	**4**	**4**	**4**	**4**	**4**	**5**	**5**	**5**	**5**	**5**	**5**	**5**	**5**	**6**	**6**	**6**	**6**	**6**	**6**
9	2	2	2	2	3	3	3	3	3	4	4	4	4	4	4	4	5	5	5	5	5	5	5	5	6
	2	**3**	**3**	**3**	**3**	**4**	**4**	**4**	**4**	**4**	**5**	**5**	**5**	**5**	**5**	**5**	**6**	**6**	**6**	**6**	**6**	**6**	**6**	**6**	**6**
10	2	2	2	3	3	3	3	3	4	4	4	4	4	4	4	5	5	5	5	5	5	5	6	6	6
	2	**3**	**3**	**3**	**3**	**4**	**4**	**4**	**4**	**5**	**5**	**5**	**5**	**5**	**5**	**6**	**6**	**6**	**6**	**6**	**6**	**7**	**7**	**7**	**7**
11	2	2	2	3	3	3	3	4	4	4	4	4	4	5	5	5	5	5	5	6	6	6	6	6	6
	2	**3**	**3**	**3**	**4**	**4**	**4**	**4**	**5**	**5**	**5**	**5**	**5**	**6**	**6**	**6**	**6**	**6**	**6**	**7**	**7**	**7**	**7**	**7**	**7**
12	2	2	2	3	3	3	3	4	4	4	4	5	5	5	5	5	5	6	6	6	6	6	6	7	7
	2	**3**	**3**	**3**	**4**	**4**	**5**	**5**	**5**	**5**	**5**	**6**	**6**	**6**	**6**	**6**	**7**	**7**	**7**	**7**	**7**	**7**	**7**	**8**	**8**
13	2	2	3	3	3	3	4	4	4	4	4	5	5	5	5	5	6	6	6	6	6	6	7	7	7
	2	**3**	**3**	**4**	**4**	**4**	**5**	**5**	**5**	**5**	**5**	**6**	**6**	**6**	**6**	**7**	**7**	**7**	**7**	**7**	**7**	**8**	**8**	**8**	**8**
14	2	2	3	3	3	3	4	4	4	4	5	5	5	5	5	6	6	6	6	6	7	7	7	7	7
	2	**3**	**3**	**4**	**4**	**4**	**5**	**5**	**5**	**5**	**6**	**6**	**6**	**6**	**7**	**7**	**7**	**7**	**7**	**8**	**8**	**8**	**8**	**8**	**9**
15	2	2	3	3	3	4	4	4	4	5	5	5	5	5	6	6	6	6	6	7	7	7	7	7	8
	2	**3**	**3**	**4**	**4**	**5**	**5**	**5**	**5**	**6**	**6**	**6**	**6**	**7**	**7**	**7**	**7**	**8**	**8**	**8**	**8**	**8**	**9**	**9**	**9**
16	2	2	3	3	3	4	4	4	4	5	5	5	6	6	6	6	6	7	7	7	7	7	8	8	8
	3	**3**	**4**	**4**	**4**	**5**	**5**	**5**	**6**	**6**	**6**	**6**	**7**	**7**	**7**	**7**	**8**	**8**	**8**	**8**	**9**	**9**	**9**	**9**	**9**
17	2	2	3	3	4	4	4	4	5	5	5	5	6	6	6	6	7	7	7	7	7	8	8	8	8
	3	**3**	**4**	**4**	**4**	**5**	**5**	**6**	**6**	**6**	**6**	**7**	**7**	**7**	**7**	**8**	**8**	**8**	**8**	**9**	**9**	**9**	**9**	**9**	**10**
18	2	2	3	3	4	4	4	5	5	5	5	6	6	6	6	7	7	7	7	8	8	8	8	8	9
	3	**3**	**4**	**4**	**5**	**5**	**5**	**6**	**6**	**6**	**7**	**7**	**7**	**7**	**8**	**8**	**8**	**9**	**9**	**9**	**9**	**9**	**10**	**10**	**10**
19	2	3	3	3	4	4	4	5	5	5	6	6	6	6	7	7	7	8	8	8	8	8	9	9	9
	3	**3**	**4**	**4**	**5**	**5**	**5**	**6**	**6**	**6**	**6**	**7**	**7**	**7**	**8**	**8**	**8**	**9**	**9**	**9**	**9**	**10**	**10**	**10**	**10**
20	2	3	3	4	4	5	5	6	6	6	6	7	7	7	8	8	8	9	9	9	9	10	10	10	10
	3	**3**	**4**	**4**	**5**	**5**	**6**	**6**	**6**	**7**	**7**	**7**	**8**	**8**	**8**	**8**	**9**	**9**	**9**	**9**	**10**	**10**	**10**	**10**	**11**
25	2	3	3	4	4	5	5	5	6	6	6	7	7	8	8	8	9	9	9	9	10	10	10	11	11
	3	**4**	**4**	**5**	**5**	**6**	**6**	**7**	**7**	**7**	**8**	**8**	**9**	**9**	**9**	**10**	**10**	**10**	**11**	**11**	**11**	**12**	**12**	**12**	**13**
30	2	3	4	4	5	5	6	6	6	7	7	8	8	8	9	9	10	10	10	11	11	11	12	12	13
	3	**4**	**5**	**5**	**6**	**6**	**7**	**7**	**8**	**8**	**9**	**9**	**10**	**10**	**10**	**11**	**11**	**12**	**12**	**12**	**13**	**13**	**14**	**14**	**14**
35	2	3	4	5	6	6	6	7	7	8	8	9	9	9	10	10	11	11	12	12	12	13	13	14	14
	3	**4**	**5**	**6**	**6**	**7**	**7**	**8**	**9**	**9**	**9**	**10**	**11**	**11**	**12**	**12**	**13**	**13**	**14**	**14**	**14**	**15**	**15**	**16**	**16**
40	3	3	4	5	6	6	7	7	8	8	9	9	10	10	11	11	12	12	13	13	14	14	15	15	16
	3	**4**	**5**	**6**	**7**	**7**	**8**	**9**	**9**	**10**	**10**	**11**	**12**	**12**	**13**	**13**	**14**	**14**	**15**	**15**	**16**	**16**	**17**	**17**	**18**
45	3	4	4	5	6	7	7	8	9	9	10	10	11	11	12	12	13	13	14	14	15	16	16	17	17
	4	**5**	**6**	**6**	**7**	**8**	**9**	**9**	**10**	**11**	**11**	**12**	**13**	**13**	**14**	**14**	**15**	**15**	**16**	**17**	**17**	**18**	**18**	**19**	**19**
49	3	4	5	5	6	7	8	8	9	10	10	11	11	12	13	13	14	14	15	16	16	17	17	18	18
	4	**5**	**6**	**7**	**8**	**8**	**9**	**10**	**11**	**11**	**12**	**13**	**13**	**14**	**15**	**15**	**16**	**16**	**17**	**18**	**18**	**19**	**19**	**20**	**21**

〈별첨 7〉 이항(Binominal) 검증표 − 앞의 표에서

N	P .26	.27	.28	.29	.30	.31	.32	.33	.34	.35	.36	.37	.38	.39	.40	.41	.42	.43	.44	.45	.46	.47	.48	.49	.50
	Q .74	.73	.72	.71	.70	.69	.68	.67	.66	.65	.64	.63	.62	.61	.60	.59	.58	.57	.56	.55	.54	.53	.52	.50	.50
2	—	—	—	—	—	—	—	—	—	—	—	—	—	—	—	—	—	—	—	—	—	—	—	—	—
	—	—	—	—	—	—	—	—	—	—	—	—	—	—	—	—	—	—	—	—	—	—	—	—	—
3	3	3	3	3	3	3	3	3	3	3	3	—	—	—	—	—	—	—	—	—	—	—	—	—	—
	—	—	—	—	—	—	—	—	—	—	—	—	—	—	—	—	—	—	—	—	—	—	—	—	—
4	4	4	4	4	4	4	4	4	4	4	4	4	4	4	4	4	4	4	4	4	4	—	—	—	—
	4	4	4	4	4	4	—	—	—	—	—	—	—	—	—	—	—	—	—	—	—	—	—	—	—
5	4	4	4	4	4	4	4	4	4	5	5	5	5	5	5	5	5	5	5	5	5	5	5	5	5
	5	5	5	5	5	5	5	5	5	5	5	5	5	5	—	—	—	—	—	—	—	—	—	—	—
6	5	5	5	5	5	5	5	5	5	5	5	5	5	5	5	6	6	6	6	6	6	6	6	6	6
	5	5	5	5	6	6	6	6	6	6	6	6	6	6	6	6	6	6	6	6	6	—	—	—	—
7	5	5	5	5	5	5	5	5	5	6	6	6	6	6	6	6	6	6	6	6	6	6	7	7	7
	6	6	6	6	6	6	6	6	6	6	7	7	7	7	7	7	7	7	7	7	7	7	7	7	7
8	5	5	5	6	6	6	6	6	6	6	6	6	6	6	6	7	7	7	7	7	7	7	7	7	7
	6	6	6	6	7	7	7	7	7	7	7	7	7	7	7	7	8	8	8	8	8	8	8	8	8
9	6	6	6	6	6	6	6	6	6	7	7	7	7	7	7	7	7	7	7	8	8	8	8	8	8
	7	7	7	7	7	7	7	7	7	8	8	8	8	8	8	8	8	8	8	8	9	9	9	9	9
10	6	6	6	6	6	7	7	7	7	7	7	7	7	7	8	8	8	8	8	8	8	8	8	8	9
	7	7	7	7	8	8	8	8	8	8	8	8	8	9	9	9	9	9	9	9	9	9	9	9	10
11	6	6	7	7	7	7	7	7	7	8	8	8	8	8	8	8	8	8	9	9	9	9	9	9	9
	7	8	8	8	8	8	8	8	9	9	9	9	9	9	9	9	9	10	10	10	10	10	10	10	10
12	7	7	7	7	7	7	8	8	8	8	8	8	8	8	9	9	9	9	9	9	9	9	10	10	10
	8	8	8	8	8	9	9	9	9	9	9	9	10	10	10	10	10	10	10	10	10	11	11	11	11
13	7	7	7	8	8	8	8	8	8	8	9	9	9	9	9	9	10	10	10	10	10	10	10	10	10
	8	8	9	9	9	9	9	9	10	10	10	10	10	10	10	10	11	11	11	11	11	11	11	11	12
14	7	8	8	8	8	8	8	9	9	9	9	9	9	9	10	10	10	10	10	10	11	11	11	11	11
	9	9	9	9	9	10	10	10	10	10	10	10	11	11	11	11	11	11	11	12	12	12	12	12	12
15	8	8	8	8	9	9	9	9	9	9	10	10	10	10	10	10	10	11	11	11	11	11	11	12	12
	9	9	9	10	10	10	10	10	10	11	11	11	11	11	11	12	12	12	12	12	12	12	13	13	13
16	8	8	9	9	9	9	9	9	10	10	10	10	10	10	11	11	11	11	11	11	12	12	12	12	12
	9	10	10	10	10	10	11	11	11	11	11	11	12	12	12	12	12	12	13	13	13	14	14	14	14
17	8	9	9	9	9	9	10	10	10	10	10	11	11	11	11	11	12	12	12	12	12	12	13	13	13
	10	10	10	10	11	11	11	11	11	12	12	12	12	12	13	13	13	13	13	13	14	14	14	14	14
18	9	9	9	9	10	10	10	10	10	11	11	11	11	11	12	12	12	12	12	13	13	13	13	13	13
	10	10	11	11	11	11	12	12	12	12	12	13	13	13	13	13	13	14	14	14	14	14	15	15	15
19	9	9	9	9	10	10	10	11	11	11	11	11	12	12	12	12	13	13	13	13	13	13	14	14	14
	11	11	11	11	12	12	12	13	13	13	13	13	13	13	14	14	14	14	15	15	15	15	15	15	15
20	10	10	10	10	10	11	11	11	11	12	12	12	12	12	13	13	13	13	13	14	14	14	14	14	15
	11	11	11	12	12	12	12	12	13	13	13	14	14	14	14	14	15	15	15	15	15	16	16	16	16
25	11	12	12	12	12	13	13	13	13	14	14	14	15	15	15	15	16	16	16	16	17	17	17	17	18
	13	13	13	14	14	14	15	15	15	15	16	16	16	17	17	17	17	18	18	18	18	19	19	19	19
30	13	13	14	14	14	15	15	15	16	16	16	17	17	17	17	18	18	18	19	19	19	20	20	20	20
	15	15	15	16	16	16	17	17	17	18	18	18	19	19	19	20	20	20	21	21	21	21	22	22	22
35	14	15	15	16	16	16	17	17	18	18	18	19	19	19	20	20	21	21	21	22	22	22	23	23	23
	16	17	17	18	18	18	19	19	20	20	20	21	21	21	22	22	23	23	23	24	24	24	25	25	25
40	16	17	17	17	18	18	19	19	20	20	20	21	21	22	22	23	23	23	24	24	25	25	25	26	26
	18	19	19	20	20	20	21	21	22	22	23	23	23	24	24	25	25	26	26	26	27	27	28	28	28
45	18	18	19	19	20	20	21	21	22	22	23	23	24	24	24	25	25	26	26	27	27	28	28	29	29
	20	20	21	21	22	22	23	23	24	24	25	25	26	26	27	27	28	28	29	29	29	30	30	31	31
49	19	19	20	21	21	22	22	23	23	24	24	25	25	26	26	27	27	28	28	29	29	30	30	31	31
	21	22	22	23	23	24	24	25	26	26	27	27	28	28	29	29	30	30	31	31	32	32	33	33	34

〈별첨 8〉 Wilcoxon *T* 검증표

표의 각 방에는 기각값 (*CV*) 이 들어 있음.

T : 동일부호의 차이와 관련된 순위합 중에서 작은 쪽, 절댓값으로 나타냄. *N*: 순위 차이들의 수.

T ≤ CV이면 영가설 (*H_o*) 을 기각.

	일방 유의수준					일방 유의수준			
	.05	.025	.01	.005		.05	.025	.01	.005
	양방 유의수준					양방 유의수준			
N	.10	.05	.02	.01	*N*	.10	.05	.02	.01
5	0	–	–	–	28	130	116	101	91
6	2	0	–	–	29	140	126	110	100
7	3	2	0	–	30	151	137	120	109
8	5	3	1	0	31	163	147	130	118
9	8	5	3	1	32	175	159	140	128
10	10	8	5	3	33	187	170	151	138
11	13	10	7	5	34	200	182	162	148
12	17	13	9	7	35	213	195	173	159
13	21	17	12	9	36	227	208	185	171
14	25	21	15	12	37	241	221	198	182
15	30	25	19	15	38	256	235	211	194
16	35	29	23	19	39	271	249	224	207
17	41	34	27	23	40	286	264	238	220
18	47	40	32	27	41	302	279	252	233
19	53	46	37	32	42	319	294	266	247
20	60	52	43	37	43	336	310	281	261
21	67	58	49	42	44	353	327	296	276
22	75	65	55	48	45	371	343	312	291
23	83	73	62	54	46	389	361	328	307
24	91	81	69	61	47	407	378	345	322
25	100	89	76	68	48	426	396	362	339
26	110	98	84	75	49	446	415	379	355
27	119	107	92	83	50	466	434	397	373

〈별첨 9〉 $r \rightarrow Z_r$ 변환표

r	z_r	r	z_r	r	z_r
.01	.010	.34	.354	.67	.811
.02	.020	.35	.366	.68	.829
.03	.030	.36	.377	.69	.848
.04	.040	.37	.389	.70	.867
.05	.050	.38	.400	.71	.887
.06	.060	.39	.412	.72	.908
.07	.070	.40	.424	.73	.929
.08	.080	.41	.436	.74	.950
.09	.090	.42	.448	.75	.973
.10	.100	.43	.460	.76	.996
.11	.110	.44	.472	.77	1.020
.12	.121	.45	.485	.78	1.045
.13	.131	.46	.497.	.79	1.071
.14	.141	.47	.510	.80	1.099
.15	.151	.48	.523	.81	1.127
.16	.161	.49	.536	.82	1.157
.17	.172	.50	.549	.83	1.188
.18	.181	.51	.563	.84	1.221
.19	.192	.52	.577	.85	1.256
.20	.203	.53	.590	.86	1.293
.21	.214	.54	.604	.87	1.333
.22	.224	.55	.618	.88	1.376
.23	.234	.56	.633	.89	1.422
.24	.245	.57	.648	.90	1.472
.25	.256	.58	.663	.91	1.528
.26	.266	.59	.678	.92	1.589
.27	.277	.60	.693	.93	1.658
.28	.288	.61	.709	.94	1.738
.29	.299	.62	.725	.95	1.832
.30	.309	.63	.741	.96	1.946
.31	.321	.64	.758	.97	2.092
.32	.332	.65	.775	.98	2.298
.33	.343	.66	.793	.99	2.647

찾아보기

내용

clustering 308
codebook 304
coding 303, 308
Cohen's Kappa 370
cohort group 271
cohort study 73
community forum 529
comparative design 552
comparative need 519
comparison 116
concept 41
conceptual definition 92
conceptual framework 39
conceptual mapping 307
confidentiality 76
construct 47, 169, 206
construct validity 208
Consumer Price Index 180
content analysis 310
content validity 205
context unit 312
contingency coefficient 368, 457
contingency question 199, 249
control 371
convenience sampling 238
coordinator 297
correlation coefficient 346
cost-benefit 554
cost-effectivenss 555
cost-outcome 555
covariation 124
CPI 180
Cramer's V 368, 458
criterion validity 210
Cronbach's α 217
cross-sectional 152
cumulative scaling 187
cutoff 400

deductive logic 45
degree centrality 507
Delphi technique 293
density 506
description 67
descriptive 309
determinism 55
discriminant analysis 398
dispersion 329
distribution plot 334
document study 277

EBP 35
ecological fallacy 69
effectiveness 538
efficiency 538
effort 537
eigenvalue 404
elaboration 380
enumeration 313
EPSEM 233, 411
Equal Probability of Selection
    Method 234
equamax 405
erosion measure 275
ESPEM 229
Eta 369
evaluation 68
Evidence-Based Practice 35
Excel 305
experiential reality 21
experimental design 143, 551
experimental mortality 134
explanation 68
exploration 67
exploring 308
expressed need 519
external validity 136
extralinguistic behavior 262

face validity 205
factor analysis 188, 401
factor loading 402
felt need 518
FES 192
FGI 206, 283
field study 240
fieldwork 268
Focus Group Interview 206, 283
frequency 317
frequency curve 323

Gamma(γ) 174, 347, 369
GCS 180
Generalized Contentment Scale
    180
Geographic Information System
    502
GIS 502
go-ahead 268
Goodman & Kruskal's τ 347
grounded theory 117
Guttman scale 187

halo effect 295
hermeneutics 103
histogram 323, 325
human service 31
humanism 31
hypothesis 43, 94

idiographic 103
inclusiveness 505
index 180
indicator 169, 179
inductive logic 46
inferential 309
instrumentation 132
intensive involvement 116

internal consistency 216
interpretivism 104
interrupted time-series 469
interval level 175
interval-ratio 188
intervening variable 380
intervention 472
interview 251
IPA 103
isomorphism 169

Kendall's τ_b 347, 369
Kendall's τ_c 347, 369
key informant 531
kurtosis 337

lambda(λ) 173, 347, 369
least-square 384
least-square criterion 360
life history 110
Likert scale 184
linear function 358
linear regression 359
linguistic behavior 263
logical positivism 47
logico-empirical 27
longitudinal 152

Mahalanobis D^2 401
Mann-Whitney U 458
matching 145, 373
matrix 402
maturation 131
mean 327
median 174, 327
mediating variable 381
Minnesota Multiphasic Personality Inventory 192
missing 302

mixed method 60
MMPI 191
mode 327
model 40
MTMM 208
multcollinearity 387
multi-dimensional scaling 307
multiple regression 383
MultiTrait-MultiMethod 208
multivariate 371
mystification 25

needs 518
needs assessment 516
Nominal Group 299
nominal level 172
nomothetic 103
nonequivalent control group 161
nonverbal behavior 262
normal curve 334
normal distribution 416
normative need 518
null hypothesis 98
NVivo 308

oblimin 405
observation 261
OCR 306
ogive 323
OMR 306
one-shot case study 153
online 247
open coding 120
open-ended 194
operational definition 94
operationalism 47
Optical Character Reader 306
Optical Machine Reader 306
oral history 111

ordinal level 174

panel study 73, 271
paradigm 44
parallel-forms 216
parameter 230, 409
parametric test 433
Pareto Chart 325
partial correlation 378
path analysis 389
path diagram 502
Pearson's r 347, 365, 370
percentage 325
permanent product procedure 476
personal interview 250
phenomenology 103
Phi 368
pilot study 271
placebo 76, 138
population 226
positivism 26
PRE 346
pre-experimental 153
principal components 403
principle of covariation 339
probability theory 416
probing 246, 252
Proportional Reduction of Error 346
proposition 43
purposive sampling 119, 238

qualitative 58
qualitative research 101
quantitative 58
quartile deviation 331
quartimax 405
quasi-experimental design 158,

저자 소개

김영종(金永鍾 / Kim, Young Jong)

1990년부터 경성대학교 사회복지학과 교수로 재직해 오고 있다. 1984년에 경북대학교 사회학과를 졸업하고, 미국 텍사스 주립대학교(오스틴) 대학원에서 사회복지학으로 석사 및 박사 학위를 받았다(1989년). 한국사회복지학회와 한국사회복지행정학회의 편집위원장과 회장을 역임했다. 사회복지연대와 부산참여연대의 대표 등으로 시민사회 활동도 오랫동안 해 오고 있으며, 기획예산처에서 사회통합정책관으로 잠시 일하기도 했다. 주요 저서로는 『사회복지행정』(5판, 2023), 『한국의 사회서비스: 정책 및 실천』(2019), 『사회복지 네트워킹의 이해와 적용』(공저, 2008), 『사회복지 성과측정 기법』(공저, 2007) 등이 있다.

e-mail: yjkim@ks.ac.kr

사회복지조사론 및 통계(3판)
Research Methods in Social Welfare and Statistics (3rd ed.)

1999년 2월 10일 1판 1쇄 발행
2007년 4월 20일 1판 17쇄 발행
2007년 9월 5일 2판 1쇄 발행
2022년 2월 10일 2판 14쇄 발행
2023년 3월 10일 3판 1쇄 발행

지은이 • 김영종
펴낸이 • 김진환
펴낸곳 • ㈜ 학지사

04031 서울특별시 마포구 양화로 15길 20 마인드월드빌딩

대표전화 • 02-330-5114   팩스 • 02-324-2345
등록번호 • 제313-2006-000265호

홈페이지 • http://www.hakjisa.co.kr
페이스북 • https://www.facebook.com/hakjisabook

ISBN 978-89-997-2871-6 93330

정가 28,000원

출판미디어기업 학지사

간호보건의학출판 **학지사메디컬** www.hakjisamd.co.kr
심리검사연구소 **인싸이트** www.inpsyt.co.kr
학술논문서비스 **뉴논문** www.newnonmun.com
교육연수원 **카운피아** www.counpia.com